Treasures for Scholars Worldwide

国家社会科学基金重大招标项目

中国西南少数民族地区濒危文字文献调查研究丛书

赵丽明 孙宏开 主编

纳木依藏族帕孜文献

赵丽明 张琰 编著

广西师范大学出版社
·桂林·

本书出版得到民族语言文字出版专项资金资助

项目主持　雷回兴
责任编辑　鲁朝阳
责任技编　黄珊虎
书籍设计　广大迅风艺术
　　　　　徐俊霞　俸萍利

图书在版编目（CIP）数据

纳木依藏族帕孜文献 / 赵丽明，张琰编著. —桂林：广西师范大学出版社，2014.4
（中国西南少数民族地区濒危文字文献调查研究丛书 / 赵丽明，孙宏开主编）
ISBN 978-7-5495-4000-6

Ⅰ．①纳… Ⅱ．①赵…②张… Ⅲ．①藏语－研究－文献－汇编－四川省　Ⅳ．①H214

中国版本图书馆 CIP 数据核字（2013）第 142529 号

广西师范大学出版社出版发行
（广西桂林市中华路 22 号　邮政编码：541001）
（网址：http://www.bbtpress.com）
出版人：何林夏
全国新华书店经销
广西大华印刷有限公司印刷
（广西南宁市高新区科园大道 62 号　邮政编码：530007）
开本：880 mm×1 230 mm　1/16
印张：74
2014 年 4 月第 1 版　　2014 年 4 月第 1 次印刷
定价：1200.00 元（上、下册）
如发现印装质量问题，影响阅读，请与印刷厂联系调换。

出版缘起

一段故事，成了这套书的开始。

2011年6月21-24日，华中师范大学组织了纪念张舜徽先生百年诞辰国际学术研讨会暨中国历史文献研究会第32届年会。清华大学赵丽明教授与广西师范大学出版社社长何林夏教授作为张舜徽先生的弟子，均受邀与会。此前，何教授的同学欧薇薇曾向他推荐说，清华大学中文系的赵丽明教授正在从事有关西南少数民族地区濒危文字文献的研究，项目很有学术价值与文化意义，如果有兴趣，可以向赵教授请教。此前赵何两位教授虽出同门，但未尝谋面。巧的是，在会后的长江参观考察活动中，两位教授同桌进餐，始得相识。赵教授向何教授详细地介绍了她所主持的国家重大项目"西南少数民族濒危文字文献研究"项目及其进展的情况。项目引起了何教授的强烈兴趣，他希望能够对项目即将结束的川滇地区再做一次全面详细的调查，将所有能够收集到的少数民族文字文献全部收集齐备，整体整理出版，并表示出版社可以积极参与其中，何教授的提议得到赵教授的认可。在船舱里，两位教授从项目的意义、价值，到项目的重启、推进，在近三个小时的交流中，彼此达成共识。游船一个往返，两位教授对窗外景色全然不知，但却有了现在呈现在我们眼前的这套丛书。

2011年7月9日，经过精心筹备，在出版社的资金到位后，项目正式启动，出版社派出的由李加凯、何沛然组成的考察组从桂林出发，10日与赵教授带领的清华大学考察组成员在香格里拉古城顺利会合。在随后将近三个月的时间里，各考察组深入到我国西南少数民族聚居地，与当地的少数民族同胞建立联系、沟通感情，逐一以拍摄的方式复制了已知、所见、可获的相关文献，并对当地少数民族语言进行了记录。考察结束后，各考察组将所有考察成果和复制的文献全部汇总赵教授处。

其中，出版社派出的考察组分别考察了云南迪庆藏族自治州香格里拉县三坝乡、丽江市宁蒗彝族自治县拉伯乡、四川凉山彝族自治州盐源县泸沽湖镇、木里藏族自治县依吉乡、雅安市石棉县蟹螺乡、安顺乡等地的村落，他们也带回了丰硕的成果，拍摄到的已考察地区全部的文献图片和影像资料，也全部提交赵教授。此次考察的全部成果，都将成为未来各项研究工作的重要基础。此后，又陆续邀请部分民族文献的收藏者和发音人（精通当地少数民族语言和文化习俗者）到北京，对已经复制的文献进行解读。所有参与人员参与上述工作都只有一个目的，就是希望尽力将深藏在我国西南地区的少数民族濒危文字文献及其所反映的民族文化，向世人作一个全面、完整、原原本本地呈现。

历时两年，在两位教授及其所在单位的通力配合下，在参加项目的所有师生和出版社员工的努力下，"中国西南少数民族地区濒危文字文献调查研究丛书"终于可以陆续向学术界推出，向世人展示中国西南地区少数民族所特有的文字及其语言、文化的神秘面容了。作为此项目的组织者之一和出版方，我们希望这些成果的陆续推出，能够引起更多学人对我国西南少数民族地区语言、文字、文化等的重视，同时也希望这些珍贵的少数民族文化遗产能够更好地得到发掘、抢救、传承。我们更期待在这一项目成果的影响和推动下，能有更多的学者将他们的热情投入到这项有意义的学术研究之中，共同致力于中华文化的发展、学术的进步，为文化与学术的繁荣发展尽心尽力。

作为丛书主编的赵教授，对整个项目的进展倾注了全部的精力，她严肃的态度、严谨的学风、严格的要求，不但从根本上保证了项目成果的学术水准和质量，而且给所有的项目参与者留下了深刻的印象。出版社方面从丛书项目策划、启动、实地考察、项目推进，直至成果的编纂、出版的全程，提供了大量的物力与人力支持，我们为能亲身参与这一具有重大文化意义的项目而自豪。广西师范大学出版社向以开启民智、传承文明为职志，我们坚信，中华文化之园和绽放其中的少数民族文化之花，将由一代代学人和出版者的共同努力而得到传承、发扬。

愿中华文化之树长青！

广西师范大学出版社

2013年7月

总　序

清华大学赵丽明教授和我共同主持了国家社会科学基金2010年度立项的重大招标项目《中国西南地区濒危文字及其文献抢救、整理与研究》（批准号10&ZD123）。此项目的子课题由纳西族东巴文民间文书译注、普米族韩归经书译注、羌族释比经书《刷勒日》译注、彝族他留经书译注、壮族八宝歌书译注、水族水书文献译注、尔苏沙巴经书译注、木雅经书译注、纳木依帕孜经书译注、贵琼公麻经书译注等十多个子项目组成。

早在20世纪50年代，中国科学院和中央民族事务委员会组织了七个工作队，对少数民族语言文字进行全国性大规模的普遍调查，当时的主要任务是通过对全国的少数民族语言文字调查研究，在掌握大量第一手资料的基础上，为无文字的民族创制文字，为文字不完备的民族改革或改进其文字。其中第七工作队主要调查研究藏语以及周边的羌、普米（当时称西番）、嘉绒、门巴、珞巴等族群的语言。在此次调查过程中，我们就已经在四川西部和云南西北部发现了这一带宗教活动者手里有一些经书。这些经书是民主改革时期未被没收、焚烧的遗留。在那个时代，人们往往把这些经书当作宗教祭祀者从事迷信活动的"道具"加以歧视，并"不屑一顾"。

"文革"中，这些保存经书的祭祀者们再一次遭受劫难，他们往往被当成"牛鬼蛇神"加以批斗，他们正常的宗教活动往往被当成"迷信"而加以禁止，他们手里残存的经书往往被当成"四旧"加以没收、焚烧，以至于一些祭祀者们不得不将这些经书藏在山洞里、阁楼上，有的甚至深埋在地下。

粉碎"四人帮"以后，通过拨乱反正，各条战线陆续清算了极左路线。过去被当成"四旧"的东西，包括宗教活动时使用的经书在内，也陆陆续续恢复了名誉。人们从山洞里、阁楼上把这些长期不见天日的珍贵文献又请了出来,恢复了正常的祭祀活动,使我们这些民族语文调查研究者们能够一睹为快。

差不多与此同时,结合改革开放以后国家开展的民族识别工作,自1976年至1982年,我们在这一带新发现了九种过去少数民族语言普查时期未发现或者未深入调查的语言,它们是贵琼语、木雅语、尔苏语、扎巴语、却域语、纳木依语、史兴语、尔龚语、拉乌戎语,更深入调查研究了这些语言内部的方言差异。费孝通先生高度评价了这一带新发现的语言和族群,他在《关于我国的民族识别问题》(《中国社会科学》1980年第1期)一文中说:"我们以康定为中心向东和向南大体上划出了一条走廊。把这走廊中一向存在着的语言和历史上的疑难问题,一旦串联起来,有点像下围棋,一子相联,全盘皆活。这条走廊正处在彝、藏之间,沉积着许多现在还活着的历史遗留,应当是历史与语言科学的一个宝贵的园地。"费先生根据语言学和民族学调查研究的新成果总结出的"藏彝走廊"理论,成为近十多年地区研究的一个热点。成为境内外人类学、民族学、考古学、历史学、宗教学、语言学研究者们的乐园。

通过少数民族语言调查研究取得的初步成果所提供的线索,我们从这一带操各语种的祭师们手里保存的经书入手,请他们讲解经书的基本内容,然后用国际音标原原本本记录下来,进行对译和意译,以保持该经书原汁原味的面貌。通过初步研究,我们认识到这项研究的意义在于:

语言学方面的价值。我们在这一带发现的经书,大都是祭祀者祖祖辈辈保存了许多代人流传下来的。有的说有20多代,有的说有10多代,还有的说他们与诸葛亮打仗的时候就有了。有的像图画,有的已经步入文字门槛,还有不少是用藏文符号记录的当地少数民族语言,其中有的也夹杂着许多图画。在记录和翻译各族群经书过程中,首先我们要了解这种语言和方言的基本特点,记录2000—3000个常用词,在这个基础上整理出这个调查点的语音系统,并大体了解这种语言的基本语法特点,否则无法翻译这种语言经书的意义。这样我们就基本上掌握了这种语言各子系统的结构特点,揭示了这种语言语音、词汇、语法的基本面貌,为语言学提供了一份新鲜的资料。

文字学方面的价值。文字是记录语言的符号,历史上各民族的祭师们为了将自己认识到的各种自然现象和社会现象记录下来,以便从事祭祀活动的时候提示自己,开始用图画来帮助自己的记忆,久而久之,图画逐渐简化,形成了图画文字。本项目涉及的语言文字有彝语支、藏语支和羌语支的语言文字,记录宗教活动的文献有藏文、彝文、纳西东巴文等已知文字,新发现的文种有尔苏沙巴文、彝族铎系文字等比较原始的文字,还有羌族的释比图经等。这些文字有的有悠久的历史,如藏文、彝文、纳西东巴文等,有的是近几年才陆续被解读,性质也比较原始。从文字的性质来看,多样性显而易见,有比较完善的拼音文字,如藏文;有比较系统的表意文字,如原有彝文(或称老彝文)。更多的是比较原始的图画性质的文字,如纳西东巴文和尔苏沙巴文等,还有完全图画性质的长卷羌族释比图经《刷勒日》。从图画到图画文字再到表意文字和拼音文字,我们看到了一条非常丰富多样的文字产生、发展和演变链,展现了一幅文字从表形到表意再到表音的学术画卷,成为研究文字产生普遍规律的一个明显的例证。此外,从文字学的角度看,什么样的图经算文字,什么样的情况只能够算图画,也就是说图画与文字的界限与区别在哪里,这一带的许多文献也向我们提供了许多研究的实例。

宗教学方面的价值。执行这个项目，开展广泛调查研究过程中，课题组接触到的有藏传佛教和藏族的苯教，更多的是原始多神教和大量的自然崇拜，包括彝族的毕摩、羌族的释比、纳西的东巴、普米的韩规、尔苏的沙巴、纳木依的帕孜、贵琼的公麻……以及他们保存的大量经书，在调查研究过程中，我们接触到许多祭师们的宗教活动，这些宗教活动许多带着一定的神秘性，拨开某些迷信色彩的东西，我们不难发现大量通过宗教祭祀活动表现出来对自然界的敬畏和崇拜，在驱鬼祭神的各种活动中，又展现出一些民间治病的技艺和秘方。几千年来，他们就是依靠这种活动慰藉人们的心灵，医治人们的疾病，抚慰人们的伤痛。在仔细研究他们古老的经典过程中，我们不难发现，许多经典包含了一些模糊的哲理、人生的经验和度人苦难的精神安慰。这些经典反映的仪轨既受藏传佛教尤其是苯波教的影响，也有许多汉族佛教的渗透，尤其受汉族六十甲子思想的深刻影响。

历史学方面的价值。我们从祭师们娓娓道来的送魂经中，从许多包含在经典释读的历史故事中，分析出他们经历过大量族群迁徙、征战以及与自然界灾难抗争的经历。虽然这些文字中包含着一些荒诞不羁的情节，但是，剥去一些离奇古怪的神话，留下了一些耐人寻味的史料，与正史记载的史实相印证，为我们打开了了解这一带族群历史来源的另一扇窗户，尤其从分析这些族群使用语言的分化情况，远近关系的情况，互相接触的情况，为我们提供了大量解开这一带族群历史来源的重要证据。

考古学方面的价值。本项目调查研究的是居住在岷江、大渡河、雅砻江、金沙江、澜沧江、怒江流域各族群所保留的文字及其文献。在这一地区，近几十年发掘了许多遗址，其中包括三星堆遗址、金沙遗址、营盘山遗址……这一地区还是古蜀道的必经之地，也是藏缅各民族迁徙的走廊。目前居住在这一带的族群多数是使用羌语支语言的族群，根据正史记载，他们应该就是周秦以来在这一带定居的古氐羌的后裔，经过了大浪淘沙，保留到现在，他们与早先居住在这些遗址的人群是什么关系？纵观西南地区的族群，基本上是汉族与藏缅语族两大族系，而藏缅族系是这一带最古老的族系之一，他们曾经通过这条民族走廊向南、向西迁徙，一直到喜马拉雅南麓，形成现在定居在喜马拉雅南麓的200多个藏缅语族各支系。因此对这一带语言文字及其文化的调查研究，对于解开许多考古之谜提供了许多新的线索。

文学方面的价值。在记录和解读文字和文献的过程中，我们记录了大量诗歌、故事、寓言、神话、历史传说、唱词……有些神话故事，情节曲折动人，引人入胜，不亚于西游记；有的叙事长诗不亚于藏族的格萨尔，有描写征战的，有描写爱情的，有战胜邪恶的，有歌颂真善美的；有的寓言，哲理丰富，令人回味无穷……我们边调查，边感慨，这些文学素材，也许是制作动漫的好思路、好素材。创作这些文学素材的，是根植于民间并经历了千千万万个苦难的劳苦大众，他们仅仅依靠自己最原始的记录方式——图画或类似图画的文字，有的靠口耳相传，一代一代延续至今。今天，发掘这些埋没了多少代的文学作品，是我们这一代学人义不容辞的责任。

民族学、人类学方面的价值。分布在这一带的族群，其中多数是依附于大民族的一些小族群。

费孝通1980年发表的关于民族识别的那篇重要文章，以及同时期国家民委一系列有关民族识别的文件，没有能够把他们推上中华民族之林的舞台。但是他们的历史、文化是无法也是不应该被埋没的，近几年大量境内外民族学与人类学学者的调查研究，陆续揭开了蒙在他们头上几千年的面纱。他们的建筑、他们的服饰、他们的音乐舞蹈、他们的风俗习惯、他们的节日、他们的喜怒哀乐……一切的一切，受到了学者们的关注。他们也是中华民族灿烂文化的一个"小小的"组成部分，有权利在中华民族多彩文化大家庭这个园地中占有一席之地。

保护非遗方面的价值。语言文字与非物质文化遗产有密切关系，根据联合国教科文组织的看法，语言本身就是非物质文化遗产的重要组成部分。我们所要记录的这些文献承载着这一带族群大量非物质文化遗产的口头作品、表演艺术以及大量记忆遗产，我们把这个课题叫做濒危文字及其文献保护研究，主要出自两个基本事实：第一，我们要调查研究的对象基本上都是新发现的小语种，使用人口不多，而且越来越少，有的已经处在极度濒危状态；第二，几乎所有的宗教文献都是中华人民共和国成立以前就已经存在，经过多次劫难，保留至今，已经实属不易。原文献持有者几乎都已经过世，他们的后代中，能够释读这些文献的祭师已经越来越少，有的文献已经无人能够解读。因此，记录、释读这些经典已经是十分迫切的事情了。否则记录该文献的语言消失了，能够释读这些文献的祭师过世了，这些文献也就成了废纸一堆。

要说的话还有很多，最好由读者来评判吧！

开展此项调查研究的基本队伍主要是清华大学的师生及广西师范大学出版社派出的编辑，也包括地方院校和科研机构的一些学者，尤其是一些本民族的学者。他们从接受记录少数民族语言的专业培训，到深入实地寻访各种文献的持有者，动员他们将文献公诸于世，开展解读和记录工作，经历了难以想象的困难，克服了许多意想不到的阻力。能够完成这样一套抢救性记录的丛书，而且从一开始的数种增加到现在的十多卷，个中酸甜苦辣，只有亲身经历过的人才能够切实地感受到。我对这样一支边训练、边工作，在实际工作中不断提高自己专业素质的队伍感到由衷的钦佩，他们完成了一项在中国文化史上具有重要历史意义的工作。我对他们能够完成这样一件重大的文化工程给予高度评价，对他们付出的艰辛表示崇高的敬意！

广西师范大学出版社的领导和编辑们，独具慧眼，对此项调查研究和丛书出版给予了有力的支持。更难得的是亲自组织队伍，到深入山区与课题组一道开展调查研究。初稿完成后，编辑们对书稿进行了细致的校核，对书稿质量的提高起到了重要的作用。本套丛书最终能够与读者见面，与他们付出的劳动和财力上的支持是分不开的。他们无愧于出版家（而不是出版商）的称号。在此，向他们表示衷心的感谢！

中国社会科学院荣誉学部委员　孙宏开

序于安贞桥寓所

2013年1月15日

目 录

前　言 ··· 1
　一、撰写背景 ·· 3
　二、研究综述 ·· 4
　三、文献简介 ·· 7
　四、写作体例 ·· 12

第一章　纳木依藏族概况 ································· 15
　一、自然人文地理 ·· 17
　二、生产生活 ·· 25
　三、婚丧嫁娶 ·· 32
　四、节日 ·· 35
　五、宗教信仰 ·· 37
　六、民间文化 ·· 43
　七、宇宙观 ··· 44
　八、纳木依民间故事 ·· 46

第二章　语言概况 ·· 55
　一、木里县俄波乡纳木依语 ···································· 57

二、九龙县子耳乡纳木依语 …………………………………… 86
　　三、常用词汇表 …………………………………………………… 109
　　四、小结 …………………………………………………………… 204

第三章　文献精选精译 ………………………………………………… 205
　　一、木里县俄波乡朱小华所持纳木依历书《哈克》解读 …… 207
　　二、木里县俄波乡朱小华所持纳木依《神路图》解读 ……… 918
　　三、九龙县子耳乡李开华所持纳木依《神路图》解读 ……… 972
　　四、木里县俄波乡朱小华所持纳木依印棒解读 ……………… 1014
　　五、九龙县子耳乡李开华所持纳木依印棒解读 ……………… 1036
　　六、九龙县子耳乡李开华所持纳木依印板解读 ……………… 1042
　　七、九龙县子耳乡李开华所持纳木依唐卡解读 ……………… 1044

第四章　纳木依文字符号统计表 ……………………………………… 1053
　　一、历书《哈克》文字符号统计表 …………………………… 1055
　　二、木里印棒符号统计表 ……………………………………… 1098

第五章　口述史 ………………………………………………………… 1103
　　一、木里县俄波乡朱小华访谈口述史 ………………………… 1105
　　二、九龙县李开华、李开银访谈口述史 ……………………… 1124

第六章　研究报告 ……………………………………………………… 1135

第七章　调查笔记 ……………………………………………………… 1141
　　一、2011年寒假调查笔记 ……………………………………… 1143
　　二、2011年暑假调查笔记 ……………………………………… 1145

后　记 …………………………………………………………………… 1151

索　引 …………………………………………………………………… 1155

主要参考文献 …………………………………………………………… 1161

前言

一 撰写背景

纳木依，对于很多人来说是一个十分陌生的名词，即便是在纳木依人聚居区——四川省的甘孜藏族自治州和凉山彝族自治州，也有很多人没有听说过这个族群。事实上，这支人数只有几千人的族群拥有其独特的历史渊源、宗教信仰和语言文化。在中国西南地区的藏彝走廊里，盛开着多个民族、族群的文明之花，各民族文化之间相互交融、影响、促进，可谓百花竞放。在这万紫千红中，纳木依文化是不可忽视的一朵"古老之花"、"神秘之花"。

纳木依人，过去曾是西番的一支，新中国成立后被划为藏族，成为藏族的一个支系。纳木依人的宗教信仰、社会风俗、历史传说受藏族的影响很大，但因长期与彝族杂居，在语言文化上也受到了彝族的影响。

清华大学中国西南地区濒危文字抢救、整理与研究项目组与纳木依结缘始于2011年1月。2011年1月初，清华大学九位同学在中文系赵丽明教授的带领下来到川滇交界地区做田野调查工作，1月18日来到西昌，在王德和先生的引荐下认识了纳木依人王文发先生，又在王文发先生的帮助下见到了凉山州俸波乡的纳木依帕孜朱小华先生。朱小华先生为我们带来了他家中收藏的纳木依历书《哈克》和神路图《措布尔古》，我们对这两部纳木依的重要文献进行了初步的翻译解读。

2011年5月，时值清华大学百年校庆，项目组召开了中国西南濒危文字文献展览暨研讨会，邀请朱小华先生来京，做了进一步调查补充。

2011年暑假，中国社会科学院的黄成龙博士告诉我们，甘孜州九龙县子耳乡万年村尼玛堡子的纳木依人李开华，对纳木依的语言文化十分了解。我们通过黄成龙博士提供的线索，找到冕宁县纳木依人李志清，经其介绍见到了万年村的李开华老人，请他对历书《哈克》做了另一个版本的解读。调查过程中，李开华老人的两个弟弟李开银、李开富先生主动担任起联络和翻译工作，为我们带来了很大的便利。探访完李开华老人后，我们又拜访了朱小华先生的家，请他进一步详细解读神路图。

2012年3—5月，项目组先后再次请九龙县子耳乡的李开华、李开银兄弟及木里县俸波乡的朱小华来京，做最后一次调查补充，调查了两地（相距约30公里）的语言系统，并进一步完善了两部文献的解读工作。

在近两年的调查翻译过程中，朱小华、李开华两位发音人不辞辛苦地积极配合我们的工作，对我们提出的要求都尽量满足。另外，我们还得到了其他人的热心帮助：西昌学院的王德和老师负责联络工作，积极为我们提供发音人的线索；纳木依人王文发、李志清先生帮助我们联系发音人，搜寻新线索；李开华老人的耳朵不好，汉语水平不高，他的弟弟李开银一直陪同他做调查，为我们翻译解释李开华老人的话；中国社科院的孙宏开教授、黄成龙博士多次对我们的语音标注和语法标注进行审核、指导，提出宝贵意见。在这些人的帮助和支持下，我们的撰写工作才能最终保质保量地完成，达到出版要求。

二 研究综述

虽然知道纳木依的人不多，但学术界对纳木依的关注研究早已开始。从上世纪七八十年代开始，就有学者不辞辛苦深入四川山区探访神秘的纳木依语言与文化。近年来对纳木依的研究，主要有三个方面：

（一）从社会学、人类学、历史学的角度讨论纳木依的民俗、历史和宗教文化

1985年，何耀华在《川西南藏族史初探》[1]一文中，对冕宁县里庄区雅砻江以西锣锅底乡的纳木依人和拍木依人两支"西番"做了调查，初步了解了川西南藏族纳木依和拍木依的历史情况，该文就是通过分析这两个不同自称的藏族支系的历史情况，探索川西南藏族的历史。该文通过纳木依与拍木依的神话传说及其历史记载，探讨二者之间的联系和区别，分析他们的共同源流和分化情况。使得我们对于纳木依的起源有了新的了解。

1991年，龙西江在《凉山州境内的"西番"及渊源探讨（上）》[2]一文中介绍了凉山州境内七大"西番"（尔苏、多须、尼汝、纳木依、普米、虚米、么些）的历史概况。"西番"是川滇西部众多的藏族支系的泛称（也有不属于藏族者），纳木依也是"西番"之一，在雅砻江东岸操纳木依语的居民被称为"小西番"，在西岸操纳木依语者被称为"大西番"。该文介绍了纳木依人的分布地区、人口数量、历史来源、服饰婚姻、生活习俗、宗教信仰等方面的情况。

2004年，宋兆麟出版了《寻根之路：一种神秘巫图的发现》一书，颇为详细地介绍了纳木依人的宗教文化。宋先生从几十年前就开始深入西南边陲，对西南少数民族进行调查。从1981年到2003年，他先后对纳木依人做过四次调查，翻山越岭，历尽千辛万苦，记录下了纳木依人的生活、文化和宗教面貌。

2006年，杨福泉在《"纳木依"与"纳"之族群关系考略》[3]一文中，从历史渊源、宗教信仰、社会生活习俗和文学艺术等诸多方面，对"纳木依"人与如今以"纳西"、"纳罕"、"纳"

---

[1] 何耀华：川西南藏族史初探，《思想战线》，1985年第4期。
[2] 龙西江：凉山州境内的"西番"及渊源探讨（上），《西藏研究》，1991年第1期。
[3] 杨福泉："纳木依"与"纳"之族群关系考略，《民族研究》，2006年第3期。

等为自称的"纳"族群的关系进行了详细考证和论析，认为纳木依人与纳西、纳人是同源异流的关系。通过对这些族群的对比研究，可以深化对东巴教源流的认识，也有助于深入理解纳西族群和藏族的历史关系及其变迁。这种跨民族、跨族群的比较研究，特别是对具有同源异流关系的族群进行比较研究，能够使我们更好地认识一个族群的历史。

2009年，刘俊波在《九龙县纳木依藏族考察初记——以尼玛堡子为例》[1]一文中，以九龙纳木依藏族的主要聚居地（尼玛堡子）为对象，对九龙纳木依藏族的分布、历史、宗教、婚姻等方面的情况进行了实地调查，初步形成了关于九龙纳木依藏族的基本认识。作者走访了甘孜州九龙县子耳彝族自治乡万年村的纳木依人，文中也提到了李开华老人和帕孜朱小华的情况。作者详细介绍了当地的语言使用情况以及风俗习惯，使我们对于尼玛堡子的纳木依文化有了一个基本了解。但该文并未对尼玛堡子纳木依语做深入介绍，也没有提及纳木依文献，而这些正是我们课题组工作的关键。

（二）从语言学的角度调查纳木依的语言特点，描写纳木依语

纳木依语方面的研究专家主要有中国社科院的孙宏开教授、黄成龙博士以及四川省民族研究所的刘辉强等人。

1981年8—12月，孙宏开教授在四川凉山州、甘孜州走访调查了一些藏缅语族的语言，其中就包括木里县俅波乡的纳木依语。孙宏开教授在1982年出版的《民族语文研究文集》[2]上刊登了一篇讨论羌语的支属问题的文章，全面论证了羌语支语言支属问题。在《六江流域的民族语言及其系属分类》[3]一文中，孙宏开教授全面介绍了纳木依、尔苏、木雅、史兴、贵琼、扎巴、却隅等语言的特点，并将它们归入羌语支语言。1986年，孙宏开教授发表《试论"邛笼"文化与羌语支语言》[4]一文，将羌语支十种语言对"邛笼"的称呼进行对比，并构拟其原始形式，从而探索藏缅语音的演变规律。这其中也提到了纳木依语，认为它也属于羌语支语言。

1991年，和即仁在《"摩些"与"纳木依"语源考》[5]一文中，从历史记载和人们对"摩些"含义的推测以及语言的古今语音演变的历史，考察"摩些"这个族称与"纳木依"人的自称在语源上的关系。该文将冕宁纳木依话的基本词汇和基本语法构造与永宁纳西话作对比，认为二者比较相近，其常用词汇中有不少同源词，从而认为纳西语和纳木依语在历史上可能同源于一个原始母语，纳西语的"纳母"与纳木依语的"纳木"同源，纳木依可能跟纳西、纳等族群有着同源异流的关系。这就引发了纳木依语的支属问题：纳木依语究竟属于藏缅语族彝语支语言，还是如孙宏开教

---

[1] 刘俊波：九龙县纳木依藏族考察初记——以尼玛堡子为例，《康定民族师范高等专科学校学报》，第18卷第5期，2009年10月。
[2] 孙宏开：羌语支属问题初探，《民族语文》编辑部编，《民族语文研究文集》，青海民族出版社，1982年6月第1版。
[3] 孙宏开：六江流域的民族语言及其系属分类，《民族学报》，1983年第1期。
[4] 孙宏开：试论"邛笼"文化与羌语支语言，《民族研究》，1986年第2期
[5] 和即仁："摩些"与"纳木依"语源考，《民族语文》，1991年第5期。

授所认为的，属于汉藏语系藏缅语族羌语支语言？

1994年，《藏缅语十五种》一书中收录了黄布凡与仁增旺姆对于木里藏族自治县俸波公社甘海子村的"纳木义语"（即纳木依语）的语言系统的介绍[1]，1994年，黄布凡的学生拉玛兹偓在《纳木依语支属研究》[2]一文中从语音、词汇、语法特征等多方面比较了纳木依语与藏缅语族多数语言的异同，认为纳木依语与纳西语最接近，纳木依语应属彝语支。该文以四川省冕宁县里庄区兰窝乡为调查点，展示了该地纳木依语的语音特征，并将其与彝语支语言及羌语支语言进行比较，最后认为纳木依语的语音结构和语音特征与羌语支语言相差甚大，与彝语支语言尤其是纳西语和彝语较为接近。

除了对纳木依语的支属问题进行探讨，一些学者还对纳木依话的语音系统和语法结构作了详细介绍，例如刘辉强的《锣锅底纳木依语》[3]介绍了四川省凉山州冕宁县里庄区联合乡锣锅底纳木依话的语音、语法、词汇情况；刘敏的《纳木义语与汉语的音系比较研究》[4]介绍了纳木义语的语音系统（文中未说明具体调查点）。目前主要研究纳木依语音语法情况的学者是中国社科院的黄成龙博士，近年来一直在研究纳木依的语言文化，即将出版一部详细介绍冕宁县纳木依话的研究专著。

（三）从纳木依图经、文献看纳木依人的文化和宗教信仰

宋兆麟先生在《寻根之路：一种神秘巫图的发现》一书中介绍了几种纳木依的图经：

一种是纳木依历书，其书写方式类似摩梭人的卜书和白马藏人算命看日子的书，"每天为一格，一个月30格，一年360格，每格有两三个象形文字，下边多以藏文注释"[5]。

另一种是流传于冕宁地区的纳木依的"指路经"（书中称"错布露骨"），是一种图画性质的经书，宋先生称其为"为亡人指路的地图"。这幅图卷"有近百幅图，各图由墨线隔开，上图下文。自左而右，绘有不同内容，有自然景观、人物形象、生活器具、鬼神信仰、君主、动物、植物、地图等等，以一定的景物标志一定含义"[6]。宋先生对图经中的图画进行了汉语解释，使我们了解了该图经的基本内容。宋先生结合"指路经"中所反映的内容，详细介绍了纳木依人的丧葬仪式，并从考古学证据、民族史中的记录、文献记载、民族学例证等方面追溯了巫画的源头，宋先生得出的结论是：纳木依巫图的存在不是偶然的，它是远古时期巫图的残存。

宋先生在该书中所介绍的纳木依经书文献与本书所介绍的历书和神路图还有不同之处，本书中的历书几乎没有藏文，全部是象形文字；神路图也没有藏文，全部是图画，只在背面有一些藏文，

---

[1] 黄布凡：纳木兹语，《藏缅语十五种》，北京燕山出版社，1991年2月，153—173页。
[2] 拉玛兹偓：纳木依语支属研究，《民族语文》，1994年第1期。
[3] 刘辉强：锣锅底纳木依语，《语言研究》，1996年第2期（总第31期）。
[4] 刘敏：纳木义语与汉语的音系比较研究，《语言研究》，2006年12期。
[5] 宋兆麟：《寻根之路：一种神秘巫图的发现》，北京：学苑出版社，2004年8月第1版，第9页。
[6] 宋兆麟：《寻根之路：一种神秘巫图的发现》，北京：学苑出版社，2004年8月第1版，第46页。

但磨损严重。过去一直做纳木依调查的黄成龙博士以及王德和先生、李志清先生等人也注意过本卷中的几部图经，我们有幸在他们的指点和引荐下见到了这几部古老图经的真面目。

三 文献简介

到目前为止，我们收集到的纳木依文献有：1本历书、2部神路图、2组印棒（朱小华4根，李开华1根）、1块藏文印板、1幅唐卡。

纳木依文化中，朱小华所持的历书《哈克》和神路图《措布尔古》可谓"镇山之宝"、"定海神针"，是最重要、最有价值的纳木依文化瑰宝。这两部古老文献，用五颜六色、形象生动的原始图符和图画再现了纳木依人的历史文明、社会生活，也记录了纳木依祖先对宇宙天地、自然万物的哲学认知。

清华大学中国西南地区濒危文字抢救、整理与研究项目组并非第一个发现《哈克》与《措布尔古》的，宋兆麟、李星星、黄成龙等专家在过去的调查中都曾拜访过朱小华，在其家中看到这两部图经并拍下了照片。在多家单位和个人的帮助下，我们项目组才有机会见到这两部图经，并首次对其做详细解读。

初见纳木依历书《哈克》时，我们惊讶地发现，上面各种五颜六色的图符与木雅经书、尔苏沙巴历书、摩梭达巴历书、普米韩规经书上的图符有异曲同工之妙。待细细解读，我们又发现纳木依历书与以上那些历书不仅是看着像，其内容也有共通之处。无论外在内容如何变化，内核都是统一的——以十二生肖、二十八星宿、八卦、九宫图为基础的历法演算规则，以苯教思想为核心的世界观、宇宙观、鬼神观。

与木雅、尔苏、普米经书用藏文辅助象形图符表音表意不同，纳木依历书上几乎全是象形图符，而鲜见藏文。具体来说，纳木依历书上的图符有以下几个特点（以朱小华解读为例）：

首先从形态上来说，有以下几个特点：1.这些图符属于象形符号，形象生动，但线条简洁，结构简单，具有高度抽象性，已不是原始的写真图案，例如  代表和尚做法事用的筛子；2.每个图符的形态是基本固定的，一般不存在异体同义的现象，图符形态的区分非常细致。某些时候在一个图符上加一笔，就能表达出更丰富的意义，例如 ⬤ 可以表示土神惹了人，而在圆圈上面或下面加一个尾巴的 ⚲，就可以表示土神惹人惹得十分严重。

第二，从读音上来说，每个图符都有其特定的读音，一般是一个图符对应一个词音，但图符本身没有表音的部分，仍旧为完全的表形表意符号，例如 🐚 读作"$li^{31}bu^{55}$"（海螺），┃ 读作"$nda^{55}ta^{55}$"（家神）。

第三，从表意上来说，每种图符有较为稳定的意义，不会随着日期和月份的改变而变换意义。

纳木依历书《哈克》二月上

纳木依历书《哈克》附图

通常来说，一个图符对应一个词义，且基本上都是名词。图符的颜色、图符在这个图案中的方位也可以区别意义，例如蓝色的生肖一般表示这个生肖的人在这一天病得尤其严重；又例如，若在图的上方，就表示"$tʂʅ^{31}$"（星宿），若在图的下方，就表示"$sɑ^{55}tɑ^{55}$"（土神）。

第四，这些图符表达的意思有限，仅能对观看者做关键词提示，不能完整地表达历书所包含的表层乃至背后的意义，需要口头传授来补充。例如，的字面意义是纳木依家庭中的"神枝"，代表"家神"，但帕孜会根据这一天的实际情况来判定家神是否惹了人。如果没有惹人，在翻译中只需表明它是"家神"，如果惹了人，就要额外补充为"家神惹了人，要给家神烧香"云云。

总的来说，这些图符是一种图画性的表意符号，具有一定的文字作用。其书写单位不能分成句子和语词，而是成段的篇章，类似于语段文字。它不能够完备地按照语词次序来书写语言，需要口头补充，并且语言是任意的，有"超语言性"[1]。

与历书中的图画文字不同，神路图中的图画更像是"图画"，而不是"文字"，它具有以下几个特点：

1. 神路图是一卷意义连贯的"连环画"。从第一幅图到最后一幅图，描述的是一段老人魂灵的上天路程，也是纳木依祖先的迁徙路线，故事内容具有非常完整的连贯性。

2. 形、音、意的结合非常松散，图画纯粹表形，带有表意的成份，虽然图中的物象都有读音，但它们是因其意义而获得的读音，图形本身并没有表音成份。

3. 图画虽然具有表意成份，但其表意作用与文字符号的表意作用不同。虽然画一个男人表示"男人"，画一只老虎表示"老虎"，但这跟自觉地用男人和老虎的形状来记录"男人"、"老虎"这两个词，完全是两回事。这种图画只是直接用图画来代表事物，而不是用图画来记录事物的名称——语言里的词。同时，图画中的形态也不具有固定性，同一种事物在不同的图画中形态会有变化。因而这些图画不是符号。

4. 虽然这些图画不是文字符号，但其一定程度上具有文字的功能。在神路图中，记录了大量纳木依人的历史传说、诗词经文，帕孜指着这些图画，就能说出很多有意思的小故事，背出很多优美动听的韵文。例如：页10图。

$i^{31}na^{55}mi^{35}$,	$i^{31}na^{55}ga^{35}$,	$ga^{35}dzʅ^{31}$	so^{55}	la^{55},	na^{55}	$zʅ^{31}$	$a^{31}sʅ^{31}$
二郎山	跑马山	聂巴山	三	座	纳木依人	儿子	名称
$ʂu^{55}$,	$tsʰo^{31}$	bu^{31}	li^{55}	za^{55}	dzu^{31},	$i^{31}na^{55}ga^{35}dzʅ^{31}$	dzu^{31}。
家，群	人	路	（趋向助词）	回	来	聂巴山	来
$i^{31}na^{55}ga^{35}$	li^{55}	$tʂʰa^{31}pʰu^{31}$,	ga^{35}	ta^{31}	y^{35}	$tʂʅ^{31}tʂʅ^{31}$	y^{35}
跑马山	（趋向助词）	翻	山	上	雪	堆	雪

---

[1] 周有光：《世界文字发展史》，上海教育出版社，1997年，37页。

左图是朱小华所持神路图的局部，讲述的是纳木依祖先在翻越二郎山、跑马山、聂巴山时的故事。纳木依祖先在翻越这三座大山时，又冻又饿，前面无路，后有追兵，死了不少人。

左图是李开华所持神路图的起始部分，描述了是纳木依人的源头。最上面是纳木依人的起源地"pʰu⁵⁵mu⁵⁵ɬa³¹dzɹ̩⁵⁵gu³¹"（今后藏地区），下面的人像都是纳木依人的祖先、领袖、英雄人物，至今纳木依人过年过节的时候都要供奉这几个人。李开华所持神路图中，纳木依祖先从后藏一路迁徙至四川，在四川新都桥一带分家，最后在冕宁县定居。

续表

pu⁵⁵	li⁵⁵	tʂʰɑ³¹pʰu³¹,	i³¹na⁵⁵ga³⁵dzɿ³¹	dzu³¹。	ga³⁵dzɿ³¹
地	（趋向助词）	翻	聂巴山	在	山
li⁵⁵	tʂʰɑ³¹pʰu³¹,	ga³⁵ta³¹	y³⁵	tʂɿ³¹tʂɿ³¹,	ga³⁵dzɿ³¹	so⁵⁵
（趋向助词）	翻	山上	雪	堆	山	三
la⁵⁵	dzu³¹,	ga³⁵dzɿ³¹	y³⁵	tʂɿ³¹tʂɿ³¹,	y³⁵	pu⁵⁵	li⁵⁵	tʂʰɑ³¹pʰu³¹。
座	来	山	雪	堆	雪	地	（趋向助词）	翻

前有三座山，二郎、跑马和聂巴。
纳木依人一路来，翻过跑马山，来到聂巴山。
山上堆满雪，翻出雪地来，来到聂巴山。
翻过大高山，山上堆满雪。
翻过三座山，山上堆满雪，翻出雪地来。

2012年3月，我们将李开华、李开银兄弟请到北京来做调查，李开华给我们带来了另外一卷纳木依神路图（参见页11图）。这幅神路图记录的也是纳木依祖先的迁徙路线和生活图景，但和朱小华的神路图在内容上有差别。

纳木依历书与神路图两部重要文献，代表了纳木依文字的两种原始形态。相比之下，历书中的图符代表了一种更高级的形态，是一种图画性的表意符号，它已经开始具有一定的文字作用。

而神路图中的图画更像一种"文字画"，是单独的图画，独立表示整个语段，只再现话语内容，不反映语言形式。阅读者只有在了解了整个图画的含义之后，才再将其转换为自己的语言。

对于上述文献的研究，在文字学、民族学、历史系、人类学、宗教学方面都有重大的意义，我们可以从中窥探到纳木依古今文明的大致面貌。

四 写作体例

《纳木依藏族文献》共分为七章，分别从族群概况、语言特征、文献解读、口述史、研究报告等几个方面详细介绍纳木依人的语言文字情况。

第一章：纳木依概况。本章主要从自然人文地理、社会生产生活、婚丧嫁娶、节日、宗教信仰、民间文化、宇宙观等几方面介绍纳木依族群的特点，并在章末记录了纳木依人的五个民间传说故事。本章作者：古涛、王德和、张琰。

第二章：语言概况。本章使用国际音标记音，分别对朱小华的傈僳乡纳木依语及李开华的九龙县纳木依语的语音、词汇、语法特征进行简要介绍，并附基本词汇表。基本词汇表以范俊军《语言调查语料记录与立档规范》[1]中的通用词表为范本，从中提取纳木依发音人可以表达的词汇。词表共四列，第一列为汉语意义，二、三列为纳木依语发音，第四列的备注的设置是为了便于研究者在使用本书时有相应的记录空间。本章记录整理人：张琰。

第三章：文献精选精译。本章是本书的核心部分，共分7节，选录了纳木依人的7份文献进行了详细解读。每节有对解读对象简要说明和介绍，采用著录表形式。正式解读部分，则按照解读对象的实际情况调整各自的解读形式。

第一节"木里县倮波乡朱小华所持纳木依历书《哈克》解读"。历书《哈克》原件以半月为单位，故本书参照原文献本身特征进行解读，形式为：首先列出半月全图，其后以日为单位进行解读。解读采用表格形式。表中第一列为当天涉及的全部图符，具体解读内容包括朱小华、李开华二人对图符进行解读的"国际音标"、直译、意译、当日"解读"、全图"通译"、特殊意项等的"补充"或注解。本节记录整理人：张琰。

第二节"木里县倮波乡朱小华所持纳木依《神路图》解读"。本节解读采用图文对照形式，原图统一居页面左侧，解读内容居右，并于图侧标示原图序号，以便于使用者参考。神路图在纳木依帕孜祭祀、做法事等活动中，往往还附有经文或口头故事传说，本书于解读行文中以"【经文+序号】"、"【故事+序号】"依次标示，统一记录于后。朱小华所持神路图是目前较为完整的纳木依神路图，在纳木依的宗教信仰活动中具有极重要的意义，鉴于其在纳木依文化研究中的重要性，并为研究者的使用方便，本书特为该图制作了经摺本，作为全书的附录。本节记录整理人：张琰。

第三节"九龙县子耳乡李开华所持纳木依《神路图》解读"。本节解读方式基本同第二节，但可惜的是，李开华所持神路图前半部分损坏较为严重，已经无法进行解读，并且李开华因长期未从事帕孜职业，只能对所持神路图个别图符进行解释，本书所录即是其能够解读的部分。本节记录整理人：张琰。

第四节"木里县倮波乡朱小华所持纳木依印棒解读"。朱小华所持印棒目前共存印棒4根、竹刀1枚，本节采用表格形式对朱小华所持印棒进行解读，内容为包括：印棒图符，国际音标，名称，并有备注（对印棒图府的补充性解释）。本节记录整理人：张琰、姜明慧。

第五节"九龙县子耳乡李开华所持纳木依印棒解读"。李开华所持印棒目前共存2根。由于李开华不能像朱小华那样对印棒上的每个图符进行解释，故而本节只能记录下李开华对所持每一支印棒的整体用法和意义进行的汉语解释。本节记录整理人：张琰、姜明慧。

第六节"九龙县子耳乡李开华所持纳木依印板解读"。纳木依印板是将藏文刻于木板上，在使用时刷墨印于布料上，张贴于路边、石板、桥墩等处进行敬神之用。本节记录整理人：张琰、姜明慧。

第七节"九龙县子耳乡李开华所持纳木依唐卡解读"。该幅纳木依唐卡由李开华提供，图中记录的是纳木依祖先探求宇宙知识的故事。本节解读内容分为"唐卡故事"（整幅唐卡）、"人物部

---

[1] 范俊军主编：《语言调查语料记录与立档规范》，暨南大学出版社，2011年1月第1版。

分"（上下四角）、"宇宙部分"（中间）三部分，对唐卡进行了全面解读。本节记录整理人：姜明慧。

第四章：纳木依文字符号统计表。共分两节。

第一节"历书《哈克》文字符号统计表"。本表是对《哈克》中所出现的所有图符进行发音、意义、字频方面的整理和统计。各字符的排序规则为，首列十二生肖，其他符号按出现在历书中的先后次序排列。本表对于各个图符的解释，是一般情况下的通常解释，当这些图符回归到历书当中时，可能会因为年份不同、病人的属相不同或发音人的自由变通等原因而发生意义上的变化。本节记录整理人：张琰。

第二节"木里印棒符号统计表"。本表统计了朱小华所持4支印棒共158个图符，归作48种。本节记录整理人：张琰。

第五章：口述史。几次田野调查过程中，项目组成员与朱小华、李开华、李开银就本民族宗教文化、社会风俗及个人家庭状况进行了交流访谈。根据数次访谈录音整理出的发音人口述史，对于纳木依语言文化研究中相关问题的理解不无助益，故纳入本书整理范围。本章记录整理人：曾璐、杜牧野、安娅、张琰。

第六章：研究报告。本章是整理者对纳木依历书《哈克》中图符性质的个人认识。在翻译完纳木依历书《哈克》之后，作者对于这部文献有一些拙见，姑附于此供大家探讨。本章作者：张琰。

第七章：调查笔记。本章是清华大学中国西南地区濒危文字抢救、整理与研究项目组同学在数次田野调查过程中撰写的采风日记，记录了同学们在川滇山区携手工作的点点滴滴。本章作者：张琰。

索引：本书末附按照汉语拼音排列的人名、地名、专有名词索引表。

（本章执笔人：张琰、赵丽明）

第一章
纳木依藏族概况

纳木依人是藏族的一个支系，自称"纳木依"[na⁵⁵mu⁵⁵i³¹]或"纳木兹"[na⁵⁵mu⁵⁵zɿ³¹][1]，使用自己的语言——纳木依语。纳木依本是西番的一种，其余六种分别是尔苏、多须、尼汝、普米、虚米、么些。新中国成立前，分布在四川省凉山州、甘孜州一带操普米语、尔苏语、多须语、纳木依语的居民被统称为"西番"，其中又分为大西番和小西番，操纳木依语的居民在雅砻江东岸被称为大西番，而在雅砻江西岸则被称为小西番。[2]新中国成立后，纳木依人被划入藏族，其文化、宗教、语言都或多或少受到过川西藏族的影响。

---

[1] 据孙宏开教授研究，分布于九龙、木里一带的自称"na⁵⁵mu⁵⁵zɿ³¹"（纳木兹）、分布于冕宁、西昌、盐源等地的自称"na⁵⁵mu⁵⁵i³¹"（纳木义），二称是同一名称的方音变体（《六江流域的民族语言及其系属分类——兼述嘉陵江上游、雅鲁藏布江流域的民族语言》，《民族学报》，1983年第3期）。本文使用"纳木依"的名称。

[2] 龙西江：凉山州境内的"西番"及渊源探讨（上），《西藏研究》，1991年第1期。

一 自然人文地理

（一）族群人口分布

纳木依人聚居于川西南的雅砻江和雅砻江支流安宁河流域，金沙江以北地区包括盐边县、盐源县、木里县、冕宁县和九龙县，金沙江以南，还有丽江地区的几个县也有他们的兄弟支系，只是他们不叫纳木依。

据纳木依人朱小华、李开华、李开银等人估计，纳木依现有人口大约5000人[1]，本书被调查人，纳木依帕孜朱小华，就来自木里县二区倮波乡一村干海子组，该村生活着汉、彝、纳木依三个民族共50余户，其中彝族有2户，汉族有5户（按朱小华：6户），其余都为纳木依人，约52户。

九龙县的纳木依人绝大多数分布于九龙县子耳彝族乡万年村，本文被调查人之一李开华就来自万年村。子耳彝族乡万年村是一个坐落在雅砻江边的大山中的村子，那里生活着九龙县的大部分纳木依人。据尼玛堡子组长李文安统计，万年村共有6个组，350户，1600多人，其中纳木依60户，300余人。万年村有纳木依人生活的堡子共有3个，尼玛堡子（组）处于万年村的中心，尼玛堡子目前共有藏、彝、汉共60户人家，257人，其中纳木依人至少有9家。纳木依人已经在当地生活了几十代。

（二）语言使用情况

四川省凉山州、甘孜州各县的纳木依也有一定差别，但在语音系统上差异不大，差异主要表现在词汇和语法的助词上。过去，纳木依人在本民族间都使用纳木依语对话，对外使用西南官话，许多纳木依老人会说纳木依语、汉语和彝语三种语言。

随着社会的开放以及汉语文化的冲击，纳木依语的使用受到了冲击。社会上越来越多的新事物出现，而纳木依语并未随之出现新的语言使用领域，纳木依语的传统词汇满足不了现代科技、金融、政治语言的需要，因而在通话过程中大量借用汉语词，有些纳木依人交谈时出现了纳木依语、汉语混合交替使用的情况。

在现代社会，纳木依家庭大都把孩子送到汉语学校去接受汉语教育，长辈在家中也常使用汉语与孩子交流，在部分地区，年轻一辈的纳木依人大多已不会说地道的纳木依语，有些甚至听不懂纳木依语。

目前很多四五十岁以上的中老年或年纪更大的老一辈人互相交谈时仍使用纳木依语，但有一

---

[1] 据西昌学院王德和统计，纳木依藏族人口目前有12000余。

雅砻江上游的崇山峻岭，纳木依人生活的世外桃源（张琰2011年摄于四川省凉山州俚波乡干海子村）

部分老年人掌握语言的熟练程度有所下降，主要表现在对词汇的掌握上。调查时发现，对于一些不常用的词汇，他们有时要想很久才能想起来，或者已经完全忘记了。即便是老一辈的李开华、李开银、朱小华等熟练掌握纳木依语的人，也未能避免这种情况。

在传统聚会、节日庆典特别是宗教仪式中，纳木依语仍旧占据着很重要的位置。在聚会和庆典中，纳木依人在一起唱歌跳舞，歌词都是纳木依语。在宗教仪式中，帕孜和老一辈人使用纳木依语唱歌、祝祷、念经。

目前纳木依人中有一部分人意识到了本族群语言文化的危机，呼吁保护传承纳木依语言文化，并积极配合语言调查工作。

（三）历史源流

纳木依人没有文字，他们族群的历史是靠一个个传说故事传承的。据四川省凉山州冕宁乡磨坊沟的纳木依人王建中（男，2011年时56岁，家中祖传18代帕孜，王建中是第19代，从师于其父，只学了两三年，没能学成）称，几千年前纳木依人起源于印度地区，后来因为战争等缘故一路迁徙至四川。凉山州倮波乡的朱小华帕孜也持相似观点，认为纳木依人最早从印度发源，后经尼泊尔、中国西藏和青海，在青海居住了几代，最终迁徙至四川甘孜、凉山一带定居。而根据甘孜州九龙县万年村尼玛堡子的李开华老人口述的传说故事，纳木依的祖先在900年以前一直生活在后藏地区，由于纳木依人用其他民族的人做牺牲祭祀神灵，惹恼了其他民族，就被赶出后藏，向四川流亡。逃亡之初，纳木依祖先带出了很多有文字的经卷，由于逃亡路途遥远，一路上又遭遇汉人（诸葛亮）的追杀，经卷散佚流失，文字就失传了。最后到达川滇地区，纳木依人已被汉族人打散，分别分布在四川省凉山州的木里县、冕宁县以及甘孜州的九龙县等地，还有一部分远赴云南，之后纳木依人便定居下来，代代繁衍至今。

但是，纳木依人始终没有忘记自己的发源地，他们将祖先的迁徙路线绘制在一种名为"措布尔古"［$tsʰo^{31}bu^{31}ɚ^{31}gu^{31}$］（俗称"神路图"或"送魂经"）的图卷上，老人去世以后就由纳木依人的和尚（称为"帕孜"）根据神路图做道场，把老人的魂魄沿着祖先迁徙而来的路线送回发源地，"魂归故里"。

纳木依人起源于印度或西藏地区这一观点主要来自于纳木依人的传说，至于这一古老族群真正起源于何方，还需学界做进一步的探索和研究。

纳木依人分布地示意图

图 例

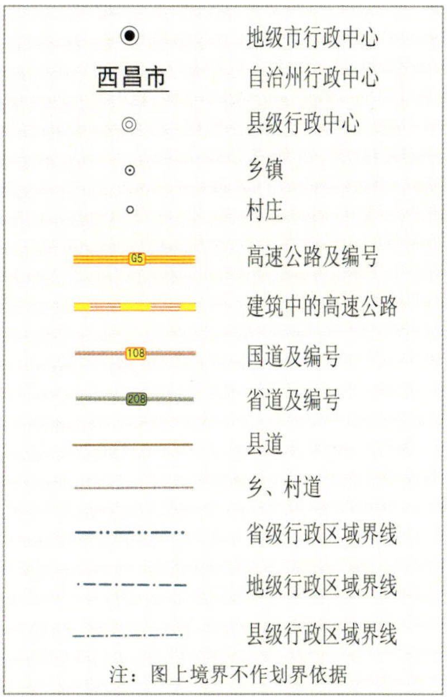

●	地级市行政中心
西昌市	自治州行政中心
◎	县级行政中心
◉	乡镇
○	村庄
G5	高速公路及编号
	建筑中的高速公路
108	国道及编号
208	省道及编号
	县道
	乡、村道
—··—	省级行政区域界线
—·—	地级行政区域界线
---	县级行政区域界线

注：图上境界不作划界依据

图中 ⭕ 示为纳木依人聚居地及调查组调查过的地方

审图号：GS（2013）1886号

二 生产生活

（一）家庭经济

纳木依藏族主要居住在高山峡谷地带，高山狩猎过去是许多纳木依家庭重要的经济来源。现在的纳木依人主要从事农业和畜牧业，种植的农作物有玉米、麦类、荞类、稻谷等，经济作物有烤烟、蚕桑、花椒、海椒、水果等，副业有编织、采药、驮运等。畜牧业上，纳木依人主要饲养马、牛、羊、猪等。畜牧业是当地人民最重要的副业之一。以凉山州木里县为例，在整体农户中，有60%的农户养有羊，73%的农户养有母牛，农区和半农半牧区人民所需的毡子、毛毯、擦尔瓦、披毡、裘衣、酥油、奶渣、肉食、耕畜、役、畜、皮袋、皮绳等，都依靠畜牧业。

新中国成立以来，尤其是改革开放后，纳木依社会受到汉族社会的巨大影响，许多纳木依年轻人走出大山，在城市中打工或做生意，走上了现代致富道路。纳木依人普遍比较勤劳聪明，不少纳木依人通过合法的致富手段，在成都等大城市拥有了自己的住房和汽车。纳木依人的聚居地有彝族、汉族、藏族等多个民族，纳木依与其他民族间的关系比较融洽，民族间互相通婚的情况也较为常见。

新中国成立前，纳木依家庭中存在一夫多妻的现象，有钱人家都有三妻四妾，新中国成立后确立了严格的一夫一妻制。过去纳木依人不与其他民族通婚，新中国成立后特别是近年来，随着思想的开化，自由恋爱、自由婚姻成为主导，不分民族、不分家族，只要男女双方同意，父母基本不干涉。

据李开银讲述，依照纳木依人的习俗，婚后第一年，女方住在娘家，不能去男方家里。一年之后，两人自立门户，组建独立家庭。现在已婚妇女的家庭地位有所提高，可以出去工作，夫妻双方的经济地位决定了其在家庭中的地位。

（二）居住

纳木依的居住一般都以村寨为单位，成聚落状态。在冕宁县、西昌市、九龙县二区、木里县倮波乡，我们看到纳木依人的住房，基本上都是用石头砌墙，用瓦或石板盖顶。以一楼一底居多，也有两楼一底的。在冕宁县锣锅底，大部分房子都是平房，只有一层。各种住房是由当地的经济条件所决定的。在盐源县的一些纳族群的人家，因为地处森林边沿，木料好取，所以修建了一些用木料叠垒起来的木楞房，大家习惯称呼为"木楼子"的特色小房子。

纳木依人一般住在高山上，由于交通不便，运送砖块的成本很高，现在一些纳木依人依旧自己

纳木依民居（张琰2011年摄于朱小华帕孜家）

打土坯建房，房顶铺瓦。经济条件稍好的纳木依人依照当地习俗，建二层小楼，一层用于养牲畜和存放杂物，二层住人。

（三）饮食

纳木依人生活在雅砻江和大渡河大拐弯地区，和周边的其他藏族族群支系长期相处，互相涵化了许许多多的文化，包括饮食习俗。咸丰版《冕宁县志》卷九十二记载："麽些其人长大黑色，男子编发成索，白手巾缠头着短衣穿皮靴，遍身脂腻不沐，内披衣甲外覆大黑偏毡，出入常带刀，居荒村，种荞麦及青稞食之。畜犏牛山羊为生。有事以艾灸卜其吉凶。妇女编发细辫，短衣赤足，内披毡毯外披羊皮，饮食以青稞荞麦牛羊酥乳煎茶食之。"可见过去纳木依人主要的粮食是青稞和荞麦。现在的主食有玉米、苦荞、小麦、土豆、四季豆，副食有圆根和干菜、牛羊肉等。

过去纳木依人一般一天吃四顿饭。早上很早起来会喝一顿茶，上午十点到十一点左右会吃一顿饭，叫中午饭，也叫早饭。下午四五点的时候吃一顿。晚上有个夜饭，通常吃粥。现在一日三餐都吃干食，常吃的干食为焖玉米面饭、煮土豆、烤玉米馍馍，佐以酸菜汤。一般家境稍好的人家，早晚还吃茶点，煮酥油茶或煮加盐的浓茶，佐以炒面。

1. **虾打** [ɕa⁵⁵da⁵⁵] **汤**，是纳木依藏族和其他藏族支系的人们非常珍贵的佳肴，纳木依人称为"西普沙沙"[ɕa⁵⁵pʰu³¹ʂa⁵⁵ʂa³¹]，实际上是凉拌生肉。此外还有很有特色的吃法：选用野生的獐子、麂子、马鹿、盘羊、羚羊、岩羊的新鲜肉或家养的猪羊的内脏，包括千层肚和心、肝，还有精瘦牦牛肉，去骨、剁细或用碓窝舂细，拌上香料木姜子[1]、海椒、大蒜、盐、味精，拌匀，再倒凉开水搅成肉浆，即成"虾打"。虾打是款待贵客的珍馐美味。食用时用匙羹舀取，入口奇香润滑、口感很好，毫无生肉的腥膻味。不仅纳木依藏族爱吃虾打，其他民族的客人也十分喜爱。

2. **强丁酒**。又名酥油酒，入冬以后，气温渐降，人体热能消耗增大，需及时补充热能。此时的雅砻江流域的藏族，特别是居住在高山的牧民都喜欢喝强丁酒。强丁酒的做法是：取适量酥油一块，投入罐内置火上熬化，加蜂糖或白糖、红糖，再勾兑上少许白酒即成，具有极强的驱寒暖身效果。

3. **酥油茶**。酥油茶是藏区各民族的主要饮料和待客上品。纳木依人待客一般先敬烟，后敬酒，再敬茶。煮酥油茶的方法是将砖茶的茶叶熬好，将酥油、茶水放入茶桶里同煮，再放适量的盐和调料。调料是苏麻籽、大麻子、核桃、花生仁炒熟，用粉碎机打碎成浆状的茶料。酥油茶添加茶料的目的是增强香味。酥油茶可以用电动搅拌器搅拌，也可以直接用茶桶手动搅拌。搅拌的目的是使油和热茶水充分混合形成乳浊液。搅拌均匀的酥油茶，用专用茶壶盛上，当着客人的面倒在碗内，再双手献到客人面前的茶几上。这一区域的各民族人民，在雅砻江大拐弯地区，无论何种民族都嗜好喝酥油茶、待客也用酥油茶。

4. **牦牛肉**。用精致牦牛肉加工的牛肉干，是纳木依藏族人民的上胜佳肴，和馈赠亲友的珍贵礼品。

5. **小笼包**。小笼包是藏民年节或待客的主食。馅可以用酥油加风干牛肉泡水捣碎来做，也可以由洋芋煮熟后捣成泥浆加香油、佐料做成。小笼包伴酥油茶，味道特别鲜美。

6. **黄酒**。别名苏里玛酒，盐源的蒙古族人称之为"苏里玛咣当酒"，藏语称为"丕"[pʂɻ55]。制作方法是：将大麦炒熟加水煮胀，滤水，晾干，拌以高山所产草药如龙胆草等制成的土酒糟，捂盖严密，待自行发酵后装入坛内。如有贵客到来，主人家会新开一坛黄酒，加冷开水入坛，然后用小管引入瓶或酒壶里，这在纳木依藏族来说，是最高级热情的接待规格。黄酒口味醇正，是夏天消暑解渴的好饮料。熬煮得好的头遍黄酒，质量上乘。

7. **低度白酒**。纳木依藏族民间喜欢用纯粮食烤酒，这些小甑子烤出来的白酒，酒精度不高，色清味纯，甘洌可口，饮后不上头，不伤胃，深受老百姓喜爱。此种酒一般在乡间农家屋头小批量零散生产，自产自销，自烤自用，没有形成商品生产和规模生产。

8. **猪膘肉**。其形似琵琶，故有人称之为琵琶肉，是当地藏蒙各族人民喜欢加工储存的一种风味独特的腌腊制品。每到冬季，纳木依人家家户户都要杀年猪，做猪膘。杀年猪是纳木依人喜庆欢

---

[1] 木姜子：在高山上树林里的木姜子树的无花果实。味清香，可入菜肴调味。

乐且隆重的时节和节日项目。在盐源泸沽湖边的拉衣卓先生告诉我们："制作猪膘肉的方法是，将年猪整体刮净猪毛，打整干净，放在炕上待用。用打磨锋利而又干净的刀，把整猪从咽喉部到尾部，沿腹部对剖。认真剔去所有的大小骨头和骨节，除去内脏、巴骨瘦肉、四肢。然后在腹内和伤口全部撒上生盐、香料，重新缝合压紧，再晾晒风干。"食用时切下一圈猪膘，可蒸可煮，无论蒸煮都有一股浓郁的醇香味，口感肥而不腻。生猪膘不易变质，可以存放多年。

（四）服饰

1. 男装

纳木依男装没有独特性，他们过去有自己的民族服饰，但是因为生产力发展水平低下，服饰相对简单。

纳木依人时兴穿楚巴（亦称"楚帕"[tsʰu⁵⁵ba³¹]，即藏袍）。内穿领口和衣襟镶金边的呢绒或白、粉红色棉布为料的偏襟短衣，外套藏袍。藏袍无论男女装，藏名都叫"楚帕"。着藏袍时要把袍领顶在头上，下摆放至膝盖部，后腰收几条皱褶，将宽边毛织红色腰带束紧。然后把顶在头上的藏袍从头上放下，让它自由地搭在肩头上，束腰部分自然形成下垂的褶皱。穿左袖，右袖任其自然下垂，或两袖束扎在前腰际。藏袍宽肥，袖子长大，任何男子，一穿上藏袍，藏族风味即油然而生。若再别上一把纯银包制了刀鞘和刀柄的雕刻有各种精美图案的藏族配饰刀具，则更加威武雄壮，平添几分阳刚、潇洒和英俊之气。藏族人也喜欢戴狐皮帽：用整块火红色狐皮束于头上，脑后交叉，下吊狐尾，耳前垂两只狐爪。狐皮帽不仅增添藏族男子的英武风采，且保暖防寒，更有过雪山时可防雪光烧灼眼睛的特殊功能。西昌市凉山藏学会的李秘书长每次聚会都要戴上他的狐皮帽，给人不一样的感觉。现在的纳木依男装基本上是穿楚巴戴大沿帽。也有的人穿流行的便装，很少的一些人保留着纳木依的麻布和麻纱衣服。

纳木依藏族过去也穿麻布。2010年西昌市藏历新年庆祝会上，西昌市一个代表团的几十名纳木依藏族就身着自制的素色纱布衣服表演节目，反映了纳木依过去的生活的真实情况和文化，可惜表演结束后就全部换了下来。可见他们是把这套服饰作为舞台表演服在使用。但是无论如何，这事说明在一些普通民众家里，仍然珍藏着这类半个多世纪没有穿戴过的服饰。

2. 女装

纳木依藏族的妇女，善于打扮，喜欢自己制作许许多多的服饰图案和挂件。纳木依藏族妇女的着装，在风格上与彝族妇女的服饰有些相近，而与其他藏族相比有较大差异，别具一格。但是现在的纳木依藏族妇女，大部分有经济条件的都改穿楚巴了。

纳木依传统女装，头上会裹缠黑色粗布头帕，一般由3米青布剖开连接而成。头帕的裹缠方式是，先整齐地往外盘，最后几圈要竖起交叉盘，起到捆绑的作用。裹缠头帕的目的是便于活动时的稳定和劳作时的方便。由于裹头，纳木依女子更显得高大和丰满。纳木依长期生活在雅砻江大拐弯

纳木依男装（2011年清华大学百年校庆期间的朱小华帕孜，张琰摄于清华大学）

纳木依女装（王德和2011年摄于四川凉山）

地区，生产力水平不高，劳动力需求较为突出，其本民族审美观是，女性要"能够吃，能够做，能够生"，裹头恰好可以彰显女人的特性。

纳木依女性常常上身穿青色宽口式绣花短袖，右衽，沿衣边弯曲摺皱绘图绣花，或上身穿右开襟、长袖、绣花服装，外套右开襟、绣花裮子，内套紧身绣花长袖长衣，腰扎宽幅腰带，腰带背后边挂两支不太长的绣花布条，名曰绣花飘带；腰带前面要挂约0.5米宽、0.7米长的围腰，上面有各种反映纳木依传统文化的图案。现在西昌市的纳木依女式围腰的图案是由倮波乡退休纳木依老校长王文发先生设计和制作的，图案除了日、月、星辰、花卉而外，还有几个代表纳木依的翩翩起舞的蝴蝶图案。

纳木依女性下身常着以红、黑两色为基调的百褶裙，腰系花围腰。纳木依妇女，无论老少，都可以穿裙子。裙子简洁大方，是三至五幅布料竖起拼接成的纱纱裙。用料不分贵贱，只要穿上线条顺畅，颜色美观就行。现在也有嫌裙子费事费料又不显身材，而改穿筒裙和长裤的，这一点没有统一的格式和要求，显得更加多样化。

纳木依女子服饰尚黑色。他们认为黑色格调的衣服表示庄重，尚黑的民族血统高贵。所以纳木依妇女的服装，尽管是花枝招展，但整体风格是以黑色为基调的，显得庄重典雅。普通藏族女装分为短衫配长裙和连衣裙两种，一般都配以横条纹花饰的三块面料拼制成的长围腰。用呢绒等厚重面料制作的连衣裙，款式别致，凸显身材。再加上托肩处镶一块宽约五寸的金线绣金边布延伸到两袖膀部，更添几分高贵典雅。衣领、大襟都顺边镶金线布或红、黄、蓝色布条。两袖中部面镶金线绣图的饰物或印有十字花的藏呢。背后腰际以下有多条褶皱，腰间束毛布宽边腰带再束皮带，皮带上配以各种银饰品。连衣裙下摆齐脚胫。行走时，佩环叮当，裙裾摆动，婀娜多姿。相比之下，家里年纪大的长辈们穿的衣服略显单调而不活跃，所以纳木依年轻女性现在都喜欢穿楚巴。

（五）歌舞

纳木依人能歌善舞，日常生活以及节庆都要聚众唱歌、跳舞。每当聚会时，纳木依妇女穿上本民族服装，手拉手围成圆圈，边跳边唱。纳木依青年男女有对唱情歌的习俗，两个陌生男女隔着一座山、一段路或者一个房子唱歌，曲调都是祖辈传下来的，歌词由唱歌者现填。

在纳木依宗教活动中，歌舞更是不可或缺的一部分。做道场时，不同的程序都有特定的不同的歌舞。首先由帕孜及其徒弟领唱领舞，随后老年人开始跟着边唱边跳，接着年轻人也加入进来，最后在场的所有人一起唱歌跳舞，迎送菩萨，敬颂祖先，祝祷亡灵。

歌舞中的纳木依人（王德和2011年摄于四川凉山）

三　婚丧嫁娶

（一）婚嫁

新中国成立前，纳木依社会中没有婚姻自由，多由父母包办，很多人家都有童养媳，表兄妹之间可以通婚，实行买卖婚姻和娃娃婚。在两性结合的范围上，纳木依不同于彝族那样实行族内婚姻、等级婚姻和姑舅表优先婚。纳木依男人入赘与汉族相同，即入赘男子须随岳父改姓，三代后才能"返祖归宗"。通常情况下，纳木依藏族青年男女从婚姻关系的确定到结为正式夫妇，不算到民政部门办理手续，男方要经历求亲、订婚、送彩礼、求婚期、迎亲、婚礼等六个环节，中间还有一些诸如议事、求助、事物安排、婚礼筹备安排等活动。女方也要经历喝求婚酒允亲、订婚、接彩礼、定婚期、出嫁送婚、回门谢客等六个环节。把这些仪式进行归并提炼，纳木依婚礼习俗可以概括为订婚、迎亲、结婚三大环节。纳木依藏族的婚俗和周边的诸如尔苏藏族、里汝藏族有许许多多相似之处。

1. 订婚

纳木依人相当讲究订婚仪式，先喝求婚酒、再喝订婚酒，然后送彩礼，最后定婚期。上世纪中叶，随着新《婚姻法》的贯彻落实，订婚仪式被忽略，可以简单到两家人口头议定"什么时间在什么地方以什么方式结婚"即可。订婚在法律上属于一种契约行为，是一种身份契约。藏族的订婚仪式一般有三次：第一次是问酒，女方年龄很小时，男方如果看中女方，就由男方父母提一壶酒去找知名人士说媒，然后拿一罐酒、一个羊腿、六斤炒面去提亲，问女方父母及长辈可否将女儿许配给男方。问酒成功后，就有第二次的订婚酒仪式，女方满十二岁后，男方要拿五斤酒、一个羊腿去提亲，如果女方的人请家长或者族长、邻居来把酒喝光了，就相当于答应了这门亲事，这时候就会商议彩礼。第三次是圆酒，即第三次提亲。男方家人会带一缸三四十斤的酒，一个羊腿，七八十斤大米，以及之前商议好的彩礼，到女方家商定结婚的日期。这一次女方要杀一头猪给男方家人吃，并且让女孩与男孩见面。走完这三道关，婚事才算定下来。相亲、订婚和迎亲都要泼水，泼水是西南地区十余个少数民族都有的习俗，纳木依藏族处于雅砻江大拐弯地区，婚姻习俗受其他民族影响比较多。

2. 迎亲

等到要结婚的时候，男方家派两个人，带一整头猪，几斤酒，选一头额头上有白点的驴驮着这些东西去女方家里。当天晚上全村的女子要去给送彩礼的两个人泼水，想让男方的人出洋相。泼水的同时会给男方的这两个人送猪头和针线、铜钱，请他们"不要生气"。中午时分，迎亲婚使来到女方家，宅子外面可热闹了，姑娘们欢呼雀跃，立即端起装满水的锅碗瓢盆，小伙子们站在高处吆喝着，每位迎亲婚使都要接受这躲不过的冷水的洗礼。婚使们一个个地跑上来，人还没有上坎，一盆大水就劈头盖脸地泼下去。因为有充分的思想准备，他们不顾一切毅然往上冲。十几个姑娘的水毫不留情地泼在他们身上，姑娘们的嬉闹声和锅碗瓢盆的叮当声，外加旁观者的哈哈大笑声，淹没了被淋水者的呻吟声。首先冲上去的人，以为自己顺利过关了，一声"啊赫赫——呵"还没有喊完，从房顶上一大桶水倾泻而下，几十上百斤的水冲击下来，这小伙子被击倒在地上的泥水里。按照纳木依的习俗，泼水是向着屋内泼，进了大门也会再泼水。这时候，会有女方的男同胞出来为婚使解围，让婚使换下湿衣服，在事先准备好的大火堆边烤一会儿火。主人家要当着客人的面，把客人带来的美酒开瓶敬先祖。迎亲仪式继续进行。

第二天娘家还会给女子举行一个仪式，表示这个女子要嫁出去了，再给那两个送彩礼的人每人一条麻布裤子，意思是说这两人走路辛苦了。第三天女子就要去男方家了，由女方的舅舅、伴娘、兄弟等五人送亲。送亲路上设有十二道"酒关"，快到男方家的时候会有十二匹马，上了马之后，马旁边会码上阶梯状的牛肉或者粮食，女方的舅舅踩着牛肉或粮食下马，这象征着一种考验。

3. 婚礼

到了男方家的婚礼现场，会有"摆鸡毛"的习俗。即男方会有一个人悄悄地把鸡毛摆到女方某个人的背后或者面前，如果女方抓到了那个人，男方就要给女方赔礼道歉，杀猪杀羊，请他们喝酒。如果没有抓到就是女方请男方喝酒。之后女方就会去男方家里，喝茶喝酒吃饭，并对歌、烧香、吹海螺。吃完饭之后就会去其他的堡子对歌、吃饭。

客人来到新郎官家里，主人家首先要行欢迎仪式，给先人敬酒祝愿，然后给客人敬烟、敬茶、敬酒。然后是一系列的仪式和活动，接下来是入席吃囍，过去席地而吃，现在都改为九大碗上席桌了。有钱人家会摆九天九夜的酒宴，也有摆七天、五天、三天酒宴的等等。三天的婚礼结束后，新娘子要和送亲客人一道返回娘家，之后要来来往往很多次，没有怀上小孩一般不能够到婆家生活。

在婚礼中，双方的舅舅占有很重要的地位，新人父母不出面，多由舅舅来操办喜事。

（二）丧葬

纳木依人的丧葬包括土葬、火葬、水葬和天葬，人死后，帕孜会根据其生辰、属相、死因来推算采用合适的下葬方式。

如果死者为凶死（摔死、吊死、被杀死）或得烈性传染病（如肺结核）而死，则采用火葬。火葬是用柴搭成架子，上面放遗体，所葬遗体若为男子，搭九层柴，若为女子，搭七层柴。火葬仪式过后，在火堆上刨一个坑，把骨灰埋在里面，上面掩以石头，若死者为男子则用九个石头，为女子则用七个石头。假以时日儿女要搬走，便把老人的骨灰挖出来撒在树林里，以防止他人破坏。

如果死者为一两岁得病夭折的小孩子，则采用水葬。如果一家人生的小孩在一两岁夭折，或者再生一个又在一两岁夭折，则将死去的孩子放在河水中冲走，和尚在家中念经，意为将晦气送走，以后生的孩子就不会夭折。

另有一种情况，小孩死后会采用天葬。即将小孩尸身分为七到九块，扔到七或九个方向，任老鹰、乌鸦或狗叼走吃掉。被天上飞的老鹰、乌鸦吃掉是最好的，被狗吃掉稍次，如果某个小孩的尸身没有任何动物来吃，而是在原地腐烂，则是非常不祥的。

寿终正寝的老人通常采用土葬。老人死亡安葬后，子女要摆放一个灵牌在家里，逢年过节烧香敬老人。孝顺的儿女为使老人的灵魂得到超度，常耗费巨资请帕孜做道场。咸丰版《冕宁县志》卷九（第十页）载："西番，其人死，以毡布裹殓，不承服，不祭奠，死三日请喇嘛诵番经，打油火扫舍家，名曰'杀鬼'。随用火烧，其不烧者则用木柜盛尸埋之，至四十九日复扯旗诵经，名曰'点灯'。数年后，又延喇嘛诵经推荐。于平坦处用马数匹至数十匹，醉跑数日，宰牛羊而食之，做纸人纸马同灵牌并焚，名曰'杀马出灵'。"纳木依人丧葬仪式分成两个环节，首先是处理死者之身的丧葬仪式，其次是送亡灵回到祖先之地。帕孜按照神路图上所绘路线，念经超度，烧香祭神；并做一个灵牌代表老人的魂魄，由一匹白色或者红色的马驮至河边，边念经边将其焚烧，表示将老人的魂魄送往了纳木依祖先的发源地。送魂过程中要宰牲畜，请亲戚，耗费甚多。普通的纳木依人家通常承担不起，因而常常做一次道场要为好几代过世老人超度，以节省开支，老人在世时，也可以做一次送魂道场，这样老人死后就无须厚葬。死者的陪葬品通常为衣服、被褥和牛羊猪等牲畜。

纳木依人"杀马出灵"的习俗与纳西人和纳人"洗马出灵"的习俗基本一致。过去，纳西人在举行丧仪时，会将一个装满糌粑的皮口袋蒙在将要殉葬的马嘴上，使之窒息而死。永宁纳西族支系纳人，过去举行"洗马"仪式时要将马杀掉，大家共食。后改为放生，以马速逃为吉利。以马殉葬的习俗后来演变成各地的纳西族丧仪中的"洗马"仪式，象征性地让马驮着亡灵回归祖先之地。直至20世纪四五十年代，丽江很多地方的纳西人在举行丧葬仪式时，还多有将一匹马牵到火葬场或土葬墓地的"牵马"仪式。这是古时以马殉葬和送魂的遗风。

葬礼的歌与舞。纳木依藏族的丧葬文化别具一格。我们知道人死是悲伤的事情，大多数情况是死者家属痛哭流涕，丧礼过程泣哭不断。我们多次观察纳木依老人故去后的丧葬活动，发现纳木依藏族在亲人故去的时候，特别能够克制。他们的丧葬活动，首先要请和尚根据死者属相卜算安葬的方式和日子。如果死者为七八十岁的老人，儿女有条件的话，会用柏香树烧水，水凉后，用干净的毛巾给其洗澡，然后更衣，男的九套，女的七套，条件不好的也可以是三套，但是不能少于三套。如果死者五六十岁，子女有条件的也会按以上规格操办。同时要请和尚念经，做道场。如果以上两种人是正常死亡的，都会用土葬。如果死者死因不正常，如摔死，或是得结核病、癌症或传染病而死，洗澡和更衣的程序都一样，但是必须火化，把骨灰土葬。未成年人夭折要天葬或水葬，不能火葬或土葬。七八十岁的老人正常死亡的，死者家属一般不哭，而是又唱又跳，但也有伤心掉泪的；如果死因不正常，如得传染病而死或是死的时候很年轻，亲人会很伤心地哭。和尚在念经做道场时，会杀牛、羊、猪、鸡等，并取它们的心献祭给死者。同时会将糖果点心以及死者喜欢的酒一起摆放在灵前。一旦准备妥当，地邻街坊和短途的亲友会陆续赶到，远方的亲戚也要来。有条件的家庭要做道场，最少要做三天，也有做五天或做七天的，如果安葬时没有做道场，安葬后把灵位放在家里，等四五代人后一起做道场，这样规模更大，做道场的时间需要算卦，一般要从八月十五延续到冬月十六才能全部做完。

当奔丧的亲友陆续赶到时，哭泣和哀号以后，更多的时候是摆谈和安慰。谈逝者的功劳和对家庭的贡献、对亲友的和睦和对邻居的真诚，安抚生者要节哀顺变，尽快走出痛失亲人的阴影。葬礼中有一个特别重要的环节，是尊重死者灵魂，祭献羊子后要立即引导逝者灵魂到家里。纳木依的祭师们循循善诱地引导着灵魂回家休息，帕孜这时也不再打鼓。到了晚上，来守灵的人们，不分男女老幼，大家牵手围着灵棺踏步起舞，边唱边行，绕着灵棺转几圈，累了便休息一阵继续，如此多次，唱的歌词也不太固定，可以随现场情况临时编曲填词。发现纳木依的这种丧葬礼仪以后，我们进一步地在藏彝走廊东端进行走访和调查，看看其他地方还有没有保持这种丧礼的族群，后来发现在石棉县蟹螺乡也有类似民风民俗。

四 节日

纳木依的节日与当地藏族、汉族、彝族没有太大区别，同样要过春节，但纳木依每年的火把节过得与众不同。在节日内容和活动方式上，纳木依火把节比彝族火把节丰富得多，在时间和节日的主题上是不同的。

（一）春节

纳木依人一年当中比较重大的节日是春节，时间与汉族相同，但纳木依人有自己的春节习俗，譬如要在腊月二十八敬祖先，在腊月三十宰猪敬神，烧香吹海螺。

大年初一、初二，全家人聚在一起共享欢乐。家族亲友之间互相请客，吃"转转饭"，比如说早上我家、中午他家、晚上另外一家，一家一家请来吃。初三早上男人要上山敬神，要烧柏香，敬酒敬肉，吹海螺。同时，纳木依人要给父母祖辈拜年，给死去的亲人烧纸，敬奉酒、肉、烟、酥油、奶渣等。

如果小孩子身体不好，父母会为其找干爹干妈，初二初三孩子就要去给干爹干妈拜年，抱一只鸡或者带点酒肉。干爹干妈要给孩子回礼。

（二）火把节

纳木依语称为"哲"［tsɿ55］，是纳木依人最正宗、最盛大的节日，从农历六月十六开始、六月十七结束。为了两天的火把节活动，纳木依人要准备相当长一段时间。进入农历六月以后，家家户户就开始收集松枝，并将捡来的干枯松枝捆扎成碗口粗细的火把，火把每人一束，猪、牛、羊、马等每种动物一束。此外还要准备一些助燃粉末，一般将锯末晒干待用，那样晚上喷火的效果更佳。木里县倮波乡的王文发老先生告诉我们，农村里要到深山老林去拣拾腐朽了的松树或柏树杆，用背篼背回来，在太阳底下暴晒几天，干透以后，混合一些鸡屎，用碓窝舂细装在口袋里作为助燃粉末。农历六月十五日，各家各户清扫室内外卫生、搬出不常用的足架安放坛坛酒，杀猪宰羊，准备第二天过节。六月十六，是火把节第一天，天刚黎明，就要杀鸡敬先祖。一大早家里就忙开了，要打开封存很久的坛坛酒，担来干净的山泉水浸泡匝酒，吸酒敬神敬先祖。在早上就要把鸡肉、腊肉和白酒敬献给先祖。敬神娱神的工作宜早不宜迟。敬神前，要举行"减淤"仪式：取半瓢水，把烧烫的鹅卵石和几枝嫩蒿草一起放入水瓢里，用水蒸气熏烤先祖入座的神龛和器具，达到洁净的目的。熏烤要彻底，各个地方、各个空间都要到达。嘴里要高声念诵吉祥祝辞和各种驱鬼驱邪的咒语，一路熏烤到大门外，把石头连同水和蒿草全部倒掉。还要取少许米饭和肉汤一起泼出去，表示把小鬼送出家门，并使其赶快离开。然后祭祀山神爷，祈求全家人平安幸福，祝福全村人安康。纳木依人火把节有一个独特的习俗，即在屋内遍地铺满山上找回来的新鲜松枝松针，来人来客后均在树叶上席地而坐，在节后把松针松枝全部清除出去，跳蚤等害虫被一同席卷而去，实际上起到灭跳蚤的作用。

傍晚，吃过晚餐，家家户户都点燃火把扑烧蚊子。家里事先做好准备，把易燃物收藏起来并加上防火盖子。分男女两队，左手举点燃的火把，从家里的上把位开始。依次在每样家具底下扑火，从上房一直到房圈，当把助燃粉撒向火把时，顿时一股旺火喷向家具底下，藏匿在家具底下和阴暗角落里的蚊子全部被隆隆的火苗烧光。家里扑完了，大家便拿着火把到野外继续扑灭庄稼地里的害虫。飞蛾等害虫都是趋光的，见到火光，便会趋之若鹜，一把松子粉撒出去，强烈的火苗喷薄而出，虫子都被烧死。然后大家来到野外的坝子里，继续扑打松子粉灭虫。灭虫的任务完成后，便开始娱人。娱人是随心所欲的活动，你扑我，我扑你，喜欢谁就扑谁。有时候是几个人联合起来扑某人，扑得身上到处是黄焦焦的，第二天白天才发现眉毛都烧光了。大家乐此不疲，说这是驱鬼祛邪。被扑的次数多，说明你的人际关系好，喜欢你的人多，这是好事情。大家说：扑火越多，驱鬼就驱得越彻底。大家借此机会放松戒律，敞开活动，互相善意地玩笑和捉弄，大家你追我赶，嘻嘻哈哈，扑火打闹。有些长期卧病不起的人，经历这么一次心惊胆战的"被扑火"后就不药而愈了。松子粉扑火，是娱神娱人的活动，一方面祈求火神烧死危害庄家的害虫、祈求先祖保佑后代平安吉祥、祈求山神赐福全村人平安吉祥、五谷丰登六畜齐旺，另一方面通过这样的嬉闹活动缓解村民的人际关系，有时候是几个村子的人汇聚在一起活动，重建了乡间族群关系。

六月十七这一天，是牲畜的节日。家家要给牲畜喂盐巴吃，同时吹奏一种用骨头做的笛子，曲调与平时所吹不同。纳木依人认为，如果这一天没有给牲畜喂盐巴，牲畜就会哭，会说：我的主人家后继无人了。这是不吉利的。如果给牲畜喂了盐巴，还吹了笛子，牲畜就会高兴地说：我的主人家代代兴旺。

（三）其他节日

纳木依人每年阴历三月初三开始种庄稼，这一天要去山上烧香，敬山神、敬土神、敬菩萨，然后用犁地的犁头插在地里抄一下。回到家以后要吃酒吃肉，庆祝一年的生产活动即将开始。

每年七月，高山上的绵羊要下山了。条件好的人家要杀一只羊庆祝，条件不好的人家就三家合起来杀一只羊来庆祝。七月份是和尚出师的季节，家家户户要把羊肉送给和尚及其徒弟们，整个堡子的人聚在一起庆祝，十分热闹。

每年九月，要收庄稼了，收庄稼的前一天要去山上烧香，敬山神、敬菩萨，然后用犁地的犁头插在地里抄一下。回到家以后要吃酒吃肉，唱歌跳舞，庆祝丰收。第二天开始收庄稼。

每年十月，帕孜开始给过世老人做送魂道场。

 五 宗教信仰

纳木依人信仰黑教，他们的宗教信仰受到苯波教的影响很大，但也有自己独特的元素。

（一）宗教职业者

纳木依藏族信仰黑教。纳木依藏族之中的宗教人士有三类：帕米，帕孜，阿什。他们各有特长、各有分工，共同组成纳木依藏族民间信仰活动的祭师结构。

帕米［$p^h\vartheta^{55}mi^{31}$］，也称为普米。纳木依人之中的帕米实际上是"巫"（男女皆可），他们拥有神授的法术，只要神灵附体，不需要师傅传授道便可以执业驱邪祛鬼。帕米施法时，一般都要进入一种恍惚的状态，有时还会产生癫狂状态，解救不及时还会危及生命。帕米现在已经绝迹，它的文化含量不高，新中国成立初期破四旧，大家不太相信这一套了。

帕孜［$p^ha^{55}ts\gamma^{31}$］。纳木依的宗教职业者是和尚，据凉山州俰波乡的纳木依宗教职业者朱小华讲，一般的和尚称为"帕孜"，结婚时烧香时称呼为"$so^{55}vu^{31}to^{31}mba^{31}$"，安葬做道场的时候称"$p^ha^{55}ts\gamma^{31}la^{55}u^{31}pu^{31}$"，最大的和尚称"$bi^{55}ts\gamma^{55}$"，师父称为"$si^{55}pu^{55}$"，和尚的徒弟称为"$su^{55}ma^{55}$"。纳木依人的一切宗教活动，包括祭神驱鬼、招魂治病、超度亡灵、测算吉凶等，都由帕孜操办。

帕孜不同于喇嘛，喇嘛念经，而帕孜不用经书，他们的宗教传承是靠师徒间的口传心授。当前纳木依的传统文化遗产全靠这类人一代一代地传承着。纳木依人的帕米是世袭的，父死子继，也可以在家族内继承，但必须有师承。帕孜的传授方式主要是口传身教，现场实习。帕孜的职能是主持重大的宗教仪式，诸如安灵、送葬、祭祖、祭山神、祭水神、雷神、解咒等。帕孜有较高的社会地位，有祭坛，但没有庙宇。帕孜在做法事时，要穿固定的服饰和使用法器。帕孜作法时，要在头上戴"五佛冠"，五佛冠由五块纸制成，象征五方神，在这五块纸上绘有五方神的图像。此外，帕孜使用的法器有法铃、法鼓、金刚杵、羚羊角、法螺、法号、印棒等。据朱小华帕孜说，所有帕孜的法器和宗教文献（包括《哈克》、《措布尔古》等）都可称为"案子"，也是帕孜家中的"坛神"。此外，帕米有不少占卜方法，很多与纳西族东巴的占卜方法相同，比如骨卜、石卜、谷卜、图卜、蛋卜、鸡卜、牛卜、猪卜、羊卜等。

目前，九龙、木里、冕宁三县交界范围内，能够从事帕孜宗教活动的仅有木里县倮波乡一村干海子组的朱小华帕孜。朱小华纳木依名字为"ɣɑ^{55}zɑ^{55}ȵi^{55}mɑ^{55}tsʰɿ^{55}"，2011年时50岁，初中文化水平，母语为纳木依语，可以讲比较地道的纳木依话。他是当地的帕孜，父亲也为帕孜，他从十多岁开始跟随父亲学习作法，家有五兄弟。现在，倮波乡纳木依人的宗教活动都由朱小华承担，他也是当地人唯一认可的帕孜。

九龙县万年村尼玛堡子的李开华老人，纳木依名字为"sɑ^{55}dɑ^{55}tsʰɿ^{55}zɿ^{55}"，纳木依人，1941年生，农民。李开华1953—1957年从业，向其为帕孜的伯父"po^{55}mbu^{55}dzɑ^{55}"学习帕孜手艺，1958年以后就不再从业。李开华老人虽不是帕孜，但他懂得很多帕孜的手艺，认得纳木依历书，会做一些法事。尼玛堡子当地的许多送葬、驱鬼仪式，都由李开华老人来做。

第三类是阿什[ɑ^{55}ʂɿ^{31}]。阿什与帕孜不同的是，阿什要释读藏文经书，是一种"照本宣科"的和尚。阿什一般要到藏区的寺庙去专门学法，学成归来前，要举行毕业典礼，寺庙会按照宗教仪轨行"出师仪式"颁发执照，授全套已经"开光"的法器和上万叶经书。阿什学成归来要驮运几匹马的经书，正如老百姓说的，要"学富五车"。阿什不能够做道场，不能够祭祀山神，他主要从事占卜、历算、医术等活动。

（二）鬼神的观念

纳木依人信仰原始多神崇拜，相信万物有灵，人类的病灾都由鬼神引起，一遇天灾人祸，常常烧香杀生祭拜鬼神以避灾祸。在纳木依人眼中，他们所崇拜或者所恐惧的自然界之物都是有灵的，最大的神是天神，纳木依的传说中有天神舅舅[mu^{55}i^{55}ɑ^{55}vu^{55}]和天神舅母[mu^{55}i^{55}ɑ^{55}zɿ^{55}]；第二大的是地神，第三大的是水神，然后是山神，另有家神、太阳神、月神、土神、香神……如果不小心惹了这些神，就会遭遇灾祸，要烧香念经以敬神灵。纳木依人和川西南其他藏族支系一样，敬重先祖和家神。在横断山脉的崇山峻岭之中，他们把家神、山神、大石神以及河神作为自己的保护神，随时加以祭祀和膜拜。纳木依人认为神也和人一样需要吃穿等生活，所以每到特定的时候就要祭祀神灵。大多数时候可以自选祭祀地点，也有一些固定的祭祀点，也就是通常说的祭坛。

同样，有神也有鬼怪，例如"怪象"。纳木依人认为，动物吃自己的幼崽，是不吉利的征兆。例如鸡吃自己的蛋，猪羊吃自己刚下的小崽，这都是有不干净的东西指使动物这么做，这样的情形被称为动物的"怪象"。如果家中出了怪象，主人就会生病遭灾。

（三）杀生

纳木依人的宗教信仰受藏传佛教影响很大，例如在做法事时要点灯、烧香、念经、敬菩萨。但与佛教不同的是，在纳木依宗教的法事和道场中，杀生占了很重要的角色。在日子比较好或者灾祸不大的时候，通常只烧香念经不杀生，而如果日子不好，灾祸较为严重或者惹了不干净的东西，通常要杀生放血。小的法事中常以鸡、羊为牺牲，而在较为重大的法事，如给老人送魂时，常常要宰杀猪、牛和牦牛。纳木依人将狗和马看作朋友，因而狗和马通常不作为牺牲。

（四）烧香

纳木依人家家户户都在家里供奉着一个烧香的香炉，香炉由石块堆砌而成，上面摆着石条，代表菩萨。烧香分两种：素香［sio⁵⁵pʰi⁵⁵］和荤香［sio⁵⁵kʰu⁵⁵］，烧素香不杀生，烧荤香要杀生。

通常，在比较吉利的日子，或者敬山神、敬菩萨的时候，要烧素香。素香是烧柏香，另配松叶子等，还要在香炉上供奉鸡蛋、肉、猪油（按朱小华：烧素香不用肉和猪油）、酒或青稞面、茶、酥油、奶渣等，在香炉下点火敬菩萨，烧香的时候还要念经。在日子不吉利，要驱鬼祛邪的时候，可能会烧荤香。烧荤香时要杀生（通常是杀一只鸡），再根据当日的具体情况进行操作。

烧香时通常都要吹海螺，没有海螺时，可以用牛角代替。吹海螺的次数与天日的时辰和神的性质相关，一般来说，文神（素神）吹三声，武神（荤神）吹五声，七个星星吹七声，但也有特殊情况。在纳木依的信仰中，海螺代表吉祥如意。

一年当中有几个日子是一定要烧香的。如正月初一，全村人出动祭天神、地神、水神、山神，还有庙神等，目的在于保护村里人无病痛无灾难。人们集中在专门的地方（即烧香堆），由村里的两三家或四五家，有的出猪，有的出羊，有的出酒和米，请帕孜烧香念经。烧香结束后，主持人会安排明年要出钱出米的家庭，家家都要轮到。正月初三，要换一个烧香堆烧香，这一次是众人凑钱，每家每户都要出钱，烧香要用白羊、白鸡、白猪，目的是确保新的一年不下冰雹，不下大雪，不刮大风，不涨大水，庄稼丰收，村民不生大病，不出大灾难。这天村里所有高深的帕孜都去祭祀，要用糌粑面做坨坨，做成各种动物形状。有些地方是几个村子合起来做，有的是一个乡集中做，俫波乡一般集中在朱小华家所在的堡子做。正月初一、初三的仪式完了以后，初五、十五各家也要自己烧香。另外，正月初五到十五中的任何一个单日，各家都可以烧香，大家各做各的，在自己家的烧香堆烧香，有的用鸡，有的用猪，有的用羊，有不杀生的，也有杀生的。

李开华老人在演示打卦（张琰2011年摄于北京）

平时家里需不需要烧香要由帕孜算，帕孜还要算烧素香还是荤香，需要念什么经。有的家里需要给白菩萨烧香，用印棒做粘粑坨坨，做成各种各样的形状，并用白牲畜。帕孜还要算是把鬼往南方送还是往北方送。烧香的目的有很多，如出门烧香是为保吉祥，有的人烧香是为做生意求财。生小孩后满40天也要请帕孜来烧香，烧香用的牺牲有的是羊，有的是猪，有的是鸡，帕孜要念一天经，烧香敬天、地、水神。小孩满40天烧香是为了把这个娃娃交接给山神菩萨，纳木依人认为每个人都需要山神保佑，如果不烧香就不算人，只有烧了香的小孩才算是真正的人。

如果一个人生病了，帕孜要算他惹到了哪个神，如果惹了水神，不能杀生，要在惹到神的那个水沟用酥油、鸡蛋、荞花、豆腐、糌粑坨坨烧素香，如果惹得严重就做三天，不严重就做一天，有的也做半天。

如果雷把树枝、石头劈了，人是不能看这些东西的，看到的人皮肤会烂，就需要找帕孜算。帕孜根据历书，可以算出他惹了水神、土神、庙神还是雷神，惹了哪个神就要给哪个神烧香。祭水神、土神、庙神及雷神都不能杀生，敬山神必须要杀生。

（五）打卦、送鬼

如果有人有了病痛、遭了灾祸，就会请帕孜打卦，占卜吉凶。帕孜打卦的时候将一条手帕绑成袋状，点燃柏香，熏染命签，然后念经、念口令，先请来山神、水神和菩萨，然后许愿敬神，再向神灵问询占卜。把不干不净的东西通过念经的方式驱赶出来,再吐口水,意为把不吉利的祸事都丢进了河里。打卦之后,如果卦象不吉利,就要驱鬼。把稻草捆成人形,代表鬼魂,将鸡血、鸭血淋在稻草上,再把稻草人扔掉,意为把鬼撵了出去。

(六)"减淤"

减淤(音),汉语也称"打醋坛",是纳木依法事中对不干净的物品进行打扫洁净的一种仪式。做法是把白石头烧红以后,将青蒿枝放在石头上,把清凉水和醋浇在石头上,然后用冒出的烟熏香炉及其周围。如果家中有人生病、遭灾,有时会请和尚来"减淤"。

(七)牛王会

广而言之,藏族民众对牛在农业生产中的重要地位有深刻的体会和认识。他们在日常劳动中培养出对牛的深厚情感,从而出现了大量的牛文化现象。藏族人民有很多关于牛的传说和故事,他们视牛为神,牛年以牛为牺牲献祭神灵,是最佳祭祀活动。于是牛王会也就出现了。据冕宁县磨坊沟的纳木依人李志清讲:在冕宁拉乌堡王姓藏族中,过去每隔十二年或数十年,要举行一次大规模的宗教祭祀活动,当地人称之为"牛王会"。牛王会是纳木依藏族非常隆重的宗教活动,牛王会的祭祀地点设在拉乌堡子的山头上。牛王会期间,凡是姓王的"纳木依"人,无论是工作的或是打工的还是外迁的,无论是分布在冕宁县境内还是移居到其他地区的,都要按期赶回来,到拉乌堡参加牛王会。每一次的牛王会,都从农历八月十五日开始,一般延续十余天,经济条件好的时候,活动开展一个月也可以。牛王会期间,所有的帕孜、阿什和帕米都要来参加祭祀活动,并根据各自的分工,有念经的、有吹法号的、吹法螺的、吹牦牛角的等等。每次牛王会都是上千人的聚会,吃住都要统一安排,开销非常大,要宰杀数十头牦牛或上百只猪羊,经济开支很大,一般的家族无法承担,要由当地的所有纳木依人合力举办,大家要兑钱、捐粮,作为牛王会的开支,用来买猪牛羊。

杀猴祭碉是牛王会的高潮,届时上千名男女老少,浩浩荡荡地依次围绕村里的小碉房和村外的碉房楼宇旋转。转毕,在碉楼前将猴子宰杀,作为祭祀碉楼的牺牲。

当地有两个山神,最大的一个山神是"ʐu³¹ku³⁵ʐu⁵⁵ȵi'⁵⁵ tɕi³¹",是一座"公山",还有一座"ʐu⁵⁵ȵi⁵⁵mi³⁵",是"母山",牛王会的时候要祭拜这两座山,还要祭拜所有山神和天、地、水神。进行祭拜的人叫做"人菩萨"[tia⁵⁵u⁵⁵],即汉人所说的菩萨。在当地,能够做人菩萨的只有吉家人,其他姓氏例如王家、李家都不可以,人菩萨的人选要帕孜通过其八字来算,属相最恶的人才能做人菩萨,同时还要看那个人愿不愿意,然后村里人要凑钱来"买"这个人,因为人菩萨的寿命不长。某人一旦被选中做人菩萨,就什么事情也不做了,全村人给他制作一套白色制服、白帽子、白衣服、白裤子、白色的鞋袜,打扮得全身上下都是白色,表示是干净的,全村人家轮流做好吃的给他送来,请他食用。举办牛王会的时候,帕孜把所有大山神都请来,然后帕孜将人菩萨的灵魂送上天，人菩萨在这一天被宣布死去。以前做牛王会时是要把人菩萨杀了，但因为太残忍，后来无人愿意做，就用猴子代替，但是人菩萨一般在之后的两三年内就会死亡。人菩萨的地位很特殊，一生不能结婚，没有后人，众人就是他的子孙，因而家家要出钱出粮供养他，为他养老送终。纳木依人最后一次的牛王会大概在上世纪40年代，朱小华帕孜的爷爷曾经参加过。自50年代至今，纳木依人再也没做过牛王会，现在已无人能做。

牛王会耗资巨大，也是近百年来庙顶地区没有举行过这类活动的原因之一。

（八）"清洁"仪式

"清洁"仪式是纳木依人为家庭或村庄乃至全乡镇等一个比较宽泛的区域驱鬼祛邪、祈求平安的一种民间信仰活动。纳木依帕孜的清洁仪式，包括请神附体、念咒祛邪、杀生献祭、遣送毛人、送神回家等五个步骤，这类活动又可分为两种。

第一种是常见普通的仪式。这种仪式一般是在某人家里有人外出远行，或家中有鬼怪作祟导致不安宁时进行。仪式全程可以划分12小段，历时3—5个小时。

第二种，是在出现血光之灾即凶死情况以后举行的驱鬼法事，这种法事一般做三天三夜。这种大型活动，可以由死者本家负责请帕孜做法，也可以由死者所属村庄的本家族成员家庭共同承担开支，共同延请帕孜做法。经济条件好的话，规模可以做得大些。帕孜做清洁活动，参加的人越多越好，因为参加的人越多仪式效果越好，法力就越灵。所以作法之前主人一般都会邀请亲戚朋友和左邻右舍的人参加。第一步，扎草偶炒荞麦花。由帕孜用茅草扎成毛人，毛人形象有人和各种动物，代表要驱走的妖魔鬼怪。将毛人扎好后用家里人的旧衣服穿在毛人身上，苦荞炒成荞花待用。第二步，念咒。仪式全程都贯穿着帕孜的咒语，要交待今天仪式的缘由、仪式的目的、杀生祭祀的由来、杀牲的理由，说明为什么要送毛人、为什么参加仪式的人要越多越好。还要盛情邀请帕孜神和自己的执业师傅和几十个居住在周边的山神爷，诸神帮助帕孜增大法力驱除鬼邪。第三步，撒苦荞花。主人家围成一个小圈，然后由帕孜在主人家人身边转圈，边念咒语边将苦荞花向屋外撒去，并招呼天地龙神、山神、土神、庙神、鬼怪等不得再招惹这家人。第四步，杀生献祭。宰杀一头猪，将其心肝在火塘的子木灰里烧熟后敬菩萨。将心肺放到每个毛人的"肚子"里，将猪头供于神位，猪脚则放在木制三角架内。猪肉做成坨坨肉分发给所有参加仪式的人。第五步，送毛人。送毛人在法事快结束时进行，表示将所有鬼怪都送走，家中从此太平。主人不参加送毛人，由几个帮忙的男人，打起火把照明，端上草偶遣送，还要把木制三角架一起送上山。第六步，恭送诸神回府。送完毛人就标志着法事已经完毕，帕孜到院坝里敲鼓念咒，将请来帮助他驱鬼诸神送回神仙们的家，整个仪式活动结束。

六 民间文化

纳木依聚居地区具有浓郁厚重的宗教文化。除了藏传佛教以外，还保留着许多原始神秘的宗教文化，有纳木依信仰的黑教、纳西族的东巴教、蒙古人的达巴教、彝族的多神崇拜和祖先崇拜等民间信仰。这些民间信仰在雅砻江边上的少数民族之中和谐共存，相得益彰。在藏族浓郁厚重的宗教文化里，各藏族支系的民间信仰也各有不同。

（一）插经幡

凡寺庙周围地形险要的山梁上、野外僻静的坡上、冥居地周围都有由十几至几十杆宽约一尺，长约五尺至一丈，印有藏文经文的经幡和彩色龙达在风中飘扬。此为藏族祭奠亡灵、供奉神仙的意思。风吹幡摇，每摇动一次就代表纳木依人念诵了一次经书。走在乡间农家附近，现在随处可见家家户户都在房前屋后不远的地方，选上空地架起木杆挂起的经幡。有许多过去不曾挂经幡的纳木依人，现在也开始悬挂经幡。

（二）嘛尼堆

在山垭口等道路的要冲，或三岔路口等地，常见一个或三个成排的单数个片石堆砌的圆堆体嘛尼堆。嘛尼堆顶部置放藏族崇尚的白石头，下面放置刻有经文的石片。纳木依人对嘛尼堆敬若神明。凡路过时要念诵吉祥经文，绕行嘛尼堆，以表对山神的崇敬。祈求山神爷庇佑自己和家人，庇佑一方水土平安吉祥。

（三）插卡掌

在纳木依民居房顶的房脊正中，都插有一根高出屋脊两米左右的粗木杆，粗木杆上固定了一枚像"中"字上边一横去掉以后形状的三角铁杈，藏语叫"卡掌"[$k^ha^{55}dzan^{55}$]。卡掌共有四条分支，三上一下，向上的三条铁杈中间突出，两边的两支呈弧形上弯，且三支铁杈的边缘和尖头都很锋利，如三把双刃剑朝天昂首而立。卡掌是纳木依藏族居家驱鬼避邪的法器和吉祥物。在卡掌上有细绳牵向房屋四周，挂着印有藏文经文的经书和经幡，再挂上有宝焰、法轮、法螺图案的龙达。一般来讲，卡掌和龙达相配是战无不胜攻无不取佛法无边的法力搭配。

（四）堆母部

母部［mbu⁵⁵］，纳木依藏族和尔苏藏族一样，各家各户的屋脊上摆放有一块、三块或五块洁白的石头，也有摆七块的。尔苏人称之为"觉尔"［dʑo⁵⁵ɹ³³］，是"石神石"的意思。这种白石都是圣洁之物，要么从人迹罕至的高山捡来，要么从大河边的河坝头捡来。纳木依语称之为"mbu⁵⁵"，意思也是"石神石"。在他们的观念中，白石是神圣不可侵犯的。白石是神的化身，是物化了的神物。它代表神，是人间和鬼神的分界物，通鬼神懂人性，是人类一切知识和文化的教授者和传播者。

另外，纳木依人还有祭祀水神、祭祀雷神和祭祀先祖的活动。据纳木依藏族老年人介绍，水神被认为是主宰水灾的神灵。人们在外出时因为饮用了生水得病，就是触犯了水神造成的。他们认为，触犯水神还可以使人身上长水痘、生脓疮、皮肤红肿等。纳木依和拍木依藏人地处高山，祭祀水神的主要目的是求医治病。

七 宇宙观

（一）天文观

纳木依祖先对于人世、宇宙很早就有了认识，在李开华家中的唐卡上，画有一幅"宇宙图"。图中将宇宙画为圆形，而在圆形的外面，画着一个驮着"宇宙"的"神兽"，它是一种形似鳄鱼的水陆两栖生物，将"宇宙"驮在背上。这个"神兽"不能动，因为它一旦有了最微小的动作，也会对"宇宙"产生很大影响，甚至于世界就会天翻地覆。这幅唐卡中所画的太阳和"地球"还反映了纳木依祖先的天文观——太阳不动，地球绕着太阳转。这是非常先进的宇宙观。

（二）本命

纳木依人认为，每个人的本命都存在一个方向，而且这个方向是不断变化的。朱小华帕孜向我们解释了本命的循环规律：从一岁的本命方向开始，每一年本命的方向转动一次。男孩一岁时本命都在南方，每一年本命的方向呈顺时针转动45度，即南—西南—西—西北—北—东北—东—东南，到九岁时回到南方，然后重新计算。女孩一岁时本命都在北方，每一年本命的方向呈逆时针转动45度，即北—西北—西—西南—南—东南—东—东北，到九岁时回到北方，然后重新计算。

如果一家人在一年中有几个人本命在同一个方向，就需要请帕孜念吉祥的经，有的用猪，有的用羊，有的用鸡，然后把鬼往不是本命的方向送。如果一年中一家人在各个方位都有本命，帕孜送鬼时也要找到这些方位之间的空隙，不能把鬼送到有本命的方向。

如果有人生病遭灾，就要请帕孜做法事。法事做完以后，要把祭祀的物品送到特定的方向，有时有一个确定的方向，有时就是与病人这一年本命不同的方向，如果送错了方向，轻则法事失去效力，重则起反作用。

（三）赤口

赤口在纳木依历法中是一个常见的称谓，李开华称赤口为"$t^ha^{55}ba^{55}$"，他将历书中每天出现在不同方位的圆圈看成赤口，赤口所出现的方向不能去；朱小华称赤口为"$so^{55}xe^{55}$"，他认为赤口无形，但影响着每天、每月、每年的气数。但是赤口究竟是什么，他二人均无法言清，朱小华认为十大赤口相当于十大天坑、地坑。赤口似乎是一个与宇宙运动相关的神秘物质，它的运动带动着时间前行，祸福更替。

赤口天天、月月、年年都有，每天、每时都有一个小赤口，每月、每年都有一个大赤口，帕孜都会算赤口。据朱小华介绍，赤口每天、每月、每年都会更换地方，男人和女人都有各自代表的赤口。

每年的大赤口：每三年移动一次，虎、兔、龙年在东，蛇、马、羊年在南，猴、鸡、狗年在北，猪、鼠、牛年在西，每三年转30度，12年轮一圈。

每月的赤口：农历龙年正月的赤口在东方，每三个月转90度（东—南—西—北）。

每天的赤口：正月初一赤口在东，初二在东南，初三在南，初四西南，初五在西，初六在西北，初七北，初八东北，初九在土里面，初十在天空，十一又开始另一个轮回。

赤口在占卜算日子中起着很大的作用，李开华认为赤口出现的地方不能去，朱小华认为不能在赤口所在的方向办婚礼和葬礼，否则不吉利。

事实上，赤口就是一种煞气、矛盾，赤口所在的位置就是煞所在的位置。

（四）星宿

星象在纳木依的历法中占有很重要的位置，纳木依人会通过星象来占卜一天的吉凶。纳木依历法中比较重要的是"七姊妹星"和二十八星宿。

据朱小华介绍，"七姊妹"是指北斗七星，永远都是从东方出来，纳木依人就通过这个判断方向。月亮初三时从南方出来，初三以后渐渐往东走，在十四和十五两天月亮从正东方出来。过渡之前，月亮从南往东走，十五那天月亮和"七姊妹"都在正东，过渡之后月亮从北方出来，"七姊妹"在相对的南方出来。

2011年7月，项目组成员在四川省凉山州进行田野调查时，经纳木依人李志清引荐，见到了凉山州冕宁县磨坊沟的纳木依人王建中，他自称对纳木依历法中的星宿比较了解。王建中2011年时56

岁，家中祖传18代帕孜，王建中是第19代，从师于其父，只学了两三年，没能学成，现在在外打工。王建中能够背出二十八星宿的名称：$k^hu^{55}ts\gamma^{55}tɕi^{55}ku^{31}$（七星过渡的第一天），$lu^{31}su^{55}ɲi^{55}ku^{31}$（七星过渡的第二天），$ɣo^{55}so^{55}ku^{31}$（七星过渡的第三天，这一天是好日子，可以做生意，但不宜修房），$la^{55}ʐ\gamma^{35}ku^{31}$（七星过渡的第四天，是最好的日子），$ndzu^{55}ŋa^{55}\ ku^{31}$（七星过渡的第五天，这一天做事必须要杀生放血，才能顺利），$mi^{55}k^hu^{55}\ ku^{31}$（七星过渡的第六天，好日子，可以修房造屋、办喜酒），$\chi ə^{31}mo^{55}ʂɣ^{55}\ ku^{31}$（七星过渡的第七天，这一天不能修房，但可以做其他任何事，如果买猪卖羊做生意，利于卖家，不利于买家）。七姊妹星是二十八星宿的开始，之后为：$k^hua^{55}la^{55}tɕi^{55}\ ku^{31}$（这一天做什么都不吉利），$bu^{55}du^{55}ti^{31}ɲi^{55}ku^{31}$（这一天不好不坏，做什么都凑合），$bu^{55}ma^{55}ti^{55}so^{55}\ ku^{31}$（这一天比较顺利，马马虎虎），$mi^{55}te^{31}ʐɣ^{55}\ ku^{31}$（这一天做什么都行，但不能修房造屋），$tʂo^{55}tɕ^hu^{55}ŋa^{55}\ ku^{31}$（这一天什么生意都可以做，但不能买骆驼），$tʂo^{55}po^{55}k^hu^{55}\ ku^{31}$（这一天如果买马就不顺），$ie^{55}k^hu^{55}ti^{31}ʂɣ^{55}ku^{31}$（这一天什么都能做，但不能修牲畜圈），$ie^{31}mia^{55}tɕi^{55}ku^{31}$（这一天适宜办喜酒），$ie^{31}ʂɣ^{55}dʐɣ^{55}tu^{55}ɲi^{55}ku^{31}$（这一天不宜办喜酒），$ȵy^{55}bu^{55}te^{31}so^{55}ku^{31}$（这一天可以做生意，但不能杀生放血），$dʐɿ^{55}ɲi^{55}te^{31}ʐɣ^{35}ku^{31}$（同前一天），$ie^{31}p^hsɣ^{55}te^{31}ŋa^{55}ku^{31}$（这一天适宜办喜酒、修房造屋），$ie^{31}la^{55}ti^{31}k^hu^{55}\ ku^{31}$（这一天不能买牲畜，否则不顺），$t^ha^{55}ia^{55}te^{31}ʂɣ^{55}ku^{31}$（这一天"亏猪"，意即除了猪，什么都能买），$ba^{55}pu^{31}tɕi^{55}\ ku^{31}$（这一天"亏男人"，男性不能出门，不能办喜酒），$dʑi^{55}tɕi^{55}ɲi^{55}\ ku^{31}$（这一天是特别好的日子），$ɕi^{55}du^{55}so^{55}ku^{31}$（这一天做生意凑合），$ɕi^{55}ma^{55}te^{31}ʐɣ^{35}\ ku^{31}$（这一天是好日子，做什么都顺当），$ɣo^{55}io^{55}te^{31}ŋa^{55}\ ku^{31}$（这一天是好日子），$t^ho^{31}qa^{55}te^{31}k^hu^{31}\ ku^{31}$（这一天"亏马"，不能买马），$tʂɣ^{55}mia^{55}te^{31}ʂɣ^{55}ku^{31}$（这一天"亏女人"，女人不能出嫁）。

八 纳木依民间故事

纳木依藏族有许许多多的神话传说和民间故事，这些传说和故事是纳木依民间文化的重要组成部分。下边例举古涛在纳木依藏族中收集的几个民间故事。

（一）老虎遇到"漏"

讲述：王文发，男，木里县倮波乡，2011年讲述时62岁

从前，一家老两口住在山坡上，家里养有一匹骏马，长得膘肥体壮。俗话说，不怕贼担心就怕贼闹心，这匹骏马招来了两个不速之客。有个贼想偷这匹马去卖钱，有一只大老虎也想来偷他家的骏马去吃。这天晚上，天变了，又是刮风又是下雨，贼和老虎先后来到他家的马厩里。老虎藏在里头，准备天黑尽了再行动；盗马贼藏在马厩里的门口边，打算等主人家睡熟了再下手盗马。这两个盗贼都竖起耳朵听动静，只等这家人入睡。因为年老体弱，不能够翻盖房子，这家人的房子有些地方漏雨。今天突然下起雨来，老妇不无担心地问她的丈夫会不会漏雨，她说："老汉，今天怕不？"老汉说："我啥子都不怕，就怕'漏'啊。"

老虎在外面听到这个对话，心里不服气：我是兽中之王，你不怕我，反倒害怕漏。漏是个什么东西？转而又想：我要吃那匹马，不晓得"漏"是啥子东西？会不会漏也在这里哦？老虎心里是十五个吊桶打水——七上八下的。盗马贼也听到了老两口的对话，他知道"漏"是指漏雨。他不知道马厩里有老虎，所以他没啥顾忌。这时候，老虎想：管他的，我把马吃了再说。盗马贼想：管他的，我去把马偷走再说。他一步一步挪到马厩中间，因为看不见，就用手去摸。一下子摸到一个热乎乎，圆滚滚的马背，他心里一惊："啊呀，好肥的马啊。"不由分说，盗马贼一个鹞子翻身，一下子爬在马背上骑起。老虎想：完了，都爬到我背上来了，一定是"漏"把我骑着了。它哪里还敢去吃马呢，它惊慌失措，一纵步跳出马厩，一路狂奔着逃命去了。

盗马贼双手揪住老虎身子，紧紧贴在老虎背上，心想偷到好马了，又肥又跑得快。他骑在马上，任由马儿飞奔，管他三七二十一，到哪里算哪里。天刚麻麻亮，他仔细一看，自己骑的什么马啊，原来是只大老虎。这个盗马贼下又不敢下来，骑又不敢再骑。一下来就要被咬死，只好紧紧趴在虎背上。但是再骑下去，天大亮了，老虎发现骑在它背上的不是漏，而是一个人的话，它立即会把我吃掉。怎么办？怎么办？他急得抓耳挠腮。老虎也在想办法要把"漏"甩掉。它专门往树林里跑，发现前面有一棵横卧的树子，它从横树下面一钻就过去了，虎背上的漏就被撞落下来了。老虎不敢回头看这个被自己撞下来的漏，一个劲地拼命地跑。盗马贼被老虎撞在树干上掉到地上，他也不敢跑远，生怕被老虎发现了，赶紧爬上一棵杉树藏起来。

拼命狂奔的老虎遇到一个猴子，猴子说："拉帕大哥，你跑得七吼八喘地，在跑啥子啊？"老虎上气不接下气："你不要说，不要说，我昨天晚上趁着月黑风高去偷一家人的马来吃，突然一个'漏'骑到我的背上来了。我拼命跑啊跑，差点没有跑脱。现在身上还有'漏'气呢，不信你嗅嗅。"猴子狡猾，看一眼说："啥子漏喔！那是人嘛，好吃的东西呢。走，我们两个转去把他咬来吃掉。"老虎说："我不敢去。不敢去噢！昨天晚上一直趴在我背上，把我跑累死了。"猴子说："走！我们先去看是啥子样子。"猴子走前头，老虎小心翼翼地走后头，走到杉树边，猴子说："那不是，是个人，哪里来的啥子漏？"猴子又说："我爬上树子去咬，你在下面等着，等他下来你几口把他咬死，我俩打伙吃。"猴子又想了想，说："不忙，万一是漏又咋整？这样吧，你拿根藤藤，一头拴在我身上，一头拴在你脖颈上，如果是漏，我给你眨眼睛，你就跑；是个人嘛，你就把他拉下来咬死。"

盗马贼在树子上，看见猴子和老虎联合起来攻他，他赤手空拳，手里连木棒都没有一根，咋办？他很着急。猴子爬到树子上去看，离他越来越近。盗马贼急得把尿都急出来了，尿顺着裤腿往下流，淋到猴子的眼睛里，痛得猴子直眨眼睛。老虎看见猴子眨眼睛，想到猴子发出了危险信号。惊魂未定的老虎转身就开跑。它拼命地跑："我的妈呀，硬是是个漏啊！"老虎一口气跑了九座山越了九条峡。当它转过来看时，发现猴子呲牙咧嘴的，老虎不知道猴子早就被它拖死了，它生气地说："老子都要累死了，你还在那儿笑！"盗马贼爬在树干上，远远地看着老虎把猴子拖起跑了，才慢慢的从树上梭下来，悻悻然回家去了。

（二）阿木西渣的故事

讲述：马文忠，男，冕宁县城厢镇伍宿村，2011年讲述时63岁

冕宁县大桥区，坐落在牦牛山上，是贡嘎山系子耳山的余脉。过去因为是尔苏藏族送魂时送灵牌的山，所以汉族称这个山叫"灵牌山"，藏族喊"阿木西渣"。传说古时候，那儿出过一个能人，汉族喊他是"草寇王"，藏族喊他是"阿木西渣"。在他出生之前，家里的骡马下了一个小马驹。这个马驹奇丑无比，马鬃倒起生在下巴底下。一些人说："这是个怪物，要把它丢掉。"一些人说："不要丢，把它喂大了看看将来长成个啥样子。"马儿出生不久，阿木西渣也出世了。阿木西渣非同一般，聪明机警，身体发育很快，当他三岁时他就说："阿妈，我的坐骑呢？"他妈问："你的啥子坐骑？"他说："哎呀，就是鬃纲生在下巴下的那个。""哦，"他妈恍然大悟："在圈里头拴着呢，你自己去看哇！"他说："对嘛。"他把那匹马爱得像宝贝一样，每天都拉着这匹马到河边去洗，又拿刮子刮，洗得干干净净的。

一天，他拉个牯牛在灵牌山背后的一片凹地里犁地，有几个彝族青年来抢他。他们要阿木西渣把牯牛拿给他们，他们要把牛杀来取出肩胛骨灸羊膀看。他不慌不忙地说："你们要噢，不要忙！"他把鞭杆往地上一插，就插在牵牛绳上，阿木西渣让开路，叫他们自己来取。一个年轻人过来拔鞭杆，想提起牵牛绳把牛牵走。可是，他费了九牛二虎之力也没有拔起鞭杆，其他人不相信，都过来用力，几个彝族抢匪怎么拔也拔不出来。这时候，阿木西渣又说："你们别慌，等我把大牯牛抱去溪水边洗一下脚杆再说。"这些彝人本来就觉得事情有些蹊跷，听他这么一说，不觉心惊胆战起来，说："大牯牛你都抱得起？阿呷，阿呷！不要，不要，我们不要你的牛了，我们另外去找。"说着拔腿就溜了。他满不在乎地说："不要哈，不要哇就算了嘛。"

阿木西渣是个神人，本事大，点子多，在当地出了名，藏族人都知道。有一次，家里来了客人，母亲烧锅煮饭，准备待客，才发现家里没有盐巴了，他妈说："没得盐巴。"他说："你们把菜找到，我到建昌去买。"建昌就是现在的西昌，距离冕宁大桥有百把千米，怎么能够在这么短时间内赶回来呢，他妈说："你又在哄人！"他不由分说，拉起一床毡擀尔围在脖颈上，骑上马儿，鞭子一挥，这马儿就飞起来了。阿木西渣飞到建昌，买上盐巴，再挥鞭跃马返回灵牌山，家里的饭甑子才上气。阿妈说："西渣，你哪里买的盐巴？"他说："我到建昌买的。"他妈妈不信："我不相信。"他告诉母亲说："你看，一床毡擀尔，去了来，只剩下点襟襟，全部拿给风吹化了，不是吗？"他妈仔细一看，果然，刚才还厚实的毡擀尔，被吹得只剩下一些襟襟了。

有一家人做帛，来客来人多，做帛时间长，需要宰杀很多的牲畜来吃。主人家对阿木西渣说："唉，明天早上没得菜了。"他听了不慌不忙地说："明早晨我给你们送来。"第二天早晨他在灵牌山上杀了一条黄牛，站在山上，提起牛脚就甩到诺白瓦。牛尸从山上飞过来，"蓬"的一声就落在院坝里。解决了第二天早上的客人用餐。

这个人有一个致命的弱点。他力气大倒是大，就是人憨，乱整。性乱甚至乱伦。姐姐妹妹，姑姑、姨娘他统统都不认，他兽性发作了，想起按哪个就按哪个，畜生一样。所以她们都怨恨他，引起众怒，大家就在床铺下做好手脚，拿几把尖刀，立起栽在床铺下。上边虚搭一个竹笆，上面铺上席子。他喝醉了酒回来，没有提防，倒下去就睡。几把刀从背心穿过，一命呜呼了。这位半神半人的阿木西渣，就被家里人戳死了，他死于乱性。这大概也是神界所不允许的吧。

（三）听谗言弃女儿

讲述：王富云，男，冕宁县城，2011年讲述时46岁

从前，有一家人，养了两个女儿和一个儿子，一家五口，日子过得乐融融的。日子一晃十多年过去了，儿女们都长大了。这年，父亲得了病，叫儿子去请了一个沙巴来给父亲治病驱鬼。沙巴来到他家，坐在锅庄边的客位念经。念着念着，忽然，"吥"地一声放了个响屁。坐在锅庄下方的姐妹俩听到后忍俊不禁笑出声来。沙巴是藏族的高级知识分子，是人们尊敬的学者，而当众放响屁，是一件丢人的事儿。沙巴被她俩笑得无地自容，怒火中烧，想找机会报复姐妹俩。等姐妹俩出去后，他又接着诵起经来。念了一阵，伸起右手，扳着手指胡乱掐算了一阵，然后故作惊讶地对躺在锅庄边篾笆上的父亲说："哎呀！你两个女儿的命是克人的，你这病是她俩的凶命在你的身上作怪后才得的，你如果不赶快把你的两个女儿杀了，你的病是怎么也好不了。"父亲信以为真，这时候只顾自己的性命，哪还考虑到两个女儿的死活，二话没说，就叫儿子赶快把两个姐姐抓到三岔路口去杀了。

善良的弟弟再三向父亲和沙巴乞求饶了两个姐姐，无奈那狠心的父亲和沙巴不听。弟弟不得已带着两个姐姐到了寨子外的一个三岔路口。他叫两个姐姐坐在那里等他，然后飞跑回来，偷偷地从自己家的猪圈里抱起一只小黑猪到三岔路口杀了，七刀八砍，剖开猪身，取出猪肠子穿在一根竹竿上，然后对两个姐姐说："你俩无意惹怒了那该死的沙巴，他就设法报复，说你俩的命克了父亲，要把你俩杀死后父亲的病才能好，愚蠢的父亲又听信了他的话，要我把你俩带到这里杀了。我再三乞求他们饶了你们，可他们不听。我这做弟弟的帮不了你们的忙，你俩各自逃命去吧。把这些猪肉带在路上吃。"说完，把地上的猪肉拿给两个姐姐。两个姐姐一边抹泪一边对弟弟说："弟弟，我姐妹俩走到哪里就会把油菜籽撒到哪里，到了明年三月间，你就沿着油菜花开的路来找我们。"弟弟答应了。他看着两个姐姐依依不舍的样子就说："你们两个快走吧，那沙巴和父亲还在家里等着，我还要拿这猪肠子给他们交差呢。"两个姐姐明白，听弟弟的话，逃命谋生去了。弟弟等两个姐姐走后就扛着竹子上的猪肠子回来给沙巴和父亲交差。恶毒的沙巴和父亲听说两姐妹被杀死了，都很高兴。

到了第二年三月份，油菜花开的时候，弟弟去找两个姐姐。他沿着开了油菜花的路走。走呀，走呀，走到一个寨子边时，油菜花没有了，他想两个姐姐一定住在这个寨子里。他走近村头的一棵大树旁，正要找人打听的时候，从大树边一间很大的瓦房里走出一个年轻的妇女，那妇女看了他一下，连忙走上来对他说："哎呀，是弟弟呀，我看到油菜花开了，天天等你来，可你今天才来，走，进屋去坐。"弟弟这才看出原来是他的大姐。进了屋，大姐问他："弟弟，你要坐金凳坐银凳还是坐糊满了鸡屎的破木凳？"弟弟说："像你的弟弟，我这么穷的人，坐糊满了鸡屎的烂凳子已经不错了，哪里还敢坐金凳银凳。"大姐二话不说就抬了一条金凳叫他坐。坐了一会儿，大姐又问他："弟弟，你要吃屙不出屎来的瘦牛，还是要吃高大肥壮的公牛、阉牛？"弟弟说："像你弟弟，我这样穷的人，吃瘦牛都够了，怎么敢要你杀肥大的公牛阉牛给我吃。"大姐笑了笑叫家里人杀了一条肥壮的阉牛款待他，并把二姐喊来见弟弟。吃了饭，两个姐姐告诉弟弟，自从他把她俩救出来以后，她俩就一直来到这里并嫁给了寨子里两个很有钱的人，生活过得很幸福，只是每天都在思念他。一连几天，大姐家都杀猪宰羊款待弟弟。不久，弟弟又被二姐家请去，二姐家也和大姐家一样，拿金凳银凳给他坐，杀牛宰羊款待他。他在两个姐姐家玩了十多天。临回去的时候，两个姐姐给了他很多金银和牛羊。

弟弟回去以后，父亲见他带来了那么多东西，就问他："你这些东西是哪里来的？"弟弟只得把两个姐姐被他救出去以后，嫁给了两个有钱的人，现在都成了万贯家财的主妇的情况给他说了。父亲听后也没有责怪儿子当初没有把两个姐姐杀掉，只是问儿子两个女儿住在哪里，弟弟如实告诉了父亲。第二天，父亲为了向两个女儿要钱财，就骑着马急匆匆地到两个女儿家去了。

来到两个女儿住的那个寨子里，恰巧小女儿在屋外缝衣服，见到父亲，就把他让进屋里。小女儿问他："父亲，你要坐金凳银凳还是坐糊满了鸡屎的破木凳？"父亲不客气地说："你父亲养你千辛万苦，不坐金凳银凳还坐什么糊满了鸡屎的破木凳。"小女儿没说什么，拿了一条糊满了鸡屎的破木凳叫他坐，父亲气得撅着嘴站在一边。过了一阵，小女儿又问他："父亲，你要吃大肥猪还是吃屙不出屎来的瘦小猪？"父亲说："我把你从拳头那么大点拉扯成人，不吃大肥猪怎么叫我吃屙不出屎来的瘦小猪？"小女儿没说二话就叫家里人杀了一只屙不出屎来的瘦小猪儿给父亲吃。第二天，大女儿来请父亲，父亲原以为大女儿待他比小女儿好，可到了大女儿家，大女儿也和小女儿一样，拿糊满了鸡屎的木凳叫他坐，杀屙不出屎的瘦小猪给他吃。

父亲走的那天，两个女儿悄悄地把预先捉来的一些蛇和蜜蜂装在一条口袋里放在父亲的马背上，然后对父亲说："父亲，马背上的口袋里装的是我们给你的一些腊肠和糌粑，你在半路上饿了就把它们拿出来吃。"父亲驾着马翻过几匹山，到了一个有泉水的山洼地时，觉得肚子饿了，就把口袋里的腊肠和糌粑拿下来，想就着山泉水吃一点。父亲打开口袋一看，见里面装的是一些毒蛇和蜜蜂，哪里有什么腊肠和糌粑。他吓得急忙跳上马朝前跑，正当这个时候，口袋里的蜜蜂朝马背上、腿上乱蛰，马儿被蛰得惊跑起来。没跑多远，连马带人滚下山崖摔死了。

（四）洪水朝天故事

讲述：伍明会，女，冕宁县和爱藏族乡拉姑萨村，2011年讲述时63岁

在远古的时候，在我们冕宁县居住着一家人，家里有三弟兄和一个妹妹。三弟兄在山上挖草皮，准备来年烧草皮种粮食。一天，他们发现前一天挖过的草皮，第二天又被别人翻转来了，草地又恢复了原样。他们觉得蹊跷，不可思议，可又别无他法，只好重新翻耕。过了一晚上，第二天早上，他们再来的时候，草皮全部颠覆，草地又恢复了原样。这样持续了几天，弟兄们觉得实在蹊跷，便决定暗中窥察一下。这天下午，三兄弟挖草皮挖到下午的时候，大哥说，我们天天挖草皮都挖累了，我们今天收个早工，明天再继续挖吧。他们跟平时一样，假装着离开了工地，躲在森林里观察。

一会儿从老林里走出来了一只野猪，野猪用长嘴在地上不停地拱着，把白天刚挖翻的地皮全部恢复原样。他们仨一齐冲上去，围住这头野猪，准备把它宰了。一会儿，这野猪变成一个白胡子老头，面对他们仨，不慌不忙地说，你们没有走哈。他们弟兄仨围住白胡子老头。在怎样处置这个白胡子老头的问题上，三弟兄意见不统一，发生了冲突。

老大说："管他三七二十一，先杀了他再说。"

老二提议说："杀他倒不一定杀，先暴打一顿然后放了他。"

老三不慌不忙地说："你们俩都不要慌，还是先问一问原因再说嘛。"

白胡子老头觉得老大和老二都人品不好，不宜留在人世间。老三心地善良、最明事理，应该把他留下来。他主意一定，就把上帝要发大洪水淹没人类的消息告诉了他们三兄弟。

他又说："你们挖草皮还有什么意义呢？"

这时候，将信将疑的老三问白胡子老头："老爷爷，这样说来，我们要大祸临头了，还有没有办法呢？"

"办法有得是，你们别着急。"白胡子老头教他们躲避灾难的办法。

老头指着老大说："你呢，先做个铁柜子放在家里，把粮食和家畜、农具放在柜子外面，住在山脚下。这样就可以躲过灾祸。"老大将信将疑地回去了。

老头指着老二说："你就做个木柜子，粮食、家畜放在柜子外，住在山腰上。也一样可以躲过灾祸。"老二记下了老头子的忠告。

老头最后告诉老三："到对面山上砍下那棵粗大的泡桐树，中间挖空，再用牛皮包裹在木槽上，用牛皮蒙在口子上，用麻线缝好，放在家里，牲畜、粮食、种子、菜刀、菜板和农具放在蒙了牛皮的木槽里。"

他又进一步嘱咐老三："一定要把木槽放在山顶上，你和妹妹一起待在牛皮木槽里。不管洪水涨了多少天，一直躲在木槽里，要等到洪水退去才能从木槽里出来。"

老三把老头讲的话铭记在心。

三兄弟都按照老头子的吩咐做好了逃生准备。几天后，天上就下起了瓢泼大雨。暴雨下了七天七夜，山洪遍野，巨浪滔滔，到处是白茫茫一片汪洋。洪水淹没了所有的土地、淹没了群山。老大随着铁柜沉入了水底。老二因为木柜被洪水撞得粉碎而葬身泥潭。

老三和妹妹随着牛皮木槽漂浮在水面上。漂啊漂啊，不知道过了多少个日日夜夜。山顶上的木槽随着洪水水位的降低，从山上往下降，降到半山腰上一个名叫"邛曼库拟"的地方，木槽卡在山石上稍作停顿，不一会儿又被波浪冲下来，牛皮船又开始随波逐流。

他们两兄妹在黑暗的木槽里不知待了多久，也不知道在什么地方。三弟为了试探大地上还有没有洪水，轻轻地打开一条缝，把菜板扔出去，只听见"嘭咚"一声，菜板沉入水底。"哎呀，洪水水位还很深，不能够打开牛皮盖子。"

他们继续漂啊漂，不知道又过了多少天。他想试一试，还有没有洪水，把菜刀丢出去，仍然只有"嘭咚"的声音。他们只好藏在牛皮船里继续漂着。

又过了一段时间，他把小木桶从缝隙里扔出去，这时候听见木桶着地的声音。他们断定洪水已经退去，慢慢地试着打开木槽上的牛皮盖子。钻出牛皮木槽，他们发现过去的村庄没有了，人类消失了，天底下只有他们兄妹俩。

他俩想烧火，可是哪里去找火种呢。他爬上高处观察，发现在远处的山谷里有一丝老鼠尾巴那么粗细的青烟在徐徐缭绕。他俩以为那里也有同胞，跑去察看，却意外地发现是那个白胡子老头。那老头对老三说："你看怎么样，那个草皮有没有必要再挖呢？"

"没有，看来的确没有必要了。"老三感谢他的救命之恩。同时向他借火种回去生火做饭。由于他们事先按照白胡子老头的指点，备足了生活用品和生产工具与粮食种籽，他们两兄妹依靠勤劳的双手，很快在荒山上开垦了土地，种上庄稼，日子一天天地好起来。

可是，世界上除了他们俩兄妹而外没有其他人，生活应该怎样继续呢？他俩又来到山谷里。把自己的困惑告诉了老头："世上就只有我们兄妹俩，今后的日子怎么过啊？"

白胡子老头指点迷津："你们俩，明天把石磨分别扛上东西两山头，妹妹扛下扇磨子上东山顶，哥哥扛上扇磨子上西山顶，到达山头以后，同时把石磨子放下山，让它们同时立起滚下山去。"

白胡子老头继续说："如果这两扇磨子重叠在一起了，那么你们俩兄妹就别不好意思，按照神的旨意结为夫妻吧。"兄妹俩领命而回。

第二天，妹妹扛起扇磨子上东山顶，哥哥扛上扇磨子上西山顶，到山头后同时把石磨子放下山，让它们同时立起滚下山去。俩兄妹来到山下一看，果然两扇石磨重叠在一起，下扇在下，上扇在上。哥哥说："看来是天意，我们只好结为夫妻了。"

可是妹妹还是不同意，兄妹怎么能够成一家呢？他们又去找白胡子老头。后来白胡子老头又叫他们用穿针引线的办法来确定是否成一家。在多次卜卦求神以后，两兄妹只好听天由命，成了一家，生下了三个男孩。但是，这三个孩子长成少年了都不会说话。

怎么办？他俩又想起那个白胡子老头。他俩来到深山老林，拜见那个半神半人的老头。那个白胡子老头好像知道他俩要来找他。一见面就说："要让你的三个儿子能说出话，方法很简单。你家房子后面不是有一笼竹子吗？砍一根竹子，放在火塘里烧，再分别把烧烫的三个竹节对着三个小孩的嘴，撇破竹节，把热气和折破竹子的声音一起灌进嘴里，就会好了。"

他俩回来按照白胡子老头的要求，让三个儿子坐在火塘边，火塘里烧着三根炮竹。父亲把第一节竹子对着大儿子的嘴一掰，"嘭"，竹节爆了，气流冲进大儿子的嘴里。热气冲的儿子惊呼起来："阿这格！"这个呼唤"阿这格"的儿子就成了藏族的祖先，是号称老大的兄长。父亲又把第二节竹子对着老二的嘴巴一掰，爆炸的气流冲进老二的嘴里："阿哟喂！"老二后来成了汉族的祖先。第三节竹节对着幺儿子的嘴一掰，老幺大叫一声："阿玛呀。"他后来成了彝族的祖先。

从此以后，三弟兄都会说话了。他们通过千辛万苦，找到了婚姻对象，发展了人类。所以说藏族、汉族和彝族是三弟兄。不能够相互剥削和压迫，要好好在一起休养生息。

（五）天神的女儿

讲述：唐生果，男，木里县三公里半，2011年讲述时54岁

很早以前，天老爷的幺女阿吉看到凡人阿汉是个孝子，打从心里喜欢他，便偷偷下到了凡间。这时阿汉正要去背水，她就跟在他后面，阿汉心里想：一个陌生的女娃，跟着我做什么。他红着脸只顾往前走，走到水井边，刚把水汲满背水桶，忽然发现背带断了，十分为难地在那里修理。说来也怪，不修还好，一修这背带就像麻花一样，断成了节。阿吉走上前说："阿汉，你别急，我有办法。"便把裹脚布解下给阿汉系在背水桶上。阿汉背起水，两人边走边摆龙门阵。阿吉说："我带你上天宫去好吗？"阿汉说："哈吔，我又不是麻雀，咋上天呢？"阿吉说："只要肯上天我带你去。"

阿吉就把阿汉带上了天宫。阿吉怕阿爸木比塔知道这件事，就把阿汉藏在磨房里，天天给他送饭。有一天，阿吉的阿妈发现了，就问："幺女，我每天给你三碗饭，你没吃吗？怎么瘦了呢？""我剩了些喂狗了。"阿吉说："不，我知道了，你在骗人。"阿妈车转身就对木比塔说："阿吉把凡间的阿汉弄上来了。"木比塔一家人都知道了。木比塔便把阿汉叫了出来，说："你一个凡人还想我的姑娘呢，你有那么大的本事吗？"他又说，"那好，明天天不亮云不散的时候，我去凌冰槽放柴，你在岩下面接放下来的柴和石头，只要你接住了，我就把女儿许给你。"第二天，天不亮云不散的时候，阿汉按阿吉出的主意，到了凌冰槽躲在滴洞里。木比塔放下来的柴，阿汉接了九根，放下来的石头又接住了九块。木比塔惊慌了，说："阿汉，我不信你真的有这么大的本事啊，明天，你在天不亮云不散的时候，去砍九沟火地，只要你一天能砍完，我就把女儿许给你。"阿汉吓到了，阿吉又给他出主意："阿汉，你在九沟火地四角各砍一棵树，然后去睡觉，明天早上，九沟火地就砍完了。"第三天，木比塔去九沟火地查看，九沟火地已经砍完了。他说："阿汉，你既有本事，明天天不亮云不散的时候，你去把九沟火地烧出来，点火时要从火地脚下点到火地顶上。"阿汉点燃了九沟火地，就顺着去到火地顶上。一匹山都烧燃了，要把阿汉烧死了，阿吉从磨房洞里看见了，立刻解下围腰放进水沟里抖了几下，变成大雨把火淋熄了。这时，阿汉抱住头，被烧得卷成了一团，一身的毛也烧焦了，只因他双手抱头，头发还在，胳肢窝里还有毛毛，其他周身的毛都烧掉了。阿吉赶到九沟火地，把阿汉背了回去。她在三岔路上捡来三块白石头，找了些桃枝、柳条，用老鸦蒜熬水，又把一个铧头烧红放进水里淬一下，然后给阿汉洗浑身的烧伤，洗了三遍就好了。木比塔没有害死阿汉，心头不服气，又对阿汉说："阿汉，明天天不亮云不散的时候，你把三斗菜籽撒进九沟火地里。"阿汉没有办法，阿吉说："你在每条沟口上撒一点，然后你就在地边山洞躺着睡觉好了。"不到天黑的时候，阿汉已经撒完九沟火地里的菜籽。他对木比塔说："我已经撒完了菜籽，现在你女儿该许给我了吧。""许给你？"木比塔说："三斗菜籽怎么撒的，你现在一颗一颗的去捡回来，一颗不少的给我捡够。"怎么捡呢？阿汉没办法，阿吉说："不怕，你把三个皮口袋放在地里，然后你就躲起来。"阿汉按照阿吉的主意做了，结果，三斗菜籽装进了口袋，一看还差一颗。怎么办呢？阿吉又说："那里不是有只斑鸠吗，你把它打下来就够了。"阿汉想举箭射下那只斑鸠，可是不会放箭，阿吉用手里拿着的织布梭子敲一下他的手肘，箭射出去刚好射下那只斑鸠，剥开嗉子掏出菜籽，添进口袋里，刚好一颗不差。木比塔输了，把女儿许给了阿汉。阿吉穿了一身新衣服，戴了金箍箍银箍箍、金耳环银耳环。走的时候，木比塔给阿吉陪奁五谷粮种，又给阿吉牲畜前头几百只，后头几千只，还关照女儿在路上不要向后看。半路上，阿吉不放心，转后看了一眼，惊散了后头几千只牲畜，它们就成了野生的了，所以人间的牲畜，家的少，野的多。木比塔还叫阿吉把刺籽籽撒在高山，杉木籽籽撒在高山上。

（本章执笔人：古涛、王德和、张琰）

第二章 语言概况

纳木依人虽为藏族支系，但却使用着一种与藏语完全不同的语言——纳木依语。分布于九龙、木里的纳木依人自称为"纳木兹"［na⁵⁵mu⁵⁵zʅ³¹］，分布于冕宁、西昌、盐源的纳木依人自称为"纳木依"［na⁵⁵mu⁵⁵i³¹］，不同地区的纳木依语有差异，说不同口音的纳木依人之间大体上可以互相交流。

孙宏开教授在《六江流域的民族语言及其系属分类》[1]一文中对木里县倮波乡地区的纳木依语进行了简介，并认为纳木依语属于藏缅语族羌语支语言。之后黄布凡对木里县倮波乡干海子村的纳木依语进行了介绍，该文收入《藏缅语十五种》[2]一书。刘辉强在《罗锅底纳木依语》[3]一文中介绍了冕宁县里庄区联合乡锣锅底纳木依语。

本书中分别对四川省凉山彝族自治州木里县倮波乡一村干海子组的朱小华帕孜以及甘孜藏族自治州九龙县子耳彝族乡万年村尼玛堡子的李开华二人的纳木依语进行了调查，以下，将分别介绍二人所说纳木依话的语言特点。

---

[1] 孙宏开：六江流域的民族语言及其系属分类，《民族学报》，1983年第3期。
[2] 《藏缅语十五种》，北京：北京燕山出版社，1991年2月。
[3] 刘辉强：罗锅底纳木依语，《语言研究》，1996年第2期（总第31期）。

一 木里县倮波乡纳木依语

发音人朱小华，纳木依名字为"ɑ⁵⁵zɑ⁵⁵ȵi⁵⁵ma⁵⁵tsʰɿ⁵⁵"，法名为"kʰi³¹ku³¹dzɑ³¹"，四川省凉山州木里县二区倮波乡一村人。该全村共有50余户，其中5户是汉族，其余均为纳木依人。朱小华2011年时51岁，初中文化水平，母语为纳木依语，可以讲比较地道的纳木依话，是当地的帕孜（"pʰa⁵⁵tsɿ⁵⁵"，纳木依人的祭司）。朱小华师从其父朱德清（已故），朱德清曾是倮波地区的大帕孜，纳木依名为"ɣɑ⁵⁵zɑ⁵⁵vu⁵⁵tɕi⁵⁵"，法名"mbu⁵⁵zɑ⁵⁵pʰi³¹"。

一、语音

（一）声母

1. 单辅音声母：39个

发音方法		发音部位 双唇音	唇齿音	齿龈音	卷舌音	龈腭音	软腭音	小舌音	声门音
塞音	清	p pʰ		t tʰ			k kʰ	q qʰ	
	浊	b		d			g	(ɢ)	
塞擦音	清			ts tsʰ	tʂ tʂʰ	tɕ tɕʰ			
	浊			dz	dʐ	dʑ			
擦音	清		f	s	ʂ	ɕ	x	χ	h
	浊		v	z	ʐ		ɣ	ʁ	ɦ
鼻音	浊	m		n		ȵ	ŋ	(ɴ)	
边音	浊			l					
边擦音	清			ɬ					

2. 单辅音声母音位的描写和说明

（1）大多数情况下，声门清擦音h与鼻化元音搭配，例如：hĩ⁵⁵mi⁵⁵（月亮）、hũ³⁵（需要）。

（2）小舌浊塞音ɢ只出现在复辅音中。

（3）舌根浊擦音ɣ、小舌浊擦音ʁ与元音o相拼时有唇化现象，例如：tʰa³¹ɣo⁵⁵（前面），实际音值为tʰa³¹ɣʷo⁵⁵；ʁo³¹tsʰu⁵⁵（蔬菜），实际音值为ʁʷo³¹tsʰu⁵⁵。

3. 单辅音声母例词

辅音	例词			
p	pi³⁵	坛子	pu³⁵	打发
pʰ	pʰi⁵⁵	害（人）	pʰu³⁵	筐
b	bi³⁵	去	bu⁵⁵	牦牛
t	tu³⁵	稻草人	ta⁵⁵	这
tʰ	tʰu³⁵	踩	χɑ³⁵tʰa⁵⁵	天/日
d	du⁵⁵	犁	da³⁵	来
k	ka³⁵	老鹰	ko⁵⁵	那（近指）
kʰ	kʰa³¹ʐɿ³¹	福气	kʰo⁵⁵kʰo⁵⁵	钩子
g	ga³⁵	腌	go³¹dzo̞³⁵	流浪
q	qa⁵⁵	床架	qo⁵⁵qo⁵⁵	趴
qʰ	qʰa³⁵	啃	qʰo³¹qʰo⁵⁵	弯
ts	tsɿ⁵⁵	铜	tsa³¹mi⁵⁵	打火石
tsʰ	tsʰɿ⁵⁵	曝晒	iɑ⁵⁵tsʰa⁵⁵	轻
dz	dzɿ⁵⁵	吃	dza³⁵mi⁵⁵	讨饭
tʂ	tʂu³¹	云	tʂɿ³¹	星星
tʂʰ	ndʐu³¹tʂʰu³¹	墙壁	tʂʰɿ³⁵	狗
dʐ	dʐu³¹	腰	dʐɿ³¹dʐɿ⁵⁵	笑
tɕ	tɕi³¹	一	tɕu⁵⁵	砸
tɕʰ	tɕʰi⁵⁵	他	mi⁵⁵tɕʰu³¹	火把
dʑ	dʑi⁵⁵	根本	dʑu⁵⁵	地方
f	fu⁵⁵	吹	li⁵⁵fu⁵⁵	麝香
v	vu⁵⁵	酒	va⁵⁵	扛
s	sɑ⁵⁵	血	sa³⁵	蒸汽
z	za⁵⁵	鞋	za³¹za⁵⁵	嫩
ʂ	ʂu⁵⁵	铁	ʂa³¹ʂa⁵⁵	清
ʐ	ʐu⁵⁵	草	ʐa⁵⁵pu⁵⁵	收成
ɕ	ɕy³¹lu⁵⁵	梨子		
x	ʁa⁵⁵ʐɿ⁵⁵xe³¹	热闹	xe³⁵	牙齿
ɣ	ɣa³⁵	烤/晒	ɣe³⁵	牛
χ	χa³⁵	日子	χo⁵⁵	十
ʁ	ʁa³⁵	难	ʁa⁵⁵ʂɿ³¹	拧
h	hĩ⁵⁵mi⁵⁵	月亮	hã⁵⁵	金
ɦ	ɦa⁵⁵	鸡	ɦa³¹	山
m	mu⁵⁵	天	mi⁵⁵	火

续表

辅音	例词			
n	no³¹	你	nɑ⁵⁵mu⁵⁵zɿ³¹	木依纳人自称
ȵ	ȵo⁵⁵（ʂɿ³¹）	二十	ȵi³⁵	租
ŋ	ŋɑ⁵⁵	我	ŋo⁵⁵	银
l	lɑ³⁵	拿	lo⁵⁵	等待
ɬ	ɬɑ³⁵	菩萨	ɬi⁵⁵mi⁵⁵	月亮

4. 复辅音声母：19个

俸波乡的纳木依话复辅音都为二合复辅音，可分为两种类型：

（1）鼻冠复辅音

① 在浊塞音或浊塞擦音之前冠以发音部位相同的鼻音，形成鼻冠复辅音。在纳木依词汇中这一类的复辅音极为常见，且类型丰富，主要有mb、nd、ŋg、nɖ、ndz、ndʑ，少数情况下还会出现ɴɢ。例如：

复辅音	例词			
mb	mbɚ³⁵	老婆（俗称）	mbɑ⁵⁵	走
nd	ndo⁵⁵ʂɑ³¹	看见	ndɑ³⁵	砍
ŋg	ŋgo³⁵	木槽	ŋgi³⁵	相信
ɴɢ	ɴɢo³⁵	杀	ɴɢo⁵⁵lo⁵⁵	瓦
nɖ	nɖu⁵⁵nɖu⁵⁵	冰	nɖo⁵⁵qo⁵⁵	洞房
ndz	ndzu³⁵	漏	ndzɿ⁵⁵	水
ndʑ	ndʑu³⁵	（蜂）蛰	ʂɿ³¹ndʑi⁵⁵	木头

② 在清送气塞音或清送气塞擦音之前冠以发音部位相同的鼻音，形成鼻冠复辅音。这一类复辅音在俸波乡纳木依话中十分常见，且类型丰富，主要有ntʰ、mpʰ、ŋkʰ、ntsʰ、ntʂʰ、ntɕʰ等，少数情况下还有ɴqʰ，例如：

复辅音	例词			
ntʰ	ntʰɑ³⁵	痒	ʁu⁵⁵ntʰo⁵⁵	帽子
mpʰ	mpʰi³⁵	（牛）反刍	tse⁵⁵mpʰɑ³¹	打农药
ŋkʰ	nɑ⁵⁵ŋkʰɑ⁵⁵mu³¹	天	ŋkʰi⁵⁵	光线
ɴqʰ	nɑ⁵⁵ɴqʰɑ⁵⁵	黑的	ɴqʰɑ³⁵	啃
ntsʰ	ntsʰɿ³⁵	割	lo³¹ntsʰɑ³¹	长辈
ntʂʰ	ntʂʰu⁵⁵	大米	ntʂʰɿ⁵⁵	麂子
ntɕʰ	ntɕʰo³⁵	抬	ntɕʰo⁵⁵po⁵⁵	棕树

（2）塞音与擦音组成的复辅音：ps、pʂ、pʰs、pʰʂ、bz̺，但它们与ɿ、ʅ、ə相拼时擦音部分不明显。pʰ、b与卷舌元音ɚ相拼时，音值类似于pʰşə、pʰʂʅ及bzʅ，例如：pʰɚ³¹（pʰʂə³¹）ndʑŋ⁵⁵（灵堂）、ma³¹pʰɚ³¹（pʰʂʅ³¹）（绝户）、sa³⁵mpʰɚ⁵⁵（mpʰʂʅ⁵⁵）（断气）、mbɚ³⁵（mbzʅ³⁵）（老婆）。

（二）韵母

1. 单元音韵母：13个

傈波乡纳木依话元音与万年村纳木依话元音基本相同，单元音韵母共有13个，它们是：

i、e、a、ɑ、o、u、y、ə、ɚ、ɿ、ʅ、æ、ɔ

ʅ、ɿ

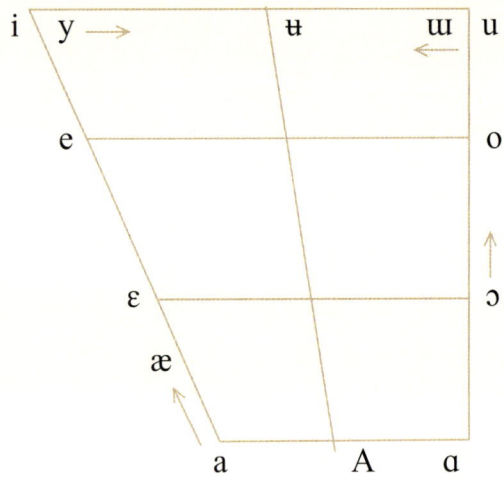

2. 单元音韵母的描写和说明

（1）前低元音a的舌位略高，实际音值类似æ。

（2）后低元音ɑ舌位靠前，实际音值近似央低元音A。

（3）前高圆唇元音y与辅音l、ts、tsʰ、dz、z、s搭配时，舌位略靠后，实际音值介于y与央高元音ʉ之间：当y与l搭配时，音值更加接近ʉ，例如"看"［ly³⁵］的实际音值接近"lʉ³⁵"，"用"［zy⁵⁵］的实际音值接近"zʉ⁵⁵"。y有时可与复元音iu互相变读，例如房屋可读作"y⁵⁵"也可读作"iu⁵⁵"。

（4）韵母u与ts、tsʰ、dz、dʑ、n、l搭配时，实际音值介于后高元音u与央高元音ʉ之间，尤其当u与辅音l搭配时，音值近似于ʉ。

（5）舌尖前元音ɿ出现在舌尖前音的后面，舌尖后元音ʅ出现在卷舌音的后面。简便起见都归并为ɿ。

（6）个别情况下出现半低后元音ɔ，例如pʰiɔ³⁵（好），数词的变体nɔ⁵⁵（二十），sɔ⁵⁵ʅ³¹（三十）等。但ɔ与半低后元音o不形成对立，因而将二者合并为o。

3．单元音韵母举例

单元音	例词			
i	ŋgi³⁵	种植	kʰe⁵⁵i⁵⁵	哪个
e	xe³⁵	牙齿	tse³⁵	漂亮
a	ka³⁵	老鹰	qa⁵⁵	床架
a˞	ka˞³⁵	挖	ɦa˞³¹	山
ɑ	tsɑ⁵⁵	坏	qɑ⁵⁵	剥
ɑ˞	tsɑ˞³⁵	修	tɑ˞³⁵	埋
o	χo³¹	十	ʥo³⁵	冰雹
u	lu⁵⁵	有空	ʥu³¹	花椒
y	ly³⁵	看	y³¹	雪
ə	ʂa⁵⁵ŋgə⁵⁵ga³¹	唱山歌	pʂʰə³¹nʥ⁵⁵	灵堂
ɚ	ɚ⁵⁵ɬi³¹	魂魄	mbɚ³⁵	老婆（俗称）
ɿ	ʥɿ⁵⁵	吃	dzɿ³⁵	顶嘴

4．鼻化元音韵母：3个

俫波乡纳木依话的鼻化元音十分常见，单元音有ã、ũ、ĩ。鼻化元音大多与声门清擦音h搭配。例如：ia⁵⁵hã³¹背（东西）、hã⁵⁵金、ɚ³¹hũ⁵⁵睫毛、hũ³⁵要、a³¹hĩ⁵⁵矮、hĩ³⁵站。

5．复元音韵母：5个

俫波乡纳木依话的复元音都为前响二合元音，种类和在词汇中所占的比例不如万年村纳木依话多：

结合情况		例词			
韵头	韵腹				
i	e	ie⁵⁵pʰa³¹	背阴	a⁵⁵li³¹ie⁵⁵	斑鸠
	a	ia³¹	烟草	i³¹qʰo⁵⁵ia³⁵	巴结
	ɑ	iɑ³¹pʰa⁵⁵	左边	iɑ³¹qʰɑ³¹	苦荞
	o	io⁵⁵	绵羊	pʰio³⁵	好
u	ɑ	kʰuɑ³¹ɚ³¹	牲口	ʂuɑ³¹tɑ⁵⁵	扫把

表注：iu通常可与y自由变读，例如y⁵⁵（房屋）也可读作iu⁵⁵。

俫波乡纳木依话也无鼻尾韵，但在一个音节以上的词语中，前一个音节的韵母会受到后一个音节鼻冠音的影响，产生类似鼻尾韵的语音效果，例如：i⁵⁵ntsʰɿ⁵⁵（尖刀）、"ʂu⁵⁵ŋkʰi⁵⁵"（铁丝）。

（三）声调

倮波乡纳木依话共出现了四个调值，分别是55、53、35、31，其中55调与53调不对立，大多数情况下可互替。因而共有三个基本调型，调值如下：

调名	调值	例词
高平调	55	tsʰʅ⁵⁵热、y⁵⁵房屋、tsʰo³⁵tʂu⁵⁵bɚ⁵⁵傻子
高升调	35	tsʰʅ³⁵洗、y³⁵睡觉、tʂu³⁵酸
低降	31	tsʰʅ³¹盐、y³¹雪、tʂu³¹云

变调规律：

（1）高平与高降不形成对立，单音节词与多音节词尾末尾多为高降，而处于词首、词中时多为高平。

（2）高升调的实际音值接近24，在词头常变为低降调31或中平调33，在词中或词尾常变为低降调31。

（四）音节结构

纳木依语词汇的音节不长，结构较为简单，主要有以下几种搭配：

1. **声母+韵母**

（1）CV：tʂʅ³¹（星星）、mu⁵⁵gu³¹（打雷）。

（2）CVV：gia⁵⁵［（天）冷］、kʰuɑ³¹ɚ³¹（牲口）。

（3）CCV：ndʐʅ⁵⁵（水）、ntɕʰo³⁵（抬）。

2. **零声母**：

（1）V：bu⁵⁵ɚ³¹（蛇）、y⁵⁵（房屋）。

（2）VV：ia³¹（烟草）、io⁵⁵（绵羊）。

辅音自成音节的形式，目前尚未出现。

二、词汇

1. **复合式**，两个或两个以上的不相同的词根结合在一起形成一个词，有以下几种组合形式：

（1）联合型，由两个意义相近、相同、相关或相反的词根并列组合而成，例如：

词根1		词根2		合成词	
ɑ⁵⁵vu⁵⁵	祖父	zɿ⁵⁵ʁo⁵⁵	孙子	ɑ⁵⁵vu⁵⁵zɿ⁵⁵ʁo⁵⁵	爷孙
ɑ⁵⁵iɑ⁵⁵	姐姐	gu⁵⁵zɿ⁵⁵	妹妹	ɑ⁵⁵iɑ⁵⁵gu⁵⁵zɿ⁵⁵	姐妹

（2）偏正型，前一个词根修饰、限制后一个词根，例如：

词根1		词根2		合成词	
ndzɿ⁵⁵	水	qo³¹	洞	ndzɿ⁵⁵qo³¹	井/水坑/池子
lu⁵⁵qɑ³¹	石头	ɦiɑ³¹	山	lu⁵⁵qɑ³¹ɦiɑ³¹	石山
ndzɿ⁵⁵	水	ɣe³⁵	牛	ndzɿ⁵⁵ɣe³⁵	水牛
gu⁵⁵zɿ⁵⁵	弟弟	mi³⁵	妻子	gu⁵⁵zɿ⁵⁵mi³⁵	弟媳

（3）补充型，后一个词根修饰、补充前一个词根，例如：

词根1		词根2		合成词	
ʂu⁵⁵	铁	tso⁵⁵	生	ʂu⁵⁵tso⁵⁵	生铁
mi⁵⁵	火	tʂɿ³¹	星	mi⁵⁵tʂɿ³¹	火星
ndzɿ⁵⁵	水	tɕo³¹	花	ndzɿ⁵⁵tɕo³¹	水花
ʁo⁵⁵gu⁵⁵	原	dɑ⁵⁵mo³¹	高	ʁo⁵⁵gu⁵⁵dɑ⁵⁵mo³¹	高原

（4）支配型，后一词根陈述前一词根，例如：

词根1		词根2		合成词	
mu⁵⁵	雷	tsɿ⁵⁵mɑ³¹	闪烁	mu⁵⁵tsɿ⁵⁵mɑ³¹	闪电
miɑ⁵⁵	眼	ndo⁵⁵	看见	miɑ⁵⁵ndo⁵⁵	天亮
lu⁵⁵	石	ʁɑ⁵⁵	立	lu⁵⁵ʁɑ⁵⁵	石林
pʰu³¹	价钱	dzɿ³¹	长，高	pʰu³¹dzɿ³¹	贵

2. **重叠式**，两个相同的词根组合在一起构成新词，例如：

叠音名词：n̠y⁵⁵n̠y⁵⁵（乳房）、kʰu³¹kʰu⁵⁵（刷子）、mɑ³¹mɑ⁵⁵（小型的水果）、
tsʰɿ⁵⁵tsʰɿ⁵⁵（叶子）。

叠音动词：hĩ³¹hĩ⁵⁵（闻）、zo³¹zo⁵⁵（搅拌）、hũ³¹hũ⁵⁵（红烧）、y³¹y⁵⁵（团结）。

叠音形容词：ʂɑ³¹ʂɑ⁵⁵（干净）、kʰu⁵⁵kʰu³¹（忙）、tso⁵⁵tso³¹（生）、zɑ³¹zɑ⁵⁵（嫩）。

3. **附加式**，由词根和词缀构成新的派生词汇，词缀分为词头和词尾两种。

（1）加词头的词，多为亲属称谓（对长辈的称呼），在词根前加ɑ⁵⁵，例如：ɑ⁵⁵dɑ³¹〔（阿大/爹）父亲〕、ɑ⁵⁵mi³⁵（母亲）、ɑ⁵⁵pʰu⁵⁵〔（阿父）公公〕、ɑ⁵⁵n̠i³¹〔（婆母）婆婆〕、

ɑ⁵⁵vu⁵⁵ʂu³¹［（舅舅）岳父］、ɑ⁵⁵zɿ⁵⁵［（舅母）岳母］、ɑ⁵⁵po⁵⁵（哥哥）、ɑ⁵⁵iɑ⁵⁵（姐姐）。

（2）加词尾的词，例如：lu⁵⁵qɑ³¹（石头），lu⁵⁵为"石"，qɑ³¹为词尾。

三、语法

1. 名词，表示可数名词的复数时，无论有生命名词还是无生命名词，均在词后附加pa⁵⁵。例如：

词汇	单数	复数
朋友	i³¹qʰo⁵⁵	i³¹qʰo⁵⁵pa⁵⁵
人	tsʰo³¹	tsʰo³¹pa⁵⁵
鸡	ɦɑ⁵⁵	ɦɑ⁵⁵pa⁵⁵
马	mo⁵⁵	mo⁵⁵pa⁵⁵
牛	ɣe³⁵	ɣe³⁵pa⁵⁵
房子	y⁵⁵	y⁵⁵pa⁵⁵
桌子	zɿ³¹ɖzu⁵⁵ɚ³¹	zɿ³¹ɖzu⁵⁵ɚ³¹pa⁵⁵
鞋	zɑ⁵⁵	zɑ⁵⁵pa⁵⁵

2. 数词和量词

（1）基数词：

tɕi³¹ 一	ȵi⁵⁵ 二	so⁵⁵ 三

zɿ³⁵ 四	ŋɑ³⁵ 五	kʰu³¹ 六

ʂɿ³¹ 七	hĩ³¹ 八	ŋgu³⁵ 九

χo³¹ 十	χo³¹tɕi³¹ 十一	χo³¹ȵi⁵⁵ 十二

ȵo⁵⁵ 二十	ȵo⁵⁵tɕi³¹ 二十一	so⁵⁵ʂɿ³¹ 三十

so⁵⁵tɕi³¹ 三十一	zo³⁵ʂɿ³¹ 四十	zo³⁵tɕi³¹ 四十一

ŋo³⁵ʂɿ³¹ 五十	kʰo³¹ʂɿ³¹ 六十	ʂo³¹ʂɿ³¹ 七十

hĩo³¹ʂʅ³¹ 八十	ŋgo³⁵ʂʅ³¹ 九十	tɕi⁵⁵hĩa⁵⁵ 一百
tɕi⁵⁵hĩa⁵⁵tɕi⁵⁵ 一百 和一 一百零一	tɕi⁵⁵hĩa⁵⁵χo³¹tɕi³¹ 一百 和 十一 一百一十一	tɕi³¹hĩa⁵⁵ so⁵⁵ 一百 和 二十 一百二十
tɕi³¹tu³¹ 一千 一千	tɕi³¹tu³¹ tɕi³¹ 一 千 一 一千零一	tɕi³¹tu³¹ χo³¹tɕi³¹ 一 千 十 一 一千零一十一
tɕi³¹tu³¹tɕi³¹hĩa⁵⁵ 一 千 一 百 一千一百	tɕi³¹ntsʰu³¹ 一 万 一万	tɕi³¹ntsʰu³¹tɕi³¹ 一 万 一 一万零一
tɕi³¹ntsʰu³¹χo³¹tɕi³¹ 一 万 十 一 一万零十一	tɕi³¹ntsʰu³¹tɕi³¹hĩa⁵⁵ 一 万 一 百 一万零一百	tɕi³¹ntsʰu³¹tɕi³¹tu³¹tɕi³¹hĩa⁵⁵tɕi³¹χo³¹ 一 万 一 千 一 百 一 十 一万一千一百一十

当多个数词连用时，在个位数前加连词 la³¹，例如：

so⁵⁵ntsʰu³¹ʑʅ³⁵tu³¹ŋa³⁵hĩa⁵⁵kʰo³¹la³¹ʂʅ³¹ 三 万 四 千 五 百 六 十 和 七 三万四千五百六十七	ȵi⁵⁵tu³¹so⁵⁵hĩa³¹zo³⁵ la³¹ŋa³⁵ 二 千 三 百 四 十 和 五 两千三百四十五

（2）序数词在数词前加"tʂo³¹ɣo⁵⁵"，例如：

tʂo³¹ɣo⁵⁵tɕi³¹（lu⁵⁵） 第一（个）	tʂo³¹ɣo⁵⁵ȵi⁵⁵（lu⁵⁵） 第二（个）	tʂo³¹ɣo⁵⁵χo³¹（lu⁵⁵） 第十（个）

（3）表示倍数时，没有特别的前后缀，而是用"多……"或添加其他数词来表达，例如：

ȵi⁵⁵lu⁵⁵da⁵⁵ɚ³¹ 两个 多 两倍	tɕi³¹lu⁵⁵ kʰo³¹pʰa⁵⁵ 一个 半 一倍半

（4）表示约数时，一种常见的方式是将两个邻近序数连用，后加量词，例如：

ȵi⁵⁵so⁵⁵dza⁵⁵ 两 三 块 两三块钱	ʂʅ³¹ hʅ̃³¹ lu⁵⁵ 七 八 个 七八个	χo³¹ʑʅ³⁵ŋa³⁵ 十 四 五 十四五

在某个固定数字后加 ɚ⁵⁵ɚ³¹，表示"多、余"，例如：

ŋa³⁵hĩa⁵⁵ɚ⁵⁵ɚ³¹tsʰo³¹ 五 百 多 人	kʰo³¹ɚ⁵⁵ɚ³¹pʰa³¹va³⁵ 六 十 多 头 猪
五百多人	六十多头猪

（5）纳木依话的量词比较丰富，无论是表达有生命的还是无生命的，名词还是形容词或动词，都有特定的量词，例如：

tsʰo³¹tɕi³¹ku³¹ 人 一 个	tsʰo³¹tɕi³¹pʰi⁵⁵ 人 一 群	mo⁵⁵tɕi³¹pʰa³¹ 马 一 匹
一个人	一群人	一匹马

tʂʰɿ³⁵tɕi³¹ia⁵⁵ 狗 一 条	bu⁵⁵ɚ³¹tɕi³¹la⁵⁵ 蛇 一 条	za⁵⁵tɕi³¹ʥu³¹ 鞋 一 双
一条狗	一条蛇	一双鞋

ntʂʰu⁵⁵tɕi³¹qa⁵⁵ 米 一 斗	ʂu⁵⁵u⁵⁵tɕi³¹pu⁵⁵ 纸 一 张	zɿ⁵⁵ tɕi³¹ ka⁵⁵ 绳子 一 根
一斗米	一张纸	一根绳子

tɕi³¹tʂu³¹ 一 搾	tɕi³¹nkʰa⁵⁵ʂa⁵⁵ʂa⁵⁵ 一 尺 长	tɕi³¹kʰi³¹zɿ⁵⁵ 一 斤 重
一搾	一尺长	一斤重

tɕi³¹qo⁵⁵ʥa³⁵ʥŋ⁵⁵ 一 口 饭 吃
吃一口饭

名量词与数词结合成数量词修饰名词作定语时，词序为：名词+数词+量词。例如：

ʂɿ³¹tɕi³¹tu⁵⁵ 肉 一 块
一块肉

动量词与数词结合成数量词修饰名词作定语时，词序为：数词+量词+动词，例如：

tɕi³¹ki³¹mu⁵⁵ 一 次 做
做一次

但有时说"mu⁵⁵tɕi³¹ki³¹"也可。

tɕi⁵⁵qʰo⁵⁵ ʥa³⁵ʥŋ⁵⁵ 一 口 饭 吃
吃一口饭

3. 代词

（1）人称代词，分为三个人数——单数、双数和多数。单数人称有包括式和排除式的区别，双数和多数没有此种区别。人称代词在句中做句子成分时，没有格的语法范畴。

人称	单数	双数	多数
第一人称（包括式）	ŋa⁵⁵	a³¹χo³¹ɲi⁵⁵ku³¹	a³¹χo³¹
第一人称（排除式）	ŋa⁵⁵	ŋa⁵⁵χo³¹ɲi⁵⁵ku³¹	ŋa⁵⁵χo³¹
第二人称	no³¹	no³¹χo³¹ɲi⁵⁵ku³¹	no³¹χo³¹
第三人称	tɕʰi⁵⁵	tɕʰi⁵⁵χo³¹ɲi⁵⁵ku³¹	tɕʰi⁵⁵χo³¹

（2）反身代词，在人称代词后加"i³¹bi³¹"，表示"……自己"，例如：

人称	单数	双数	多数
第一人称（包括式）	ŋa⁵⁵i³¹bi³¹	a³¹χo³¹ɲi⁵⁵ku³¹i³¹bi³¹	a³¹χo³¹i³¹bi³¹
第一人称（排除式）	ŋa⁵⁵i³¹bi³¹	ŋa⁵⁵χo³¹ɲi⁵⁵ku³¹i³¹bi³¹	ŋa⁵⁵χo⁵⁵ i³¹bi³¹
第二人称	no³¹i³¹bi³¹	no⁵⁵ku³¹i³¹bi³¹	no⁵⁵χo⁵⁵ i³¹bi³¹
第三人称	tɕʰi⁵⁵i³¹bi³¹	tɕʰi⁵⁵ku³¹i³¹bi³¹	tɕʰi⁵⁵χo⁵⁵i³¹bi³¹

非人称代词表示反身时，使用第三人称的表示方式，例如：

bu⁵⁵（tɕʰi⁵⁵）i³¹bi³¹ʐu⁵⁵dʑŋ⁵⁵. 牦牛（它）自己 草 吃
牦牛它自己吃草。

ʑ³¹i³¹ bi³¹ dza³⁵dʑŋ⁵⁵. 小孩 自己 饭 吃
小孩自己吃饭。

（3）指示代词，有三种，分别为近指、中指、远指：

近指（这）	中指	远指	备注
ta⁵⁵这	ko⁵⁵那	da⁵⁵qʰu³¹那	指人或事物，可与各种量词结合
ta⁵⁵la⁵⁵这里	da⁵⁵qʰu³¹那里	ia³¹da⁵⁵qʰu³¹那里	指空间
ta⁵⁵pʰa⁵⁵这边	ha³¹pʰa⁵⁵那边	ia³¹da⁵⁵qʰu³¹那边	指空间
ta⁵⁵ga⁵⁵pʰa³¹这头		ha³¹ga⁵⁵pʰa³¹那头	指空间
ta⁵⁵ba⁵⁵这些	ha³¹ba⁵⁵那些	da⁵⁵qʰu³¹ha³¹pa⁵⁵那些	指数量
ta⁵⁵lu⁵⁵这个	ha³¹lu⁵⁵那个	da⁵⁵qʰu³¹ha³¹lu³¹那个	指物
ta⁵⁵ki⁵⁵这次		ha³¹ki⁵⁵那次	指时间
ta⁵⁵tɕi³¹tʰu⁵⁵这会儿		ha³¹tɕi³¹tʰu⁵⁵那会儿	指时间
ta⁵⁵ga⁵⁵这种	tɕʰi⁵⁵ga⁵⁵那种	ha³¹ga⁵⁵那种	指种类
ta⁵⁵ta³¹这样		ha³¹ga⁵⁵那样	指状貌
to⁵⁵mu⁵⁵这么		tɕʰi⁵⁵mu⁵⁵那么	指状貌

（4）疑问代词，根据代替的对象不同，分为以下几种：

分类	意义	音标	例句/词组
代人	谁	$k^he^{55}i^{55}$	no^{31} $k^he^{55}i^{55}$ $dʑi^{55}$？你是谁？ 你　　谁　　　是
代物	什么	fu^{55}	no^{31} fu^{55} $dʑŋ^{55}$？你吃的是什么？ 你　什么　吃 $tɕ^hi^{55}$ fu^{55} ly^{35}？他看的是什么？ 他　什么　看
代数量	多少	$q^ha^{55}mu^{55}ta^{55}$	$q^ha^{55}mu^{55}ta^{55}$ ts^ho^{31}？多少人？ 多少　　　　　人
代处所	哪里	$χa^{55}tsu^{55}ʁo^{55}$	no^{31} $χa^{55}tsu^{55}ʁo^{55}$ bi^{35}？你到哪去？ 你　　哪里　　　去
代状态	怎么样	$qa^{55}ta^{55}ta^{55}$	no^{31} $gu^{55}mi^{55}ta^{55}$ $qa^{55}ta^{55}ta^{55}$？你身体怎么样？ 你　身体这　　　怎么样
表性状	多长	$qa^{55}ʂa^{55}ʂa^{55}$	$ndʐŋ^{31}$ $dʑi^{55}ta^{55}pu^{55}$ $qa^{55}ʂa^{55}ʂa^{55}$？这幅图有多长？ 图　　这幅　　　　多长

（5）泛指代词，包括"别人"［$ndʑa^{31}li^{55}ts^ho^{31}$］、"大家"［$ia^{31}qa^{31}mu^{55}$］两个常用词：

$no^{55}su^{55}ko^{55}qa^{35}tsʅ^{55}t^ha^{55}k^hu^{55}$. 你　别人　东西　不要　偷
你不要偷别别人的东西。

$hũ^{31}dzo̩^{55}mu^{31}be^{55}$ 大家　　　去
大家去

$hũ^{31}dzo̩^{55}mu^{31}dʑŋ^{55}$ 大家　　　吃
大家吃

4．动词

（1）动词的趋向，趋向范畴常用的有lo^{31}、mi^{55}/za^{35}、$tɕ^hi^{55}$三类前缀，lo^{31}、mi^{55}/za^{35}分别表示物体向上或向下的垂直运动，$tɕ^hi^{55}$表示物体靠近（向心）或远离（离心）的水平运动。有时为强调物体朝着、向着某方向移动。在方向前缀后加趋向助词li^{33}。垂直方向表示"朝着、向着"的词，还可加$to^{31}to^{55}$（朝上）、$ndʐŋ^{31}ndʐŋ^{55}$（朝下）前缀。。

动词	上	下	水平（离心）	水平（向心）
bi^{35}去	$lo^{55}bi^{35}$上去	$mi^{55}/za^{35}bi^{35}$下去	$tɕ^hi^{31}bi^{35}$过去	$li^{55}bi^{35}$回去
da^{35}来	$lo^{31}da^{35}$上来	$mi^{55}/za^{35}da^{35}$下来	$tɕ^hi^{31}da^{35}$过来	$li^{55}da^{35}$回来

续表

动词	上	下	水平（离心）	水平（向心）
la³⁵拿	lo³¹la³¹bi³⁵ 拿上去 lo³¹la³¹da³⁵ 拿上来 to³¹to⁵⁵la³⁵ 向上拿	mi⁵⁵la³⁵bi³⁵ 拿下去 mi⁵⁵la³⁵da³⁵ 拿下来 ndʐ̩³¹ndʐ̩⁵⁵la³⁵ 向下拿	tɕʰi⁵⁵la³⁵bi³⁵ 拿过去	tɕʰi⁵⁵la³⁵da³⁵ 拿过来

tɕʰi⁵⁵pa³⁵表示拿（来或去），加动词"da³⁵来"和"hũ⁵⁵去"分别表示向心与离心方向。

（2）体范畴，包括将行体、进行体、已行体、完成体、经验体等。

动词原形	dʐ̩⁵⁵吃	ndʐ̩³⁵喝	s̩o⁵⁵说	mu⁵⁵做
将行体 （加"la³¹"后缀）	dʐ̩⁵⁵la³¹ 将吃	ndʐ̩³⁵la³¹ 将喝	s̩o⁵⁵la³¹ 将说	mu⁵⁵la³¹ 将做
进行体 （加"ie⁵⁵"后缀）	dʐ̩⁵⁵ 正在吃	ndʐ̩³⁵ 正在喝	s̩o⁵⁵ 正在说	mu⁵⁵ 正在做
已行体 （通常加"nu⁵⁵"后缀，少数情况加"ku⁵⁵"后缀）	mi⁵⁵dʐ̩⁵⁵ 已吃	mi⁵⁵ndʐ̩³⁵ 已喝	mi⁵⁵s̩o⁵⁵ 已说	mi⁵⁵mu⁵⁵ 已做
完成体 （加"s̩⁵⁵tsa⁵⁵"后缀，通常在最后加"lo³¹"表示"了"）	dʐ̩⁵⁵pi⁵⁵tsa⁵⁵ 吃完了	ndʐ̩³⁵pi⁵⁵tsa⁵⁵ 喝完了	s̩o⁵⁵pi⁵⁵tsa⁵⁵ 说完了	mu⁵⁵pi⁵⁵tsa⁵⁵ 做完了
经验体 （加"tɕʰi⁵⁵"后缀）	dʐ̩⁵⁵ntɕʰi⁵⁵ 吃过	ndʐ̩³⁵ntɕʰi⁵⁵ 喝过	s̩o⁵⁵ntɕʰi⁵⁵ 说过	mu⁵⁵ntɕʰi⁵⁵ 做过
续行体 （前加"ha³¹"，后加"s̩³¹"）	ha³¹dʐ̩⁵⁵s̩³¹ 还要吃	ha³¹ndʐ̩³⁵s̩³¹ 还要过	ha³¹s̩o⁵⁵s̩³¹ 还要过	ha³¹mu⁵⁵s̩³¹ 还要过
方过体 （加"mi⁵⁵s̩⁵⁵ȵi⁵⁵mi⁵⁵"前缀）	mi⁵⁵s̩⁵⁵ȵi⁵⁵mi⁵⁵dʐ̩³¹ 刚吃过	mi⁵⁵s̩⁵⁵ȵi⁵⁵mi⁵⁵ndʐ̩³⁵ 刚喝过	mi⁵⁵s̩⁵⁵ȵi⁵⁵mi⁵⁵s̩o⁵⁵ 刚说过	mi⁵⁵s̩⁵⁵ȵi⁵⁵mi⁵⁵mu⁵⁵ 刚做过

表注：纳木依语中常以方向助词"mi⁵⁵""lo³¹"作为体标记，表示行为的状态。

（3）态范畴，包括使动态、互动态等。

① 使动态，加"s̩³¹"后缀，例如：

ba³¹la⁵⁵/ ba³¹la⁵⁵s̩³¹ 破/使破	kʰu³¹mi⁵⁵ŋa³¹/kʰu³¹mi⁵⁵ŋa³¹s̩³¹ 断/使断

s̩³¹qo⁵⁵/s̩³¹qo⁵⁵s̩³¹ 死/使死	χa³⁵/χa³⁵s̩³¹ 张开/使张开

go³¹dzo³⁵/go³¹dzo³⁵s̩³¹ 转动/使转动	

② 互动态，用重叠形式表示互动，有些词本身就有互动义，例如：

ndu⁵⁵ndu⁵⁵	ndʑa⁵⁵ndʑa⁵⁵	tsʰo³¹tʰo⁵⁵	qa³¹qa⁵⁵/y³¹y⁵⁵
打架	（互相）争	骂	合伙

（4）式范畴，分为命令、祈使、否定、疑问等。

①命令式，用动词原形表示，例如：

| no³¹ mbu³¹li⁵⁵ |
| 你　滚 |
| 你滚！ |

| no³¹　　mi⁵⁵　　　ndʐʅ³⁵ |
| 你　下（方向前缀）　喝 |
| 你喝下去！ |

②祈使式，在动词之后加后缀"ta³¹"，例如：

| ŋa⁵⁵ ta⁵⁵ tɕi³¹ ly³⁵ta³¹. |
| 我　这　一　看（后加） |
| 让我看一下吧。 |

| no³¹ ŋa⁵⁵ ta⁵⁵ tɕi³¹ ʂo⁵⁵ta³¹. |
| 你　我　这　一　说（后加） |
| 你跟我说一下吧。 |

③否定式，在动词后加"ma⁵⁵ia³¹"表示动作将不进行，前加"ma⁵⁵"表示动作没有进行，前加"tʰa⁵⁵"表示禁止或劝阻动作不要进行，有时句尾还会加体标记，例如：

ʂo⁵⁵ma⁵⁵ia³¹	ʂo⁵⁵ma⁵⁵ntɕʰi⁵⁵	tʰa⁵⁵ʂo⁵⁵
不说	没有说	别说

但有些情况下，不同的否定式下动词会有变化，例如：

ma⁵⁵n̩u⁵⁵	ma⁵⁵dʐŋ⁵⁵	tʰa⁵⁵dʐŋ⁵⁵
不吃	没有吃	别吃

bi³⁵ma⁵⁵ia³¹	ma⁵⁵bi³⁵	tʰa⁵⁵hũ³⁵/bi³⁵
不去	没有去	不要去

④疑问式，在动词前加"a⁵⁵"前缀，例如：

| no³¹　a⁵⁵　dʐŋ⁵⁵? |
| 你　（前加）吃 |
| 你吃了吗？ |

no³¹ a⁵⁵ y³⁵? 你（前加） 睡
你睡了么？

no³¹ a⁵⁵ lu⁵⁵? 你 （前加） 有空
你有空吗？

no³¹ ba³¹dʐa⁵⁵ a⁵⁵ dʐɿ⁵⁵gi⁵⁵? 你 钱 （前加） 有
你有钱吗？

（5）动词名物化，在动词或动宾词组后加"u³¹"后缀，例如：

dʐɿ⁵⁵u³¹ 吃的	ndʐɿ³⁵u³¹ 喝的	ɣe³⁵u³¹ 穿的	zy⁵⁵u³¹ 用的
hĩ⁵⁵tu⁵⁵u³¹ 打猎的	dʐa³⁵sɿ⁵⁵zy⁵⁵u³¹ 做饭的	ʐu⁵⁵qʰo⁵⁵zy⁵⁵u³¹ 割草的	

表示人的状态、属相等时，加"su⁵⁵"后缀，例如：sɿ³¹su⁵⁵死人、mi³⁵lu⁵⁵su⁵⁵属猴的人。

（6）存在动词，表示不同性质的客观事物的存在用不同的存在动词。

① dʐo³¹表示有生命的人、神或动物的存在，例如：

ŋa⁵⁵ ʑ³¹ ni⁵⁵ ia⁵⁵ dʐo³¹. 我 孩子 两（量词） 有
我有两个孩子。

ła³¹ndʐɿ⁵⁵ zu⁵⁵ dʐo³¹. 河 鱼 有
河有鱼。

ła³¹ na⁵⁵nkʰa³¹mu⁵⁵ a⁵⁵ dʐo³¹. 神 天 上 有
神在天上。

② ʐɿ³¹表示客观事物存在于容器中，例如：

qʰa³¹ lu⁵⁵ qo³¹ sa³¹ ʐɿ³¹. 碗 （量词） 里 血 有
碗里有血。

bu⁵⁵ʐɿ³¹ qo³¹ ba³¹dʐa⁵⁵ ʐɿ³¹. 口袋 里 钱 有
口袋里有钱。

③ dzɑ³⁵表示可移动的客观事物的存在,例如:

| qɑ⁵⁵ ta³¹ bu⁵⁵ʐ̩³¹ dzɑ³⁵. |
| 床 上 包 有 |
| 床上有一个包。 |

| ʐ̩³¹tsuɚ⁵⁵ ta⁵⁵ ndʐ̩³¹ dʑi⁵⁵ pu³¹ dzɑ³⁵. |
| 桌子 上 书 (量词) 有 |
| 桌子上有本书。 |

④ ndʑa³⁵表示不可移动的事物的存在,多为生长在某处的物体的存在,例如:

| y⁵⁵ gu⁵⁵nu⁵⁵n dʑa³⁵. |
| 房子 后面 在 |
| 后面有房子。 |

| sɿ³¹po⁵⁵ lu⁵⁵ ndʑa³⁵. |
| 树 果子 在 |
| 树上结了果子。 |

| ȵi⁵⁵mi⁵⁵ mu⁵⁵ ta³¹ ndza³⁵. |
| 太阳 天 上 在 |
| 天上有太阳。 |

⑤ dzɿ⁵⁵gi⁵⁵表示抽象事物或贵重物体的存在,例如:

| ŋa⁵⁵ sɿ⁵⁵ dzɿ⁵⁵gi⁵⁵. |
| 我 事情 有 |
| 我有事情。 |

| ŋa⁵⁵ hã⁵⁵ lu⁵⁵ dzɿ⁵⁵gi⁵⁵. |
| 我 金子(量词) 有 |
| 我有一块金子。 |

| ŋa⁵⁵ y⁵⁵ lu⁵⁵ dzɿ⁵⁵gi⁵⁵ |
| 我 房子 (量词) 有 |
| 我有一栋房子。 |

表示女子怀着孩子时,可用dzɿ⁵⁵gi⁵⁵,也可用pa³⁵,例如:

| gu⁵⁵mi⁵⁵ ta⁵⁵ ɚ³¹ dzɿ⁵⁵gi⁵⁵/pa³⁵. |
| 身体 这 小孩 怀 |
| 她身上怀着孩子。 |

⑥bo⁵⁵强调对客观事物的领属，例如：

| tɕʰi⁵⁵ ndʐŋ⁵⁵ ma⁵⁵ bo⁵⁵. |
| 他　　水　　没　有 |
| 他没有水。 |

（7）判断动词，判断动词dʑi⁵⁵没有时态变化，放在主语之后，例如：

| ŋa⁵⁵　n̠i⁵⁵ma⁵⁵tsʰŋ⁵⁵　dʑi⁵⁵. |
| 我　　尼玛次　　　　是 |
| 我是尼玛次（朱小华的纳木依名）。 |

5. 形容词、副词

（1）不少基本形容词词根采用叠音或双声形式，常见的有AA，ABB，AAB三种形式，例如：

① AA式：ʂa³¹ʂa⁵⁵（干净）、kʰu⁵⁵kʰu³¹（忙）、ntʂʰŋ⁵⁵ntʂŋ⁵⁵（斜）、za³¹za⁵⁵（嫩）、qʰo⁵⁵qʰo⁵⁵（弯）、tso⁵⁵tso³¹（湿）。

② AAB式：ʂa³¹ʂa⁵⁵ta³¹（方）、ma³¹ma⁵⁵ŋa³¹（悄悄）。

③ AABB式：la³¹la³¹pɚ⁵⁵pɚ⁵⁵（老实）。

（2）有些形容词重叠后表示程度加深，有些单音节词重叠为AA形式，有些变为ABB形式，有些则变为AAB或添加别的音节变为AABB形式；叠音词双音节都可重叠，例如：

| dʐo³⁵/dʐo³⁵dʐo³⁵ | tɕi³⁵/tɕi³⁵tɕi³⁵ | mo³¹mo⁵⁵ta³¹/mo³¹mo⁵⁵ta³¹ta³¹ |
| 黏/黏糊糊 | 紧/紧绷绷 | 整齐/整整齐齐 |

| ʂa³¹ʂa⁵⁵/ʂa³¹ʂa⁵⁵ga⁵⁵ga³¹ | a³¹nda⁵⁵/a³¹nda⁵⁵nda³¹ | a³¹hĩ⁵⁵/a³¹hĩ⁵⁵hĩ⁵⁵ |
| 干净/干干净净 | 短/短短的 | 矮/矮墩墩 |

| tʂu³⁵/lo³¹tʂu³⁵tʂu³⁵ | lo³¹χo³¹/lo³¹χo³¹lo³¹χo³¹ | lo³¹va³⁵/lo³¹va³⁵va³⁵ |
| 酸/酸溜溜 | 红/红通通 | 硬/硬邦邦 |

（3）形容词可以作谓语，作谓语时其形态与动词一致。例如：

| no³¹　n̠i⁵⁵　ba³¹dza⁵⁵　a³¹n̠i⁵⁵. |
| 你　的　　钱　　　少 |
| 你的这些钱少了。 |

| tɕʰi⁵⁵　n̠i⁵⁵　ʁu⁵⁵ntʰo⁵⁵　lo³¹χo³¹. |
| 他　的　　帽子　　　红色 |
| 他的帽子是红的。 |

（4）形容词作定语，放在名词之后，例如：

ȵi⁵⁵mi⁵⁵ lo³¹χo³¹ 太阳　红	tsʰo³¹ na⁵⁵ɴqʰa⁵⁵ 人　　黑
红太阳	黑人

（5）形容词作情态副词时，在形容词后加mu⁵⁵，例如：

ɑ³¹zɑ³¹ mu⁵⁵ suɑ³⁵ 慢　（后加）　跑	iɑ³¹kʰu⁵⁵ mu⁵⁵ dʑŋ⁵⁵ 快　（后加）　吃
慢慢地跑	快快地吃

na³⁵na³¹ mu⁵⁵ qa⁵⁵ 好　（后加）　生活	fu⁵⁵ mu⁵⁵ ta⁵⁵ mu⁵⁵ 什么　样　这　样
好好地过	

（6）副词在句中主要用作状语，放在谓语之前，但也有一些副词状语放在谓语之后，例如：

no³¹ li³¹kʰu⁵⁵ɑ³⁵ ndɑ⁵⁵ndɑ⁵⁵ ʂŋ⁵⁵lo³¹. 你　衣服　　　短　　　太
你这件衣服太短了。

no³¹ ȵi⁵⁵ gu⁵⁵mi⁵⁵ gɑ⁵⁵mu⁵⁵ dɑ⁵⁵mo³¹. 你　的　个子　　最　　高
你的个子最高。

6．助词

（1）领属助词，领属助词ȵi⁵⁵加在人称代词的单数形式之后，表示领属，例如：

ŋɑ⁵⁵ ȵi⁵⁵ pɑ³¹tsʅ⁵⁵ 我　的　衣服	tɕʰi⁵⁵ ȵi⁵⁵ qɑ³¹zʅ³¹ 他　的　东西

人称代词的复数形式或者名词的复数形式表示领属时，可省略领属助词，例如：

ɑ³¹χo³¹ ndzʅ⁵⁵ 咱们　水	no³¹χo³¹ vu⁵⁵ 你们　酒
咱们的水	你们的酒

tsʰo³¹ba⁵⁵ y⁵⁵ 人们　家	iɑ³¹qɑ³¹mu⁵⁵ bɑ³¹dzɑ⁵⁵ 大家　　　钱
人们的家	大家的钱

名词单数形式表示领属时，用mo⁵⁵表示领属：

ta⁵⁵ zɿ⁵⁵mi³⁵ mo⁵⁵ la³¹tsʰɿ⁵⁵ pu³¹
这　女人　　　的　手帕　（量词）

ko³¹ u³¹dzɿ⁵⁵ mo⁵⁵ ᴺɢo³¹tʰu⁵⁵ la⁵⁵
那　老人　　　的　拐杖　　　（量词）

（2）处所助词，qo³¹表示"在……里"，ɑ⁵⁵或者ta³¹表示"在……上"。例如：

qʰa³¹ lu⁵⁵ qo³¹ ndzɿ⁵⁵ zɿ³¹.
碗（量词）里　水　　有
碗里有水。

ȵi⁵⁵mi⁵⁵ mu⁵⁵ ɑ⁵⁵/ta³¹ ndza³⁵.
太阳　　　天　上　　　　在
天上有太阳。

（3）比较助词，vu⁵⁵ta³¹是表示二者间性状之比较的助词，同时在形容词前加"iɑ'³¹"构成形容词比较级。例如：

ŋa⁵⁵ no⁵⁵ vu⁵⁵ta³¹ iɑ³¹da⁵⁵po³¹.
我　你　（比较助词）　胖
我比你胖。

tʂʰɿ³⁵ ta⁵⁵mu⁵⁵ tʂʰɿ³⁵ ha³¹mu⁵⁵ vu⁵⁵ta³¹ iɑ³¹tsa⁵⁵.
狗　　这　　　狗　　那　　　（比较助词）　凶
这条狗比那条狗凶。

sɿ³¹po⁵⁵ ta⁵⁵ po⁵⁵ ha³¹ po⁵⁵ vu⁵⁵ta³¹ iɑ³¹da⁵⁵mo³¹.
树　　　这　（量词）那　（量词）（比较助词）　高
这棵树比那棵树高。

（4）从由助词，ȵi³¹加在处所或地点名词之后，表示行为动作的发出处。例如：

no⁵⁵ χɑ⁵⁵tsu⁵⁵ʁo⁵⁵ ȵi³¹ da³⁵?
你　哪里　　　　　（从助）来
你从哪里来？

ŋa⁵⁵ lo⁵⁵pu⁵⁵ ȵi³¹ da³⁵.
我　倮波　　　（从助）来
我从倮波来。

tɕʰi⁵⁵ ɑ⁵⁵ lo³¹ dzɑ⁵⁵pu⁵⁵ʂo³¹qo³¹ ȵi³¹ da³⁵.
她（处所助词）（方向语缀）北京，首都　　　（从助）来
她从北京来。

7. 句法

（1）纳木依语的基本语序为S-O-V型，例如：

| tɕʰi⁵⁵ ŋa⁵⁵ ta⁵⁵ ndʐɿ³⁵. |
| 他　我　（受动助词）　咒 |
| 他咒我。 |

| tɕʰi⁵⁵ ŋa⁵⁵ ta⁵⁵ mbo³⁵. |
| 他　我　（受动助词）　打 |
| 他打我。 |

| ŋa⁵⁵ dza³⁵ dzɿ⁵⁵ hũ³⁵ ʂɿ⁵⁵dzɿ³¹. |
| 我　饭　吃　（能愿动词前加）　想 |
| 我想吃饭。 |

名词、代词作定语时，出现在中心词的前面，例如：

| no³¹ ɲi³¹ ndʐɿ³¹ dʑi⁵⁵. |
| 你　（领助）　书 |
| 你的书。 |

| ia³¹qa³¹mu⁵⁵ ʂu³¹. |
| 大家　麦子 |
| 大家的麦子。 |

数量词放在中心词之后，例如：

| tʂʰɿ³⁵ tɕi³¹ la⁵⁵. |
| 狗　一　条 |
| 一条狗。 |

有时省略数词，直接在单数名词之后加量词，例如：

| ta⁵⁵ zɿ⁵⁵mi⁵⁵ mo⁵⁵ la³¹tsʰɿ⁵⁵ pu³¹. |
| 这　女人　的　手帕　（量词） |
| 这女人的手帕。 |

| ŋa⁵⁵ y⁵⁵ lu⁵⁵ dzɿ⁵⁵gi⁵⁵. |
| 我　房子　（量词）　有 |
| 我有一栋房子。 |

加在名词后的量词更多情况下起到了定冠词的作用。

有定语作修饰时，语序为：作定语的名词或人称代词+中心词（名词）+形容词+数量词，例如：

ŋa⁵⁵ ȵi⁵⁵ pa³¹tsʰȵ⁵⁵ na⁵⁵ɴqʰa⁵⁵ tɕi³¹ la⁵⁵.
我 的 衣服 黑色 一 件
我的一件黑色的衣服。

状语有时间状语、程度状语、语气状语、猜测状语等，位置比较灵活，可放在主语之后，也可放在句末，例如：

ŋa⁵⁵ qʰa⁵⁵ta⁵⁵mu⁵⁵ɡa⁵⁵ bi³⁵.
我 一定 去
我一定去。

ŋa⁵⁵ bi³⁵ hũ³⁵ pa³¹.
我 去 （前加） 可能
我可能去。

ŋa⁵⁵ bi³⁵ ma⁵⁵ hũ³⁵ pa³¹.
我 去 不 （前加） 可能
我不可能去。

ta³¹ ȵi⁵⁵ ŋa⁵⁵χo³¹ du³¹la⁵⁵ la³¹.
这 天 我们 开会 （将来体语助）
这天我们开会。

no³¹ ȵi⁵⁵ do⁵⁵ ɡa⁵⁵mo⁵⁵ da⁵⁵pə³¹.
你 的 话 太 多
你的话太多了。

（2）单句

① 陈述句，例如：

y⁵⁵ qo³¹ tsʰo³¹ dzo³¹
家 里 人 有
家里有人

② 疑问句，表达方式多样，例如，用形容词表达疑问式：

no³¹ ȵi³¹ ŋo⁵⁵ lu³¹ na³¹ ha⁵⁵ ia⁵⁵?
你 的 病 （量词） 好 （体标注）（后加）
你病好了吗?

用疑问代词表达疑问式：

no³¹ fu⁵⁵ lu⁵⁵ pa³⁵?
你 什么 （量词） 拿
你拿的是什么?

用动词表达疑问式：

| tɕʰi⁵⁵ ŋa³⁵ ia⁵⁵ ma⁵⁵ ŋa⁵⁵? |
| 他 敢（后加） 不 敢 |
| 他敢不敢? |

在动词前加助词表达疑问式：

| no³¹ ndʐʅ⁵⁵ a³¹ bo⁵⁵? |
| 你 水 （疑问助词） 有 |
| 你有水吗? |

| no³¹ a⁵⁵ ŋa³¹? |
| 你 （疑问助词） 敢 |
| 你敢吗? |

③ 命令句，例如：

| no³¹ mi⁵⁵ dʐʅ⁵⁵! |
| 你 下（方向前缀） 吃 |
| 你吃下去! |

④ 感叹句，例如：

| to⁵⁵ʁo⁵⁵ fu⁵⁵mu⁵⁵ χa⁵⁵? |
| 这样 什么样 （语气词） |
| 这是怎么回事呀? |

| to⁵⁵ʁo⁵⁵ ga⁵⁵mu⁵⁵ du⁵⁵! |
| 这样 实在 好 |
| 这实在太好了! |

⑤ 猜测句

| tɕʰi⁵⁵ dʑi⁵⁵ pa³¹. |
| 他 是 可能 |
| 他可能是吧。 |

⑥ 否定句

| ŋa⁵⁵ ma⁵⁵ lu⁵⁵. |
| 我 不 有空 |
| 我没空。 |

tɕʰi⁵⁵ ɚ³¹ ma⁵⁵ dzu³¹. 他　孩子　不　有
他没有孩子。

（3）复句

① 并列复句

ta⁵⁵ lu⁵⁵ ŋa⁵⁵ ȵi⁵⁵ dʑi⁵⁵，ha³¹ lu⁵⁵ tɕʰi⁵⁵ ȵi⁵⁵ gə⁵⁵ dʑi⁵⁵. 这（量词）我　的　是，那（量词）他　的　（语助，强调）是
这是我的，那是他的。

no³¹ ta⁵⁵mu⁵⁵ mu⁵⁵ ma⁵⁵ du⁵⁵，tɕʰi⁵⁵ ha³¹mu⁵⁵ mu⁵⁵ sʅ⁵⁵ȵi³¹ du⁵⁵. 你　这样　做　不　对，他　那样　做　才　对
你这样做不对，他那样做才对。

② 主从复句

hĩ⁵⁵ ŋa³⁵，ŋa⁵⁵ bi³⁵ ma⁵⁵ ia⁵⁵. 雨　下　我　去　不　（后加）
下雨了，我不去了。

③ 选择复句

to⁵⁵ʁo⁵⁵ dʑa³⁵ dʑʅ⁵⁵， ia⁵⁵ sʅ³¹ li⁵⁵ki³¹ bi³⁵ dʑʅ⁵⁵? 这里　饭　吃　（前加）（助词）（趋向助词）去　吃
你是在这吃饭，还是回去吃？

④ 递进复句

tɕʰi⁵⁵ to⁵⁵ zʅ⁵⁵ tɕi⁵⁵ ia⁵⁵ dzo⁵⁵，cheng³¹tu⁵⁵ xa³⁵ zʅ⁵⁵ tɕi⁵⁵ ia⁵⁵ dzo³¹. 他　这　儿子　一　个　有，成都　还　儿子　一　个　有
他在这里有一个儿子，成都还有一个儿子。

tɕʰi⁵⁵ ŋo³⁵ kʰuɚ³¹ lo³¹ suɚ⁵⁵，xa³¹ ŋo³⁵ kʰuɚ³¹ suɚ⁵⁵ i⁵⁵nga³¹ sʅ³¹. 他　五十　年　（完成体助词）活　（续行体助词）五十　年　活　得了　（续行体助词）
他活了五十年，还能再活五十年。

⑤ 转折复句

ŋa⁵⁵ i⁵⁵ŋe³¹ dzʅ⁵⁵，do³⁵ɚ⁵⁵ y³⁵ hũ³⁵ ma⁵⁵ sʅ⁵⁵tʂʅ³¹. 我　很　困　但　睡　（前加）不　想
我很困，但不想睡。

⑥ 假设复句

hĩ⁵⁵	ŋa³⁵	sa³¹,	ŋa⁵⁵	bi³⁵	ma⁵⁵	ia⁵⁵.
雨	下	如果	我	去	不	（后加）

如果下雨，我就不去了。

no³¹	bi³⁵	ma⁵⁵	ia⁵⁵	sa⁵⁵,	ŋa⁵⁵	bi³⁵.
你	去	不	（后加）	如果	我	去

如果你不去，我就去。

四、长篇语料

僧侣和女妖的故事

mo⁵³ɣo³¹pʰa⁵⁵tsʅ³¹ tʂʰa³¹mi⁵⁵na³¹pu³¹

莫沃帕孜和察迷纳布

tʂʅ³⁵	tsa⁵⁵	hĩ⁵⁵qʰa³¹,	sʅ⁵⁵	tʂʰʅ³⁵	ŋgu³⁵,	hĩ⁵⁵	tʂʰʅ³⁵	ŋgu³⁵,
狗	放	打猎	神	狗	九	猎	狗	九

tʂʰa³¹mi⁵⁵na³¹pu³¹	tɕi⁵⁵	ȵi⁵⁵	ŋgu³⁵	lu⁵⁵	dʑu⁵⁵。	tɕi³¹	hã⁵⁵	ŋgu³⁵
察迷纳布	一	日	九	个	地方	一	晚	九

ga³¹	y³⁵。	tʂʰa³¹mi⁵⁵na³¹pu³¹	sʅ³¹po⁵⁵	li⁵⁵	ɣa⁵⁵ɣa³¹,	sʅ³¹	ʁuo⁵⁵
个	睡	察迷纳布	树	（助词）	爬	树	尖

li⁵⁵	ndʑu⁵⁵	xe³¹。	sʅ⁵⁵	tʂʰʅ³⁵	ŋgu³⁵	ntʰa³⁵,	hĩ⁵⁵	tʂʰʅ³⁵
（助词）	坐	去	神	狗	九	咬	猎	狗

ŋgu³⁵	ntʰa³⁵,	tʂʰa³¹mi⁵⁵na³¹pu³¹	li⁵⁵	ko³¹	hĩ⁵⁵
九	咬	察迷纳布	（助词）	（助词）	吓，

tʂʰa³¹mi⁵⁵na³¹pu³¹	mo⁵³ɣo³¹pʰa⁵⁵tsʅ³¹	no³¹	i⁵⁵	hĩ⁵⁵	tʂʰʅ³⁵	li⁵⁵
察迷纳布	莫沃帕孜	你	的	猎	狗	（助词）

mpʰa³¹	hũ⁵⁵。	mo⁵³ɣo³¹pʰa⁵⁵tsʅ³¹	hĩ⁵⁵	tʂʰʅ³⁵	li⁵⁵	kʰu⁵⁵
拴	（助词）	莫沃帕孜	猎	狗	（助词）	唤

dʑu³¹。	sʅ⁵⁵	tʂʰʅ³⁵	ŋgu³⁵,	li⁵⁵	kʰu⁵⁵	dʑu⁵⁵。	ʂu⁵⁵	a³¹
来	神	狗	九	（助词）	唤	来	铁	链

li⁵⁵	mpʰa³¹	xe³¹。	tʂʰa³¹mi⁵⁵na³¹pu³¹	sʅ³¹	ʁuo⁵⁵	li⁵⁵
（助词）	拴	去	察迷纳布	树	尖	（助词）

ɣa⁵⁵	dʑu³¹。	tʂʰa³¹mi⁵⁵na³¹pu³¹	mo⁵³ɣo³¹pʰa⁵⁵tsʅ³¹	ŋa⁵⁵	no³¹	mi⁵⁵
爬	来	察迷纳布	莫沃帕孜	我	你	下（助词）

mu⁵⁵	bi³⁵。	mo⁵³ɣo³¹pʰa⁵⁵tsʅ³¹	tʂʰa³¹mi⁵⁵na³¹pu³¹	ia⁵⁵ndʐʅ⁵⁵	ɣo⁵⁵tʂo⁵⁵	ɣo³⁵
做	去	莫沃帕孜	察迷纳布	漂亮	（程度副词）	身材
tse³¹。	mo⁵³ɣo³¹pʰa⁵⁵tsʅ³¹	ɲi⁵⁵mi⁵⁵	xi³⁵。	mo⁵³ɣo³¹pʰa⁵⁵tsʅ³¹	tʂʰa³¹mi⁵⁵na³¹pu³¹	y³¹y⁵⁵
好看	莫沃帕孜	心中	高兴	莫沃帕孜	察迷纳布	一起
li⁵⁵	sa⁵⁵	dzu³¹。	tʂʰa³¹mi⁵⁵na³¹pu³¹	mo⁵³ɣo³¹pʰa⁵⁵tsʅ³¹	mbə³⁵	
（助词）	带，领	来	察迷纳布	莫沃帕孜	老婆	
mi⁵⁵	mu⁵⁵。					
下（助词）	做					

tʂʰa³¹mi⁵⁵na³¹pu³¹	zu³¹	tʂo³¹	xe³¹。	go⁵⁵tsʰa⁵⁵	ŋgu³⁵	lu⁵⁵ ndʐa³⁵,
察迷纳布	粮食	磨	去	嘴巴	九	个 有
zu³¹	ŋgu³⁵	lu⁵⁵	ma³¹。	za⁵⁵mi³⁵	tɕi³¹ia³¹	ŋgu³⁵ tʂʰa⁵⁵
面粉	九	口	吃	鸡 母的	一 只	九 口
li⁵⁵	dʐʅ⁵⁵	xe³¹。	za⁵⁵tsʅ⁵⁵	ŋgu³⁵	ia³¹ŋgu³⁵	tʂʰa⁵⁵
（助词）	吃	去	鸡崽	九	只	九 口
li⁵⁵	dʐʅ⁵⁵	xe³¹。	tʂʰa³¹mi⁵⁵na³¹pu³¹	mo⁵³ɣo³¹pʰa⁵⁵tsʅ³¹	tsʅ³¹	mo⁵⁵
（助词）	吃	去	察迷纳布	莫沃帕孜	骑的	马
li⁵⁵	dʐʅ⁵⁵	xe³¹。	mo⁵³ɣo³¹pʰa⁵⁵tsʅ³¹	li⁵⁵	dzu³¹,	tsʅ³¹
（助词）	吃	去	莫沃帕孜	（助词）	来	骑的
mo⁵⁵	li⁵⁵	ko³¹	tʰo³¹。	mo⁵³ɣo³¹pʰa⁵⁵tsʅ³¹	tsʅ³¹	mo⁵⁵
马	（助词）	（助词）	失踪	莫沃帕孜	骑的	马
li⁵⁵	ʂu³⁵	xe³¹。	tsʅ³¹	mo⁵⁵ ʁuə⁵⁵	li⁵⁵	ʂu³⁵
（助词）	找	去	骑的	马 头	（助词）	找
dzu³¹,	mo⁵³ɣo³¹pʰa⁵⁵tsʅ³¹	tʂʰa³¹mi⁵⁵na³¹pu³¹	tsʅ³¹	mo⁵⁵	a⁵⁵	ndo⁵⁵
来	莫沃帕孜	察迷纳布	骑的	马	（助词）	看见
ʂa³¹?	tʂʰa³¹mi⁵⁵na³¹pu³¹	ɣe⁵⁵na⁵⁵ɣo³¹	tsʅ³¹	mo⁵⁵	hĩ⁵⁵	pʰa⁵⁵,
（助词）	察迷纳布	土蜂	骑的	马	耳朵	放
ɣe⁵⁵na⁵⁵ɣo³¹	li⁵⁵	ma⁵⁵ma⁵⁵,	mo⁵³ɣo³¹pʰa⁵⁵tsʅ³¹	tʂʰa³¹mi⁵⁵na³¹pu³¹		
土蜂	（助词）	叫	莫沃帕孜	察迷纳布		
no³¹	pa³¹hĩ⁵⁵	ŋa⁵⁵	tsʅ³¹	mo⁵⁵。	tʂʰa³¹mi⁵⁵na³¹pu³¹	a⁵⁵la⁵⁵ ʂʅ³¹ zʅ³¹,
你	听	我	骑的	马	察迷纳布	女妖 七 个
du⁵⁵hũ⁵⁵	ŋgu³⁵	zʅ³¹,	tɕi³¹	ɲi⁵⁵	ŋgu³⁵	lu⁵⁵ dzu⁵⁵。 tɕi³¹ hã⁵⁵
男妖	九	个	一	天	九	个 地方 一 晚

ŋgu³⁵	ga³¹	y³⁵。	a⁵⁵la⁵⁵	ʂʅ³¹	zʅ³¹,	du⁵⁵hũ⁵⁵	ŋgu³⁵	zʅ³¹,	tɕʰi⁵⁵
九	样	睡觉	女妖	七	个	男妖	九	个	他
ȵi⁵⁵	li⁵⁵	dʐʅ⁵⁵,	tʂʰa³¹mi⁵⁵na³¹pu³¹	iu⁵⁵	ma⁵⁵	sʅ³¹。	iu⁵⁵		
的	（助词）	吃	察迷纳布	自己	不	知道	自己		
ma⁵⁵	gi⁵⁵,	iu⁵⁵	ma⁵⁵	ndo⁵⁵。					
不	听到	自己	不	看见					

		mo⁵³ɣo³¹pʰa⁵⁵tsʅ³¹	tʂʰʅ³⁵	tsa⁵⁵	hĩ⁵⁵	qʰa⁵⁵,	ʂʅ³¹	ȵi⁵⁵
		莫沃帕孜	狗	放	猎	打	七	日
li⁵⁵	ma⁵⁵	dzu³¹。	hĩ⁵⁵	tʂʰʅ³⁵	tso³¹ɣo⁵⁵	li⁵⁵	dzu³¹。	
（助词）	不，没有	来	猎	狗	提前	（助词）	来	
sʅ⁵⁵	tʂʰʅ³⁵	tso³¹ɣo⁵⁵	li⁵⁵	dzu³¹。	y'⁵⁵	ga⁵⁵	tʂʰʅ³⁵	
神	狗	提前	（助词）	来	房子	后	狗	
lo³¹	ntʰa⁵⁵,	tʂʰa³¹mi⁵⁵na³¹pu³¹	li⁵⁵		ko³¹	hĩ⁵⁵,		
上（助词）	叫	察迷纳布	（助词）		（助词）	受惊		
mo⁵³ɣo³¹pʰa⁵⁵tsʅ³¹	gu⁵⁵nu⁵⁵	li⁵⁵	dzu³¹,	iu⁵⁵	ŋgo³⁵	zo⁵⁵ko³¹		
莫沃帕孜	家里	（助词）	来	自己	病	得了		
tʂʰa³¹mi⁵⁵na³¹pu³¹	mo⁵³ɣo³¹pʰa⁵⁵tsʅ³¹	no³¹	fu⁵⁵	ŋgo³⁵	zo⁵⁵ko³¹	fu⁵⁵?	fu⁵⁵	
察迷纳布	莫沃帕孜	你	什么	病	得了	什么	什么	
ntsʰʅ⁵⁵ye⁵⁵	dʐʅ⁵⁵	na⁵⁵	tɕu⁵⁵?	tʂʰa³¹mi⁵⁵na³¹pu³¹	χo³¹lie³¹	ko³¹	zu⁵⁵i⁵⁵mu⁵⁵i⁵⁵,	
药	吃	好	起来	察迷纳布	十月	的	鸡枞	
kʰu³¹lie³¹¹	tɕʰʅ⁵⁵	kʰa⁵⁵	tʂʰo³¹	i⁵⁵	ndʐu⁵⁵ndʐu⁵⁵,	mi⁵⁵		
六月	热的	……的时候	人	的	冰	下（助词）		
dʐʅ⁵⁵	sʅ⁵⁵ȵi⁵⁵	na⁵⁵	tɕu⁵⁵。	tʂʰa³¹mi⁵⁵na³¹pu³¹	iu⁵⁵	la³¹	ʂu³⁵	
吃	才（助词）	好	起来	察迷纳布	自己	（助词）	找	
ma⁵⁵	pʰa³¹。	mo⁵³ɣo³¹pʰa⁵⁵tsʅ³¹	no³¹	ȵi³¹mi⁵⁵	a⁵⁵	tʂʅ³¹?	ȵi³¹mi⁵⁵	
不	能	莫沃帕孜	你	心	（助词）	安	心	
a⁵⁵	ŋgo³⁵?	ȵi⁵⁵tsʅ³¹	a⁵⁵	ɣa⁵⁵?	a⁵⁵ku⁵⁵	mi³⁵	la³¹	
（助词）	痛	良心	（助词）	有	我俩	妻	（助词）	
ndʐu³¹	a⁵⁵	dʑi⁵⁵?	dʑi⁵⁵	ŋu⁵⁵sæ⁵⁵	no³¹	ʂu³⁵	hũ⁵⁵。	
夫	（助词）	是	是	如果	你	找	去	
tʂʰa³¹mi⁵⁵na³¹pu³¹	a³¹sa⁵⁵	ŋa⁵⁵	ʂu³⁵	bi³⁵	mo⁵³ɣo³¹pʰa⁵⁵tsʅ³¹	no³¹		
察迷纳布	如果（这样）	我	找	去。	莫沃帕孜	你		

ŋa⁵⁵	bi³⁵	tɕi³¹	tʰu⁵⁵。	ʂu⁵⁵sɿ⁵⁵	pu³¹mi⁵⁵	vu⁵⁵	pʰu³¹	so⁵⁵	lu⁵⁵
我	去	一	会儿	柏香	石板	酒	倒	三	杯

mu⁵⁵。	i⁵⁵	pʰu³¹	so⁵⁵	lu⁵⁵	mu⁵⁵。		lo³¹		li⁵⁵
（助词）	茶	倒	三	杯	（助词）		上（助词）		（助词）

ntʂʰo⁵⁵,	da³⁵	i⁵⁵	tɕi³¹	tʰu⁵⁵。	tʂɿ³⁵	tsʰɿ⁵⁵	va³⁵	tsʰɿ⁵⁵
敬	来	（助词）	一	会儿	狗	屎	猪	屎

lo³¹	vu³¹,	tʂʰa³¹mi⁵⁵na³¹pu³¹	kʰu³¹zɿ³¹	li⁵⁵	za⁵⁵	xi³¹。
上（助词）	烧	察迷纳布	窗户	（助词）	回	去

tʂʰa³¹mi⁵⁵na³¹pu³¹	a³¹na⁵⁵	tɕi³¹	ia³¹	tɕʰi⁵⁵	tu⁵⁵。	na⁵⁵nkʰa⁵⁵	li⁵⁵
察迷纳布	马鹞子	一	只	（助词）	变	天	（助词）

ndzu⁵⁵	xe³¹。	qa³¹qʰa⁵⁵mu⁵⁵mba³¹	mu⁵⁵	i⁵⁵	a⁵⁵vu⁵⁵	za³¹la⁵⁵mu⁵⁵kʰu³⁵⁵kʰa³¹
飞	去	嘎卡蒙巴（天神的名字）	天	的	舅舅	匝拉姆库卡

mu⁵⁵	i⁵⁵	a⁵⁵zɿ⁵⁵	mu⁵⁵	i⁵⁵	ɲa⁵⁵ko⁵⁵mi³¹,	mu⁵⁵	i⁵⁵
天	的	舅母	天	的	纳果米	天	的

ɲa⁵⁵tsɿ⁵⁵mi³¹	mu⁵⁵	i⁵⁵	ɲa⁵⁵to⁵⁵mi³¹	ndzɿ⁵⁵ku⁵⁵	kʰa³¹	tsʰo³⁵	i⁵⁵
纳孜米	天	的	纳朵米	水缸	下	人	的

ndʑu⁵⁵ndʑu⁵⁵,	zu⁵⁵i⁵⁵mu⁵⁵i⁵⁵,	tʂʰa³¹mi⁵⁵na³¹pu³¹	li⁵⁵		ʂu³⁵	xe³¹。
冰	鸡枞	察迷纳布	（助词）		找	去

	mo⁵³ɣo³¹pʰa⁵⁵tsɿ³¹	tʂʰa³¹mi⁵⁵na³¹pu³¹	bi³⁵	tɕi³¹	tʰu⁵⁵。	tʂɿ³⁵	tsʰɿ⁵⁵
	莫沃帕孜	察迷纳布	去	一	会儿	狗	屎

va³⁵	tsʰɿ⁵⁵	lo³¹	vu³¹,	mo⁵³ɣo³¹pʰa⁵⁵tsɿ³¹	ʂu⁵⁵sɿ⁵⁵	tsʰɿ⁵⁵ʂu³¹	tɕi³¹
猪	屎	上（助词）	烧	莫沃帕孜	柏香	山羊	一

ia³¹	za⁵⁵	pʰu⁵⁵	tɕi³¹	mo⁵³ɣo³¹pʰa⁵⁵tsɿ³¹	sɿ⁵⁵	lo³¹	pi³¹
只	鸡	公	一	莫沃帕孜	山神	上（助词）	念

pʰɚ⁵⁵ku⁵⁵	lo³¹	tʂɿ³¹。	sɿ⁵⁵	tʂʰɿ'³⁵	ŋgu³⁵	li⁵⁵	tʂɿ³¹
经	上（助词）	放	神	狗	九	（助词）	放

tʂʰa³¹mi⁵⁵na³¹pu³¹	li⁵⁵	tɕy³¹	da³⁵。	na⁵⁵nkʰa⁵⁵	ɣo⁵⁵	ta³¹
察迷纳布	（助词）	撵	来	天上	地，原	（助词）

li⁵⁵	tɕy³¹	dzu³¹。	y⁵⁵	ɣo⁵⁵	so⁵⁵	ndzo⁵⁵	tɕy³¹,	y⁵⁵
（助词）	撵	来	房子	后	三	转	撵	房子

mɚ³¹	so⁵⁵	ndzo⁵⁵	tɕy³¹,	fu⁵⁵	ɣo⁵⁵	so⁵⁵	ndzo⁵⁵	tɕy³¹,	fu⁵⁵
下	三	转	撵	堡子	后	三	转	撵	堡子

mə³¹	so⁵⁵	ndzo⁵⁵	tɕy³¹,	zɑ⁵⁵ɑ³¹kʰu³¹	so⁵⁵	ndzo⁵⁵	tɕy³¹,	ɬa³¹ndzɿ³¹
下	三	转	撵	院门口	三	转	撵	河
kʰa³¹pa³¹	so⁵⁵	ndzo⁵⁵	tɕy³¹,	sɿ⁵⁵	tʂʰɿ³⁵	ŋgu³⁵	hĩ⁵⁵	tʂʰɿ³⁵	ŋgu³⁵
边	三	转	撵	神	狗	九	猎	狗	九
tʂʰa³¹mi⁵⁵na³¹pu³¹	li⁵⁵	ntʰa³⁵	xe³¹,	tʂʰa³¹mi⁵⁵na³¹pu³¹	sɿ³¹
---	---	---	---	---	---
察迷纳布	（助词）	咬	去	察迷纳布	死
ko³¹。	sɿ⁵⁵	tʂʰɿ³⁵	ŋgu³⁵	hĩ⁵⁵	tʂʰɿ³⁵	ŋgu³⁵	io⁵⁵	tʂʰɿ³⁵
（助词）	神	狗	九	猎	狗	九	天上的	狗

mo⁵³ɣo³¹pʰa⁵⁵tsɿ³¹	ʂu⁵⁵sɿ⁵⁵	pu³¹mi⁵⁵	vu⁵⁵	pʰu⁵⁵	so⁵⁵	lu⁵⁵,	i⁵⁵
莫沃帕孜	柏香	石板	酒	倒	三	杯	茶
pʰu⁵⁵	so⁵⁵	lu⁵⁵,	vu³¹	sɿ⁵⁵	so⁵⁵	lu⁵⁵,	mɑ⁵⁵	qʰa⁵⁵	ɬa³¹
倒	三	杯	烧	肉	三	块	粥	碗	神
mu⁵⁵,	lo³¹	li⁵⁵	ndzo⁵⁵	na⁵⁵ŋkʰa⁵⁵	mu⁵⁵	ta³¹
敬	上（助词）	（助词）	敬	天上	天	上
lo³¹	li⁵⁵	pu³¹,	mu⁵⁵	i⁵⁵	a⁵⁵ʐɿ⁵⁵	lo³¹
上（助词）	（助词）	送	天	的	舅母	上（助词）
li⁵⁵	pu³¹,	mu⁵⁵	i⁵⁵	ȵa⁵⁵to⁵⁵mi³¹	lo³¹
（助词）	送	天	的	纳朵米	上（助词）
li⁵⁵	pu³¹,	mu⁵⁵	ȵa³¹tsɿ⁵⁵mi³¹	lo³¹	li⁵⁵
（助词）	送	天	纳孜米	上（助词）	（助词）
pu³¹,	mu⁵⁵	ȵa³¹ko⁵⁵mi³¹	lo³¹	li⁵⁵	pu³¹,	ʂu⁵⁵sɿ⁵⁵'⁵⁵
送	天	纳果米	上（助词）	（助词）	送	柏香棍
pu³¹mi⁵⁵	lo³¹	li⁵⁵	pu³¹。
石板	上（助词）	（助词）	送

故事串讲：僧侣和女妖的故事

莫沃帕孜带了九条神狗和九条猎狗去打猎。女妖精察迷纳布一天跑了九个地方，晚上翻了九座山，在九个地方睡了觉。突然，察迷纳布爬到了树上面，坐到了树尖上。原来是莫沃帕孜带的九条神狗和九条猎狗要咬察迷纳布。察迷纳布被吓着了，对莫沃帕孜喊道："请把你的狗拴起来吧。"莫沃帕孜听见以后，就把他的猎狗和神狗叫了回来，用铁链子拴住了。察迷纳布从树上爬了下来，非常感激莫沃帕孜，于是他说："让我做你的妻子吧。"莫沃帕孜看察迷纳布长得很漂亮，身材也很好，心里很高兴，就把察迷纳布带回家了，察迷纳布就做了莫沃帕孜的妻子。

一天，察迷纳布去磨面。她身上长着九个嘴巴，一口就把磨的面全部吃完了。她见到一只母鸡，一口就把这只母鸡吃下去了，又用一口吃下了九只小鸡。察迷纳布把莫沃帕孜的马也吃了下去。莫沃帕孜回来，发现骑的马不见了，就去找自己的马。找来找去都没有找到，最后发现了自己的马被吃了，只剩下了马头。莫沃帕孜回家以后，问察迷纳布："你看到我骑的马了吗？"察迷纳布说："我没有看到啊。"这时莫沃帕孜抓了一只土蜂，放到马头的耳朵里，土蜂嗡嗡地叫，然后偷偷作法。莫沃帕孜对察迷纳布说："来听我的马。"只听见马的耳朵里在说："察迷纳布可以变成七个女妖怪，也可以变成九个男妖怪。察迷纳布一天跑了九个地方，晚上翻了九座山，睡了九处。她吃了七个女妖怪、九个男妖怪。"察迷纳布说自己不知道、没听到、没看到。

莫沃帕孜又带着狗去打野兽，七天七夜没有回家，而他的猎狗和神狗却提前回家了。狗在房子后面叫，察迷纳布受惊了。莫沃帕孜后来回到了家里面，说他自己生病了。察迷纳布问莫沃帕孜："你生了什么病，吃什么药才能好起来呢？"莫沃帕孜说："察迷纳布，我只有吃了十月份的鸡枞，和六月份最热的时候冰结成的人偶才能好起来，你去帮我找吧。"察迷纳布说："我找不到啊。"莫沃帕孜就问："你安心吗？你心痛吗？你有良心吗？我们两个还是不是夫妻？如果是，你就去找吧。"察迷纳布伤心地说："好吧，既然这样，我就去找吧。"然后又说："莫沃帕孜，一定要记住，我走的时候要在石板上燃烧柏香，倒三杯酒、三杯茶，然后把酒和茶向天上撒敬神。等我回来的时候，就烧狗屎和猪屎，知道了吗？"说完察迷纳布就变成了一只鹞子，从窗户飞了出去，飞到了天上。天神舅舅嘎卡蒙巴，天神舅母匝拉姆库，仙女纳果米、纳孜米、纳朵米家里面的水缸下面有六月份的人偶状凝冰，察迷纳布偷了出去。察迷纳布又去找鸡枞。

莫沃帕孜故意在察迷纳布走的时候烧了猪屎和狗屎，在察迷纳布回来的时候烧了柏香，还牺牲了一只山羊和一只公鸡，念经求山神和天神保佑他，祈求天神舅舅嘎卡蒙巴和天神舅母匝拉姆库帮他除掉察迷纳布。天神舅舅嘎卡蒙巴放出来了九条天狗和九条猎狗去追察迷纳布，察迷纳布从天上被撵了回来。天狗和猎狗追着察迷纳布在房子后面绕了三圈，在房子下面绕了三圈，在村子后面绕了三圈，在村子下面绕了三圈，最后把察迷纳布逼到了河边，又绕了三圈，终于追上了察迷纳布，咬死了她。

莫沃帕孜在石板上烧起了柏香，倒了三杯酒，倒了三杯茶，烧了三块肉，煮了三块肉，熬了一晚汤，感谢天神。把狗送还给天神舅舅嘎卡蒙巴、天神舅母匝拉姆库、仙女纳果米、仙女纳孜米、仙女纳多米。把柏香放在石板上烧，送上了天。

二 九龙县子耳乡纳木依语

发音人李开华,纳木依名字为"sɑ⁵⁵dɑ⁵⁵tsʰɿ⁵⁵zɿ⁵⁵",纳木依人,1941年生,农民,四川省甘孜州九龙县万年村尼玛堡子人。李开华1953—1957年从业,向其为帕孜的伯父"po⁵⁵mbu⁵⁵dzɑ⁵⁵"学习帕孜手艺,1958年以后就不再从业。李开华老人虽不是帕孜,但他自称懂得很多帕孜的手艺,认得纳木依历书,会做一些法事。尼玛堡子当地的许多送葬、驱鬼仪式,都由李开华老人来做。

一、语音

(一)声母

1. 单辅音声母:39个

发音方法		双唇音	唇齿音	齿龈音	卷舌音	龈腭音	软腭音	小舌音	声门音
塞音	清	p pʰ		t tʰ			k kʰ	q qʰ	
	浊	b		d			g	(ɢ)	
塞擦音	清			ts tsʰ	tʂ tʂʰ	tɕ tɕʰ			
	浊			dz	dʐ	dʑ			
擦音	清		f	s	ʂ	ɕ	x	χ	h
	浊		v	z	ʐ		ɣ	ʁ	ɦ
鼻音	浊	m		n		ȵ	ŋ	(ɴ)	
边音 浊	近音			l					
	擦音			ɬ					

2. 单辅音声母音位的描写和说明

(1)舌尖前塞擦音ts、tsʰ、dz以及卷舌塞擦音tʂ、tʂʰ、dʐ与元音a、ɑ搭配时,塞音成分比较明显,音值近似t、tʰ、d与ʈ、ʈʰ、ɖ;ts、tsʰ、dz与元音u、y、o搭配时,有时会有腭化现象,音值近似tɕ、tɕʰ、dʑ。

(2)ʐ与ɿ搭配时,擦音的成分较小,且元音部分的ɿ音值近似卷舌央元音ɚ,例如zɿ⁵⁵bi⁵⁵(龙)音值近ɚ⁵⁵bi⁵⁵。

(3)声门清擦音h大多数情况下与鼻化元音搭配,例如:hỹ³⁵(水神)、hĩ⁵⁵mi⁵⁵(太阳）、hũ⁵⁵mi⁵⁵kʰi³¹（南方）。

（4）t、d、tʰ与u搭配时，通常伴随颤唇，例如：tu³⁵（稻草人）、li⁵⁵du⁵⁵（犁头）。

3．辅音例词

辅音	例词			
p	pu³⁵	豪猪	qa³¹pi⁵⁵	渣子
pʰ	pʰu³⁵	喷	pʰo⁵⁵	跑
b	bu⁵⁵	牦牛	mo³⁵lo⁵⁵bu⁵⁵	粉末
t	tu³⁵	稻草人	ta⁵⁵	这
tʰ	tʰu³⁵	拄（拐）	tʰa³⁵	咬
d	du⁵⁵	翅	da⁵⁵	狐狸
k	ki⁵⁵	沉	ka³⁵	老鹰
kʰ	mu⁵⁵kʰo⁵⁵	天气	kʰa³⁵	苦
g	gi⁵⁵	冲刷，濯	ga³⁵	山
q	qa³⁵	将要	qa³⁵	盖
qʰ	qʰa³⁵	啃	qʰa³¹qʰa⁵⁵	松
ts	tsa⁵⁵	劈（柴）	tsɿ⁵⁵	铜
tsʰ	tsʰa³⁵	鹿	tsʰɿ⁵⁵	火把节
dz	dza³¹zo⁵⁵	揉面	dzɿ⁵⁵	稻/禾
tʂ	tʂu³⁵	砸	tʂʅ³⁵	（手指）抠
tʂʰ	tʂʰu³⁵	插	tʂʰʅ⁵⁵	狗
dʐ	dʐu³⁵	腰	dʐʅ⁵⁵dʐʅ⁵⁵	鼓
tɕ	tɕi⁵⁵	一	hã³¹vu⁵⁵tɕi³¹	提亲
tɕʰ	tɕʰi⁵⁵	他	tɕʰi³¹bu⁵⁵	对面
dʑ	dʑi⁵⁵	戏	dʑa³¹ʐa⁵⁵bi³¹	泥石流
f	fu⁵⁵	吹	fa³⁵	口渴
v	vi³⁵	雪	va³⁵	猪
s	sa³⁵	蒸汽	sa³⁵	读
z	za³⁵	豹	za³¹za⁵⁵	（棍/线）串（物）
ʂ	ʂu³⁵	喝	ʂa³¹ʂa⁵⁵	干净
ʐ	ʐa³⁵	过滤	ʐa³¹ʐa⁵⁵	进贡
ɕ	ʂa⁵⁵ɕi⁵⁵	柜台		
x	xə³⁵	牙齿	xu³⁵	蒙（眼）
ɣ	ɣə³⁵	牛	ɣa³⁵	烤
χ	χo⁵⁵	十	χa³⁵	日子
ʁ	ʁə³¹tsɿ³¹	易	ʁa³⁵	难
h	hĩo³⁵	闻/嗅	hỹ³⁵	站
m	mu⁵⁵na⁵⁵kʰa⁵⁵	天	mu⁵⁵	做

辅音	例词			
n	nu³¹	黄豆	lo⁵⁵na⁵⁵	峡谷
ȵ	ndʐɿ⁵⁵ȵu⁵⁵	潜水	ȵa⁵⁵ndo⁵⁵	天亮
ŋ	ŋu⁵⁵	银	zɑ³⁵ŋa⁵⁵	陡坡
l	li³⁵	麝	lu³¹lu⁵⁵ta⁵⁵	雾
ɬ	ɬiu⁵⁵qʰu³¹	红	ȵy⁵⁵so⁵⁵ɬi⁵⁵	春天

4. 复辅音声母：9个

万年村的纳木依话复辅音都为二合复辅音，可分为两种类型：

（1）塞音与擦音复合，例如：pʂ、bʐ。这一类的复辅音较为少见，发音时的擦音成分较轻，例如：qu⁵⁵pʂɿ⁵⁵（抽噎）、mo³¹pʂɿ⁵⁵（吹牛）、bʐɑ³¹ndʐɿ⁵⁵（泉水）。

（2）鼻冠复辅音：在浊塞音或浊塞擦音之前冠以发音部位相同的鼻音，形成鼻冠复辅音。在纳木依词汇中这一类的复辅音极为常见，且类型丰富，主要有mb、nd、ŋg、ndʑ、ndz、ndʐ，少数情况下还会出现ɴɢ。例如：mbi³⁵（爬）、mba⁵⁵（走）、ndo⁵⁵ʂa⁵⁵（看见）、nda³⁵（砍）、ŋgo³⁵（拉）、ŋga³⁵（骡子）、ɴɢo³⁵（杀）、tɕʰi⁵⁵ɴɢɑ⁵⁵（躲藏）、ndʑo³⁵（冰雹）、ndʑa³⁵（存在动词）、ndzo³⁵［赚（钱）］、ndzɿ⁵⁵（耐用）、a³¹ndʐu⁵⁵（近）、sɿ³¹ndʑi⁵⁵（棺材）。

（二）韵母

1. 单元音韵母：13个

万年村纳木依话的单元音韵母共有13个，它们是：

i、e、a、ɑ、o、u、y、ə、ɚ、ɿ(ʅ)、ɐ˞、a˞、ɑ

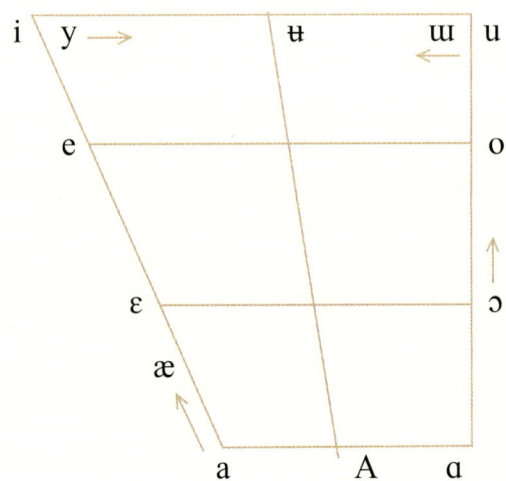

2. 单元音韵母的描写和说明

（1）前低元音a的舌位略高，实际音值接近æ。

（2）后低元音ɑ舌位靠前，实际音值近似央低元音A。

（3）韵母e的舌位较前半高元音e的舌位略低，介于e与ɛ之间。

（4）前高圆唇元音y与辅音l、ts、tsʰ、dz、z、s搭配时，舌位略靠后，介于y与u之间：当与l搭配时，音值更接近ʉ；与ts、tsʰ、dz、z、s搭配时，音值更接近y。

（5）u与辅音ts、tsʰ、dz、z、s、l、n搭配时，实际音值近似于ʉ。

（6）舌尖前元音ɿ出现在舌尖前音的后面，舌尖后元音ʅ出现在卷舌音的后面，简便起见都归并为ɿ。

（7）个别情况下出现半低后元音ɔ，例如pʰiɔ³⁵（好），因与半高后元音o不对立，因而归并入o。

3. 单元音韵母举例

单元音	例词			
i	o³¹ti⁵⁵	这个	vi³⁵	雪
e	o³¹te̠⁵⁵te³¹	这样	ŋe³⁵	嚼
a	va⁵⁵	扛	sa³⁵	蒸汽
a˞	va˞⁵⁵	客人	pʰa˞³⁵	糠
ɑ	mo⁵⁵vɑ⁵⁵	马鬃	sɑ³⁵	读
ɑ˞	χɑ˞⁵⁵pʰɑ˞⁵⁵pʰɑ˞³¹	爽快	dɑ⁵⁵sɑ˞⁵⁵	长
o	dzo³⁵	浓	ʁo³⁵	硬
u	dzu³⁵	花椒	u⁵⁵	熊
y	ly³⁵	看	y³⁵	胎盘
ə	lu⁵⁵xə⁵⁵	岩石	mu⁵⁵sɿ⁵⁵ʁə³¹fu⁵⁵	龙卷风
ɚ	dɑ³⁵ɚ⁵⁵	背阴	ɣuɑ⁵⁵ɚ⁵⁵pʰɑ³¹	正面
ɿ	tsɿ⁵⁵	铜	tsɿ³⁵	（手指）抠

4. 鼻化元音韵母：5个

万年村纳木依话的鼻化元音十分常见，单元音有ã、ũ、ỹ、ĩ，复元音有ĩo。鼻化元音多数声门清擦音h搭配。例如：ndza³¹hã⁵⁵（燃烧）、hã⁵⁵（金）、hũ⁵⁵mi⁵⁵kʰi³¹（南）、hũ³⁵（要）、a³¹hỹ⁵⁵hỹ⁵⁵（矮）、hỹ³⁵（站）、hĩ⁵⁵mi⁵⁵（月亮）、hĩ⁵⁵（油漆）、hĩo³⁵（闻/嗅）、hĩo⁵⁵kʰuɑ⁵⁵ɚ⁵⁵（野兽）。

5. 复元音韵母：9个

万年村纳木依话的复元音都为前响二合元音：

结合情况		例词			
韵头	韵腹				
i	e	tsie³¹ga⁵⁵	化妆	tʰie'⁵⁵su⁵⁵	厉害
	a	pia⁵⁵ku⁵⁵	哐（嘴）	ia³¹sa⁵⁵	血
	ɑ	pia³⁵	难过	iɑ⁵⁵	烟草
	o	tʂʰɿ⁵⁵fu⁵⁵lio³¹	疯狗	hĩ⁵⁵gio⁵³	中间
	u	a⁵⁵liu⁵⁵pʰu⁵⁵	雄狮	da⁵⁵siu⁵⁵	凉快
	ɚ	o³¹iɚ⁵⁵pʰa³¹	那边（近指）	iə³¹tɕʰi⁵⁵pʰa³¹	那边（远指）
u	a	nua⁵⁵	外面	ɣua⁵⁵la³¹	前面
ə	u	tɕi³¹gəu⁵⁵	任何（一样）		
ĩ	o	hĩo³⁵	闻/嗅	hĩo⁵⁵kʰua³¹ɚ⁵³	野兽

万年村纳木依话无鼻尾韵，但在一个音节以上的词语中，前一个音节的韵母会受到后一个音节鼻冠音的影响，产生类似鼻尾韵的语音效果，例如：n̠a⁵⁵ndo⁵⁵（天亮）、χa³¹ndzɿ⁵⁵（麻雀）。

（三）声调

万年村纳木依话共有三个基本声调，调值如下：

调名	调值	例词					
高平调	55	hĩ⁵⁵	雨	ʂu⁵⁵	铁	y⁵⁵	房屋
高升调	35	hĩ³⁵	站	ʂu³⁵	腌	y³⁵	睡觉
低降	31	hĩ³¹hĩ³¹	嫩	ʂu⁵⁵	麦子	bo³¹y³¹	大腿

变调规律：

（1）高平与高降不形成对立，可互相替代出现。单音节词与多音节词尾末尾多为高降，而处于词首、词中时多为高平。

（2）高升调的实际音值接近24，在词头常变为低降调31或中平调33，在词中或词尾常变为低降调31；如果词首音节的声调为低降调，则词尾的升调有时会变为高降调。

（四）音节结构

纳木依语词汇的音节不长，结构较为简单，主要有以下几种搭配：

（1）声母+韵母

① CV，例如：na³⁵［榨（油）］、mi⁵⁵li⁵⁵xə³¹（失火）。

② CVV，例如：da⁵⁵siu⁵⁵（凉快）、pia⁵⁵pia⁵⁵ta³¹（扁）。

③ CCV，例如：ndʑɿ⁵⁵（水）、mo³¹pʂɿ⁵⁵（吹牛）。

（2）零声母

①V，例如：to³¹i⁵⁵（恭喜）、y³⁵（胎盘）。

②VV，例如：ia⁵⁵ia⁵⁵（巴结）、io⁵⁵（绵羊）。

辅音自成音节的形式，目前尚未出现。

二、词汇

1. 复合式，两个或两个以上的不相同的词根结合在一起形成一个词，有以下几种组合形式：

（1）联合型，由两个意义相近、相同、相关或相反的词根并列组合而成，例如：

词根1		词根2		合成词	
ɣa³⁵	赢	ȵe³⁵	输	ɣa³⁵ȵe³⁵	输赢
pʰio³⁵	好	tsa⁵⁵	坏	pʰio³⁵tsa⁵⁵	好坏
ʂɿ³⁵	难	ga⁵⁵	不好过	ʂɿ³⁵ga⁵⁵	难过/伤心
a⁵⁵da⁵⁵	父	a⁵⁵mi⁵⁵	母	a⁵⁵da⁵⁵a⁵⁵mi⁵⁵	父母

（2）偏正型，前一个词根修饰、限制后一个词根，例如：

词根1		词根2		合成词	
ɣə³⁵	牛	sa⁵⁵mi³¹	麻子	ɣə³⁵ sa⁵⁵mi³¹	蓖麻
vi³⁵	雪	ʐɿ⁵⁵	肥料	vi³⁵ʐɿ⁵⁵	化肥
lu⁵⁵	石头	ʂa⁵⁵	粉末	lu⁵⁵ʂa⁵⁵	沙子
ndʐɿ⁵⁵	水	ɣə³⁵	牛	ndʐɿ⁵⁵ɣə³⁵	水牛

（3）补充型，后一个词根修饰、补充前一个词根，例如：

词根1		词根2		合成词	
ʂu⁵⁵	铁	pʰu⁵⁵	生	ʂu⁵⁵pʰu⁵⁵	生铁
mi⁵⁵	火	qo³⁵	命	mi⁵⁵qo³⁵	火星
dzu⁵⁵	地	ʁo⁵⁵、ba⁵⁵	硬、尖	dzu⁵⁵ʁo⁵⁵ba⁵⁵	岭头（主峰）
ʂɿ⁵⁵	肉	pa³⁵ndʑi³⁵	坨坨	ʂɿ⁵⁵pa³⁵ndʑi³⁵	肉块

（4）主谓型，后一词根陈述前一词根，例如：

词根1		词根2		合成词	
no⁵⁵tʂa⁵⁵	你同意	ŋa⁵⁵tʂa⁵⁵	我同意	no⁵⁵tʂa⁵⁵ŋa⁵⁵tʂa⁵⁵	看中
ndzu³⁵	曲子	va⁵⁵	发酵	ndzu³⁵va⁵⁵	醪糟
lu⁵⁵	石	ɣa⁵⁵	立	lu⁵⁵ɣa⁵⁵	石林
pʰu³¹	价钱	ʁo⁵⁵	硬	pʰu³¹ʁo⁵⁵	贵

2. **重叠式**，两个相同的词根组合在一起构成新词，例如：

叠音名词：ȵy⁵⁵ȵy⁵⁵（乳房）、dʑu⁵⁵dʑu⁵⁵（冰）、ma⁵⁵ma⁵⁵（葡萄）、dzʅ⁵⁵dzʅ⁵⁵（鼓）。

叠音动词：i⁵⁵i⁵⁵（涮）、mi⁵⁵mi⁵⁵（搅拌）、hũ³¹hũ⁵⁵（炒）、gu⁵⁵gu⁵⁵（合作）。

叠音形容词：ʂa³¹ʂa⁵⁵（干净）、mi³¹mi⁵⁵（乖）、qʰa³¹qʰa⁵⁵（松）、hĩ³¹hĩ³¹（嫩）。

3. **附加式**，由词根和词缀构成新的派生词汇，词缀分为词头和词尾两种。

（1）加词头的词，多为亲属称谓（对长辈的称呼），在词根前加a⁵⁵，例如：a⁵⁵da⁵⁵［（阿大）父亲］、a⁵⁵mi⁵⁵（母亲）、a⁵⁵pʰu⁵⁵（公公）、a⁵⁵ȵi⁵⁵（婆婆）、a⁵⁵vu⁵⁵ʂu³¹［（舅舅）岳父］、a⁵⁵zʅ⁵⁵［（舅母）岳母］、a⁵⁵po⁵⁵（哥哥）、a⁵⁵ia⁵⁵（姐姐）。

（2）加词尾的词，例如：lu⁵⁵pa⁵⁵（石头），lu⁵⁵为"石"，pa⁵⁵为词尾。

三、语法

1. **名词**，表示可数名词的复数时，无论有生命名词还是无生命名词，均在词后附加χo⁵⁵。例如：

词汇	单数	复数
朋友	i³¹qʰo⁵⁵	i³¹qʰo⁵⁵χo⁵⁵
老师	so³⁵zʅ⁵⁵pu³¹	so³⁵zʅ⁵⁵pu³¹ma³⁵χo⁵⁵
人	tsʰo³¹	tsʰo³¹χo⁵⁵
鸡	za̠⁵⁵	za̠⁵⁵χo⁵⁵
马	mo⁵⁵	mo⁵⁵χo⁵⁵
房子	y⁵⁵	y⁵⁵χo⁵⁵
车子	tʂʰʅ⁵⁵li'⁵⁵	tʂʰʅ⁵⁵li'⁵⁵χo⁵⁵
桌子	za̠⁵⁵dʑi⁵⁵	za̠⁵⁵dʑi⁵⁵χo⁵⁵
鞋	za⁵⁵	za⁵⁵χo⁵⁵
手表	χa⁵⁵la⁵⁵tʂo³¹	χa⁵⁵la⁵⁵tʂo³¹χo⁵⁵

2. **数词和量词**

（1）基数词：

tɕi⁵⁵	ȵi⁵⁵	so⁵⁵
一	二	三

zʅ³⁵	ŋa³⁵	kʰu³¹
四	五	六

ʂʅ³¹ 七	hĩ⁵⁵ 八	ŋgu³⁵ 九

χo⁵⁵ 十	tɕi⁵⁵χo⁵⁵ɲi⁵⁵ 一 十 一 十一	ɲi⁵⁵χo⁵⁵ɲi⁵⁵ 二 十 二 二十二

ŋgu³⁵χo⁵⁵ŋgu³⁵ 九 十 九 九十九	tɕi⁵⁵hĩ⁵⁵ 一 百 一百	tɕi⁵⁵hĩ⁵⁵na⁵⁵tɕi⁵⁵ 一 百 和 一 一百零一

tɕi⁵⁵hĩ⁵⁵na⁵⁵χo⁵⁵tɕi⁵⁵ 一 百 和 十 一 一百一十一	tɕi⁵⁵tu⁵⁵ 一 千 一千	tɕi⁵⁵tu⁵⁵ na⁵⁵tɕi⁵⁵ 一 千 和 一 一千零一

tɕi⁵⁵dʐa⁵⁵ 一 万 一万	tɕi⁵⁵dʐa⁵⁵ na⁵⁵tɕi⁵⁵ 一 万 和 一 一万零一	

多位数词连用的情况下，每一位数词间用连词"na³¹"连接，例如：

tɕi⁵⁵tu⁵⁵na⁵⁵kʰu³¹hĩ⁵⁵na³¹ʂʅ³¹χo⁵⁵hĩ⁵⁵ 一 千 和 六 百 和 七 十 八 一千六百七十八	ɲi⁵⁵dʐa⁵⁵na⁵⁵so⁵⁵tu⁵⁵zʅ³⁵hĩ⁵⁵na⁵⁵ŋa³⁵χo⁵⁵kʰu³¹ 二 万 和 三 千 四 百 和 五 十 六 二万三千四百五十六

（2）序数词，在数词前加"tʂo⁵⁵i⁵⁵"，例如：

tʂo⁵⁵i⁵⁵tɕi⁵⁵ 第 一	tʂo⁵⁵i⁵⁵ɲi⁵⁵ 第 二	tʂo⁵⁵i⁵⁵χo⁵⁵ 第 十

（3）表示倍数时，在基数词前加"zo̯⁵⁵zo̯⁵⁵"，后加"pu⁵⁵"，例如：

zo̯⁵⁵zo̯⁵⁵ tɕi⁵⁵ pu⁵⁵ （前加）一倍（后加）	zo̯⁵⁵zo̯⁵⁵ ɲi⁵⁵ pu⁵⁵ （前加）两倍（后加）

（4）表示约数时，一种常见的方式是将两个邻近基数（带量词）连用，例如：

ɲi⁵⁵dʐa⁵⁵so⁵⁵dʐa⁵⁵ 两 块 三 块 两三块钱	ʂʅ³¹dʐa⁵⁵hĩ⁵⁵dʐa⁵⁵ 七 个 八 个 七八个	χo⁵⁵zʅ³⁵χo⁵⁵ŋa³⁵ 十 四 十 五 十四五

在某个固定数词后加"ʐʅ⁵⁵ʐʅ⁵⁵"表示"多、余",例如:

tsʰo³¹ȵi⁵⁵hĩ⁵⁵ku³¹ ʐʅ⁵⁵ʐʅ⁵⁵ 人 两 百 个 多	bu⁵⁵ ŋa³⁵χo⁵⁵pʰa³¹ ʐʅ⁵⁵ʐʅ⁵⁵ 牦牛 五 十 头 多
两百多个人	五十多头牦牛

纳木依话的量词比较丰富,通常用"ku⁵⁵"表示有生命的物体的量,例如:

tsʰo³¹tɕi⁵⁵ku⁵⁵ 人 一 个	mo³¹tɕi⁵⁵ku⁵⁵ 马 一 个
一个人	一匹马

va⁵⁵tɕi⁵⁵ku⁵⁵ 猪 一 头	tʂʰʅ³⁵tɕi⁵⁵ku⁵⁵ 狗 一 只
一头猪	一只狗

但有些动物也有专有量词,例如:

ɣə³⁵tɕi⁵⁵pʰa³¹ 牛 一 头	bu⁵⁵ɚ⁵⁵tɕi⁵⁵la⁵⁵ 蛇 一 条
一头牛	一条蛇

名量词与数词结合成数量词修饰名词作定语时,词序为:名词+数词+量词。例如:

ʐu⁵⁵gu⁵⁵tɕi⁵⁵la⁵⁵ 路 一 条
一条路

动量词与数词结合成数量词修饰名词作定语时,词序为:数词+量词+动词,例如:

tɕi⁵⁵a⁵⁵mu⁵⁵ 一 次 做	tɕi⁵⁵qʰo⁵⁵ dza³⁵dʐʅ⁵⁵ 一 口 饭 吃
做一次	吃一口饭

3. 代词

(1)人称代词,分为三个人数——单数、双数和多数,单数人称有包括式和排除式的区别,双数和多数没有此种区别。人称代词在句中做句子成分时,没有格的语法范畴。

人称	单数	双数	多数
第一人称(包括式)	ŋa⁵⁵	na³¹ku⁵⁵	na³¹χo⁵⁵
第一人称(排除式)	ŋa⁵⁵	ŋa⁵⁵ku⁵⁵	ŋa⁵⁵χo⁵⁵
第二人称	no⁵⁵	no⁵⁵ku⁵⁵	no⁵⁵χo⁵⁵
第三人称	tɕʰi⁵⁵	tɕʰi⁵⁵ku⁵⁵	tɕʰi⁵⁵χo⁵⁵

（2）反身代词，在人称代词后加"io³⁵bio⁵⁵"，表示"……自己"，例如：

人称	单数	双数	多数
第一人称	ŋa⁵⁵ io³⁵bio⁵⁵	ŋa⁵⁵ ku⁵⁵io³⁵bio⁵⁵	ŋa⁵⁵χo⁵⁵io³⁵bio⁵⁵
第二人称	no⁵⁵ io³⁵bio⁵⁵	no⁵⁵ku⁵⁵io³⁵bio⁵⁵	no⁵⁵χo⁵⁵ io³⁵bio⁵⁵
第三人称	tɕʰi⁵⁵ io³⁵bio⁵⁵	tɕʰi⁵⁵ku⁵⁵io³⁵bio⁵⁵	tɕʰi⁵⁵χo⁵⁵ io³⁵bio⁵⁵
第三人称	tɕʰi⁵⁵	tɕʰi⁵⁵ku⁵⁵	tɕʰi⁵⁵χo⁵⁵

反身代词无包括式。

非人称代词表示反身时，使用第三人称的表示方式，例如：

bu⁵⁵ tɕʰi⁵⁵ io⁵⁵ bio⁵⁵zu⁵⁵dʐŋ⁵⁵.
牦牛 它　自己　草 吃
牦牛它自己吃草

（3）指示代词，有三种，分别为近指、中指、远指：

近指	中指	远指	备注
ta⁵⁵这	o³¹ia⁵⁵那	o³¹tʂʰa⁵⁵那	指人或事物，可与各种量词结合
ta⁵⁵la³¹这里	o³¹ia⁵⁵la³¹那里	o³¹tʂʰa⁵⁵la³¹那里	指空间
o³¹ti⁵⁵su³¹这些	o³¹i⁵⁵su⁵⁵那些	o³¹tɕʰi⁵⁵su³¹那些	
o³¹ti⁵⁵这个	o³¹i⁵⁵那个	o³¹tɕʰi⁵⁵那个	
tɚ⁵⁵pʰa³¹这边	o³¹iɚ⁵⁵pʰa³¹那边	iɚ³¹tɕʰi⁵⁵pʰa³¹那边	
ti⁵⁵tɕi⁵⁵zɑ³¹这次	o³¹i⁵⁵tɕi⁵⁵zɑ³¹那次	o³¹tɕʰi⁵⁵tɕi⁵⁵zɑ³¹那次	指时间
ti⁵⁵tɕi⁵⁵tsa³¹这种	o³¹i⁵⁵tɕi⁵⁵tsa³¹那种	o³¹tɕʰi⁵⁵tɕi⁵⁵tsa³¹那种	指种类
tɚ⁵⁵pʰa³¹这头	o³¹iɚ⁵⁵pʰa³¹那头	o³¹tʂɚ⁵⁵pʰa³¹那头	指空间
o³¹te⁵⁵te⁵⁵这样	o³¹i⁵⁵te⁵⁵te⁵⁵那样	o³¹tɕʰi⁵⁵te⁵⁵te⁵⁵那样	指性状
ti⁵⁵mu⁵⁵这么	o³¹i⁵⁵mu⁵⁵那么	o³¹tɕʰi⁵⁵mu⁵⁵那么	指程度
ti⁵⁵ŋa⁵⁵这个我	o³¹i⁵⁵no⁵⁵那个你	o³¹i⁵⁵tɕʰi⁵⁵那个他	

（4）疑问代词，根据代替的对象不同，分为以下几种：

分类	意义	国际音标	例句/词组
代人	谁	χa³¹iu⁵⁵	no⁵⁵ χa³¹iu⁵⁵? 你是谁? 你　谁
代物	什么	χo³¹to⁵⁵ɚ⁵⁵	no⁵⁵ χo³¹to⁵⁵ɚ⁵⁵ dʐŋ⁵⁵? 你吃的是什么? 你　什么　吃 tɕʰi⁵⁵ χo³¹to⁵⁵ɚ⁵⁵ pa³⁵? 他看的是什么? 他　什么　看
代数量	多少	χa³¹pi⁵⁵ta³¹	χa³¹pi⁵⁵ta³¹ tsʰo³¹? 多少人? 多少　　人

分类	意义	国际音标	例句/词组
代处所	哪里	χa³¹lo³¹	no⁵⁵ χa³¹lo³¹ be⁵⁵? 你到哪去? 你　哪里　去
代性状	怎么样	a⁵⁵ia³¹	tɕʰi⁵⁵ gu⁵⁵mi⁵⁵ kʰa⁵⁵kʰa⁵⁵ a⁵⁵ia⁵⁵? 他身体怎么样? 他　身体　健康　怎样

（5）泛指代词，包括"su⁵⁵ko⁵⁵"（别人）、"hũ³¹dʐo⁵⁵mu³¹"（大家）两个常用词：

no⁵⁵　su⁵⁵ko⁵⁵　qa³⁵tsŋ⁵⁵　tʰa⁵⁵　kʰu⁵⁵. 你　别人　东西　不要　偷
你不要偷别人的东西。

hũ³¹dʐo⁵⁵mu³¹be⁵⁵ 大家　　　去	hũ³¹dʐo⁵⁵mu³¹dʐŋ⁵⁵ 大家　　　吃
大家去	大家吃

4. 动词

（1）动词的趋向：趋向范畴，常用的有 lo³¹、mi⁵⁵/za³⁵、tɕʰi⁵⁵ 三类前缀，分别表示向上、向下、水平方向。

动词	上	下	水平（离心）	水平（向心）
be⁵⁵去	lo³¹be⁵⁵上去	mi⁵⁵/za³⁵be⁵⁵下去	tɕʰi⁵⁵be⁵⁵过去	li⁵⁵be³⁵回去
da³⁵来	lo³¹da³⁵上来	mi⁵⁵/za³⁵da³⁵下来	tɕʰi⁵⁵da³⁵过来	li⁵⁵da³⁵回来
pa⁵⁵拿	lo³¹pa³⁵向上拿	mi⁵⁵pa³⁵向下拿	tɕʰi⁵⁵pa³⁵hũ⁵⁵拿过去	tɕʰi⁵⁵pa³⁵da³⁵拿过来

tɕʰi⁵⁵pa³⁵ 表示拿（来或去），加动词"da³⁵来"和"hũ⁵⁵去"分别表示向心与离心方向。

（2）体范畴，包括将行体、进行体、已行体、完成体、经验体等。

动词原形	dʐŋ⁵⁵吃	ndʐŋ³⁵喝	ʂo⁵⁵说	mu⁵⁵做
将行体 （加"qa⁵⁵"后缀）	dʐŋ⁵⁵qa⁵⁵ 将吃	ndʐŋ³⁵qa⁵⁵ 将喝	ʂo⁵⁵qa⁵⁵ 将说	mu⁵⁵qa⁵⁵ 将做
进行体 （加"ie⁵⁵"后缀）	dʐŋ⁵⁵ie⁵⁵ 正在吃	ndʐŋ³⁵ie⁵⁵ 正在喝	ʂo⁵⁵ie⁵⁵ 正在说	mu⁵⁵ie⁵⁵ 正在做
已行体 （通常加"nu⁵⁵"后缀，少数情况加"ku⁵⁵"后缀）	dʐŋ⁵⁵ku⁵⁵ 已吃	ndʐŋ³⁵nu⁵⁵ 已喝	ʂo⁵⁵nu⁵⁵ 已说	mu⁵⁵nu⁵⁵ 已做
将行体 （加"sŋ⁵⁵tsa⁵⁵"后缀，通常在最后加"lo³¹"表示"了"）	dʐŋ⁵⁵sŋ⁵⁵tsa⁵⁵lo³¹ 吃完了	ndʐŋ³⁵sŋ⁵⁵tsa⁵⁵lo³¹ 喝完了	ʂo⁵⁵sŋ⁵⁵tsa⁵⁵lo³¹ 说完了	mu⁵⁵sŋ⁵⁵tsa⁵⁵lo³¹ 做完了
经验体 （加"tɕʰi⁵⁵"后缀）	dʐŋ⁵⁵tɕʰi⁵⁵ 吃过	ndʐŋ³⁵tɕʰi⁵⁵ 喝过	ʂo⁵⁵tɕʰi⁵⁵ 说过	mu⁵⁵tɕʰi⁵⁵ 做过

（3）态范畴包括使动态、互动态等。

①使动态，加"no⁵⁵ʂɿ⁵⁵"后缀，例如：

qʰa³⁵pa⁵⁵/qʰa³⁵pa⁵⁵no⁵⁵ʂɿ⁵⁵ 破/使破	kʰu³⁵/kʰu³⁵no⁵⁵ʂɿ⁵⁵ 断/使断
ʂɿ³⁵qo⁵⁵/ʂɿ³⁵qo⁵⁵no⁵⁵ʂɿ⁵⁵ 死/使死	dzu̲³⁵i⁵⁵ʂɿ³¹/dzu̲³⁵i⁵⁵ʂɿ³¹no⁵⁵ʂɿ⁵⁵ 累/使累

②互动态，有两种表达形式，一种是动词本无互动义，但动词重叠之后并加"ndo³¹"后缀就表示互动，例如：

ndzɿ³⁵/ndzɿ³⁵ndzɿ³⁵ndo³¹ 骂/互相骂（吵架）	so³⁵/so³¹so⁵⁵ndo³¹ 学习/互相学习

另一种是动词本身就有互动义，表现为重叠形式（或加后缀），例如：

gu³¹gu⁵⁵ （互相）合伙	gi⁵⁵gi⁵⁵ （互相）约定
ndʑa³¹ndʑa⁵⁵ （互相）争	sɿ³¹sɿ⁵⁵ndo³¹ 打架

（4）式范畴，分为命令、祈使、否定、疑问等。

①命令式，用动词原形表示，例如：

no⁵⁵ŋa⁵⁵ʂo⁵⁵! 你 我 说
你给我说!

no⁵⁵dʑa³⁵dʐɿ⁵⁵! 你 饭 吃
你吃饭!

②祈使式，在动词前加"ma⁵⁵qo³¹"（让），并加后缀"ʂɿ³¹"，例如：

no⁵⁵ tɕʰi⁵⁵ ma⁵⁵qo³¹ ʂo⁵⁵ ʂɿ³¹. 你 他 让 说（后加）
你让他说吧。

no⁵⁵ ŋa⁵⁵ ma⁵⁵qo³¹ ly³⁵ ʂɿ³¹. 你 我 让 看（后加）
你让我看吧。

③否定式在动词后加"ma⁵⁵ia³¹"表示动作将不进行，前加"ma⁵⁵"表示动作没有进

行，前加"tʰa⁵⁵"表示禁止或劝阻动作不要进行，例如：ʂo⁵⁵ma⁵⁵iɑ³¹（不说），ma⁵⁵ʂo⁵⁵（没有说），tʰa⁵⁵ʂo⁵⁵（别说）。

但有些情况下，不同的否定式下动词会有变化，例如：

ma⁵⁵ȵy³¹/ma⁵⁵dʐŋ⁵⁵/tʰa⁵⁵dʐŋ⁵⁵ 不吃/没有吃/别吃	be⁵⁵ma⁵⁵iɑ³¹/ma⁵⁵mba⁵⁵/tʰa⁵⁵hũ⁵⁵ 不去/没有去/别去

④ 疑问式在动词前加"a⁵⁵"前缀，例如：

no⁵⁵　a⁵⁵　dʐŋ⁵⁵　ku⁵⁵　lo³¹? 你（前加）吃（已行体标记）了
你吃了吗？

no⁵⁵　a⁵⁵　y³⁵　lo³¹? 你（前加）睡觉 了
你睡了？

no⁵⁵　ba³¹dʐŋ⁵⁵　a⁵⁵　po⁵⁵? 你　钱　（前加）有
你有钱吗？

（5）动词名物化

① 在动词后加"u⁵⁵"后缀，例如：

dʐŋ⁵⁵　u⁵⁵ 吃 （后加）	ndʐə³⁵　u⁵⁵ 喝 （后加）	ɣə³⁵　u⁵⁵ 穿 （后加）	zẙ⁵⁵　u⁵⁵ 用 （后加）
吃的	喝的	穿的	用的

② 在动宾词组后加"su⁵⁵"后缀，例如：

ɣə³⁵　ʂu⁵⁵　su⁵⁵ 牛　赶　（后加）	hỹ⁵⁵　qʰa⁵⁵　su⁵⁵ 猎　打　（后加）	zṵ⁵⁵　tsʰŋ⁵⁵　su⁵⁵ 草　割　（后加）
赶牛的	打猎的	割草的

（6）存在动词，表示不同性质的客观事物的存在用不同的存在动词。

① dzo³¹表示有生命的人、神或动物的存在，例如：

ŋa⁵⁵a³¹qʰa⁵⁵ȵi⁵⁵iɑ⁵⁵dzo³¹. 我　孩子　两个　有
我有两个孩子。

sa⁵⁵ta⁵⁵dzṵ⁵⁵　a⁵⁵　dzo³¹. 土神　地上（方位词）在
土神在地上。

xə³⁵qo³¹lo³¹z̩⁵⁵dzo̩³¹.   湖　里面　鱼　有
湖里面有鱼。

② z̩³⁵表示客观事物存在于容器中，例如：

qɑ³⁵na⁵⁵qo³¹lo³¹sa³⁵z̩³⁵.   碗　里面　血　有
碗里有血。

ndz̩⁵⁵pu⁵⁵　la³¹　ndz̩⁵⁵z̩³⁵.   水　桶（表处所）水　有
水桶里有水。

bi⁵⁵z̩⁵⁵ba³⁵dz̩⁵⁵z̩³⁵.   口袋　钱　有
口袋里有钱。

③ dzɑ³¹可移动的客观事物的存在，例如：

qa⁵⁵dɑ⁵⁵mu⁵⁵　bi⁵⁵z̩⁵⁵　tɕi⁵⁵lu⁵⁵dzɑ³¹.   床　（表处所）　包　一　个　有
床上有一个包。

hĩ³¹mbo⁵⁵kʰu⁵⁵ma³⁵dzɑ³¹.   海螺　后面　在
海螺在后面。

④ ndʑa³⁵表示不可移动的事物的存在，多为生长在某处的物体的存在，例如：

s̩³⁵po⁵⁵ly⁵⁵ly⁵⁵ndʑa³⁵.   树　果子　有
树上有果子。

mu⁵⁵　ɑ⁵⁵　ɲa⁵⁵ndʑa³⁵.   天（表处所）眼　有
天上有（老天爷的）眼睛。

⑤ dz̩⁵⁵gi⁵⁵表示抽象事物或贵重物体的存在，例如：

ŋa⁵⁵　zo̩³⁵ɑ⁵⁵　dz̩⁵⁵gi⁵⁵.   我　事情　有
我有事情。

ŋa⁵⁵ hã⁵⁵ tɕi⁵⁵ pʰa⁵⁵ dzɻ⁵⁵gi⁵⁵.
我 金子 一 块 有
我有一块金子。

⑥ bo⁵⁵强调对客观事物的领属，例如：

no⁵⁵ ba³¹dzɻ⁵⁵ a⁵⁵ bo⁵⁵?
你 钱 （前加） 有
你有钱吗？

tɕʰi⁵⁵ ndʐŋ⁵⁵ ma⁵⁵ bo⁵⁵.
他 水 没 有
他没有水。

（7）判断动词，判断动词te³¹没有时态变化，放在主语之后，例如：

ŋa⁵⁵ te³¹ pʰa⁵⁵tsɻ⁵⁵.
我 是 帕孜
我是帕孜。

5．形容词、副词

（1）不少基本形容词词根采用叠音或双声形式，常见的有AA，ABB，AAB三种形式，例如：

① AA式：ʂa³¹ʂa⁵⁵（干净）、mi³¹mi⁵⁵（乖）、qʰa³¹qʰa⁵⁵（松）、hĩ³¹hĩ³¹（嫩）、ga⁵⁵ga⁵⁵（弯）、dzua³¹dzua³¹（合适）。

② ABB式：a³¹ndzu⁵⁵ndzu⁵⁵（近）、ka⁵⁵liu⁵⁵liu⁵⁵（寡）、a³¹tsʰu⁵⁵tsʰu⁵⁵（细）、a³¹zu⁵⁵zu⁵⁵（窄）、a³¹bi⁵⁵bi⁵⁵（薄）、a³¹ɲi⁵⁵ɲi⁵⁵（少）。

③ AAB式：liu³¹liu'⁵⁵pa⁵⁵（圆）、gu⁵⁵gu⁵⁵ta³¹（横）。

（2）有些形容词重叠后表示程度加深，有些单音节词重叠为AA形式，有些则变为ABB形式；叠音词双音节都可重叠，例如：

ʁo³⁵/ʁo³⁵ko⁵⁵zo⁵⁵ko⁵⁵zo⁵⁵	zɻ³⁵/zɻ³⁵pu⁵⁵li⁵⁵pu⁵⁵li⁵⁵
硬/硬邦邦	重/沉甸甸

ʂɻ⁵⁵tsa⁵⁵/ʂɻ⁵⁵ʂɻ⁵⁵tsa⁵⁵tsa⁵⁵	bo³¹tʂʰɻ⁵⁵/bo³¹bo³¹tʂʰɻ⁵⁵tʂʰɻ⁵⁵
新/崭新	烂/烂兮兮

ɬiu⁵⁵kʰu³¹/ɬiu⁵⁵kʰu³¹ɬiu⁵⁵kʰu³¹	ke⁵⁵tʂɻ⁵⁵tʂɻ⁵⁵/ke⁵⁵tʂɻ⁵⁵ke⁵⁵tʂɻ⁵⁵
红/红通通	紧/紧绷绷

（3）形容词可以作谓语，作谓语时其形态与动词一致。例如：

no⁵⁵ ti⁵⁵ bɑ³¹dzɿ⁵⁵ χo⁵⁵ ɑ³¹ni⁵⁵ni'⁵⁵.
你 这 钱 些 少

你的这些钱少了。

（4）形容词作定语，放在名词之后，例如：

hĩ⁵⁵mi⁵⁵ ɬiu⁵⁵kʰu³¹
太阳 红

红太阳

（5）形容词作性状副词时，在形容词后加mu⁵⁵，例如：

pʰio³⁵ mu⁵⁵ bi³⁵hã⁵⁵
好 （后加） 过

好好地过

ɑ³¹zɑ⁵⁵zɑ⁵⁵ mu⁵⁵ mbɑ⁵⁵
慢 （后加） 走

慢慢地走

（6）副词在句中主要用作状语，放在谓语之前，但也有一些副词状语放在谓语之后，例如：

no⁵⁵ ti⁵⁵ zu³¹ku⁵⁵ ɑ³¹ndɑ⁵⁵ndɑ⁵⁵ ʂɿ⁵⁵lo³¹.
你 这 衣服 短 太

你这件衣服太短了。

6．助词

（1）领属助词，领属助词ko⁵⁵加在名词或代词之后，表示领属，例如：

no⁵⁵ko⁵⁵zu³⁵ku⁵⁵.
你 的 衣服

你的衣服。

dzɑ⁵⁵pu⁵⁵ʂu⁵⁵ ko⁵⁵ dzu⁵⁵vɑ³¹.
政府 的 地

政府的地。

（2）处所助词，qo³¹lo⁵⁵表示"在……里"，ɑ⁵⁵表示"在……上"。例如：

xə³⁵ qo³¹lo⁵⁵ zɿ⁵⁵dzo³¹.
湖 （处助） 鱼 有

湖里有鱼。

mu⁵⁵ a⁵⁵ hĩ⁵⁵mi⁵⁵ dzo̥³¹. 天（处助） 太阳 有
天上有太阳。

（3）比较助词，ma⁵⁵za⁵⁵是表示二者间性状之比较的助词，有两种用法，一种是加在性状形容词后，例如：

ŋa⁵⁵ no⁵⁵ dɑ⁵⁵mo⁵⁵ ma⁵⁵za⁵⁵. 我 你 高 （助词）
我比你高。

ti⁵⁵ sɿ³¹ tɕi⁵⁵ po⁵⁵ o³¹i⁵⁵ tɕi⁵⁵po⁵⁵ dɑ⁵⁵mo⁵⁵ ma⁵⁵za⁵⁵. 这 树 一 棵 那 一 棵 高 （比助）
这棵树比那一棵高。

另一种表示方法，在性状形容词前加to⁵⁵ma⁵⁵za⁵⁵mu⁵⁵，例如：

tɕʰi⁵⁵ ŋa⁵⁵ to⁵⁵ ma⁵⁵za⁵⁵ mu⁵⁵ ndʐa³⁵. 他 我 （前加）（比助）（后加） 瘦
他比我瘦。

ti⁵⁵ tʂʰɿ⁵⁵ tɕi⁵⁵ ku³¹ o³¹i⁵⁵ tʂʰɿ⁵⁵ tɕi⁵⁵ ku⁵⁵ to⁵⁵ ma⁵⁵za⁵⁵ mu⁵⁵ to³⁵. 这 狗 一 条 那 狗 一 条 （前加）（比助）（后加） 凶
这一条狗比那一条狗凶。

（4）从由助词，mu⁵⁵加在处所或地点名词之后，表示行为动作的发出处。例如：

no⁵⁵ χa³¹lo³¹ mu⁵⁵ da³⁵? 你 哪里 （从助） 来
你从哪里来？

ŋa⁵⁵ gə⁵⁵ɚ⁵⁵ mu⁵⁵ da³⁵. 我 九龙 （从助） 来
我从九龙来。

7. 句法

（1）纳木依语的基本语序为S-O-V型，例如：

tɕʰi⁵⁵ ŋa⁵⁵ sɿ⁵⁵ lo³¹. 他 我 打 了
他打我了。

ŋa⁵⁵ dʑa³⁵ dʐŋ⁵⁵ hã⁵⁵ zŋ⁵⁵. 我　饭　吃　想　（助动词标记）
我想吃饭。

名词、代词作定语时，出现在中心词的前面，例如：

tɕʰi⁵⁵ ko⁵⁵ qʰa³⁵na⁵⁵. 他（助词）　碗
他的碗。

so⁵⁵zŋ⁵⁵ ko⁵⁵ ndʐŋ³¹dʑi⁵⁵. 学生　（助词）　书
学生的书。

数量词放在中心词之后，例如：

tsʰo³¹ tɕi⁵⁵ ku'⁵⁵. 人　一　个
一个人。

有定语作修饰时，语序为：作定语的名词或人称代词+中心词（名词）+形容词+数量词，例如：

ŋa⁵⁵ ku³¹ ti⁵⁵ la³⁵qa⁵⁵ ʂŋ⁵⁵qa⁵⁵ tɕi⁵⁵ lu³¹. 我　的　这　被子　黄的　一　条
我的这一条黄色的被子。

状语有时间状语、程度状语、语气状语等，位置比较灵活，可放在主语之后，也可放在句末，例如：

ŋa⁵⁵ χa³⁵ta⁵⁵mu⁵⁵ɡa⁵⁵ dʐŋ⁵⁵. 我　一定　吃
我一定吃。

ŋa⁵⁵ χa³⁵pa⁵⁵ dʐŋ⁵⁵ ma⁵⁵ ia³¹. 我　可能　吃　不（后加）
我不可能吃。

ta⁵⁵ɲi⁵⁵ ŋa⁵⁵χo⁵⁵ ʁa³⁵　　qa⁵⁵. 今天　我们　开会（后加，表示将来时态）
今天我们要开会。

no⁵⁵ do³¹ma⁵⁵ da⁵⁵bi⁵⁵ ʂŋ⁵⁵lo³¹. 你　话　多　太
你话太多了。

(2) 单句

①陈述句，例如：

| qa³⁵na⁵⁵ qo³¹lo³¹ sa³⁵ ʐŋ⁵⁵. |
| 碗　　　里头　　血　有 |
| 碗里有血。 |

②疑问句，表达方式多样，例如，用形容词表达疑问式：

| no⁵⁵ ŋgo⁵⁵li⁵⁵ na⁵⁵ lo³¹ ia⁵⁵? |
| 你　　病　　好　了（后加） |
| 你病好了吗? |

用疑问代词表达疑问式：

| no⁵⁵ χo³¹to⁵⁵ɚ⁵⁵ dʐŋ⁵⁵? |
| 你　什么　　　吃 |
| 你吃的是什么? |

用动词表达疑问式：

| tɕʰi⁵⁵ ŋa³⁵ ia⁵⁵　ma⁵⁵ ŋa³⁵? |
| 他　敢（后加）不　敢 |
| 他敢不敢? |

动词前加助词表达疑问式：

| no⁵⁵ ʂo⁵⁵u⁵⁵　　a⁵⁵　　　bo⁵⁵? |
| 你　纸　（前加，表疑问）有 |
| 你有纸吗? |

③命令句，例如：

| no⁵⁵ ŋa⁵⁵ ma⁵⁵qo³¹ ly³⁵ ʂŋ³¹! |
| 你　我　让　　看（后加） |
| 你让我看! |

④感叹句，例如：

| a⁵⁵le⁵⁵! ti⁵⁵ χo³¹to⁵⁵ɚ⁵⁵ mu⁵⁵ lo³¹　ia⁵⁵! |
| 呀! 这　　怎么　　　搞　了（后加） |
| 呀! 这是怎么搞的呀! |

| xe⁵⁵! ti⁵⁵ ga⁵⁵ɚ⁵⁵mu³¹ zu⁵⁵ lo³¹! |
| 啊! 这　　太　　　棒　了! |
| 啊! 这太棒了! |

⑤ 猜测句

tɕʰi⁵⁵	χa³¹ba⁵⁵	dzo³¹	pa³¹.
他	可能	在	吧

他可能在吧。

⑥ 否定句

ŋa⁵⁵	χa³⁵tʰa⁵⁵	ma⁵⁵	dzɿ⁵⁵gi⁵⁵.
我	时间	没	有

我没有时间。

（3）复句

① 并列复句

no⁵⁵	o³¹ti⁵⁵	mu⁵⁵	so⁵⁵	e⁵⁵，	ŋa⁵⁵	o³¹i⁵⁵	mu⁵⁵	ma⁵⁵	so⁵⁵	e⁵⁵.
你	那样	做	好吃	（后加）	我	那样	做	不	好吃	（后加）

你那样做好吃，我那样做不好吃。

② 主从复句

hĩ⁵⁵	dzʅ³⁵	e⁵⁵	lo³¹，	be⁵⁵	ma⁵⁵	hã⁵⁵	lo³¹.
雨	下	（后加）	了，	去	不	能	了

（因为）下雨了，（所以）不能去了。

③ 选择复句

no⁵⁵	dʑa³⁵	ta⁵⁵	dʑŋ⁵⁵	ia⁵⁵，	ia⁵⁵	y⁵⁵	qo³¹	dʑŋ⁵⁵	li⁵⁵	be⁵⁵?
你	饭	这	吃	（后加）	（前加）	屋	里	吃	回	去

你是在这吃饭，还是回屋吃？

④ 递进复句

tɕʰi⁵⁵	to⁵⁵	zɿ⁵⁵	tɕi⁵⁵	ia⁵⁵	dzo³¹，	cheng³¹tu⁵⁵	xai³⁵	zɿ⁵⁵	tɕi⁵⁵	ia⁵⁵	dzo³¹.
他	这	儿子	一	个	有，	成都	还	儿子	一	个	有

他在这里有一个儿子，成都还有一个儿子。

⑤ 转折复句

ŋa⁵⁵	ŋe⁵⁵	te³¹	ŋe⁵⁵zɿ⁵⁵ko⁵⁵	e³¹，	do³⁵ʅ⁵⁵	ŋa⁵⁵	dʑŋ⁵⁵	ma⁵⁵	hã⁵⁵	zɿ⁵⁵.
我	饿	连词	饿	（后加），	表转折	我	吃	不	想	（助动词标记）

我饿是饿，但我不想吃。

⑥ 假设复句

no^{55}	da^{35}	ŋu^{55}se^{55},	ŋa^{55}	da^{35}	ma^{55}	ia^{55}.
你	来	如果，	我	来	不	（后加）

如果你来，我就不来。

四、长篇语料

帕丽米和野人的故事

pɑ^{55}li^{55}mi^{31}na^{31}ʂʅ^{55}tsʰo^{31}lu^{55}mi^{31}

帕丽米和野人

i^{55}ɲi^{55}a^{55}ʂʅ^{55}	ba^{55}gu^{55}	qo^{55}tʂʰu^{55}a^{55}qa^{31}	tɕi^{55}	y^{35}	ndʑu^{5}。	tɕʰi^{55}	ie^{55}	io^{55}
很久以前	（地名）	（人名）	一	家	住	他	家	绵羊
χo^{55}	dzo^{31}。	gu^{31}kʰu^{55}	tsʅ^{55}	ia^{55}	lo^{31}。	io^{55}	ɣo^{55}gu^{31}	tʰo^{31}va^{55}
（助词）	有	矮山	热	（助词）	了	绵羊	高山	松林
lo^{55}	tʂua^{55}	xe^{55}	lo^{31}。	qo^{55}tʂʰu^{55}	a^{55}i^{55}mi^{55}	y^{35}	qo^{55}	su^{55}	dʐʅ^{55}，
了	放	去	了	（人名）	老婆子	家	里	毛	织
mo^{31}lu^{55}	tʂʅ^{h35}	tsa^{55}	xe^{55}	lo^{31}。	tʰo^{31}va^{55}	tsʰo^{31}lu^{55}mi^{31}	tɕi^{55}	ku^{55}	dzo^{31}。
老公	狗	放	去	了	松林	野人	一	个	有
tsʰo^{31}lu^{55}mi^{31}	ko^{31}	mi^{35}	ta^{55}ɚ^{55}mi^{31}。					
野人	的	名字	塔尔米					

tɕi^{55}	ɲi^{55}	te^{55}	a^{55}i^{55}mi^{55}	y^{35}	qo^{31}	ndzo^{31}kʰi^{55}	la^{55}
一	天	（助词）	老婆子	家	里	口粮	拿
xe^{55}	lo^{31}。	tʂʅ^{h35}no^{55}	tɕi^{55}	ia^{55}	a^{55}i^{55}mi^{55}	ma^{35}	xe^{55}	lo^{31}。
去	了	狗儿	一	只	老婆子	后	去	了
a^{55}i^{55}mi^{55}	y^{35}	qo^{31}	tɕi^{55}	χa^{55}	mi^{31}χa^{55}	te^{31}。	tʰo^{31}va^{55}	io^{55}	ly^{55}
老婆子	家	里	一	晚	住	就	松林	绵羊	看
li^{55}	xe^{55}	lo^{31}。	tʂʅ^{h35}no^{55}	y^{35}	qo^{31}	ʂʅ^{55}pa^{55}	lo^{31}。	a^{55}i^{55}mi^{55}
（助词）	去	了	狗儿	家	里	留	了	老婆子
io^{55}ɣo^{55}	li^{55}to^{55}	da^{35}。	mu^{55}ŋa^{55}	te^{31}	a^{55}i^{55}mi^{55}	to^{31}liu^{55}liu^{55}	tɕi^{55}	pʰu^{55}
羊场	回来	下午	（助词）	老婆子	汤粑	一	锅
tsa^{55}	lo^{31}。	dʐʅ^{55}	na^{55}	tɕi^{55}tʰu^{55}	te^{31}	tsʰo^{31}lu^{55}mi^{55}	dzu^{35}	lo^{31}。
煮	了	吃	将要	的时候	（助词）	野人	来	了

tsʰo³¹lu⁵⁵mi⁵⁵　　te³¹　　　a⁵⁵i⁵⁵mi⁵⁵　　la³¹: "no⁵⁵　tɕi⁵⁵χa⁵⁵hũ⁵⁵　ndzo³¹　ŋa⁵⁵
野人　　　（助词）　　老婆子　　说　　你　　每天晚上　　喊　　我

la³¹: 'ta⁵⁵ɚ⁵⁵,　　ta⁵⁵ɚ⁵⁵…'　ta⁵⁵　hũ⁵⁵　te³¹　　tʂɻ̩³⁵no⁵⁵no⁵⁵　ma⁵⁵
说　　塔尔　　　塔尔　　今　　晚　（助词）　狗儿　　　　不

dzo³¹, ŋa⁵⁵　ta⁵⁵　hũ⁵⁵　te³¹　dzu⁵⁵　lo³¹。" a⁵⁵i⁵⁵mi⁵⁵　qo³¹　to³¹liu⁵⁵liu⁵⁵
在　我　今　晚　（助词）　就　来　了　老婆子　的　　汤粑

tɕi⁵⁵　pʰu⁵⁵　mu⁵⁵　tɕʰi⁵⁵　dʐɻ̩⁵⁵　sɿ⁵⁵tsa⁵⁵　lo³¹。 dʐɻ̩⁵⁵　sɿ⁵⁵tsa⁵⁵　lo³¹,
一　　锅　　（助词）　他　　吃　　完　　　了　　吃　　完　　　了

tsʰo³¹lu⁵⁵mi⁵⁵　te³¹　　li⁵⁵　　xe⁵⁵　lo³¹: "ŋa⁵⁵　so⁵⁵　hũ⁵⁵　xai³⁵　da³⁵
野人　　　　　就　　（助词）　去　　了　　我　　明　　晚　　还　　来

sɿ³¹。"
要

　　　　ma³⁵　tɕi⁵⁵　χa⁵⁵　a⁵⁵i⁵⁵mi⁵⁵　ma⁵⁵qo³¹　tʂʰɻ̩³⁵　tʂʰɻ̩⁵⁵　va³⁵　tʂʰɻ̩⁵⁵　tɕi⁵⁵
　　　　后　　一　　晚　　老婆子　　　　　　　　狗　　屎　　猪　　屎　　一

pʰu⁵⁵　tʂa⁵⁵tʂa⁵⁵　lo³¹。 tsʰo³¹lu⁵⁵mi⁵⁵　ma³⁵　tɕi⁵⁵　χa⁵⁵　do³⁵　dzu³⁵　lo³¹。
锅　　煮　　　　　了　　野人　　　　　后　　一　　晚　　又　　来　　了

a⁵⁵i⁵⁵mi⁵⁵　ma⁵⁵qo³¹　pʰu⁵⁵　o⁵⁵　qo³¹　tʂʰɻ̩⁵⁵　tʂʰɻ̩⁵⁵　va³⁵　tʂʰɻ̩⁵⁵　qo⁵⁵qa⁵⁵
老婆子　　　　　　锅　（助词）　里　　狗　　屎　　猪　　屎　　舀

no³¹　　tsʰo⁵⁵lu⁵⁵mi⁵⁵　la⁵⁵　　lo³¹　tsɿ⁵⁵。 tsʰo³¹lu⁵⁵mi⁵⁵　tʂɻ̩³⁵　tʂʰɻ̩⁵⁵
（助词）　野人　　　　　（助词）　了　给　　野人　　　　　狗　屎

va³⁵　tʂʰɻ̩⁵⁵　lo³¹　dʐɻ̩⁵⁵　te³¹: "io⁵⁵hũ⁵⁵　ko³¹　te³¹　pʰu⁵⁵su⁵⁵su³¹,
猪　　屎　　了　　吃　　（助词）　昨晚上　　　的　　（助词）　香喷喷

ta³¹hũ⁵⁵　ko³¹　te³¹　qʰa³⁵si⁵⁵si⁵⁵。" a⁵⁵i⁵⁵mi⁵⁵　tsʰo³¹lu⁵⁵mi⁵⁵　la³¹: "ma⁵⁵
今晚　　的　　（助词）　苦苦的　　　老婆子　　　野人　　　　　说　　不

qu⁵⁵　ma⁵⁵　qu⁵⁵, no⁵⁵　ndʐɻ̩⁵⁵　la⁵⁵　hũ³¹。 ŋa⁵⁵　ko⁵⁵　tso⁵⁵
怕　　不　　怕　　你　　水　　　提　　去　　我　　（助词）　重新

mu⁵⁵　no⁵⁵　la⁵⁵　li⁵⁵　tʂa⁵⁵。" a⁵⁵i⁵⁵mi⁵⁵　ma⁵⁵qo³¹　tsʰo³¹lu⁵⁵mi⁵⁵
（助词）　你　　给　（助词）　煮　　老婆子　　　　　　　汤粑

la⁵⁵mi⁵⁵　la³¹　mi⁵⁵tʂʰu⁵⁵　ȵi⁵⁵　tsʰu⁵⁵　ŋu⁵⁵　no³¹, la⁵⁵ʁa⁵⁵　la³¹　ki⁵⁵zɿ⁵⁵
左手　　上　　火把　　　　两　　个　　拴　　（助词）　右手　　上　　水壶

do³⁵tʰa⁵⁵　lo⁵⁵qu⁵⁵　ŋa⁵⁵　lu⁵⁵　ȵa⁵⁵tʂʰu⁵⁵　no³¹。 tsʰo³¹lu⁵⁵mi⁵⁵　ndʐɻ̩⁵⁵　tɕi⁵⁵
底子　　孔　　　　五　　个　　穿、打　　　（助词）　野人　　　　　水　　一

tʂo⁵⁵pa⁵⁵	tɕi⁵⁵	dzu³⁵,	ndʐ̩⁵⁵	ndzu³⁵	sɿ⁵⁵tsa⁵⁵。	ni⁵⁵	tʂʰo⁵⁵pa³¹	tɕʰi⁵⁵	dzu³⁵,
趟	一	来	水	漏	趟	两	趟	他	来
ni⁵⁵	ndʐ̩⁵⁵	ndzu³⁵	sɿ⁵⁵tsa⁵⁵。	ŋa⁵⁵	tʂʰo⁵⁵pa³¹	ma³⁵	mi⁵⁵tʂʰu⁵⁵	la³¹qa⁵⁵	
两	水	漏	趟	五	趟	后	火把	手	
lo³¹	ndʐa³⁵	lo³¹。	"a⁵⁵tsa⁵⁵o³¹！"	la³¹qa⁵⁵	a⁵⁵hỹa⁵⁵	lo³¹	a⁵⁵y³¹	bu⁵⁵na⁵⁵mi³¹	tʂʰo⁵⁵
了	燃	了	好烫呀！	手	地下	了	打	森林	那儿
lo⁵⁵ndʐa³⁵	lo³¹。	tʂʰo³¹lu⁵⁵mi⁵⁵	ni⁵⁵	tʂʰo⁵⁵	lo³¹mi⁵⁵tsa⁵⁵	lo³¹。	"pa⁵⁵li⁵⁵mi³¹		
燃烧	了	野人	无义	那儿	烧	了	老婆子的名字		
no⁵⁵	te³¹	mi³¹tso⁵⁵	lo³¹	qa⁵⁵qa⁵⁵	te³¹	ɲy⁵⁵	tɕi⁵⁵		
你	（助词）	屋子里的第一道门	了	进	（助词）	奶	一		
lo³¹	li⁵⁵	pʰi⁵⁵	qa³⁵。	lo³¹tso⁵⁵	lo³¹	qa⁵⁵qa⁵⁵	te³¹		
口	（助词）	吐	将要	屋子里的第二道门	了	进	（助词）		
sa³⁵	tɕi⁵⁵	lo³¹	lo³¹	li⁵⁵	pʰi⁵⁵	qa³⁵。"	ma³⁵	a⁵⁵i⁵⁵mi⁵⁵	y³⁵
血	一	口	了	（助词）	吐	将要	后	老婆子	屋子
qo³¹	li⁵⁵	xe⁵⁵	te³¹	tʂʰo³¹lu⁵⁵mi⁵⁵	ndʐ̩³¹su⁵⁵	mi⁵⁵za⁵⁵	lo⁴²。		
里	（助词）	去	就	野人	诅咒	实现	了		

故事串讲：帕丽米和野人的故事

很久以前在拜古这个地方，住着一家叫做勾初阿噶的。他家有一群羊养在热的矮山上，后来把羊放到了高山的松林里。勾初的老婆子在家织毛线，老公去放猎狗了。松林里有一个野人，野人的名字叫塔尔米。

一天，老婆子回家里取口粮，一只猎狗在她之后回来了。老婆子在家里住了一晚，然后回到松林里看羊，留下了狗儿。下午老婆子煮了一锅汤粑，正要吃的时候野人来了，野人对老婆子说："你每天晚上都在喊我：'塔尔，塔尔……'今晚狗儿不在，我就来了。"野人于是吃光了老婆子的汤粑，然后离开了，走之前说："我明晚还来。"

第二天晚上老婆子煮了一锅狗屎猪粪，野人又来了，老婆子从锅里舀出狗屎猪粪给野人吃，野人吃完说："昨晚的香喷喷，今晚的苦苦的。"老婆子说："不怕不怕，你去提水，我重新给你煮一锅。"老婆子在野人左手上拴了两个火把，右手上挂了一个穿了五个洞的水壶。野人来回一趟，水漏光了，来回五趟，水都漏光了。五趟后火把烧尽，点燃了野人的手："哎呀好烫呀！"野人被烧着了。野人诅咒道："帕丽米你进屋子的第一道门，会吐一口奶；进屋子的第二道门，会吐一口血！"后来老婆子回到了家里，而野人的诅咒实现了。

三 常用词汇表

1. 天文地理

词条	木里县俚波乡纳木依话	九龙县子耳乡纳木依话	备注
天	na⁵⁵ŋkʰa⁵⁵mu³¹	mu⁵⁵na⁵⁵kʰa⁵⁵	
半空	mu⁵⁵tɕi³¹ta³¹		
天上	na⁵⁵ŋkʰa⁵⁵mu⁵⁵ta³¹	na⁵⁵kʰa⁵⁵mu⁵⁵	
太阳	ȵi⁵⁵mi⁵⁵	ȵi³¹gu⁵⁵hĩ⁵⁵mi⁵⁵	
阳光	mu⁵⁵ŋkʰi⁵⁵	hĩ⁵⁵mi⁵⁵tʂʅ⁵⁵	
日出	ȵi⁵⁵mi⁵⁵pu³¹tsʅ⁵⁵		
日落	ȵi⁵⁵mi⁵⁵qa⁵⁵		
向阳	ie⁵⁵pʰa³¹	hĩ⁵⁵mi⁵⁵zo⁵⁵	
背阴	ta³¹pʰa⁵⁵	da³⁵ɚ⁵⁵	
日食/天狗食日	ȵi⁵⁵mi⁵⁵gu⁵⁵	hĩ⁵⁵mi⁵⁵tʂʰʅ³⁵dʐʅ⁵⁵	
月亮	ɬi⁵⁵mi⁵⁵	hĩ⁵⁵gu⁵⁵hĩ⁵⁵mi⁵⁵	
月光	ɬi⁵⁵mi⁵⁵zo⁵⁵		
月食/天狗食月	ɬi⁵⁵mi⁵⁵gu⁵⁵	hĩ⁵⁵gu⁵⁵hĩ⁵⁵ mi⁵⁵tʂʰʅ⁵⁵dʐʅ⁵⁵	
星	tʂʅ³¹	tʂʅ³⁵	
彗星		tʂʅ³⁵ki³⁵i³¹	
七姐妹星座	qʰo⁵⁵tsʅ⁵⁵	qʰo⁵⁵tsʅ⁵⁵	
天亮		na⁵⁵ndo⁵⁵	
光（线）	ŋkʰi⁵⁵		
曝晒	tsʰʅ⁵⁵		
照亮	bi⁵⁵la⁵⁵		
（晚上）暗	hĩ³¹kʰo³¹		
很亮	ga⁵⁵mu⁵⁵bi⁵⁵la⁵⁵		
闪烁	tsʅ⁵⁵ma³¹		
影子	da³¹ɚ³¹	da³⁵ɚ⁵⁵na⁵⁵	
风	mu⁵⁵ʂʅ³¹	mu⁵⁵ʂʅ⁵⁵	
大风	mu⁵⁵ʂʅ³¹da⁵⁵dzʅ³¹		
龙卷风	mu⁵⁵ʂʅ³¹ndzo⁵⁵	mu⁵⁵ʂʅ⁵⁵ʁə³¹fu⁵⁵	

续表

词条	木里县俚波乡纳木依话	九龙县子耳乡纳木依话	备注
台风	mu⁵⁵ʂɿ³¹to⁵⁵		
狂风	mu⁵⁵ʂɿ³¹ʁa⁵⁵		
寒风	mu⁵⁵ʂɿ³¹gia⁵⁵		
东风	ʂa³¹tʂʰo³¹mu⁵⁵ʂɿ³¹	ʂa⁵⁵tʂʰo⁵⁵mu⁵⁵ʂɿ⁵⁵fu⁵⁵	
南风	ɬo³¹tʂʰo³¹ mu⁵⁵ʂɿ³¹	hũ⁵⁵mi⁵⁵kʰi⁵⁵ mu⁵⁵ʂɿ⁵⁵fu⁵⁵	
西风	ȵi³¹tʂʰo³¹mu⁵⁵ʂɿ³¹		
北风	tʂa³¹tʂʰo³¹ mu⁵⁵ʂɿ³¹		
微风	mu⁵⁵ʂɿ³¹ŋka⁵⁵		
顺风	gu³¹gu⁵⁵ mu⁵⁵ʂɿ³¹		
起风	mu⁵⁵ʂɿ³¹tʂɿ⁵⁵		
刮风	mu⁵⁵ʂɿ³¹qa⁵⁵		
风停了	mu⁵⁵ʂɿ³¹fu⁵⁵ma⁵⁵ia⁵⁵		
风吹	mu⁵⁵ʂɿ³¹fu⁵⁵		
云	tʂu³¹	tʂu³⁵va⁵⁵	
乌云	mo⁵⁵zu⁵⁵		
白云	tʂu³¹pʰu⁵⁵lu³¹		
雷	ʂɿ⁵¹	mu⁵⁵gu⁵⁵	
打雷	mu⁵⁵gu³¹		
雷击/雷劈	ʂɿ⁵⁵qʰa³¹		
闪电	mu⁵⁵tsɿ⁵⁵mɑ³¹	mu⁵⁵ma⁵⁵tsɿ⁵⁵pʰa⁵⁵	
雨	hĩ⁵⁵	hĩ⁵⁵	
下雨	hĩ⁵⁵ŋa³⁵	hĩ⁵⁵na⁵⁵dzu⁵⁵	
大雨	hĩ⁵⁵dɑ⁵⁵ dzʅ³¹	hĩ⁵⁵dɑ⁵⁵ dzʅ³¹	
小雨	hĩ⁵⁵a³¹tsɿ⁵⁵	hĩ⁵⁵a³¹tsɿ⁵⁵	
太阳雨	ȵi⁵⁵mi⁵⁵ hĩ⁵⁵	hĩ⁵⁵mi⁵⁵ hĩ⁵⁵	
暴雨	hĩ⁵⁵ŋgu³¹kʰu³¹		
雨停了	hĩ⁵⁵ŋa³⁵ma⁵⁵ia⁵⁵		
淋雨	hĩ⁵⁵ta³¹		
掉（雨）点	hĩ⁵⁵ŋgu⁵⁵pɑ⁵⁵		
湿透	tsuə⁵⁵tsuə³¹		
彩虹	ȵi⁵⁵mi⁵⁵ŋkʰi⁵⁵za³¹	la³¹ȵi⁵⁵ a⁵⁵qʰa³¹qʰa³¹	
冰	ndʑu⁵⁵ndʑu⁵⁵	dʑu⁵⁵dʑu⁵⁵	
结冰	ndʑu⁵⁵ndʑu⁵⁵tʂɿ⁵⁵	dʑu⁵⁵dʑu⁵⁵to³¹	
融冰		dʑu⁵⁵dʑu⁵⁵dzʅ⁵⁵ma⁵⁵	

续表

词条	木里县俸波乡纳木依话	九龙县子耳乡纳木依话	备注
冰块	tsʰo³¹i³¹ ndʑu⁵⁵ndʑu⁵⁵		
冰凌	tsʰo³¹i³¹ ndʑu⁵⁵ndʑu⁵⁵		
（屋檐的）冰锥	tsʰo³¹i³¹ ndʑu⁵⁵ndʑu⁵⁵		
雪	y³¹	vi³⁵	
下雪	y³¹ŋa³⁵	vi³⁵dzu̱⁵⁵	
棉花雪/鹅毛雪	y³¹dɑ⁵⁵ dzɿ³¹		
融雪		vi³⁵qa³¹mɑ⁵⁵	
融化		dzɿ⁵⁵ma⁵⁵	
冰雹		ndʑo³⁵	
下冰雹		ndʑo³⁵dzu̱⁵⁵	
霜	ki³¹ɦɑ⁵⁵	mu⁵⁵pʰi⁵⁵	
露水	ndzɿ⁵⁵ɦɑ⁵⁵	ki³¹za̱⁵⁵	
起露水	ndzɿ⁵⁵ɦɑ⁵⁵tʂɿ⁵⁵		
雾气	zu⁵⁵	lu³¹lu⁵⁵ta⁵⁵	
降雾		tʂu̱³¹vɑ⁵⁵lu³¹lu⁵⁵ta⁵⁵	
蒸气	sa³⁵	sa³⁵	
天气		mu⁵⁵kʰo⁵⁵	
晴天	mu⁵⁵na³¹	mu⁵⁵kʰo⁵⁵pʰio³⁵	
阴天	mu⁵⁵zu⁵⁵	mu⁵⁵kʰo⁵⁵tsa⁵⁵	
（雨后）天晴	mu⁵⁵ŋkʰo⁵⁵		
寒冷天	mu⁵⁵lu³¹gia⁵⁵		
冰雪天	y³¹ŋa³⁵tʰa³¹		
（天）冷	gia⁵⁵	ga⁵⁵to⁵⁵ṣu⁵⁵	
（天）热	tsʰɿ⁵⁵	tsʰɿ⁵⁵	
三伏天	ȵi⁵⁵mi⁵⁵tsʰɿ⁵⁵kʰaˑ³¹	zu̱⁵⁵so⁵⁵hĩ⁵⁵	
天旱	ȵi⁵⁵mi⁵⁵fu³⁵	tsʰu⁵⁵so⁵⁵hĩ⁵⁵	
干燥	fu³⁵tʂɿ³¹ga⁵⁵	mu⁵⁵fu³⁵	
坏/裂缝	bi³¹tɕu⁵⁵	dzo̱⁵⁵qa⁵⁵pʰi³¹	
雨季	hĩ⁵⁵ŋɑ³¹kʰa⁵⁵	mu⁵⁵zu⁵⁵	
潮湿	tso⁵⁵tso³¹	dzu̱⁵⁵sa⁵⁵pʰu⁵⁵	
地	dʑu⁵⁵	dzu̱⁵⁵va⁵⁵	
土地	dʑu⁵⁵ʁua⁵⁵		
平地		dzu̱⁵⁵gu⁵⁵	
洼地		dzu̱⁵⁵gu⁵⁵	

词条	木里县俄波乡纳木依话	九龙县子耳乡纳木依话	备注
沙土地		lu⁵⁵ʂa⁵⁵zɿ⁵⁵	
田地	ʁuɚ⁵⁵dʑu⁵⁵		
荒地	hĩ⁵⁵qa⁵⁵	tʂʰɿ⁵⁵zɿ⁵⁵	
瘦地	dʑu⁵⁵ʁua⁵⁵ma⁵⁵mu³¹	sa⁵⁵ɚ⁵⁵tʂɿ³¹	
肥地	dʑu⁵⁵ʁua⁵⁵mu³⁵	dzu⁵⁵qo⁵⁵zɿ⁵⁵	
菜地	ʁo³¹tsʰu⁵⁵qʰa⁵⁵	tsʰu³¹tʂa⁵⁵	
庄稼地	dʑu⁵⁵ʁua⁵⁵pu³¹	va³⁵zɿ⁵⁵	
秧田	ʁua⁵⁵dʐɿ⁵⁵		
水田	ndzɿ⁵⁵ʁua⁵⁵	vo⁵⁵zɿ⁵⁵	
梯田		vo⁵⁵tsʰa⁵⁵	
田埂		vo⁵⁵do⁵⁵	
田坎	tsʰe³¹tɕi³¹		
泥土	tʂɿ³¹qʰa³¹	tʂɿ³⁵	
黄泥	tʂɿ³¹qʰa³¹lu⁵⁵χo³¹		
红土	tʂɿ³¹qʰa³¹lu⁵⁵χo³¹	tʂɿ³⁵hỹ⁵⁵	
黄土	tʂɿ³¹qʰa³¹ʂɿ⁵⁵qa³¹	tʂɿ³⁵qa⁵⁵	
白土	tʂɿ³¹qʰa³¹pʰu⁵⁵lu³¹	tʂɿ³⁵pʰi⁵⁵	
黑土	tʂɿ³¹qʰa³¹na⁵⁵ɴqʰa⁵⁵	tʂɿ³⁵na⁵⁵	
沙土		lu⁵⁵dʐa⁵⁵zɿ⁵⁵	
麻石		χo⁵⁵zɿ⁵⁵lu⁵⁵ŋa⁵⁵	
粉末	tʂɿ³¹qʰa³¹y³¹	mo³⁵lo⁵⁵bu⁵⁵	
灰尘	la³⁵ɚ⁵⁵		
渣子		qa³¹pi⁵⁵	
垃圾	qa³¹pi⁵⁵	qa³¹pi⁵⁵	
高原	ʁo⁵⁵gu⁵⁵da⁵⁵mo³¹	ʁo⁵⁵gu⁵⁵	
平原	da⁵⁵ka³¹	dzu³¹gu⁵⁵	
山区		lo⁵⁵ŋga⁵⁵	
盆地		qo³¹mi⁵⁵	
草原	zu̩⁵⁵tɕu⁵⁵		
草坡		zu̩⁵⁵mbi⁵⁵	
沙漠		lu⁵⁵ʂa⁵⁵dzu⁵⁵	
火山	za⁵⁵mi⁵⁵	hĩ⁵⁵zɿ⁵⁵	
火山爆发	mi⁵⁵ɚ³⁵pu⁵⁵	zɿ⁵⁵zɿ⁵⁵dzu⁵⁵a⁵⁵χa³⁵	
地震	dʑu⁵⁵lu³¹	dzu̩⁵⁵lu⁵⁵lu⁵⁵	

续表

词条	木里县俸波乡纳木依话	九龙县子耳乡纳木依话	备注
滑坡	dʐu⁵⁵bi⁵⁵	zɑ̱³¹bi⁵⁵	
泥石流		dʑɑ⁵⁵zɑ̱⁵⁵bi³¹	
山	ɦiɑ³¹	ɡɑ³⁵	
山脉		ɡɑ³⁵ku⁵⁵	
岭头		dzu̱⁵⁵ʁo⁵⁵bɑ⁵⁵	
土山	dʐu⁵⁵ɦiɑ³¹		
小山	ɦiɑ³¹mbi³¹		
山火	ɦiɑ³¹mi⁵⁵	ɡɑ³⁵mi⁵⁵	
凉快		dɑ³⁵siu⁵⁵	
暖和		tsʰɿ⁵⁵qɑ⁵⁵	
旱地		dzu̱⁵⁵qʰɑ⁵⁵ʁu³⁵	
田	ʁuɑ⁵⁵	vo⁵⁵	
尘土		mo³⁵lo⁵⁵bu⁵⁵	
沉淀物		ʂɑ³¹ʂɑ'⁵⁵	
地势		sɑ⁵⁵tʂʰɑ³¹	
环境	mu⁵⁵zu⁵⁵ŋɑ³¹ŋɑ⁵⁵		
（连绵的）山脉		ɡɑ³⁵ku⁵⁵	
峡谷		lo⁵⁵nɑ⁵⁵	
窄峡谷		mu⁵⁵i⁵⁵lo³¹kʰu³¹	
宽峡谷		lo⁵⁵nɑ⁵⁵	
荒山	sɑ³¹ɦiɑ³¹	hĩ⁵⁵zɿ⁵⁵	
柴山	sɿ³¹ɦiɑ³¹		
火烧山	zɑ̱⁵⁵mi⁵⁵mpʰu³⁵	bu⁵⁵nɑ⁵⁵mi⁵⁵ndʑɑ⁵⁵	
竹山	mɑ³⁵ɦiɑ³¹		
深山老林		lo⁵⁵nɑ⁵⁵sɿ³¹mɑ⁵⁵ɡi⁵⁵	
雪山	y³¹ɦiɑ³¹	vi³⁵ɡɑ⁵⁵	
雪崩		vi³⁵bu⁵⁵ mɑ³¹kʰu⁵⁵lu⁵⁵	
山坡		zu⁵⁵mbi⁵⁵	
斜坡		mbi⁵⁵hɑ̃⁵⁵	
陡坡		zɑ̱³⁵ŋɑ⁵⁵	
山顶	ɡɑ³¹ku³¹ʁo⁵⁵pɑ⁵⁵	ɡɑ³⁵ʁu⁵⁵tʰɑ³¹lɑ³¹	
山腰	ɡɑ³¹ku³¹tɕi³¹tɑ⁵⁵		
山脚	ɡɑ³¹ku³¹tʂʰɿ⁵⁵	ɡɑ³⁵tʰɑ⁵⁵	
山包		do⁵⁵bu⁵⁵lu³¹	

词条	木里县倮波乡纳木依话	九龙县子耳乡纳木依话	备注
沟壑	qʰa³¹pu³¹	qʰa³¹bo⁵⁵	
山坑	ga³¹ku³¹qu⁵⁵tu³¹		
地洞	dʑu⁵⁵ʁua⁵⁵qu⁵⁵tu³¹	zɿ³⁵qu⁵⁵	
石山	lu⁵⁵qa³¹ɦæ³¹		
悬崖/峭壁		za̠³¹bi⁵⁵	
岩石		lu⁵⁵xə⁵⁵	
石林		lu⁵⁵ʁa⁵⁵	
孔/眼/窟窿		za̠³¹dʑy⁵⁵lo⁵⁵ku⁵⁵	
洞口		qʰo⁵⁵pi⁵⁵	
花岗岩		lu⁵⁵qa⁵⁵ia³¹	
石头	lu⁵⁵qa³¹	lu⁵⁵pa⁵⁵	
小石头	lu⁵⁵qa³¹a³¹tsɿ⁵⁵	lu⁵⁵tsa⁵⁵	
鹅卵石		lu⁵⁵ŋa⁵⁵za̠⁵⁵ʁu⁵⁵	
沙石	lu⁵⁵qa³¹y³¹y⁵⁵	lu⁵⁵ʂa⁵⁵zɿ⁵⁵	
石板	lu⁵⁵qa³¹mi³¹	ia³¹qa⁵⁵zɿ⁵⁵	
玉石		pio⁵⁵zɿ⁵⁵	
磨石	sɿ³¹lu⁵⁵		
石灰石		la³¹lu⁵⁵pa⁵⁵	
石灰		lu⁵⁵la³⁵vi⁵⁵	
沙子		lu⁵⁵ʂa⁵⁵	
打火石	tsa³¹mi⁵⁵	lu⁵⁵pʰi⁵⁵	
金	hã⁵⁵	hã⁵⁵	
银	ŋo⁵⁵	ŋu⁵⁵	
水银	ndzɿ⁵⁵ŋo⁵⁵		
铜	tsɿ⁵⁵	tsɿ⁵⁵	
铜绿	tsɿ⁵⁵ndu⁵⁵		
铁	ʂu⁵⁵	ʂu⁵⁵	
生铁	ʂu⁵⁵tso⁵⁵	ʂu⁵⁵pʰu⁵⁵	
熟铁	ʂu⁵⁵mi³¹	ʂu⁵⁵mi⁵⁵	
铁矿		ʂu⁵⁵dza⁵⁵	
铁渣	ʂu⁵⁵qa³¹pi³¹	ʂu⁵⁵tsʰɿ⁵⁵	
铁水	ʂu⁵⁵ndzɿ⁵⁵	ʂu⁵⁵za̠³⁵	
锈		va⁵⁵χa⁵⁵	
生锈		ʂu⁵⁵ʂa⁵⁵va⁵⁵ χa⁵⁵dʑɿ³¹	

续表

词条	木里县俫波乡纳木依话	九龙县子耳乡纳木依话	备注
钢		ʂu⁵⁵ʁu⁵⁵	
铅		tsʰa³⁵	
硫磺		lu⁵⁵hỹ⁵⁵	
火药		mi⁵⁵za⁵⁵	
汽油	sa³⁵i⁵⁵tsʅ³¹		
火	mi⁵⁵	mi⁵⁵	
火种	mi⁵⁵zʅ⁵⁵	mi⁵⁵zʅ³⁵	
火星	mi⁵⁵tʂʅ³¹	mi⁵⁵qo³⁵	
火光	mi⁵⁵bi⁵⁵lɑ⁵⁵	mi⁵⁵bi⁵⁵	
火焰		mi⁵⁵zʅ³¹	
火花	mi⁵⁵tɕo³¹	mi⁵⁵za⁵⁵	
火舌/火苗	mi⁵⁵y³¹	mi⁵⁵bi⁵⁵	
（火）旺/烈	mi⁵⁵dɑ⁵⁵dzʅ³¹		
灼烫	lo³¹mpʰu³⁵	mi⁵⁵pʰu⁵⁵	
灶火	tsu⁵⁵kʰa⁵⁵mi⁵⁵	qɑ³⁵mi⁵⁵	
柴火	sʅ³¹mi⁵⁵	sʅ³¹bi⁵⁵	
大火		mi⁵⁵dzʅ⁵⁵	
野火		dzu̥⁵⁵mi⁵⁵	
失火		mi⁵⁵li⁵⁵xə³¹	
放火	zḁ⁵⁵mi⁵⁵mpʰu³⁵	mi⁵⁵tsa³¹tsa⁵⁵	
救火	mi⁵⁵qʰa³¹	mi⁵⁵qʰa⁵⁵	
熄灭		qʰa³¹mia⁵⁵	
燃烧		ndʐa³¹hã⁵⁵	
火炕		ʂu³¹tɑ⁵⁵	
火把	mi⁵⁵tɕʰu³¹	mi⁵⁵tʂʰu⁵⁵	
火炭	mi⁵⁵dzʅ⁵⁵	mi⁵⁵dzʅ³¹	
灰烬	lɑ³⁵	qɑ³⁵lɑ⁵⁵	
炭屑		mi⁵⁵mã⁵⁵	
火烟子	mi⁵⁵kʰu³¹	mi⁵⁵kʰu⁵⁵	
锅烟子	ŋkʰo⁵⁵ma⁵⁵	kʰu⁵⁵ma⁵⁵	
冒烟	mo⁵⁵ŋkʰu³¹	mi⁵⁵kʰu⁵⁵dzu̥³¹dzu̥⁵⁵	
河/江	ɬa³¹ndʐʅ⁵⁵	hã³⁵ndʐʅ⁵⁵	
大河	ɬa³¹ndʐʅ⁵⁵kʰa⁵⁵	ʂu⁵⁵ndʐʅ⁵⁵	
小河	kʰa³¹a³¹tsʅ⁵⁵	sʅ³¹ndʐʅ⁵⁵	

续表

词条	木里县倮波乡纳木依话	九龙县子耳乡纳木依话	备注
沙滩	ɬa³¹ndʐɿ⁵⁵qʰa³¹pɑ⁵⁵		
河滩		tʰa³¹pʰu⁵⁵tsʰu³¹	
河口		gu³¹kʰu⁵⁵	
河底	ɬa³¹ndʐɿ⁵⁵tʰa⁵⁵ko³¹	ndʑŋ⁵⁵tʰa⁵⁵	
河岸	ɬa³¹ndʐɿ⁵⁵a³¹pɑ³¹	ndʑŋ⁵⁵kʰa⁵⁵ɚ³¹	
湖	xe³⁵	xə³⁵	
瀑布		zɑ³¹ku⁵⁵ndʑŋ⁵⁵	
小溪		ndʑŋ⁵⁵ʂɿ⁵⁵	
漩涡		ndʑŋ⁵⁵qu⁵⁵lu⁵⁵	
波浪	ndʐɿ⁵⁵kʰu³¹	ndʑŋ⁵⁵pio³¹to⁵⁵	
浪花	ndʐɿ⁵⁵tɕo³¹	ndʑŋ⁵⁵qo³¹pu⁵⁵	
水泡	ba³¹la³¹	tʰa³¹pʰu⁵⁵tsɿ³¹ba⁵⁵	
冒水泡		ndʑŋ⁵⁵ba⁵⁵χa⁵⁵	
水	ndʐɿ⁵⁵	ndʑŋ⁵⁵	
水源头		ndʑŋ⁵⁵ʁu⁵⁵	
洪水	ŋgu³¹kʰu³¹	ndʑŋ⁵⁵dʑu⁵⁵zɑ³¹mo⁵⁵	
发大水	ŋgu³¹tʂɿ⁵⁵	ndʑŋ⁵⁵dʑu⁵⁵	
潮水	ndʐɿ⁵⁵ndzu⁵⁵	zɿ³¹ʁu⁵⁵lu³¹ bi⁵⁵la³¹la³¹	
涨潮		zɿ³¹ʁu⁵⁵lu³¹ bi⁵⁵la³¹la³¹	
河水	ndʐɿ⁵⁵qʰa³¹		
水塘	ndʐɿ⁵χe³⁵	ndʑŋ⁵⁵to⁵⁵	
鱼塘	zu⁵⁵χe³⁵	zɿ⁵⁵to⁵⁵	
水坑	ndʐɿ⁵⁵qo³¹	ndʑŋ⁵⁵tʰa⁵⁵	
池子	ndʐɿ⁵⁵qo³¹	do⁵⁵zɿ⁵⁵	
井	ndʐɿ⁵⁵qo³¹	ndʑŋ⁵⁵qu⁵⁵	
泉水	ndʐɿ⁵⁵tsʰɿ⁵⁵	bzɑ³¹ndʑŋ⁵⁵	
活水		ki³¹ndʑŋ⁵⁵	
雪水		vi³⁵ndʑŋ⁵⁵	
脏水	ndʐɿ⁵⁵ma⁵⁵ʂa³¹ʂa⁵⁵	ndʑŋ⁵⁵tʂʰa⁵⁵	
清水	ndʐɿ⁵⁵po³¹	ndʑŋ⁵⁵gi⁵⁵	
浑水	ndʐɿ⁵⁵ma⁵⁵po³¹	ndʑŋ⁵⁵ma⁵⁵gi⁵⁵	
浮		ndʑŋ⁵⁵pio⁵⁵	
落	ŋa³⁵	go⁵⁵pa⁵⁵	
沉	ŋgu⁵⁵pɑ⁵⁵	ndʑŋ⁵⁵ke⁵⁵	

续表

词条	木里县俸波乡纳木依话	九龙县子耳乡纳木依话	备注
淹没	ndzʐ̩⁵⁵pu⁵⁵pu⁵⁵		
漏	ndzu³⁵	ndzu³⁵	
滴	ti⁵⁵ti⁵⁵	ndza⁵⁵	
溅	mi⁵⁵mpʰa³⁵dzu³¹		
淋	mi⁵⁵ŋa³⁵dzu³¹		
流	bi⁵⁵	bi⁵⁵	
沸腾	tsʰʐ̩⁵⁵tʂu³¹	tsʰʐ̩⁵⁵dʐu⁵⁵	
溢		bi⁵⁵tʂu³¹	
冲刷/灌		ndʐʐ̩⁵⁵gi⁵⁵	

2. 地点、方位

词条	木里县俸波乡纳木依话	九龙县子耳乡纳木依话	备注
地名	dʑu⁵⁵mi³⁵		
印度	pʰu⁵⁵mu⁵⁵la³¹tʂʐ̩⁵⁵ku³¹		
中国	zạ⁵⁵pu⁵⁵ se⁵⁵pʰi⁵⁵ʂu³¹		
木里县	la⁵⁵ma⁵⁵dʑu⁵⁵	la⁵⁵ma⁵⁵dʑu⁵⁵	
俸波乡	lo⁵⁵pu⁵⁵	ȵi⁵⁵dʑi⁵⁵	
干海子村	ɚ³¹tsʰʐ̩⁵⁵pu³¹	ɚ³¹tsʰʐ̩⁵⁵pu³¹	
九龙县	la⁵⁵mia⁵⁵ŋgu³¹kʰu⁵⁵	la⁵⁵mia⁵⁵ŋgu³¹kʰu⁵⁵	
子耳乡	sʐ̩³¹zʐ̩⁵⁵	sʐ̩³¹zʐ̩⁵⁵	
万年村	li⁵⁵tʂʰu⁵⁵	li⁵⁵tʂʰu⁵⁵	
尼玛堡子	ȵi⁵⁵ma⁵⁵fu³¹	ȵi⁵⁵ma⁵⁵fu³¹	
碉楼山	ɦa³¹ʁa⁵⁵		
雅砻江	lo³¹mu⁵⁵ŋgu³¹kʰu⁵⁵		
庙子坪村（邻村）		a³⁵ta⁵⁵	
子耳河		sʐ̩³¹ndʐʐ̩⁵⁵	
地球	sa⁵⁵zu⁵⁵dʑu⁵⁵	kʰu⁵⁵dzu³¹ba³¹bu³¹	
世界	na⁵⁵ŋkʰa⁵⁵kʰɚ⁵⁵	sa⁵⁵zʐ̩⁵⁵dʑu⁵⁵	
地方	dʑu⁵⁵	io³¹sa⁵⁵dʑu⁵⁵	
角落	qʰo⁵⁵dʑu⁵⁵	sa⁵⁵lo⁵⁵	
分界		tsʰa³¹tsʰʐ̩⁵⁵	
地界		tsʰa⁵⁵ndʑa⁵⁵	
界碑	qʰa⁵⁵tsu⁵⁵		

续表

词条	木里县俚波乡纳木依话	九龙县子耳乡纳木依话	备注
城市	dʑu⁵⁵ʁua⁵⁵da⁵⁵dʐʅ³¹	sʅ⁵⁵pa⁵⁵fu³¹qa⁵⁵	
县城	io³¹dʑu⁵⁵ʁua⁵⁵	gu⁵⁵dʑu⁵⁵	
家乡		io³¹dʑu⁵⁵	
老家	dʑu⁵⁵ʁua⁵⁵u³¹dʐʅ⁵⁵		
乡村	lo⁵⁵mba⁵⁵		
坝子		dʑu⁵⁵gu⁵⁵	
山寨		fu³⁵lo⁵⁵na⁵⁵	
村庄		fu³ʻ⁵ʁo⁵⁵ma⁵⁵	
巷子	y⁵⁵ta⁵⁵qʰa⁵⁵	fu³⁵qa⁵⁵	
街道	ki⁵⁵ʂa⁵⁵	fu³⁵mi⁵⁵y⁵⁵qa⁵⁵	
东	ʂa³¹tʂʰo³¹	ʂa⁵⁵tʂʰo⁵⁵	
南	ɬo³¹tʂʰo³¹	hũ⁵⁵mi⁵⁵kʰi³¹	
西	ȵi³¹tʂʰo³¹	ȵi⁵⁵tʂʰo⁵⁵	
北	tʂa³¹tʂʰo³¹	tʂo³¹tɕʰi⁵⁵kʰi³¹	
东边	ʂa³¹tʂʰo³¹pʰa⁵⁵	ʂa⁵⁵tʂʰo⁵⁵pʰa⁵⁵	
西边	ȵi³¹tʂʰo³¹pʰa⁵⁵	hũ⁵⁵mi⁵⁵kʰi³¹pʰa⁵⁵	
南边	ɬo³¹tʂʰo³¹pʰa⁵⁵	ȵi⁵⁵tʂʰo⁵⁵pʰa⁵⁵	
北边	tʂa³¹tʂʰo³¹pʰa⁵⁵	tʂo³¹tɕʰi⁵⁵ kʰi³¹pʰa⁵⁵	
东南	ʁe³¹sa³¹ɚ³¹ku³¹	ʂa⁵⁵tʂʰo⁵⁵ hũ⁵⁵mi⁵⁵kʰi³¹	
东北	tʂa³¹tʂʰo³¹kʰɚ⁵⁵	ʂa⁵⁵tʂʰo⁵⁵ tʂo⁵⁵tʂʰo³¹	
西南	ɬo⁵⁵mi⁵⁵kʰɚ⁵⁵	ȵi⁵⁵tʂʰo⁵⁵ hũ⁵⁵mi⁵⁵kʰi³¹	
西北	na⁵⁵ku⁵⁵tʂʰʅ³¹	ȵi⁵⁵tʂʰo⁵⁵tʂo³¹tʂʰo³¹	
上面	la³¹ka³¹	la³¹ga⁵⁵	
下面	mi⁵⁵k³¹	mi⁵⁵ga⁵⁵	
底下	a⁵⁵mu³¹	do³¹tʰa⁵⁵	
里面	qo³¹lo³¹	qo³¹lo⁵⁵	
外面	dʑa⁵⁵kʰa⁵⁵	nua⁵⁵	
前面	tʰa³¹ɣo⁵⁵	ɣua⁵⁵la³¹	
后面	gu⁵⁵nu⁵⁵	ma³⁵la⁵⁵	
末尾	tʂo³¹ma³⁵	ma³⁵ʁo⁵⁵pʰu³¹sʅ³¹	
背后	y³¹ku³¹nu⁵⁵	do³¹kʰu⁵⁵ȵo⁵⁵	
对面	lu³¹lu⁵⁵	tɕʰi⁵⁵bu⁵⁵	
正面	tʰa³¹ɣo⁵⁵	ɣua⁵⁵ɚ⁵⁵pʰa³¹	
斜面		ndʑa⁵⁵zʅ⁵⁵pʰa³¹	

续表

词条	木里县俸波乡纳木依话	九龙县子耳乡纳木依话	备注
正前方	tʂo³¹tʰa³¹ɣo⁵⁵		
面前	ɑ⁵⁵pɑ⁵⁵		
左边	ia³¹pʰa⁵⁵	la³¹ʁa⁵⁵zɻ³¹pʰa³¹	
右边	i⁵⁵pʰa³¹	la³¹mi⁵⁵zɻ³¹pʰa³¹	
中间	qa³¹dzu̥⁵⁵	hĩ⁵⁵gio⁵⁵	
旁边		ndʑa⁵⁵kʰu⁵⁵	
附近		gu⁵⁵dzo̥⁵⁵	
到处	qʰo⁵⁵gi⁵⁵ta³¹	tɕʰi³¹go⁵⁵hũ⁵⁵dzo̥⁵⁵	
周围	tɕi³¹ndzo³¹	gu⁵⁵gu⁵⁵dzo̥⁵⁵dzo̥⁵⁵	
地下	dʑu⁵⁵kʰɚ⁵⁵	tʂɻ³¹qu⁵⁵	
地上	dʑu⁵⁵vu⁵⁵ta³¹	da³¹mu⁵⁵	
上游	la³¹ga³¹	la³¹ga⁵⁵pʰa³¹	
下游	mi⁵⁵ga³¹	mi⁵⁵ga⁵⁵pʰa³¹	
对岸	tɕʰi⁵⁵ga³¹	ndʐ⁵⁵tɕʰi⁵⁵bu⁵⁵	
墙上		ndu³¹tʂʰo⁵⁵da⁵⁵mu⁵⁵	
门上		kʰu³⁵da⁵⁵mu⁵⁵	
桌上		zɑ⁵⁵dʑi⁵⁵da⁵⁵mu⁵⁵	
床上		qa⁵⁵da⁵⁵mu⁵⁵	
床底下		qa⁵⁵tʰa⁵⁵o⁵⁵	
手里	la³¹qo⁵⁵	la³¹qo³¹	
心里	ȵi³¹mi⁵⁵qo⁵⁵	ȵi³¹mio⁵⁵	
门外	dʑa⁵⁵kʰa⁵⁵	kʰu³¹bo⁵⁵	
窗外	kʰu³¹zɻ³¹gu⁵⁵nu⁵⁵	kʰu³¹zy⁵⁵qo³¹nua⁵⁵	
车上	tʂʰɻ³¹li³¹vu⁵⁵ta³¹	tʂʰɻ³¹li⁵⁵da⁵⁵mu⁵⁵	
车外	tʂʰɻ³¹li³¹gu⁵⁵nu⁵⁵	tʂʰɻ³¹li⁵⁵nua⁵⁵	
山前	ga³¹ku³¹tʰa³¹ɣo⁵⁵	ga³⁵ku⁵⁵tʰa³¹ɣo⁵⁵	
山后	ga³¹ku³¹gu⁵⁵nu⁵⁵	ga³⁵ku⁵⁵no⁵⁵	
山上	ga³¹ku³¹vu⁵⁵ta³¹	ga³⁵ku⁵⁵	
山下	ga³¹ku³¹kʰɚ⁵⁵	ga³⁵tʰa⁵⁵o⁵⁵	
屋前	y⁵⁵tʰa³¹ɣo⁵⁵	y⁵⁵ɣua⁵⁵	
屋后	y⁵⁵gu⁵⁵nu⁵⁵	y⁵⁵gu⁵⁵ȵu³¹	
边上	ɑ³¹pɑ³¹		
路边	ɚ⁵⁵ku⁵⁵ɑ³¹pɑ³¹	zu̥⁵⁵gu⁵⁵kʰa⁵⁵zɑ⁵⁵	
街上	ki⁵⁵ʂa⁵⁵la³¹ga³¹	fu³¹du⁵⁵qa⁵⁵	

续表

词条	木里县俵波乡纳木依话	九龙县子耳乡纳木依话	备注
街头	ki⁵⁵ʂɑ⁵⁵tʂo³¹ɣo⁵⁵	fu³¹ʁu⁵⁵	
街尾	ki⁵⁵ʂɑ⁵⁵mɑ³⁵	fu³¹mɑ³⁵	
村头	fu³⁵tʂo³¹ɣo⁵⁵		
村尾	fu³⁵mɑ⁵⁵		
楼上	to³¹vu⁵⁵tɑ³¹	to³⁵dɑ⁵⁵mu⁵⁵	
楼下	to³¹mi⁵⁵gɑ³¹	to³⁵tʰɑ³⁵o⁵⁵	
脚下	tʂʰi⁵⁵kʰɚ⁵⁵	vɑ³¹tʰɑ³⁵o⁵⁵	
井底下		ndʐɿ⁵⁵qu⁵⁵tʰɑ³⁵o⁵⁵	
箱底下		gi³¹ʐɿ⁵⁵tʰɑ³⁵o⁵⁵	
屋顶上	y⁵⁵qu⁵⁵vu⁵⁵tɑ³¹	y'⁵⁵qu⁵⁵	
往里走	qo³¹lo³¹mbɑ³⁵	qo⁵⁵lo⁵⁵be⁵⁵	
往外走	ʥɑ⁵⁵kʰɑ⁵⁵mbɑ³⁵	kʰu³¹bo⁵⁵be⁵⁵	
往上走	to³¹to⁵⁵mbɑ³⁵	to³¹to⁵⁵be⁵⁵	
往下走	ntʂʰɿ⁵⁵ntʂʰɿ⁵⁵mbɑ³⁵	tsʰɿ⁵⁵tsʰɿ⁵⁵be⁵⁵	
往回走	li⁵⁵ki³¹mbɑ³⁵	li⁵⁵be⁵⁵	
往前走	tʰɑ³¹ɣo⁵⁵mbɑ³⁵	ɣuɑ⁵⁵be⁵⁵	
往后走	nu³¹nu⁵⁵mbɑ³⁵	mɑ³⁵be⁵⁵	

3. 时令

词条	木里县俵波乡纳木依话	九龙县子耳乡纳木依话	备注
季（指作物种植）	tɕi³¹kʰuɚ⁵⁵ʐɿ³⁵tsɑ³¹		
春天		n̠y⁵⁵so⁵⁵ɬi⁵⁵	
夏天		ʐu⁵⁵so⁵⁵ɬi⁵⁵	
秋天		tsʰu⁵⁵so⁵⁵ɬi⁵⁵	
历书/黄历	χɑ³⁵kʰe³¹	χɑ³⁵kʰe⁵⁵	
春节		kʰu⁵⁵ʂɿ⁵⁵	
团圆		kʰu⁵⁵ʂɿ⁵⁵li³¹ndʐo³¹	
过年	qo³¹n̠i⁵⁵pi³⁵		
年货	qo³¹n̠i⁵⁵ʥɑ³⁵kʰɑ³¹		
拜年		mɑ³¹ʂɿ⁵⁵li³¹tsɑ³¹	
恭喜	ɦuɑ³¹ntsʰɑ⁵⁵ntʰu³¹	to³¹i⁵⁵	
压岁钱	te⁵⁵mbɚ⁵⁵ku³¹		
年初一	qo³¹n̠i⁵⁵pi⁵⁵tɕi³¹n̠i³¹	kʰu⁵⁵ʂɿ⁵⁵tɕi³¹ kṳ⁵⁵tɕi³¹n̠i⁵⁵	

续表

词条	木里县俚波乡纳木依话	九龙县子耳乡纳木依话	备注
正月十五	qo³¹ȵi⁵⁵pu³⁵ i⁵⁵tɕi³¹ȵi³¹	kʰu⁵⁵ʂɿ⁵⁵pu³¹	
端午节		tsʰɿ³¹ɣɚ⁵⁵u⁵⁵ lu⁵⁵tʂʰɿ³¹	
火把节	tse⁵⁵mo⁵⁵pi³⁵	tsʰɿ⁵⁵	
年/年份	tɕi³¹kʰuɚ⁵⁵		
往年	tʰɑ³¹ʁu⁵⁵ȵi⁵⁵ kʰuɚ⁵⁵		
全年	tɕi³¹ kʰuɚ⁵⁵		
每年	tɕi³¹ kʰuɚ⁵⁵fu³¹tsu³¹		
半年		kʰu⁵⁵ɚ⁵⁵iɑ³¹pʰa⁵⁵	
年初	tɕi³¹ kʰuɚ⁵⁵tʰɑ³¹ʁu⁵⁵	kʰu³¹ɚ⁵⁵ʁu⁵⁵	
年中	tɕi³¹ kʰuɚ⁵⁵qa³¹tʂu⁵⁵		
年底	tɕi³¹ kʰuɚ⁵⁵gu⁵⁵nu⁵⁵	kʰu³¹ɚ⁵⁵ma³⁵	
年纪	pʰɑ³¹pʰɑ³¹		
新年	ʂɿ⁵⁵tsa³¹kʰuɚ⁵⁵		
大前年	ʂɿ³¹ȵi³¹tɕi³¹kʰuɚ⁵⁵		
前年	ʂɿ³¹ȵi³¹kʰuɚ⁵⁵	ʂɿ⁵⁵ȵi⁵⁵（tɕi³¹kʰu⁵⁵ɚ⁵⁵）	
去年	i⁵⁵ȵi⁵⁵	i⁵⁵ȵi⁵⁵（tɕi³¹kʰu³¹ɚ³¹）	
今年	tsʰɿ⁵⁵i³¹	tsʰɿ⁵⁵va⁵⁵	
明年	so⁵⁵ȵi³¹	so⁵⁵ȵi⁵⁵	
后年	nu⁵⁵ȵi³¹	nu⁵⁵ȵi⁵⁵	
大后年	nu⁵⁵tɕi³¹kʰuɚ⁵⁵		
月/月份	tɕi³¹ɬi⁵⁵		
大月	ɬi⁵⁵dɑ⁵⁵dzɿ³¹		
小月	ɬi⁵⁵ɑ³¹tsɿ⁵⁵		
闰月	dɑ⁵⁵pɚ⁵⁵tɕi³¹ɬi⁵⁵		
正月	tʂo³¹ʁu⁵⁵tɕi³¹ɬi⁵⁵	tɕi⁵⁵hĩ⁵⁵mi⁵⁵	
二月	ȵi⁵⁵ɬi⁵⁵	ȵi⁵⁵hĩ⁵⁵	
三月	so⁵⁵ɬi⁵⁵	so⁵⁵hĩ⁵⁵	
四月	ʐɿ³⁵ɬi⁵⁵	ʐɿ³⁵hĩ⁵⁵	
五月	ŋɑ³⁵ɬi⁵⁵	ŋɑ³⁵hĩ⁵⁵	
六月	kʰu³¹ɬi⁵⁵	kʰu³¹hĩ⁵⁵	
七月	ʂɿ³¹ɬi⁵⁵	ʂɿ³¹hĩ⁵⁵	
八月	hĩ³¹ɬi⁵⁵	hĩ⁵⁵hĩ⁵⁵	
九月	ŋgu³⁵ɬi⁵⁵	ŋgu³⁵hĩ⁵⁵	
十月	χo³¹ɬi⁵⁵	χo⁵⁵hĩ⁵⁵	

词条	木里县俄波乡纳木依话	九龙县子耳乡纳木依话	备注
十一月	$\chi o^{31} tɕi^{31} ɬi^{55}$	$\chi o^{55} tɕi^{55} h\tilde{i}^{55}$	
十二月	$\chi o^{31} ȵi^{55} ɬi^{55}$	$\chi o^{55} ȵi^{55} h\tilde{i}^{55}$	
半个月	$ɬi^{55} p^h a^{55}$		
一个月	$tɕi^{31} ɬi^{55}$		
每月	$tɕi^{31} ɬi^{55} fu^{31} tʂu^{31}$		
上个月	$tʂo^{31} ʁo^{55} tɕi^{31} ɬi^{55}$		
下个月	$gu^{55} nu^{55} tɕi^{31} ɬi^{55}$		
月初	$tʂo^{31} ʁo^{55} ȵi^{55} ȵi^{31}$		
月中	$tɕi^{31} ɬi^{55} qa^{31} tʂu^{55}$		
月底	$tɕi^{3} ɬi^{55} mɑ^{35}$		
初一	$tɕi^{31} ku^{55} tɕi^{31} ȵi^{55}$	$tɕi^{55} ku^{55} tɕi^{55} ȵi^{55}$	
初二	$ȵi^{55} ku^{55} ȵi^{55} ȵi^{55}$	$ȵi^{55} ku^{55} ȵi^{55} ȵi^{55}$	
初三	$so^{55} ku^{55} so^{55} ȵi^{55}$	$so^{55} ku^{55} so^{55} ȵi^{55}$	
初四	$z̩^{35} ku^{55} z̩^{35} ȵi^{55}$	$z̩^{35} ku^{55} z̩^{35} ȵi^{55}$	
初五	$ŋa^{35} ku^{55} ŋa^{35} ȵi^{55}$	$ŋa^{35} ku^{55} ŋa^{35} ȵi^{55}$	
初六	$k^h u^{31} ku^{55} k^h u^{31} ȵi^{55}$	$k^h u^{31} ku^{55} k^h u^{31} ȵi^{55}$	
初七	$ʂ̩^{31} ku^{55} ʂ̩^{31} ȵi^{55}$	$ʂ̩^{31} ku^{55} ʂ̩^{31} ȵi^{55}$	
初八	$h\tilde{i}^{31} ku^{55} h\tilde{i}^{31} ȵi^{55}$	$h\tilde{i}^{55} ku^{55} h\tilde{i}^{55} ȵi^{55}$	
初九	$ŋgu^{35} ku^{55} ŋgu^{35} ȵi^{55}$	$ŋgu^{35} ku^{55} ŋgu^{35} ȵi^{55}$	
初十	$\chi o^{31} ku^{55} \chi o^{31} ȵi^{55}$	$\chi o^{55} ku^{55} \chi o^{55} ȵi^{55}$	
十五	$\chi o^{31} ŋa^{35} ȵi^{55}$	$\chi o^{35} ŋa^{35} ȵi^{55}$	
天/日	$\chi a^{35} t^h a^{55}$	$\chi a^{35} t^h a^{55}$	
另日/改日		$ʂa^{55} tʂ^h o^{55} bi^{31} la^{31}$	
黎明		$ʂa^{55} tʂ^h o^{55} bi^{31} la^{31}$	
清早	$ȵa^{31} ɚ^{55}$	$ȵa^{31} ɚ^{55}$	
上午	$ndzu^{55} dʐ̩^{55} t^h a^{31} ɣo^{55}$	$lo^{31} ȵu^{55} q^h u^{55}$	
中午	$ndzo^{55} ta^{55}$	$ndzo^{55} ga^{55}$	
下午	$ȵi^{55} mi^{55} qa^{55}$	$mi^{55} ȵu^{55} q^h u^{55}$	
傍晚	$h\tilde{i}^{31} q^h o^{31}$	$mu^{55} ŋa^{55}$	
天黑了	$h\tilde{i}^{31} q^h o^{31} mi^{55} ka^{31}$		
晚上	$h\tilde{i}^{31} q^h o^{31}$	$h\tilde{i}^{55} q^h u^{55}$	
白天	$ȵi^{55} mi^{55} ȵi^{31} gu^{55}$	$ȵi^{31} gu^{55}$	
夜间/夜里		$h\tilde{i}^{55} gu^{55}$	
一天到晚	$tɕi^{31} ȵi^{31} tɕi^{31} h\tilde{a}^{55}$	$tɕi^{55} ȵi^{55} mu^{55} ŋa^{55}$	

续表

词条	木里县俫波乡纳木依话	九龙县子耳乡纳木依话	备注
每天	tɕi³¹ȵi³¹fu³¹tʂu⁵⁵		
每天早上	tɕi³¹ȵi³¹nɑ³¹ɚ⁵⁵		
每天晚上	tɕi³¹hã⁵⁵fu³¹tʂu⁵⁵		
大前天	ʂɿ³¹tɑ⁵⁵tɕi³¹ȵi³¹		
前天	ʂɿ³¹tɕi³¹ȵi³¹		
前天早上	ʂɿ³¹tɕi⁵⁵ȵi³¹nɑ³¹ɚ⁵⁵	ʂɿ³¹ʂo⁵⁵ɳɑ⁵⁵	
前天中午	ʂɿ³¹tɕi⁵⁵ȵi³¹ ndzo⁵⁵tɑ⁵⁵	ʂɿ³¹ȵi⁵⁵ndzo⁵⁵gɑ⁵⁵	
前天晚上	ʂɿ³¹tɕi⁵⁵ȵi³¹hĩ³¹kʰu³¹	ʂɿ³¹ȵi⁵⁵mu⁵⁵ŋɑ⁵⁵	
昨天	zɿ⁵⁵ȵi³¹	zɿ⁵⁵ȵi⁵⁵	
昨天早上	zɿ⁵⁵ȵi³¹nɑ³¹ɚ⁵⁵	i⁵⁵ʂu⁵⁵nɑ³¹zɿ⁵⁵	
昨天中午	zɿ⁵⁵ȵi³¹ndzo⁵⁵tɑ⁵⁵	zɿ⁵⁵ȵi⁵⁵ndzo⁵⁵gɑ⁵⁵	
昨晚	zɿ⁵⁵ȵi³¹hĩ³¹qʰu³¹	y⁵⁵hũ⁵⁵mu⁵⁵ŋɑ⁵⁵	
今天	tɑ³¹ȵi⁵⁵	tɑ⁵⁵ȵi⁵⁵	
今早	tɑ³¹ȵi⁵⁵nɑ³¹ɚ⁵⁵	tɑ⁵⁵ʂo⁵⁵nɑ³¹zɿ⁵⁵	
今天中午	tɑ³¹ȵi⁵⁵ndzo⁵⁵tɑ⁵⁵	tɑ⁵⁵ȵi⁵⁵ndzo⁵⁵gɑ⁵⁵	
今晚	tɑ³¹ȵi⁵⁵hĩ³¹qʰu³¹	tɑ⁵⁵hũ⁵⁵	
明天	ʂu⁵⁵ɚ⁵⁵	ʂo⁵⁵gu⁵⁵	
明早	ʂu⁵⁵ɚ⁵⁵ȵi⁵⁵nɑ³¹ɚ⁵⁵	ʂo⁵⁵gu⁵⁵nɑ³¹zɿ⁵⁵	
明天中午	ʂu⁵⁵ɚ⁵⁵ȵi⁵⁵ ndzo⁵⁵tɑ⁵⁵	ʂo⁵⁵gu⁵⁵ndzo⁵⁵gɑ⁵⁵	
明晚	ʂu⁵⁵ɚ⁵⁵ȵi⁵⁵hĩ³¹qʰu³¹	ʂo⁵⁵gu⁵⁵mu⁵⁵ŋɑ⁵⁵	
后天	nu⁵⁵ʂu³¹	nu⁵⁵ʂo⁵⁵	
大后天	nu⁵⁵tɕi³¹ʂu³¹	nu⁵⁵tɕi⁵⁵ʂo⁵⁵	
次日		mɑ³⁵ko⁵⁵tɕi⁵⁵ȵi⁵⁵	
前几天		ɣuɑ⁵⁵ȵi⁵⁵ȵi⁵⁵tɑ⁵⁵	
十几天		χo⁵⁵χɑ³¹ȵi⁵⁵ȵi⁵⁵	
隔天		tɕi⁵⁵ȵi⁵⁵qɑ³¹	
整天		tɕi⁵⁵ȵi⁵⁵mu³¹	
半天	ȵi³¹qʰu⁵⁵	ȵu³¹qʰu⁵⁵	
大半天		dɑ³¹bi⁵⁵ȵu³¹qʰu⁵⁵	
隔夜	tɕi³¹hã⁵⁵tɕʰi³¹qɑ⁵⁵	tɕi⁵⁵hɑ⁵⁵qɑ³¹	
通宵	tɕi³¹hã⁵⁵mɑ⁵⁵y³⁵	tɕi⁵⁵hɑ⁵⁵mu³¹	
过夜		hĩ⁵⁵qʰu⁵⁵io³¹	
半夜	tsʰo³¹y³¹tɕi³¹qɑ⁵⁵	hĩ⁵⁵qʰu⁵⁵ȵi⁵⁵mɑ⁵⁵ʂu³¹	
时间	χɑ³⁵tʰɑ⁵⁵	χɑ³⁵tʰɑ⁵⁵	

词条	木里县俸波乡纳木依话	九龙县子耳乡纳木依话	备注
一小时	χa³⁵tʰa⁵⁵tɕi³¹lu⁵⁵	tɕi⁵⁵tʰu⁵⁵	
半小时	χa³⁵tʰa⁵⁵kʰu⁵⁵pʰa⁵⁵	χa³⁵tʰa⁵⁵ia³¹pʰa⁵⁵	
点钟		χa³⁵tʰa⁵⁵tɕi⁵⁵lu⁵⁵	
一分钟	tɕi³¹zɿ⁵⁵	χa³⁵tʰa⁵⁵tɕi⁵⁵zɿ⁵⁵	
十点十分	χo³¹lu⁵⁵χo³¹zɿ⁵⁵	χa³⁵tʰa⁵⁵χo⁵⁵lu⁵⁵χo⁵⁵zɿ⁵⁵	
古时候	i³¹ɲi³¹a³¹ʂɿ⁵⁵	i⁵⁵ɲi⁵⁵a³¹ʂɿ⁵⁵mu³¹	
往日	tʰa⁵⁵ʁu⁵⁵χa³⁵tʰa⁵⁵	ɣua⁵⁵ɲi⁵⁵ɲi⁵⁵ta³¹	
日子	χa³⁵	χa³⁵tʰa³⁵	
好日子/吉日	χa³⁵tʰa⁵⁵nda³¹	χa³⁵pʰio⁵⁵	
坏日子	χa³⁵tʰa⁵⁵ma⁵⁵nda³¹	χa³⁵tsa⁵⁵	
一世	tɕi³¹zɿ⁵⁵	tɕi⁵⁵zɿ⁵⁵	
前世	tʂo³¹ɣo⁵⁵tɕi³¹zɿ⁵⁵	ɣua⁵⁵ku³¹tɕi⁵⁵zɿ⁵⁵	
来世	gu⁵⁵nu⁵⁵tɕi³¹zɿ⁵⁵	ma³⁵tɕi⁵⁵zɿ⁵⁵	
年代		kʰu³¹zɿ⁵⁵χa³¹tʰa⁵⁵	
朝代	mu⁵⁵gu⁵⁵	tʰu⁵⁵zɿ⁵⁵	
属什么	fu⁵⁵lu⁵⁵su⁵⁵		
属鼠	χa³⁵lu⁵⁵su⁵⁵	χa³⁵lu⁵⁵	
属牛	ɣe³⁵lu⁵⁵su⁵⁵	ɣə³⁵lu⁵⁵	
属虎	la⁵⁵lu⁵⁵su⁵⁵	la⁵⁵lu⁵⁵	
属兔	tʰo⁵⁵li⁵⁵lu⁵⁵su⁵⁵	tʰo⁵⁵li⁵⁵lu⁵⁵	
属龙	ɚ⁵⁵dza⁵⁵lu⁵⁵su⁵⁵	zɿ⁵⁵bi⁵⁵lu³¹	
属蛇	dza³¹lu⁵⁵su⁵⁵	dza³⁵lu⁵⁵	
属马	mo⁵⁵lu⁵⁵su⁵⁵	mo⁵⁵lu⁵⁵	
属羊	io⁵⁵lu⁵⁵su⁵⁵	io⁵⁵lu³¹	
属猴	mi³⁵lu⁵⁵su⁵⁵	mi³⁵lu⁵⁵	
属鸡	dzu̠⁵⁵lu⁵⁵su⁵⁵	bi⁵⁵lu⁵⁵	
属狗	tʂʰɿ³⁵lu⁵⁵su⁵⁵	tʂʰɿ⁵⁵lu⁵⁵	
属猪	va³⁵lu⁵⁵su⁵⁵	va³⁵lu⁵⁵	

4. 称谓、身份、亲属

词条	木里县俸波乡纳木依话	九龙县子耳乡纳木依话	备注
人	tsʰo³¹	tsʰo³¹	
男的	pʰa³¹tʂɿ⁵⁵		

续表

词条	木里县俸波乡纳木依话	九龙县子耳乡纳木依话	备注
女的	zɿ³¹mi³⁵		
老人	vu³¹dzɿ⁵⁵		
老头子	vu³¹dzɿ⁵⁵		
老太婆	a⁵⁵i⁵⁵mi³⁵		
壮年	pʰa³¹tsʅ⁵⁵		
年轻人	tsʰo⁵⁵pʰa⁵⁵sʅ⁵⁵		
妇女	a⁵⁵zɿ⁵⁵mo⁵⁵		
小伙子	pʰa³¹tʂʅ⁵⁵zɿ⁵⁵		
姑娘	zɿ³¹mi³⁵		
小孩子	ɚ³¹a³¹tsʅ⁵⁵		
婴儿	ɚ³¹za³¹za⁵⁵		
单身汉	tsʰo³¹tɕi³¹mo³¹		
老姑娘	zɿ³¹mi³⁵vu³¹dzɿ⁵⁵		
鳏夫	ntʂʰʅ⁵⁵pʰu⁵⁵		
寡妇	ntʂʰʅ⁵⁵mi⁵⁵		
童养媳	ntʂʰʅ⁵⁵mi³⁵a³¹tsʅ⁵⁵		
二婚婆	mi³⁵a³¹tsʅ⁵⁵		
情人	a⁵⁵zɿ³¹		
城里人	ki⁵⁵ʂa⁵⁵tsʰo³¹		
乡巴佬	lo⁵⁵mbɑ⁵⁵tsʰo³¹		
外行	la³¹ku⁵⁵ma⁵⁵ku³¹		
熟人	tsʰo³¹sʅ³⁵		
生人	tsʰo³¹sʅ³¹ma⁵⁵tɕu³¹		
恩人	na³¹mu⁵⁵mu⁵⁵tɕʰi⁵⁵		
仇人	tsʰo³¹ma⁵⁵na³¹		
敌人	tsʰo³¹tsɑ⁵⁵su⁵⁵		
朋友	tsʰo³¹y³¹qʰo⁵⁵		
同学	ndzɿ³¹dʑi⁵⁵ tɕi³¹gi⁵⁵so³¹		
兄弟/哥们	gu⁵⁵zɿ⁵⁵i³¹qʰo⁵⁵		
老板	dzɿ⁵⁵pu⁵⁵		
富人	su⁵⁵qa³¹		
穷人	pʰu⁵⁵ndzɿ⁵⁵		
官	sʅ⁵⁵pʰi⁵⁵		
大官	sʅ⁵⁵pʰi⁵⁵dɑ⁵⁵dzɿ³¹		

词条	木里县俄波乡纳木依话	九龙县子耳乡纳木依话	备注
小官	sʅ⁵⁵pʰiˤ⁵aˀ³¹tʂʅ⁵⁵		
地主	dʑu⁵⁵ʁua⁵⁵ta⁵⁵pu⁵⁵		
劳动人民	lu⁵⁵ɚ⁵⁵mu⁵⁵su³¹		
农民	lu⁵⁵ɚ⁵⁵mu⁵⁵su³¹		
干部	ndʐʅ³¹pa³¹su⁵⁵		
皇帝	sʅ⁵⁵pʰi⁵⁵		
帮工	ma³¹ma⁵⁵mu⁵⁵su⁵⁵		
长工	tɕi³¹zʅ⁵⁵mu⁵⁵su⁵⁵		
短工	lu⁵⁵tʂʅ⁵⁵mu⁵⁵su⁵⁵		
车夫	tʂʰʅ³¹li³¹tʂʰʅ³¹su⁵⁵		
猎人	hĩ⁵⁵qʰa⁵⁵su⁵⁵		
渔夫	zu⁵⁵qʰa⁵⁵su⁵⁵		
屠夫	kʰua³¹ɚ³¹tʰu³¹su⁵⁵		
牧童	ɣe³⁵tʂʰʅ³¹su⁵⁵		
生意人	vu⁵⁵la³¹mu⁵⁵su⁵⁵		
老板娘	dzʅ⁵⁵pu⁵⁵mi⁵⁵		
合伙人	y³¹y⁵⁵mu⁵⁵su⁵⁵		
头人	ndʐʅ³¹mo³¹		
财主	su⁵⁵qa³¹		
医生	ntsʰʅ³⁵ɣe³¹ku³¹su⁵⁵		
师父	sʅ⁵⁵pu⁵⁵		
徒弟	su⁵⁵ma⁵⁵		
守门人	qʰo³¹pu³¹ʂu³¹su⁵⁵		
英雄	to³¹su⁵⁵tsʰo³¹		
傻子	tsʰo³¹tʂu⁵⁵bɚ⁵⁵		
恶人	tsʰo³¹tsa⁵⁵su⁵⁵		
好人	tsʰo³¹na³¹su⁵⁵		
贼/小偷	ŋkʰu⁵⁵su⁵⁵		
强盗	tsʰo³¹zʅ³¹su⁵⁵		
拐子	tsʰo³¹ntʂʰʅ⁵⁵su⁵⁵		
骗子	tsʰo³¹pʰi⁵⁵su⁵⁵		
乞丐	dʑa³⁵mi⁵⁵su⁵⁵		
流浪汉	tsʰo³¹go³¹dzo̝³¹su⁵⁵		
石匠		ɚ⁵⁵tʰo³¹dʑo⁵⁵su⁵⁵	

续表

词条	木里县俄波乡纳木依话	九龙县子耳乡纳木依话	备注
木匠		sɿ³¹la⁵⁵ntsʰɿ³¹su⁵⁵	
铁匠		ʂu⁵⁵ŋga⁵⁵su⁵⁵	
裁缝		ɚ³¹gu⁵⁵ʐu³¹su⁵⁵	
厨师		dʑa³⁵ndʑu⁵⁵sɿ³¹ʂu⁵⁵	
高个儿	gu⁵⁵mi⁵⁵da⁵⁵mo³¹		
丑八怪	tsʰo³¹ntsʰa³¹ ma⁵⁵na³¹		
妖精	tʂʰa⁵⁵mi⁵⁵		
酒鬼	vu⁵⁵ɚ³¹qa⁵⁵		
爱夸口的人	a⁵⁵ka⁵⁵fu⁵⁵		
本地人	io³¹lu⁵⁵mba⁵⁵tsʰo³¹		
外地人	da⁵⁵qʰo³¹tsʰo³¹		
外国人	so⁵⁵dʑu³¹lu⁵⁵ mba⁵⁵tsʰo³¹		
一家子（同宗姓）	tsʰo³¹tɕu³¹io³¹		
外人	io³¹χo⁵⁵tsʰo³¹		
自家人	i³¹bi³¹tsʰo³¹		
汉族	ɣua⁵⁵tsʰo³¹		
名字	mi³¹qʰo⁵⁵		
纳木依自称	na⁵⁵mu³¹zɿ³¹		
普米族	ʁo⁵⁵dʑu³¹		
朱家姓氏	ɣa⁵⁵za⁵⁵		
毛主席	hũ³¹sɿ³¹pʰi³¹		
长辈	lo³¹ntsʰa³¹	do⁵⁵tʂa⁵⁵pʰu⁵⁵	
太祖父	lo³¹a⁵⁵vu⁵⁵	zɿ⁵⁵tsʰa⁵⁵lo³¹vu⁵⁵	
太祖母	lo³¹a⁵⁵i⁵⁵	zɿ⁵⁵tsʰa⁵⁵lo³¹i³¹	
曾祖父		lo³¹a⁵⁵vu⁵⁵	
曾祖母		lo³¹a⁵⁵i⁵⁵	
祖父	a⁵⁵vu⁵⁵	a⁵⁵vu⁵⁵	
祖母	a⁵⁵i⁵⁵	a⁵⁵i⁵⁵	
父母	a⁵⁵da⁵⁵a⁵⁵mi⁵⁵	a⁵⁵da⁵⁵a⁵⁵mi⁵⁵	
父亲	a⁵⁵da³¹	a⁵⁵da⁵⁵	
母亲	a⁵⁵mi³⁵	a⁵⁵mi⁵⁵	
继父	a⁵⁵da³¹a³¹tsɿ⁵⁵	a⁵⁵da³¹a³¹tsɿ⁵⁵	
继母	a⁵⁵mi³⁵a³¹tsɿ⁵⁵	a⁵⁵mi³⁵a³¹tsɿ⁵⁵	
公公	a⁵⁵pʰu³¹	a⁵⁵pʰu⁵⁵	

词条	木里县俚波乡纳木依话	九龙县子耳乡纳木依话	备注
婆婆	a⁵⁵ȵi³¹	a⁵⁵ȵi⁵⁵	
岳父	a⁵⁵vu⁵⁵	a⁵⁵vu⁵⁵ʂu³¹	
岳母	a⁵⁵ʐ̩⁵⁵	a⁵⁵ʐ̩⁵⁵	
干爹	fu³¹dʐ̩³¹ga⁵⁵a⁵⁵da³¹	a⁵⁵da⁵⁵kʰu⁵⁵va⁵⁵	
干妈	fu³¹dʐ̩³¹ga⁵⁵a⁵⁵mi³⁵	a⁵⁵mi⁵⁵kʰu⁵⁵va⁵⁵	
伯父	a⁵⁵ʁo⁵⁵	tʂo³¹ga⁵⁵a⁵⁵ɣo⁵⁵	
伯母	a⁵⁵na⁵⁵	tʂo³¹ga⁵⁵a⁵⁵na⁵⁵	
叔叔	a⁵⁵ta³¹a⁵⁵tsʅ⁵⁵	tʂo³¹kʰi⁵⁵a⁵⁵ɣo⁵⁵	
叔母	a⁵⁵mi³⁵a⁵⁵tsʅ⁵⁵	li³¹li⁵⁵	
姑父	a⁵⁵ȵi⁵⁵	a⁵⁵ȵi⁵⁵	
姑母	a⁵⁵ɣo⁵⁵	a⁵⁵ɣo⁵⁵	
姨父	a⁵⁵ɣo⁵⁵	a⁵⁵ɣo⁵⁵	
姨妈	a⁵⁵vu⁵⁵li³¹	li³¹li⁵⁵	
舅公	so⁵⁵ntsʰa³¹a⁵⁵vu⁵⁵		
舅婆	so⁵⁵ntsʰa³¹a⁵⁵ʐ̩⁵⁵		
舅舅	a⁵⁵vu⁵⁵		
舅母	a⁵⁵ʐ̩⁵⁵		
嫂子	mi³⁵tʂʰʅ³¹	mi⁵⁵tʂʰʅ⁵⁵mo³¹	
弟媳	gu⁵⁵ʐ̩⁵⁵mi³⁵	gu⁵⁵ʐ̩⁵⁵tsʅ³¹mi³⁵	
姐夫	a⁵⁵ia⁵⁵ndʑu⁵⁵ku³¹/⁵⁵ia⁵⁵mo³¹lo⁵⁵	a⁵⁵ia⁵⁵ndʑu'⁵⁵	
妹夫	gu⁵⁵ʐ̩⁵⁵ndʑu⁵⁵ku³¹	ȵi³¹mi⁵⁵ndʑu⁵⁵	
老表	a⁵⁵vu⁵⁵ʐ̩⁵⁵	a⁵⁵vu⁵⁵ʐ̩⁵⁵	
小姑子	ʐ̩⁵⁵mi³⁵	ʐ̩⁵⁵mi³⁵	
小叔子	gu⁵⁵ʐ̩⁵⁵a'⁵⁵tsʅ⁵⁵	gu⁵⁵ʐ̩⁵⁵a'⁵⁵tsʅ⁵⁵	
小舅子	a⁵⁵vu⁵⁵ʐ̩⁵⁵a⁵⁵tsʅ⁵⁵	a⁵⁵vu⁵⁵ʐ̩⁵⁵a⁵⁵tsʅ⁵⁵	
夫妻	mi³⁵la⁵⁵ndʑu⁵⁵	mi⁵⁵la⁵⁵ndʑu⁵⁵	
丈夫（尊称）	ndʑu⁵⁵ku³¹	ndʑu⁵⁵	
老公（俗称）	mo⁵⁵lo⁵⁵		
妻子（尊称）	mi³⁵	mi⁵⁵	
老婆（俗称）	mbɚ³⁵		
兄弟	gu⁵⁵ʐ̩⁵⁵	gu⁵⁵ʐ̩⁵⁵	
姐妹	a⁵⁵ia⁵⁵gu⁵⁵ʐ̩⁵⁵	a⁵⁵ia⁵⁵gu⁵⁵ʐ̩⁵⁵	
大哥（排行）	a⁵⁵po³¹da⁵⁵dzɿ³¹	ʐ̩⁵⁵dzɿ⁵⁵	
老二（排行）	a⁵⁵po³¹ȵi⁵⁵ku³¹	ʐ̩⁵⁵ma³⁵	

词条	木里县俸波乡纳木依话	九龙县子耳乡纳木依话	备注
老幺（排行）	gu⁵⁵zŋ⁵⁵a⁵⁵tsŋ⁵⁵	li⁵⁵ma³⁵	
哥哥	a⁵⁵po³¹	a⁵⁵po⁵⁵	
姐姐	a⁵⁵ia⁵⁵	a⁵⁵ia⁵⁵	
弟弟	gu⁵⁵zŋ⁵⁵a⁵⁵tsŋ⁵⁵	gu⁵⁵zŋ³¹	
妹妹	ɲi⁵⁵mi⁵⁵a⁵⁵tsŋ⁵⁵	ɲi³¹mi⁵⁵	
晚辈	ntsʰa³¹a⁵⁵tsŋ⁵⁵	mi⁵⁵tsʰa⁵⁵	
子女	zŋ⁵⁵hũ⁵⁵	zŋ⁵⁵zŋ⁵⁵mi⁵⁵	
儿子	zŋ⁵⁵	zŋ⁵⁵	
儿媳	ntʂʰŋ⁵⁵mi³⁵	tʂʰŋ⁵⁵mi⁵⁵	
长子	zŋ⁵⁵dzŋ³¹	zŋ⁵⁵dzŋ⁵⁵	
次子	zŋ⁵⁵ɲi⁵⁵ku³¹	zŋ⁵⁵kʰi⁵⁵	
小儿子	zŋ⁵⁵a⁵⁵tsŋ⁵⁵	zŋ⁵⁵ma³⁵	
小女	zŋ⁵⁵mi³⁵li⁵⁵ma⁵⁵	zŋ⁵⁵mi⁵⁵li⁵⁵ma⁵⁵	
女儿	zŋ³¹mi³⁵	zŋ⁵⁵mi⁵⁵	
女婿	zŋ⁵⁵aʼ⁵⁵vu⁵⁵	za³¹vu³¹	
长女	zŋ⁵⁵mi³⁵da⁵⁵dzŋ³¹	zŋ⁵⁵mi⁵⁵dzŋ⁵⁵	
次女		zŋ⁵⁵mi⁵⁵ma³⁵	
幺女		zŋ⁵⁵mi⁵⁵li⁵⁵ma³⁵	
孙子	zŋ⁵⁵ʁo⁵⁵	zŋ⁵⁵vu⁵⁵	
孙女	zŋ⁵⁵mi³⁵	zŋ⁵⁵vu⁵⁵mi⁵⁵	
孙媳	mi³⁵ntsʰa⁵⁵zŋ⁵⁵ʁo⁵⁵	zŋ⁵⁵vu⁵⁵tʂʰŋ⁵⁵mi⁵⁵	
孙婿	mi³⁵ntsʰa⁵⁵zŋ⁵⁵ʁo⁵⁵	zŋ⁵⁵vu⁵⁵za³¹vu³¹	
重孙		zŋ⁵⁵mi⁵⁵	
晚辈	ntsʰa³¹a⁵⁵tsŋ⁵⁵		
孤儿	ntʂʰŋ³¹zŋ⁵⁵	tʂʰŋ³¹zŋ⁵⁵pu³¹	
父子	tɕi³¹pi⁵⁵zŋ⁵⁵	a⁵⁵da⁵⁵zŋ⁵⁵	
母子	tɕi³¹mi³⁵zŋ⁵⁵	a⁵⁵mi⁵⁵zŋ⁵⁵	
父女	tɕi³¹pi⁵⁵zŋ⁵⁵	a⁵⁵da⁵⁵zŋ⁵⁵mi⁵⁵	
母女	tɕi³¹mi³⁵zŋ⁵⁵	a⁵⁵mi⁵⁵zŋ⁵⁵mi⁵⁵	
父子俩		a⁵⁵da⁵⁵zŋ⁵⁵ɲi⁵⁵ku³¹	
娘家	a⁵⁵mi³⁵ʂu³¹	y⁵⁵su⁵⁵mo³¹	
婆家	na⁵⁵pu⁵⁵ʂu³¹	na⁵⁵pu⁵⁵ʂu³¹	
辈分	ntsʰa⁵⁵	tsʰo³¹tsʰa⁵⁵	
排行	qʰa⁵⁵tsu⁵⁵ntsʰa⁵⁵		

词条	木里县俚波乡纳木依话	九龙县子耳乡纳木依话	备注
家族	a⁵⁵ta³¹zɿ⁵⁵	a³¹ba⁵⁵kʰu⁵⁵tʂu⁵⁵	
祖宗	lo⁵⁵ntsʰa⁵⁵	tʰu⁵⁵zɿ⁵⁵	
后代	mi³⁵ntsʰa⁵⁵		
亲戚	vu⁵⁵zɿ⁵⁵	vu⁵⁵zɿ⁵⁵	
远亲	vu⁵⁵zɿ⁵⁵dɑ⁵⁵qʰo³¹		
近亲	vu⁵⁵zɿ⁵⁵a³¹ndʑu⁵⁵		

5. 器官、习俗、信仰

词条	木里县俚波乡纳木依话	九龙县子耳乡纳木依话	备注
身子	gu⁵⁵mi⁵⁵	gu⁵⁵mi⁵⁵	
身材	gu⁵⁵mi⁵⁵po⁵⁵	di⁵⁵ga⁵⁵	
相貌	gu⁵⁵mi⁵⁵la⁵⁵	zy³⁵	
体质		tɕi³¹po⁵⁵	
肤色	tsʰo³¹ntsʰa³⁵lu⁵⁵		
上身	gu⁵⁵mi⁵⁵la³¹ga³¹/la³¹ga³¹tɑ⁵⁵	lo³¹tso⁵⁵	
下身	gu⁵⁵mi⁵⁵mi⁵⁵ga³¹/mi³¹ga³¹tɑ⁵⁵	mi⁵⁵tso⁵⁵	
头	ʁu⁵⁵ɚ³¹	ʁu⁵⁵ɚ⁵⁵	
脑/脑子	ʁu⁵⁵ɬu³¹	ʁu⁵⁵hũ⁵⁵	
颧骨		ku³¹mo⁵⁵	
额头	pʰu⁵⁵ma⁵⁵	lo³¹pʰu⁵⁵	
光头		ʁu⁵⁵ly³⁵ly³⁵	
头顶	ʁu⁵⁵pu⁵⁵tɕi⁵⁵tɕi⁵⁵	ʁu⁵⁵tʰa⁵⁵la³¹	
后脑		ʁu⁵⁵kʰu⁵⁵	
太阳穴	lo³¹pʰu⁵⁵ma⁵⁵	hũ³¹ȵa⁵⁵	
头发	ʁu⁵⁵hũ³¹	ʁu⁵⁵hũ³⁵	
发旋		ɣə⁵⁵	
辫子	ʁu⁵⁵pɑ³¹po⁵⁵	ʁu⁵⁵pã⁵⁵	
刘海		lo³¹so⁵⁵hũ³⁵	
发屑/头屑		ʁu⁵⁵pʰa⁵⁵	
白发	ʁu⁵⁵hũ³¹pʰu⁵⁵lu³¹	ʁu⁵⁵pʰi⁵⁵	
脸/面	pʰu⁵⁵miɑ'⁵⁵/ku⁵⁵lu⁵⁵	pʰo⁵⁵mi³¹	
脸腮		ku⁵⁵ku⁵⁵	
酒窝		vu⁵⁵ku⁵⁵	

续表

词条	木里县俸波乡纳木依话	九龙县子耳乡纳木依话	备注
面色		zy³⁵dzɑ⁵⁵	
皱纹	vu³¹dzɿ⁵⁵	ȵɑ³¹zu⁵⁵	
眉毛	tsʰo³¹ntsʰa³¹	ȵɑ⁵⁵tsɿ⁵⁵hũ³⁵	
睫毛	ɚ³¹hũ⁵⁵	ȵɑ⁵⁵zu⁵⁵hũ³⁵	
眼睛	mia⁵⁵	ȵɑ⁵⁵ly³⁵	
眼珠	mia⁵⁵tsʅ³¹	ȵɑ⁵⁵sʅ⁵⁵pu⁵⁵ly³⁵	
眼白	mia⁵⁵pʰu⁵⁵lu³¹	ȵɑ⁵⁵tʂo⁵⁵pʰu⁵⁵	
眼屎	mia⁵⁵tsʰʅ³¹	ȵɑ⁵⁵tsʰʅ⁵⁵	
眼泪	mia⁵⁵ɚ³¹	ȵɑ⁵⁵zɑ⁵⁵	
眼皮	mia⁵⁵ɚ³¹qo⁵⁵	ȵɑ⁵⁵zɿ⁵⁵ku³¹	
耳朵	hĩ³¹qo³¹	hĩ⁵⁵pɑ⁵⁵	
耳垂	hĩ³¹qo³¹ʁo⁵⁵pa⁵⁵	hĩ⁵⁵tsʅ⁵⁵	
耳根	hĩ³¹qo³¹pa³⁵	hĩ⁵⁵pɑ⁵⁵li³¹	
耳孔	hĩ³¹qo³¹qo⁵⁵tu³¹	hĩ⁵⁵qu⁵⁵	
耳屎	hĩ³¹qo³¹tsʰʅ³¹	hĩ⁵⁵tsʰʅ⁵⁵	
鼻子	ȵi³¹ŋga⁵⁵	ȵi³¹ŋɑ⁵⁵	
鼻孔	ȵi³¹ŋga⁵⁵qo⁵⁵tu³¹	ȵi³¹ŋɑ⁵⁵qu⁵⁵	
鼻毛	ȵi³¹ŋga⁵⁵hũ³¹	ȵi³¹ŋɑ⁵⁵hũ³⁵	
鼻涕	ȵi³¹ŋga⁵⁵bu⁵⁵	ȵu³¹mba⁵⁵	
鼻屎	ȵi³¹ŋga⁵⁵tsʰʅ³¹	ȵi³¹ŋɑ⁵⁵tsʰʅ⁵⁵	
鼻尖	ȵi³¹ŋga⁵⁵ʁo⁵⁵pa⁵⁵	ȵi³¹ŋɑ⁵⁵ʁu⁵⁵pa³¹	
鼻梁	ȵi³¹ŋga⁵⁵pa³¹	ȵi³¹ŋɑ⁵⁵mu³¹	
翘鼻子		ȵi³¹ŋɑ⁵⁵tsu⁵⁵	
人中	ȵi³¹ŋga⁵⁵ɚ³¹ko³¹		
嘴巴	ȵu³¹ntsʰu⁵⁵	qʰo⁵⁵tsa⁵⁵	
嘴唇	mia⁵⁵ka³¹	ȵi³¹tsʰʅ⁵⁵ɚ⁵⁵zɿ⁵⁵qu⁵⁵	
胡子	a⁵⁵ntsʰu⁵⁵	a⁵⁵tsio⁵⁵	
络腮胡	mbɑ³¹tʂu³¹	mbɑ³¹tʂo⁵⁵	
口水	tʂa³¹qʰa⁵⁵	tsʅ³¹za⁵⁵	
痰		tsʅ³¹qʰa⁵⁵	
下巴	mia⁵⁵ka³¹	ȵɑ⁵⁵ka⁵⁵ɚ³¹	
舌	ia³¹la⁵⁵	i³⁵	
牙齿	xe³⁵	xə⁵⁵	
舌尖		i³⁵ʁu⁵⁵	

词条	木里县俄波乡纳木依话	九龙县子耳乡纳木依话	备注
舌苔		i³⁵ʂɑ⁵⁵	
大舌头		i³⁵po⁵⁵lɑ⁵⁵	
齿龈	xe³⁵pɑ⁵⁵	xə⁵⁵ʂɑ⁵⁵	
牙缝		xə⁵⁵xɑ⁵⁵	
门牙	xe³⁵tʰɑ³¹ʁo⁵⁵	kʰu³¹xə⁵⁵	
龅牙	xe³⁵qʰɑ⁵⁵	xə⁵⁵tsʰɿ⁵⁵	
虎牙		dzʯ⁵⁵xə⁵⁵	
臼齿		ŋgo⁵⁵xə⁵⁵	
乳牙		nɑ⁵⁵nɑ⁵⁵xə⁵⁵	
缺牙		xə⁵⁵mi⁵⁵nɑ⁵⁵qʰɑ⁵⁵	
牙垢		xə⁵⁵ʂɑ⁵⁵	
假牙		tsɑ³⁵xə⁵⁵	
脖子	ʁɑ⁵⁵tu³¹	ʁɑ⁵⁵du⁵⁵	
颈窝		ʁɑ⁵⁵qu⁵⁵	
小舌	iɑ³¹lɑ⁵⁵ɑ³¹tsɿ⁵⁵	i³⁵zɿ⁵⁵	
喉咙	χɑ⁵⁵χɑ⁵⁵lɑ⁵⁵	i³⁵tɑ⁵⁵	
喉结		tsʰɿ³¹qʰo⁵⁵	
食道		ȵy³¹gu⁵⁵	
气管		tsʰɿ³¹pɑ⁵⁵	
手	lɑ³¹	lɑ³¹kɑ⁵⁵	
左手	iɑ³¹pʰɑ⁵⁵	lɑ³¹ʁɑ⁵⁵	
右手	i⁵⁵pʰɑ³¹	lɑ³¹mi⁵⁵	
拳头	lɑ³¹gu⁵⁵	ku³⁵tsʰu⁵⁵lu⁵⁵	
手掌	lɑ³¹tsʰɿ⁵⁵	lɑ³¹tsʰɿ⁵⁵	
掌纹	lɑ³¹tsʰɿ⁵⁵ŋkʰi⁵⁵	lɑ³¹tɑ⁵⁵	
手心	lɑ³¹tsʰɿ⁵⁵qo⁵⁵tɕo⁵⁵	lɑ³¹qo³¹	
手背	lɑ³¹bu³¹zɿ⁵⁵	lɑ³¹gu⁵⁵	
手指	lɑ³¹ȵi³¹	lɑ³¹ȵi⁵⁵	
指纹	lɑ³¹ȵi³¹ŋkʰi⁵⁵		
虎口	lɑ³¹ȵi³¹mi⁵⁵qɑ³¹	lɑ³¹qɑ⁵⁵	
拇指	lɑ³¹ȵi³¹ɑ⁵⁵mi⁵⁵	lɑ³¹ȵi⁵⁵ɑ⁵⁵mo⁵⁵	
食指	lɑ³¹ȵi³¹ȵi⁵⁵lɑ⁵⁵	lɑ³¹ȵi⁵⁵tʂo⁵⁵gɑ⁵⁵	
中指	lɑ³¹ȵi³¹so⁵⁵lɑ⁵⁵	lɑ³¹ȵi⁵⁵tʂo⁵⁵kʰi⁵⁵	
无名指	lɑ³¹ȵi³¹zɿ³⁵lɑ⁵⁵	lɑ³¹ȵi⁵⁵tʂo⁵⁵mɑ⁵⁵	

词条	木里县俚波乡纳木依话	九龙县子耳乡纳木依话	备注
小指	la³¹ȵi³¹a⁵⁵ŋkʰa⁵⁵ʐɿ⁵⁵	la³¹ȵi⁵⁵a⁵⁵qʰa⁵⁵	
指甲	la³¹ȵi³¹tʂɿ³¹qo⁵⁵	la³¹ȵi⁵⁵tʂɿ⁵⁵ku⁵⁵	
指缝	la³¹ȵi³¹mi⁵⁵qa³¹	la³¹ȵi⁵⁵qa³¹	
手茧子	la³¹ȵi³¹ɚ³¹qo⁵⁵	la³¹pu⁵⁵	
手腕	la³¹ka³¹la⁵⁵gu⁵⁵	la³¹tsʰa⁵⁵	
胳膊	la³¹pu³¹ʐɿ⁵⁵	la³¹kʰu⁵⁵ɚ⁵⁵	
胳膊肘		la³¹mu⁵⁵tsʰa⁵⁵	
腋窝	iɑ³¹tɑ³¹qʰɚ⁵⁵	iɑ³¹dɑ⁵⁵qʰa⁵⁵	
肩膀	tɑ³¹pɑ⁵⁵	qʰo⁵⁵ba⁵⁵lu³¹	
腿	ʁuɑ³¹ntsʰa⁵⁵		
小腿	ʂɿ³¹pu³¹su⁵⁵a³¹tsɿ⁵⁵	ʂɿ⁵⁵kɑ⁵⁵	
大腿	ʂɿ³¹pu³¹su⁵⁵ dɑ⁵⁵dʐɿ³¹	bo³¹y³¹	
二郎腿	ʂɿ³¹tsɿ³¹tsɿ⁵⁵ndʑu⁵⁵		
腿肚子		vɑ³¹bu⁵⁵ʐɿ⁵⁵	
膝盖	ʁuɑ³¹ntsʰa⁵⁵	ŋgo³¹lu⁵⁵tsʰa³¹	
脚	tʂʰɿ⁵⁵kɑ⁵⁵	ʂɿ⁵⁵kɑ³⁵	
脚心		vɑ³¹tsʰɿ⁵⁵qo³¹	
脚掌	ʁuɑ³¹tsʰɿ⁵⁵pu⁵⁵	vɑ³¹tsʰɿ⁵⁵	
脚杆		kɑ³⁵tsʰa⁵⁵	
脚趾	tʂʰɿ⁵⁵kɑ³¹mi⁵⁵ȵi³¹	mi⁵⁵ȵi⁵⁵	
脚跟		mi⁵⁵tʂʰu⁵⁵lu³¹	
赤脚		vɑ³¹fu⁵⁵	
脚印	tʂʰɿ⁵⁵kɑ³¹miɑ⁵⁵ɚ⁵⁵	vɑ³¹tsʰɿ⁵⁵mi⁵⁵ʐɿ⁵⁵	
脚步	tʂʰɿ⁵⁵kɑ³¹mbɑ³⁵	qɑ⁵⁵qɑ⁵⁵	
胸脯	ɣo⁵⁵ɬu⁵⁵	ʁu⁵⁵hỹ³¹	
乳房	y⁵⁵ɬo⁵⁵	ȵy⁵⁵ȵy⁵⁵	
丰乳房		ȵy⁵⁵χo⁵⁵	
瘪乳房		ȵy⁵⁵fu⁵⁵	
乳头		ȵy⁵⁵ʁu⁵⁵ba⁵⁵	
乳汁	ȵy⁵⁵	ȵy⁵⁵zɑ⁵⁵	
背脊		i³⁵tsʰɚ⁵⁵lo³¹kʰu³¹	
肚子/腹部	dʑu³⁵	hĩ³¹mbi⁵⁵	
小腹	dʑu³⁵a³¹tsʰɿ⁵⁵	hĩ³¹ʐɿ⁵⁵	
肚脐	tʂa³¹qu⁵⁵	tʂa³¹ku⁵⁵	

续表

词条	木里县倮波乡纳木依话	九龙县子耳乡纳木依话	备注
腰	dzʮ³¹	dzʮ³⁵	
皮肤	tsʰu³¹ɚ³¹qu⁵⁵	zʮ³¹pu⁵⁵	
汗毛	ɚ³¹hũ⁵⁵	zo⁵⁵hũ³⁵	
汗	ku³¹ɬu⁵⁵	ku³¹hỹ⁵⁵	
汗垢		ʂɿ³¹tʂu⁵⁵	
毛孔	ɚ³¹hũ⁵⁵qu⁵⁵tu³¹	bo³¹zɿ⁵⁵qu⁵⁵	
肉	ʂɿ³⁵	ʂɿ⁵⁵	
筋	gu⁵⁵tsa³¹	tsa³⁵	
血	sɑ⁵⁵	sa³⁵	
血管	sɑ⁵⁵po⁵⁵	sa³⁵tsa⁵⁵	
脉		sa³⁵tsa⁵⁵pɚ³¹	
骨头	ʂɿ⁵⁵qɑ⁵⁵	ʂɿ⁵⁵ɚ⁵⁵qa³¹	
骨髓	ʂɑ⁵⁵qɑ⁵⁵qo³¹	tsɿ³¹tʰu⁵⁵	
头盖骨	ʁu⁵⁵ɚ³¹ʂa⁵⁵qa⁵⁵	ʁu⁵⁵tʰa⁵⁵ɚ⁵⁵qa⁵⁵	
肩胛骨	tsʰɿ⁵⁵ɚ⁵⁵	tsʰɿ³¹tʂa⁵⁵tʂu⁵⁵	
肋骨	ɬu⁵⁵ɚ⁵⁵		
脊椎	i³¹tsɿ³¹gu⁵⁵tsa³¹		
胯骨	i³¹tsɿ³¹ʂa⁵⁵qa⁵⁵	bo³¹y³¹ʂɿ⁵⁵ɚ⁵⁵qa³¹	
踝骨		mitʂʰu⁵⁵lu³¹	
内脏		gu⁵⁵lo⁵⁵ma³¹	
心	ɲi³¹mi⁵⁵	tsʰɿ³¹pʰu⁵⁵ɲi³¹mi⁵⁵	
肺	ntsʰo³¹pʰu⁵⁵	tsʰɿ³¹pʰu⁵⁵	
肝	sɿ⁵⁵	sɿ⁵⁵vu⁵⁵	
胆	tʂɿ³¹	tʂɿ³⁵	
肾/腰子	fu³¹lu⁵⁵	fu³¹lu⁵⁵	
脾	ɚ³¹qo⁵⁵	bi³⁵vu⁵⁵	
胃	dʑu³⁵	dzʮ⁵⁵dzʮ⁵⁵	
肠子	vu³¹ɲi⁵⁵	vu⁵⁵ta⁵⁵ta⁵⁵	
大肠		vu⁵⁵bo³¹	
小肠		vu⁵⁵tsʰu⁵⁵	
膀胱	mɑ³¹dɑ⁵⁵	pu³⁵pu³⁵	
屁股	tsʰɿ⁵⁵qo⁵⁵	do³¹bi⁵⁵	
胯下		mi⁵⁵qʰo⁵⁵	
光屁股		do³¹fu⁵⁵	

词条	木里县俄波乡纳木依话	九龙县子耳乡纳木依话	备注
肛门		tsʰɿ⁵⁵qu⁵⁵	
屎	tsʰɿ³¹	tsʰɿ⁵⁵	
稀屎		tsʰɿ⁵⁵su⁵⁵	
尿	mbɑ³⁵	mbɑ³⁵	
屁	tsʰɿ³¹tɑ³⁵		
恶心	qʰo⁵⁵χo⁵⁵mɑ⁵⁵χe³¹		
呕吐	mpʰi³⁵		
感冒	ntsʰu³¹ɚ⁵⁵		
发烧	ɚ⁵⁵ʂɿ³¹tsʰɿ³¹		
咳嗽	tsɿ³⁵		
中暑	tsʰɿ⁵⁵		
上火	tsʰɿ⁵⁵lɑ³¹χɑ³¹		
狐臭	bo³¹pu³¹ȵu³⁵		
痛	ŋo⁵⁵		
胀	də⁵⁵pɑ⁵⁵tɕi⁵⁵tɕi⁵⁵		
肿	ɚ⁵⁵pɑ⁵⁵		
痒	ntʰɑ³⁵		
头疼	ʁu⁵⁵ɚ³¹ŋo⁵⁵		
头晕	ʁu⁵⁵ɚ³¹hĩ⁵⁵ ɑ⁵⁵ndzo̜³¹		
伤	lɑ³¹qʰɑ⁵⁵		
跌伤	mbu³¹li⁵⁵lɑ³¹qʰɑ⁵⁵		
烧伤	mi⁵⁵mpʰu³⁵lɑ³¹qʰɑ⁵⁵		
烫伤	ndzɿ⁵⁵tsʰɿ³¹ pʰu³¹lɑ³¹qʰɑ⁵⁵		
冻伤	gɑ⁵⁵lɑ³¹qʰɑ⁵⁵		
刀伤	bu⁵⁵tʂɑ³¹lɑ³¹qʰɑ⁵⁵		
骨折	ʂɑ⁵⁵qɑ⁵⁵qʰu³¹		
脓	mbɑ³¹		
化脓	mbɑ³¹pu³¹tʂɿ⁵⁵		
茧	ɚ³¹qo⁵⁵		
痣	ʂɿ³¹nɑ³¹		
流鼻血	ȵi³¹ŋɑ⁵⁵sɑ³¹		
残废	kɑ³¹qu³¹		
瞎	miɑ⁵⁵qu³¹		
聋	hĩ³¹pu³¹		

词条	木里县俚波乡纳木依话	九龙县子耳乡纳木依话	备注
哑	a³¹qa⁵⁵		
左撇子	ia³¹ta³¹		
驼背	dzu̥³¹kuə⁵⁵		
瘫痪	tʂʅ⁵⁵ma⁵⁵pʰa⁵⁵		
精神病	ʁo⁵⁵ndzo⁵⁵		
痴呆	la³¹ba⁵⁵		
医院	ŋgo⁵⁵ly³⁵su⁵⁵	tsʰʅ³¹ʁə⁵⁵y⁵⁵	
诊所		ŋgo⁵⁵li⁵⁵y⁵⁵	
药店	tse⁵⁵ko³¹su⁵⁵	tsʰʅ³¹ʁə⁵⁵tʂʅ³¹y⁵⁵	
病	ŋgo⁵⁵	ŋgo⁵⁵	
小病	ntsʰu³¹ɚ⁵⁵dzʅ⁵⁵	ŋgo⁵⁵zʅ⁵⁵	
大病	ŋgo⁵⁵nda⁵⁵	ŋgo⁵⁵mi⁵⁵	
重病	ŋgo⁵⁵da⁵⁵dzʅ³¹	ŋgo⁵⁵nda⁵⁵	
绝症		ŋgo⁵⁵tʂu⁵⁵	
病根		ŋgo⁵⁵pa⁵⁵	
瘟疫	za⁵⁵pʰɚ⁵⁵	ŋgo⁵⁵tsʰʅ⁵⁵	
生病	ŋgo⁵⁵zu⁵⁵qo⁵⁵	ŋgo⁵⁵zo⁵⁵qo³¹	
不舒服	ma⁵⁵xe³¹xe³¹	ma⁵⁵χə⁵⁵	
（病）复发		ŋgo⁵⁵lo⁵⁵pʰa³¹	
传染	tu³¹qa⁵⁵	tu³¹qa⁵⁵	
请医生		la³¹ku⁵⁵ʁa⁵⁵mu⁵⁵	
看病	ŋgo⁵⁵ly³⁵	ŋgo⁵⁵ly³⁵	
治（病）		tsʰʅ³¹ʁə⁵⁵mu³¹	
病好了	tɕʰi³¹na³⁵	ŋgo⁵⁵na³¹lo³¹	
药	tse⁵⁵	tsʰʅ³¹ʁə⁵⁵	
中药		tsʰʅ³¹ʁə⁵⁵	
西药		ȵo³⁵pa⁵⁵tsʰʅ³¹ʁə⁵⁵	
抓药		sʅ⁵⁵pʰi⁵⁵tsʰʅ³¹ʁə⁵⁵	
药罐		tsʰʅ³¹ʁə⁵⁵ku³¹	
药酒	tse⁵⁵vu⁵⁵	tsʰʅ³¹ʁə⁵⁵ku³¹ndʑʅ⁵⁵	
毒药	du³¹tse⁵⁵		
熬药	tse⁵⁵tʂa³¹		
上药	tse⁵⁵su³¹		
吃药	tse⁵⁵dʑʅ⁵⁵		

续表

词条	木里县俄波乡纳木依话	九龙县子耳乡纳木依话	备注
打针	ʁu³¹ntʂʰu³¹		
胃病	dʑu³¹ŋo⁵⁵		
气喘	sa³⁵tsʅ⁵⁵		
哮喘	sa³⁵pʰu⁵⁵		
麻风	ȵe³¹zo³¹		
天花	ntsʰʅ³¹na³¹		
拉肚子	y³¹ntʂʰa⁵⁵		
米酒		ʂu⁵⁵vu⁵⁵	
香烟		ʂo⁵⁵u⁵³pu³⁵	
瓜子		tu⁵⁵ŋa⁵⁵pi³¹	
茶	i⁵⁵	i³⁵	
泡茶		i³⁵dʐʅ⁵⁵	
开水	ndzʅ⁵⁵tsʰʅ³¹	ndʑʅ⁵⁵tsʰʅ⁵⁵	
冷水		ndʑʅ⁵⁵pu³¹	
唱山歌	ʂa⁵⁵ŋə⁵⁵ga³¹	ga³¹qʰo⁵⁵tsʰʅ⁵⁵	
对象	ndʑu⁵⁵ku³¹		
媒人	ndʐʅ³¹mo³¹	vu⁵⁵mu⁵⁵ndʐʅ⁵⁵ɣu⁵⁵	
说（婚事）	vu⁵⁵ʂo⁵⁵	vu⁵⁵ʂo⁵⁵	
男方	dzʅ⁵⁵pu⁵⁵ʂu⁵⁵	na⁵⁵pu⁵⁵ʂu³¹	
女方	vu³¹zʅ³¹ʂo⁵⁵	y⁵⁵su⁵⁵mu⁵⁵ʂu³¹	
看中	sa⁵⁵mba⁵⁵xe³¹	no⁵⁵tʂa⁵⁵ŋa⁵⁵tʂa⁵⁵	
抢婚	mi⁵⁵zʅ³¹zʅ⁵⁵		
订婚	pa⁵⁵li³¹tsʅ³¹	vu⁵⁵tʰa⁵⁵qʰa⁵⁵	
提亲		hã³¹vu⁵⁵tɕi⁵⁵	
第一次提亲	qa³¹lu⁵⁵vu⁵⁵tʂʅ³¹tʂʅ³¹		
第二次提亲	vu⁵⁵tʰa³¹qʰa³¹		
第三次提亲	ta⁵⁵li³¹tsʅ³¹		
喜期（婚日）	ʁua⁵⁵ʂʅ⁵⁵		
结婚	ʁua⁵⁵ʂʅ⁵⁵	va⁵⁵tsʰʅ⁵⁵	
离婚	kʰa⁵⁵kʰa⁵⁵tʂʰʅ³¹	vu⁵⁵qʰa⁵⁵qʰa⁵⁵	
新郎	dʑu⁵⁵ku³¹	va⁵⁵zʅ³¹	
新娘	ʁua⁵⁵mi⁵⁵	va⁵⁵mi⁵⁵	
伴郎（男宾相）	ʁua⁵⁵zʅ⁵⁵y³¹qʰo⁵⁵		
伴娘（女宾相）	ʁua⁵⁵mi⁵⁵y³¹qʰo⁵⁵		

词条	木里县俄波乡纳木依话	九龙县子耳乡纳木依话	备注
嫁女	ʐɿ⁵⁵mi⁵⁵pʰɚ³¹		
嫁妆	ʁuɑ⁵⁵ʂɿ⁵⁵ɚ³¹gu⁵⁵	vɚ⁵⁵mi⁵⁵ʐu³¹gu⁵⁵	
结亲	ʁuɑ⁵⁵tʂɿ³¹su⁵⁵		
娶老婆	mbɚ³¹ʂo⁵⁵pi³¹		
招赘	za³¹vu⁵⁵ta³¹ta³¹		
娶儿媳妇	ntʂʰɿ⁵⁵mi⁵⁵ɲi⁵⁵ku³¹		
出嫁	ʐɿ³¹mi⁵⁵pʰɚ³¹	ʐɿ³¹mi⁵⁵pʰi³⁵	
接亲	ʁuɑ⁵⁵tʂɿ³¹		
过门	mi³¹tsa³¹tsɑ⁵⁵	pʰi³⁵ia⁵⁵χɚ³¹lo³¹	
拜堂	ʁuɑ³¹ntsʰa⁵⁵ntʰu³¹	ʁu⁵⁵mi⁵⁵tsu⁵⁵tsu⁵⁵	
洞房	ndʐo⁵⁵qo⁵⁵		
结婚时的歌舞	tɕi⁵⁵ka⁵⁵ndʐɚ³¹		
回门	ɣ⁵⁵qo³¹so⁵⁵qo⁵⁵pi³¹		
守寡	ntʂʰɿ³¹mi³¹	mi⁵⁵tʂʰɿ⁵⁵ mi⁵⁵tu³¹lo³¹	
改嫁	za³¹u⁵⁵ndʑu⁵⁵		
续弦	miɑ⁵⁵ɑ³¹tsɿ⁵⁵ʂo⁵⁵		
怀孕	ɚ³¹pa³⁵	ɑ³¹qʰa⁵⁵pa⁵⁵	
孕妇	ʐɿ³¹hũ⁵⁵tsa³¹		
难产（死了）	tʂɿ⁵⁵tʂʰɑ³¹		
小产	ɚ³¹ŋgu⁵⁵pa⁵⁵		
打胎	ɚ³¹mbo³⁵		
接生	ʐɿ⁵⁵hũ⁵⁵ʂɿ⁵⁵		
胎	ɚ³¹pa³⁵	ʐɿ⁵⁵hũ⁵⁵	
胎盘		ɣ³⁵	
头胎	tʂo³¹ɣo⁵⁵tɕi³¹lu⁵⁵		
双胞胎	ɲi⁵⁵lu⁵⁵pa³⁵	dʑu³¹ɣ³⁵	
脐带	tʂa³¹pɚ⁵⁵		
产子	ɚ³¹bo³⁵		
出生	ʐɿ⁵⁵hũ⁵⁵ʁa³¹	mi⁵⁵dzo⁵⁵	
抚养	ʁo⁵⁵mɚ³¹		
襁兜/襁褓	ɚ³¹kʰo³¹pu⁵⁵		
尿片	ɚ³¹kʰo³¹		
坐月子	ɲi⁵⁵mi⁵⁵mu⁵⁵		
满月	ɲi⁵⁵mi⁵⁵pu⁵⁵ta⁵⁵	hĩ⁵⁵bi⁵⁵tsa³¹	

续表

词条	木里县俄波乡纳木依话	九龙县子耳乡纳木依话	备注
喂奶	ʑ³¹ȵy⁵⁵tɕi³¹	ȵy⁵⁵ȵy⁵⁵tɕi³¹	
围嘴	tʂʰe⁵⁵tʂʰe⁵⁵		（汉语借词）
吃奶	ȵy³¹ȵy⁵⁵ndʐɿ⁵⁵		
私生子	ŋga³¹zɿ³¹		
私通	mo³¹lo⁵⁵ʂu³¹		
绝户	mɑ³¹pʰsɿ³¹	tʂɑ⁵⁵pʰi⁵⁵	
生日	ʁɑ³⁵i⁵⁵hã³¹tʰɑ⁵⁵	dzo⁵⁵ndzu⁵⁵	
寿命	qo³¹pɑ⁵⁵	zɿ⁵⁵ʂɑ³¹	
长寿	zɿ⁵⁵ʂɑ⁵⁵		
吊气	sa⁵⁵ka³¹la³¹		
断气	sa³⁵mpʰsɿ⁵⁵		
死	sɿ³¹qo⁵⁵	sɿ⁵⁵qo⁵⁵	
夭折	dzu̥³¹tsa³¹		
自杀	i³¹bi⁵⁵ɴGO³⁵	io⁵⁵la⁵⁵io⁵⁵ɴGO⁵⁵	
投水	ndʐɿ⁵⁵pɑ³¹	ndʑɿ⁵⁵pɑ⁵⁵	
上吊	ʁa⁵⁵tsɿ³¹	ʁa⁵⁵tsɿ⁵⁵	
病死	ŋgo⁵⁵sɿ³¹qo⁵⁵	ŋgo⁵⁵sɿ⁵⁵	
老死	vu³¹tsɿ⁵⁵sɿ³¹qo⁵⁵		
丧事	tsʰo³¹mo³¹tɑ³⁵	tsʰo³¹sɿ⁵⁵tsʰo³¹mbi³¹	
报丧	do⁵⁵tʂʰɿ³¹		
灵堂	pʂʰə³¹ndʐɿ⁵⁵		
寿衣	mo³¹ntʰo⁵⁵		
棺材	sɿ³¹pu⁵⁵pu⁵⁵	sɿ³¹ndʑi⁵⁵	
送终	sɿ³¹qo⁵⁵pu³¹mu³¹		
送葬	tsʰo³¹mo³¹tɑ³⁵	mo³¹ku⁵⁵	
纸钱	ʂu⁵⁵u⁵⁵tɑ³¹		
坟墓	mo³¹lo⁵⁵bu⁵⁵	mo³¹lo⁵⁵bu³¹	
抬棺	tsʰo³¹mo³¹ntɕʰy³¹		
埋	tɑ³⁵		
下葬	tsʰo³¹mo³¹pu⁵⁵pu⁵⁵		
火葬	tsʰo³¹mo³¹mpʰu³⁵	mo³¹vu⁵⁵	
土葬	tsʰo³¹mo³¹tɑ³⁵	mo³¹ta⁵⁵	
天葬	tsʰo³¹mo³¹nda³⁵	tʂa³¹gu⁵⁵tsa³¹	
尸体	tsʰo³¹mo³¹	tsʰo³¹mo³¹	

续表

词条	木里县俚波乡纳木依话	九龙县子耳乡纳木依话	备注
骨灰	ʂa⁵⁵qa⁵⁵la³¹ɚ⁵⁵		
骨灰坛	ʂa⁵⁵qa⁵⁵pi³⁵		
守灵	mu³¹ɚ³¹ʂu³⁵	mo³¹tsʰɿ⁵⁵	
守孝	mi³¹ntsʰɑ³¹ʂu³⁵		
戴孝	lo³¹ntsʰɑ³¹pu³⁵		
孝子	mi³¹ntsʰɑ³¹		
祭神灵	sɿ⁵⁵pi³¹		
魂魄	ɚ⁵⁵ɬi³¹		
妖怪	tʂʰa⁵⁵mi⁵⁵		
瘟神	tʂʰa⁵⁵ŋo⁵⁵		
怪象	to³⁵		
水鬼	ndzʅ⁵⁵tʂʰa⁵⁵		
凶鬼	tʂʅ⁵⁵tʂʰa³¹		
饿死鬼	ŋo⁵⁵zu⁵⁵kʰu⁵⁵tʂʰa⁵⁵		
吊死鬼	ʁa⁵⁵tsʅ³¹tʂʰa⁵⁵		
斋饭	ȵi³¹mu⁵⁵ʑa³⁵	ʑa³⁵qa⁵⁵	
吃斋	ȵi³¹mu⁵⁵ʑa³⁵dʐŋ⁵⁵	ʑa³⁵qa⁵⁵dʐŋ⁵⁵	
投胎	tɕʰa⁵⁵lo³¹ʁa³⁵	mi³¹tsʰa⁵⁵li³¹ʁa⁵⁵	
福气	kʰa³¹zʅ³¹	pʰu⁵⁵kʰa⁵⁵	
运气	te⁵⁵mbɚ⁵⁵		
走运	te⁵⁵mbɚ⁵⁵tɕʰo³¹		
倒霉	te⁵⁵mbɚ⁵⁵ma⁵⁵tɕʰo³¹		
吉利	na³⁵	ŋu⁵⁵pʰi⁵⁵	
祸	mi⁵⁵kʰa³¹	sɿ⁵⁵ga⁵⁵	
阴间	sɿ³¹su⁵⁵		
阳间	dzu⁵⁵su⁵⁵		
天堂	mu⁵⁵ta³¹		
菩萨	ɬa³⁵		
做道场	ȵi³¹mu⁵⁵	ȵi³¹mu⁵⁵	
法器	pi³¹qa³¹zʅ³¹		
命运	kʰa³¹zʅ³¹		
宗教	io³¹i³¹mi⁵⁵gi⁵⁵		
纳木依的教	io³¹i³¹ki⁵⁵pu⁵⁵	pi³¹za⁵⁵tʂʅ³¹	
黑教	pʰa⁵⁵tsʅ³¹		

续表

词条	木里县俸波乡纳木依话	九龙县子耳乡纳木依话	备注
和尚（帕孜）	pʰa⁵⁵tsʅ³¹	pʰa⁵⁵tsʅ⁵⁵	
喇嘛	la⁵⁵ma⁵⁵		
法术	sa⁵⁵ŋga⁵⁵		
许愿	so³¹vu⁵⁵	la⁵⁵su⁵⁵ki³¹	
还愿		si⁵⁵tsa⁵⁵tsʅ³¹ vi⁵⁵ndʐʅ⁵⁵tɕi³¹	
打卦	ntsʰʅ⁵⁵tsʅ³¹	zʅ⁵⁵tsʰʅ⁵⁵mu⁵⁵	
神龛	nu⁵⁵ɬa³¹		
香炉	sa⁵⁵qʰa³¹	bu⁵⁵mi⁵⁵	
烧香	so³¹vu⁵⁵	sio⁵⁵mu⁵⁵	
祭祖先	la³¹qa³¹dʑa³⁵dʐʅ⁵⁵		
招魂		zʅ⁵⁵hĩ⁵⁵li⁵⁵kʰu⁵⁵	
经书		ndʐʅ³¹dʑi⁵⁵tsʰa³¹	
神庙	ɬa³¹y⁵⁵	gu⁵⁵mba⁵⁵	
神	ɬa³¹	hã³⁵	
鬼	tʂʰa⁵⁵	ka⁵⁵ɣə⁵⁵	

6. 生活

词条	木里县俸波乡纳木依话	九龙县子耳乡纳木依话	备注
穿	ɣe³⁵	ɣə³⁵	
脱	qa⁵⁵	qʰo⁵⁵	
打扮		di⁵⁵ga⁵⁵	
照镜子	pʰu⁵⁵mia⁵⁵ly³⁵	na⁵⁵qa⁵⁵ly³⁵	
穿衣	ɚ³¹gu⁵⁵ɣe³⁵	zu̱³¹ku⁵⁵ɣə³⁵	
脱衣		zu̱³¹ku⁵⁵qʰo⁵⁵	
换衣	ɚ³¹gu⁵⁵qa³¹qa⁵⁵	zu̱³¹ku⁵⁵qa³¹qa⁵⁵	
针线活	la³¹mu⁵⁵mu⁵⁵		
缝	zu̱³¹	va⁵⁵ku⁵⁵zu̱³¹	
补	χa³¹pu⁵⁵		
剪	qa⁵⁵ȵu⁵⁵	qa⁵⁵ȵu³¹	
穿针	ʁo³¹za³¹za⁵⁵		
织毛线	su⁵⁵la³¹mu⁵⁵		
戴	ntʰa⁵⁵	tʰa⁵⁵	
戴帽子	ntʰo⁵⁵lo⁵⁵ntʰa⁵⁵	tʰo⁵⁵lo⁵⁵tʰa³¹	

续表

词条	木里县俄波乡纳木依话	九龙县子耳乡纳木依话	备注
戴耳环		hĩ³¹qu⁵⁵tsɿ³¹ndʑa³¹	
领带		ʁa⁵⁵tʂo⁵⁵	
扣扣子	ndʑu⁵⁵ndʑu⁵⁵pʰa⁵⁵	ba³¹zu⁵⁵tsʰu⁵⁵	
绣花	mi⁵⁵tɕo³¹ŋa³¹	χa³¹pu⁵⁵χa⁵⁵χa⁵⁵	
穿鞋	za⁵⁵ɣe³⁵	za⁵⁵ndʑa⁵⁵	
脱鞋	za⁵⁵qa⁵⁵	za⁵⁵qʰo⁵⁵	
纳鞋底		za⁵⁵tʰa⁵⁵ʐu³¹	
系鞋带		za⁵⁵pa³¹bi⁵⁵to⁵⁵	
化妆		tsie³¹ga⁵⁵	
画眉		ȵa³¹tsɿ⁵⁵hĩ³¹	
做衣服	ʅ³¹gu⁵⁵ʐu³¹	ʐu³¹ku⁵⁵ʐu³¹	
打结	ʁa⁵⁵ʂɿ³¹	to³¹mbu⁵⁵li⁵⁵to³¹	
漂洗	tsʰɿ³⁵	va⁵⁵tsa⁵⁵	
砌灶	tsu⁵⁵kʰe⁵⁵ndu³¹	tso⁵⁵qa⁵⁵ndu³¹	
生火	ʂɿ³¹tʂʰɿ⁵⁵	mi⁵⁵ta⁵⁵	
烧火		ʂɿ³¹pi⁵⁵ta⁵⁵	
借火	mi⁵⁵ȵi³¹	mi⁵⁵ȵi⁵⁵	
磨刀	bu⁵⁵tʂa³¹ʂɿ³¹	bu⁵⁵tʂa⁵⁵ʂɿ⁵⁵	
砍柴	ʂɿ³¹gi⁵⁵	ʂɿ³¹gi⁵⁵	
碾米	dʑɿ⁵⁵tɕu⁵⁵	dʑɿ⁵⁵tʂu⁵⁵	
淘米	ntʂʰu⁵⁵tsʰɿ³¹	tʂʰu⁵⁵tsʰɿ⁵⁵	
做饭	dʑa³⁵ʂɿ⁵⁵	dʑa³⁵tʂa⁵⁵	
蒸饭	dʑa³⁵ȵi³⁵	dʑa³⁵ȵi⁵⁵	
发面	ʐu³¹i³¹χo³⁵	mi⁵⁵ȵi⁵⁵	
擀面	ŋkʰi⁵⁵la⁵⁵ʂɿ³¹	dʑɿ⁵⁵tʂu⁵⁵	
蒸馒头	la³¹pa⁵⁵ȵi³⁵	tʂʰu⁵⁵tsʰɿ⁵⁵	
洗碗	qʰa³¹tsʰɿ³¹	dʑa³⁵tʂa⁵⁵	
剥豆	nu⁵⁵qʰa³¹	dʑa³⁵ȵi⁵⁵	
削皮	ʅ³¹qu⁵⁵qa⁵⁵	dʑa³¹fo⁵⁵	
做菜	dʑa³⁵ntsʰu⁵⁵ʂɿ³¹	ʐo³⁵tsʰu⁵⁵tʂa⁵⁵	
煮汤	ndzɿ⁵⁵tʂa³⁵	ndʑɿ⁵⁵tʂa³⁵	
炖汤		za³¹tɕi⁵⁵	
熬粥	mɑ⁵⁵tʂa³¹	vi³¹tsɿ⁵⁵tʂa⁵⁵	
砍骨头		ʂɿ⁵⁵ʅ⁵⁵qa³¹nda³¹	

词条	木里县俸波乡纳木依话	九龙县子耳乡纳木依话	备注
去骨		ʂɻ⁵⁵ɚ⁵⁵qɑ³¹sy³¹	
切菜	ʁo⁵⁵tsʰu⁵⁵zu̠⁵⁵	zo³⁵tsʰy⁵⁵zu̠³¹	
切片		mba³¹zu̠⁵⁵	
切丝		kʰi⁵⁵tsa⁵⁵	
切丁		lu⁵⁵lu⁵⁵tsa³¹tsa⁵⁵	
剁碎	tsa⁵⁵tsa³¹	vi³⁵kʰe⁵⁵	
搅拌	zo³¹zo⁵⁵	ŋɑ⁵⁵lu⁵⁵ɲi³¹	
烧开水	ndʐɻ⁵⁵tsʰɻ³¹tʂa³¹	ndʑɻ⁵⁵tsʰɻ⁵⁵tʂa⁵⁵	
饭好了	dʑa³⁵na³¹xa⁵⁵	dʑa³⁵mi⁵⁵lo³¹	
（饭）半生不熟	dʑa³⁵ma³⁵mi³¹	dʑa³⁵tɕʰi³¹mi⁵⁵ma⁵⁵mi⁵⁵	
（饭）糊	qʰa³¹mi³¹tsu⁵⁵	dʑa³⁵mi⁵⁵tsa⁵⁵	
（油）溅出		i⁵⁵tsɻ⁵⁵za³¹pʰu⁵⁵	
红烧	hũ³¹hũ⁵⁵	ʂɻ⁵⁵ɚ⁵⁵qɑ³¹nda³¹	
煮	tʂa³⁵	tʂa³⁵	
蒸	ɲi³⁵	ɲi³⁵	
烫/烙	lo³¹mpʰu³¹	mba³¹zu̠⁵⁵	
烤	ɣa³⁵	kʰi⁵⁵tsa⁵⁵	
腌	ga³⁵	lu⁵⁵lu⁵⁵tsa³¹tsa⁵⁵	
放盐	tsʰɻ³¹tʂɻ³¹	tsʰɻ³¹tʂɻ⁵⁵	
吃饭	dʑa³⁵dʑɻ⁵⁵	dʑa³⁵dʑɻ⁵⁵	
盛饭	dʑa³⁵ga⁵⁵	za³¹qo⁵⁵qa⁵⁵	
舀汤	ndʐɻ⁵⁵ga³¹	za³¹tʂɻ⁵⁵	
捡菜	qa⁵⁵ɲu⁵⁵	zo³¹tsʰu⁵⁵qa³¹ɲu⁵⁵	
（饭）噎住	χo⁵⁵ta⁵⁵	kʰa³¹na⁵⁵tsʰɻ⁵⁵	
打嗝		xə⁵⁵tu⁵⁵	
饱	ŋu⁵⁵ku⁵⁵	ŋe⁵⁵ko³¹	
饿	ŋu⁵⁵zu⁵⁵ku⁵⁵	ŋe⁵⁵zɻ⁵⁵ko³¹	
讨饭	dʑa³⁵mi⁵⁵	dʑa³⁵mi⁵⁵	
反胃	ma⁵⁵mɚ⁵⁵	ma⁵⁵χɚ⁵⁵	
豆腐	nu⁵⁵ndʑɻ³¹	no³¹ndʑɻ⁵⁵	
做豆腐	nu⁵⁵ndʑɻ³¹sɻ³¹		
喝酒	vu⁵⁵ndʑɻ³⁵	vu⁵⁵ndʑɻ⁵⁵	
（酒）醉	ɚ³¹qa³⁵	（vu⁵⁵）zɻ³¹qa⁵⁵	
（酒）醒	vu⁵⁵ʂu⁵⁵ta⁵⁵	（vu⁵⁵）li⁵⁵ʂu⁵⁵	

词条	木里县俄波乡纳木依话	九龙县子耳乡纳木依话	备注
发酒疯	vu⁵⁵ɚ³¹mpʰɑ³¹	vu⁵⁵ɣo⁵⁵pʰɑ⁵⁵	
抽烟	iɑ³¹ndʐʅ³⁵	iɑ⁵⁵tʂʰu⁵⁵	
口渴	qʰo⁵⁵fɑ³¹	fɑ³⁵	
喝茶	i⁵⁵ndʐʅ³⁵	i³⁵zɑ³¹ndʐʅ³⁵	
沏茶		i³⁵ndʑʅ⁵⁵tɕi³¹	
倒茶	i⁵⁵pʰu³¹	i³⁵zɑ⁵⁵tɕʰi³¹	
焖		fo³⁵	
炖/炝		zɑ³¹tɕi⁵⁵	
煮		tʂɑ³⁵	
熬		zɑ³¹pʰu⁵⁵	
炸		qo³⁵pu⁵⁵	
炒		hũ³¹hũ⁵⁵	
煎		qʰɑ³¹mi⁵⁵	
热		tsʅ⁵⁵qɑ⁵⁵	
烤/晒		ɣɑ³⁵	
蘸		sʅ³¹sʅ⁵⁵	
开饭		dʑɑ³⁵dʐʅ⁵⁵	
（筷）扒饭		dʑɑ³⁵vɑ³¹vɑ⁵⁵	
劈柴		sʅ³¹kʰu⁵⁵	
拾柴		sʅ³¹ku³⁵	
住	ndʑu⁵⁵	y⁵⁵ndʑu⁵⁵	
借宿		y⁵⁵ȵi³⁵	
搬家	y⁵⁵tʂɑ⁵⁵	y⁵⁵tʂe⁵⁵tʂe⁵⁵	
分家	y⁵⁵nɑ⁵⁵y⁵⁵y⁵⁵	y⁵⁵qʰɑ⁵⁵	
迁新居	y⁵⁵sʅ⁵⁵tsɑ³¹ɬo³¹	y⁵⁵sʅ⁵⁵χo³¹	
看家	y⁵⁵ly⁵⁵	y⁵⁵ly³⁵	
事情	sʅ⁵⁵	zu³¹ɣɑ⁵⁵	
家务	y⁵⁵qo⁵⁵	y⁵⁵nɑ³¹	
做家务	y⁵⁵qo³¹mu⁵⁵	y⁵⁵nɑ'³¹mu⁵⁵	
洒水	ndʐʅ⁵⁵mpʰɑ³¹	ndʑʅ⁵⁵ŋɑ⁵⁵	
扫地	y⁵⁵ʁuɑ³¹	sʅ³¹nɑ⁵⁵	
开门	kʰu³¹χɑ³⁵	kʰu³¹χɑ⁵⁵	
关门	kʰu³¹tɑ³⁵	kʰu³¹tɑ⁵⁵	
闩门	kʰu³¹pu³¹gɑ³⁵	kʰu³¹ndzɑ⁵⁵	

词条	木里县俚波乡纳木依话	九龙县子耳乡纳木依话	备注
锁门	ga^{55}pu^{31}tʂʰɿ^{31}	tʰo^{35}	
起身		lo^{31}tɕi^{55}	
掀（被）		ʂa^{55}	
盖（被）	qɑ^{35}	qɑ^{35}	
起床	lo^{31}tʂɿ^{55}	qɑ^{55}lo^{31}tɕi^{55}	
叠被	qɑ^{31}vu^{55}zɑ^{55}bu^{55}	la^{31}qɑ^{55}zɑ^{55}bu^{55}	
收拾		gu^{55}dɑ^{55}	
洗手	la^{31}tsʰɿ^{31}	la^{31}kɑ^{55}tsʰɿ^{55}	
洗脸	ku^{55}tsʰɿ^{31}	pʰo^{55}mi^{55}tsʰɿ^{55}	
漱口	qo^{31}tsʰɑ^{55}tsʰɿ^{31}	qʰo^{55}tsɑ^{55}tsʰɿ^{55}	
刷牙		xə^{55}tsʰɿ^{55}	
梳头	ʁu^{55}ɚ^{31}pɚ^{35}	ʁu^{55}pi^{55}	
梳辫	ʁu^{55}pa^{31}ŋgu^{35}	ʁu^{55}pa^{55}pʰi^{55}pʰi^{55}	
刮胡子	a^{55}ntsʰu^{55}ntʂu^{31}	a^{55}tsio^{55}tʂʰu^{55}	
理发	ʁu^{55}hũ^{31}ntʂu^{31}	ʁu^{55}ɚ^{55}tʂʰu^{31}	
剪指甲	tʂu^{31}qo^{55}qa^{55}ɲu^{55}	la^{31}ɲi^{55} qu^{31}tʂɿ^{31}qa^{31}ɲu^{31}	
掏耳朵		hĩ^{31}tsʰɿ^{55}qu^{55}qa^{31}	
洗澡	gu^{55}mi^{55}tsʰɿ^{31}	gu^{55}mi^{55}tsʰɿ^{31}	
小便	mbɑ^{35}	mbɑ^{35}	
大便	tsʰɿ^{31}tsʰɿ^{35}	tsʰɿ^{55}	
点灯	ma^{31}mi^{31}tsɑ^{35}	ma^{35}mi^{55}tʂɿ^{31}	
熄灯	ma^{31}mi^{31}qʰɑ^{35}	ma^{35}mi^{55}qʰɑ^{31}	
打瞌睡	i^{31}ɲi^{31}ŋɑ^{55}	hĩ^{31}tsʰɿ^{55}qu^{55}qa^{31}	
打哈欠	χɑ^{55}χɑ^{55}mu^{55}	χɑ^{55}χɑ^{55}pʰɑ^{31}	
伸懒腰	do^{31}ka^{55}tʂɿ^{31}	mbɑ^{35}	
躺下	tɕʰi^{31}y^{35}	y^{35}qa^{55}	
睡觉	y^{35}	y^{35}	
失眠	i^{31}ŋe^{31}ma^{55}na^{31}	ma^{35}mi^{55}qʰɑ^{31}	
睡着	i^{31}ŋe^{31}pu^{31}qɑ^{35}	y^{35}ŋə^{55}pu^{55}kɑ^{31}	
打呼噜	i^{31}ŋe^{31}ɴqʰɑ^{35}	y^{35}tʂʰo^{55}	
打喷嚏	a^{55}ntsʰu^{31}mu^{31}	a^{55}tsʰy^{55}ndo^{31}	
梦	y^{35}ma^{35}	y^{35}ma^{55}	
做梦	y^{35}ma^{35}	y^{35}ma^{55}mu^{55}	
好梦	y^{35}ma^{35}na^{31}	y^{35}ma^{55}pʰio^{35}	

续表

词条	木里县俚波乡纳木依话	九龙县子耳乡纳木依话	备注
恶梦	y³⁵ma³⁵ma⁵⁵na³¹	y³⁵ma⁵⁵tsa⁵⁵	
说梦话	y³⁵ma³⁵sɿ⁵⁵sɿ⁵⁵		
醒（睡醒）	lo³¹ʂu⁵⁵ta⁵⁵		
尿床	mbɑ³⁵li³¹xe⁵⁵		
晒太阳	ȵi⁵⁵mi⁵⁵tsʰɿ⁵⁵ɣa³⁵	hĩ⁵⁵mi⁵⁵ɣa³⁵	
烤火	mi⁵⁵ɣa³⁵	mi⁵⁵ko⁵⁵	
乘凉	dɑ³¹ɚ³¹qo⁵⁵ndʐu⁵⁵	sio³¹sio⁵⁵ko⁵⁵	
扇风	mu⁵⁵ʂɿ³¹ŋkʰa⁵⁵		
熬夜	hũ³¹ma⁵⁵y³⁵		
出门	dɑ⁵⁵kʰo³¹bi³⁵		
出发	mbɑ⁵⁵tsɿ³¹tsɿ³¹	be⁵⁵	
等待	lo⁵⁵	lo⁵⁵tɕi³¹	
走路	ɚ⁵⁵gu⁵⁵mbɑ⁵⁵	ʐu⁵⁵gu⁵⁵mba³⁵	
赶路		ʐu⁵⁵gu⁵⁵qʰa³¹	
走夜路	hɨ³¹kʰo³¹mbɑ⁵⁵		
走山路	ɦa³¹ta³¹mbɑ⁵⁵		
挡路	ɚ⁵⁵gu⁵⁵qʰa⁵⁵qʰa³¹		
让路	ɚ⁵⁵gu⁵⁵pʰu⁵⁵tʂɿ⁵⁵		
过桥	dʑu⁵⁵kʰu⁵⁵mbɑ⁵⁵	dʑo⁵⁵mba³⁵	
遇见	ndo⁵⁵ʂa³¹	ʁo⁵⁵bu⁵⁵	
半路	tɕi³¹ta⁵⁵ɚ⁵⁵gu⁵⁵		
迷路	ɚ⁵⁵gu⁵⁵ma⁵⁵sɿ³¹		
返回	li⁵⁵gi³¹tʂʰa³¹pʰu⁵⁵		
回家	li⁵⁵gi³¹pi³⁵	li⁵⁵be⁵⁵	
逛街	ki⁵⁵ʂa⁵⁵mbɑ⁵⁵	fu³¹nda⁵⁵	
散步		ŋa⁵⁵la⁵⁵	
离开	io³¹mi³¹mbɑ⁵⁵	qʰa⁵⁵qʰa⁵⁵	
流浪	go³¹dzo³⁵	li⁵⁵ndzo⁵⁵	
来	da³⁵	da³⁵	
去	bi³⁵	xə⁵⁵	
进	da³⁵	lo³¹χo⁵⁵	
出	bu³¹tʂɿ⁵⁵	dzu⁵⁵dzu⁵⁵	
到	to⁵⁵	to⁵⁵	
进去	qo³¹lo³¹bi³⁵	qo³¹lo⁵⁵lo³¹χo⁵⁵	

续表

词条	木里县俸波乡纳木依话	九龙县子耳乡纳木依话	备注
出去	bu³¹tʂʅ⁵⁵bi³⁵	dzu̩⁵⁵dzu̩⁵⁵	
出来	bu³¹tʂʅ⁵⁵da³⁵	mi⁵⁵dzu̩⁵⁵dzu̩⁵⁵	
进来	qo³¹lo³¹da³⁵	lo³¹da³⁵	
回来	li⁵⁵gi³¹da³⁵	li'⁵⁵da³⁵	
回去	li⁵⁵gi³¹bi³⁵	li⁵⁵be⁵⁵	
上来	to³¹to⁵⁵da³¹/lo³¹da³⁵	li³¹da³⁵	
上去	to³¹to⁵⁵bi³¹/lo³¹bi³⁵	lo³¹be⁵⁵	
下来	mi⁵⁵da³⁵	za³¹da³⁵	
下去	mi⁵⁵bi³⁵	za³¹be⁵⁵	
布	ʁua⁵⁵ɚ⁵⁵	ʁua⁵⁵ɚ⁵⁵	
碎布	ʁua⁵⁵ɚ⁵⁵zʅ³¹zʅ⁵⁵		
麻布（古）	ɬo⁵⁵ndʐ̩³¹		
花布	ʁua⁵⁵ɚ⁵⁵mi⁵⁵tɕo³¹		
粗布	ʁua⁵⁵ɚ⁵⁵da⁵⁵pu³¹		
棉布	ʁua⁵⁵ɚ⁵⁵ŋkʰi⁵⁵		
绸子	ga³¹χa⁵⁵		
皮（革）	ɚ³¹qa⁵⁵za⁵⁵		
线	ŋkʰi⁵⁵		
毛线	su⁵⁵ŋkʰi⁵⁵		
棉线	ʁua⁵⁵ŋkʰi⁵⁵		
麻线	sa³¹ŋkʰi⁵⁵		
衣服	pa³¹tsʰʅ⁵⁵	pa³¹tsʰʅ⁵⁵	
裙子	ntʂʰa⁵⁵	ntʂʰa⁵⁵	
裤子	li³¹ku⁵⁵	li³¹ku⁵⁵	
鞋	za⁵⁵	za⁵⁵	
拖鞋	za⁵⁵qa⁵⁵		
棉鞋	za⁵⁵zu³¹		
皮鞋	ɚ³¹qa⁵⁵za⁵⁵		
布鞋	ʁua⁵⁵za⁵⁵		
鞋底	za⁵⁵tʰa³¹		
鞋带	za⁵⁵pa³⁵		
帽子	ʁu⁵⁵ntʰo⁵⁵		
皮帽	ɚ³¹qu⁵⁵ʁu⁵⁵ntʰo⁵⁵		
手套	la³¹y³¹		

续表

词条	木里县俚波乡纳木依话	九龙县子耳乡纳木依话	备注
首饰	la³¹ntsʰa³¹		
镯子	la³¹tʂu⁵⁵		
戒指	la³¹pu⁵⁵		
耳环	hĩ³¹qo³¹tsʅ⁵⁵		
珠子	bu⁵⁵tsʅ⁵⁵tsʅ⁵⁵		
套头	vu⁵⁵i³¹		
额前银牌	mpʰɑ⁵⁵tʂa⁵⁵		
手帕/手绢	la³¹tsʅ³¹pu⁵⁵		
食物	ʥŋ⁵⁵u³¹	ʥŋ⁵⁵u³¹	
饭	ʥa³⁵	ʥa³⁵	
早饭	ku⁵⁵tʂɑ³¹		
午饭	ndzo⁵⁵ga⁵⁵		
晚饭	ʥa³⁵ma³¹		
夜宵	hĩ³¹kʰo³¹ʥa³⁵ma³¹		
米饭	ntʂʰu⁵⁵ʥa³⁵		
米汤	ntʂʰu⁵⁵ɚ⁵⁵		
淘米水	ntʂʰu⁵⁵tsʰʅ³¹ndzʅ⁵⁵		
米	ntʂʰu⁵⁵	ʥŋ⁵⁵tʂʰu⁵⁵	
粉丝	ŋkʰi⁵⁵lɑ³¹		
米线/米粉	ŋkʰi⁵⁵lɑ³¹		
玉米粉	i⁵⁵mi⁵⁵ʐu³¹i³¹		
面粉	ʐu³¹i³¹		
面条	ŋkʰi⁵⁵lɑ³¹		
面饼	la³¹ba⁵⁵		
牛奶	ɣe³⁵n̩y⁵⁵		
糌粑面	ŋkʰɑ⁵⁵mi⁵⁵		
肥肉	ʂʅ³¹ɴqʰa⁵⁵		
瘦肉	ʂʅ³¹ga³¹ga⁵⁵		
肉片	ʂʅ³¹mba³¹mba³¹		
肉皮	ʂʅ³¹ɚ³¹qu⁵⁵		
（猪）肘子	ʂʅ³¹ka³¹		
猪蹄	va³⁵qʰɑ⁵⁵tsa³¹		
五花肉	ʂʅ³¹ga³¹ga⁵⁵		
猪头肉	va³¹ʁu⁵⁵ɚ³¹ʂʅ³⁵		

词条	木里县俾波乡纳木依话	九龙县子耳乡纳木依话	备注
炖肉	ʂɿ³⁵tʂɑ³⁵		
坨坨肉	ʂɿ³⁵du⁵⁵du³¹		
腊肉	ʂɿ³⁵ga³⁵		
狗肉	tʂʰɿ³⁵ʂɿ³⁵		
排骨	ʂa⁵⁵qa⁵⁵		
牛肚	ɣe³⁵dʑu³⁵		
血肠	vu³¹ɲi⁵⁵sɑ³¹		
荷包蛋	a⁵⁵ʁo⁵⁵li³¹ŋu⁵⁵		
（蒸）蛋羹	a⁵⁵ʁo⁵⁵lo³¹ɲi³¹		
剩菜	dʑa³⁵ntsʰu⁵⁵ʂɿ³¹pɑ⁵⁵		
腌菜	ʁo³¹tʂu⁵⁵		
汤	ndʐɿ⁵⁵		
菜汤	ʁo³¹tʂu⁵⁵ndʐɿ⁵⁵		
肉汤	ʂa⁵⁵ɚ⁵⁵ndʐɿ⁵⁵		
豆浆	nu⁵⁵ɦɑ⁵⁵		
剩饭	dʑa³⁵ga⁵⁵		
热饭	dʑa³⁵tʂʰɿ⁵⁵tʂʰɿ⁵⁵		
冷饭	dʑa³⁵tʂʰɿ³¹tʂʰɿ⁵⁵		
馊饭	dʑa³⁵ga⁵⁵pu³¹tʂʰɿ⁵⁵		
粥	mɑ⁵⁵		
甜酒	ndʐu³¹va⁵⁵		
黄酒	vu⁵⁵ɦɑ⁵⁵		
葡萄酒	ma⁵⁵ma⁵⁵vu⁵⁵	ma⁵⁵ma⁵⁵vu⁵⁵	
烟头	ia³¹ʁu⁵⁵ɚ³¹		
烟灰	ia³¹lɑ³⁵		
糖果	ʂa⁵⁵bi⁵⁵	ʂa³¹dʑɿ⁵⁵	
蜂蜜	ndʑɿ⁵⁵ɦɑ⁵⁵	dʑɿ⁵⁵za⁵⁵	
酥油茶	mu⁵⁵i⁵⁵ɦɑ⁵⁵	mu⁵⁵i³⁵ɦɑ³¹	
热水	ndʐɿ⁵⁵tsʰɿ⁵⁵	ndʑɿ⁵⁵pu³¹	
酒	vu⁵⁵	vu⁵⁵	
酒曲	vu⁵⁵ndʐu³⁵		
酒糟	vu⁵⁵kʰi³¹pʰɑ³⁵		
饭粒	ntʂʰo³¹tsʰɿ⁵⁵		
冷水	ndʐɿ⁵⁵po³¹		

续表

词条	木里县俸波乡纳木依话	九龙县子耳乡纳木依话	备注
油	i⁵⁵tsʅ³¹	i⁵⁵tsʅ⁵⁵	
猪油	va³⁵i⁵⁵tsʅ³¹	va³⁵i⁵⁵tsʅ⁵⁵	
菜籽油		ʁo³¹qʰa⁵⁵i⁵⁵tsʅ⁵⁵	
辣椒酱		χə³⁵tsio⁵⁵nu⁵⁵tʂʰʅ⁵⁵	
辣椒粉	xo³¹tso⁵⁵y³¹	χə³⁵tsio⁵⁵vi⁵⁵	
花椒	ʥu³¹	ʥu³⁵	
醋	tʂu³¹ɦa⁵⁵	tʂu³¹za⁵⁵	
盐	tsʰʅ³¹	tsʰʅ⁵⁵qʰa⁵⁵	
恋爱	dza⁵⁵dza³¹		
追求	qʰo⁵⁵pa³¹		
爬楼	to³¹ɣa⁵⁵ɣa⁵⁵		
邻居	tɕi³¹gi⁵⁵	tɕi³¹fu⁵⁵tɕi³¹qa⁵⁵	
交朋友	i³¹qʰo⁵⁵ʂu³¹	i³¹qʰo⁵⁵mu⁵⁵	
合伙	qa³¹qa⁵⁵/y³¹y⁵⁵	gu³¹gu⁵⁵	
打招呼	ndo⁵⁵ʂa³¹		
仇家	bə⁵⁵	ma⁵⁵dzu³¹dzu⁵⁵	
要好	na³¹	tʂʅ³¹tʂʅ⁵⁵	
和气		dzua³¹dzua³¹	
介绍	qa³¹dzu⁵⁵	ʥo⁵⁵mi⁵⁵	
害（人）	tsʰo³¹pʰi⁵⁵		
利益		pʰio³⁵dzu⁵⁵	
得罪	qo³¹ɴɢu⁵⁵		
同情	ȵi³¹mi⁵⁵ŋgo⁵⁵	ʂa³¹ndo⁵⁵	
争	y⁵⁵na⁵⁵zʅ³¹zʅ⁵⁵	nʥa³¹nʥa⁵⁵	
吵架	dzʅ³⁵	ndzʅ⁵⁵ndzʅ⁵⁵ndo³¹	
打架	ndu⁵⁵ndu⁵⁵	sʅ³¹sʅ⁵⁵ndo³¹	
劝	sa⁵⁵sa⁵⁵	li⁵⁵kʰa⁵⁵	
出面	bu³¹tʂʅ⁵⁵		
作主	qa³¹tʂu⁵⁵ʂo⁵⁵		
带头	tʂo³¹ʁo⁵⁵mu⁵⁵		
摆平	ʂo⁵⁵du⁵⁵pɑ⁵⁵	ne³¹pe⁵⁵	
装傻	a³¹qa⁵⁵mu⁵⁵		
指手划脚	pʰa³¹ʂo⁵⁵pʰa³¹da³⁵		
亏心事	ma⁵⁵du⁵⁵mu⁵⁵	mu³¹dzu⁵⁵mu³¹	

词条	木里县俄波乡纳木依话	九龙县子耳乡纳木依话	备注
吃亏	io³¹mi³¹nda⁵⁵	ȵa³⁵lo⁵⁵	
亏		ȵa³⁵	
上当	ȵi³¹ŋga⁵⁵tɕu³¹	ʐ̩⁵⁵pʰi⁵⁵zo³¹qo³¹	
巴结	i³¹qʰo⁵⁵ia³⁵	ia⁵⁵ia⁵⁵	
靠山	pʰa⁵⁵ga⁵⁵	ɣu³¹io⁵⁵	
恩	na³¹	ndzɑ⁵⁵ʁɑ⁵⁵	
报恩	mia⁵⁵pʰu³¹mu⁵⁵	ki⁵⁵hã⁵⁵tʂʰo³¹	
仇	tsa⁵⁵mu⁵⁵ mu⁵⁵ntɕʰi⁵⁵	ki³¹sɿ⁵⁵	
报仇	tsa⁵⁵mu⁵⁵pi³¹	ki⁵⁵hã⁵⁵li⁵⁵tʂʰo³¹	
亏待	ȵi³¹mi⁵⁵ma⁵⁵ŋo⁵⁵		
情义		ȵa³¹pʰo³¹	
感谢	na³¹mu³¹mu⁵⁵	mi³¹ʁɑ⁵⁵	
道歉	na³¹mu³¹ʂo⁵⁵	la⁵⁵su⁵⁵ki³¹	
照顾	mia⁵⁵ly³⁵		
帮忙	ʁo⁵⁵ʁo³¹	ʁo⁵⁵ʁo⁵⁵	
拖累		tʂʰɿ⁵⁵pʰi⁵⁵tsa⁵⁵	
面子	mia⁵⁵pʰu³¹mu⁵⁵	ȵa⁵⁵pʰo⁵⁵	
丢脸	qu⁵⁵ma⁵⁵hũ³¹	ʂa³¹tsɿ⁵⁵	
看得起	mia⁵⁵qu³¹bi³¹na³¹	ʐ̩⁵⁵ga⁵⁵	
看不起	mia⁵⁵ku³¹ bi³¹ma⁵⁵na³¹	ma⁵⁵ʐ̩⁵⁵ga⁵⁵	
冤枉	ŋɚ⁵⁵pu⁵⁵tsɿ³¹		
欺负	kʰe⁵⁵tsʰɿ³¹	tsʰo³¹u⁵⁵ma⁵⁵ʐ̩³¹	
受气	qo³¹tsʰɿ³⁵		
惹祸	du³¹qʰa³⁵	tʂo³¹kʰu⁵⁵	
造谣	ma⁵⁵dʑi⁵⁵ma⁵⁵mi⁵⁵	do⁵⁵tsa⁵⁵	
做客	ʁua⁵⁵ɚ⁵⁵mu⁵⁵	va⁵⁵mu⁵⁵	
招待	dʑa³⁵dʑɿ⁵⁵ndzɿ⁵⁵	dʑa³⁵ndzɿ⁵⁵	
送客	ʁua⁵⁵ɚ⁵⁵pu³¹	va⁵⁵pu⁵⁵	
男客	pʰa³¹tʂɿ⁵⁵ʁua⁵⁵ɚ⁵⁵	va⁵⁵li⁵⁵kʰa⁵⁵	
女客	a⁵⁵ʐ̩⁵⁵mo⁵⁵ʁua⁵⁵ɚ⁵⁵	va⁵⁵mi⁵⁵	
远客	ʁua⁵⁵ɚ⁵⁵da⁵⁵qʰu³¹		
送礼	qa³¹ʐ̩³¹pu³¹	pʰu⁵⁵pʰa⁵⁵ko³¹	
收礼	qa³¹ʐ̩³¹za⁵⁵pu³¹		
礼物	la³¹sɿ³¹	la³¹sɿ⁵⁵	

词条	木里县俚波乡纳木依话	九龙县子耳乡纳木依话	备注
摆酒席	ʁua⁵⁵ʂɿ⁵⁵	ŋgu³¹tɕi⁵⁵ŋgu³¹ʂɿ⁵⁵	
酒席		ŋgu³¹tɕi⁵⁵ŋgu³¹ʂɿ⁵⁵	
劝酒		vu⁵⁵li⁵⁵kʰa⁵⁵	
敬酒	vu⁵⁵ʂɿ⁵⁵	vu⁵⁵ʂɿ⁵⁵	
敬烟	ia⁵⁵tɕi⁵⁵	ia⁵⁵tɕi⁵⁵	
干杯	ʁo⁵⁵tsu⁵⁵	ʁo⁵⁵tsu⁵⁵	
来往	bi³¹bi⁵⁵da³¹da³¹		
探望	ŋgo⁵⁵ly³⁵		
走亲戚	vu³¹zɿ³¹mbɑ⁵⁵	vu³⁵mbɑ³⁵mbɑ³⁵	
串门		fu³¹mbɑ³⁵mbɑ³⁵	
回老家		i⁵⁵qo⁵⁵li⁵⁵be⁵⁵	
约定	hã³¹tʰa⁵⁵ntʂʰɿ³¹	gi⁵⁵gi⁵⁵	
没空	ma⁵⁵lu⁵⁵	ma⁵⁵lo⁵⁵	
有空	lu⁵⁵	lo⁵⁵	
送别		pu³⁵	
打发	pu³⁵	mi⁵⁵pʰi⁵⁵	
轰（出去）		qa⁵⁵ta⁵⁵	
主人	dzɿ⁵⁵bu⁵⁵	tsʰo³¹mi⁵⁵	
客人	ʁua⁵⁵ɚ⁵⁵	va⁵⁵	
请		kʰu⁵⁵	
请客	ʁua⁵⁵ɚ⁵⁵ndzo⁵⁵	va⁵⁵kʰu⁵⁵	
礼节		la³¹su⁵⁵	
人情		tsʰo³¹na⁵⁵pʰo³¹	
请帖		va⁵⁵kʰu³¹	
铺面	qa³¹zɿ³¹ntʂʰɿ⁵⁵	dzɑ³¹qʰɑ⁵⁵	
柜台		ʂa⁵⁵ɕi⁵⁵	
旅店/客栈	ki⁵⁵ʂa⁵⁵y³¹ɚ⁵⁵	χa³⁵tʂʰa⁵⁵	
饭店	dʑa³⁵ʂɿ⁵⁵ɚ³¹	dʑa³⁵qʰɑ⁵⁵	
茶馆	i⁵⁵ndzɿ³¹ɚ⁵⁵	i³⁵qʰɑ⁵⁵	
米铺	ntʂʰu⁵⁵ntʂʰɿ⁵⁵ɚ³¹	tʂʰu⁵⁵qʰɑ⁵⁵y⁵⁵	
肉铺	ʂɿ³¹ntʂʰɿ⁵⁵ɚ³¹	ʂɿ⁵⁵qʰɑ⁵⁵	
布店		dʑi⁵⁵ʂɿ⁵⁵tʂʰɿ³¹zɿ³¹	
粮店		zo³¹y⁵⁵	
书店		ʂo⁵⁵u⁵⁵tʂʰɿ³¹zɿ³¹	

续表

词条	木里县俚波乡纳木依话	九龙县子耳乡纳木依话	备注
供销社		dzɑ³¹kʰu⁵⁵zɻ̩³¹	
银行		ndzu̯⁵⁵y⁵⁵	
生意	vu⁵⁵lɑ³¹	vu⁵⁵lɑ⁵⁵	
做生意	vu⁵⁵lɑ³¹mu⁵⁵	vu⁵⁵lɑ⁵⁵mu⁵⁵	
开张		pɑ³¹tʰu⁵⁵	
倒闭		qɑ³⁵li⁵⁵xə⁵⁵	
出租	ȵi³⁵	tʂʰɑ³¹tʂʰə⁵⁵tʂʰɔ⁵⁵	
收租		tʂʰɑ³¹zɑ̯⁵⁵bu³¹	
租金	ʁɑ⁵⁵pʰu³¹	zɑ̯⁵⁵bu³¹	
家当		y⁵⁵nɑ⁵⁵	
遗产		mɑ⁵⁵sɹ̩⁵⁵li⁵⁵ndʐɻ̩³¹	
钱财	ndzu̯⁵⁵	bɑ³¹dzɻ̩⁵⁵	
存钱	bɑ³¹dzɑ̯⁵⁵du⁵⁵du³¹	ndzu̯⁵⁵tʂɑ⁵⁵kʰo⁵⁵	
债		ndzu̯⁵⁵zo⁵⁵	
高利贷		ndzu̯⁵⁵tʂɑ⁵⁵tɑ⁵⁵mo⁵⁵	
借	tsʰɻ̩⁵⁵	tsʰɻ̩⁵⁵	
欠	zo⁵⁵	zo⁵⁵	
还	tsu³⁵	li⁵⁵ko⁵⁵	
赔	tʂo³⁵	li⁵⁵tsʰu⁵⁵	
债主		dʑi⁵⁵pu³¹	
借债	bɑ³¹dzɑ̯⁵⁵tsʰɻ̩⁵⁵	ndzu̯⁵⁵tsʰɻ̩⁵⁵	
欠债	bɑ³¹dzɑ̯⁵⁵zo⁵⁵	ndzu̯⁵⁵zo⁵⁵	
还债	bɑ³¹dzɑ̯⁵⁵tsu³⁵	ndzu̯⁵⁵li⁵⁵tsʰu⁵⁵	
借据		tsʰɻ̩⁵⁵ndzu̯⁵⁵	
粮票		zo³⁵ndzɻ̩⁵⁵dʑi⁵⁵	
工钱	ʁɑ⁵⁵pʰu³¹	ʁɑ⁵⁵pʰu⁵⁵	
赚钱	（bɑ³¹dzɑ̯⁵⁵）ndzo³⁵	ʁu⁵⁵zɑ̯⁵⁵	
亏本	（bɑ³¹dzɑ̯⁵⁵）ndɑ⁵⁵	ndɑ³¹lo³¹	
赊账		ndzɑ⁵⁵ʁɑ⁵⁵tʂɻ̩⁵⁵	
讨账		ndzu̯⁵⁵tɑ⁵⁵	
赖账		ndzu̯⁵⁵zo⁵⁵ ko³¹mɑ⁵⁵nɑ³¹	
收入		zɑ̯⁵⁵bu⁵⁵	
开支		zy⁵⁵	
邮局		i⁵⁵tsɻ̩⁵⁵sɑ³¹ndɑ⁵⁵	

续表

词条	木里县倮波乡纳木依话	九龙县子耳乡纳木依话	备注
买	hã³⁵	hã³⁵	
卖	ntʂʰɿ⁵⁵	tʂʰɿ⁵⁵	
（物）交换	tɑ³¹ki⁵⁵	tɑ³¹ki⁵⁵	
价钱	pʰu³¹	pʰu³¹tʂo³¹	
降价		pʰu³¹za³¹	
找钱		ndzu⁵⁵ʂu⁵⁵	
钱	bɑ³¹dzɑ⁵⁵	bɑ³¹dzɿ⁵⁵	
铜钱	tsɿ⁵⁵bɑ³¹dzɑ⁵⁵	tsɿ⁵⁵bɑ³¹dzɿ⁵⁵	
银元		ŋu⁵⁵bɑ³¹dzɿ⁵⁵	
硬币		tʰo³¹i⁵⁵bɑ⁵⁵dzɿ⁵⁵	
零钱	bɑ³¹dzɑ⁵⁵y³¹y⁵⁵		
人民币		ʂo⁵⁵u⁵⁵bɑ⁵⁵dzɿ⁵⁵	
算盘	so⁵⁵ndzɑ⁵⁵	sɿ³¹dʑy⁵⁵lu⁵⁵	
秤	ki³⁵	kʰi⁵⁵	
过秤		kʰi⁵⁵zo⁵⁵	
路	ɚ⁵⁵gu⁵⁵	ʐu⁵⁵gu³¹	
大路	ɚ⁵⁵gu⁵⁵dɑ⁵⁵dzɿ³¹	ʐu⁵⁵gu³¹ qʰo⁵⁵ɚ⁵⁵mi³¹	
小路	ɚ⁵⁵gu⁵⁵ɑ³¹tsɿ⁵⁵	mba⁵⁵ʐɿ⁵⁵	
岔路	ɚ⁵⁵gu⁵⁵qɑ⁵⁵tsu⁵⁵	ʐu⁵⁵gu³¹ɲi⁵⁵qɑ⁵⁵	
远路	ɚ⁵⁵gu⁵⁵dɑ⁵⁵qʰo³¹		
弯路	ɚ⁵⁵gu⁵⁵qʰo⁵⁵qʰo⁵⁵		
转弯	ɚ⁵⁵gu⁵⁵go³¹dzo³⁵		
山路	ɦiɑ³¹ɚ⁵⁵gu⁵⁵	gɑ³⁵ʐu⁵⁵gu³¹	
记号/标记	ntsʰã³⁵tʂɿ³¹	tsʰɑ³¹tsa⁵⁵	
夜路	hĩ⁵⁵qʰu³¹ɚ⁵⁵gu⁵⁵	hĩ⁵⁵qʰu³¹ʐu⁵⁵gu³¹	
水路	ndzɿ⁵⁵ɚ⁵⁵gu⁵⁵	ndzɿ⁵⁵ʐu⁵⁵gu³¹	
桥	dʑo⁵⁵	dʑo⁵⁵	
桥头	dʑo⁵⁵ʁu⁵⁵	dʑo⁵⁵ʁu⁵⁵	
桥尾	dʑo⁵⁵ma³⁵	dʑo⁵⁵ma³⁵	
公路		tʂʰɿ³¹li⁵⁵ʐu⁵⁵gu³¹	
铁路	ʂu⁵⁵ɚ⁵⁵gu⁵⁵	ʂu⁵⁵ʐɿ⁵⁵gu³¹	
车站		tʂɿ³¹li⁵⁵χɑ³¹tʂʰɑ⁵⁵	
路费		ʐu³¹ʐɿ⁵⁵pʰu⁵⁵	
车票		tʂʰɿ³¹li⁵⁵pʰu⁵⁵	

词条	木里县俸波乡纳木依话	九龙县子耳乡纳木依话	备注
座位	ndʑu⁵⁵ʅ³¹	ndʑu⁵⁵zʅ⁵⁵	
开车	tʂʰʅ³¹li³¹tʂʅ³¹	tʂʅ³¹li⁵⁵tʂe³¹tʂʰe⁵⁵	
赶车	tʂʰʅ³¹li³¹ndʑu⁵⁵		
坐车	tʂʰʅ³¹li³¹ʂu³⁵	tʂʰʅ³¹li⁵⁵ndʑu⁵⁵	
上车	tʂʰʅ³¹li³¹vu⁵⁵da³⁵bi³⁵	tʂʰʅ³¹li⁵⁵ndʑu⁵⁵be⁵⁵	
下车	tʂʰʅ³¹li³¹mi⁵⁵da³⁵	tʂʰʅ³¹li⁵⁵li⁵⁵za³¹	
飞机		bi⁵⁵ku⁵⁵	
车		tʂʰʅ³¹li⁵⁵	
马车		mo⁵⁵sa³¹tʂʰʅ³¹li⁵⁵	
船	ŋgu³⁵	ŋgu³⁵	
乘船	ŋgu³⁵ndʑu⁵⁵	ŋgu³⁵ndʑu⁵⁵	
划船	ŋgu³⁵tʂʰʅ³⁵	ŋgu³⁵tʂʰʅ⁵⁵	
排子		sʅ³¹lu⁵⁵ŋgu³⁵	
信	do⁵⁵pa³¹	ndzʅ³¹dʑi⁵⁵ do³¹dʑo³¹mi³¹	
信纸		ʂo⁵⁵u⁵⁵pu³⁵	
信封		ndzʅ³¹dʑi⁵⁵pu³¹tʂʰʅ⁵⁵	
寄信		ndzʅ³¹dʑi⁵⁵mi⁵⁵ta⁵⁵	
回信		ndzʅ³¹dʑi⁵⁵li⁵⁵ɣə⁵⁵	

7. 农业、作物、植物

词条	木里县俸波乡纳木依话	九龙县子耳乡纳木依话	备注
庄稼	zo³¹ʁuɑ³¹	zo³⁵va⁵⁵	
五谷	ma⁵⁵mbə⁵⁵	na⁵⁵mbə³¹	
粮食	zo³¹	zo³⁵	
杂粮		zo³⁵tʂʰɑ⁵⁵	
谷子	dʑʅ⁵⁵	dʑʅ⁵⁵su⁵⁵	
种子	zo³¹zʅ⁵⁵	zo³⁵zʅ⁵⁵	
秧苗（作物幼苗）	zo³¹ba⁵⁵	dʑʅ⁵⁵po³¹	
稻秧	zu³¹ba⁵⁵		
芽	ba⁵⁵	ba⁵⁵zʅ⁵⁵	
稻/禾	dʑʅ⁵⁵	dʑʅ⁵⁵	
水稻		dʑʅ⁵⁵vo³¹	
稻草	dʑʅ⁵⁵ŋkʰuə⁵⁵		

词条	木里县俚波乡纳木依话	九龙县子耳乡纳木依话	备注
稻穗		dʐɿ⁵⁵ȵu⁵⁵	
禾苗		ʐo⁵⁵ba⁵⁵	
大米	ntʂʰu⁵⁵	dʐɿ⁵⁵tʂʰu⁵⁵	
糯米	ntʂʰu⁵⁵	ȵo⁵⁵tʂʰu⁵⁵	
籼米	sa⁵⁵zɿ⁵⁵		
红米		tʂʰu⁵⁵hỹ⁵⁵	
黑米	ntʂʰu⁵⁵na⁵⁵ɴqʰa⁵⁵		
糠	pʰa³¹	pʰa³⁵	
玉米	i⁵⁵mi³¹	ma³¹ndʐɿ⁵⁵	
玉米秆	i⁵⁵mi³¹po³¹	ma³¹ndʐɿ⁵⁵po⁵⁵	
小麦	ʂu³¹	ʂu⁵⁵	
大麦	ʂu³¹lu⁵⁵	mu⁵⁵dʐɿ⁵⁵	
燕麦	tʂo⁵⁵	mo⁵⁵zɿ⁵⁵	
麦穗		ʂu⁵⁵ȵu⁵⁵	
麦秸	ʂu³¹ŋkʰuɚ⁵⁵		
青稞	zu⁵⁵lu⁵⁵	zu⁵⁵	
苦荞	ia³¹qʰa³¹	ia⁵⁵qʰa⁵⁵	
棉花	mi⁵⁵tɕo³¹	la³¹qo⁵⁵pu⁵⁵su⁵⁵	
麻（统称）	sa⁵⁵		
油菜		ʁo³¹qʰa⁵⁵	
蓖麻		ɣə³⁵sa⁵⁵mi³¹	
烟草	ia³¹	ia⁵⁵po³¹	
豆	nu⁵⁵	nu³¹	
大豆	nu⁵⁵da⁵⁵dzɿ³¹		
黄豆	nu⁵⁵ʂɿ⁵⁵qa³¹		
黑豆（黄豆的一种）	nu⁵⁵na⁵⁵ɴqʰa⁵⁵		
红豆	nu⁵⁵lo⁵⁵χo³¹		
绿豆	nu⁵⁵hĩ⁵⁵tʂɿ³¹	nu³¹zɿ⁵⁵	
豌豆	ʂa³¹nu⁵⁵		
四季豆	ma⁵⁵tsɿ³¹ŋe³¹		
豆芽	nu⁵⁵ba⁵⁵	nu³¹ba³¹	
蔬菜	ʁo³¹tsʰu⁵⁵		
萝卜	ɬi⁵⁵bi⁵⁵		
马铃薯（洋芋）	ʂɿ⁵⁵li³¹		

续表

词条	木里县俫波乡纳木依话	九龙县子耳乡纳木依话	备注
瓜	sɿ³¹ŋga³¹		
瓜藤	sɿ³¹ŋga³¹po³¹		
瓜花	sɿ³¹ŋga³¹mi⁵⁵tɕo³¹		
瓜蒂	sɿ³¹ŋga³¹kʰi⁵⁵		
黄瓜	du⁵⁵qʰuɑ⁵⁵		
葫芦瓜（分品种）	ki³¹zɿ⁵⁵		
海带	tʰo³¹pɚ⁵⁵		
蒜	fu³⁵	fu³⁵	
葱	fu³⁵mɚ⁵⁵		
洋葱	fu³⁵mɚ⁵⁵		
辣椒	χo³¹tso⁵⁵		
树	sɿ³⁵po⁵⁵	sɿ³⁵po⁵⁵	
种树	sɿ³⁵po⁵⁵ŋgi³⁵	sɿ³⁵po⁵⁵ŋgi³⁵	
砍树	sɿ³⁵po⁵⁵nda³⁵	sɿ³⁵po⁵⁵nda³⁵	
爬树	sɿ³⁵po⁵⁵ɣa⁵⁵ɣa³¹		
山林	sɑ³¹ɚ⁵⁵		
树荫	sɿ³⁵po⁵⁵dɑ³¹ɚ³¹		
树种	sɿ³⁵po⁵⁵zo³¹zɿ⁵⁵		
树枝	sɿ³⁵po⁵⁵ka³¹la⁵⁵		
树叶	sɿ³⁵po⁵⁵tsʰɿ⁵⁵tsʰɿ⁵⁵		
落叶	tsʰɿ⁵⁵tsʰɿ⁵⁵ŋgu⁵⁵pɑ⁵⁵		
树干	sɿ³⁵la⁵⁵		
树皮	sɿ³⁵po⁵⁵ɚ³¹qu⁵⁵		
根	pɑ³¹		
年轮	pʰɑ³¹pʰɑ³¹		
松树	tʰo³¹po³¹		
松脂	tʰo³¹po³¹ka³¹la⁵⁵	·	
杉树	tʰo³¹po³¹		
柳树	ndzɿ⁵⁵sɿ³¹		
柳条	ndzɿ⁵⁵sɿ³¹ka³¹la⁵⁵		
白杨树	ɬɑ⁵⁵qʰɑ³¹		
青枫树	pi³¹ka⁵⁵		
棕树	ntɕʰo⁵⁵po⁵⁵		
竹子	mɑ³⁵		

词条	木里县俚波乡纳木依话	九龙县子耳乡纳木依话	备注
竹根	ma³⁵pa³¹		
竹叶	ma³⁵tsʰɿ⁵⁵		
竹花	ma³⁵mi⁵⁵tɕo³¹		
竹竿	ma³⁵la⁵⁵		
竹节	ma³⁵tsa³¹		
竹膜	ma³⁵ɚ³¹ko³¹		
篾	ma³⁵qʰa⁵⁵		
笋	ma³⁵ʐɿ⁵⁵		
小的水果的统称	ma³¹ma⁵⁵		
壳	ɚ³¹qu⁵⁵	qu³⁵	
核	qo³¹lu⁵⁵		
梨子	ɕy³¹lu⁵⁵		
桃子	bi⁵⁵		
桃核	bi⁵⁵qo³¹		
柑子	so³¹lu⁵⁵		
荔枝	a³¹tʂu⁵⁵		
梅子	sa⁵⁵ɴqʰa³¹		
葡萄	ma⁵⁵ma⁵⁵	ma⁵⁵ma⁵⁵	
山楂	sɿ³¹qʰa⁵⁵		
草	ʐu⁵⁵	ʐu⁵⁵	
花	mi⁵⁵tɕo³¹	qa³⁵pu⁵⁵	
山花	ɦa³¹mi⁵⁵tɕo³¹		
桃花	bi⁵⁵mi⁵⁵tɕo³¹		
梨花	ɕy³¹lu⁵⁵mi⁵⁵tɕo³¹		
荷花	ndzɿ⁵⁵mi⁵⁵tɕo³¹		
菌类	mu³¹i⁵⁵		
生长	lo³¹na³⁵		
成活	lo³¹su⁵⁵ɚ⁵⁵		
结果	lu⁵⁵tsa³¹		
成熟	ʂɿ⁵⁵qa³¹		
熟透	mi³¹ga⁵⁵		
开花	mi⁵⁵tɕo³¹ʁua⁵⁵		
落花	mi⁵⁵tɕo³¹ŋgo⁵⁵pa⁵⁵		
凋谢	qʰa³¹		

8. 动物

词条	木里县俄波乡纳木依话	九龙县子耳乡纳木依话	备注
牲畜			
牲口	kʰuɑ³¹ɚ³¹	kʰuɑ³¹ʐʅ⁵⁵	
角	kʰu⁵⁵ɚ³¹	kʰu⁵⁵	
皮	ɚ³¹qɑ⁵⁵	ʐʅ³¹qɑ⁵⁵	
毛	hũ³¹	hũ³⁵	
蹄子	qʰɑ⁵⁵tsa³¹	qʰɑ⁵⁵lu⁵⁵	
尾巴	mɑ³⁵ku³¹	ma³⁵po⁵⁵	
牛	ɣe³⁵	ɣə³⁵	
公牛	ɣe³⁵mpʰu⁵⁵	ɣə³⁵pʰu⁵⁵	
（阉过的）公牛	ɣe³⁵ʂu³¹	ɣə³⁵ʂo⁵⁵	
母牛	ɣe³⁵mi⁵⁵		
牛犊	ɣe³⁵hĩ⁵⁵		
水牛	ndzʅ⁵⁵ɣe³⁵		
黄牛	ɣe³⁵		
牦牛	bu⁵⁵		
牛皮	ɣe³⁵ɚ³¹qɑ⁵⁵		
牛角	ɣe³⁵kʰu⁵⁵	ɣə³⁵kʰu⁵⁵	
牛筋	ɣe³⁵gu⁵⁵tsa³¹	ɣə³⁵tsa⁵⁵	
骡子	ŋga³⁵	ŋga³⁵	
驴	ku³¹ɚ⁵⁵	ku³¹ɚ⁵⁵	
公驴	ku³¹ɚ⁵⁵mpʰu⁵⁵	ku³¹ɚ³¹pʰu⁵⁵	
母驴	ku³¹ɚ⁵⁵mi⁵⁵	ku³¹ɚ³¹mi⁵⁵	
骆驼		ŋa⁵⁵mu³¹	
马	mo⁵⁵	mo⁵⁵	
公马	mo⁵⁵ʁo³¹	mo⁵⁵ʁu⁵⁵	
母马	mo⁵⁵mi⁵⁵	mo⁵⁵mi⁵⁵	
骟马（名词）	mo⁵⁵ʂu⁵⁵	mo⁵⁵ʂo⁵⁵	
马驹	mo⁵⁵ʑʅ³¹	mo⁵⁵ʑʅ⁵⁵	
马尾	mo⁵⁵mɑ³⁵	mo⁵⁵mɑ³⁵	
马鬃	mo⁵⁵hũ³¹po⁵⁵	mo⁵⁵vɑ³⁵	
马蹄	mo⁵⁵qʰɑ⁵⁵tsa³¹	mo⁵⁵qʰɑ⁵⁵	
猪	va³⁵	va³⁵	

续表

词条	木里县俫波乡纳木依话	九龙县子耳乡纳木依话	备注
公猪	va³⁵mpʰu⁵⁵	va³⁵pʰu⁵⁵	
种猪（公的）	va³⁵zo³¹zɿ⁵⁵	va³⁵zɿ⁵⁵	
（骟过的）猪	va³⁵ʂu³¹	va³⁵ʂo⁵⁵	
母猪	va³⁵mi⁵⁵	va³⁵mi⁵⁵	
猪崽	va³⁵bu⁵⁵	va³⁵bu⁵⁵	
肥猪	va³⁵ɴqʰa³¹	va³⁵kʰo⁵⁵	
肉猪	ʂɿ³¹va³⁵		
羊	tsʰɿ³⁵	tsʰɿ³⁵	
公羊	ta⁵⁵bu³¹	tsʰɿ³⁵ta⁵⁵bu³¹	
母羊	tsʰɿ³⁵mi⁵⁵	tsʰɿ³⁵mi⁵⁵	
骟羊（名词）	tsʰɿ³⁵ʂu³¹	tsʰɿ³⁵ʂo⁵⁵	
绵羊	io⁵⁵		
山羊	so⁵⁵	io⁵⁵	
羊羔	tsʰɿ³⁵tʰo⁵⁵	tsʰɿ³⁵tʰo⁵⁵zɿ⁵⁵	
羊蹄	tsʰɿ³⁵qʰa⁵⁵tsa³¹	tsʰɿ³⁵qʰa⁵⁵	
羊皮	tsʰɿ³⁵ɚ³¹qa⁵⁵	tsʰɿ³⁵zɿ³¹qa⁵⁵	
羊毛		tsʰɿ³⁵hũ³⁵	
膻气		tsʰɿ³⁵sa⁵⁵	
狗	tʂʰɿ³⁵	tʂʰɿ⁵⁵	
公狗	tʂʰɿ⁵⁵ʁo³¹	tʂʰɿ⁵⁵ʁu⁵⁵	
母狗	tʂʰɿ³⁵i⁵⁵	tʂʰɿ⁵⁵mi⁵⁵	
狗崽	tʂʰɿ³⁵ȵo⁵⁵	tʂʰɿ⁵⁵ȵo⁵⁵	
猎狗	hĩ⁵⁵tʂʰɿ³⁵	tʂu³¹tʂʰɿ⁵⁵	
看家狗		y⁵⁵ly³⁵tʂʰɿ⁵⁵	
癞皮狗		tʂʰɿ⁵⁵tsa⁵⁵qʰa³¹	
哈巴狗		pa³¹ndzu⁵⁵tʂʰɿ⁵⁵	
疯狗	tʂʰɿ³¹ʁo⁵⁵ndzo⁵⁵	tʂʰɿ⁵⁵fu⁵⁵lio³¹	
狼狗		tʂʰa³¹la⁵⁵tʂʰɿ⁵⁵	
狗鞭		tʂʰɿ⁵⁵ȵi⁵⁵	
狗屎	tʂʰɿ³⁵tsʰɿ³¹	tʂʰɿ⁵⁵tsʰɿ⁵⁵	
猫	χa³⁵la⁵⁵	χa³⁵la⁵⁵	
公猫	χa³⁵la⁵⁵ta⁵⁵bu⁵⁵	χa³⁵la⁵⁵pʰu⁵⁵	
母猫	χa³⁵la⁵⁵mi⁵⁵	χa³⁵la⁵⁵mi⁵⁵	
猫崽	χa³⁵la⁵⁵ɚ³¹tsɿ⁵⁵	χa³⁵la⁵⁵zɿ⁵⁵	

续表

词条	木里县俸波乡纳木依话	九龙县子耳乡纳木依话	备注
家猫	y⁵⁵χɑ³⁵lɑ⁵⁵	y⁵⁵χɑ³⁵lɑ⁵⁵	
兔子	tʰo⁵⁵li⁵⁵		
鸡	ɦɑ⁵⁵		
公鸡	ɦɑ⁵⁵pʰu⁵⁵		
母鸡	ɦɑ⁵⁵mi³⁵		
抱窝鸡	ɦɑ⁵⁵tʂɿ⁵⁵ʂu⁵⁵		
（未下蛋）母鸡	ntʂʰo³¹mi⁵⁵		
鸡崽	ɦɑ⁵⁵tʂɿ⁵⁵		
阉鸡（名词）	ʂu³¹ɦɑ⁵⁵		
山鸡（尾巴很长，花毛）	tʂɑ³¹nɑ⁵⁵		
马鸡（很大，约十斤重，花毛，尾巴短）	χo³⁵	hũɑ⁵⁵	
野鸡（外形类家鸡）	xe³⁵pʰu⁵⁵		
鸡冠	ɦɑ⁵⁵mo⁵⁵mo³¹		
鸡爪	ɦɑ⁵⁵tʂʰɿ⁵⁵		
鸡胗	iɑ³¹lɑ⁵⁵		
鸡嗉子	ɦɑ⁵⁵dʑu³¹		
鸡屎	ɦɑ⁵⁵tsʰɿ³¹		
鸡蛋（通称）	ɦɑ⁵⁵ʁo⁵⁵		
蛋壳	qo³¹tɕo⁵⁵		
双黄蛋	ɦɑ⁵⁵ʁo⁵⁵dʑu³¹dʑu⁵⁵		
蛋白	ɦɑ⁵⁵ʁo⁵⁵ɚ³¹qo⁵⁵		
蛋黄	ɦɑ⁵⁵ʁo⁵⁵qo³¹		
鹅	qo³¹ɦɑ⁵⁵		
公鹅	qo³¹mpʰu⁵⁵		
母鹅	qo³¹mi⁵⁵		
鹅崽	qo³¹ʐɿ⁵⁵		
翅膀	ndu⁵⁵tʂɿ⁵⁵		
绒毛	ɦɑ⁵⁵hũ³¹		
野兽		tʂɿ³⁵nɑ⁵⁵tu³¹dʑi³¹	
大象		tʂɿ³⁵nɑ⁵⁵xə⁵⁵	
小象		tʂɿ³¹nɑ⁵⁵mbi³¹	
象牙		lu⁵⁵ɣə³⁵	

续表

词条	木里县倮波乡纳木依话	九龙县子耳乡纳木依话	备注
象鼻		sʅ⁵⁵ŋgi⁵⁵a⁵⁵lu⁵⁵lu³¹	
野牛	ɣe³⁵		
狮子		a⁵⁵lu⁵⁵	
雄狮		a⁵⁵lu⁵⁵pʰu⁵⁵	
母狮		a⁵⁵lu⁵⁵mi⁵⁵	
老虎	la⁵⁵	la⁵⁵	
公虎	la⁵⁵mpʰu⁵⁵	la⁵⁵pʰu⁵⁵	
母虎	la⁵⁵mi'⁵⁵	la⁵⁵mi⁵⁵	
豹	za³¹	za³⁵	
花豹		za³¹qa⁵⁵bu³¹	
熊	vu⁵⁵	u⁵⁵	
狗熊	vu⁵⁵la³¹tsʰʅ⁵⁵	u⁵⁵tʂʅ⁵⁵	
棕熊	vu⁵⁵tʂʅ⁵⁵	u⁵⁵po⁵⁵	
熊猫		u⁵⁵pʰi⁵⁵ȵa³¹na⁵⁵zʅ³¹	
熊掌		u⁵⁵la⁵⁵tsʰʅ⁵⁵	
熊胆		u⁵⁵tʂʅ⁵⁵	
野猪		va³⁵ȵu⁵⁵	
野狗		pʰu³¹tʂʰʅ⁵⁵	
豺狗	tʂʰa³¹la³¹		
山猫		ndu⁵⁵	
豪猪	pu³¹	pu³⁵	
豪猪箭		pu³⁵tʂʅ⁵⁵	
猴子	ga³¹tʂu⁵⁵	tʂa³¹zu⁵⁵	
猿		mi³¹na⁵⁵	
鹿	ntsʰa³⁵	tsʰa³⁵	
鹿茸		tsʰa³⁶kʰu⁵⁵ȵu⁵⁵	
麂子	ntʂʰʅ⁵⁵	lo³⁵	
麝	li⁵⁵	li³⁵	
麝香	li⁵⁵fu⁵⁵	li³⁵xu⁵⁵	
狐狸	dɑ⁵⁵	dɑ⁵⁵	
狼	tʂʰa³¹tʂʰʅ³¹	tʂʰa³¹la⁵⁵	
黄鼠狼		ŋo³¹tʂʰʅ⁵⁵	
老鼠	χa³⁵tsʅ³¹tsʅ⁵⁵	χa³⁵	
松鼠	ki⁵⁵tʂʅ³¹	χa³⁵zu⁵⁵tsʰʅ⁵⁵tsa³¹	

续表

词条	木里县俄波乡纳木依话	九龙县子耳乡纳木依话	备注
蝙蝠		na³¹ɚ⁵⁵mi³¹	
鸟	gi⁵⁵ʐɿ⁵⁵	gi⁵⁵ʐɿ³¹	
鸟窝	gi⁵⁵ʐɿ⁵⁵kʰa³¹pʰi⁵⁵	gi⁵⁵ʐɿ³¹ʁu³⁵kʰa⁵⁵	
鸟蛋	gi⁵⁵ʐɿ⁵⁵ɦa⁵⁵ʁo⁵⁵	gi⁵⁵ʐɿ³¹ʑa⁵⁵ɣu⁵⁵	
啄木鸟		tsɿ³¹mi⁵⁵na³¹gu³¹	
布谷鸟	qa⁵⁵pu³¹	qa⁵⁵pu⁵⁵	
画眉鸟		tsɿ³¹mi⁵⁵	
斑鸠	a⁵⁵li³¹ie⁵⁵	tʰo³¹i⁵⁵	
燕子		qʰa⁵⁵ʐɿ⁵⁵	
麻雀	χa³¹ndʐɿ⁵⁵	χa³¹ndʐɿ⁵⁵	
野鸡	χo³⁵		
天鹅	qu⁵⁵	mu⁵⁵ku⁵⁵	
老鹰		ka³⁵	
鹞鹰		go	
鹰爪	ka³⁵tʂɿ⁵⁵	ka³⁵tʂɿ⁵⁵	
猫头鹰	zu³¹ŋo⁵⁵	bu³¹ŋo⁵⁵	
夜鹰		ʐɿ³¹ŋgo⁵⁵	
鸽子		pʰi³¹tʰo⁵⁵	
羽冠鸟		tʂʰa⁵⁵tʂʰa⁵⁵	
乌鸦	la⁵⁵qua³¹	la³¹qo⁵⁵	
喜鹊	tʂʰa³¹tʂʰa⁵⁵		
孔雀		li⁵⁵mi⁵⁵χɚ³¹ʑa⁵⁵	
水鸟	ndʐɿ⁵⁵gi⁵⁵ʐɿ⁵⁵		
鹦鹉		ã⁵⁵la⁵⁵	
蛇	bu⁵⁵ɚ³¹	bu⁵⁵ɚ⁵⁵/bu⁵⁵ʐɿ⁵⁵	
公蛇	bu⁵⁵ɚ³¹mpʰu⁵⁵	ʐɿ⁵⁵pʰu⁵⁵	
母蛇	bu⁵⁵ɚ³¹mi³⁵	bu⁵⁵ɚ⁵⁵mi⁵⁵	
毒蛇		ʐɿ⁵⁵qa⁵⁵	
蟒蛇	lu⁵⁵ɚ³¹	ʐɿ⁵⁵dʑu⁵⁵	
水蛇	ndʐɿ⁵⁵bu⁵⁵ɚ³¹	hỹ³⁵bu⁵⁵ɚ⁵⁵	
蛇皮	bu⁵⁵ɚ³¹ɚ³¹qo⁵⁵		
蛇胆	bu⁵⁵ɚ³¹tsɿ³¹		
蛇蛋	bu⁵⁵ɚ³¹ʁo³¹		
壁虎		bi⁵⁵va³¹	

续表

词条	木里县俚波乡纳木依话	九龙县子耳乡纳木依话	备注
蜈蚣		tu³¹i⁵⁵	
蚰蜒/墙串子		mo³¹ʐ̩⁵⁵la⁵⁵ndzo⁵⁵	
苍蝇	ʁo³¹pɑ⁵⁵	lu³¹pa⁵⁵	
牛虻子	ɣe³⁵ʂu⁵⁵		
牛蝇		mba³⁵	
蚊子	ʁo³¹pɑ⁵⁵	dʑa³¹lu⁵⁵pa⁵⁵	
跳蚤	ntʰo⁵⁵ʐ̩⁵⁵	tʰo⁵⁵ʐ̩⁵⁵	
臭虫		qa⁵⁵pu⁵⁵	
虱子	ʂu⁵⁵	ʂu⁵⁵	
头虱	ʁuɚ⁵⁵ʂu³¹		
狗虱	tʂʰɩ³⁵ʂu⁵⁵		
鸡虱	ɦɑ⁵⁵ʂu⁵⁵	za⁵⁵ʂu⁵⁵	
虮子		ʂu⁵⁵za⁵⁵ɣu⁵⁵	
蝗虫/蚱蜢	tʂʰɑ⁵⁵mi⁵⁵ kua⁵⁵ŋgua⁵⁵	ʂ̩³¹ndʐ̩⁵⁵ qʰa³¹pu⁵⁵lu⁵⁵	
螳螂	tʂʰɑ⁵⁵mi		
蟑螂		qa³¹pu⁵⁵zo⁵⁵	
蝴蝶	ba⁵⁵lɑ⁵⁵	ba³¹la³¹	
蝉/知了		bu⁵⁵za⁵⁵za⁵⁵	
蚕		ʂ̩³¹tsʰu⁵⁵bu⁵⁵	
蚕丝		ʂ̩³¹pʰi³¹	
蜂	ndʑɩ⁵⁵	dʑɩ⁵⁵	
蜂窝	ndʑɩ⁵⁵ku³¹	dʑɩ⁵⁵qu⁵⁵	
萤火虫	a⁵⁵pu³¹mi⁵⁵tɕʰu³¹	qa⁵⁵bu⁵⁵mi⁵⁵tʂ̩⁵⁵	
蚂蚁		bu⁵⁵zo⁵⁵	
虫	bu⁵⁵tɕi³¹	bu⁵⁵	
牙虫		xə⁵⁵bu⁵⁵	
蛀虫	ma³⁵bu⁵⁵tɕi³¹		
玉米虫	y⁵⁵mi³¹dzɩ⁵⁵bu⁵⁵tɕi³¹		
菜虫	ʁo³¹tsʰu⁵⁵dʑɩ⁵⁵bu⁵⁵tɕi³¹	ʁo³¹tsʰu⁵⁵bu⁵⁵	
蛆	lu³⁵		
蚂蟥		mbi³⁵	
蚯蚓		bu⁵⁵dʑɩ⁵⁵dʑɩ⁵⁵	
毛虫		tsʰɩ³¹ɚ⁵⁵bu⁵⁵	
蛔虫		dʑa³⁵bu⁵⁵	

续表

词条	木里县俄波乡纳木依话	九龙县子耳乡纳木依话	备注
蜘蛛		dɑ³¹zɑ̱⁵⁵zɑ̱⁵⁵	
青蛙	pɑ³¹mi⁵⁵	i³¹pʰɑ⁵⁵pɑ³¹mi⁵⁵	
蝌蚪	pɑ³¹mi⁵⁵ɚ³¹tʂɻ̍⁵⁵	pɑ³¹zɻ⁵⁵	
癞蛤蟆	pɑ³¹mi⁵⁵	pɑ³¹mi⁵⁵	
鱼	zu⁵⁵	zɻ⁵⁵	
小鱼	zu⁵⁵ɚ³¹tʂɻ⁵⁵		
母鱼	zu⁵⁵mi⁵⁵		
黄鳝	bɚ⁵⁵no³¹	fu³¹bu⁵⁵ɚ⁵⁵	
鱼骨头	zu⁵⁵ʂɑ⁵⁵qɑ⁵⁵		
鱼须	zu⁵⁵ʁɑ⁵⁵ntsʰu⁵⁵		
鱼鳞	zu⁵⁵ɚ³¹qu⁵⁵	ku³¹tsʰɻ⁵⁵	
鱼鳍（鱼翅膀）	zu⁵⁵ndu⁵⁵tʂɻ⁵⁵		
鱼鳃		lo³¹lo³¹	
虾	zu⁵⁵ɚ⁵⁵tsɻ³¹	bu⁵⁵dʐɻ⁵⁵	
大虾	zu⁵⁵dɑ⁵⁵dzɻ³¹		
海螺	li³¹bu⁵⁵		
蜗牛	xu³¹ɚ⁵⁵ȵi³¹	ɑ⁵⁵ȵi⁵⁵χo⁵⁵ɚ⁵⁵	
珍珠	bu⁵⁵tsɻ⁵⁵		
螃蟹		qɑ⁵⁵nɑ⁵⁵	
田螺		bu³¹qʰo⁵⁵lɑ⁵⁵ndzo̱⁵⁵	
交配	ʂu³¹tɕu⁵⁵		
牛交配	ɣe³⁵ʂu⁵⁵tɕu³¹		
狗交配	tʂʰɻ³⁵ʂu⁵⁵tɕu³¹		
产崽	ɚ³¹tsɻ⁵⁵ɦɑ⁵⁵		
生蛋	ɦɑ⁵⁵ʁo⁵⁵ʁo³⁵		
孵化	χo³⁵		
牛打架	ɣe³⁵ndu⁵⁵		
牛反刍	mpʰi³⁵		
猪拱土	vɑ³⁵mpʰu⁵⁵		
斗鸡	ɦɑ⁵⁵ntʰu³¹		
觅食	dʑɻ⁵⁵u⁵⁵ʂu³¹		
（鸟）筑巢	ʁo³¹kʰɑ⁵⁵sɻ³¹		
蛇洞	bu⁵⁵ɚ³¹qu⁵⁵tu³¹		
蜕皮	ɚ³¹qu⁵⁵qɑ⁵⁵		

词条	木里县俄波乡纳木依话	九龙县子耳乡纳木依话	备注
蜂采蜜	ndʐɿ⁵⁵mi⁵⁵tɕo³¹ŋɑ⁵⁵		
（动物）死亡	ʂɿ³¹qo⁵⁵		
回生（复活）	su⁵⁵ɚ⁵⁵		
（蚊）叮	ɦɑ⁵⁵ʁo³¹		
（蜂）蜇	ndʐu³⁵		
叼	ntʰɑ³⁵	qʰɑ³¹pi⁵⁵	
舔	iɑ³⁵		
飞	ndʐu⁵⁵ndʐu⁵⁵		
（虫）爬	ɣɑ⁵⁵ɣɑ³¹		
（角）顶	ʁo⁵⁵ntsʰu³¹		
（头）拱	mpʰu⁵⁵		
发瘟	ŋgu⁵⁵tʂɿ⁵⁵		
鸡瘟	ɦɑ⁵⁵ŋgu³¹		
公鱼	zu⁵⁵mpʰu⁵⁵		
牛瘟	ɣe³⁵ŋgo⁵⁵		
（牛）叫	（ɣe³⁵）mɑ⁵⁵mɑ⁵⁵		
（虎）吼	（lɑ⁵⁵）χɑ³⁵		
（狗）吠	（tʂʰɿ³⁵）ntʰɑ³⁵		
（鸡）啼	（ɦɑ⁵⁵）tʂu³⁵		
（鸟）鸣	（gi⁵⁵zɿ⁵⁵）mɑ⁵⁵mɑ⁵⁵		
猪瘟	vɑ³⁵ŋgo⁵⁵		
饲养	ʁo⁵⁵mɑ³¹		
采猪草	vɑ³⁵tsɑ⁵⁵qʰo⁵⁵		
喂食	tsɿ³⁵		
养鸡	ɦɑ⁵⁵ʁo⁵⁵mɑ³¹		
喂鸡	ɦɑ⁵⁵dʑɑ³¹dʐɿ⁵⁵		
喂草	zu⁵⁵tsɿ³⁵		
煮潲	vɑ³⁵ndʐɿ³¹tɕi³¹		
养猪	vɑ³⁵ʁo⁵⁵mɑ³¹		
喂猪	vɑ³⁵dʑɑ³¹dʐɿ⁵⁵		
唤鸡	ɦɑ⁵⁵kʰu⁵⁵		
阉猪（动宾）	vɑ³⁵ʂɿ³¹fu³¹dʐɿ³¹gɑ⁵⁵		
阉牛（动宾）	ɣe³⁵ʂɿ³¹fu³¹dʐɿ³¹gɑ⁵⁵		
放牛	ɣe³⁵tʂʰɿ³⁵		

续表

词条	木里县俸波乡纳木依话	九龙县子耳乡纳木依话	备注
拴牛	ɣe³⁵mpʰɑ⁵⁵		
穿牛鼻	ɣe³⁵n̩a³¹ntʂʰu⁵⁵		
赶牛	ɣe³⁵tɕu³⁵		
回栏	ʐu⁵⁵mpʰi³¹		
骑马	mo⁵⁵tsɑ⁵⁵		
打猎	hĩ⁵⁵qʰɑ⁵⁵	hỹ⁵⁵qʰɑ⁵⁵	
放夹	hĩ⁵⁵tu⁵⁵		
装火药	ntʂʰu³¹dʐa⁵⁵tʂʰɹ̩³¹		
射击	qʰɑ³⁵		
鱼钩	zu⁵⁵la⁵⁵gu⁵⁵		
钓鱼	zu⁵⁵ka⁵⁵		
打鱼	zu⁵⁵mbo³⁵		
宰杀	tu³⁵		
打牛（杀牛）	ɣe³⁵tu³⁵		
杀猪	va³⁵tu³¹		
杀鸡	ɦɑ⁵⁵tu³¹		
开膛	dʐu³¹qʰa⁵⁵		
燎毛	mpʰu³⁵		
去鳞	zu⁵⁵ɚ³¹qu⁵⁵qɑ⁵⁵		
剥皮	ɚ³¹qu⁵⁵qɑ⁵⁵		
（马）笼嘴	mo⁵⁵ʁu⁵⁵y⁵⁵		
马鞍	mo⁵⁵ʂɹ̩³¹		
缰绳	mo⁵⁵ndzu³¹ɚ³⁵		
马鞭子	mo⁵⁵mbɑ³⁵tʂu⁵⁵		
马辔头	ʁu⁵⁵ŋo³¹		
蜂箱	ndʐɹ̩⁵⁵gu³¹		
土铳/火枪	n̩a³¹ntʂʰu⁵⁵		
弓箭	li⁵⁵pu³¹	li⁵⁵pu³¹	
弓	li⁵⁵pu³¹	li⁵⁵pu³¹	
箭	ndo³⁵	ndo³⁵	
猪食	va³⁵dʐa³⁵		
潲水	ndʐɹ̩⁵⁵tu³¹		
猪圈	va³⁵ŋo³⁵		
猪草	va³⁵ŋgo³⁵		

词条	木里县俚波乡纳木依话	九龙县子耳乡纳木依话	备注
鸡窝	ʁo³¹kʰa⁵⁵		
笼子	ŋo³⁵		
鸡笼子	ɦɑ⁵⁵ŋo³⁵	ʐɑ⁵⁵ŋo⁵⁵	
牛圈	ɣe³⁵ŋo³⁵	ɣe³⁵ŋo³⁵	
马棚	mo⁵⁵ŋgo³⁵	mo⁵⁵ŋo⁵⁵	
羊圈	tsʰɿ⁵⁵ŋo³⁵	tsʰɿ⁵⁵ŋo⁵⁵	
狗窝	tʂʰɿ³⁵y⁵⁵ɚ⁵⁵	tʂʰɿ³⁵y⁵⁵ɚ	
圈（牲口）	ŋo³⁵		
挤（牛奶）	(ȵy⁵⁵)ntsʰu⁵⁵		
鸟笼	gi⁵⁵ʐɿ⁵⁵y⁵⁵	gi⁵⁵ʐɿ³¹y⁵⁵	

9. 房屋、建筑

词条	木里县俚波乡纳木依话	九龙县子耳乡纳木依话	备注
房屋	y⁵⁵	y⁵⁵	
正屋	y⁵⁵mi⁵⁵		
杂屋	y⁵⁵ʐɿ⁵⁵		
仓库	zo³¹ŋgu⁵⁵		
暗屋	y⁵⁵nɑ⁵⁵hũ⁵⁵		
楼房	y⁵⁵dɑ⁵⁵mo³¹		
洋房	ɚ³¹ʂa³¹		
木板房	nda³¹y⁵⁵		
茅屋/寮	ʐu⁵⁵y⁵⁵		
石屋	tʂo³¹mɑ⁵⁵		
碉楼	ʁɑ⁵⁵	ʁɑ⁵⁵	
竹楼	mɑ³¹to⁵⁵		
棚子	tʂɿ³¹y⁵⁵		
草棚	ʐu⁵⁵y⁵⁵		
院子	qʰa⁵⁵tʂu³¹		
客厅	y⁵⁵mi⁵⁵		
过道	y⁵⁵tɑ⁵⁵qʰa⁵⁵		
走廊	mbɑ⁵⁵		
房间	y⁵⁵gu⁵⁵		
外间	dʑa⁵⁵kʰa⁵⁵		

词条	木里县俄波乡纳木依话	九龙县子耳乡纳木依话	备注
里间	qo³¹lo³¹		
睡房	ndʑo⁵⁵qo⁵⁵		
厨房	dʑa³⁵sɿ⁵⁵qa³¹pʰa⁵⁵		
柴房	sɿ³¹y⁵⁵		
磨坊	ɚ⁵⁵tʰo³¹y⁵⁵		
厕所	tʰo³¹qo⁵⁵		
阳台	ɚ³¹ʂɑ³¹		
屋顶	y⁵⁵quɑ⁵⁵	y'⁵⁵qu⁵⁵	
屋檐	y⁵⁵quɑ⁵⁵kʰɚ⁵⁵	y⁵⁵quɑ⁵⁵kʰɚ⁵⁵	
柱子	ɬi⁵⁵dzɿ⁵⁵	hĩ⁵⁵dzɿ⁵⁵	
梁	y⁵⁵gu⁵⁵		
门	kʰu³¹mi³¹	kʰu³¹	
正门	kʰu³¹mi³¹		
后门	gu³¹nu⁵⁵kʰu³¹		
门口	kʰu³¹mi³¹		
门板	kʰu³¹pu³¹ndɑ³¹		
闩	ka³¹sɿ⁵⁵		
门槛	kʰu³¹ndʑɑ³¹mbɑ³¹kʰu³¹		
门缝	kʰu³¹qa⁵⁵pɚ³¹		
窗子	kʰu³¹zɿ³¹	kʰu³¹zy⁵⁵	
墙角	ndu⁵⁵pɚ⁵⁵		
墙壁	ndzu̠³¹tʂʰu³¹		
（固定）楼梯	ɬi⁵⁵tsɿ⁵⁵		
梯子	ɬi⁵⁵tsɿ⁵⁵		
建房	y⁵⁵qɑ³¹		
地皮	ku⁵⁵lu³¹		
窑洞	tʂɿ³¹pu³¹ȵu³¹		
烧砖	tʂɿ³¹qʰɑ³¹vu³¹		
放炮	na³¹ndzu̠⁵⁵qʰɑ³¹		
盖瓦	ŋgo⁵⁵lo⁵⁵fu³¹fu⁵⁵		
板子	ndɑ³¹		
铁板	ʂu⁵⁵ndɑ³¹		
木头	sɿ³¹ndʑi⁵⁵	sɿ³¹ndʑi⁵⁵	
瓦	ɴGo⁵⁵lo⁵⁵		

词条	木里县俅波乡纳木依话	九龙县子耳乡纳木依话	备注
钢筋	ʂu⁵⁵qʰa³¹	ʂu⁵⁵ʁu⁵⁵	

10. 器具、用品

词条	木里县俅波乡纳木依话	九龙县子耳乡纳木依话	备注
家具	qɑ³¹ʐɿ³¹		
东西	tɕi³¹ga³¹		
桌子	ʐɿ³¹ɖu⁵⁵ɚ³¹		
桌腿	ʐɿ³¹ɖu⁵⁵ɚ³¹tʂʰɿ⁵⁵		
桌布	ʐɿ³¹ɖu⁵⁵ɚ³¹ɣuɚ⁵⁵		
椅子	ndʑu⁵⁵ɚ³¹		
（椅）靠背	dzu³¹ɬa⁵⁵		
蒲团	kʰo³¹vu⁵⁵		
柜子	ku³¹tsɿ⁵⁵		
扁桶（纳木依人装衣服）	ki³¹tsɿ⁵⁵		
蜡烛	ma³¹mi³¹		
灯芯	ma³¹mi³¹ka⁵⁵		
电灯	ndʐɿ⁵⁵bi⁵⁵lɑ⁵⁵		
袋子	dzɿ³¹ki⁵⁵pɑ³⁵		
麻袋	tʰo⁵⁵pu⁵⁵		
包	bu⁵⁵ʐɿ³¹		
锁	ga⁵⁵pʰu⁵⁵		
钥匙	ga⁵⁵pʰu⁵ɖu⁵⁵		
钟	χa³¹tʰa⁵⁵		
钱包	ba³¹dzɑ⁵⁵bu⁵⁵ʐɿ³¹		
烟斗	ia⁵⁵ka⁵⁵		
烟嘴	ia⁵⁵ka⁵⁵n̩i³¹ntsʰu⁵⁵		
拐杖	ŋgo³¹tʰu⁵⁵		
棍子	mba³¹lɑ⁵⁵		
筷子	ndzo³¹ko⁵⁵		
钩子	kʰo⁵⁵kʰo⁵⁵		
签	mɑ³¹ntsʰɿ⁵⁵		
桶	tsɿ⁵⁵		

词条	木里县俚波乡纳木依话	九龙县子耳乡纳木依话	备注
水桶	ndzʅ⁵⁵po³¹ŋo³⁵		
盆	ŋo³⁵		
脸盆	mia⁵⁵tsʰʅ³¹ŋo³⁵		
洗脚盆	tʂʰʅ⁵⁵tsʅ³¹ŋo³⁵		
洗脸毛巾	ku⁵⁵tsʰʅ⁵⁵pu⁵⁵		
澡巾	gu⁵⁵mi⁵⁵tsʰʅ³¹pu³¹		
擦脚布	tʂʰʅ⁵⁵tsʰʅ³¹pu³¹		
镜子	pʰu⁵⁵mia⁵⁵	ɲɑ⁵⁵qa⁵⁵	
梳子	ʁu⁵⁵pɚ³¹		
篦梳	ʁu⁵⁵pɚ³¹dʐu⁵⁵dʐu³¹		
挖耳勺	hĩ³¹qo³¹qa³⁵		
（洗衣）棒槌	sʅ³¹qu⁵⁵ta⁵⁵		
扫把	ʂuɑ³¹ta⁵⁵		
饭筒	dʐa³⁵qa³¹zʅ⁵⁵		
鸡毛掸	ɦa⁵⁵hũ³¹ʂa³¹tʂ⁵⁵		
尿桶	mbɑ³⁵ŋo³¹		
手纸	ʂu⁵⁵u⁵⁵		
伞	hĩ⁵⁵kʰu⁵⁵		
花盆	mi⁵⁵tɕo³¹ŋo³¹		
床	qɑ⁵⁵dʐu³¹		
床板	y³¹ɚ⁵⁵nda³¹		
床架	qa⁵⁵		
床单	ɚ³¹kʰo³¹		
被子	qɑ³¹vu⁵⁵		
枕头	ʁu⁵⁵ŋkʰo³¹		
灶	tsu⁵⁵kʰe⁵⁵		
灶门	tsu⁵⁵kʰe⁵⁵kʰo³¹bu³¹		
炉子	mi⁵⁵qa³¹		
火柴	mi⁵⁵		
风箱	ʂu⁵⁵gu³¹		
火钳	qa⁵⁵ɲu⁵⁵		
柴	sʅ³⁵		
干柴	sʅ³⁵fu³¹dzʅ³¹ga⁵⁵		
生柴	sʅ³⁵tso⁵⁵tso³¹		

词条	木里县俄波乡纳木依话	九龙县子耳乡纳木依话	备注
锅	pʰu⁵⁵		
铁锅	ʂu⁵⁵pʰu⁵⁵		
锅铲	ȵu³¹ntsʰu⁵⁵pia⁵⁵pia⁵⁵		
锅盖	pʰu⁵⁵fu³¹		
锅刷	pʰu⁵⁵tsʰɿ⁵⁵ʂua³¹ta⁵⁵		
锅架	pʰu⁵⁵tsʰɿ⁵⁵ʂua³¹ta⁵⁵		
碗	qʰa³¹		
饭碗	dʑa³⁵qʰa³¹		
大碗	qʰa³¹mi⁵⁵		
小碗	ka³¹tsɿ⁵⁵		
瓷碗	lu⁵⁵qʰa³¹		
木碗	sɿ³¹qʰa⁵⁵		
碗盖	qʰa³¹fu³¹fu⁵⁵		
钵子	dʑa³¹ndʑu⁵⁵qʰa³¹		
调羹	ki'³¹zɿ⁵⁵		
碟子	ka³¹tsɿ⁵⁵		
菜板	bi⁵⁵tu³¹		
面板（做面食用）	nda³¹		
刀把	bu⁵⁵tʂa³¹kʰo³¹		
刀鞘	bu⁵⁵tʂa³¹kʰo³¹la⁵⁵		
菜刀	tsʰɿ⁵⁵pu³¹		
尖刀	i⁵⁵ntsʰɿ⁵⁵		
屠刀/杀猪刀	i⁵⁵ntsʰɿ⁵⁵		
刀	bu⁵⁵tʂa³¹	bu⁵⁵tʂa³¹	
刀刃	ntʰa³⁵pʰa³¹		
刀背	ma⁵⁵ntʰa³⁵pʰa³¹		
小刀	i⁵⁵ntsʰɿ⁵⁵ɚ³¹tsʰɿ⁵⁵	i⁵⁵ntsʰɿ⁵⁵	
长刀	ʁua³¹mi³¹	ʁa³⁵mi⁵⁵	
磨刀石	sɿ³¹lu⁵⁵		
缸	qa³¹zɿ³¹		
坛子	pi³⁵		
瓶子	ko⁵⁵ndʑɿ⁵⁵		
盖子	fu³¹fu⁵⁵		
罐子	ko⁵⁵ndʑɿ⁵⁵		

词条	木里县俚波乡纳木依话	九龙县子耳乡纳木依话	备注
热水瓶	ndzɿ⁵⁵tsʰɿ⁵⁵ ku⁵⁵ndʐɿ⁵⁵		
磨	ɚ⁵⁵tʰa³¹		
工具	qa³¹zɿ³¹		
斧头	y³¹mi⁵⁵		
铁锤	ʂu⁵⁵qa⁵⁵du⁵⁵		
锯子	sɿ³¹ta⁵⁵		
杯子	ka³¹tsɿ⁵⁵		
蒸笼	pu³¹n̠u³¹		
饭桶	dʑa³⁵tsɿ⁵⁵		
水瓢	ʐɑ⁵⁵ʁo³¹		
水壶	ndzɿ⁵⁵ku⁵⁵ndʐɿ⁵⁵		
酒壶	vu⁵⁵ku⁵⁵ndʐɿ⁵⁵		
锉子	sɿ³¹ntʰaʼ⁵⁵		
铁钻	ʂu⁵⁵ŋo³¹		
钉子	ʂu⁵⁵qʰa³¹		
铁丝	ʂu⁵⁵ŋkʰi⁵⁵		
剃刀	ʁu⁵⁵ntʂʰu³¹tsɿ⁵⁵		
针	ʁo³⁵		

11. 代词、疑问、指示

词条	木里县俚波乡纳木依话	九龙县子耳乡纳木依话	备注
我	ŋa⁵⁵	ŋa⁵⁵	
你	no³¹	no⁵⁵	
他	tɕʰi⁵⁵	tɕʰi⁵⁵	
我俩	ŋa⁵⁵χo³¹n̠i⁵⁵ku³¹	ŋa⁵⁵ku⁵⁵	
咱俩	a³¹χo³¹n̠i⁵⁵ku³¹	na³¹ku⁵⁵	
你俩	no³¹χo³¹n̠i⁵⁵ku³¹	no⁵⁵ku⁵⁵	
他俩	tɕʰi⁵⁵χo³¹n̠i⁵⁵ku³¹	tɕʰi⁵⁵ku⁵⁵	
哥俩		za³¹ʁə⁵⁵go⁵⁵zɿ⁵⁵	
我们	ŋa⁵⁵χo³¹	ŋa⁵⁵χo⁵⁵	
你们	no³¹χo³¹	no⁵⁵χo⁵⁵	
他们	tɕʰi⁵⁵χo³¹	tɕʰi⁵⁵χo⁵⁵	
咱们	a³¹χo³¹	na³¹χo⁵⁵	

续表

词条	木里县俸波乡纳木依话	九龙县子耳乡纳木依话	备注
人们	tsʰo³¹χo³¹	tsʰo³¹χo⁵⁵	
我的	ŋa⁵⁵ɲi⁵⁵	ŋa⁵⁵ko⁵⁵	
你的	no³¹ɲi³¹	no⁵⁵ko⁵⁵	
他的	tɕʰi⁵⁵ɲi⁵⁵	tɕʰi⁵⁵ko⁵⁵	
咱们的	a³¹χo³¹ge⁵⁵	na³¹χo⁵⁵ko⁵⁵	
我们的	ŋa⁵⁵χo³¹ge⁵⁵	ŋa⁵⁵χo⁵⁵ko⁵⁵	
你们的	no³¹χo³¹ge⁵⁵	no⁵⁵χo⁵⁵ko⁵⁵	
他们的	tɕʰi⁵⁵χo⁵⁵ge⁵⁵	tɕʰi⁵⁵χo⁵⁵ko⁵⁵	
自己	i³¹bi³¹	io³¹bio⁵⁵	
别人	y³¹χo⁵⁵	su⁵⁵tsʰo⁵⁵	
大家	ia³¹qa³¹mu⁵⁵	su⁵⁵χo⁵⁵	
人家		hũ³¹dzo̥⁵⁵mu³¹	
每人	tɕi³¹gu⁵⁵fu³¹tʂu⁵⁵	tɕi⁵⁵gu⁵⁵hũ⁵⁵ndzo̥⁵⁵	
这	ta⁵⁵	ta⁵⁵	
那（近指）	ko⁵⁵	o³¹ia⁵⁵	
那（中指）	tɕʰi⁵⁵ga⁵⁵	o³¹tʂʰa⁵⁵	
那（远指）	da⁵⁵qʰu³¹	a⁵⁵to⁵⁵	
这里	ta⁵⁵la⁵⁵	ta⁵⁵la³¹	
那里（近指）	tɕʰi⁵⁵ga⁵⁵	o³¹ia⁵⁵la³¹	
那里（中指）	da⁵⁵qʰu³¹	o³¹tʂʰa⁵⁵la³¹	
那里（远指）	ia³¹da⁵⁵qʰu³¹	a⁵⁵to⁵⁵la³¹	
这些	ta⁵⁵ba⁵⁵	o³¹ti⁵⁵su³¹	
那些（近指）	ha³⁵ba⁵⁵	o³¹i⁵⁵su³¹	
那些（远指）	da⁵⁵qʰu³¹ha³¹pa⁵⁵	o³¹tɕʰi⁵⁵su³¹	
这个	ta⁵⁵lu⁵⁵	o³¹ti⁵⁵	
那个（近指）	ha³¹lu⁵⁵	o³¹i⁵⁵	
那个（远指）	da⁵⁵qʰu³¹ha³¹lu³¹	o³¹tɕʰi⁵⁵	
这边	ta⁵⁵pʰa⁵⁵	tɚ⁵⁵pʰa⁵⁵	
那边（近指）	ha³¹pʰa⁵⁵	o³¹iɚ⁵⁵pʰa³¹	
那边（远指）	ia³¹da⁵⁵qʰu³¹	o³¹tɕʰiɚ⁵⁵pʰa³¹	
这次	ta⁵⁵ki⁵⁵	ti⁵⁵tɕi⁵⁵za̩³¹	
那次（近指）	ha³⁵ki⁵⁵	o³¹i³¹tɕi⁵⁵za̩³¹	
那次（远指）		o³¹tɕʰi³¹tɕi⁵⁵za̩³¹	
这种	ta⁵⁵ga⁵⁵	ti⁵⁵tɕi⁵⁵tsa³¹	

词条	木里县倮波乡纳木依话	九龙县子耳乡纳木依话	备注
那种（近指）		o³¹i⁵⁵tɕi⁵⁵tsa³¹	
那种（远指）	ha³⁵ga⁵⁵	o³¹tɕʰi³¹tɕi⁵⁵tsa³¹	
这头	ta⁵⁵ga⁵⁵pʰa³¹	tɚ⁵⁵pʰa³¹	
那头（近指）		o³¹iɚ³¹pʰa³¹	
那头（远指）	ha³¹ga⁵⁵pʰa³¹	o³¹tʂʰɚ³¹pʰa³¹	
这样	ta⁵⁵ta³¹	o³¹te⁵⁵te⁵⁵	
那样（近指）	ha³¹ga⁵⁵	o³¹i⁵⁵te⁵⁵te⁵⁵	
那样（远指）		o³¹tɕʰi⁵⁵te⁵⁵te⁵⁵	
别样		tʂʰo⁵⁵tɕʰi⁵⁵tsa³¹ta³¹	
这么	to⁵⁵mu⁵⁵	ti⁵⁵mu⁵⁵	
那么（近指）	tɕʰi⁵⁵mu⁵⁵	o³¹i⁵⁵mu⁵⁵	
那么（远指）		o³¹tɕʰi⁵⁵mu⁵⁵	
这么多	to⁵⁵mu⁵⁵dɑ⁵⁵pɚ³¹	ti⁵⁵pi⁵⁵ta³¹	
那么多（近指）	tɕʰi⁵⁵mu⁵⁵dɑ⁵⁵pɚ³¹	o³¹i³¹pi⁵⁵ta³¹	
那么多（远指）		o³¹tɕʰi³¹pi⁵⁵ta³¹	
这段	to⁵⁵mu⁵⁵tɕi³¹tɑ⁵⁵	ti³¹tɕi⁵⁵ta³¹	
那段（近指）	tɕʰi⁵⁵mu⁵⁵tɕi³¹tɑ⁵⁵	o³¹i⁵⁵tɕi⁵⁵ta³¹	
那段（远指）		o³¹tɕʰi⁵⁵tɕi⁵⁵ta³¹	
这天	ta³¹ȵi⁵⁵	ti⁵⁵tɕi⁵⁵ȵi³¹	
那天（近指）	ha³¹ȵi⁵⁵	o³¹i⁵⁵tɕi⁵⁵ȵi⁵⁵	
那天（远指）		o³¹tɕʰi⁵⁵tɕi⁵⁵ȵi⁵⁵	
这会儿	ta⁵⁵tɕi³¹tʰu⁵⁵	o³¹ti⁵⁵tɕi⁵⁵tʰu⁵⁵	
那会儿（近指）	ha³¹tɕi³¹tʰu⁵⁵	o³¹i⁵⁵tɕi⁵⁵tʰu⁵⁵	
那会儿（远指）		o³¹tɕʰi⁵⁵tɕi⁵⁵tʰu⁵⁵	
别的（东西）		tʂʰo⁵⁵tɕi⁵⁵tsa⁵⁵	
哪个[1]	kʰe⁵⁵i⁵⁵	χa³¹iu⁵⁵	
哪里	χa⁵⁵tsu⁵⁵ʁo⁵⁵	χa³¹lo³¹	
哪些	χa⁵⁵tsu⁵⁵pa⁵⁵	χa³¹io⁵⁵χo³¹	
哪样	χa⁵⁵tsu⁵⁵ga⁵⁵	χa³¹sɿ³¹tɕi⁵⁵tsa⁵⁵	
哪年	χa⁵⁵tsu⁵⁵kʰuɚ⁵⁵	χa³¹sɿ³¹tɕi⁵⁵kʰu⁵⁵ɚ³¹	
哪种	χa⁵⁵tsu⁵⁵ga⁵⁵		
哪天	χa⁵⁵tsu⁵⁵ȵi⁵⁵	χa³¹sɿ³¹tɕi⁵⁵ȵi⁵⁵	

---

[1] 以疑问助词"χa⁵⁵"开头的疑问词，"χa⁵⁵"也可读作"qʰa⁵⁵"。

词条	木里县俚波乡纳木依话	九龙县子耳乡纳木依话	备注
谁	kʰe⁵⁵i⁵⁵	χa³¹iu⁵⁵	
谁的	kʰe⁵⁵i⁵⁵gə⁵⁵	χa³¹iu⁵⁵ko⁵⁵	
什么	fu⁵⁵	χo³¹to⁵⁵ɚ⁵⁵	
什么时候	χa⁵⁵tsu⁵⁵tʰu⁵⁵	χa³¹sɿ⁵⁵tɕi⁵⁵tʰu⁵⁵	
做什么	fu⁵⁵mu⁵⁵	χo³¹to⁵⁵ɚ⁵⁵mu⁵⁵e³¹	
为什么	fu⁵⁵dʑi⁵⁵	hũ³¹mu⁵⁵e³¹	
怎么	fu⁵⁵mu³¹dʑi⁵⁵	χa³¹ta³¹mu⁵⁵e³¹	
怎么做	χa⁵⁵ta⁵⁵mu⁵⁵mu⁵⁵	χa³¹te⁵⁵te⁵⁵	
怎样		χa³¹pi⁵⁵ta³¹	
多少	χa⁵⁵pi⁵⁵ta⁵⁵	χa³¹pi⁵⁵ta³¹tsʰo³¹	
多少人	tsʰo³¹χa⁵⁵mu⁵⁵ta⁵⁵	χa³¹ȵi⁵⁵ku⁵⁵	
几个	tɕi³¹hĩ⁵⁵ku³¹	χa³¹ȵi⁵⁵kʰi³⁵	
多少斤	χa⁵⁵ȵi⁵⁵kʰi³¹	χa³¹ʂa⁵⁵ʂa⁵⁵	
多久	χa⁵⁵ta³¹tɕi³¹		

12. 性状、情态、数字

词条	木里县俚波乡纳木依话	九龙县子耳乡纳木依话	备注
大	da⁵⁵dzɿ³¹	da⁵⁵dzɿ⁵⁵	
小	a³¹tsɿ⁵⁵	a³¹tsɿ⁵⁵tsɿ⁵⁵	
长	da⁵⁵ʂa³¹	da⁵⁵ʂɑ⁵⁵	
短	a³¹ndɑ⁵⁵	a³¹ndɑ⁵⁵ndɑ⁵⁵	
短短的	a³¹ndɑ⁵⁵ndɑ⁵⁵		
高	da⁵⁵mu³¹	da⁵⁵mo⁵⁵	
矮	a³¹hĩ⁵⁵	a³¹hỹ⁵⁵hỹ⁵⁵	
矮墩墩	a³¹hĩ⁵⁵hĩ⁵⁵		
低	kʰɚ⁵⁵		
粗	da⁵⁵po³¹	da⁵⁵po³¹	
细	a³¹tsʰu⁵⁵	a³¹tsʰu⁵⁵tsʰu⁵⁵	
宽	da⁵⁵χo³¹	da⁵⁵fo⁵⁵	
窄	lo³¹lu⁵⁵	a³¹zu⁵⁵zu⁵⁵	
宽敞	da⁵⁵qa³¹da⁵⁵ʂa³¹		
方	ʂa³¹ʂa⁵⁵ta³¹	zɿ⁵⁵dʑu⁵⁵zɿ³¹	
四四方方	qa³¹qa⁵⁵ta³¹	zɿ⁵⁵dʑy⁵⁵	

词条	木里县俚波乡纳木依话	九龙县子耳乡纳木依话	备注
圆	ʁa⁵⁵ʁa⁵⁵	liu³¹liu⁵⁵pa⁵⁵	
圆溜溜		to³¹liu⁵⁵liu⁵⁵	
扁	pa⁵⁵tsɿ⁵⁵	pia⁵⁵pia⁵⁵ta³¹	
凸		bu³⁵no⁵⁵	
凹		ȵa³¹qu⁵⁵qu⁵⁵	
厚	da⁵⁵ɬa³¹	da⁵⁵hã³¹	
薄	a³¹bi⁵⁵	a³¹bi⁵⁵bi⁵⁵	
平		dzʅ⁵⁵gu⁵⁵	
皱		ȵa⁵⁵zu⁵⁵zu⁵⁵	
皱巴巴	χa³¹pu⁵⁵		
陡		mbi³¹hã⁵⁵	
直		tsɿ⁵⁵ta⁵⁵	
弯	qʰo⁵⁵qʰo⁵⁵	ga⁵⁵ga⁵⁵	
弯弯曲曲	gu³¹gu⁵⁵tsɿ³¹ta⁵⁵	la³¹u⁵⁵la³¹tsʰa³¹	
反		tʂa³¹pʰu⁵⁵	
斜	ntʂʰɿ⁵⁵ntʂʰɿ⁵⁵	ia³¹sa⁵⁵	
倒	gu³¹gu⁵⁵	u⁵⁵ma⁵⁵tʰa⁵⁵tsʰɿ⁵⁵	
歪	tsɿ³¹ta⁵⁵	ʁa⁵⁵ʂɿ⁵⁵	
横	lo³¹va³⁵	gu⁵⁵gu⁵⁵ta³¹	
竖	lo³¹va³⁵va³⁵	tsɿ⁵⁵ta⁵⁵	
硬	pu⁵⁵qa³¹	ʁo³⁵	
硬邦邦	ntʂʰɿ⁵⁵ntʂʰɿ⁵⁵	ʁo³⁵ko⁵⁵ zo⁵⁵ko⁵⁵zo⁵⁵	
软	gu³¹gu⁵⁵	pi⁵⁵iu⁵⁵pia³³iu⁵⁵iu³¹	
软绵绵		mu⁵⁵na⁵³mu³³na³¹	
活		sio⁵⁵ʐʅ⁵⁵	
活蹦乱跳		lo³¹pa⁵⁵lo⁵⁵tsʰo⁵⁵	
脆	ma⁵⁵ndʑi⁵⁵	kʰu⁵⁵su⁵⁵su⁵⁵	
紧	tɕi³⁵	ke⁵⁵tsɿ⁵⁵tsɿ⁵⁵	
紧绷绷	tɕi³⁵tɕi³⁵	ke⁵⁵tsɿ⁵⁵ke⁵⁵tsɿ⁵⁵	
松		qʰa³¹qʰa⁵⁵	
松垮垮		qʰa³¹ʂa⁵⁵ʂa⁵⁵	
远	da⁵⁵qʰu³¹	da⁵⁵qʰu⁵⁵	
近	a³¹ndʐu⁵⁵	a³¹ndʐu⁵⁵ndʐu⁵⁵	
快	kʰu⁵⁵kʰu⁵⁵	kʰu⁵⁵	

词条	木里县俚波乡纳木依话	九龙县子耳乡纳木依话	备注
慢	hã⁵⁵	hã⁵⁵	
慢腾腾	a³¹za³¹mu⁵⁵	a³¹za⁵⁵za⁵⁵mu⁵⁵	
难	ʁɑ³⁵	ʁɑ³⁵	
迟	hã⁵⁵	hã⁵⁵	
早	kʰu⁵⁵	ȵa³¹ʐɿ⁵⁵	
久		dɑ⁵⁵ʂa⁵⁵	
重	lo³¹ʐɿ³⁵	ʐɿ³⁵	
沉甸甸		ʐɿ³⁵pu⁵⁵li⁵⁵pu⁵⁵li⁵⁵	
轻	iɑ⁵⁵tsʰa⁵⁵	iu⁵⁵tsʰa⁵⁵	
轻飘飘	iɑ⁵⁵tsʰa⁵⁵iɑ⁵⁵tsʰa⁵⁵	pʰa⁵⁵la⁵⁵pʰa⁵⁵la⁵⁵	
缓		ta³¹go⁵⁵so⁵⁵	
急	lo³¹kʰu³¹	be³⁵iɑ⁵⁵	
易	ɣə³⁵tsɿ³⁵	ɣə³⁵tsɿ³⁵	
急忙忙	lo³¹kʰu⁵⁵kʰu³¹	be³⁵be³⁵li⁵⁵li⁵⁵	
忙	kʰu⁵⁵kʰu³¹	be³⁵	
闲	lu⁵⁵	lo⁵⁵	
新	ʂɿ⁵⁵tsa³¹	ʂɿ⁵⁵tsa⁵⁵	
崭新	ʂɿ⁵⁵ʂɿ⁵⁵tsa³¹tsa³¹	ʂɿ⁵⁵ʂɿ⁵⁵tsa⁵⁵tsa⁵⁵	
旧	gɑ³⁵	mo³¹gɑ⁵⁵	
破	ba³¹la⁵⁵	qʰa³¹pa⁵⁵	
深	dɑ⁵⁵mo³¹		
浅	a³¹hĩ⁵⁵		
清	ʂa³¹ʂa⁵⁵	gi⁵⁵	
齐		ʂa³¹sa⁵⁵	
浊		tʂʰa³⁵	
纯		gi⁵⁵ʂo⁵⁵	
杂		ʂa³¹ʂu⁵⁵ʂa³¹ma⁵⁵	
浓		dzo³⁵	
稀疏		a³¹bi⁵⁵bi⁵⁵	
黏（黏手）	dzo³⁵		
粘糊糊	dzo³⁵dzo³⁵		
密		dɑ⁵⁵hã⁵⁵	
满	dzɿ³⁵	bi⁵⁵dɑ⁵⁵	
空	ma⁵⁵ʐɿ³¹	pʰa³¹fu⁵⁵	

词条	木里县俸波乡纳木依话	九龙县子耳乡纳木依话	备注
寡		kɑ⁵⁵liu⁵⁵liu⁵⁵	
老	vu³¹dzʅ⁵⁵	lɑ³¹mo³¹	
嫩	zɑ³¹zɑ⁵⁵	hĩ³¹hĩ³¹	
生	tso⁵⁵tso³¹	mɑ⁵⁵mi³⁵	
脆生生		mi³⁵	
熟	mi³⁵	mi³⁵gɑ⁵⁵	
齐全		to⁵⁵sʅ⁵⁵	
整齐	mo³¹mo⁵⁵tɑ³¹		
整整齐齐	mo³¹mo⁵⁵tɑ³¹tɑ³¹		
乱		mɑ⁵⁵mi⁵⁵iɑ³¹	
多	dɑ⁵⁵pɚ³¹	dɑ³¹bi³¹	
少	a³¹ɲi⁵⁵	a³¹ɲi⁵⁵ɲi'⁵⁵	
足	lu³⁵	lu³⁵	
缺	mɑ⁵⁵lu³¹	mɑ⁵⁵lu³⁵	
尖	ntʰa³⁵	tʰa³⁵	
钝	mɑ⁵⁵ntʰa³⁵	mɑ⁵⁵tʰa³⁵	
干	fu³⁵	fu³⁵	
湿	tso⁵⁵tso³¹	tso⁵⁵tso⁵⁵	
胖	mɑ⁵⁵ndʑi⁵⁵	tsʰʅ⁵⁵ndu⁵⁵	
瘦	tɕi³⁵	dʑɑ³⁵	
肥	tɕi³¹tɕi³⁵	tsʰʅ⁵⁵	
弱	mɑ⁵⁵ʁuɚ⁵⁵	mɑ⁵⁵kʰa⁵⁵dʑi³¹	
真	dʑi⁵⁵	gɑ⁵⁵zʅ⁵⁵	
假	mɑ⁵⁵dʑi⁵⁵	tsʰo³¹qɑ⁵⁵	
善	ɲi³¹mi⁵⁵ʁɑ⁵⁵	pʰio³⁵	
恶	ɲi³¹mi⁵⁵mɑ⁵⁵ʁɑ⁵⁵	tsɑ⁵⁵	
好	pʰio³⁵	pʰio³⁵	
坏	tsɑ⁵⁵	tsɑ⁵⁵	
对	du⁵⁵	qɑ³⁵	
错	mi³¹tsʰo⁵⁵	mɑ⁵⁵du³¹	
光滑	ʁo³¹ze⁵⁵	tʂu⁵⁵ɚ⁵⁵tʂu'⁵⁵ɚ⁵⁵	
烂	ba³¹la⁵⁵	bo³¹tʂʰʅ⁵⁵	
烂兮兮		bo³¹bo³¹tʂʰʅ⁵⁵tʂʰʅ⁵⁵	
焦		mi⁵⁵tsɑ⁵⁵	

词条	木里县俅波乡纳木依话	九龙县子耳乡纳木依话	备注
颤		qo³¹tsʰu⁵⁵	
阴沉		ȵa⁵⁵pʰia⁵⁵	
干净	ʂa³¹ʂa⁵⁵	ʂa⁵⁵ʂa⁵⁵	
干干净净	ʂa³¹ʂa⁵⁵ga⁵⁵ga³¹		
脏兮兮	maʂ⁵⁵ʂa³¹sa³¹	tʂa⁵⁵li⁵⁵bi⁵⁵tsa⁵⁵	
安静		qa⁵⁵za⁵⁵	
嘈杂		su⁵⁵su⁵⁵ma³¹ma³¹	
热闹	ʁa⁵⁵ʐɿ⁵⁵xe³¹	bio³¹dzɿ³¹	
冷清	ʁa⁵⁵ʐɿ⁵⁵ma⁵⁵xe³¹	ko³¹tsʰɿ⁵⁵ʂu³¹	
清楚	ndo⁵⁵tɕu³¹	hĩ³¹gi⁵⁵ȵa⁵⁵tʰo³¹	
模糊	ndo⁵⁵ma⁵⁵tɕu³¹	pʰu⁵⁵tɕhi⁵⁵pʰa⁵⁵χa⁵⁵	
合适	ga⁵⁵mu⁵⁵du⁵⁵	dzua³¹dzua³¹	
准（确）		ʁu⁵⁵tsɿ⁵⁵	
方便		ʁə⁵⁵tsɿ⁵⁵	
零碎		vi⁵⁵vi⁵⁵tsʰɿ⁵⁵tsʰɿ⁵⁵	
牢固		liu⁵⁵liu⁵⁵ga⁵⁵ga⁵⁵	
经用		ndzɿ⁵⁵	
贵	pʰu³¹dzɿ³¹	pʰu³¹ʁo³⁵	
珍贵		di³¹ga⁵⁵	
便宜	pʰu³¹dzɿ³¹ma⁵⁵ia⁵⁵	pʰu³¹ma⁵⁵dzo³¹	
暖烘烘	tsʰɿ⁵⁵qa⁵⁵		
热乎乎	lo³¹tsʰɿ³⁵	tsʰɿ⁵⁵qa⁵⁵fo³¹	
滚烫		tsʰɿ⁵⁵tsʰɿ⁵⁵la³¹la³¹	
清凉		gi⁵⁵ʂo³¹	
冷冰冰		tsʰɿ⁵⁵ʂu³¹ʂu³¹	
奇怪		zu³¹a⁵⁵a³¹dzo⁵⁵ia³¹	
可惜		pʰa³¹ndo⁵⁵	
胖乎乎		tsʰɿ⁵⁵ndu⁵⁵pa⁵⁵ndu⁵⁵	
瘦精精		ndʐa³¹qu⁵⁵ɚ³¹	
粗大		da⁵⁵dzɿ⁵⁵da⁵⁵po³¹	
高大		da⁵⁵dzɿ⁵⁵da⁵⁵mo⁵⁵	
直挺		tsɿ⁵⁵ta⁵⁵	
直挺挺		tsɿ⁵⁵ta⁵⁵tsɿ⁵⁵ta⁵⁵	
漂亮	tse³⁵	tse³⁵	

词条	木里县俸波乡纳木依话	九龙县子耳乡纳木依话	备注
漂漂亮亮	tse³⁵tse³⁵	tse³⁵ti⁵⁵ma⁵⁵tʰa⁵⁵	
俊俏		di⁵⁵gɑ⁵⁵	
娇滴滴		zo³¹li⁵⁵xə⁵⁵	
帅	tsʰo³¹ntsʰa³¹na³¹		
丑陋		tʂa⁵⁵uɑ⁵⁵tsɑ⁵⁵	
干瘦		fu³'⁵ndʑɑ⁵⁵	
年轻	pʰɑ³¹ʂɿ³¹	pʰa³¹tɕi⁵⁵	
流利		dʑy³¹dʑy⁵⁵tɑ³¹tɑ³¹	
麻利		kʰa⁵⁵tʂa⁵⁵	
机灵		gi⁵⁵tsʰa³¹	
聪明	ntʂʰɿ⁵⁵	hĩ³¹gi⁵⁵ɳa⁵⁵tʰo³¹	
勤快	ʁo⁵⁵to³¹	dʑy⁵⁵zɿ⁵⁵	
能干		zu⁵⁵iɑ⁵⁵	
有本事	mo³¹lo⁵⁵to³¹	ndʐ³⁵to⁵⁵mo³¹to³¹	
懒惰	ma⁵⁵tʰu⁵⁵	ma⁵⁵dʑy⁵⁵ ʂɿ⁵⁵qa⁵⁵ndu³¹	
蠢/笨		de³¹de⁵⁵	
傻	lɑ³¹pɑ⁵⁵	ɑ³¹qɑ⁵⁵	
差劲	ma⁵⁵to³¹		
老实	lɑ³¹lɑ³¹pə⁵⁵pə⁵⁵		
本分		ma⁵⁵ke⁵⁵tsʰa³¹	
可怜	ʂa³¹ndo³⁵	ʂa³¹ndo⁵⁵	
规规矩矩		tsʰa⁵⁵tsʰa⁵⁵mu⁵⁵	
顺从		tsʰo³¹ndʐɿ⁵⁵mu⁵⁵	
浪费	lɑ³¹mo⁵⁵zu⁵⁵	pʰu⁵⁵sɿ⁵⁵tʂʰo³¹mi⁵⁵ndʐɿ³¹	
节俭/节约/省		tsʰɿ⁵⁵kʰa³¹	
糊涂	ma⁵⁵ntʂɿ⁵⁵	la³¹la⁵⁵ma⁵⁵gi³¹	
老练		ŋu³¹sɿ⁵⁵	
厉害	ʁo³¹tsɑ⁵⁵	tʰie'⁵⁵su⁵⁵	
狡猾	ʁu³¹ntʂʰɿ⁵⁵	tʂʰa³¹mba³¹	
阴险/阴毒	ȵi³¹mi⁵⁵ma⁵⁵pʰio³⁵	bə³⁵ma⁵⁵tso³¹	
狠毒		qo⁵⁵ndu⁵⁵	
贪心		tsa³¹mi⁵⁵tsa⁵⁵la⁵⁵	
忠心/忠诚		hĩ³¹gi⁵⁵ɳa⁵⁵tʰo³¹	
心事		tɕʰi⁵⁵sɿ³¹	

续表

词条	木里县倮波乡纳木依话	九龙县子耳乡纳木依话	备注
好心		ȵi³¹mi⁵⁵pʰio³⁵	
有良心	ȵi³¹mi⁵⁵ʁa⁵⁵		
小气	ȵi³¹ŋa⁵⁵a³¹nda⁵⁵	ȵi³¹sɿ⁵⁵a³¹nda³¹	
大方	ʁo³¹ŋkʰi⁵⁵	kʰu⁵⁵dʑua⁵⁵na⁵⁵dʑua⁵⁵	
爽快		χa⁵⁵pʰɑ⁵⁵pʰɑ⁵⁵	
乖		mi³¹mi⁵⁵	
听话	ba⁵⁵hĩ⁵⁵na³¹	kʰa³¹tʰo⁵⁵ba³¹hĩ³³na³¹	
可爱	ʁo³¹dza⁵⁵	zɿ⁵⁵ga⁵⁵	
害羞	ʂa³¹do⁵⁵	ʂa³¹do⁵⁵	
温顺		ba⁵⁵ba⁵⁵li³¹li³¹	
斯文		ʂa³¹ndʑa⁵⁵	
调皮	ba⁵⁵hĩ⁵⁵ma⁵⁵na³¹	ka³¹la⁵⁵ndʑa³¹	
粗鲁		ʁa³⁵ndʑa⁵⁵ku³¹	
凶猛		za³¹χu⁵⁵la⁵⁵χu⁵⁵	
正经		za³¹pa⁵⁵	
不正经		hũ³¹zɿ⁵⁵tʰo⁵⁵zɿ⁵⁵	
下流	ʂa³¹do⁵⁵ma⁵⁵sɿ³¹	ma⁵⁵ʁa³¹	
无聊	dza⁵⁵ɣua⁵⁵tsa⁵⁵	kʰə³¹ŋu⁵⁵lu³¹	
缺德	tsa⁵⁵mu³¹mu⁵⁵	ma⁵⁵tʂu⁵⁵mu⁵⁵	
残忍		χa³¹χu³¹	
大胆	tʂɿ³¹da⁵⁵dzɿ³¹	ȵi³¹mi⁵⁵da³³tʂɿ³¹	
犟/倔强	ndu⁵⁵qʰo³¹ma⁵⁵hĩ³¹		
不耐烦	ta⁵⁵ta⁵⁵mpʰu³¹		
高兴	lo³¹pʰɚ³⁵	pʰi⁵⁵zo⁵⁵qo³¹	
欢欢喜喜	dzɿ³¹dzɿ⁵⁵χa⁵⁵χa³¹		
满意	qʰo⁵⁵χo⁵⁵bi³⁵na³¹	ȵi³¹mi⁵⁵xə⁵⁵	
烦躁		ȵi³¹mi⁵⁵zɿ⁵⁵	
难过	sɿ³¹mu⁵⁵	pia³⁵	
愁	bu⁵⁵ȵu³¹		
羞耻	ʂa³¹du⁵⁵		
昏昏沉沉	ma⁵⁵ʂu⁵⁵ma⁵⁵ɚ⁵⁵		
和睦	pa⁵⁵xi³¹	tʂɿ⁵⁵tʂɿ⁵⁵dʑu³¹dʑu³¹	
孤独	tɕi³¹gu⁵⁵		
粗心	ȵi³¹pa⁵⁵		

词条	木里县俸波乡纳木依话	九龙县子耳乡纳木依话	备注
小心	ȵi³¹mi⁵⁵a³¹tsʅ⁵⁵	ȵi³¹mi⁵⁵a³¹tsʅ⁵⁵	
安心		ga⁵⁵ɚ⁵⁵mu⁵⁵	
偏心	ȵi³¹mi⁵⁵ma⁵⁵tsʅ³¹		
顺利	sʅ⁵⁵ma⁵⁵dzɿ⁵⁵gi⁵⁵		
舒服	ʁo⁵⁵xi³⁵	xə⁵⁵ia⁵⁵	
累	mi³¹ntʂʰʅ³⁵	dzu̝⁵⁵i⁵⁵sʅ³¹	
辛苦	lo⁵⁵tsʅ³¹ʁa³⁵	mi⁵⁵ga⁵⁵	
先进	tʂo³¹ɣo⁵⁵mu⁵⁵	ʁu⁵⁵sʅ⁵⁵	
落后	gu⁵⁵nu⁵⁵mu⁵⁵	ma³⁵sʅ⁵⁵	
团结	y³¹y⁵⁵	tsʅ⁵⁵tsʅ⁵⁵dzu³¹dzu³¹	
麻烦		ʁa³⁵u⁵⁵dzo³¹	
贫穷		pʰu³¹ndzɿ³¹	
困难	pʰu⁵⁵ndzɿ⁵⁵	ka³¹bi⁵⁵bi⁵⁵	
富裕	su⁵⁵qa³¹	su⁵⁵qa⁵⁵	
反动	tʂʰa³¹pʰu⁵⁵		
太平		pʰi⁵⁵pʰi⁵⁵mu⁵⁵	
紧张	sʅ⁵⁵tsʅ³¹		
明亮	ndu⁵⁵tɕu³¹	pʰu⁵⁵ko⁵⁵pʰu⁵⁵ko⁵⁵	
亮堂堂	bi³¹la⁵⁵bi³¹la⁵⁵		
明显	tɕʰi³¹sʅ³⁵		
红	lo³¹χo³¹	ɬiu⁵⁵kʰu³¹	
粉红		hĩ⁵⁵kʰo³¹	
朱红		ɬiu⁵⁵kʰu³¹ze⁵⁵	
红通通	lo³¹χo³¹lo³¹χo³¹	ɬiu⁵⁵kʰu³¹ɬiu⁵⁵kʰu³¹	
白	pʰu⁵⁵lu³¹	pʰu⁵⁵lu³¹	
雪白		pʰu⁵⁵lu³¹pʰu⁵⁵lu³¹	
苍白		pʰi⁵⁵ʂa⁵⁵pʰi⁵⁵ʂa⁵⁵	
灰白	la³¹ɚ⁵⁵pʰu⁵⁵lu³¹	na⁵⁵bo³¹	
白白的	pʰu⁵⁵lu³¹pʰu⁵⁵lu³¹		
白花花		pʰu⁵⁵lu⁵⁵va³¹	
黑	na⁵⁵ɴqʰa⁵⁵	na⁵⁵tsʰʅ⁵⁵	
漆黑		na⁵⁵tsʰʅ⁵⁵na⁵⁵tsʰʅ⁵⁵	
青	hĩ⁵⁵tsʅ³¹	hĩ⁵⁵tsʅ⁵⁵	
青溜溜		hĩ⁵⁵tsʅ⁵⁵hĩ⁵⁵tsʅ⁵⁵	

词条	木里县倮波乡纳木依话	九龙县子耳乡纳木依话	备注
绿	hĩ⁵⁵tʂɿ³¹	hĩ⁵⁵zɿ⁵⁵	
绿油油		hĩ⁵⁵zɿ⁵⁵hĩ⁵⁵zɿ⁵⁵	
灰	pʰu⁵⁵la³¹	na⁵⁵bo³¹	
深灰	la³¹ɚ⁵⁵		
黄	ʂɿ⁵⁵qɑ³¹	ʂɿ⁵⁵qɑ⁵⁵	
金黄		ʂɿ⁵⁵qɑ⁵⁵gi⁵⁵	
黄澄澄	ʂɿ⁵⁵qɑ³¹qɑ³¹		
蓝		mu⁵⁵zɿ⁵⁵	
秃		ʁu⁵⁵ly³⁵ly³⁵	
光秃秃		tɕʰi⁵⁵so⁵⁵	
味道		sa³⁵	
气味		tsʰɿ³¹ma⁵⁵so⁵⁵	
淡		tɕʰi³¹so⁵⁵ma⁵⁵so⁵⁵	
淡兮兮		tsʰɿ⁵⁵qʰɑ⁵⁵	
咸		qʰɑ⁵⁵la³¹hã³¹	
咸辛辛		bi⁵⁵ȵu⁵⁵pʰio³⁵	
香		hũ³¹pʰu⁵⁵zɿ³¹	
臭		bi⁵⁵ȵu⁵⁵	
臭熏熏		bi⁵⁵ȵu⁵⁵tsa³⁵tsa³⁵	
酸	tʂu³⁵tsa³⁵tsa³⁵	tʂu³⁵	
甜		ʂa³⁵bi⁵⁵	
甜蜜蜜		ʂa³⁵i⁵⁵lo⁵⁵bi⁵³	
苦		kʰɑ³⁵	
苦丁丁		kʰɑ³⁵tsa³⁵tsa³⁵	

13. 副词

词条	木里县倮波乡纳木依话	九龙县子耳乡纳木依话	备注
最	gɑ⁵⁵mu⁵⁵		
更	gɑ⁵⁵mu⁵⁵		
很	gɑ⁵⁵mu⁵⁵		
有点	tɕi³¹pʰa⁵⁵		
好多	dɑ⁵⁵pɚ³¹		
都	ŋɑ⁵⁵		

续表

词条	木里县俸波乡纳木依话	九龙县子耳乡纳木依话	备注
全部	iɑ³¹qɑ³¹mu⁵⁵		
只有	tɕi³¹ŋɑ⁵⁵		
另外	ndzɑ³¹li⁵⁵		
根本	dʑi⁵⁵		
尽量	qʰɑ⁵⁵tɑ⁵⁵mu⁵⁵		
至少	ɑ³¹ȵi⁵⁵		
差不多	du⁵⁵χɑ⁵⁵		
不	mɑ⁵⁵		
不要	mɑ⁵⁵hũ⁵⁵		
不必	mu⁵⁵mɑ⁵⁵hũ³¹		
没有	mɑ⁵⁵dʐɿ⁵⁵gi⁵⁵		
别（去）	tʰɑ⁵⁵mu⁵⁵		
不曾	mɑ⁵⁵tɕi⁵⁵		
不会	mɑ⁵⁵ku³¹		
怪不得	mɑ⁵⁵dʐɿ⁵⁵		
巴不得	ɑ³¹tʂʰɿ⁵⁵tʂʰɿ³¹		
从前	i⁵⁵ȵi⁵⁵ɑ⁵⁵sɿ⁵⁵		
现在	ɑ³¹mi⁵⁵tʰu³¹		
最近	tʂʰo³¹tʰu⁵⁵		
后来（指过去）	gu⁵⁵nu⁵⁵		
以后	tʂo³¹gu⁵⁵nu⁵⁵		
刚好	tɑ⁵⁵tʰu⁵⁵		
赶快	iɑ³¹kʰu⁵⁵		
暂时	tɕi³¹tʰu⁵⁵		
慢点儿	ɑ³¹zɑ³¹mu⁵⁵		
事先	tʂo³¹ɣo⁵⁵zɑ³¹zɑ⁵⁵		
已经	mi³¹mu⁵⁵		
从小	ɑ³¹tsɿ⁵⁵tʰɑ³¹		
原先	tʰɑ³¹ɣo⁵⁵		
最后	gu⁵⁵nu⁵⁵		
一阵子	tɕi³¹tʰu⁵⁵		
一眨眼	miɑ⁵⁵tɕi³¹tsɿ⁵⁵mɚ³¹		
半晌/大半天	ȵi³¹kʰu⁵⁵		
来不及	mɑ⁵⁵mɚ³¹		

续表

词条	木里县俚波乡纳木依话	九龙县子耳乡纳木依话	备注
来得及	mɑ³¹sɿ⁵⁵		
又	χɑ⁵⁵sɿ³¹		
还是	tu⁵⁵mu³¹		
还有	dʑi⁵⁵gi⁵⁵sɿ⁵⁵		
经常	qʰɑ⁵⁵tɑ⁵⁵tɑ³¹		
轮流	tɑ³¹ki⁵⁵		
偷偷（地）	qʰɑ³¹lɑ⁵⁵		
悄悄	mɑ³¹mɑ⁵⁵ŋɑ³¹		
当面	ɑ³¹pɑ³¹		
亲自	i³¹bi³¹		
分头	tɕi³¹gɑ⁵⁵pʰɑ³¹		
随便	nɑ³¹		
乱（~说）	lɑ³¹mu⁵⁵（ʂo⁵⁵）		
一	tɕi³¹	tɕi⁵⁵	
二	ȵi⁵⁵	ȵi⁵⁵	
三	so⁵⁵	so⁵⁵	
四	zɿ³⁵	zɿ³⁵	
五	ŋɑ³⁵	ŋɑ³⁵	
六	kʰu³¹	kʰu³¹	
七	ʂɿ³¹	ʂɿ³¹	
八	hĩ³¹	hĩ⁵⁵	
九	ŋgu³⁵	ŋgu³⁵	
十	χo³¹	χo⁵⁵	
十一	χo³¹tɕi³¹	tɕi⁵⁵χo⁵⁵tɕi⁵⁵	
十二	χo³¹ȵi⁵⁵	tɕi⁵⁵χo⁵⁵ȵi⁵⁵	
十三	χo³¹so⁵⁵	tɕi⁵⁵χo⁵⁵so⁵⁵	
十四	χo³¹zɿ³⁵	tɕi⁵⁵χo⁵⁵zɿ³⁵	
十五	χo³¹ŋɑ³⁵	tɕi⁵⁵χo⁵⁵ŋɑ³⁵	
十六	χo³¹kʰu³¹	tɕi⁵⁵χo⁵⁵kʰu³¹	
十七	χo³¹ʂɿ³¹	tɕi⁵⁵χo⁵⁵ʂɿ³¹	
十八	χo³¹hĩ³¹	tɕi⁵⁵χo⁵⁵hĩ⁵⁵	
十九	χo³¹ŋgu³⁵	tɕi⁵⁵χo⁵⁵ŋgu³⁵	
二十	ȵo⁵⁵	ȵi⁵⁵χo⁵⁵	
二十一	ȵo⁵⁵tɕi³¹	ȵi⁵⁵χo⁵⁵tɕi⁵⁵	

词条	木里县俄波乡纳木依话	九龙县子耳乡纳木依话	备注
二十二	ȵo⁵⁵ȵi⁵⁵	ȵi⁵⁵χo⁵⁵ȵi⁵⁵	
二十三	ȵo⁵⁵so⁵⁵	ȵi⁵⁵χo⁵⁵so⁵⁵	
二十四	ȵo⁵⁵zʅ³⁵	ȵi⁵⁵χo⁵⁵zʅ³⁵	
二十五	ȵo⁵⁵ŋɑ³⁵	ȵi⁵⁵χo⁵⁵ŋɑ³⁵	
二十六	ȵo⁵⁵kʰu³¹	ȵi⁵⁵χo⁵⁵kʰu³¹	
二十七	ȵo⁵⁵ʂʅ³¹	ȵi⁵⁵χo⁵⁵ʂʅ³¹	
二十八	ȵo⁵⁵hĩ³¹	ȵi⁵⁵χo⁵⁵hĩ⁵⁵	
二十九	ȵo⁵⁵ŋgu³⁵	ȵi⁵⁵χo⁵⁵ŋgu³⁵	
三十	so⁵⁵ʂʅ³¹	so⁵⁵χo⁵⁵	
四十	zo³⁵ʂʅ³¹	zʅ³⁵χo⁵⁵	
五十	ŋo³⁵ʂʅ³¹	ŋɑ³⁵χo⁵⁵	
六十	kʰo³¹ʂʅ³¹	kʰu³¹χo⁵⁵	
七十	ʂo³¹ʂʅ³¹	ʂʅ³¹χo⁵⁵	
八十	hĩo³¹ʂʅ³¹	hĩ⁵⁵χo⁵⁵	
九十	ŋgo³⁵ʂʅ³¹	ŋgu³⁵χo⁵⁵	
百	hĩɑ⁵⁵	hĩ⁵⁵	
千	tu³¹	tu⁵⁵	
万	ntsʰu³¹	dzɑ⁵⁵	
一百	tɕi⁵⁵hĩɑ⁵⁵	tɕi⁵⁵hĩ⁵⁵	
一百零一	tɕi⁵⁵hĩɑ⁵⁵tɕi⁵⁵	tɕi⁵⁵hĩ⁵⁵nɑ⁵⁵tɕi⁵⁵	
一百一十	tɕi⁵⁵hĩɑ⁵⁵χo³¹	tɕi⁵⁵hĩ⁵⁵nɑ⁵⁵χo⁵⁵tɕi⁵⁵	
一百五十	tɕi³¹hĩɑ⁵⁵ŋo³⁵	tɕi⁵⁵hĩ⁵⁵ nɑ⁵⁵ŋɑ³⁵χo⁵⁵	
二百	ȵi⁵⁵hĩɑ⁵⁵	ȵi⁵⁵hĩ⁵⁵	
五百	ŋɑ³⁵hĩɑ⁵⁵	ŋɑ³⁵hĩ⁵⁵	
一千	tɕi³¹tu³¹	tɕi⁵⁵tu⁵⁵	
一千一百	tɕi³¹tu³¹tɕi³¹hĩɑ⁵⁵	tɕi⁵⁵tu⁵⁵nɑ⁵⁵tɕi⁵⁵hĩ⁵⁵	
一万	tɕi³¹ntsʰu³¹	tɕi⁵⁵dzɑ⁵⁵	
一万一千	tɕi³¹ntsʰu³¹tɕi³¹tu³¹	tɕi⁵⁵dzɑ⁵⁵ nɑ⁵⁵tɕi⁵⁵tu⁵⁵	
第一（个）	tʂo³¹ɣo⁵⁵tɕi³¹（lu⁵⁵）	tʂo⁵⁵i⁵⁵tɕi⁵⁵	
第二（个）	tʂo³¹ɣo⁵⁵ȵi⁵⁵（lu⁵⁵）	tʂo⁵⁵i⁵⁵ȵi⁵⁵	
第三（个）	tʂo³¹ɣo⁵⁵so⁵⁵（lu⁵⁵）	tʂo⁵⁵i⁵⁵so⁵⁵	
第四（个）	tʂo³¹ɣo⁵⁵χo³¹（lu⁵⁵）	tʂo⁵⁵i⁵⁵zʅ³⁵	
第五（个）	tʂo³¹ɣo⁵⁵χo³¹（lu⁵⁵）	tʂo⁵⁵i⁵⁵ŋɑ³⁵	
第六（个）	tʂo³¹ɣo⁵⁵χo³¹（lu⁵⁵）	tʂo⁵⁵i⁵⁵kʰu³¹	

词条	木里县俄波乡纳木依话	九龙县子耳乡纳木依话	备注
第七（个）	tʂo³¹ɣo⁵⁵χo³¹（lu⁵⁵）	tʂo⁵⁵i⁵⁵ʂ̩³¹	
第八（个）	tʂo³¹ɣo⁵⁵χo³¹（lu⁵⁵）	tʂo⁵⁵i⁵⁵hĩ⁵⁵	
第九（个）	tʂo³¹ɣo⁵⁵χo³¹（lu⁵⁵）	tʂo⁵⁵i⁵⁵ŋgu³⁵	
第十（个）	tʂo³¹ɣo⁵⁵χo³¹（lu⁵⁵）	tʂo⁵⁵i⁵⁵χo⁵⁵	
第一人	tʂo³¹ɣo⁵⁵tɕi³¹pu⁵⁵	tʂo⁵⁵i⁵⁵tɕi⁵⁵pu⁵⁵	
第二排	gu⁵⁵nu⁵⁵tɕi³¹mbɚ³¹		
第十家	gu⁵⁵nu⁵⁵χo³¹y⁵⁵	tʂo⁵⁵i⁵⁵χo⁵⁵y⁵⁵	
第二十回	gu⁵⁵nu⁵⁵ȵo⁵⁵ki³¹		
三成	so⁵⁵lu⁵⁵	so⁵⁵lu⁵⁵	

14. 行为动作

词条	木里县俄波乡纳木依话	九龙县子耳乡纳木依话	备注
听	ba⁵⁵hĩ⁵⁵	ba⁵⁵hĩ⁵⁵	
听见	gi⁵⁵ʂa³¹	gi⁵⁵ʂa⁵⁵	
偷听	gu⁵⁵nu⁵⁵ba⁵⁵hĩ⁵⁵	kʰu³¹ba⁵⁵hĩ⁵⁵	
看	ly³⁵	ly³⁵	
看见	ndo⁵⁵ʂɑ³¹	ndo⁵⁵ʂɑ⁵⁵	
（从门缝）偷看	qʰɑ³¹la⁵⁵mu⁵⁵ly³⁵	kʰu³¹ly³⁵	
瞪	na³⁵la⁵⁵mu⁵⁵ly³⁵		
盯		ly³⁵ta⁵⁵	
瞟		ia³¹sa⁵⁵ly³⁵	
闭眼	mia⁵⁵mɑ³¹mɑ⁵⁵	ȵa⁵⁵ma⁵⁵	
睁眼	mia⁵⁵qʰa⁵⁵	ȵa⁵⁵χa⁵⁵	
眨眼	mia⁵⁵tʂ̩⁵⁵mɑ³¹	ȵa⁵⁵tʂ̩⁵⁵ma⁵⁵	
眯眼	mia⁵⁵mɑ³¹mɑ⁵⁵	ȵa⁵⁵sy⁵⁵sy⁵⁵	
瞄准		la³¹ta⁵⁵	
皱眉		ȵa⁵⁵zu⁵⁵	
递眼色		ȵa⁵⁵ɚ⁵⁵tʂ̩⁵⁵tʂ̩⁵⁵	
吃	dʐ̩⁵⁵	dʐ̩⁵⁵	
喝	ndʐ̩³⁵	ʂu³⁵	
吸		tʂʰu³¹tʂʰu³¹	
尝	ɑ³¹so⁵⁵mu³¹	tɕi³¹ŋua⁵⁵lo⁵⁵no³¹	
咬	mi³⁵	tʰa³⁵	

词条	木里县俚波乡纳木依话	九龙县子耳乡纳木依话	备注
嚼		ŋe³⁵	
啃	ɴqʰɑ³⁵	qʰɑ³⁵	
舔	iɑ³⁵	iɑ³⁵	
含		qʰo⁵⁵tɕi³¹bi⁵⁵	
吹	fu⁵⁵	fu⁵⁵	
喷		pʰu³⁵	
吮		i³⁵	
吐	mpʰi³⁵		
哈气		sa³¹fo⁵⁵	
（牙齿）打颤		qo³¹tʂʰu⁵⁵	
闭嘴	ȵo³¹ntsʰu⁵⁵ ma³¹ma⁵⁵	ȵi³¹tsʰɿ⁵⁵ɚ⁵⁵ ma⁵⁵ma⁵⁵	
张嘴	ȵo³¹ntsʰu⁵⁵χɑ³¹	qʰo³¹χɑ⁵⁵	
（咂）嘴	ȵo³¹ntsʰu⁵⁵mbo³¹	pia⁵⁵ku⁵⁵	
咧嘴		iɑ³¹ŋgu⁵⁵	
噘嘴		ȵi³¹tsʰɿ⁵⁵ɚ⁵⁵ndzɿ⁵⁵	
抿嘴		nɑ³¹ma⁵⁵	
流口水	tʂa³¹qʰa⁵⁵ti⁵⁵ti⁵⁵	tsɿ³¹ɦia⁵⁵ndza⁵⁵	
吐舌头	iɑ³¹lɑ⁵⁵mpʰi³⁵	i³¹pʰi⁵⁵	
噎		ki⁵⁵ta⁵⁵	
呛		ʂu³¹ta⁵⁵	
咽	ȵi³¹qo⁵⁵	ȵi³¹qu⁵⁵	
呼吸	sa³⁵tʂʰɿ³¹	sa³⁵ʂu⁵⁵	
呼气		sa³⁵fu⁵⁵	
窒息		sa³⁵fo⁵⁵ta⁵⁵	
闻/嗅（气味）	hĩ³¹hĩ⁵⁵	hĩo³⁵	
抬头	ʁu⁵⁵ɚ³¹tʂɿ³¹	ʁu⁵⁵lo³¹tsʰɿ⁵⁵	
低头	ʁu⁵⁵ɚ³¹qʰo³¹qʰo³¹	ʁu⁵⁵qu⁵⁵qu⁵⁵	
偏头		ʁu⁵⁵ʁɑ⁵⁵ʂɿ⁵⁵	
仰头		ʁu⁵⁵lɑ³¹ŋɑ⁵⁵	
点头	ʁu⁵⁵ɚ³¹tɑ⁵⁵ŋa³¹	ʁu⁵⁵ta⁵⁵ŋa⁵⁵	
摇头	ʁu⁵⁵ɚ³¹li³¹li⁵⁵	ʁu⁵⁵lu⁵⁵lu⁵⁵	
磕头	ʁuɑ³¹ntsʰa⁵⁵ntʰu³¹	ʁu⁵⁵mi⁵⁵tʰu³¹	
回头看		ɣa⁵⁵ndzo⁵⁵tɕi³¹ly³⁵	
回头	li⁵⁵ke³¹ly³⁵		

词条	木里县俄波乡纳木依话	九龙县子耳乡纳木依话	备注
（用头）撞	ntʂʰɻ³⁵	tu³⁵	
招手	la³¹tʂɻ³⁵	la³¹pʰa⁵⁵la³¹	
举手		la³¹tsu⁵⁵	
伸手		la³¹tʂɻ⁵⁵	
拍手	la³¹tsʰɻ⁵⁵ŋga⁵⁵	la³¹dʐa⁵⁵tɕi³¹	
拱手		dʑy³¹tsu⁵⁵	
松手	la³¹tʂʰɻ³⁵	la³¹qʰa⁵⁵qʰa⁵⁵	
握手	la³¹zu⁵⁵	la³¹zu⁵⁵zu⁵⁵	
握拳		ku³¹tsʰu⁵⁵tʂʰɻ³¹	
合手		la³¹qo⁵⁵qo⁵⁵	
做手势		la³¹tʰa⁵⁵	
张开手掌		la³¹tsʰɻ⁵⁵χo⁵⁵χo⁵⁵	
（手）挽手		la³¹pʰi⁵⁵pʰi⁵⁵	
（双手）掐	ʁa⁵⁵ta⁵⁵ntʂʰɻ⁵⁵	ʁa⁵⁵tsʰɻ⁵⁵pi³¹	
（指尖）掐	ntsʰɻ³¹pi⁵⁵	la³¹tsʰɻ⁵⁵pi⁵⁵	
拧	ʁa⁵⁵ʂɻ³¹	ʁa⁵⁵ʂɻ⁵⁵	
捻（线头）		qa³⁵ȵu⁵⁵	
捏	ntsʰɻ⁵⁵ntsʰɻ³¹	tʂʰɻ³¹tʂʰɻ⁵⁵	
（指头）摁	na³⁵	na³⁵	
（指关节）叩击	ŋga⁵⁵ŋga³¹		
（手指）抠	qa³¹qa⁵⁵	tʂɻ³⁵	
指（着）	ntʰa³⁵	la³¹ȵi⁵⁵tʰa³¹	
（手指）戳	ŋgo³⁵	ŋgo³⁵	
（伸手）递	ko³⁵	ko³⁵	
抬	ntɕʰo³⁵	lo³¹tsʰɻ⁵⁵	
扛	va⁵⁵	va⁵⁵	
背（东西）	ia⁵⁵hã³¹	ia⁵⁵hã⁵⁵	
摸	zu⁵⁵zu³¹	so³¹so⁵⁵	
扶	pʰa⁵⁵ga⁵⁵	zu⁵⁵mba⁵⁵	
搀扶		mba⁵⁵sa⁵⁵	
搀扶		ȵi⁵⁵ku⁵⁵tɕi³¹ta⁵⁵	
搂/抱	ta³¹ta⁵⁵	tsʰo³⁵	
推	ŋkʰi³⁵	sa³¹sa⁵⁵	
拽	go³¹dʐo³⁵	ŋgu³⁵	

词条	木里县俚波乡纳木依话	九龙县子耳乡纳木依话	备注
拉	sɑ⁵⁵	sa⁵⁵sa⁵⁵	
牵	sɑ⁵⁵sɑ⁵⁵	ʂɹ̩⁵⁵ʂɹ̩⁵⁵	
拔/扯	mpʰʂɹ̩³⁵	pa⁵⁵pu⁵⁵	
拍打	ŋga⁵⁵ŋga³¹	la³¹tsʰɹ̩⁵⁵ŋgɑ⁵⁵	
捋（袖）	la³¹y⁵⁵tu³¹	la³¹y⁵⁵pu⁵⁵li⁵⁵	
捋（胡须）		ʂɹ̩³¹ʂɹ̩³¹	
放（东西）		tʂʰe⁵⁵tʂʰe⁵⁵	
（用拳）擂		ku³¹tsʰu⁵⁵ly⁵⁵tʰɑ⁵⁵	
打	mbo³⁵	ʁa⁵⁵y⁵⁵	
掰（手指）	qʰu³⁵	kʰu³⁵	
搧（耳光）		a³¹vɑ⁵⁵	
拿	la³⁵	la³⁵	
给	qo³⁵	ko³⁵	
端	ta³¹ta⁵⁵		
提	pa³⁵	kɑ⁵⁵zu⁵⁵	
扔（石头）	ŋga⁵⁵	χə⁵⁵χə⁵⁵	
（双手）压	nɑ³⁵	na³⁵	
（举起后）摔		mi⁵⁵ŋɑ⁵⁵	
抛		gu³¹za⁵⁵χə⁵⁵	
挖	ka³⁵	qo⁵⁵qa⁵⁵	
掏	pʰa³¹tʂʰɹ̩⁵⁵	pʰa⁵⁵tsʰɹ̩⁵⁵	
举	lo³¹tʂʰɹ̩⁵⁵	tʰu³¹pi⁵⁵	
携带		qɑ³¹dʐɹ⁵⁵pa³⁵	
夹（腋下）	qa⁵⁵ȵu⁵⁵	qa³¹ȵu⁵⁵	
抓（把米）	ɣɑ³⁵	tʂuɑ³⁵	
扳		ka⁵⁵pi⁵⁵	
（用双手）托		lo³¹tsɹ̩⁵⁵	
捧（水）		la³¹pu⁵⁵	
捉		ma⁵⁵	
（怀）揣	mu³¹mu⁵⁵	pu³¹ɚ⁵⁵ȵu⁵⁵	
携带	pa³⁵dzu⁵⁵		
甩（水）	ŋga⁵⁵	tɑ⁵⁵tɑ⁵⁵	
扒（皮）		ȵy³⁵	
揉	ʂɹ̩³¹ŋgu⁵⁵	li⁵⁵li⁵⁵	

续表

词条	木里县俄波乡纳木依话	九龙县子耳乡纳木依话	备注
撕	mpʰʂɿ³⁵	zɿ⁵⁵zɿ⁵⁵	
搓	y³⁵	zo⁵⁵zo⁵⁵	
擦（汗）	su³⁵	kʰu³¹kʰu³¹	
掸（灰尘）		tɑ⁵⁵tɑ⁵⁵	
走	mbɑ³⁵	mbɑ⁵⁵	
跃/越		tʂɑ³¹pʰu⁵⁵	
跳	pɑ³⁵	pɑ³⁵	
溜		ʂa³⁵	
逃		pʰo³¹	
爬	ɣa⁵⁵ɣa³¹	mbi³⁵	
踩	tʰu³⁵	tʰu³⁵	
跪	ntʰu³⁵	ŋgo³¹tʰu⁵⁵	
蹲		tsu⁵⁵tsu⁵⁵	
站	hĩ³⁵	hỹ³⁵	
踢	ntsʰu⁵⁵	tsʰu⁵⁵	
蹭（痒）	kʰu³¹kʰu⁵⁵		
跷腿	ʂɿ³¹tsɿ³¹tsu⁵⁵	ȵi⁵⁵tɕi⁵⁵ka³¹tʂɿ⁵⁵	
跺脚	pɑ³¹pɑ⁵⁵	vɑ³¹tɕi⁵⁵tɕi⁵⁵	
攀爬		ɣa⁵⁵ɣa⁵⁵	
追赶		tɑ³¹pa⁵⁵	
跟		ma³⁵io⁵⁵io⁵⁵	
蹂躏/践踏		ma⁵⁵tsʰɿ⁵⁵mu³¹	
跐		mi⁵⁵ȵi⁵⁵ʁu⁵⁵tʰu⁵⁵	
坐	ndʑu⁵⁵	ndʑu⁵⁵	
躺	y³⁵	u³¹io⁵⁵	
趴	qo⁵⁵qo⁵⁵	qu³¹qu⁵⁵fo⁵⁵	
打滚	mbu³¹li³¹li⁵⁵	vu³¹li⁵⁵	
闯		lo³¹tu⁵⁵	
摔跤/跌跤		mbu³¹li⁵⁵	
转身	nu³¹nu⁵⁵	li⁵⁵tʂo⁵⁵pa⁵⁵	
靠	pʰa⁵⁵ga⁵⁵	lo³¹u⁵⁵io³¹	
摇动		lu⁵⁵ly⁵⁵	
（来回）摇（松）		zu⁵⁵zu⁵⁵	
靠近	tɕi³¹gi⁵⁵pʰa⁵⁵ga⁵⁵	te³¹te⁵⁵mu³¹	

词条	木里县俸波乡纳木依话	九龙县子耳乡纳木依话	备注
叉腰	do³¹ka⁵⁵pʰa⁵⁵ga⁵⁵	ia³¹qʰa⁵⁵dʑu³⁵	
弯腰	do³¹ka⁵⁵qʰo⁵⁵qʰo⁵⁵	dzu³⁵ga⁵⁵ga⁵⁵	
挺胸		ɣo⁵⁵hỹ³¹lo³¹ tsʅ⁵⁵tsʅ⁵⁵	
闪开		tɕʰi³¹qʰa⁵⁵qʰa³¹	
绊倒		tṣa³¹pʰu⁵⁵tsʅ⁵⁵	
挣扎		pʰi³¹ma⁵⁵tʰa⁵⁵	
遗失		ku³⁵tʰo⁵⁵	
寻找	qa³¹zʅ³¹ʂu³⁵	li⁵⁵ʂu⁵⁵	
藏（东西）		tsʅ³¹pa⁵⁵	
躲藏	qo³¹ta⁵⁵	tɕʰi⁵⁵ɴɢɑ⁵⁵	
（鞭）抽	pa⁵⁵tṣa⁵⁵mbu³⁵	ʁa⁵⁵ɣ⁵⁵	
堆放		bu⁵⁵bu⁵⁵tɕi³¹ta³¹	
叠		gu³¹lu⁵⁵	
摆	tsʅ³⁵	tɕi³¹ta⁵⁵	
搬	ntɕʰo³⁵	tṣeʼ⁵⁵tṣe⁵⁵	
拦截	qʰa⁵⁵qʰa³¹	za³¹ta⁵⁵	
堵塞		tsʅ³¹qɑ⁵⁵ta⁵⁵	
架		zy³⁵ta⁵⁵	
砌		ndu³⁵	
挡		qʰa⁵⁵ta⁵⁵	
抢	zʅ³⁵	zʅ³⁵	
围	ʁa⁵⁵ʁo³¹	tɕʰi⁵⁵qʰa⁵⁵	
绑	ŋgu³⁵	ŋgu³⁵	
勒	su³⁵	su³⁵	
砸	tɕu⁵⁵	tṣu³⁵	
刨（皮）		kʰu³⁵	
刮	mpʰsʅ³⁵	ȵy³⁵	
楔		tʂʰu³⁵	
拆	ɣ⁵⁵ntʂʰua³⁵	pʰia³⁵	
翻（山）	tʂʰa³¹pu⁵⁵	tṣa³¹pʰu⁵⁵	
挂	ka³¹la⁵⁵	tsʅ³⁵	
抖（袋）	ta³¹ta³⁵	ta⁵⁵ta⁵⁵	
拄（杖）	ntʰu³⁵	tʰu³⁵	
（棍/线）串（物）		za³¹za⁵⁵	

续表

词条	木里县倮波乡纳木依话	九龙县子耳乡纳木依话	备注
穿（透）		bi³¹tsʅ⁵⁵	
垫		tsʅ³¹qa⁵⁵	
（刀）划	qʰa³⁵	zʅ³¹zʅ⁵⁵	
包	lo³¹lu⁵⁵	lu³¹mu⁵⁵	
贴（画）	ia³⁵	ia³⁵ta⁵⁵	
割	ntsʰʅ³⁵	tsʰʅ³⁵	
剖		qʰa³⁵	
砍	nda³⁵	nda³⁵	
杀	ɴɢo³⁵	nɢo³⁵	
刺		tʂʰu³⁵	
剁		tsa³¹tsa⁵⁵	
锯		tsʰʅ³⁵	
劈（柴火）		tsa⁵⁵	
剥	qa⁵⁵	ȵy³⁵	
钻	ntʰa³⁵	ȵa³¹tʂʰu⁵⁵	
修	tsa³⁵	sʅ⁵⁵sʅ⁵⁵	
装（袋）	ʂu³¹ʂu⁵⁵	ʂu⁵⁵su⁵⁵	
盖（动词）	fu³¹fu⁵⁵	qa³⁵	
抹	su³¹ʂa⁵⁵	ia³⁵	
染	χa³¹pu⁵⁵	hĩ⁵⁵	
折断（竿）		kʰu³⁵nu³¹	
磨擦（手掌）		kʰu⁵⁵kʰu⁵⁵	
焊		tʂa⁵⁵tʂa⁵⁵	
漆		hĩ⁵⁵	
雕		to³¹pi⁵⁵	
搓（绳）		zo³¹zo³¹	
钉（钉子）		tʰa³⁵	
箍（动词）		tʂo³¹tʂo⁵⁵	
卷（席子）		pu³¹li⁵⁵	
蒙（眼）		hũ³⁵	
捂		fo³⁵	
封		fo³⁵ta⁵⁵	
榨（油）		na³⁵	
碾		tʂo³¹	

词条	木里县俸波乡纳木依话	九龙县子耳乡纳木依话	备注
洗		tsʰɿ³⁵	
知道	sɿ³⁵	sɿ³⁵	
认得	sɿ³¹tɕu⁵⁵	sɿ³⁵	
笑	dzɿ³¹dzɿ⁵⁵	zɿ³¹tʂɿ⁵⁵	
伤心	lo³¹tɕʰi⁵⁵	ʂɿ⁵⁵dʐo⁵⁵	
后悔	sa⁵⁵mba⁵⁵ma⁵⁵xi³¹		
微笑		zɿ³¹mu⁵⁵dʐɿ³¹	
哭	ŋgu⁵⁵dʐu⁵⁵	ʁu⁵⁵ndzu³¹	
抽噎		qu⁵⁵pʰʂɿ⁵⁵	
流泪	mia⁵⁵ɚ³¹pu³¹tʂɿ⁵⁵	ȵa⁵⁵ɚ⁵⁵ʂɿ³¹	
生气	qʰu³¹la⁵⁵	qo³¹ɴɢo³¹mu³¹	
恼火		qo³¹ɴɢo³¹pʰu³¹	
发脾气	qo³¹tsʰɿ³¹mpʰɑ³⁵	pi³¹sɿ⁵⁵pʰu⁵⁵	
哄		tsʰo³¹qa³¹	
赌气	lo³¹qo³¹tsʰɿ³⁵		
忍气		za³¹pa⁵⁵	
讨厌	ndo⁵⁵ma⁵⁵na³¹	ka³¹la⁵⁵ndʑa³¹	
恨	mia⁵⁵qo³¹sɿ³¹	ȵa⁵⁵pʰia⁵⁵	
害怕	lo³¹qu³⁵	ku⁵⁵li⁵⁵xə⁵⁵	
胆量		io³¹nde⁵⁵zɿ⁵⁵	
吓（人）		qu⁵⁵	
忍耐		za³¹pa⁵⁵	
喜欢	lo³¹pʰʂɿ³⁵	zɿ⁵⁵ga⁵⁵	
爱惜	dza̠⁵⁵dza̠³¹	ia³¹ia⁵⁵mu³¹	
娇惯		zo³¹li⁵⁵	
撒娇		bu³¹lu⁵⁵lu⁵⁵kʰa³¹	
心痛	ȵi³¹mi⁵⁵ŋgo⁵⁵		
着急	qʰu⁵⁵qʰu⁵⁵	be³¹zɿ⁵⁵zɿ⁵⁵	
担心	ȵi³¹mi⁵⁵ma⁵⁵xi³¹	da⁵⁵da⁵⁵vi⁵⁵vi⁵⁵	
操心	lo³¹tɕʰi⁵⁵	ʂɿ³¹tʂɿ⁵⁵tsa⁵⁵	
放心		ȵi³¹mi⁵⁵tsɿ⁵⁵	
想	sɿ⁵⁵dzɿ³¹	sɿ⁵⁵dzɿ⁵⁵	
要	hũ³⁵	hũ³⁵	
试	tɕi⁵⁵mu⁵⁵ta³¹	tɕi³¹tsʰa⁵⁵tsʰa⁵⁵	

词条	木里县俚波乡纳木依话	九龙县子耳乡纳木依话	备注
猜		no⁵⁵ŋu⁵⁵	
相信	ŋgi³⁵	ŋgi³⁵	
挂念		ʂɿ⁵⁵dzɿ⁵⁵zɿ³¹ma⁵⁵	
记住	ŋa⁵⁵ntsʰa³⁵	ʂu⁵⁵ta⁵⁵	
记得	ŋa⁵⁵sɿ³¹	ȵu³¹pa⁵⁵	
忘记	ȵi³¹pa⁵⁵	li⁵⁵sɿ⁵⁵dzɿ³¹	
回忆		lo³¹li⁵⁵sɿ⁵⁵dzɿ⁵⁵	
想起	lo³¹sɿ⁵⁵dzɿ³¹tʂu³¹	zɿ³¹pa⁵⁵	
隐瞒	ʂo⁵⁵ma⁵⁵ia⁵⁵	zɿ³¹pa⁵⁵	
假装/装作	ma⁵⁵dzɿ⁵⁵qʰo⁵⁵qʰo³¹		
轻视/看低		do³¹ma⁵⁵ȵu³¹	
羡慕/想		ma³¹ga³¹	
愿意		qa⁵⁵i⁵⁵no³¹	
注意		tsʰa⁵⁵tsʰa⁵⁵mu⁵⁵	
说	ʂo⁵⁵	ʂo⁵⁵	
话	do⁵⁵	do⁵⁵	
说话	do⁵⁵ʂo⁵⁵	do⁵⁵ʂo⁵⁵	
声音	qʰu³¹la⁵⁵	qʰo³⁵	
口气		sa³¹bo⁵⁵	
胡说	la³¹mu⁵⁵ʂo⁵⁵	fu⁵⁵lio⁵⁵do³¹ʂo⁵⁵	
告诉	na³¹ŋu³¹	sa⁵⁵do⁵⁵mi³¹	
说谎	tsʰɿ⁵⁵qa⁵⁵	ma⁵⁵dʑi⁵⁵ʂo⁵⁵	
笑话	dzɿ³¹dzɿ⁵⁵ʂo⁵⁵	zɿ³¹dzɿ⁵⁵tsʰɿ⁵⁵	
耳语		sa⁵⁵sa⁵⁵	
说粗话		ʂa³¹ʂo⁵⁵	
说坏话		do⁵⁵tsa⁵⁵ʂo⁵⁵	
喊	ndzo⁵⁵	ndzo⁵⁵	
唠叨		ʂa³¹bi⁵⁵	
摆龙门阵	li³¹dzu³¹ʂo⁵⁵	sa⁵⁵do⁵⁵mi³¹	
故事	a³¹sɿ³¹sɿ⁵⁵	u⁵⁵ma⁵⁵	
开玩笑	dzɿ³¹dzɿ⁵⁵tʂʰɿ³¹	zɿ³¹tʂɿ⁵⁵tsʰɿ⁵⁵	
吹牛/夸口		mo³¹pʂɿ⁵⁵	
打赌		hã⁵⁵hã⁵⁵ndo³¹	
问	mi³¹do⁵⁵	qʰo⁵⁵tsʰɿ⁵⁵	

续表

词条	木里县俸波乡纳木依话	九龙县子耳乡纳木依话	备注
回答	li⁵⁵gi³¹ʂo³¹	li⁵⁵qʰo⁵⁵to³¹	
插嘴	do⁵⁵tɑ⁵⁵bə³¹	do⁵⁵gɑ⁵⁵	
多嘴		do⁵⁵dɑ⁵⁵bi³¹	
顶嘴	dzʅ³⁵		
骂	tsʰo³¹tʰo⁵⁵	kʰu³¹dʑŋ⁵⁵	
吓唬	qo³¹qo⁵⁵	tsʰo³¹ku⁵⁵	
诅咒	ndzʅ³¹qʰo³¹	tsʰo³¹ndzʅ⁵⁵	
商量	du³¹lɑ⁵⁵	lo⁵⁵vi³¹	
表扬/称赞	tsʰo³¹fu⁵⁵	lɑ⁵⁵su⁵⁵	
批评	tsʰo³¹tʰo⁵⁵		
安慰	ʂu³¹ʂu⁵⁵		
挖苦	kɑ⁵⁵nɑ⁵⁵	kɑ³¹tɑ⁵⁵	
报信	do⁵⁵tʂʰʅ³¹	do⁵⁵dʑo⁵⁵mi³¹	
答应	zʅ⁵⁵ʁe³¹	kʰu⁵⁵to³¹	
翻译		do⁵⁵tʂɑ⁵⁵pʰu⁵⁵	
使用	zy⁵⁵	zy⁵⁵	

15. 行政、讼事、军事

词条	木里县俸波乡纳木依话	九龙县子耳乡纳木依话	备注
国家	sʅ⁵⁵pʰi⁵⁵ʂu³¹	dzɑ⁵⁵pu⁵⁵ʂu³¹	
中央		dzo̥⁵⁵uɑ⁵⁵ko³¹tʰo³¹	
政府		gu⁵⁵dʑy⁵⁵	
省		sʅ⁵⁵pɑ⁵⁵dzu̥³¹kʰo³¹	
县		kʰi⁵⁵dzu̥⁵⁵	
乡		dzu̥⁵⁵ɣu⁵⁵nɑ³¹	
公社	dzɑ⁵⁵pu⁵⁵ʂu³¹		
村	fu³⁵	tʂʅ⁵⁵ŋgu⁵⁵dzu̥³¹	
村委会		tʂʅ⁵⁵ŋgu⁵⁵ʁɑ³⁵	
大队		tʂʅ⁵⁵ŋgu⁵⁵ʁɑ³¹dʑy⁵⁵	
生产队		fu³¹lo⁵⁵ndʐʅ³¹	
户口		qʰo³¹mi³¹	
公家		dzɑ⁵⁵pu⁵⁵ʂu³¹	
合作	gu³¹gu⁵⁵	gu³¹gu⁵⁵	

词条	木里县俄波乡纳木依话	九龙县子耳乡纳木依话	备注
合作社	bə⁵⁵qo⁵⁵tu³¹	bu⁵⁵ə⁵⁵lu⁵⁵qu⁵⁵	
帮会	tɕi³¹pʰi⁵⁵		
造反	du³¹mu³¹		
当官	sɿ⁵⁵pʰi⁵⁵mu⁵⁵	ndʐɿ³⁵zy⁵⁵	
下台		ndʐɿ³⁵li⁵⁵xə⁵⁵	
进贡		zɑ³¹zɑ⁵⁵	
告状	kɑ³¹tsɿ³¹	kɑ³¹tsɿ⁵⁵	
责任	ʁu⁵⁵tɑ³¹tʂɿ³¹		
道理	dzɿ⁵⁵pɑ⁵⁵ki³¹	dʑi⁵⁵pɑ⁵⁵	
犯罪	mi³¹tsʰo⁵⁵		
偷盗	ŋkʰu⁵⁵su⁵⁵	kʰu⁵⁵su⁵⁵	
土匪		kʰu³¹ʐɿ⁵⁵	
参军	mɑ³¹mu³¹	mɑ³¹mu⁵⁵	
打仗	sɿ³¹sɿ⁵⁵	mɑ³⁵ndo⁵⁵	
胜利	lo³¹ʁɑ³⁵	ʁɑ³⁵tɑ⁵⁵	
失败	mɑ⁵⁵ʁɑ³¹	ʁɑ³⁵ȵe⁵⁵	
兵	mɑ³¹	mɑ³⁵	
枪	ȵɑ³¹ntʂʰu⁵⁵	ȵo³¹tʂʰu⁵⁵	
拐卖	tsʰo³¹ntʂʰɿ⁵⁵	mɑ⁵⁵ndo⁵⁵tʂʰɿ³¹	
赌博	bɑ³¹dzɑ⁵⁵ʁɑ³¹ʐɿ⁵⁵	bɑ³¹dzɑ⁵⁵ʁɑ³¹ʐɿ⁵⁵	
吸毒		bu³¹ndzɿ⁵⁵	
下毒		du³¹tʂʰɿ⁵⁵	
行骗	tsʰo³¹qɑ³¹	tsʰo³¹qɑ³¹	
杀人	tsʰo³¹ɴɢo³¹	tsʰo³¹ɴɢo³⁵	
抢劫	tsʰo³¹ʐɿ³⁵	tsʰo³¹ʐɿ⁵⁵	
强奸		ze³¹sɿ⁵⁵ze³¹ndzɿ⁵⁵	
罚钱		ndzu⁵⁵tʂɑ⁵⁵ia⁵⁵hã⁵⁵	
手铐		lɑ³¹zy⁵⁵bɑ⁵⁵dʑi⁵⁵	
拘留	lo³¹tɑ³⁵		
铁链	ʂu⁵⁵ə³¹		
地租		dzu⁵⁵tʂʰɑ⁵⁵	
地契		tʂʰɿ⁵⁵lɑ⁵⁵ndzɿ³¹dʑi³¹	
命令		mi⁵⁵zɿ⁵⁵mi⁵⁵nɑ⁵⁵	

词条	木里县俸波乡纳木依话	九龙县子耳乡纳木依话	备注
印章		ʂɿ⁵⁵pa⁵⁵ʂɿ⁵⁵ta⁵⁵li⁵⁵	
法院		za⁵⁵ma⁵⁵tɕʰi⁵⁵ndʐɿ⁵⁵	
判官		qʰa³¹qʰi⁵⁵ndʐɿ⁵⁵	
囚犯		ʂɿ⁵⁵tsa⁵⁵	
刽子手		ʂɿ⁵⁵ma⁵⁵	
证据		do⁵⁵mba⁵⁵	
坐牢		y⁵⁵kʰu⁵⁵ndʑu⁵⁵	
死刑		ʂɿ³¹ndʐu⁵⁵zɿ⁵⁵pi⁵⁵	
砍头		ʁu⁵⁵tsʰɿ⁵⁵	
割鼻子		ndʑa⁵⁵kʰu³¹	
挖眼		ȵa⁵⁵qa⁵⁵	
鞭打		pe³¹ndʐɿ⁵⁵mba³⁵	
批斗		kʰu³¹dʑɿ⁵⁵	
土雷		tʂɿ³¹bu⁵⁵	
子弹		zɿ³¹lu⁵⁵	
长矛		tsʰu⁵⁵tʂʰa⁵⁵	
大刀		ʁa³⁵mi⁵⁵	
匕首		zɿ⁵⁵tsʰɿ⁵⁵	
炸弹		zɿ⁵⁵bu⁵⁵	
望远镜		na⁵⁵bo⁵⁵tʰu⁵⁵	
壕沟		qʰa³¹qu⁵⁵	

16. 教育、科技、文体

词条	木里县俸波乡纳木依话	九龙县子耳乡纳木依话	备注
学校	ndʐɿ³¹tɕi⁵⁵so³¹ɚ⁵⁵	so³⁵y⁵⁵	
小学		so³⁵zɿ⁵⁵	
中学		pi³⁵zɿ⁵⁵	
大学	ndʐɿ³¹tɕi⁵⁵ da⁵⁵dʐɿ³¹so³¹		
拜师	ʂɿ⁵⁵pu⁵⁵ʂu³¹	so³⁵zɿ⁵⁵be³¹gi⁵⁵	
学艺	la³¹ku⁵⁵so³¹	la³¹so³⁵iu³¹	
手艺	la³¹ku⁵⁵ŋo⁵⁵	la³¹ku⁵⁵	
老师		so³⁵zɿ⁵⁵pu³¹	

续表

词条	木里县俸波乡纳木依话	九龙县子耳乡纳木依话	备注
学生		so³⁵zɿ⁵⁵	
教书		mi⁵⁵so³⁵	
学习		dʑo⁵⁵mi⁵⁵	
学费		so³¹pʰu⁵⁵	
上学		so³⁵y⁵⁵χo³¹	
放学		so³⁵tʂʰe⁵⁵tʂʰe⁵⁵	
迟到	bi³⁵hã⁵⁵	hã⁵⁵ʂɿ³¹	
放假	tʂʰɿ³⁵	qɑ³¹lɑ⁵⁵tʂʰe⁵⁵tʂʰe⁵⁵	
教室	y⁵⁵	so³⁵y⁵⁵	
讲台		dʑi⁵⁵kʰo⁵⁵	
黑板		zɿ³¹pu⁵⁵na⁵⁵tʂɑ⁵⁵	
书包		ʂo⁵⁵u⁵⁵pi⁵⁵zɿ⁵⁵	
笔	ndzɿ³¹dʑi⁵⁵zɿ³¹zɿ⁵⁵	kɑ³¹tu⁵⁵	
毛笔		qʰɑ⁵⁵na⁵⁵zɿ⁵⁵	
铅笔		sɿ³¹qʰɑ⁵⁵zɿ⁵⁵	
墨水		hĩ⁵⁵zɑ³¹	
本子		ndzɿ³¹dʑi⁵⁵tsʰɑ⁵⁵	
浆糊		zɑ³⁵iɑ⁵⁵	
图钉		tʰu³¹qʰɑ⁵⁵	
地图		bɑ⁵⁵pu⁵⁵χɑ³⁵kʰi⁵⁵	
图画		zɿ³⁵mi⁵⁵	
文化	ndzɿ³¹dʑi⁵⁵ku³¹	ndzɿ³¹dʑi⁵⁵mi⁵⁵zɿ⁵⁵	
纸	ʂo⁵⁵u⁵⁵	ʂo⁵⁵u⁵⁵	
读书人	ndzɿ³¹dʑi⁵⁵so³¹so⁵⁵	tsʰo³¹so⁵⁵zɿ³¹	
文盲	ndzɿ³¹dʑi⁵⁵ma⁵⁵ku³¹		
读	so³⁵	sɑ³⁵	
报纸		ndzɿ³¹dʑi⁵⁵tu⁵⁵tsʰɑ⁵⁵	
书	ndzɿ³¹dʑi⁵⁵	ʂo⁵⁵u⁵⁵tsʰɑ⁵⁵	
字	ndzɿ³¹dʑi⁵⁵miɑ⁵⁵ɚ⁵⁵	ndzɿ³¹dʑi⁵⁵mi⁵⁵zɿ⁵⁵	
写字		mi⁵⁵zɿ⁵⁵ly³⁵	
画画		tsʰɑ³¹zɿ⁵⁵	
算数		tʂɑ⁵⁵tʂɑ⁵⁵	
加		dzɑ³¹tʂɿ⁵⁵	

词条	木里县俅波乡纳木依话	九龙县子耳乡纳木依话	备注
减		kʰo⁵⁵kʰo⁵⁵	
总数		χo⁵⁵pu⁵⁵tɕi³¹ndzʮ⁵⁵	
考试		so³⁵li⁵⁵pʰa³¹tsʰɿ⁵⁵	
毕业	dzɿ³¹tɕi⁵⁵ so³¹pi⁵⁵tsa⁵⁵	so³⁵dzɑ̱⁵⁵kʰo³¹	
工厂		ʥi⁵⁵dzʮ⁵⁵	
水电站		nʥɿ⁵⁵tʰa⁵⁵mi⁵⁵tʂɿ⁵⁵	
玩耍	ʁɑ³¹zɿ⁵⁵	qa³⁵la⁵⁵ʁɑ³¹zɿ⁵⁵	
好玩	ʁɑ³¹zɿ⁵⁵xe³¹	ʁɑ³¹zɿ⁵⁵xə⁵⁵	
玩具	ʁɑ³¹zɿ⁵⁵qɑ³¹zɿ³¹	pu⁵⁵tsɿ⁵⁵ʁɑ³¹zɿ⁵⁵	
跳绳	zɿ⁵⁵pɑ³¹	pa³⁵zɿ⁵⁵	
毽子		zɑ̱⁵⁵hũ⁵⁵tʰa³¹	
踢毽子		kʰi³¹tʰo⁵⁵tʰa³¹	
荡秋千		ka³¹tʂu⁵⁵ʁɑ³¹zɿ⁵⁵	
老鹰抓小鸡		ka³⁵za⁵⁵tsɿ⁵⁵ma³¹	
谜语	ia⁵⁵li³¹ʂa³⁵	a³¹sɿ⁵⁵sɿ⁵⁵	
吹口哨		la³¹su⁵⁵ndo³¹	
鞭炮		ma³⁵tsu⁵⁵	
放鞭炮		ma³⁵tsu⁵⁵qʰɑ⁵⁵	
炮仗	ɳa³¹ntʂʰu⁵⁵tʂʰɿ³¹	tsu⁵⁵q	
弹弓		qʰɑ³¹li⁵⁵	
运动		ʁa³⁵sɿ⁵⁵i⁵⁵sɿ⁵⁵	
锻炼		ʁa³⁵tsɿ⁵⁵i⁵⁵tsɿ⁵⁵	
比赛	zɿ³¹zɿ⁵⁵kʰu⁵⁵kʰu⁵⁵	hã⁵⁵hã⁵⁵ndo³¹	
跑步	sua³⁵	pʰo⁵⁵	
摔跤	nɑ³¹nɑ⁵⁵	do³¹sɿ³¹ndo³¹	
游泳	ndzɿ⁵⁵gu³¹	nʥɿ⁵⁵tʂɿ⁵⁵	
裁判		qʰɑ³¹kʰi⁵⁵	
赢	ɣa³⁵	ɣa³⁵	
输	ȵe³⁵	ȵe³⁵	
打平手		ʁa³⁵ȵa⁵⁵pʰu³¹kʰi⁵⁵	
奖品		dzɑ̱³¹ko⁵⁵	
球		kʰi³¹tʰo⁵⁵lo³¹	
篮球		zɿ³¹qa⁵⁵kʰ i³¹tʰo⁵⁵lo³¹	

词条	木里县俚波乡纳木依话	九龙县子耳乡纳木依话	备注
打球		kʰi³¹tʰo⁵⁵lo⁵⁵ʁa⁵⁵y⁵⁵	
踢球		ka³¹tsʰu⁵⁵kʰi³¹tʰo⁵⁵lo³¹	
跳远		ȵi⁵⁵ka⁵⁵tɕi³¹pa³⁵	
跳高		ȵi⁵⁵ka⁵⁵sɿ³¹qʰa⁵⁵pa³⁵	
打拳		ku³¹tsʰu⁵⁵lu⁵⁵ʁa⁵⁵y⁵⁵	
拔河		zɿ⁵⁵ŋgu⁵⁵	
潜水		ndʑɿ⁵⁵ȵu⁵⁵	
跳水		ndʑɿ⁵⁵pa³⁵	
登山	ɦa³¹ɣa⁵⁵	ga³⁵io⁵⁵	
滑冰		dzu⁵⁵dzu⁵⁵ʂa³¹mbi⁵⁵	
武打		ŋa³¹sɿ⁵⁵	
翻斤斗		ʁu⁵⁵ma⁵⁵tʰa³¹tsʰɿ⁵⁵	
倒立		ȵi⁵⁵ka⁵⁵mu⁵⁵a⁵⁵tsɿ³¹	
耍猴		tʂa³¹ʐu⁵⁵ʁa³¹zɿ⁵⁵	
唱歌	ʂa⁵⁵ŋgə⁵⁵ga³¹	ga⁵⁵	
山歌	ʂa⁵⁵ŋgə⁵⁵	ga⁵⁵zɿ⁵⁵	
汉歌调子		ga⁵⁵qʰo⁵⁵qʰa³¹kʰi⁵⁵	
舞	qo³¹ndzo⁵⁵	ko³¹ndzo⁵⁵	
跳舞	qo³¹ndzo⁵⁵pa³¹	ko³¹ndzo⁵⁵pa³⁵	
锣		zo³¹dzɿ⁵⁵dzɿ⁵⁵	
镲		bu⁵⁵tɕʰe⁵⁵	
鼓	ndzɿ⁵⁵ndzɿ³¹	dzɿ⁵⁵dzɿ⁵⁵	
打鼓		tʂʰɿ³¹dzɿ⁵⁵	
小鼓		ɣə³⁵dzɿ⁵⁵	
笛子	fu³¹zɿ⁵⁵	fu⁵⁵zɿ⁵⁵	
号	va³¹va⁵⁵	la³¹pa⁵⁵	
二胡		mo⁵⁵ma⁵⁵kʰi³¹	
琵琶		mo⁵⁵ma⁵⁵dzɿ⁵⁵dzɿ⁵⁵	
哨子		qa³¹ʐu⁵⁵ʐu⁵⁵	
唢呐		ȵo³⁵	
喇叭		ko³¹pi⁵⁵	
牛角号		bo³¹kʰu⁵⁵	
戏院		ga⁵⁵kʰo⁵⁵y⁵⁵	

续表

词条	木里县俸波乡纳木依话	九龙县子耳乡纳木依话	备注
戏班		ɡɑ⁵⁵ʑɿ⁵⁵mbɚ⁵⁵	
戏子（旧）		ɡɑ⁵⁵ndʑu⁵⁵kʰo³¹	
演员		ɡɑ⁵⁵ʑɿ⁵⁵	
戏		dʑi⁵⁵	
戏迷		ɡɑ⁵⁵ʑɿ⁵⁵lo³¹ tʂʰu⁵⁵tʂʰu⁵⁵	
看戏		ɡɑ⁵⁵ʑɿ⁵⁵ly³⁵	
唱戏		ɡɑ⁵⁵mbɚ⁵⁵	
演戏		ɡɑ⁵⁵dʑo⁵⁵	
散场		ɡɑ⁵⁵ne³¹pe⁵⁵	
说书		ʂo⁵⁵zɑ⁵⁵	
电影		dɑ³¹ʑɿ⁵⁵na³¹	
放电影		dɑ³¹ʑɿ⁵⁵na³¹ tʂʰe⁵⁵tʂʰe⁵⁵	
照相		tsʰo⁵⁵pʰo⁵⁵zɑ⁵⁵bu⁵⁵	
相片		io³¹pʰo⁵⁵mi⁵⁵	

四 小结

本文之所以对二人的语言都进行调查和描写，是因为李开华所讲的九龙县子耳乡纳木依语和朱小华所讲的木里县俅波乡纳木依语属于纳木依语中的两种不同的方言。将这两种纳木依方言分别进行描写，有利于加深我们对文献不同解读的理解。

二人所处的地方虽然两地相隔不过十五公里，但语言上有差别：

（1）语音上，二人语言的单辅音和单元音是相同的，主要差别在复辅音和复元音的种类和使用频率上。

朱小华语言的复辅音主要有鼻冠浊塞音、塞音+擦音以及鼻冠送气清塞音三种形式，而李开华语言的复辅音的形式只包括前两者，没有鼻冠送气清塞音，（据黄成龙调查）这种复辅音在九龙、冕宁一带都没有。

朱小华的复元音与李开华的复元音比较，种类较为简单，使用频率较低。

（2）二人语言的语法一致，助词有一些差别。例如将来时体标记：

朱小华：加 "la^{31}" 后缀ŋa^{55}dʑŋ^{55}la^{31}。我将要吃。

李开华：加 "qa^{55}" 后缀ŋa^{55}dʑŋ^{55}qa^{55}。我将要吃。

（本章执笔人：张琰）

第三章

文献精选精译

一 木里县倮波乡朱小华所持纳木依历书《哈克》解读

纳木依历书《哈克》原包装状态

著录

编号	1		收藏人	朱小华
汉语书名	纳木依历书		年龄（属相）	51（属牛）
国际音标	χa³⁵kʰe³¹		出生年月	1961
汉语译名	哈克		民族	藏族
字体文种	纳木依图符		居住地	四川省凉山州木里县俸波乡一村干海子组
类别	历书		何时何地迁此	八代世居
作者	佚名		宗教	黑教
年代	不详		职业（是否祭司）	是
行款	横版，从左至右		民族宗教教育程度	帕孜
卷/捆、册、页数	一册，27页		汉文教育程度	初中毕业
插图页数	27页		本书传承信息	师徒
长宽高	29cm×19cm		采集时间	2011年1月、2012年5月
版本	线装本		采集地点	西昌市、北京市
残损度	第一页缺失，第二页磨损严重，其余基本完好		在场者、助手	赵丽明、张琰、郭家宝、李明华
封面题款标识	无		翻译者	朱小华、李开华
墨色	彩色		记录者	张琰
书写工具	不详		校对者	张琰
纸质	牛皮纸		审查：赵丽明 2012年5月	
现存	1部			
复制依据				
内容提要 主要用途	本部历书用于纳木依帕孜占卜日子、敬神驱鬼			

纳木依历书，纳木依话称为"哈克"[χa³⁵kʰe³¹]，由木里县俸波乡的朱小华帕孜持有，是我们目前所见的唯一一部纳木依历书。纳木依历书是纳木依人鲜有的书面经典之一，用各种五颜六色的神秘图符记载了一年三百六十天的吉凶卦象，是人们敬神拜鬼、消灾解难的重要依据。这部历书中记录了纳木依祖先对时令、鬼神和祸福的认识，平时，纳木依帕孜依靠这部历书为人们占卜吉凶，消灾解病。之前尚未有人注意过这部历书，对这部历书上的图符进行解读，有利于我们了解纳木依的语言符号系统，探究其与原始象形文字之间的关系。

纳木依历书，以汉族农历的一月为正月，每月只有三十天，一年共三百六十天。每一年、每一月、每一天都有属相，按照十二生肖的顺序排列。纳木依的和尚——帕孜，就是根据历书中每年、每月、每天的属相来判断吉凶，为病人祛病消灾。

朱小华帕孜的历书，正月的前十五天磨损严重，已经无法辨认，正月的后十五天已经佚失。本书的解读，便从二月初一开始，至腊月三十结束。目前我们找到的能够对该历书进行解读的，一位是历书的持有者——朱小华帕孜，另一位是九龙县子耳乡万年村的李开华老人。他们两家相距约三十公里，二人语音上有差别，对历书的解读也不同——朱小华作为一名帕孜，着重解释历书中所包含的宗教仪式及应用方法；李开华则解读历书中每个符号的意义和吉凶，并用古谚式的语言对历书中每一天的内容进行解读。他二人的解读，体现了纳木依历书的多样面貌——既是帕孜作法、驱鬼、敬神的经典依据，也是纳木依人日常生活出行的指南。

其中，朱小华的解读会根据每年属相的变化而变化，不同的年份鬼神的情况、道场的做法、每日的吉凶等都有差异，这些差异主要集中在解读部分的"补充"一栏。本书所记录的是兔年（2011年）的解读内容。另外，对于不同属相的人，每一天的吉凶、卦象也不同，本卷以本命属相与当天属相相同的人为例做解读。

以下是对历书每一天的详细解读（缺一月）。

二月  mi³⁵ndo⁵⁵tɕi³¹pə³¹
可以看见猴的一月

二月上

二月一日

	原图	![猴]	![海螺]	![月亮]	![小烧香堆堆]	![神枝]
朱小华解读	国际音标	mi³⁵	li³¹bu⁵⁵	ɬi⁵⁵mi⁵⁵	ʁa⁵⁵bu⁵⁵ta⁵⁵ta⁵⁵	nda⁵⁵ta⁵⁵
	直译	猴	海螺[1]	月亮	小烧香堆堆[2]	神枝[3]
	意译	属猴	要吹海螺	月亮菩萨惹了属猴的人	香神惹了属猴的人，要烧香敬神	家神
	解读	mi³⁵ ȵi⁵⁵mi⁵⁵ tɕi³¹ ȵi⁵⁵, ta⁵⁵ȵi⁵⁵ tsʰo³¹ ta⁵⁵mu⁵⁵ ŋo⁵⁵ zo³¹ko⁵⁵, 猴 日 一 天 今天 人 这种 病 得 ɬi⁵⁵mi⁵⁵ so³¹ vu⁵⁵, ʁa⁵⁵bu⁵⁵ta⁵⁵ta⁵⁵ so³¹ vu⁵⁵, ɬa³¹ta³¹ so³¹ vu⁵⁵. 月亮 香 烧 小烧香堆堆 香 烧 坛神 香 烧				
	通译	二月初一，属猴的一天，属猴的人如果生病，要烧香敬月亮神，烧香敬小烧香堆堆，烧香敬坛神。				
	补充	二月初一这一天，属猴的人不能生病，如果生病了，是因为家里的坛神[4]和香神[5]惹了他。要杀公鸡、烧香敬月亮神和香神。				
李开华解读	国际音标	mi³⁵	hĩ³¹mbo⁵⁵kʰu⁵⁵	hi⁵⁵gu⁵⁵hĩ⁵⁵mi⁵⁵	ʁa⁵⁵	nda⁵⁵ta⁵⁵
	直译	猴	海螺[6]	月亮	烧香堆堆	神枝
	意译	属猴	表示吉祥	属猴的人在晚上生病了	蓝色的烧香堆堆代表烧荤香	除了节日祭祀，平时也把神枝摆在神龛上
	解读	mi³⁵ lu⁵⁵ tɕi⁵⁵ ȵi⁵⁵, χa³⁵ ma⁵⁵ qʰa⁵⁵ ma⁵⁵ nda⁵⁵. 猴 属 一 天 日子 不 好 不 坏 mi³¹lu⁵⁵ su⁵⁵ ngo⁵⁵dʐ⁵⁵ za³¹ lo³¹. 属猴（的） 人 疾病 得 了				
	通译	二月初一这一天属猴，不好不坏。属猴的人得了病。				

---

[1] 每次烧香，都必须要吹海螺，没有海螺时，可以用牛角代替。吹海螺的次数与天日的时辰和神的性质相关，一般来说，文神（素神）吹三声，武神（荤神）吹五声，七个星星吹七声。但也有特殊情况。

[2] 烧香堆堆不是香炉，而是一种用石头搭起来的大的香灶，用于烧香，通常建在山上。过去每一家纳木依人在山上都有自己的烧香堆堆。

[3] 纳木依人家家户户都有一捆柏树或竹子削成的棍子，嫁进来的媳妇会带来一根娘家送来的棍子，每嫁一个女儿，就做一根棍子送去婆家。几代人以后就有一大捆。做牛王会[ɣe³⁵pi³⁵]、过年、敬山神、办婚礼、招魂时，都要把这种棍子插在神龛上。分家以后就把神枝分给儿子每家几根。纳木依人并无"神枝"这个称呼，本文中为了清晰解读"nda⁵⁵ta⁵⁵"，便采用了这个译名。

[4] 只有有手艺的纳木依人（例如帕孜）家里有坛神，帕孜做道场所用的历书、神路图、印棒、海螺等工具都是"坛神"[qo⁵⁵pu⁵⁵ɬa⁵⁵ndʐ⁵⁵]，朱小华用汉话称之为"岸子"，"岸子"即帕孜做道场所用的一切法器和工具。

[5] 香神即烧香堆堆神。在纳木依人的多神崇拜中，烧香堆堆也是一种神，如果长期不烧香、烧香堆堆垮塌或不干净都会触犯香神，主人家会受到香神的冲犯。

[6] 海螺用于过年过节的吉祥日子中烧香敬神、做法事时，在历书中通常出现在吉日，表示吉祥。

二月二日

	原图					
朱小华解读	国际音标	dzu55	tʂŋ31	y31ɚ55tsŋ55i55to35	nda55ta55	qʰa55ndza55i55to35
	直译	鸡	星宿	有爪子的怪象	神枝	有蹄子的怪象[1]
	意译	属鸡	生病的人犯了四次星宿	鸟的怪象惹人了	家神	有蹄子的怪象惹人了
	解读	dzu55 ȵi55mi55 tɕi31 ȵi55, ta55ȵi55 tsʰo31 zo31ko55, to35 pu31 hũ35. 鸡　日　一　天，　今天　人　得　怪象　送[2]　要				
	通译	二月初二，属鸡的一天，属鸡的人生病，要送怪象。				
	补充	二月初二这一天，属鸡的人如果生病，是因为他曾经动土的时候冒犯了土神，土神和家里的鸡惹他。先要谢土神：用苦荞花为病人擦身体，然后和鲜牛奶一起送到与病人本命[3]不同的地方。再驱赶怪象：用丝茅草[4]（音）扎一个毛人，把鸡毛扎进毛人里，也送到与病人本命不同的地方。				
李开华解读	国际音标	dzu55	tʂo31 tsʰu55 zŋ35	ȵa55	nda55ta55	qa35lu55
	直译	鸡	祸　罩　四	眼睛	神枝	锅庄
	意译	属鸡	一种天象，不吉利	不好不坏	神枝朝下看	减淤祛凶邪
	解读	bi55　lu55　tɕi55　ȵi55，　χa35　ma55　pʰio35. nda55ta55　tsʰŋ55tsʰŋ55 　鸡　属　一　天　　日子　不　好　　神枝　朝下 　mi55　　　li55　　　ly35.　ti55　tɕi55　ȵi55　χa35　tsa55 下（方向前缀）（趋向助词）　看　这　一　天　日子　坏 　tɕi31ga55　qa31　mu55　ma55　hã55　pʰa55tsŋ55　　a55　　mu55 　什么　都　做　不　能够　帕孜　（受动标记）　做 　qa55tu55　　　　　　tʂʰo31tɕʰi55. 面坨在印棒上印的图案　　送				
	通译	二月初二这一天属鸡，日子不好。神枝朝下看。这一天日子坏，什么都不能做。帕孜用印棒在糌粑面上印图案送出去。				

---

[1] 纳木依人认为，动物吃自己的幼崽，是不吉利的征兆。例如鸡吃自己的蛋，猪羊吃自己刚下的小崽，这都是有不干净的东西指使动物这么做。这样的情形被称为动物的"怪象"。家里如果出了怪象，就会冲犯人，使人得病。历书中通常只显示动物的怪象，却不标明具体是什么动物的怪象，要根据年月、这一天的属相等各种因素来打卦，从而做出具体判断。

[2] 这是纳木依宗教仪式中的一种说法，当人被神或怪冲犯了之后，要根据具体情况做道场把鬼神送走。"送"的方式多种多样，具体参见"补充"一栏。

[3] 纳木依人认为，每个人一出生都有一个所谓的"本命"。男孩出生时本命在南方，一年后本命移动到西南方，两年后移动到西方，依此类推，第九年回到南方，再继续依顺时针转动；女孩出生时本命在北方，一年后本命移动到西北方，两年后移动到北，依此类推，第九年回到北方，再继续依顺时针转动。一般来说，法事做完以后，要把祭祀的物品送到特定的方向，意为把不吉利的煞气、凶气等送走，有时是有一个确定的方向，有时是与病人本命甚至全家人本命都不同的方向。如果送错了方向，轻则法事失去效力，重则起反作用。

[4] 普通的丝茅草称为"za35ɚ31"，念经时的丝茅草称为"ɣa55zŋ55"。

二月三日

	原图					
朱小华解读	国际音标	tʂʰɿ³⁵	la³¹	tsɿ³¹	li³¹bu⁵⁵	nda⁵⁵ta⁵⁵
	直译	狗	手	星星	海螺	神枝
	意译	属狗	代表煞气、凶鬼	东北方[1]的土神	烧香时吹海螺	家神
	解读	tʂʰɿ³⁵ so⁵⁵, 狗　　三 ŋo⁵⁵ zo³¹ko⁵⁵, 病　　得	tʂʰɿ³⁵ ȵi⁵⁵mi⁵⁵ 狗　　日 za³⁵ pu³¹ 煞气　送	tɕi³¹ ȵi⁵⁵, 一　　天 hũ³⁵. 需要	ta⁵⁵ȵi⁵⁵ tʂʰo³¹ 今天　　人 so³¹ vu⁵⁵ 香　　烧	ta⁵⁵mu⁵⁵ 这种 hũ³⁵. 需要
	通译	二月初三，属狗的一天，属狗的人生病，要送（红）煞，烧香。				
	补充	二月初三这一天，属狗的人生病是因为他家里前几代人之中有做和尚的，后来无人继承，坛神就会犯这个人。要扎一个毛人，把牲畜的黑毛扎进毛人里；再做一个三角毛人，在三角上搭一个楼层，用印棒在糌粑坨坨上印一排图案[2]，然后放三脚架里，把毛人送到与病人本命不同的方向。再烧香敬坛神，吹三次海螺。				
李开华解读	国际音标	tʂʰɿ⁵⁵	ȵi⁵⁵tʂʰo⁵⁵	tʰa⁵⁵ba⁵⁵	hĩ³¹mbo⁵⁵kʰu⁵⁵	nda⁵⁵ta⁵⁵
	直译	狗	西方	赤口	海螺	神枝
	意译	属狗	代表西方，日子好	东北方的赤口	表示吉利	家神
	解读	tʂʰɿ⁵⁵ lu⁵⁵ 狗　　属	tɕi⁵⁵ ȵi⁵⁵, 一　　天	χa³⁵ bi⁵⁵. 日子　好的，完满的	ʂa⁵⁵tʂʰo⁵⁵ 东方	be⁵⁵ 去 ma⁵⁵ hã⁵⁵. 不　　能够
	通译	二月初三这一天属狗，日子完满。不能去东方。				

---

[1] 在西南地区少数民族的图经中，一般采用"上南下北，左东右西"的方位判断规则，但在李开华的解读中，仍是"上北下南，左西右东"的方位判断规则，疑误。

[2] 纳木依印棒是一种用樱桃木制成的祭祀用品，共有四根，其中一根长10厘米，宽1.3厘米，厚1.2厘米；另外三根形状相同，长21.5厘米，宽1.5厘米，厚1.5厘米。每一根都有六面图案，每一面都有由各种图案组合为一体的，具有特殊用途和名称的一排图案。祭祀时，如有需要，就用印棒在糌粑面上印下图案。这一天，所印的那一排图案称为"za³¹kʰa³¹ɚ⁵⁵"，意为"送不好的鬼"，一般要做三天三夜的大法事。这一排共有十五个图案，前三个图案分别是za³¹（红煞），ku³⁵（男），mi⁵⁵（女），第四个至第十二个图案都是不同形状的灯，称为"ma³¹mi⁵⁵"，后三个图案分别是va³⁵（猪），tʂʰɿ⁵⁵（山羊），fia³⁵（鸡）。

二月四日

	原图						
朱小华解读	国际音标	nda⁵⁵ta⁵⁵	va³⁵	qʰa⁵⁵ndʑa⁵⁵i⁵⁵to³⁵	ʁa⁵⁵la⁵⁵bu⁵⁵	li³¹bu⁵⁵	tʂɿ³¹
	直译	神枝	猪	有蹄子的怪象	大烧香堆堆	海螺	星宿
	意译	家神	属猪	家中牲畜出的怪象	烧素香，表示日子好	烧香时要吹海螺	星宿惹了人
	解读	va³⁵ zɿ³⁵, zo³¹ko⁵⁵, 猪 四 得	ȵi⁵⁵mi⁵⁵ to³⁵ pu³¹ 日 怪象 送	tɕi³¹ ȵi⁵⁵, hũ³⁵. so³¹ 一 天 送 需要	ta⁵⁵ȵi⁵⁵ tsʰo³¹ vu⁵⁵. 今天 人 香 烧	ta⁵⁵mu⁵⁵ 这种	ŋo⁵⁵ 病
	通译	二月初四，属猪的一天，属猪的人得病，要送怪象、烧香。					
	补充	二月初四这一天，属猪的人生病，是因为冲犯了星星，家里的烧香堆堆不干净，要为烧香堆堆"减淤"[1]，再用丝茅草扎一个毛人，把猪毛扎进毛人里，绕着病人身体转几圈以后送到与病人本命不同的方向。然后在山上栽一棵树，吹三声到五声海螺。					
李开华解读	国际音标	nda⁵⁵ta⁵⁵	va³⁵	qa³⁵	sio⁵⁵na⁵⁵	hĩ³¹mbo⁵⁵kʰu⁵⁵	tʰa⁵⁵ba⁵⁵
	直译	神枝	猪	粮	香	海螺	赤口
	意译	过年过节敬神的东西，下面的钩子是神枝插入神龛中的根	属猪	和尚的供品	烧素香，表示日子好	表示吉祥	西北方的赤口
	解读	va³⁵ lu⁵⁵ tɕi⁵⁵ ȵi⁵⁵, χa³⁵ pʰio³⁵ tɕi³¹ga⁵⁵ qa³¹ mu⁵⁵ hã⁵⁵. 猪 属 一 天 日子 好 什么 都 做 能够					
	通译	二月初四这一天属猪，日子好，什么都能做。					

---

[1] 减淤（音），是纳木依法事中用来对不干净的物品进行打扫洁净的一种活动。将白石头烧红以后，将醋浇在石头上，然后用冒出的烟熏香炉及其周围。

二月五日

	原图	🐭	●	🗡	⌒	🪄
朱小华解读	国际音标	χa³⁵	sa⁵⁵ta⁵⁵	ʁua³¹mi³¹	ʁua³¹mi³¹	nda⁵⁵ta⁵⁵
	直译	鼠	土神	长刀	刀	神枝
	意译	属鼠	属鼠的人这一天动土，触犯了土神	带有红煞的刀	带有红煞的刀	家神
	解读	χa³⁵ ŋa³⁵, 鼠 五 zo³¹ko⁵⁵, 得	χa³⁵ ȵi⁵⁵mi⁵⁵ 鼠 日 sa⁵⁵ta⁵⁵ tso⁵⁵[1] 土神 谢	tɕi³¹ ȵi⁵⁵, 一 天 sɿ⁵⁵mə³¹ 独角牛	ta⁵⁵ȵi⁵⁵ tsʰo³¹ 这个 人 ko⁵⁵tɕo³¹ 牛角	ta⁵⁵mu⁵⁵ ŋo⁵⁵ 这种 病 lu⁵⁵ ɣa³¹tʂʰɿ⁵⁵ 本命 取出
	通译	二月初五，属鼠的一天，属鼠的人生病，要谢土神，用独角牛的角把人的本命从土中取出（人的本命压在了土里，所以生病）。				
	补充	二月初五这一天，属鼠的人生病，是因为带有红煞的刀和埋在土里的土神惹了他，要烧柏香，在上面放一些苦荞花，然后敬茶敬酒，把所有东西送到与病人本命不同的地方。				
李开华解读	国际音标	χa³⁵	tʰa⁵⁵ba⁵⁵	ʁa³⁵mi⁵⁵	hĩ⁵⁵mi⁵⁵ tʂɿ⁵⁵	dʐɿ⁵⁵	nda⁵⁵ta⁵⁵
	直译	鼠	赤口	长刀	月亮 狗	吃	神枝
	意译	属鼠	不干净的赤口在地下	不吉利的长刀	月食		神枝在东方
	解读	χa³⁵ lu⁵⁵ tɕi⁵⁵ ȵi⁵⁵, 鼠 属 一 日子 be⁵⁵ ma⁵⁵ hã⁵⁵, 去 不 能 dzo³¹, tʰa⁵⁵ba⁵⁵ 在 赤口 mi⁵⁵ nda³⁵ 下（方向前缀） 砍 kʰa⁵⁵ tʂɿ³¹ 砸 土	χa³⁵ pʰio³⁵。 日子 好 ʂa⁵⁵tʂʰo⁵⁵ 东方 sa⁵⁵ 地下 lu⁵⁵ 石头 ka⁵⁵ 动	hĩ⁵⁵mi⁵⁵ tʂɿ⁵⁵ 月亮 狗 be⁵⁵ ma⁵⁵ hã⁵⁵. 去 不 能 sɿ³⁵ nda⁵⁵ 在 树 砍 kʰa⁵⁵ ma⁵⁵ 砸 不 ma⁵⁵ na⁵⁵ 不 能	dʐɿ⁵⁵, 吃, ma⁵⁵ na⁵⁵ 不 能够 na⁵⁵ lu⁵⁵ 能够 石头 tʂɿ³¹ 土	ȵi⁵⁵tsʰo⁵⁵ 西方 kʰu⁵⁵ y⁵⁵ 周围 房子 sɿ³⁵ 树 mi⁵⁵ 下（方向前缀） mi⁵⁵ 下（方向前缀）
	通译	二月初五这一天属鼠，日子好。有月食，（属猴的人）不能去西方和东方。房子在周围，赤口在地上。这一天不能动土。不能砍树而砍树，不能动土而动了土，就会触犯到土神。					

---

[1] 如果土神惹了人，使人生病，就要"谢土"，即采用专门的仪式送土神。

二月六日

	原图	牛图	烧香堆堆图	神枝图	筛子图
朱小华解读	国际音标	ɣe³⁵	ʁa⁵⁵la⁵⁵bu⁵⁵	nda⁵⁵ta⁵⁵	a³¹kʰɚ⁵⁵
	直译	牛	大的烧香堆堆	神枝	筛子
	意译	属牛	给大香堆烧香	家神	用于做法事的道具
	解读	ɣe³⁵ kʰu⁵⁵, 牛 六 ŋgo⁵⁵ zo³¹ko⁵⁵, 病 得	ɣe³⁵ ȵi⁵⁵mi⁵⁵ 牛 日 ʁa⁵⁵la⁵⁵pu⁵⁵ 大的烧香堆堆	tɕi³¹ ȵi⁵⁵, 一 天 so³¹ a³¹kʰɚ⁵⁵ 香 筛子	ta⁵⁵ȵi⁵⁵ ta⁵⁵mu⁵⁵ 这个 这种 ʂʅ⁵⁵ndʐʅ⁵⁵ pu³¹. 死煞 送
	通译	二月初六，属牛的一天，属牛的人生病，要给大的烧香堆堆烧香，用筛子送死煞。			
	补充	二月初六这一天，属牛的人如果生病，就要烧香敬家神，然后在筛子里放五种颜色的纸和五张纸钱，同柏香一起送出去，然后把纸钱和五种颜色的纸烧掉。			
李开华解读	国际音标	ɣə³⁵	ʁa⁵⁵	nda⁵⁵ta⁵⁵	ʂʅ³¹tʰo⁵⁵
	直译	牛	烧香堆堆	神枝	牛皮船
	意译	属	烧素香	神枝在西方	用于渡河的牛皮船
	解读	ɣə³⁵ lu⁵⁵ 牛 属 χa³¹to⁵⁵ɚ⁵⁵ 任何（事）	tɕi⁵⁵ ȵi⁵⁵, 一 天 mu⁵⁵ 做	χa³⁵ pʰio³⁵, 日子 好 a⁵⁵ʂʅ³¹. 可以	χa³¹lo³¹ a⁵⁵ʂʅ³¹. 到处 可以
	通译	二月初六这一天属牛，日子好。这一天哪都可以去，任何事都可以做。			

二月七日

朱小华解读	原图						
	国际音标	n̻i⁵⁵mi⁵⁵	nda⁵⁵ta⁵⁵	sa⁵⁵ta⁵⁵	la⁵⁵	qʰo⁵⁵tsʐ̩⁵⁵	ɬĩ⁵⁵mi⁵⁵
	直译	太阳	神枝	土神	虎	七姊妹星宿	月亮
	意译	要烧香敬太阳神	家神	土神不干净，惹人	属虎	一种天象，最吉利，但忌讳颇多	要烧香敬月亮神
	解读	la⁵⁵ sʐ̩³¹, 虎 七　ta⁵⁵mu⁵⁵ 这种　vu⁵⁵, 烧	la⁵⁵ 虎　ŋgo⁵⁵ 病　sa⁵⁵ta⁵⁵ 土神	n̻i⁵⁵mi⁵⁵ 日　zo³¹ko⁵⁵ 得　tʂo⁵⁵. 送	tɕi³¹ n̻i⁵⁵, 一 天　n̻i⁵⁵mi⁵⁵ 太阳　tsʰo³¹ 人	la⁵⁵ 虎　ɬa³¹ 神　ta³⁵ 埋	lu⁵⁵su⁵⁵ 属　pu³¹, 送　ma⁵⁵ na³¹, 不 能	tsʰo³¹ 人　ɬĩ⁵⁵mi⁵⁵ 月亮　ndzu⁵⁵ pu³¹tsʐ̩³¹ 钱财 出	ɬa³¹ so³¹ 神　香　ma⁵⁵ na³¹. 不 能
	通译	二月初七，这一天属虎，属虎的人得病，要送太阳神，给月亮烧香，送土神。（这一天忌讳最大，）不能下葬，不能出财。					
	补充	二月初七这一天，属虎的人生病，是因为过渡的"七姊妹"[1]犯了他。在这三天内所有的人不能安葬、嫁娶、出财。这一天土神不干净，要用苦荞花和鲜牛奶谢土神。要烧素香敬太阳神和月神。					
李开华解读	国际音标	hĩ⁵⁵mi⁵⁵	nda⁵⁵ta⁵⁵	tʰa⁵⁵ba⁵⁵	la⁵⁵	sʐ̩⁵⁵du⁵⁵sʐ̩⁵⁵ma⁵⁵	hĩ⁵⁵mi⁵⁵
	直译	太阳	神枝	赤口	虎	三排星	太阳
	意译	早晨东方的太阳	家神	赤口在西方	属虎	一种天象	下午西方的太阳
	解读	la⁵⁵ lu⁵⁵ 虎 属　χa³⁵ pʰio³⁵ 日子 好	tɕi⁵⁵ n̻i⁵⁵, 一 天　χa³⁵ ʁo³⁵. 日子 硬	sʐ̩⁵⁵du⁵⁵sʐ̩⁵⁵ma⁵⁵, 三排星	tʂo³¹tɕʰi⁵⁵kʰi³¹ 北方	be⁵⁵ 去	ma⁵⁵ hã⁵⁵. 不 能	
	通译	二月初七这一天属虎，天上有三排星，不能去北方，日子好，但是有点硬。					

---

[1] "七姊妹" 是指北斗七星，永远都是从东方出来，纳木依人就通过它判断方向。月亮初三时从南方出来，初三以后渐渐往东走，在十四和十五两天月亮从正东方出来。过渡之前，月亮从南往东走，十五那天月亮和"七姊妹"都在正东，过渡之后月亮从北方出来，"七姊妹"在相对的南方出来。

二月八日

	原图						
朱小华解读	国际音标	nda⁵⁵ta⁵⁵	ʁa⁵⁵bu⁵⁵ta⁵⁵ta⁵⁵	tʰo⁵⁵li⁵⁵	li³¹bu⁵⁵	tsʅ³¹	ɬi⁵⁵mi⁵⁵
	直译	神枝	小烧香堆堆	兔	海螺	星星	月亮
	意译	家神惹了人	烧香堆堆的头朝下表示烟朝下冒	属兔	不干净的海螺	天上掉下来的星星，表示星星惹人	给月亮神烧香
	解读	tʰo⁵⁵li⁵⁵　hĩ³¹,　tʰo⁵⁵li⁵⁵　ɲi⁵⁵mi⁵⁵　tɕi³¹　ɲi⁵⁵,　tʰo⁵⁵li⁵⁵ 兔　　　八　　兔　　　日　　一　　天　　兔 lu⁵⁵su⁵⁵　tsʰo³¹　ta⁵⁵mu⁵⁵　ŋgo⁵⁵　zo³¹ko⁵⁵,　ɬi⁵⁵mi⁵⁵　ɬa³¹　so³¹ 属　　　人　　这样　　病　　得　　　月亮　　神　香 vu⁵⁵.　ʁa⁵⁵bu⁵⁵ta⁵⁵ta⁵⁵　so³¹　vu⁵⁵. 烧　　小烧香堆堆　　　香　　烧					
	通译	二月初八，属兔的一天，属兔的人生这样的病，要烧香敬月亮神，给小的烧香堆堆烧香。					
	补充	二月初八这一天，属兔的人生病，是因为屋里的家神犯了他（蓝色的海螺表示家神不干净），要给烧香堆堆和家神"减淤"，然后烧香，吹五声海螺。再给月亮神烧素香。					
李开华解读	国际音标	nda⁵⁵ta⁵⁵	ʁa⁵⁵	tʰo⁵⁵li⁵⁵	ma³⁵hĩo⁵⁵kʰu⁵⁵	tʰa⁵⁵baʶ⁵⁵	hĩ⁵⁵mi⁵⁵
	直译	神枝	烧香堆堆	兔	麻海螺	赤口	月亮
	意译	神枝在西方	给水神烧素香	属兔	不吉利，纳木依人一般不用麻海螺	赤口在北方，不能去北方	要落山的月亮
	解读	tʰo⁵⁵li⁵⁵　lu⁵⁵　tɕi⁵⁵　ɲi⁵⁵,　dzu̩⁵⁵　a⁵⁵　ma⁵⁵　be⁵⁵　tɕʰi⁵⁵ 兔　　　属　一　天　　地　上（方位词）不　去　那 ɲi⁵⁵　ta⁵⁵li⁵⁵ta⁵⁵li⁵⁵,　tɕi⁵⁵　ga⁵⁵　qa³¹　du⁵⁵pa⁵⁵　ma⁵⁵　tsu̩³¹. 天　磕磕绊绊（不顺利）一　样　都　成　　不　成					
	通译	二月初八这一天属兔，哪儿都不要去，它属于磕磕绊绊不顺利的一天，一件事都做不成。					

二月九日

	原图	(神枝图)	(龙图)	(烧香堆图)	(眼睛图)
朱小华解读	国际音标	nda^{55}ta^{55}	ʑ^{55}dzɑ^{31}	ʁɑ^{55}lɑ^{55}bu^{55}	y^{31}ʑ^{55}tsʅ^{55}i^{55}to^{35}
	直译	神枝	龙	大烧香堆堆	鸟的怪象
	意译	家神	属	烧素香	天上的飞禽出的怪象惹了人
	解读	ʑ^{55}dzɑ^{31} ŋgu^{35}, 龙 九 tsʰo^{31} ta^{55}mu^{55} 人 这种	ʑ^{55}dzɑ^{31} ȵi^{55}mi^{55} 龙 日 ŋgo^{55} zo^{31}ko^{55}, 病 得	tɕi^{31} ȵi^{55}, 一 天 to^{35} pu^{31}. 怪象 送	ʑ^{55}dzɑ^{31} lu^{55}su^{55} 龙 属 ʁɑ^{55}lɑ^{55}bu^{55} so^{31} vu^{55} 大烧香堆堆 香 烧
	通译	二月初九,属龙的一天,属龙的人生病,要送怪象,给大烧香堆堆烧香。			
	补充	二月初九这一天,属龙的人生病,是因为雀鸟的怪象惹了他(本图中雀鸟的怪象画得比较特殊,表示犯得严重一些)。要捏一个面人和一只雀鸟;用苦荞花为病人擦身;然后扎一个毛人,把鸡毛扎在毛人里,把面人、面鸟、毛人和苦荞花一起送到不是病人本命的方向。			
李开华解读	国际音标	nda^{55}ta^{55}	zʅ^{55}bi^{55}	ʁɑ^{55}	nɑ^{55}
	直译	神枝	龙	烧香堆堆	眼睛
	意译	神枝在西方,头朝下,不吉利	属龙	用于烧素香	天上有眼睛,西北方不能去
	解读	zʅ^{55}bi^{55} lu^{55} tɕi^{55} ȵi^{55}, 龙 属 一 天 ʂɑ^{55}tsʰo^{55} sio^{55} pʰi^{55} 东方 香 素	tɕi^{55} gəu^{55} mu^{55} mɑ^{55} iɑ^{55}. 一 (量词) 做 不 (后加) lo^{31} 上(方向前缀)	mu^{55}. 烧	χɑ^{35} pʰio^{35}. 日子 好
	通译	二月初九这一天属龙,很顺当,大吉大利,一样都不需要做。在东方烧素香。			

第三章 文献精选精译

二月十日

	原图				
朱小华解读	国际音标	la³¹	li³¹bu⁵⁵	dzɑ³¹	nda⁵⁵ta⁵⁵
	直译	手	海螺	蛇	神枝
	意译	代表煞气、凶死鬼	不干净的海螺	属蛇	家神
	解读	dzɑ³¹ χo³¹, dzɑ³¹ ɲi⁵⁵mi⁵⁵ tɕi³¹ ɲi⁵⁵, dzɑ³¹ lu⁵⁵su⁵⁵ tsʰo³¹ 蛇　十　蛇　　日　一　天　蛇　属　人 tɑ⁵⁵mu⁵⁵ ŋo⁵⁵ zo³¹ko⁵⁵ zɑ³⁵ tʂʅ⁵⁵ tʂʰɑ³¹ ɲi⁵⁵ tʂʰɑ³¹ 这种　病　得　煞气　凶死鬼　惹（古语）　的　惹 tʂʅ⁵⁵ pu³¹. 凶死鬼　送			
	通译	二月初十，属蛇的一天，属蛇的人生病，是被煞气和凶死鬼惹了，送凶死鬼。			
	补充	二月初十这一天，属蛇的人生病，是因为家神和天上的红煞（凶死鬼）惹了他，要给家神"减淤"、烧香；然后烧柏香，同时敬茶、敬酒，用苦荞花为病人擦身，把柏香在人身上转了以后和苦荞花一起送出去，这样就把凶死鬼的煞气送走了。			
李开华解读	国际音标	la³¹kɑ⁵⁵	mɑ³⁵hĩo⁵⁵kʰu⁵⁵	dzɑ³⁵	nda⁵⁵ta⁵⁵
	直译	手	麻海螺	蛇	神枝
	意译	西北方有人讨债，不能去西北方	不吉利	属蛇	神枝在东方，东方吉利，可以去
	解读	dzɑ³⁵ lu⁵⁵ tɕi⁵⁵ ɲi⁵⁵, ma⁵⁵ qʰa⁵⁵ ma⁵⁵ nda⁵⁵. nda⁵⁵ta⁵⁵ ʂa⁵⁵tʂʰo⁵⁵ 蛇　属　一　天　不　好　不　坏　神枝　东方 dzɑ³¹, mɑ³⁵hĩo⁵⁵kʰu⁵⁵ ɲi⁵⁵tʂʰo⁵⁵ dzɑ³¹, na⁵⁵gu⁵⁵mbə³¹ la³¹kɑ⁵⁵ 在　麻海螺　西方　在　西北方　手 dzo³¹, na⁵⁵gu⁵⁵mbə³¹ be⁵⁵ ma⁵⁵ hã⁵⁵. 在　西北方　去　不　能			
	通译	二月初十这一天属蛇，不好不坏。			

第三章　文献精选精译　　231

二月十一日

	原图	![枝]	![马]	![海螺]	![堆]	![怪象]	![鹰头]
朱小华解读	国际音标	nda⁵⁵ta⁵⁵	mo⁵⁵	li³¹bu⁵⁵	ʁa⁵⁵la⁵⁵bu⁵⁵	qʰa⁵⁵ʥa⁵⁵i⁵⁵to³⁵	y³¹ɚ⁵⁵tʂʅ⁵⁵i⁵⁵to³⁵
	直译	神枝	马	海螺	大烧香堆堆	有蹄子的怪象	有爪子的怪象
	意译	家神惹了人	属马	烧香时要吹海螺	要给大的烧香堆堆烧香	家中牲畜出的怪象	天神菩萨的鬼的头（鹰头），惹人惹得很严重
	解读	mo⁵⁵ χo³¹tɕi³¹, 马 十一	mo⁵⁵ ȵi⁵⁵mi⁵⁵ tɕi³¹ 马 日 一	ȵi⁵⁵, mo⁵⁵ lu⁵⁵su⁵⁵ tsʰo³¹ ta⁵⁵mu⁵⁵ 天 马 属 人 这种	ŋgo⁵⁵ zo³¹ko⁵⁵, 病 得	ʁa⁵⁵la⁵⁵bu⁵⁵ 大烧香堆堆	so³¹ 香	vu⁵⁵ 烧	to³⁵kʰi³¹ 送两次的怪象	pi³⁵[1]. 送		
	通译	二月十一，属马的一天，属马的人生病，要给大的烧香堆堆烧香，送两个怪象。						
	补充	二月十一日这一天，属马的人生病，是因为香神和家神勾引家里的猪和天上的菩萨的鬼惹他。要烧香，送煞气：扎一个三脚毛人，用印棒在糌粑坨坨上印图案[2]，再捏一只鹰，用苦荞花为病人擦身，然后把毛人、面鹰和苦荞花送到与病人本命不同的方向。						

	国际音标	nda⁵⁵ta⁵⁵	mo⁵⁵	hĩ³¹mbo⁵⁵kʰu⁵⁵	ʁa⁵⁵	qa³⁵lu⁵⁵	va³⁵ʁu⁵⁵ɚ³¹
李开华解读	直译	神枝	马	海螺	烧香堆堆	锅庄	猪脑壳
	意译	表示吉利	属马	表示吉利	给神烧素香	三个石头垒成的锅庄，锅中煮用于祭祀的牲畜	用猪头敬神
	解读	mo⁵⁵ lu⁵⁵ tɕi⁵⁵ ȵi⁵⁵ 马 属 一 天	mu⁵⁵ a⁵⁵ 天 上（方位词）	χa³⁵ mi³¹, 日子 好	dzu⁵⁵ a⁵⁵ χa³⁵ 地 上（方位词） 日子	pʰio³⁵. so⁵⁵ mi⁵⁵bu⁵⁵ so⁵⁵ qa³⁵lu⁵⁵. ʂu⁵⁵sɿ⁵⁵ pʰi⁵⁵kʰa⁵⁵ lo³¹ mu⁵⁵ 好 三 火堆 三 锅庄 柏香 吉祥 上（方向前缀） 敬	tsu³¹pʰa⁵⁵ tsu³¹mu⁵⁵ lo³¹ mu⁵⁵ sɿ⁵⁵ʥa³⁵ ʥa³⁵ ŋi⁵⁵ tsu⁵⁵, 奶渣 酥油 上（方向前缀） 敬 神的饭 吃 饭 饱 敬	nʥɿ⁵⁵ ŋi⁵⁵ lo³¹ tʂu⁵⁵ nʥɿ⁵⁵ ŋi⁵⁵ lo³¹ tsu⁵⁵ pʰi⁵⁵i⁵⁵gi³¹gi³¹ 水 饱 上（方向前缀） 敬 水 饱 上（方向前缀） 敬 高高兴兴	lo³¹ mu⁵⁵, pʰi⁵⁵i⁵⁵zo³¹zo³¹ lo³¹ mu⁵⁵. 上（方向前缀） 做 愉快地 上（方向前缀） 做		
	通译	二月十一这一天属马，天上地下都好，搭三个火堆，架三个锅庄，用吉祥的柏香敬神，用奶渣和酥油敬神。给神敬水敬饭，让他吃饱喝饱。这个仪式要高兴地、愉快地做。						

---

[1] 另一种送怪象和煞气的仪式，与"pu³¹"不同，要做两天的仪式。
[2] 用的那一排印棒图案称为"tʂʰa³¹nʥo³¹ɚ⁵⁵"，共有十四个图案，第一个是tʂʰa⁵⁵nʥo³¹（鬼王），第二、四、六、八、十、十二个都是mi³⁵（女人），剩下的都是ku³⁵（男人）。

二月十二日

		原图				
朱小华解读	国际音标	nda⁵⁵ta⁵⁵	qɑ⁵⁵tu⁵⁵	ɣe³⁵kʰu⁵⁵	io⁵⁵	tʂʅ³¹
	直译	神枝	糌粑坨坨	牛角	羊	星宿
	意译	家神	在印棒上印出图案的糌粑坨坨	无义	属羊	干净的星宿，不惹人
	解读	io⁵⁵ 羊　　χo³¹ni⁵⁵，十　　io⁵⁵ 羊　　ni⁵⁵mi⁵⁵tɕi³¹ 日一　　ni⁵⁵, 天　　io⁵⁵ 羊　　lu⁵⁵su⁵⁵ 属　　tsʰo³¹ 人　　ta⁵⁵mu⁵⁵ 这种　　ŋgo⁵⁵ 病　　zo³¹ko⁵⁵, 得　　ŋa⁵⁵mi³¹ 糌粑坨坨捏出来的人偶　　ndʐy³¹. 送				
	通译	二月十二，属羊的一天，属羊的人得病，把糌粑坨坨捏出来的人偶送出去。				
	补充	二月十二日这一天，属羊的人生病，是因为带煞气的刀惹了他，要把糌粑坨坨捏出来的人偶送出去。				
李开华解读	国际音标	nda⁵⁵ta⁵⁵	qɑ³¹tɑ⁵⁵ɚ³¹	ʁɑ³⁵mi⁵⁵	io⁵⁵	tʰa⁵⁵ba⁵⁵
	直译	神枝	拨浪鼓	刀	羊	赤口
	意译	家神	帕孜做法事的工具，念经时用	南方有凶气，不能去	属羊	东北方的赤口
	解读	io⁵⁵ 羊　　lu⁵⁵ 属　　tɕi⁵⁵ni⁵⁵, 一 天　　qɑ³¹tɑ⁵⁵ɚ³¹ 拨浪鼓　　tʂʅ³¹pu⁵⁵ 摇铃　　lo³¹ 上（方向前缀）　　zy⁵⁵, 用　　ʁɑ³⁵mi⁵⁵ 刀　　kɑ³⁵tʂʅ⁵⁵ 交叉　　lo³¹ 上（方向前缀）　　mu⁵⁵. 做，使用				
	通译	二月十二这一天属鸡，使用拨浪鼓和摇铃，有两把刀交叉的方向不能去。				

二月十三日

	原图	🐚	👤	🌿	▭	🌱
朱小华解读	国际音标	li³¹bu⁵⁵	mi³⁵	nda⁵⁵ta⁵⁵	ɑ³¹kʰɚ⁵⁵	tʂɿ³¹
	直译	麻海螺	猴	神枝	筛子	星宿
	意译	不好不坏	属猴	家神不干净，惹人	做法事时的道具	天上星宿犯了属猴的人
	解读	mi³⁵ χo³¹so⁵⁵, ta⁵⁵mu⁵⁵ ŋgo⁵⁵ zo³¹ko⁵⁵, 猴 十三 这种 病 得	mi³⁵ 猴	ȵi⁵⁵mi⁵⁵ tɕi³¹ so³¹ vu⁵⁵ 猴 日 一 香 烧	ȵi⁵⁵ mi³⁵ ʂɿ⁵⁵ndzɿ⁵⁵ 天 猴 死煞	lu⁵⁵su⁵⁵ tsʰo³¹ pu³¹. 属 人 送
	通译	二月十三，属猴的一天，属猴的人生病，要烧香送死煞。				
	补充	二月十三日这一天，属猴的人生病，是因为家神不干净，送星宿的煞气要给家神"减淤"，再送煞气，把五种颜色的纸和五张纸钱放在筛子里，然后烧柏香，绕着病人身体转几圈，再把所有东西送到不是病人本命的方向，就送走了死煞。				
李开华解读	国际音标	mɑ³⁵hĩo⁵⁵kʰu⁵⁵	mi³⁵	nda⁵⁵ta⁵⁵	ʂɿ³¹tʰo⁵⁵	tʰa⁵⁵ba⁵⁵
	直译	麻海螺	猴	神枝	牛皮船	赤口
	意译	不好不坏	属猴	家神	用于渡河	东北方的赤口
	解读	mi³⁵ lu⁵⁵ tɕi⁵⁵ ȵi⁵⁵, li⁵⁵tsa⁵⁵, χɑ³⁵ pʰio³⁵, 猴 属 一 天 截止（时间副词） 日子 好	zɑ⁵⁵kʰu⁵⁵ ma³¹ʂɿ⁵⁵ ʂa⁵⁵tʂʰo⁵⁵ 菩萨鸡 尾巴 东方	tsa³⁵, li⁵⁵nda³¹ be⁵⁵ ma⁵⁵ 许 截止（时间副词） 去 不	sio⁵⁵ ti⁵⁵ hã⁵⁵. 香 这 能	mu⁵⁵, kʰu⁵⁵ʂɿ⁵⁵ tɕi⁵⁵ ȵi⁵⁵ 烧 开始 一 天
	通译	二月十三这一天属猴，宰鸡烧香敬菩萨（许菩萨鸡），这一天把鸡许给了菩萨，到了要宰杀菩萨鸡的时候要还愿。这一天日子好，不能去东方。				

二月十四日

	原图				
朱小华解读	国际音标	tsʰɿ⁵⁵ɚ⁵⁵	dzu̠⁵⁵	nda⁵⁵ta⁵⁵	ȵi⁵⁵mi⁵⁵
	直译	羊肩胛骨	鸡	神枝	太阳
	意译	杀羊送煞气	属鸡	家神	属鸡的人被太阳煞气惹了
	解读	dzu̠⁵⁵ χo³¹ʐɿ³⁵ dzu̠⁵⁵ ȵi⁵⁵mi⁵⁵ tɕi³¹ ȵi⁵⁵, dzu̠⁵⁵ lu⁵⁵su⁵⁵ tsʰo³¹ 鸡 十四 鸡 日 一 天 鸡 属 人 ta⁵⁵mu⁵⁵ ŋgo⁵⁵ zo³¹ko⁵⁵, tsʰɿ³⁵ mo³¹ zy⁵⁵ ȵi⁵⁵mi⁵⁵ za³⁵ pu³¹. 这种 病 得 羊 （一）只 用 太阳 煞气 送			
	通译	二月十四，属鸡的一天，属鸡的人得病，杀一只羊，送太阳的煞气。			
	补充	二月十四日这一天，属鸡的人生病，是因为他动土以后犯了太阳神。用一只羊在病人的身上打扫，然后让病人对着羊嘴呼气[1]。把羊杀了，把羊肩胛骨烧在柏香里，念经，再扎三个毛人，然后把柏香和毛人送出去。			
李开华解读	国际音标	sa³⁵qʰɑ⁵⁵	bi⁵⁵	nda⁵⁵ta⁵⁵	hĩ⁵⁵mi⁵⁵
	直译	鸡血碗	鸡	神枝	太阳
	意译	西方有人放血	属鸡	神枝在东方	表示天气好
	解读	bi⁵⁵ lu⁵⁵ tɕi⁵⁵ ȵi⁵⁵, χɑ³⁵ pʰio³⁵, mu⁵⁵ ɑ⁵⁵ hĩ⁵⁵mi⁵⁵ 鸡 属 一 天 日子 好 天 上（方位词） 太阳 ndo⁵⁵ tsu̠³⁵ ma⁵⁵ ndʐa³⁵, qu⁵⁵ bi⁵⁵ xə³⁵. dzu̠⁵⁵ ɑ⁵⁵ za³¹ ma⁵⁵ 看见 云 没 有 雁 飞 好 地 上（方位词） 悬崖 没 ndʐa³⁵, mba⁵⁵ xə³⁵. 有 走，拜访 好			
	通译	二月十四这一天属鸡，日子好。天上看得见没有云，大雁好飞。地上没有悬崖，适合走亲访友。			

---

[1] 动物在人身上打扫后，人都要对着动物的嘴呼气。

二月十五日

	原图						
朱小华解读	国际音标	nda⁵⁵ta⁵⁵	tʂʰɻ³⁵	li³¹bu⁵⁵	ʁa⁵⁵la⁵⁵bu⁵⁵	hĩ⁵⁵mi⁵⁵	ɬi⁵⁵mi⁵⁵
	直译	神枝	狗	海螺	大烧香堆堆	太阳	月亮
	意译	家神	属狗	海螺不干净	给大烧香堆堆烧香	太阳的煞气惹了人	月亮的煞气惹了人
	解读	tʂʰɻ³⁵ χo³¹ŋa³⁵, tʂʰɻ³⁵ ɲi⁵⁵mi⁵⁵ tɕi³¹ ɲi⁵⁵, tʂʰɻ³⁵ lu⁵⁵su⁵⁵ tsʰo³¹ 狗　　十五　　狗　　日　　一　天　　狗　　属　　人 ta⁵⁵mu⁵⁵ ŋo⁵⁵ zo³¹ko⁵⁵, ɬi⁵⁵mi⁵⁵ za³⁵ pu³¹ hĩ⁵⁵mi⁵⁵ za³⁵ 这种　病　得　　月亮　煞气　送　太阳　煞气 pu³¹ so³¹ vu⁵⁵. 送　香　烧					
	通译	二月十五，属狗的一天，属狗的人得病，要送月亮的煞气和太阳的煞气，烧香。					
	补充	二月十五日这一天，属狗的人如果生病，要给家神"减淤"，然后同时给烧香堆堆、太阳和月亮烧香，念烧香经，吹五声海螺。					

	国际音标	nda⁵⁵ta⁵⁵	tʂʰɻ⁵⁵	ma³⁵hĩo⁵⁵kʰu⁵⁵	ʁa⁵⁵	hĩ⁵⁵mi⁵⁵	hĩ⁵⁵gu⁵⁵	hĩ⁵⁵mi⁵⁵
李开华解读	直译	神枝	狗	麻海螺	烧香堆堆	太阳	晚上	太阳
	意译	神枝在西方	属狗	不干净的海螺	烧素香	无义		月亮
	解读	tʂʰɻ⁵⁵ lu⁵⁵ tɕi⁵⁵ ɲi⁵⁵, χa³⁵ pʰio³⁵, hĩ⁵⁵mi⁵⁵ lio³¹lio⁵⁵pa⁵⁵ 狗　属　一　天　日子　好　　月亮　　圆圆的 ti⁵⁵ tɕi⁵⁵ ɲi⁵⁵ te³¹ sio⁵⁵ pʰi⁵⁵ lo³¹ mu⁵⁵. 这　一　天　就　香　干净　上（方向前缀）　烧						
	通译	二月十五这一天属狗，日子好。月亮圆圆的。这一天就烧干净的香。						

二月下

二月十六日

	原图				
朱小华解读	国际音标	nda^{55}ta^{55}	va^{35}	y^{31}ɚ^{55}tsʅ^{55}i^{55}to^{35}	y^{55}ndzo^{55}ŋgu^{31}gi^{55}
	直译	神枝	猪	鸟的怪象	八方菩萨（藏语）
	意译	头朝下的神枝	属猪	天上的飞禽出的怪象惹了人	属猪的人犯了八方菩萨，犯得严重
	解读	va^{35} χo^{31}kʰu^{55}, 猪 十六	va^{35} n̠i^{55}mi^{55} 猪 日	tɕi^{31} n̠i^{55}, va^{35} 一 天 猪	lu^{55}su^{55} tsʰo^{31} 属 人
		ta^{55}mu^{55} ŋgo^{55} 这种 病	zo^{31}ko^{55}, 得	to^{35} pu^{31} 怪象 送	ŋgu^{31}gi^{55} pu^{31}. 八方菩萨 送
	通译	二月十六，属猪的一天，属猪的人生病，要送怪象，送八方菩萨。			
	补充	二月十六日这一天，属猪的人生病，是因为惹了八方神和怪象，要送八方神和怪象。扎一个毛人，送到没有本命的方向；把纸钱和荞花往八个方向送。			
李开华解读	国际音标	nda^{55}ta^{55}	va^{35}	n̠ɑ^{55}	不详
	直译	神枝	猪	眼睛	
	意译	头朝下的神枝	属	天上的眼睛，表示吉利	
	解读	va^{35} lu^{55} tɕi^{55} n̠i^{55} χɑ^{35} pʰio^{35}, y^{55} tsa^{55} qa^{31} tsa^{55} na^{35}. 猪 属 一 天 日子 好 房子 修建 灶 修建 行			
		mi^{55} pʰi^{55} vu^{55} tsʅ^{55} na^{35}. 女儿 嫁 酒 办 行			
	通译	二月十六这一天属猪，日子好，可以修建房子、修建炉灶。也可以嫁女儿办喜酒。			

二月十七日

	原图	🐚	✋	🐭	🪨	🕯️	🐍	⭕
朱小华解读	国际音标	li³¹bu⁵⁵	la³¹ka³¹	χa³⁵	ɬo³⁵	ʁa⁵⁵la⁵⁵bu⁵⁵	bu⁵⁵ɚ³¹	tʂɿ³¹
	直译	海螺	手	鼠	水神	大烧香堆堆	蛇	星宿
	意译	烧香时吹海螺	煞气	属鼠	小湖，代表水神	给水神烧素香	北方不能去，会遇到怪蛇	干净的星宿
	解读	χa³⁵ χo³¹ʂɿ³¹, 鼠 十七	χa³⁵ ȵi⁵⁵mi⁵⁵ 鼠 日	tɕi³¹ ȵi⁵⁵, 一 天	χa³⁵ 鼠	lu⁵⁵su⁵⁵ 属	tsʰo³¹ 人	ta⁵⁵mu⁵⁵ 这种
		ŋgo⁵⁵ zo³¹ko⁵⁵, 病 得	ɬo³⁵ 水神	tʂo⁵⁵, 送	za³⁵ 煞气	pu³¹ 送	so³¹ 香	vu⁵⁵. 烧
	通译	二月十七，属鼠的一天，属鼠的人得病，送水神，送煞气，烧香。						
	补充	二月十七日这一天，属鼠的人生病，是因为被烧香堆堆、水神、煞气、蛇怪惹了，先送水神，哪个方向的水神惹就往哪个方向送，再用糌粑面捏一个蛇送到没有本命的方向，烧香。						
李开华解读	国际音标	hĩ³¹mbo⁵⁵kʰu⁵⁵	la³¹ka⁵⁵	χa³⁵	xə³⁵	ʁa⁵⁵	bu⁵⁵ɚ³¹	tʰa⁵⁵ba⁵⁵
	直译	海螺	手	鼠	湖	烧香堆堆	蛇	赤口
	意译	表示吉利	西方不能去	属鼠	东南方的湖	给水神烧素香	北方不能去，会遇到怪蛇	赤口在北方
	解读	χa³⁵ lu⁵⁵ tɕi⁵⁵ ȵi⁵⁵, 鼠 属 一 天	mu⁵⁵ 天	a⁵⁵ 上（方位词）	χa³⁵ mi⁵⁵, 日子	dzu⁵⁵ 好	a⁵⁵ 地 上（方位词）	χa³⁵ 日子
		pʰio³⁵. 好	tʂo³¹tɕi⁵⁵kʰi³¹ 北方	be⁵⁵ 去	ma⁵⁵ 不	hã⁵⁵. 能	ȵi⁵⁵tʂʰo⁵⁵ 西方	be⁵⁵ ma⁵⁵ hã⁵⁵. 去 不 能
	通译	二月十七这一天属鼠，天上地下日子都好。但是不能去北方和西方。						

二月十八日

原图		🐚	🕯️	🐂	🌿	✋
朱小华解读	国际音标	li^{31}bu^{55}	ʁɑ^{55}lɑ^{55}bu^{55}	ɣə^{35}	nda^{55}ta^{55}	la^{31}ka^{31}
	直译	海螺	大烧香堆堆	牛	神枝	手
	意译	烧香吹海螺	大烧香堆堆惹了人	属牛	家神	煞气
	解读	ɣe^{35} 牛　χo^{31}hĩ^{31}, 十八　ɣe^{35} 牛　ȵi^{55}mi^{55} 日　tɕi^{31} 一　ȵi^{55}, 天　ɣe^{35} 牛　lu^{55}su^{55} 属　tsʰo^{31} 人　ta^{55}mu^{55} 这种　ŋgo^{55} 病　zo^{31}ko^{55}, 得　za^{35} 煞气　pu^{31} 送　ʁɑ^{55}lɑ^{55}bu^{55} 大烧香堆堆　so^{31} 香　vu^{55}. 烧				
	通译	二月十八，属牛的一天，属牛的人得病，要送煞气，给大烧香堆堆烧香。				
	补充	二月十八日这一天，属牛的人生病，是因为烧香堆堆、煞气、家神犯了他，要给家神敬香，给烧香堆堆烧香，要送煞气。				
李开华解读	国际音标	hĩ^{31}mbo^{55}kʰu^{55}	ʁɑ^{55}	ɣə^{35}	nda^{55}ta^{55}	la^{31}kɑ^{55}
	直译	海螺	烧香堆堆	牛	神枝	手
	意译	西方有海螺	烧素香	属牛	家神	天上出祸了，不能去北方
	解读	ɣe^{35} 牛　lu^{55} 属　tɕi^{55} 一　ȵi^{55}, 天　ɣe^{35} 牛　tʰa^{55} 不　sa^{55} 牵　va^{55}, 酒席　tʰa^{55} 不　tsʰɿ^{55}. 办　y^{55} 房子　tʰa^{55} 不　tsa^{31}. 修建　ma^{55} 不　qʰa^{55} 好　ma^{55} 不　nda^{55}. 坏				
	通译	二月十八这一天属牛，不牵牛，不办酒，不修房。日子不好不坏。				

第三章　文献精选精译　249

二月十九日

	原图					
朱小华解读	国际音标	ʁua³¹mi³¹	n̠i⁵⁵mi⁵⁵	nda⁵⁵ta⁵⁵	la⁵⁵	tsɻ³¹
	直译	长刀	太阳	神枝	虎	星宿
	意译	无义	太阳神惹了人	家神	属虎	星宿惹人
	解读	la⁵⁵ χo³¹ŋgu³⁵, ta⁵⁵mu⁵⁵ ŋo⁵⁵ zo³¹ko⁵⁵, 虎 十九 这种 病 得	la⁵⁵ n̠i⁵⁵mi⁵⁵ tɕi³¹ n̠i⁵⁵mi⁵⁵ za³⁵ pu³¹. 虎 日 太阳 煞气 送		n̠i⁵⁵, la⁵⁵ 一 天 虎	lu⁵⁵su⁵⁵ tsʰo³¹ 属 人
	通译	二月十九，属虎的一天，属虎的人生病，送太阳的煞气。				
	补充	二月十九日这一天，属虎的人生病，是因为太阳神和天上的星宿惹了他，要送太阳神和天上的星宿，给太阳神和星宿烧素香。				
李开华解读	国际音标	ʁa³⁵mi⁵⁵	hĩ⁵⁵mi⁵⁵	nda⁵⁵ta⁵⁵	la⁵⁵	tʰa⁵⁵ba⁵⁵
	直译	长刀	太阳	神枝	虎	赤口
	意译	西方有刀，不能去	黄昏的太阳	家神	属虎	赤口在东北方，不能去东北方
	解读	la⁵⁵ lu⁵⁵ tɕi⁵⁵ n̠i⁵⁵, pʰa³¹ ʁa³⁵mi⁵⁵ ndza³⁵, hã⁵⁵. 虎 属 一 天 方 长刀 有 能	tɕi⁵⁵ n̠i⁵⁵, zo³¹zɻ⁵⁵ 一 天 出行	mu⁵⁵kʰu⁵⁵ n̠i⁵⁵tʂo⁵⁵ 天气 西	pʰio³⁵, ə⁵⁵ 好 （后加）	n̠i⁵⁵tʂo⁵⁵ ə⁵⁵ pʰa³¹ be⁵⁵ ma⁵⁵ 西 （后加） 方 去 不
	通译	二月十九这一天属虎，天气好。西方有刀，不能去西方。				

二月二十日

原图		兔图	坛神图	湖图	土神图	筛子图	蛇图
朱小华解读	国际音标	tʰo⁵⁵li⁵⁵	pu⁵⁵mba³¹	xe³⁵	sa⁵⁵ta⁵⁵	a³¹kʰə⁵⁵	bu⁵⁵ɚ⁵⁵to³⁵
	直译	兔	坛神	湖	土神	筛子	蛇怪
	意译	属兔	无义	水神菩萨惹了人	土神惹了人	做法事的工具	蛇怪惹了人
	解读	tʰo⁵⁵li⁵⁵ no⁵⁵, tʰo⁵⁵li⁵⁵ ɲi⁵⁵mi⁵⁵ tɕi³¹ ɲi⁵⁵, tʰo⁵⁵li⁵⁵ lu⁵⁵su⁵⁵ 兔 二十 兔 日 一 天 兔 属 tsʰo³¹ ta⁵⁵mu⁵⁵ ŋgo⁵⁵ zo³¹ko⁵⁵ ɬo³⁵ tʂo⁵⁵, to³⁵ pu³¹, 人 这种 病 得 水神 送 怪象 送 sa⁵⁵ta⁵⁵ tʂo⁵⁵. 土神 送					
	通译	二月二十，属兔的一天，属兔的人得病，送水神，送怪象，送土神。					
	补充	二月二十日这一天，属兔的人生病，是因为水神菩萨、土神、蛇的怪象惹了他，把五种颜色的纸摆在筛子里，用糌粑面捏一条蛇送到没有本命的方向。然后送水神，用荞花、牛奶、糌粑面捏成坨坨，放在水里漂走。					
李开华解读	国际音标	tʰo⁵⁵li⁵⁵	nda⁵⁵ta⁵⁵	xə³⁵	tʰa⁵⁵ba⁵⁵	ʂʅ³¹tʰo⁵⁵	bu⁵⁵ɚ⁵⁵
	直译	兔	神枝	湖	赤口	牛皮船	蛇
	意译	属兔	家神	南方有水，不能去南方	赤口在东方	北方有牛皮船，可以去北方	东北方不能去，会碰到蛇
	解读	tʰo⁵⁵li⁵⁵ lu⁵⁵ tɕi⁵⁵ ɲi⁵⁵, pʰa⁵⁵ io⁵⁵ so⁵⁵ tɕi⁵⁵. 兔 属 一 天 猪（藏语） 羊 三 一					
	通译	二月二十这一天属兔，属猪、属羊、属兔的人三者相生。					
	补充	二月二十这一天属兔，不是很顺，但属猪、属羊、属兔的人相生，可以合伙做生意，互相嫁娶。					

二月二十一日

	原图	(龙头图)	(土神图)	(神枝图)	(太阳图)
朱小华解读	国际音标	ʌ⁵⁵dzɑ³¹	sɑ⁵⁵tɑ⁵⁵	ndɑ⁵⁵tɑ⁵⁵	ȵi⁵⁵mi⁵⁵
	直译	龙	土神	神枝	太阳
	意译	属龙	土神惹了属龙的人（带尾巴的土神惹得更严重）	家神	太阳画得大，表示太阳煞很严重
	解读	ʌ⁵⁵dzɑ³¹ n̻o⁵⁵tɕi³¹, ʌ⁵⁵dzɑ³¹ ȵi⁵⁵mi⁵⁵ tɕi³¹ ȵi⁵⁵, ʌ⁵⁵dzɑ³¹ 龙　　二十一　　龙　　日　　一　　天　　龙 lu⁵⁵su⁵⁵ tsʰo³¹ tɑ⁵⁵mu⁵⁵ ŋgo⁵⁵ zo³¹ko⁵⁵, ȵi⁵⁵mi⁵⁵ zɑ³⁵ pu³¹ 属　　人　　这种　　病　　得　　太阳　　煞气　　送 sɑ⁵⁵tɑ⁵⁵ tʂo⁵⁵. 土神　　送				
	通译	二月二十一，属龙的一天，属龙的人得病，要送太阳的煞气，送土神。				
	补充	二月二十一日这一天，属龙的人生病，是因为被土神、太阳神犯了，要送太阳神：烧柏香，敬酒。用荞花、柏香、牛奶送土神。				
李开华解读	国际音标	ʐɿ⁵⁵bi⁵⁵	tʰɑ⁵⁵bɑ⁵⁵	ndɑ⁵⁵tɑ⁵⁵	hĩ⁵⁵mi⁵⁵
	直译	龙	赤口	神枝	太阳
	意译	属龙	赤口在西方，西方不能去	旗子倒下的方向不能去	太阳在天上
	解读	ʐɿ⁵⁵bi⁵⁵ lu⁵⁵ tɕi⁵⁵ ȵi⁵⁵, χɑ³⁵ pʰio³⁵, tɕʰi⁵⁵ mu⁵⁵ tɕʰi⁵⁵ qʰɑ⁵⁵. 龙　　属　　一　　天　　日子　　好　　什么　　做　　什么　　好，顺当 ʂɑ⁵⁵tʂʰo⁵⁵ tɑ³¹tsʰɿ⁵⁵ mi⁵⁵ go⁵⁵pɑ³¹ ʂɑ⁵⁵tʂʰo⁵⁵ be⁵⁵ mɑ⁵⁵ hã⁵⁵. 东方　　旗子　　下（方向前缀）　　掉　　东方　　去　　不　　能				
	通译	二月二十一这一天属龙，日子好，做什么都好。东方旗子头朝下，东方不能去。				

二月二十二日

原图						
	(蛇图)	(神枝图)	(海螺图)	(八方符号)	(月亮图)	(蛇图)

朱小华解读	国际音标	dzɑ³¹	nda⁵⁵ta⁵⁵	li³¹bu⁵⁵	ŋgu³¹gi⁵⁵	ɬi⁵⁵mi⁵⁵	bu⁵⁵ʅ⁵⁵
	直译	蛇	神枝	海螺	八方菩萨	月亮	蛇
	意译	属蛇	家神惹了人	要烧香吹海螺	八方的菩萨惹人，但不严重	月亮神惹了人	北方不能去，如果去了就会碰到怪蛇
	解读	dzɑ³¹ ȵo⁵⁵ȵi⁵⁵， dzɑ³¹ ȵi⁵⁵mi⁵⁵ tɕi³¹ ȵi⁵⁵， dzɑ³¹ lu⁵⁵su⁵⁵ tsʰo³¹ 蛇 二十二 蛇 日 一 天 蛇 属 人 ta⁵⁵mu⁵⁵ ŋgo⁵⁵ zo³¹ko⁵⁵， ɬi⁵⁵mi⁵⁵ ɬa³¹ so³¹ vu⁵⁵. bu⁵⁵ʅ⁵⁵ 这种 病 得 月亮 神 香 烧 蛇 to³⁵ pu³¹， ŋgu³¹gi⁵⁵ pu³¹. 怪象 送 八方菩萨 送						
	通译	二月二十二，属蛇的一天，属蛇的人得病，给月亮神烧香，送蛇怪，送八方菩萨。					
	补充	二月二十二日这一天，属蛇的人生病，是因为家神、月亮神、蛇的怪象、八方神惹了他，要烧柏香，把茶叶、酒放在香炉里，吹海螺。然后捏一条蛇，送到没有本命的地方。把荞花撒在八个方向。					

李开华解读	国际音标	dzɑ³⁵	nda⁵⁵ta⁵⁵	hĩ³¹mbo⁵⁵kʰu⁵⁵	tɕʰu⁵⁵pa⁵⁵	hĩ⁵⁵gu⁵⁵	hĩ⁵⁵mi⁵⁵	bu⁵⁵ʅ³¹
	直译	蛇	神枝	海螺	曲秤（一种符号）	晚上	太阳	蛇
	意译	属蛇	家神	压住不好的东西	印在糌粑面上的符号		月亮	北方不能去，如果去了就会碰到怪蛇
	解读	dzɑ³⁵ lu⁵⁵ tɕi⁵⁵ ȵi⁵⁵， ma⁵⁵ qʰa⁵⁵ ma⁵⁵ nda⁵⁵. tʂo³¹tɕʰi⁵⁵kʰi³¹ be⁵⁵ ma⁵⁵ 蛇 属 一 天 不 好 不 坏 北方 去 不 hã⁵⁵. tɕʰu⁵⁵pa⁵⁵ zy⁵⁵， hĩ³¹mbo⁵⁵kʰu⁵⁵ dzɑ³¹. 能 曲秤 用 海螺 在							
	通译	二月二十二这一天属蛇，日子不好不坏。用海螺压住不好的东西。						

二月二十三日

	原图				
朱小华解读	国际音标	mo⁵⁵	nda⁵⁵ta⁵⁵	y³¹ɔ⁵⁵tsɿ⁵⁵i⁵⁵to³⁵	tʂʰɿ⁵⁵ka⁵⁵
	直译	马	神枝	鸟的怪象	脚
	意译	属马	头朝向西方，西方不能去	天上的飞禽出的怪象惹了人	属马的人脚痛，是被凶死鬼惹了
	解读	mo⁵⁵ ȵo⁵⁵so⁵⁵, ta⁵⁵mu⁵⁵ ŋgo⁵⁵ 马　二十三　这种　病　得	mo⁵⁵ ȵi⁵⁵mi⁵⁵ zo³¹ko⁵⁵, 马　日　怪象	tɕi³¹ ȵi⁵⁵, to³⁵ pu³¹ 一　天　送	mo⁵⁵ lu⁵⁵su⁵⁵ tsʰo³¹ tsɿ⁵⁵ pu³¹. 马　属　人　凶死鬼　送
	通译	二月二十三，属马的一天，属马的人得病，要送怪象，送凶死鬼。			
	补充	二月二十三日这一天，属马的人生病，是因为怪象、凶星惹了他，要送凶星：杀一只羊或者一只猪或者鸡，鸡血滴在糌粑坨坨上，往没有本命的地方送。			
李开华解读	国际音标	mo⁵⁵	nda⁵⁵ta⁵⁵	nɑ⁵⁵ly³⁵	ʂɿ⁵⁵ka³⁵
	直译	马	神枝	眼睛	脚杆
	意译	属马	头朝向西方，西方不能去	天上的眼睛朝下看，不能去北方	东方的凶星，属马的人不能去东方
	解读	mo⁵⁵ lu⁵⁵ tɕi⁵⁵ ȵi⁵⁵, dzu̥⁵⁵ ka³⁵ mi⁵⁵ tsɿ³¹. 马　属　一　天　背　脚　下（方向助词）蹬	nɑ⁵⁵kʰɑ⁵⁵mu⁵⁵hi⁵⁵mi⁵⁵ 老天爷	tsʰɿ⁵⁵tsɿ⁵⁵ ly³⁵, 朝下　看	mo⁵⁵ 马
	通译	二月二十三这一天属马，老天爷朝下看，马背后有脚蹬，不吉利。			

二月二十四日

	原图				
朱小华解读	国际音标	nda⁵⁵ta⁵⁵	li³¹bu⁵⁵	io⁵⁵	la³¹
	直译	神枝	海螺	羊	手
	意译	家神	烧香时吹海螺	属羊	煞气
	解读	io⁵⁵ ȵo⁵⁵zɿ³⁵, io⁵⁵ ȵi⁵⁵mi⁵⁵ tɕi³¹ ȵi⁵⁵, io⁵⁵ lu⁵⁵su⁵⁵ tsʰo³¹ 羊 二十四 羊 日 一 天 羊 属 人 ta⁵⁵mu⁵⁵ ŋgo⁵⁵ zo³¹ko⁵⁵, so³¹ vu⁵⁵ hũ³⁵, za³⁵ pu³¹ hũ³⁵. 这种 病 得 香 烧 需要 煞气 送 需要				
	通译	二月二十四，属羊的一天，属羊的人得病，要烧香，要送煞气。				
	补充	二月二十四日这一天，属羊的人生病，是因为家神菩萨和煞气惹了他，要敬家神，送煞气：烧柏香，把荞花、酒、茶叶、几颗米放在香炉里，往没有本命的地方送。				
李开华解读	国际音标	nda⁵⁵ta⁵⁵	hĩ³¹mbo⁵⁵kʰu⁵⁵	io⁵⁵	la³¹ka⁵⁵
	直译	神枝	海螺	羊	手
	意译	神枝在西方	吉利	属羊	北方不能去，去了就有人讨债
	解读	io⁵⁵ lu⁵⁵ tɕi⁵⁵ ȵi⁵⁵, tɕʰi⁵⁵ mu⁵⁵ tɕʰi⁵⁵ qʰa⁵⁵. sa³⁵ hỹ⁵⁵ 羊 属 一 天 什么 做 什么 好，顺当 血 生，残忍的 ma⁵⁵ tʂʰɿ⁵⁵. tso³¹tɕʰi⁵⁵kʰi³¹ be⁵⁵ ma⁵⁵ hã⁵⁵. 不 放 北方 去 不 能				
	通译	二月二十四这一天属羊，做什么都顺当。不宜杀生放血。北方不能去。				

二月二十五日

原图	✂ (牛角)	● (土神)	⌒ (牛角)	🐒 (猴)	▼ (神枝)	🐚 (海螺)
朱小华解读 国际音标	ɣe³⁵kʰu⁵⁵	sɑ⁵⁵tɑ⁵⁵	ɣə³⁵kʰu⁵⁵	mi³⁵	nda⁵⁵ta⁵⁵	li³¹bu⁵⁵
直译	牛角	土神	牛角	猴	神枝	海螺
意译	属猴的人这天得病是因为犯了做牛王会[1]的菩萨	干净的土神	牛王会的菩萨惹人	属猴	特殊的神枝，是指犯了牛王会的菩萨	烧香时吹海螺

朱小华解读 解读：

mi³⁵ no⁵⁵ŋa³¹, mi³⁵ ȵi⁵⁵mi⁵⁵ tɕi³¹ ȵi⁵⁵, mi³⁵ lu⁵⁵su⁵⁵ tsʰo³¹ ta⁵⁵mu⁵⁵
猴　二十五　　猴　　日　一　　天　　猴　属　　人　　这种

ŋo⁵⁵ zo³¹ko⁵⁵, ɣe³⁵pi³⁵sʅ⁵⁵ pu³¹ hũ³⁵. ɣe³⁵pi³⁵ so³¹ vu⁵⁵.
病　得　　　牛王会菩萨　　送　需要　牛王会菩萨　香　烧

通译：二月二十五，属猴的一天，属猴的人得病，要送牛王会菩萨，给牛王会烧香。

补充：二月二十五日这一天，属猴的人生病，是因为家神菩萨、牛王会的菩萨惹了他，要送牛王会的菩萨：杀一只羊，把羊血滴在糌粑坨坨做的人偶上，给牛王菩萨烧香，吹海螺。把人偶送到没有本命的地方。

李开华解读 国际音标	ʁɑ³⁵mi⁵⁵	ta⁵⁵ba⁵⁵	ndu⁵⁵	mi³⁵	nda⁵⁵ta⁵⁵	hĩ³¹mbo⁵⁵kʰu³¹
直译	刀子	赤口	石桩	猴	神枝	海螺
意译	西方不能去，会遇到火	赤口在西南方，不能去西南方	用于做道场	属猴	神枝在东方	海螺在东北方

李开华解读 解读：

mi³⁵ lu⁵⁵ tɕi⁵⁵ ȵi⁵⁵, ta⁵⁵ba⁵⁵ dzu⁵⁵ a⁵⁵ dzo³¹ ʁɑ³⁵mi⁵⁵
猴　属　一　天　　赤口　　地　上（方位词）　在　刀子

mi⁵⁵ ka³⁵tsʅ⁵⁵.
下（方向助词）　交叉

通译：二月二十五这一天属猴，赤口在地上，刀子交叉（要刀兵相见）。

---

[1] 牛王会是纳木依藏族非常隆重的宗教仪式。新中国成立前每十三年做一次牛王会（在三月或九月做），新中国成立后就再没做过，因为做牛王会需要三至五个能力强的帕孜，但现代的帕孜越来越少，再没有能力做牛王会了。图中的牛角代表牛王会，做牛王会的时候要吹牛角。

二月二十六日

	原图	![刀]	![土神]	![鸡]	![神枝]
朱小华解读	国际音标	ʁua³¹mi³¹	sa⁵⁵ta⁵⁵	dzʉ⁵⁵	nda⁵⁵ta⁵⁵
	直译	刀子	土神	鸡	神枝
	意译	代表土神菩萨的煞气	土神惹了人	属鸡	家神
	解读	dzʉ⁵⁵ ȵo⁵⁵kʰu³¹, dzʉ⁵⁵ ȵi⁵⁵mi⁵⁵ tɕi³¹ ȵi⁵⁵, dzʉ⁵⁵ lu⁵⁵su⁵⁵ tsʰo³¹ ta⁵⁵mu⁵⁵ ŋgo⁵⁵ zo³¹ko⁵⁵, sa⁵⁵ta⁵⁵ tso⁵⁵. 鸡 二十六 鸡 日 一 天 鸡 属 人 这种 病 得 土神 送			
	通译	二月二十六，属鸡的一天，属鸡的人得病，送土神。			
	补充	二十二十六日这一天，属鸡的人生病，是因为土神菩萨惹了他，要送土神：烧柏香，把荞花、酒、鲜牛奶放进香炉，把香送到没有本命的地方。			
李开华解读	国际音标	ʁɑ³⁵mi⁵⁵	ta⁵⁵bɑ⁻⁵⁵	bi⁵⁵	nda⁵⁵ta⁵⁵
	直译	刀子	赤口	鸡	神枝
	意译	不能去西南方，会遇到火	赤口在西南方，不能去西南方	属鸡	神枝在东方
	解读	bi⁵⁵ lu⁵⁵ tɕi⁵⁵ ȵi⁵⁵, ta⁵⁵bɑ⁻⁵⁵ io³⁵sa⁵⁵gu³¹ dzo³¹, ʂa⁵⁵tsʰo⁵⁵ be⁵⁵ a⁵⁵ʂɿ³¹. tʂo³¹tɕʰi⁵⁵kʰi³¹ be⁵⁵ a⁵⁵ʂɿ³¹. 鸡 属 一 天 赤口 西南方 在 东方 去 可以 北方 去 可以			
	通译	二月二十六这一天属鸡，赤口在西南方。可以去东方和北方，（这一天什么都不能做）。			

二月二十七日

	原图					
朱小华解读	国际音标	nda^{55}ta^{55}	li^{55}pu^{31}li^{55}qa^{31}z̩^{31}	tʂʰ̩^{35}	a^{31}kʰə^{55}	bu^{55}ə^{31}to^{35}/ na^{55}nkʰa^{31}ɬa^{31}i^{55}to^{35}
	直译	神枝	弓箭	狗	筛子	蛇/天神菩萨的鬼
	意译	家神	做道场时用来射糌粑坨坨的弓箭	属狗	做法事的道具	东北方不吉利，有蛇
	解读	tʂʰ̩^{35} 狗 tsʰo^{31} 人	no^{55}ʂ̩^{31}, 二十七 ta^{55}mu^{55} 这种	tʂʰ̩^{35} 狗 ŋgo^{55} 病	ȵi^{55}mi^{55} 日 zo^{31}ko^{55}, 得	tɕi^{31} 一 za^{35} 煞气 ȵi^{55}, 天 i^{55} 的	tʂʰ̩^{35} 狗 ʂa^{55}tu^{55} 糌粑坨坨	lu^{55}su^{55} 属 pu^{31} 送 hũ^{35}. 需要
	通译	二月二十七，属狗的一天，属狗的人得病，要送煞气。				
	补充	二月二十七日这一天，属狗的人生病，是因为煞气、天神菩萨的鬼惹了他，就把三种颜色的纸放进一个筛子中，送到没有本命的地方。做五个糌粑坨坨放在筛子里，分别把五个坨坨朝五个方向扔（东南西北及天上），扔的时候用弓箭射糌粑坨坨，意为将煞气打回去。				
李开华解读	国际音标	nta^{55}ta^{55}	li^{55}pu^{55}li^{55}qa^{55}	tʂʰ̩^{55}	a^{31}kʰə^{55}	bu^{55}ə^{55}
	直译	神枝	弓箭	狗	牛皮船	蛇
	意译	神枝在西方	南方有人射箭，不吉利	属狗	北方吉利，可以去北方	东北方不吉利，有蛇
	解读	tʂʰ̩^{55} 狗 hũ^{55}mi^{55}kʰi^{31} 南方	lu^{55} 属	tɕi^{55} 一 ə^{55} （后加）	ȵi^{55}, 天 pʰa^{31} 方	χa^{35} 日子 li^{55}bu^{55} 弓	tsa^{55}. 坏 li^{55}qa^{55} 箭	ʁə^{35}sa^{55}gu^{31} 东北方 dzo^{31}. 有	be^{55} 去	ma^{55} 不	hã^{55}. 能
	通译	二月二十七这一天属狗，日子不好，东北方不能去，有蛇；南方有人射箭，不能去。				

二月二十八日

	原图					
朱小华解读	国际音标	nda^{55}ta^{55}	ʁa^{55}bu^{55}ta^{55}ta^{55}	va^{35}	bu^{55}ɚ^{31}/ na^{55}nkʰa^{31}ɬa^{31}i^{55}to^{35}	ȵi^{55}mi^{55}
	直译	神枝	小烧香堆堆	猪	蛇/天神菩萨的怪象	太阳
	意译	家神	小的烧香堆堆惹了人	属猪	蛇怪惹了人	太阳神惹了人
	解读	va^{35} no^{55}hĩ^{31}, va^{35} ȵi^{55}mi^{55} tɕi^{31} ȵi^{55}, va^{35} lu^{55}su^{55} tsʰo^{31} 猪 二十八 猪 日 一 天 猪 属 人 ta^{55}mu^{55} ŋo^{55} zo^{31}ko^{55}, ȵi^{55}mi^{55} ɬa^{31} so^{31} vu^{55}, ʁa^{55}bu^{55}ta^{55}ta^{55} 这种 病 得 太阳 神 香 烧 小烧香堆堆 so^{31} vu^{55}. 香 烧				
	通译	二月二十八，属猪的一天，属猪的人得病，要给太阳神烧香，给小的烧香堆堆烧香。				
	补充	二月二十八日这一天，属猪的人生病，是因为小香堆、太阳神、天神菩萨的鬼惹了他，要给太阳神、小香堆堆烧香，用糌粑面做一条蛇，往没有本命的地方送。				
李开华解读	国际音标	nda^{55}ta^{55}	ʁa^{55}la^{55}bu^{55}	va^{35}	bu^{55}ɚ^{55}	hĩ^{55}mi^{55}
	直译	神枝	烧香堆堆	猪	蛇	太阳
	意译	头朝下的神枝，不吉利	烧素香	属猪	蛇朝上爬，不能去东方	
	解读	va^{35} lu^{55} tɕi^{55} ȵi^{55}, va^{35} to^{35} dʐu^{31}dʐu^{55}, bu^{55}ɚ^{55} mu^{55} a^{55} be^{55}, 猪 属 一 天 猪 怪 出现 蛇 天 上 去 hũ^{35} ʂʅ^{55}dʐʅ^{55} lo^{31}. ʂa^{55}tsʰo^{55} be^{55} ma^{55} hã^{55}. ȵi^{55}tsʰo^{55} 走 想 了 东方 去 不 能 西方 be^{55} ma^{55} hã^{55}, nda^{55}ta^{55} tsʰʅ^{55}tsʰʅ^{55} mi^{55} gi^{55}pa^{31}. 去 不 能 神枝 下 下（方向助词） 落				
	通译	二月二十八这一天属猪，日子不好，猪出了怪，蛇想上天，不能去东方。神枝头朝下落，不能去西方。				

二月二十九日

270　纳木依藏族帕孜文献

	原图				
朱小华解读	国际音标	li^{31}bu^{55}	χa^{35}	nda^{55}ta^{55}	ɬi^{55}mi^{55}
	直译	海螺	鼠	神枝	月亮
	意译	烧香时吹海螺	属鼠	家神	月亮菩萨惹了人
	解读	χa^{35} ȵo^{55}ŋu^{35}, χa^{35} ȵi^{55}mi^{55} tɕi^{31} ȵi^{55}, χa^{35} lu^{55}su^{55} tsʰo^{31} 鼠 二十九 鼠 日 一 天 鼠 属 人 ta^{55}mu^{55} ŋo^{55} zo^{31}ko^{55}, ɬi^{55}mi^{55} so^{31} vu^{55}. 这种 病 得 月亮 香 烧				
	通译	二月二十九，属鼠的一天，属鼠的人得病，给月亮菩萨烧香。				
	补充	二月二十九日这一天，属鼠的人生病，是因为家神菩萨和月亮神菩萨惹了他，要在家里敬家神菩萨，给月亮菩萨烧香，吹海螺。				
李开华解读	国际音标	hĩ^{31}mbo^{55}kʰu^{55}	χa^{35}	nda^{55}ta^{55}	hĩ^{55}gu^{55}	hĩ^{55}mi^{55}
	直译	海螺	鼠	神枝	晚上	太阳
	意译	吉利	属鼠	家神	月亮	
	解读	χa^{35} lu^{55} tɕi^{55} ȵi^{55}, χa^{35} pʰio^{55}, tɕʰi^{55} lu^{55} tɕi^{55} ȵi^{55} 鼠 属 一 天 日子 好 它 属 一 天 te^{31}, tɕʰi^{55} mu^{55} tɕʰi^{55} pʰio^{35}. 就 它 做 它 好				
	通译	二月二十九这一天属鼠，日子好，属它的一天，日子好。				

二月三十日

	原图							
	国际音标	nda^{55}ta^{55}	ɣe^{35}kʰu^{55}	ɣe^{35}	pu^{55}mba^{31}	sa^{55}ta^{55}	y^{31}ɚ^{55}tsʅ^{55} i^{55}to^{35}	tsʅ^{31}
	直译	神枝	牛角	牛	岸子[1]	土神	鸟的怪象	星宿
	意译	家神	冲撞了牛王会的菩萨	属牛	过年过节用于敬神	土神惹了人	天上的飞禽出的怪象惹了人	属牛的人犯了四次星宿，星宿惹人
朱小华解读	解读	ɣe^{35} 牛　　　ta^{55}mu^{55} 这种　　　ła^{31} 神	so^{55}ʂʅ^{31}, 三十　　　ŋgo^{55} 病　　　ɣe^{35}pi^{55} 牛王会菩萨	ɣe^{35} 牛　　　zo^{31}ko^{55}, 得　　　ła^{31} 神	ȵi^{55}mi^{55} 日　　　to^{35} 怪象　　　pu^{31} 送	tɕi^{31} 一　　　　　　　　to^{35} 怪象	ȵi^{55}, 天　　　ȵi^{55} （助词）　　　hũ^{35}. 需要	ɣe^{35} 牛　　　tʂʰa^{55} 惹	lu^{55}su^{55} 属　　　ɣe^{35}pi^{55} 牛王会菩萨	tsʰo^{31} 人
	通译	二月三十，属牛的一天，属牛的人得病，怪象惹了他，牛王会的菩萨惹了他，要送牛王会的菩萨，要送怪象。							
	补充	二月三十日这一天，属牛的人生病，是因为冲犯了四次天上的星宿，又犯了土神。要用糌粑坨坨送牛王会菩萨，送怪象。要给天上的星宿烧素香，送土神：捏糌粑坨坨，把荞花在病人身上擦了以后撒到土神所在的方向。							
	国际音标	nda^{55}ta^{55}	bu^{55}tsa^{31}	ɣə^{35}	qa^{55}tu^{55}	tʰa^{55}ba^{55}	n̠a^{55}ly^{35}	tʂo^{31}	tsʰu^{55}	zʅ^{35}
	直译	神枝	刀子	牛	糌粑坨坨	赤口	眼睛	祸	罩	四
	意译	神枝在西方	南方不能去，会遇到祸事	属牛	过年过节用于敬神	赤口在东方，不能去东方	老天爷的眼睛朝下看，不吉利	有祸临头，不吉利，东北方不能去		
李开华解读	解读	ɣə^{35} 牛　　　tsʰʅ^{55}tsʰʅ^{55} 朝下	lu^{55} 属　　　ly^{35}, 看	tɕi^{55} 一　　　bu^{55}tsa^{31} 刀子	ȵi^{55}, 天　　　ka^{35}tʂʅ^{55} 交叉	χa^{35} 日子　　　lo^{31} 上（方向前缀）	tsa^{55}, 坏　　　mu^{55} 天	tʂo^{31} 祸　　　a^{55} 上（方位词）	tsʰu^{55} 罩	zʅ^{35}. 四　　　ly^{35}. 看	na^{55}kʰa^{55}mu^{55} 老天爷
	通译	二月三十这一天属牛，日子不好，有四个祸临头。老天爷朝下看，刀子交叉朝天。								

---

[1] "pu^{55}mpa^{31}"，朱小华用汉语称其为"岸子"，据他讲，他们将用于敬神祭祖的所有的祭祀用品统称为"岸子"、历书、神路图、印棒以及其他的祭祀用品都可称为"岸子"。此图符所表示的岸子，也是供奉坛神的工具。

三月  la⁵⁵ndo⁵⁵tɕi³¹pɚ³¹
可以看见虎的一月

三月上

三月一日

	原图					
朱小华解读	国际音标	nda⁵⁵ta⁵⁵	lɑ⁵⁵	y³¹ɚ⁵⁵tsɿ⁵⁵i⁵⁵to³⁵	tʂɿ³¹	li³¹bu⁵⁵
	直译	神枝	虎	鸟的怪象	星宿	海螺
	意译	家神	属虎	天上的飞禽出的怪象惹了人	干净的星宿	烧香时吹海螺
	解读	lɑ⁵⁵ tɕi³¹, lɑ⁵⁵ ȵi⁵⁵mi⁵⁵ tɕi³¹ ȵi⁵⁵, lɑ⁵⁵ lu⁵⁵su⁵⁵ tsʰo³¹ 虎 一 虎 日 一 天 虎 属 人 ta⁵⁵mu⁵⁵ ŋo⁵⁵ zo³¹ko⁵⁵, to³⁵ kʰi³¹pi³⁵ hũ³⁵⁵, so³¹ vu⁵⁵ hũ³⁵. 这种 病 得 怪象 送 需要 香 烧 需要 to³⁵ ɣa³¹zɿ³¹ hũ³⁵. 怪象 送[1] 需要				
	通译	三月初一，属虎的一天，属虎的人得病，要送两次怪象，要烧香，要送怪象。				
	补充	三月初一这一天，属虎的人不能生病，如果在这一天生病，是因为天上飞的雀鸟惹了他，要吹海螺烧香。用青稞面捏成雀鸟的样子，绕着病人身体转动，然后将雀鸟面偶送到不是病人本命的方向。				
李开华解读	国际音标	nda⁵⁵ta⁵⁵	lɑ⁵⁵	ȵa⁵⁵ly³⁵	tʰa⁵⁵ba⁵⁵	hĩ⁵⁵mbo⁵⁵kʰu⁵⁵
	直译	神枝	虎	眼睛	赤口	海螺
	意译	家神	属虎	不吉利，不能去北方	海螺在东北方	吉利
	解读	tʰo⁵⁵li⁵⁵ lu⁵⁵ tɕi⁵⁵ ȵi⁵⁵, χa³⁵ tsa⁵⁵, tʰa⁵⁵ba⁵⁵ dzu⁵⁵ a⁵⁵ 兔 属 一 天 日子 坏 赤口 地 上 dzo³¹. sio⁵⁵ pʰi⁵⁵ lo³¹ mu⁵⁵, ta³⁵po⁵⁵ tɕi⁵⁵ 在 香 素的 上（方向前缀） 烧 旗子 一 po⁵⁵ lo³¹ tsʰu³⁵. 根 上（方向前缀） 插				
	通译	三月初一这一天属虎，日子好。眼睛朝地上看，前头放着招魂幡，后头放着海螺。				

---

[1] 另一种送怪象的仪式。

三月二日

	原图					
朱小华解读	国际音标	tʰo⁵⁵li⁵⁵	pu⁵⁵mba³¹	ʁa⁵⁵la⁵⁵bu⁵⁵	sa⁵⁵ta⁵⁵	la³¹
	直译	兔	岸子	大烧香堆堆	土神	手
	意译	属兔	干净的坛神	给大的烧香堆堆烧香	土神在土里，土神惹了属兔的人	红煞、凶死鬼惹人
	解读	tʰo⁵⁵li⁵⁵ ȵi⁵⁵, 兔 二 ŋo⁵⁵ zo³¹ko⁵⁵, 病 得	tʰo⁵⁵li⁵⁵ ȵi⁵⁵mi⁵⁵ 兔 日 ʁa⁵⁵la⁵⁵bu⁵⁵ 大烧香堆堆	tɕi³¹ ȵi⁵⁵, 一 天 so³¹ vu⁵⁵ 香 烧	tʰo⁵⁵li⁵⁵ lu⁵⁵su⁵⁵ 兔 属 za³⁵ pu³¹, 煞气 送	tsʰo³¹ ta⁵⁵mu⁵⁵ 人 这种 sa⁵⁵ta⁵⁵ tʂo⁵⁵. 土神 送
	通译	三月初二，属兔的一天，属兔的人得病，给大烧香堆堆烧香，送煞气，送土神。				
	补充	三月初二这一天，属兔的人不能生病，如果生病，是因为有鬼来抓他。要用苦荞花擦拭病人的身体；再用青稞面捏一个人，放在一张石板上，在病人身上绕，然后让病人对着面人吹气；用一只鸡在病人身上打扫，把鸡血滴在人偶上，再给人偶穿一件病人的旧衣服。法事做完以后，将人偶和苦荞花送到不是病人本命的方向，然后再烧香。				
李开华解读	国际音标	tʰo⁵⁵li⁵⁵	ta³⁵po⁵⁵	ʁa⁵⁵la⁵⁵bu⁵⁵	tʰa⁵⁵ba⁵⁵	la³¹ka⁵⁵
	直译	兔	旗子	烧香堆堆	赤口	手
	意译	属兔	朝上插的旗子	烧素香	赤口在东方，不能去东方	不能去北方，否则会有人讨债。
	解读	tʰo⁵⁵li⁵⁵ lu⁵⁵ tɕi⁵⁵ ȵi⁵⁵, 兔 属 一 天 pʰi⁵⁵ lo³¹ 素的 上（方向前缀）	χa³⁵ tsa⁵⁵, 日子 坏 mu⁵⁵, ta³⁵po⁵⁵ tɕi⁵⁵ 烧 旗子 一	tʰa⁵⁵ba⁵⁵ 赤口 po⁵⁵ 根	ʂa⁵⁵tʂʰo⁵⁵ 东方 lo³¹ 上（方向前缀）	dzo³¹. sio⁵⁵ 在 香 tsʰu³⁵. 插
	通译	三月初二这一天属兔，日子不好。土神在地上。要烧素香，朝上插一根旗子。				

279

三月三日

	原图					
朱小华解读	国际音标	nda⁵⁵ta⁵⁵	ɣe³⁵kʰu⁵⁵	ɚ⁵⁵dzɑ³¹	qɑ⁵⁵tu⁵⁵	tʂɿ³¹
	直译	神枝	牛角	龙	糍粑坨坨	星宿
	意译	家神	牛王会的菩萨惹人	属龙	放在神龛上敬神	干净的星宿
	解读	ɚ⁵⁵dzɑ³¹ so⁵⁵, ɚ⁵⁵dzɑ³¹ ɲi⁵⁵mi⁵⁵ tɕi³¹ ɲi⁵⁵, ɚ⁵⁵dzɑ³¹ lu⁵⁵su⁵⁵ 龙 三 龙 日 一 天 龙 属 tsʰo³¹ ta⁵⁵mu⁵⁵ ŋgo⁵⁵ zo³¹ko⁵⁵, ɣe³⁵pi³⁵sɿ⁵⁵ pu³¹, qɑ⁵⁵tu⁵⁵ pu³¹, 人 这种 病 得 牛王会菩萨 送 糍粑坨坨 送 ŋa⁵⁵mi³¹ ndʐu³⁵. 糍粑坨坨捏出来的人偶 送				
	通译	三月初三，属龙的一天，属龙的人得病，要送牛王会菩萨。				
	补充	三月初三这一天，属龙的人不能生病，如果生病了，是因为牛王会的菩萨惹了他，要捏糍粑坨坨送牛王会菩萨。				
李开华解读	国际音标	nda⁵⁵ta⁵⁵	bu⁵⁵tʂɑ³¹	ʐɿ⁵⁵bi⁵⁵	pu⁵⁵mba³¹	tʰa⁵⁵ba⁵⁵
	直译	神枝	刀子	龙	神器	赤口
	意译	神枝在西方	南方不能去，有祸事	属龙	放在神龛上敬神	赤口在东北方，东北方不得去
	解读	ʐɿ⁵⁵bi⁵⁵ lu⁵⁵ tɕi⁵⁵ ɲi⁵⁵, tɕʰi⁵⁵ tʰa⁵⁵ mu⁵⁵ bu⁵⁵tʂɑ³¹ ka³⁵tʂɿ⁵⁵. 龙 属 一 天 什么 别 做 刀子 交叉 io⁵⁵bio⁵⁵ lo³¹ li⁵⁵ ly³⁵. ʁə³⁵sa⁵⁵gu³¹ be⁵⁵ ma⁵⁵ hã⁵⁵. 自己 上（方向前缀）（趋向助词） 看 东北方 去 不 能				
	通译	三月初三这一天属龙，什么都不能做。刀子交叉朝着主人自己，病就好不了了。东北方不能去。				

三月四日

原图				
国际音标	nda^{55}ta^{55}	dza^{31}	za^{55}	tʂʰɿ^{55}ka^{55}
直译	神枝	蛇	鞋子	脚
意译	家神	属蛇	属蛇的人脚痛，不能穿鞋子了	属蛇的人脚痛

朱小华解读

解读									
dza^{31} 蛇	zɿ^{35} 四	dza^{31} 蛇	ȵi^{55}mi^{55} 日	tɕi^{31} 一	ȵi^{55} 天	dza^{31} 蛇	lu^{55}su^{55} 属	tsʰo^{31} 人
ta^{55}mu^{55} 这种	ŋgo^{55} 病	zo^{31}ko^{55} 得		za^{35} 煞气	pu^{31} 送	hũ^{35}. 需要	so^{31} 香	vu^{55} 烧
hũ^{35}. 需要	hũ^{55}bu^{55} 荞花	ʂu^{31}ʂɿ^{55} 柏香	i^{55}tsʰɿ^{55} 茶叶	za^{35} 煞气	pu^{31}. 送			

通译	三月初四，属蛇的一天，属蛇的人得病，要送煞气，要烧香，要用荞花、柏香、茶叶送煞气。
补充	三月初四这一天，属蛇的人如果生病了，就是因为水神的煞气惹了他，症状是脚痛，不能穿鞋。这一天不能杀生，要用素的供品送水神煞气：把糌粑坨坨捏成尖的，在印板上印出图案，放在石板上，同鲜牛奶、茶叶和苦荞花一起撒在水里，同时烧柏香，在水沟边送水神。是哪一个方向的水神惹的病人，就往哪一个方向送。

李开华解读

国际音标	nda^{55}ta^{55}	dza^{31}	ka^{35}	ʂɿ^{55}ka^{35}
直译	神枝	蛇	脚	脚杆
意译	不能去西方	属蛇	不能去东方，是凶星	脚要离蛇远一些

解读								
dza^{31} 蛇	lu^{55} 属	tɕi^{55} 一	ȵi^{55} 天	bu^{55}ɚ^{55} 蛇	na^{55} 与	ka^{35} 脚	kʰa^{55}kʰa^{55} 注意，小心	mu^{55}. （后加）

通译	三月初四这一天属蛇，注意让脚离蛇远一点。

三月五日

	原图				
朱小华解读	国际音标	mo⁵⁵	li³¹bu⁵⁵	ɑ³¹kʰɚ⁵⁵	qʰo⁵⁵tsɿ⁵⁵
	直译	马	海螺	筛子	七姊妹星
	意译	属马	烧香时要吹海螺	做法事的工具	一种天象
	解读	mo⁵⁵ ŋa³⁵, mo⁵⁵ ȵi⁵⁵mi⁵⁵ tɕi³¹ ȵi⁵⁵, mo⁵⁵ lu⁵⁵su⁵⁵ tsʰo³¹ 马 五 马 日 一 天 马 属 人 ta⁵⁵mu⁵⁵ ŋo⁵⁵ zo³¹ko⁵⁵, so³¹ vu⁵⁵. 这种 病 得 香 烧			
	通译	三月初五，属马的一天，属马的人得病，要烧香、吹海螺。			
	补充	三月初五这一天，属马的人不能生病，如果生病，就相当严重。那天的星象是"七姊妹"过渡，这一天人们不能送神、不能送鬼、不能出财。如果属马的人生病了，要把一盘柏香点燃，放在干净的石板上，再放一些酒和茶，把石板在病人头上转动，然后往东送[1]。			
李开华解读	国际音标	mo⁵⁵	hĩ³¹mbo⁵⁵kʰu⁵⁵	sɿ³¹tʰo⁵⁵	qʰo⁵⁵tsɿ⁵⁵
	直译	马	海螺	牛皮船	七姊妹星
	意译	属马	吉利	牛皮船在北方，吉利	一种天象，吉利
	解读	mo⁵⁵ lu⁵⁵ tɕi⁵⁵ ȵi⁵⁵, χɑ³⁵ pʰio³⁵, qʰo⁵⁵tsɿ⁵⁵zo³¹ tɕi⁵⁵ ȵi⁵⁵, 马 属 一 天 日子 好 七姊妹星过渡 一 天 pʰio⁵⁵ la⁵⁵hã⁵⁵ sɿ⁵⁵ lo³¹. 好 过于 很 了			
	通译	三月初五这一天属马，日子好，七星过渡。这一天日子太好了（但人不一定能压住。如果进财，就非常好）。			

---

[1] 所送的神是素神，就无需计算本命的方向，直接往东送即可。

三月六日

原图							
朱小华解读	国际音标	io^{55}	nda^{55}ta^{55}	sa^{55}ta^{55}	li^{31}bu^{55}	ȵi^{55}mi^{55}	sa^{55}ta^{55}
	直译	羊	神枝	土神	海螺	太阳	星宿
	意译	属羊	家神	人冲犯了三次土神，会被土神惹	烧香时要吹海螺	犯了太阳神	犯了天上的星宿
	解读	io^{55} k^{h}u^{31}, 羊 六　　　　io^{55} ȵi^{55}mi^{55} tɕi^{31} ȵi^{55}, io^{55} lu^{55}su^{55} tsʰo^{31} 羊　日　一　天　羊　属　人 ta^{55}mu^{55} ŋgo^{55} zo^{31}ko^{55}, so^{31} vu^{55} sa^{55}ta^{55} tʂo^{55}. li^{31}bu^{55} tʂo^{55}. 这种　病　得　香　烧　土神　送　海螺　送						
	通译	三月初六，属羊的一天，属羊的人得病，要烧香，送土神，用海螺送。						
	补充	三月初六这一天，属羊的人如果生病了，是因为犯了土神三次（在不能动土的时候动了三次土），要先送土神，再送太阳神。然后要吹海螺。						
李开华解读	国际音标	io^{55}	nda^{55}ta^{55}	qa^{35}	hĩ^{31}mbo^{55}kʰu^{55}	hĩ^{55}mi^{55}	tʰa^{55}ba^{55}
	直译	羊	神枝	粮食	海螺	太阳	赤口
	意译	属羊	神枝在西方	和尚的供品	海螺在东方，吉利	无义	赤口在东北方，不能去
	解读	io^{55} lu^{55} tɕi^{55} ȵi^{55}, ma^{55} qʰa^{55} ma^{55} nda^{55}. ʁə^{35}sa^{55}gu^{31} be^{55} 羊　属　一　天　不　好　不　坏　东北方　去 ma^{55} hã^{55}. 不　能						
	通译	三月初六这一天属羊，日子不好不坏，不能去东北方。						

三月七日

	原图					
朱小华解读	国际音标	nda⁵⁵ta⁵⁵	mi³⁵	ʁa⁵⁵la⁵⁵bu⁵⁵	hĩ⁵⁵mi⁵⁵	tʂʅ³¹
	直译	神枝	猴	大烧香堆	月亮	星宿
	意译	家神	属猴	烧香堆堆惹人	给月亮神烧香	干净的星宿
	解读	mi³⁵ ʂʅ³¹, 猴 七 ŋo⁵⁵ zo³¹ko⁵⁵, 病 得	mi³⁵ ɲi⁵⁵mi⁵⁵ 猴 日 hĩ⁵⁵mi⁵⁵ ɬa³¹ 月亮 神	tɕi³¹ ɲi⁵⁵, 一 天 so³¹ vu⁵⁵, 香 烧	mi³⁵ lu⁵⁵su⁵⁵ 猴 属 ʁa⁵⁵la⁵⁵bu⁵⁵ 大烧香堆堆	tsʰo³¹ ta⁵⁵mu⁵⁵ 人 这种 so³¹ vu⁵⁵. 香 烧
	通译	三月初七，属猴的一天，属猴的人得病，给月亮神烧香，给大烧香堆堆烧香。				
	补充	三月初七这一天，属猴的人如果生病，是因为香神惹了他[1]，要在十五月圆这一天烧香[2]。				
李开华解读	国际音标	nda⁵⁵ta⁵⁵	mi³⁵	ʁa⁵⁵	hĩ⁵⁵gu⁵⁵	hĩ⁵⁵mi⁵⁵	tʰa⁵⁵ba⁵⁵
	直译	神枝	猴	烧香堆堆	晚上	太阳	赤口
	意译	神枝在西方	属猴	烧柏香	月亮		赤口在东北方
	解读	mi³⁵ lu⁵⁵ tɕi⁵⁵ ɲi⁵⁵, 猴 属 一 天 va³⁵ʁu⁵⁵, 第一期作物（大米、玉米）		ma⁵⁵ qʰa⁵⁵ 不 好 va³⁵ɲi⁵⁵. 第二期作物（麦子、豌豆）	ma⁵⁵ nda⁵⁵. 不 坏		mɚ⁵⁵ mu⁵⁵. 劳动 做
	通译	三月初七这一天属猴，不好不坏，可以开始种庄稼了。第一期作物是大米、玉米，第二期作物是麦子、豌豆。					

---

[1] 香神惹人的原因有多种，在这一天里香神惹属猴的人，是因为该人的前代建有烧香堆，但是后一代的人没有烧香，就遭到了香神的报复。

[2] 初一、初五、十五这三天是该烧香的日子，后半月月亮不明，不可烧香。

三月八日

	原图					
朱小华解读	国际音标	pu⁵⁵mba³¹	qʰa⁵⁵ndʐa⁵⁵i⁵⁵to³⁵	dzu̩⁵⁵	sa⁵⁵ta⁵⁵	y³¹ʅ⁵⁵tsʅ⁵⁵i⁵⁵to³⁵
	直译	岸子	有蹄子的怪象	鸡	土神	鸟的怪象
	意译	要给坛神烧香	家中牲畜出的怪象	属鸡	土神惹了人	天上的飞禽出的怪象惹了人
	解读	dzu̩⁵⁵ hĩ³¹, ŋgo⁵⁵ zo³¹ko⁵⁵, 鸡 八 病 得	bi⁵⁵ ɲi⁵⁵mi⁵⁵ pu⁵⁵mba³¹ 鸡 日 岸子	tɕi³¹ ɬa³¹ 一 神	ɲi⁵⁵, so³¹ 天 香	bi⁵⁵ lu⁵⁵su⁵⁵ vu⁵⁵ hũ³⁵. 鸡 属 烧 需要	tsʰo³¹ ta⁵⁵mu⁵⁵ sa⁵⁵ta⁵⁵ tʂo⁵⁵. 人 这种 土神 送
	通译	三月初八，属鸡的一天，属鸡的人得病，要给坛神烧香，送土神。				
	补充	三月初八这一天，属鸡的人不能生病，如果生病了，就是家神、土神勾引这家中的牛羊和鸡来惹他。要用念经的方式送神，同时用糌粑面做一个人，再用丝茅草扎一个毛人，念过经之后把这个毛人送到不是病人本命的方向。				
李开华解读	国际音标	ta³⁵hĩ⁵⁵	qa³⁵lu⁵⁵	bi⁵⁵	tʰa⁵⁵ba⁵⁵	gi⁵⁵zɿ⁵⁵
	直译	旗子	锅庄	鸡	赤口	鸟
	意译	插在前面的旗子	用于"减淤"	属鸡	东方的赤口	北方不能去，鸟儿会在上拉屎
	解读	tɕi⁵⁵ ɲi⁵⁵ i⁵⁵ dʐɿ⁵⁵ ma⁵⁵ dzo³¹, 一 天 （语助）吃 不 在	so⁵⁵ tʰu⁵⁵, tɕi⁵⁵ dza⁵⁵ ku³¹ ɲu⁵⁵ɲu⁵⁵ ta³⁵hĩ⁵⁵ 三 顿（饭）一 饭 能够 朝后 旗子	sio⁵⁵ ma⁵⁵ va³¹, yua⁵⁵mi⁵⁵ 三 不 刨 前面	ɲi⁵⁵ dʐɿ⁵⁵ dʐɿ⁵⁵ tʂʰu³⁵. 天 吃 吃 插	ŋgu⁵⁵ bi⁵⁵ lu⁵⁵ ma⁵⁵ tʰa⁵⁵ba⁵⁵ χa⁵⁵ 九 鸡 属 不 赤口 日子	tsʰu⁵⁵. dʐɿ⁵⁵ tɕi⁵⁵ ɲi⁵⁵, do³¹kʰu⁵⁵ tsa⁵⁵. 顿 吃 一 天 背向 坏
	通译	（帕孜的咒语）："一天吃三顿，三天吃九顿。可你饭不好好吃，水不好好喝，我要把你砍死。"（鸡说）："不要砍死我。"（鸡说话了，即出怪象了。）属鸡这一天，日子不好。鸡不吃东西，把食朝后刨。赤口在背面，旗子插在前面。				

三月九日

	原图					
朱小华解读	国际音标	nda⁵⁵ta⁵⁵	ŋgu³¹gi⁵⁵	tʂʰʅ³⁵	sa⁵⁵ta⁵⁵	la³¹ka³¹
	直译	神枝	八方	狗	土神	手
	意译	家神	八方菩萨惹人	属狗	土神惹人	红煞
	解读	tʂʅ³¹ ŋgu³⁵, 狗 九 ŋgo⁵⁵ zo³¹ko⁵⁵, 病 得	tʂʰʅ³⁵ n̥i⁵⁵mi⁵⁵ 狗 日 ŋgu³¹gi⁵⁵ 八方菩萨	tɕi³¹ n̥i⁵⁵, 一 天 za³⁵ 煞气	tʂʰʅ³⁵ lu⁵⁵su⁵⁵ 狗 属 pu³¹, sa⁵⁵ta⁵⁵ 送 土神	tʂho³¹ ta⁵⁵mu⁵⁵ 人 这种 tʂo⁵⁵. 送
	通译	三月初九，属狗的一天，属狗的人得病，要送八方菩萨的煞气，送土神。				
	补充	三月初九这一天，属狗的人如果生病，是因为过去老一辈的人与人争吵后，被人诅咒过，被咒神惹了，就有鬼手来抓人。要改咒神[1]，方法是"ʐu³¹kʰe⁵⁵pi⁵⁵"，要念经一天。				
李开华解读	国际音标	ta³⁵hĩ⁵⁵	tɕʰo⁵⁵pa⁵⁵	tʂʰʅ⁵⁵	tʰa⁵⁵ba⁵⁵	la³¹
	直译	旗子	神器	狗	赤口	手
	意译	往下插的旗子	和尚用的武器	属狗	赤口在东方，不能去东方	病苦，不能去北方
	解读	tʂʰʅ³⁵ lu⁵⁵ 狗 属 mu⁵⁵ a⁵⁵ 天 上 lo³¹ ŋg⁵⁵tʂʰʅ⁵⁵ 上（方向前缀）病苦	tɕi⁵⁵ n̥i⁵⁵, 一 天 to³⁵ dzu⁵⁵dzu⁵⁵ 怪象 出现 zy⁵⁵. lo³¹ 使用 上（方向前缀）	χa³⁵ tsa⁵⁵. 日子 坏 lo³¹. 了 ʐu⁵⁵gu⁵⁵so⁵⁵qa³¹ 三岔路口 li⁵⁵ （趋向助词）	tʰa⁵⁵ba⁵⁵ ʂa⁵⁵tʂho⁵⁵ 赤口 东方 pʰa⁵⁵tsʅ⁵⁵ tɕʰo⁵⁵pa⁵⁵ 帕孜 和尚用的武器 ta⁵⁵hĩ⁵⁵ mi⁵⁵ 旗子 往下 qʰa³¹. 挡，拦	ndʐu⁵⁵, 左 tʂʰu³⁵ na⁵⁵kʰa⁵⁵mu⁵⁵ 插 天上
	通译	三月初九这一天属狗，日子坏。赤口坐在东方，天上有怪象出现，和尚用祖帕（做法事）。旗子往下插，挡住了天上的病苦。				

---

[1] 被咒神惹的原因主要有三种：一是年轻人不孝敬老人，被老人骂了，这个年轻人就会被咒神惹；二是两人争吵，其中一个人请人做法事诅咒对方，这是很严重的一种咒神；三是这一天的咒神，即过去老一辈的人与别人争吵后，被人诅咒过。解决方法也分为三种，要分不同的情况：一是被诅咒的人的子女多病早夭，赶这种咒神的法事称为"ʐu³¹ kʰe⁵⁵ pi⁵⁵"，赶了咒神，受诅咒的人的子女就能平安长大；二是被诅咒的女人不孕或流产，赶这种咒神的法事称作"ʐu⁵⁵ɕu⁵⁵ mu⁵⁵"，赶了咒神，这个女人就能顺利地怀孕生子；三是被诅咒的老人受病痛折磨，不生不死，赶这种咒神的法事称作"ʐu³¹to⁵⁵ pʰɚ³¹"，赶了咒神，这个老人就能没有痛苦地立即死去。

三月十日

	原图					
朱小华解读	国际音标	nda^{55}ta^{55}	ȵi^{55}mi^{55}	va^{35}	sa^{55}ta^{55}	ʁɑ^{55}lɑ^{55}bu^{55}
	直译	神枝	太阳	猪	赤口	大烧香堆堆
	意译	家神	太阳在天上	属猪	赤口在东方，不能去	天上出现祸事
	解读	va^{35} χo^{31}， 猪　　十　　 ta^{55}mu^{55} 这种 so^{31}　vu^{55}， 香　　烧	va^{35} ȵi^{55}mi^{55} tɕi^{31} ȵi^{55}， 猪　　日　　一　　天 ŋgo^{55} zo^{31}ko^{55}， 病　　得 sa^{55}ta^{55} tʂo^{55}. 土神　　送		va^{35} lu^{55}su^{55} tsʰo^{31} 猪　　属　　　人 ȵi^{55}mi^{55} ɬa^{31} pu^{31}， 太阳　　神　　送	ʁɑ^{55}lɑ^{55}bu^{55} 大烧香堆堆
	通译	三月初十，属猪的一天，属猪的人得病，要送太阳神，给大烧香堆堆烧香，送土神。				
	补充	三月初十这一天，属猪的人如果生病，是因为香神、土神、太阳神同时惹了他。要烧香，送太阳神；用苦荞花擦病人身体，然后送出去，以此谢土神；在香炉中烧起松树的青枝桠，再把一个干净的新鲜的鸡蛋、茶叶、干净的青稞面、酥油、奶渣、柏香放在燃烧的香炉里，然后念经，吹海螺，以此送太阳神和香神。				
李开华解读	国际音标	nda^{55}ta^{55}	hĩ^{55}mi^{55}	va^{35}	tʰa^{55}bɑ^{55}	to^{35}
	直译	神枝	太阳	猪	赤口	祸事
	意译	家神	太阳在天上	属猪	赤口在东方，不能去	天上出现祸事
	解读	va^{35} lu^{55} tɕi^{55} ȵi^{55}， 猪　属　一　天 da^{35}　lo^{31} 来　上（方向前缀） to^{35} 祸事	χa^{35} ma^{55} 日子　不 hĩ^{55}mi^{55} 太阳 dzu^{55}dzu^{55}. 出现	pʰio^{35} mu^{55} a^{55} ŋgo^{55}tsʰɿ^{55} 好　天　上（方位词）病苦 a^{35}hỹ^{55}hỹ^{55} 矮了，低了 dzu^{55}　a^{55} 地　　上（方位词）	mu^{55} bi^{55} mu'^{55} a^{55} （语助）飞　天　上（方位词） ŋgo^{55} tsʰɿ^{55} lo^{31}. 病苦　起　上（方向前缀）	
	通译	三月初十这一天属猪，日子不好。天上有病苦来，太阳飞得低。				

三月十一日

	原图	神枝图	鼠图	筛子图	星宿图
朱小华解读	国际音标	nda⁵⁵ta⁵⁵	χa³⁵	a³¹kʰɚ⁵⁵	tʂɿ³¹
	直译	神枝	鼠	筛子	星宿
	意译	家神惹人	属鼠	做法事的工具	星宿惹人
	解读	χa³⁵ χo³¹tɕi³¹, χa³⁵ ni̠⁵⁵mi⁵⁵ tɕi³¹ ni̠⁵⁵, χa³⁵ lu⁵⁵su⁵⁵ tsʰo³¹ 鼠 十一 鼠 日 一 天 鼠 属 人 ta⁵⁵mu⁵⁵ ŋo⁵⁵ zo³¹ko⁵⁵, a³¹kʰɚ⁵⁵ ʂo⁵⁵u⁵⁵ ŋa³⁵ pu⁵⁵ hũ⁵⁵bu⁵⁵ 这种 病 得 筛子 纸 五 张 荞花 a³¹kʰɚ⁵⁵ qo³¹ mi⁵⁵ tʂʰɿ³¹. 筛子 里 下（方向前缀） 放			
	通译	三月十一，属鼠的一天，属鼠的人得病，五张（不同颜色的）纸放在筛子里，荞花放在筛子里，朝下送出去。			
	补充	三月十一日这一天，属鼠的人如果生病，就是被星宿和家神惹到了，要用筛子加一些苦荞花，在病人身上擦拭以后谢土神，算出是哪一方的土神（与本命方向相同），就送到哪一方。如果送反了方向，就会起反作用。			
李开华解读	国际音标	nda⁵⁵ta⁵⁵	χa³⁵	ʂɿ³¹tʰo⁵⁵	tʰa⁵⁵ba⁵⁵
	直译	神枝	鼠	牛皮船	赤口
	意译	旗子挡在路口	属鼠	牛皮船在西北方	东北方的赤口
	解读	χa³⁵ lu⁵⁵ tɕi⁵⁵ ni̠⁵⁵, χa³⁵ tsa⁵⁵. tʰa⁵⁵ba⁵⁵ mu⁵⁵ a⁵⁵ dzo³¹, 鼠 属 一 天 日子 坏 赤口 天 上 在 na⁵⁵gu⁵⁵mbɚ³¹ be⁵⁵ a⁵⁵ʂɿ³¹. ta³⁵po⁵⁵ za⁵⁵ɣua⁵⁵kʰu⁵⁵ mi⁵⁵ 西北方 去 可以 旗子 三岔路口 下（方向前缀） tʂʰu³⁵, tsa⁵⁵kʰa⁵⁵ li⁵⁵ qʰa³¹. 插 祸事 （趋向助词） 拦			
	通译	三月十一这一天属鼠，日子坏，赤口在天上，可以去西北方，旗子插在三岔路，拦住祸事。			

三月十二日

	原图	〔神枝图〕	〔牛图〕	〔海螺图〕
朱小华解读	国际音标	nda^{55}ta^{55}	ɣe^{35}	li^{31}bu^{55}
	直译	神枝	牛	海螺
	意译	家神惹了人	属牛	烧香时要吹海螺
	解读	ɣe^{35} χo^{31}n̠i^{55}, ɣe^{35} n̠i^{55}mi^{55} tɕi^{31} n̠i^{55}, ɣe^{35} lu^{55}su^{55} tsʰo^{31} 龙　十二　　龙　日　一　天　龙　属　人 ta^{55}mu^{55} ŋgo^{55} zo^{31}ko^{55}, nu^{55}ɬa^{31} so^{31} vu^{55}, li^{31}bu^{55} fu^{55}. 这种　病　得　家神　香　烧　海螺　吹		
	通译	三月十二，属牛的一天，属牛的人得病，要给家神烧香，吹海螺。		
	补充	三月十二日这一天，属牛的人如果生病了，是因为家神惹了他，要给家神烧香，吹海螺。		
李开华解读	国际音标	nda^{55}ta^{55}	ɣə^{35}	hĩ^{31}mbo^{55}kʰu^{55}
	直译	神枝	牛	海螺
	意译	神枝在西方	属牛	海螺在后面
	解读	ɣə^{35} lu^{55} tɕi^{55} n̠i^{55}, χɑ^{55} pʰio^{35}, tʂɑ^{55}kʰɑ^{55} ma^{55} dʐɿ^{55}gi^{55}. 牛　属　一　天　日子　好　祸事　不　有 yu^{35}kʰɑ^{55} ma^{55} dʐɿ^{55}gi^{55}. ma^{35} hĩ^{31}mbo^{55}kʰu^{55} dzɑ^{31}. 祸事　不　有　后面　海螺　在		
	通译	三月十二这一天属牛，日子好。没有祸事，海螺在后面。		

三月十三日

	原图				
朱小华解读	国际音标	li³¹bu⁵⁵	lɑ⁵⁵	ndɑ⁵⁵tɑ⁵⁵	ȵi⁵⁵mi⁵⁵
	直译	海螺	虎	神枝	太阳
	意译	吹海螺	属虎	家神惹了人	太阳罩在天上
	解读	lɑ⁵⁵ χo³¹so⁵⁵, ŋgo⁵⁵ zo³¹ko⁵⁵, 虎 十三 病 得	lɑ⁵⁵ ȵi⁵⁵mi⁵⁵ tɕi³¹ ȵi⁵⁵mi⁵⁵ 虎 日 一 太阳	ȵi⁵⁵ ɬɑ³¹ 天 神	lɑ⁵⁵ lu⁵⁵su⁵⁵ tsʰo³¹ tɑ⁵⁵mu⁵⁵ so³¹ vu⁵⁵, nu⁵⁵ɬɑ³¹ so³¹ vu⁵⁵. 虎 属 人 这种 香 烧 家神 香 烧
	通译	三月十三，属虎的一天，属虎的人得病，要给太阳神烧香，给家神烧香。			
	补充	三月十三日这一天，属虎的人不能生病，如果没生病，就没关系；如果生病了，就会病情严重，是被家神和太阳神惹到了，送的方式是敬家神、送太阳神。敬家神就是在屋里头烧香吹海螺，送太阳神是吹海螺。			
李开华解读	国际音标	hĩ³¹mbo⁵⁵kʰu⁵⁵	lɑ⁵⁵	ndɑ⁵⁵tɑ⁵⁵	hĩ⁵⁵mi⁵⁵
	直译	海螺	虎	神枝	太阳
	意译	吹海螺	属虎	神枝在东方（不用旗子）	太阳罩在天上
	解读	lɑ⁵⁵ lu⁵⁵ tɕi⁵⁵ lo³¹ 虎 属 一 上（方向前缀） lo³¹ 上（方向前缀）	ȵi⁵⁵, χɑ³⁵ pʰio³⁵, zo⁵⁵ tɑ³⁵po⁵⁵ 天 日子 好 罩 旗子 mu⁵⁵, hĩ³¹mbo⁵⁵kʰu⁵⁵ 做 海螺	gɑ³⁵ ʁu⁵⁵ mɑ⁵⁵ zy⁵⁵, 山 上 不 用 lo³¹ 上（方向前缀）	hĩ⁵⁵mi⁵⁵ 太阳 sio⁵⁵ pʰi⁵⁵ 香 素的 fu⁵⁵. 吹
	通译	三月十三这一天属虎，日子好。太阳罩在山上。不用旗子。烧素香，吹海螺。			

三月十四日

原图						
朱小华解读	国际音标	nda⁵⁵ta⁵⁵	tʰo⁵⁵li⁵⁵	ɲi⁵⁵mi⁵⁵	tʂʅ³¹	ɬi⁵⁵mi⁵⁵
	直译	神枝	兔	太阳	星宿	月亮
	意译	家神	属兔	太阳神惹人	干净的星宿	月亮神惹人
	解读	tʰo⁵⁵li⁵⁵ χo³¹zʅ³⁵, tʰo⁵⁵li⁵⁵ ɲi⁵⁵mi⁵⁵ tɕi³¹ ɲi⁵⁵, tʰo⁵⁵li⁵⁵ lu⁵⁵su⁵⁵ tsʰo³¹ 兔　　十四　　　兔　　日　一　天　　兔　　属　　人 ta⁵⁵mu⁵⁵ ŋgo⁵⁵ zo³¹ko⁵⁵, ɬi⁵⁵mi⁵⁵ so³¹ vu⁵⁵ hũ³⁵. ɲi⁵⁵mi⁵⁵ so³¹ 这种　　病　　得　　　月亮　香　烧　需要　太阳　香 vu⁵⁵ hũ³⁵. li³¹bu⁵⁵ fu⁵⁵ hũ³⁵. 烧　需要　海螺　吹　需要					
	通译	三月十四，属兔的一天，属兔的人得病，要给月亮烧香，给太阳烧香，吹海螺。					
	补充	三月十四日这一天，属兔的人如果在这一天生病，就是因为他犯了太阳神、月亮神，要在初一、初五或者十五送太阳神和月亮神，方式是用酥油、奶渣、青稞面、茶和在一起，在最高的山梁子上的干净的烧香堆堆那里烧香，吹海螺，念经，把香朝上送。					

李开华解读	国际音标	nda⁵⁵ta⁵⁵	tʰo⁵⁵li⁵⁵	hĩ⁵⁵mi⁵⁵	tʰa⁵⁵bɑ̌⁵⁵	hĩ⁵⁵gu⁵⁵	hĩ⁵⁵mi⁵⁵
	直译	神枝	兔	太阳	赤口	晚上	太阳
	意译	神枝在西方	属兔	太阳低飞	赤口回到地上	月亮	
	解读	tʰo⁵⁵li⁵⁵ lu⁵⁵ tɕi⁵⁵ ɲi⁵⁵, ma⁵⁵ qʰɑ⁵⁵ ma⁵⁵ nda⁵⁵. hĩ⁵⁵mi⁵⁵ 兔　　属　一　天　不　好　不　坏　太阳 a³¹hỹ⁵⁵hỹ⁵⁵ mu⁵⁵ bi⁵⁵. hĩ⁵⁵gu⁵⁵hĩ⁵⁵mi⁵⁵ mu⁵⁵ ɑ⁵⁵ 矮了，低了　（助词）　飞　　月亮　　　　天　上（方位词） lo³¹ bi⁵⁵. kʰu⁵⁵dzu⁵⁵ ɑ⁵⁵ li⁵⁵ za⁵⁵. 上（方向前缀）　飞　地，世间　上（方位词）（趋向助词）　回					
	通译	三月十四这一天属兔，日子不好不坏。太阳飞得很低，月亮在天上飞。赤口回到地上。					

三月十五日

原图					
	龙头图	神枝	海螺	鸟眼	蛇

朱小华解读

国际音标	ʒ⁵⁵dzɑ³¹	nda⁵⁵ta⁵⁵	li³¹bu⁵⁵	y³¹ʒ⁵⁵tsɿ⁵⁵i⁵⁵to³⁵	na⁵⁵nkʰa³¹ɬa³¹i⁵⁵to³⁵
直译	龙	神枝	海螺	鸟的怪象	天神菩萨的怪象
意译	属龙	旗子朝上插	烧香时吹海螺	天上的飞禽出的怪象[1]，惹了人	天神菩萨的怪象惹了属龙的人

解读：

ʒ⁵⁵dzɑ³¹　χo³¹ŋa³⁵　ʒ⁵⁵dzɑ³¹　n̩i⁵⁵mi⁵⁵　tɕi³¹　n̩i⁵⁵，ʒ⁵⁵dzɑ³¹　lu⁵⁵su⁵⁵　tsʰo³¹　ta⁵⁵mu⁵⁵　ŋo⁵⁵
龙　　　十五　　龙　　　日　　　一　　天　　龙　　　属　　　人　　　这种　　病

zo³¹ko⁵⁵，to³⁵　kʰi⁵⁵pi⁵⁵　hũ³⁵．so³¹　vu⁵⁵　hũ³⁵．y³¹ʒ⁵⁵tsɿ⁵⁵i⁵⁵to³⁵　pu³¹
得　　　怪象　送　　　　需要　香　　　烧　　需要　鸟的怪象　　　　　送

hũ³⁵．na⁵⁵nkʰa³¹ɬa³¹i⁵⁵to³⁵　pu³¹　hũ³⁵．so³¹　vu⁵⁵　hũ³⁵．
需要　天神菩萨的怪象　　　送　　需要　香　　烧　　需要

通译： 三月十五，属龙的一天，属龙的人得病，要送怪象，要烧香。要送鸟的怪象和天神菩萨的怪象，要烧香。

补充： 三月十五日这一天，如果属龙的人生病了，就是天神菩萨的鬼（朝上爬的黑蛇）的和家里头的怪象惹了他。用思茅草扎一个毛人，用青稞面做一个面人和一条蛇。用一只鸡在病人身上打扫，然后把鸡杀了，在蛇偶上滴鸡血，再把所有东西送到不是病人本命的方向。

李开华解读

国际音标	zɿ⁵⁵bi⁵⁵	ta³⁵hĩ⁵⁵	hĩ⁵⁵mbo⁵⁵kʰu⁵⁵	n̩a⁵⁵ly³⁵	bu⁵⁵ʒ⁵⁵
直译	龙	旗子	海螺	眼睛	蛇
意译	属龙	旗子朝上插	烧香时吹海螺	眼睛在天上	蛇朝天上爬

解读：

zɿ⁵⁵bi⁵⁵　lu⁵⁵　tɕi⁵⁵　n̩i⁵⁵，χa³⁵　tsa⁵⁵．bu⁵⁵ʒ⁵⁵　na⁵⁵kʰa⁵⁵mu⁵⁵　xe³¹．
龙　　　属　　一　　天　　　日子　坏　　蛇　　　天上　　　　　去

na⁵⁵kʰa⁵⁵mu⁵⁵　n̩a⁵⁵ly³⁵　tɕi⁵⁵　ka⁵⁵　ly³⁵．mu⁵⁵　a⁵⁵　to³⁵
天上　　　　　眼睛　　　一　　　只　　看　　天　　上（方位词）　怪象

dzɿ⁵⁵dzɿ⁵⁵　lo³¹　　　　　　zɑ⁵⁵ua⁵⁵kʰu³¹　a⁵⁵　　　　　ta³⁵hĩ⁵⁵　mi⁵⁵．
出现　　　上（方向前缀）　三岔路口　　　上（方位词）　旗子　　　下（方向前缀）

ʂa⁵⁵tʂʰo⁵⁵　be⁵⁵　ma⁵⁵　hã⁵⁵．
东方　　　去　　　不　　　能

通译： 三月十五这一天属龙，日子坏。蛇往天上去。天上一只眼睛朝地上看。天上出现了怪象。在三岔路口前插上旗子，吹海螺。不能去东方。

---

[1] 有些怪象不能确定是哪种动物的怪象，要打卦，通过病人的年龄、生辰八字、生病的日期来推算出是什么动物的怪象。

三月下

三月十六日

	原图				
朱小华解读	国际音标	nda⁵⁵ta⁵⁵	dzɑ³¹	ʁɑ⁵⁵lɑ⁵⁵bu⁵⁵	la³¹ka³¹
	直译	神枝	蛇	大烧香堆堆	手
	意译	家神惹了人	属蛇	香神惹了人	煞气惹了人
	解读	dzɑ³¹ χo³¹kʰu³¹, ŋgo⁵⁵ zo³¹ko⁵⁵, 蛇 十六 病 得	dzɑ³¹ n̠i⁵⁵mi⁵⁵ la³¹ka³¹ za³⁵ pu³¹ hũ³⁵. 蛇 日 手 煞气 送 需要	tɕi³¹ n̠i⁵⁵, dzɑ³¹ ʁɑ⁵⁵lɑ⁵⁵bu⁵⁵ 一 天 蛇 大烧香堆堆	lu⁵⁵su⁵⁵ tsʰo³¹ ta⁵⁵mu⁵⁵ so³¹ vu⁵⁵ hũ³⁵. 属 人 这种 香 烧 需要
	通译	三月十六，属蛇的一天，属蛇的人得病，要送煞气，给大烧香堆堆烧香。			
	补充	三月十六日这一天，属蛇的人这一天不能生病，如果生病了，就是家神勾引香神和鬼手来抓他，就会病重。送香神和敬家神是要先打卦，算出要烧什么香，素香还是荤香，如果是素香就用酥油、奶渣、青稞面、酒、茶和在一起，放进香炉里烧。荤香就要杀一只鸡。送鬼手是在晚上看不到的时候，扎一个丝茅草毛人，用一只黑鸡在人的身上打扫，杀了以后在毛人身上滴血，用人的旧衣服穿在毛人身上，往不是本命的方向送。			
李开华解读	国际音标	nda⁵⁵ta⁵⁵	dzɑ³⁵	ʁɑ⁵⁵	la⁵⁵
	直译	神枝	蛇	香炉	手
	意译	家神	属蛇	烧素香	山神菩萨的手
	解读	dzɑ³⁵ lu⁵⁵ tɕi⁵⁵ n̠i⁵⁵, lo³¹ mu⁵⁵, be⁵⁵ ma⁵⁵ hã⁵⁵. 蛇 属 一 天 上（方向前缀） 做 去 不 能	χɑ⁵⁵ ma⁵⁵ pʰio³⁵. sio⁵⁵ dzɑ⁵⁵ lo³¹ 日子 不 好 香 饭 上（方向前缀）	sʅ⁵⁵vi⁵⁵ tsʅ³⁵. 山神菩萨 喂	la⁵⁵ sio⁵⁵ pʰi⁵⁵ tʂo³¹tɕʰi⁵⁵kʰi³¹ 手 香 素的 北方
	通译	三月十六这一天属蛇，日子不好。山神菩萨的手朝前伸。把旗子插在三岔路口，给山神烧香敬饭。北方不能去。			

三月十七日

	原图				
朱小华解读	国际音标	nda⁵⁵ta⁵⁵	mo⁵⁵	sa⁵⁵ta⁵⁵	ȵi⁵⁵mi⁵⁵
	直译	神枝	马	土神	太阳
	意译	家神	属马	土神惹人，惹得严重	太阳神惹了人
	解读	mo⁵⁵ χo³¹ʂɿ³¹, 马 十七 ŋgo⁵⁵ zo³¹ko⁵⁵, 病 得	mo⁵⁵ ȵi⁵⁵mi⁵⁵ tɕi³¹ 马 日 一 ȵi⁵⁵mi⁵⁵ ɬa³¹ 太阳 神	ȵi⁵⁵, mo⁵⁵ lu⁵⁵su⁵⁵ 一 天 马 属 pu³¹ hũ³⁵. sa⁵⁵ta⁵⁵ 送 需要 土神	tsʰo³¹ ta⁵⁵mu⁵⁵ 人 这种 tʂo⁵⁵. 谢
	通译	三月十七，属马的一天，属马的人得病，要送太阳神、谢土神。			
	补充	三月十七日这一天，属马的人这一天不能生病，如果生病了就是被土神、家神、太阳神犯了，就要用苦荞花谢土神，在中午的时候用一盘干净的柏香，在上面放酒、茶、青稞面，朝天送，这就是送太阳神。			
李开华解读	国际音标	nda⁵⁵ta⁵⁵	mo⁵⁵	tʰa⁵⁵ba⁵⁵	ȵi⁵⁵mi⁵⁵
	直译	神枝	马	赤口	太阳
	意译	家神	属马	赤口落在地上	太阳在天上
	解读	mo⁵⁵ lu⁵⁵ tɕi⁵⁵ ȵi⁵⁵, 马 属 一 天 ɑ⁵⁵ mi⁵⁵ 上（方位词）下（方向前缀） ȵi⁵⁵tʂʰo⁵⁵ be⁵⁵ ma⁵⁵ hã⁵⁵. 东方 去 不 能	ma⁵⁵ kʰa⁵⁵ ma⁵⁵ nda⁵⁵. 不 好 不 坏 za⁵⁵. 落	tʰa⁵⁵ba⁵⁵ 赤口 hĩ⁵⁵mi⁵⁵ mu⁵⁵ 太阳 天	dzu⁵⁵ 地 ɑ⁵⁵ dzo³¹. 上（方位词）在
	通译	三月十七这一天属马，日子不好不坏。赤口落在地上，太阳在天上。东方不能去。			

三月十八日

	原图						
朱小华解读	国际音标	nda⁵⁵ta⁵⁵	ʁua³¹mi³¹	li⁵⁵nga³¹	ndo³⁵[1]	tʂɿ³¹	io⁵⁵
	直译	神枝	刀子	不好的东西	箭	星宿	羊
	意译	家神	带红煞的刀子	表示这一天是最不好的日子	将糌粑坨坨抛弃，用箭射	星宿惹了人，惹得严重	属羊
	解读	io⁵⁵ 羊　χo³¹hĩ³¹ 十八　io⁵⁵ 羊　tsʰo³¹ 人　ta⁵⁵mu⁵⁵ 这种　ŋo⁵⁵ 病　i³¹（状语助词）　ʂa⁵⁵tu⁵⁵ 糌粑坨坨		ȵi⁵⁵mi⁵⁵ 日　zo³¹ko⁵⁵ 得　qʰa³⁵ 射	tɕi³¹ 一　tʂɿ³¹ 星宿　hũ³⁵ 需要	ȵi⁵⁵ 天　pi³⁵ 送	io⁵⁵ 羊　hũ³⁵ 需要　lu⁵⁵su⁵⁵ 属　za³⁵ 煞气
	通译	三月十八，属羊的日子，属羊的人得病，要送星宿，送煞气，射带着煞气的糌粑坨坨。					
	补充	三月十八日这一天，属羊的人如果在这一天生病，是因为有死人的煞气[2]惹他，会病得很重。把糌粑面捏成尖形，在印棒上印了图案，再放在筛子里，向东抛一个糌粑坨坨，射一箭；再分别向西、南、北、天四个方向各抛一个糌粑坨坨，并射箭。箭上要滴鸡血，往东方射的箭上拴红布，西方拴黑布，北方拴白布，南方拴蓝布，天上拴天蓝色的布。					
李开华解读	国际音标	nda⁵⁵ta⁵⁵	bu⁵⁵tʂa³¹	藏文，不详[3]	li⁵⁵bu⁵⁵	li⁵⁵qa⁵⁵	tʰa⁵⁵bɑ⁵⁵	io⁵⁵
	直译	神枝	刀子		弓	箭	赤口	羊
	意译	家神	北方有祸事		弓箭插在背心，摆脱不了祸事		赤口	属羊
	解读	io⁵⁵ 羊　lu⁵⁵ 属　tɕi⁵⁵ 一　ȵi⁵⁵ 天　χa³⁵ 日子　tsa⁵⁵ 坏　ʂa⁵⁵tsʰo⁵⁵ 东方　be⁵⁵ 去　ma⁵⁵ 不　hã⁵⁵ 能						
	通译	三月十八这一天属羊，日子坏。东方不能去。						

---

[1] 对于弓箭的符号说法不一样，有些人生病时要称其为"ndo³⁵"，"li⁵⁵pu³¹li⁵⁵qa³¹ʐɿ³¹"。要根据生病的时辰、人的属相和这一天的日子来定。

[2] 人死以后有死人的煞气，俗称死煞，很厉害。

[3] 图中草书藏文作"ལུ"（lu），"羊"的别写，藏文正字为ལུག（lug）。

三月十九日

	原图						
朱小华解读	国际音标	qʰa⁵⁵ndʑa⁵⁵i⁵⁵to³⁵	li⁵⁵nga³¹[1]	mi³⁵	nda⁵⁵ta⁵⁵	li³¹bu⁵⁵	a³¹kʰa⁵⁵
	直译	有蹄子的怪象	不好的东西	猴	神枝	海螺	筛子
	意译	家中牲畜出的怪象，惹了人	表示这一天是最不好的日子	属猴	家神	烧香时吹海螺	做法事的道具
	解读	mi³⁵ 猴　χo³¹ŋgu³¹ 十九　mi³⁵ 猴　ɲi⁵⁵mi⁵⁵ 日　tɕi³¹ 一　ɲi⁵⁵ 天，mi³⁵ 猴　lu⁵⁵su⁵⁵ 属　tsʰo³¹ 人　ta⁵⁵mu⁵⁵ 这种　ŋgo⁵⁵ 病　zo³¹ko⁵⁵ 得，li⁵⁵nga³¹ 不好的东西　pu³¹ 送　hũ³⁵. 需要　to³⁵ 怪象　pi³⁵, 送　so³¹ 香　vu⁵⁵ 烧　ʂo⁵⁵u⁵⁵ 纸　ŋa³¹ 五　ga³¹ 张　a³¹kʰa⁵⁵ 筛子　qo³¹ 里头　mi⁵⁵ 下（方向前缀）　tʂʰɿ³¹, 放　pu³¹ 送　hũ³⁵. 需要					
	通译	三月十九，属猴的一天，属猴的人得病，要送不好的东西。					
	补充	三月十九日这一天，属猴的人这一天不能生病，如果生病，就是家神、屋里头的牲畜怪象和死煞（这一天的死煞没有前一天的严重）惹了他，要送煞气：把一把稻草绑成九个疙瘩，用苦荞花、猪的骨头、烧红的柴火、一碗清茶在病人的身上转，念经以后往西送。然后送怪象：把五种颜色的纸（红、白、黑、青、黄）放在筛子里，把一个毛人在病人身上转，然后把纸和毛人向没有本命的方向送。					
李开华解读	国际音标	qa³⁵lu⁵⁵	藏文，不详[2]	mi³⁵	nda⁵⁵ta⁵⁵	hĩ³¹mbo⁵⁵kʰu⁵⁵	ʂɿ³¹tʰo⁵⁵
	直译	石桩		猴	神枝	海螺	牛皮船
	意译	用于做法事		属猴	无义	吹海螺	牛皮船在北方
	解读	mi³⁵ 猴　lu⁵⁵ 属　tɕi⁵⁵ 一　ɲi⁵⁵ 天，χa³⁵ 日子　pʰio³⁵, 好　hĩ³¹mbo⁵⁵kʰu⁵⁵ 海螺　fu⁵⁵ 吹　ʂɿ⁵⁵ 山神　dʑa⁵⁵ 饭　tsʰɿ³⁵, 给　vi⁵⁵ 山神　dʑa⁵⁵ 饭　tsʰɿ³⁵. 给[3]　mu⁵⁵ 天　a⁵⁵ 上（方位词）　ʂɿ³¹tʰo⁵⁵ 牛皮船　lo³¹ 上（方向前缀）　li⁵⁵（趋向助词）　za³¹ 挡					
	通译	三月十九这一天属猴，日子好，吹海螺，给山神敬饭。天上有牛皮船挡着。					

---

[1] 是一种家里面作怪的鬼，千变万化多种多样，具体是哪种鬼要根据年份、月份、天日、时辰来确定。
[2] 图中草书藏文作"ꚗ"（spra），"猴"的别写，藏文正字为"ꚗ"（sprel），或作"ꚗ"（sprevu）。
[3] 类似于互文结构。

三月二十日

原图				
朱小华解读	国际音标	nda⁵⁵ta⁵⁵	dzu⁵⁵	li³¹bu⁵⁵	ȵi⁵⁵mi⁵⁵
	直译	神枝	鸡	海螺	太阳
	意译	家神惹了人	属鸡	烧香时吹海螺	太阳神惹了人
	解读	dzu⁵⁵ no⁵⁵ dzu⁵⁵ ȵi⁵⁵mi⁵⁵ tɕi³¹ ȵi⁵⁵, dzu⁵⁵ lu⁵⁵su⁵⁵ tsʰo³¹ 鸡　二十　鸡　　日　一　天　　鸡　　属　　人 ta⁵⁵mu⁵⁵ ŋo⁵⁵ zo³¹ko⁵⁵, ȵi⁵⁵mi⁵⁵ ɬa³¹ pu³¹ hũ³⁵. 这种　　病　　得　　　太阳　神　送　需要 so³¹ vu⁵⁵ hũ³⁵. li³¹bu⁵⁵ fu⁵⁵ hũ³⁵. 香　烧　需要　海螺　吹　需要			
	通译	三月二十，属鸡的一天，属鸡的人得病，要送太阳神，要烧香吹海螺。			
	补充	三月二十日这一天，属鸡的人这一天不能生病，其他属相的人与这天无关，如果属鸡的人生病了，就是因为被家神和太阳神惹到了，就要敬家神、送太阳神。敬家神的方式是用煮干净的饭、酒和肉敬神；在家里的火塘边，用干净的柏香和松树枝桠烧香，要敬酒、敬茶，吹海螺。送太阳神的方式是在一个干净的石板上面烧一笼柏香，在香炉里放酒、茶、酥油、茶叶，上面放几颗米，往高处送。			
李开华解读	国际音标	nda⁵⁵ta⁵⁵	bi⁵⁵	hĩ³¹mbo⁵⁵kʰu⁵⁵	hĩ⁵⁵mi⁵⁵
	直译	神枝	鸡	海螺	太阳
	意译	今日不用神枝	属鸡	吉利	太阳在天上
	解读	bi⁵⁵ lu⁵⁵ tɕi⁵⁵ ȵi⁵⁵, χa⁵⁵ pʰio⁵⁵, hĩ⁵⁵mbo⁵⁵kʰu⁵⁵ ma⁵⁵ fu⁵⁵. 鸡　属　一　天　日子　好　　海螺　　　　不　吹 hĩ⁵⁵mi⁵⁵ mu⁵⁵ a⁵⁵ dzo³¹ nda⁵⁵ta⁵⁵ ma⁵⁵ zy⁵⁵. ȵi⁵⁵tʂʰo⁵⁵ 太阳　　天　上（方位词）在　神枝　　不　用　西方 be⁵⁵ ma⁵⁵ hã⁵⁵. 去　不　能			
	通译	三月二十这天属鸡，日子好。不吹海螺。太阳在天上。不用神枝。西方不能去。			

三月二十一日

原图							
	国际音标	pu⁵⁵mba³¹	tʂʰʅ³⁵	ɬi⁵⁵mi⁵⁵	tsʅ³¹	tsʰʅ⁵⁵ɚ⁵⁵	li⁵⁵ŋga³¹
	直译	岸子	狗	月亮	星宿	羊肩胛骨	不好的东西
	意译	坛神	属狗	晚上	星宿惹了人	用于送煞气的工具	这一天很不吉利
朱小华解读	解读	tʂʰʅ³⁵ no⁵⁵tɕi³¹, 狗 二十一 ta⁵⁵mu⁵⁵ ŋgo⁵⁵ zo³¹ko⁵⁵, 这种 病 得	tʂʰʅ³⁵ ȵi⁵⁵mi⁵⁵ tɕi³¹ ȵi⁵⁵, 狗 日 一 天 li⁵⁵ŋga³¹ pu³¹ hũ³⁵, 不好的东西 东西 需要		tsʰʅ⁵⁵ zy⁵⁵ hũ³⁵. 羊 用 需要	tsʰʅ⁵⁵ lu⁵⁵su⁵⁵ 狗 属	tsʰo³¹ 人
	通译	三月二十一，属狗的一天，属狗的人得病，要送不好的东西，要杀羊。					
	补充	三月二十一日这一天，属狗的人如果生病了，就是因为被非常严重的煞气[1]惹了，要送煞气：绑一个三只脚的毛人，纳木依语称为"za³⁵pʰu⁵⁵"，用竹子在三只脚的中间搭一个"楼层"，用土把楼层填平，里面撒上苦荞花；把糌粑面捏成尖的，里面放苦荞花，之后把印棒上称为"tʂʰa⁵⁵pu³¹pi³⁵"[2]的那一排图案分别印在糌粑面上，然后放在楼层里；用一只羊在病人身上打扫，让病人对着羊的嘴呼气，再把羊杀了，把羊血滴在毛人的楼层里，然后把楼层在病人身上转三圈，再送到东边，放在干净的地方；再做一副弓和五把箭，在五把箭上分别拴红、白、青、黄、黑五种颜色的布，分别朝东、南、西、北、天五个方向各射一箭。					

	国际音标	ta³⁵hĩ⁵⁵	tsʅ⁵⁵	hĩ⁵⁵gu⁵⁵	hĩ⁵⁵mi⁵⁵	ta⁵⁵ba⁵⁵	tsʰʅ⁵⁵ɚ⁵⁵	
	直译	旗子	狗	晚上	太阳	赤口	羊肩胛骨	藏文，不详[3]
	意译	旗子插在三岔路口	属狗	月亮		赤口在天上	去东方会遇到凶星	
李开华解读	解读	tʂʰʅ³⁵ lu⁵⁵ tɕi⁵⁵ ȵi⁵⁵, 狗 属 一 天 dzo³¹. za⁵⁵ua⁵⁵kʰu⁵⁵ 在 三岔路口 tso³¹tɕi⁵⁵⁵kʰi³¹ be⁵⁵ ma⁵⁵ hã⁵⁵ 北方 去 不 能	ma⁵⁵ qʰa⁵⁵ ma⁵⁵ nda⁵⁵. 不 好 不 坏 a⁵⁵ ta³⁵hĩ⁵⁵ mi⁵⁵ （方位词） 旗子 前（方向前缀） ʂa⁵⁵tʂo⁵⁵ be⁵⁵ 东方 去			tʰa⁵⁵ba⁵⁵ 赤口 tʂʰu³⁵, 插 ma⁵⁵ 不	mu⁵⁵ a⁵⁵ 天 上（方位词） dza⁵⁵lo³¹ʂu⁵⁵ 减淤 hã⁵⁵. 能	
	通译	三月二十一这一天属狗，日子不好不坏。赤口在天上。把旗子插在三岔路口。减淤。北方、东方不能去。						

[1] 图中有月亮，有星星，表示属狗这一天的星宿特别恶，煞气很严重。
[2] "za³¹kʰa³¹ɚ⁵⁵"意为"送不好的鬼"，一般要做三天三夜的大法事。印棒中的这一排，共有十五个图案，详细解读见二月初三。
[3] 图中草书藏文作"ཁྱི"（狗），同藏文正字。

三月二十二日

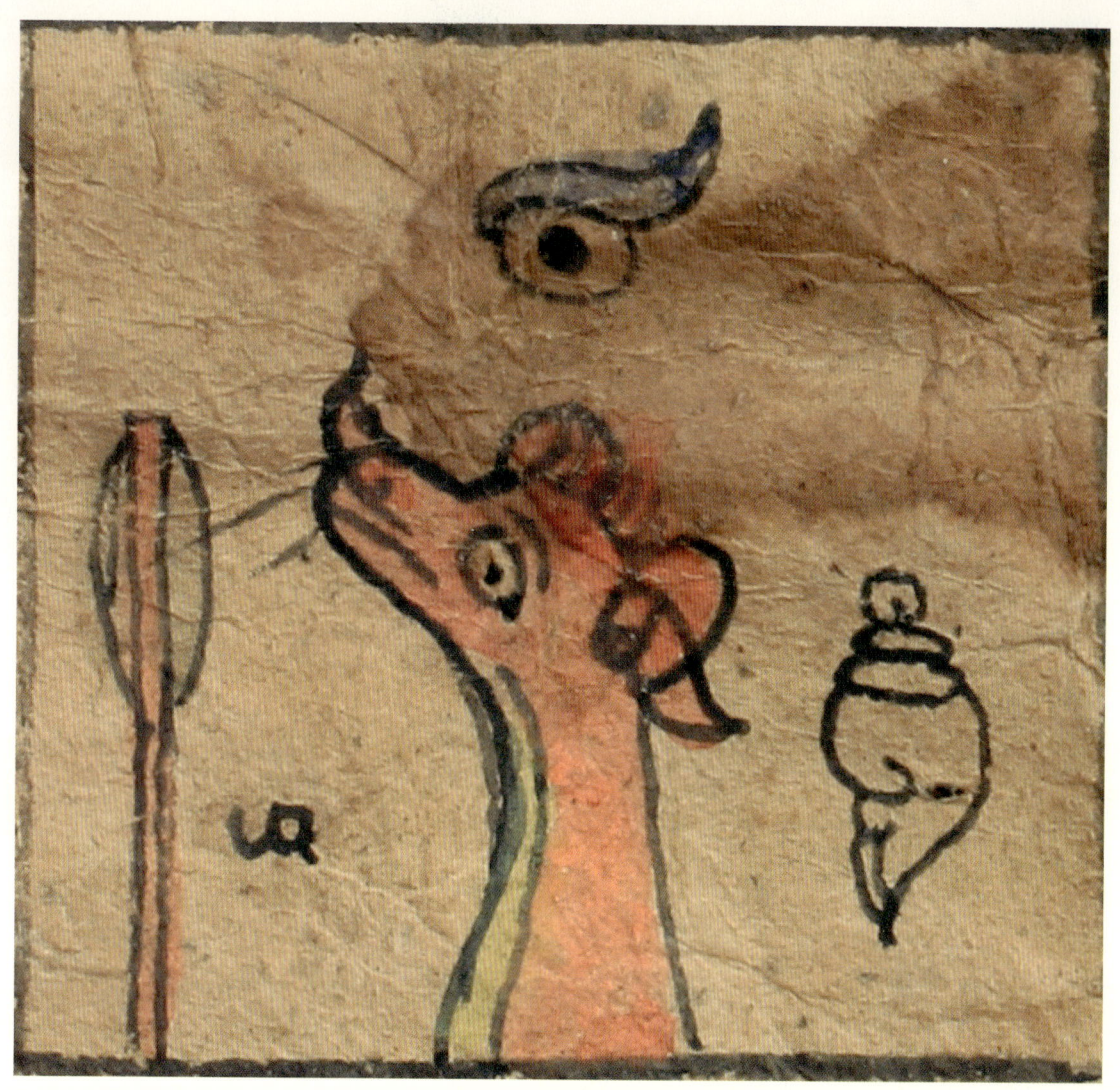

	原图					
	国际音标	nda⁵⁵ta⁵⁵	li⁵⁵ŋa³¹	va³⁵	li³¹bu⁵⁵	y³¹ɚ⁵⁵tsʅ⁵⁵i⁵⁵to³⁵
	直译	神枝	不好的东西	猪	海螺	鸟的怪象
	意译	家神	这一天不吉利	属猪	烧香时吹海螺	天上飞禽出的怪象惹了人
朱小华解读	解读	va³⁵ ȵo⁵⁵ȵi⁵⁵, va³⁵ ȵi⁵⁵mi⁵⁵ tɕi³¹ ȵi⁵⁵, va³⁵ lu⁵⁵su⁵⁵ tsʰo³¹ 猪　二十二　　猪　　日　一　天　猪　属　　人 ta⁵⁵mu⁵⁵ ŋo⁵⁵ zo³¹ko⁵⁵, li⁵⁵ŋa³¹ pu³¹ hũ³⁵, to³⁵ pu³¹ 这种　　病　　得　　　不好的东西　送　需要　怪象　送 hũ³⁵, so³¹ vu⁵⁵ hũ³⁵. 需要　香　烧　需要				
	通译	二月二十二，属猪的一天，属猪的人生病，要送不好的东西，送怪象，要烧香。				
	补充	三月二十二日这一天，属猪的人如果生病了，是因为家神勾引屋里的小鸡、小猪惹了他，要送煞气，方法是烧柏香，用苦荞花给病人擦身。还要送怪象，方法是用丝茅草扎一个小毛人，用一只鸡在病人身上打扫，然后把毛人送到不是病人本命的方向。				
李开华解读	国际音标	nda⁵⁵ta⁵⁵	tʰa⁵⁵bɑ⁵⁵	va³⁵	hĩ³¹mbo⁵⁵kʰu⁵⁵	ȵɑ⁵⁵ly³⁵
	直译	神枝	赤口	猪	海螺	眼睛
	意译	神枝在西方	赤口在西方	属猪	不需要海螺	天上的眼睛
	解读	va³⁵ lu⁵⁵ tɕi⁵⁵ ȵi⁵⁵, χa³⁵ pʰio³⁵, tɕi⁵⁵ga⁵⁵ mu⁵⁵ ma⁵⁵ hũ³⁵. 猪　属　一　天　日子　好　什么　做　不　需要 ȵɑ⁵⁵ly³⁵ dzu⁵⁵ a⁵⁵ ly³⁵. hĩ³¹mbo⁵⁵kʰu⁵⁵ ma⁵⁵ zy⁵⁵. hũ⁵⁵bu⁵⁵ 眼睛　　地　上（方位词）看　海螺　　　不　用　荞花 pʰi⁵⁵pʰi⁵⁵ pʰa⁵⁵ lo³¹. 白的　　撒　了				
	通译	三月二十二这一天属猪，日子好。什么都不需要做。眼睛朝地上看。不用海螺，撒白色的苦荞花。				

---

［1］图中草书藏文作"ཕ"（pha），"猪"的别写，藏文正字为"ཕག"（phag）。

三月二十三日

	原图					
朱小华解读	国际音标	ʁɑ⁵⁵lɑ⁵⁵bu⁵⁵	li⁵⁵ŋga³¹	χɑ³⁵	nda⁵⁵ta⁵⁵	la³¹
	直译	大烧香堆堆	不好的东西	鼠	神枝	手
	意译	大烧香堆堆惹了人	这天日子不好	属鼠	家神惹了人	煞气
	解读	χɑ³⁵ no⁵⁵so⁵⁵, χɑ³⁵ ȵi⁵⁵mi⁵⁵ tɕi³¹ ȵi⁵⁵, χɑ³⁵ lu⁵⁵su⁵⁵ tsho³¹ 鼠 二十三 鼠 日 一 天 鼠 属 人 ta⁵⁵mu⁵⁵ ŋo⁵⁵ zo³¹ko⁵⁵ ʁɑ⁵⁵lɑ⁵⁵bu⁵⁵ so³¹ vu⁵⁵ za³⁵ pu³¹ 这种 病 得 大烧香堆堆 香 烧 煞气 送 hũ³⁵. li⁵⁵ŋga³¹ pu³¹ hũ³⁵. 需要 不好的东西 送 需要				
	通译	三月二十三，属鼠的一天，属鼠的人生病，要给大烧香堆堆烧香，要送煞气。				
	补充	三月二十三日这一天，属鼠的人如果生病了，是因为用不干净的手碰了烧香堆堆，家神、香神和鬼手就会惹他。要敬家神和香神，方法是到香炉边去"减淤"。同时要送鬼手，准备一碗"水饭"（米饭混合着清水）和一只鸡，在鸡冠上掐出血，滴在水饭里，在病人的头上转，如果病人是男孩，就转九圈，女孩转七圈。然后在离家门一百步的地方，把这碗水饭倒出去。				
李开华解读	国际音标	ʁɑ⁵⁵	藏文，不详[1]	χɑ³⁵	nda⁵⁵ta⁵⁵	la³¹kɑ⁵⁵
	直译	烧香堆堆		鼠	神枝	手
	意译	烧素香		属鼠	神枝在东方	山神菩萨的手
	解读	χɑ³⁵ lu⁵⁵ tɕi⁵⁵ ȵi⁵⁵, ma⁵⁵ qha⁵⁵ ma⁵⁵ nda⁵⁵. sɿ⁵⁵vi⁵⁵ la³¹ 鼠 属 一 天 不 好 不 坏 山神菩萨 手 tsɿ⁵⁵ lo³¹. sɿ⁵⁵vi⁵⁵ la³¹ sio⁵⁵ phi⁵⁵ lo³¹ mu⁵⁵ 伸 了 山神菩萨 手 香 素的 上（方向前缀） 做 sio⁵⁵ dʑa³⁵ lo³¹ tsɿ³⁵. tʂo³¹tɕhi⁵⁵khi³¹ be⁵⁵ ma⁵⁵ hã⁵⁵ 香 饭 上（方向前缀） 喂 北方 去 不 能				
	通译	三月二十三这一天属鼠，日子不好不坏。山神菩萨伸手了，要给山神菩萨烧香敬饭。北方不能去。				

---

[1] 图中草书藏文作"ྦྱི"（byi，鼠），同藏文正字。

三月二十四日

	原图	(神枝图)	(藏文图)	(牛图)	(烧香堆图)
朱小华解读	国际音标	nda⁵⁵ta⁵⁵	li⁵⁵ŋga³¹	ɣe³⁵	ʁɑ⁵⁵lɑ⁵⁵bu⁵⁵
	直译	神枝	不好的东西	牛	大烧香堆堆
	意译	家神惹了人	这天日子不好	属牛	大烧香堆堆惹了人
	解读	ɣe³⁵ no⁵⁵ʐɿ³⁵, ta⁵⁵mu⁵⁵ ŋgo⁵⁵ ɣe³⁵ ɲi⁵⁵mi⁵⁵ tɕi³¹ zo³¹ko⁵⁵, ɲi⁵⁵, ɣe³⁵ li⁵⁵ŋga³¹ pu³¹ hũ³⁵. lu⁵⁵su⁵⁵ ʁɑ⁵⁵lɑ⁵⁵bu⁵⁵ tsʰo³¹ so³¹ vu⁵⁵ hũ³⁵. 牛 二十四 这种 病 得 牛 日 一 不好的东西 送 天 牛 需要 属 大烧香堆堆 人 香 烧 需要			
	通译	三月二十四，属牛的一天，属牛的人得病，要送走不好的东西，给大烧香堆堆烧香。				
	补充	三月二十四日这一天，属牛的人如果生病了，是因为家神和香神惹了他。首先要用筛子送煞气。然后要送香神，方法是准备一把弓和五支箭，分别朝东、南、西、北、天五个方向射一箭。				
李开华解读	国际音标	nda⁵⁵ta⁵⁵	藏文，不详[1]	ɣə³⁵	ʁɑ⁵⁵
	直译	神枝		牛	烧香堆堆
	意译	神枝在西方		属牛	不烧香
	解读	ɣə³⁵ lu⁵⁵ tɕi⁵⁵ ɲi⁵⁵, χɑ³⁵ ma⁵⁵ pʰio³⁵. sio⁵⁵ ma⁵⁵ mu⁵⁵, ndzʐ³¹ ma⁵⁵ ʂu⁵⁵. 牛 属 一 天 日子 不 好 香 不 烧 减淤 不 减淤			
	通译	三月二十四这一天属牛，日子不好。不烧香，不减淤。				

---

[1] 图中草书藏文作"ག"（gla），"牛"的别写，藏文正字为"གླང"（glang）。

三月二十五日

	原图					
朱小华解读	国际音标	ʁua³¹mi³¹	la⁵⁵	li³¹bu⁵⁵	tʂɿ³¹	li⁵⁵ŋga³¹
	直译	古代的长刀	虎	海螺	星宿	不好的东西
	意译	代表不吉利的事	属虎	烧香时吹海螺	星宿不干净	这天日子不好
	解读	la⁵⁵ no⁵⁵ŋa³⁵, la⁵⁵ ȵi⁵⁵mi⁵⁵ tɕi³¹ ȵi⁵⁵, la⁵⁵ lu⁵⁵su⁵⁵ tsʰo³¹ 虎 二十五 虎 日 一 天 虎 属 人 ta⁵⁵mu⁵⁵ ŋo⁵⁵ zo³¹ko⁵⁵ li⁵⁵ŋa³¹ pu³¹ hũ³⁵. so³¹ vu⁵⁵ hũ³⁵. 这种 病 得 不好的东西 送 需要 香 烧 需要				
	通译	三月二十五，属虎的一天，属虎的人生病，要送走不好的东西，要烧香。				
	补充	三月二十五日这一天，属虎的人如果生病，是因为他从别人家带回了不干净的刀，铁器中的煞气[1]惹了他。病人这天生的只是一点小病，用一个干净的石板烧一笼干净的柏香，把柏香和刀同时送到不是病人本命的方向。送出去以后，吹一声海螺。				
李开华解读	国际音标	ʁa³⁵mi⁵⁵	la⁵⁵	hĩ³¹mbo⁵⁵kʰu⁵⁵	tʰa⁵⁵ba⁵⁵	藏文，不详[2]
	直译	古代的长刀	虎	海螺	赤口	
	意译	东方有不吉利的事，不能去东方	属虎	吉利	赤口在东北方，不能去东北方	
	解读	la⁵⁵ lu⁵⁵ tɕi⁵⁵ ȵi⁵⁵, χa³⁵ pʰio³⁵, χa³⁵ ʁo³⁵. hĩ³¹mbo⁵⁵kʰu⁵⁵ 虎 属 一 天 日子 好 日子 硬 海螺 ma⁵⁵ zy⁵⁵. ʁa³⁵mi⁵⁵ yua⁵⁵ dza³¹. tʰa⁵⁵ba⁵⁵ ʁɔ³⁵sa⁵⁵gu³¹ a⁵⁵ 不 用 刀子 前面 放 赤口 东北方 （方位词） dzo³¹. ʁɔ³⁵sa⁵⁵gu³¹ be⁵⁵ ma⁵⁵ hã⁵⁵, ȵi⁵⁵tʂʰo⁵⁵ be⁵⁵ ma⁵⁵ hã⁵⁵. 在 东北方 去 不 能 东方 去 不 能				
	通译	三月二十五这一天属虎，日子好，日子硬。不用吹海螺。刀子放前面，赤口在东北方，东北方和西方不能去。				

---

[1] 一天十二个时辰，每个时辰都有煞气，这个是最小的煞气。
[2] 图中草书藏文作"ྟ"（sta），"虎"的别写，藏文正字为"སྟག"（stag）。

三月二十六日

	原图						
	国际音标	nda⁵⁵ta⁵⁵	sɑ⁵⁵ta⁵⁵	li⁵⁵ŋga³¹	tʰo⁵⁵li⁵⁵	ȵi⁵⁵mi⁵⁵	a³¹kʰɚ⁵⁵
	直译	神枝	土神	不好的东西	兔	太阳	筛子
朱小华解读	意译	家神	土神惹了人	与土神结合，代表土神的煞气	属兔	无义	做法事的工具
	解读	tʰo⁵⁵li⁵⁵ no⁵⁵kʰu³¹, tʰo⁵⁵li⁵⁵ ȵi⁵⁵mi⁵⁵ tɕi³¹ ȵi⁵⁵, tʰo⁵⁵li⁵⁵ lu⁵⁵su⁵⁵ tsʰo³¹ ta⁵⁵mu⁵⁵ 兔　　　二十六，　兔　　　日　　一　　天　　兔　　属　　人　　这种 ŋo⁵⁵ zo³¹ko⁵⁵, li⁵⁵ŋga³¹ pu³¹ hũ³⁵. a³¹kʰɚ⁵⁵ qo³¹ ʂo⁵⁵u⁵⁵ ŋa³⁵ ga³¹ 病　　得，　　不好的东西　送　　需要　筛子　　里头　纸　　五　　张 mi⁵⁵ tʂʰŋ⁵⁵. li⁵⁵ŋga³¹ pu³¹ hũ³⁵. sɑ⁵⁵ta⁵⁵ tʂo⁵⁵. 下（方向前缀）放　　不好的东西　送　　需要　土神　　谢					
	通译	三月二十六，属兔的一天，属兔的人得病，要送不好的东西，在筛子里放五张纸，送走不好的东西。					
	补充	三月二十六日这一天，属兔的人如果生病了，是因为冒犯了土神，导致土神菩萨的煞气和家神惹了他。如果这个人运气好，身体抵抗力强，就不会生病，否则就会生病，症状是全身发痒、生疮、起泡。治疗方法是把擦过病人身体的苦荞花、柏香、鲜牛奶和五种颜色的纸放在筛子里，然后打卦，算出惹人的土神来自何方。然后在中午最热的时候，先念经，再把筛子中的东西送往土神所在的方向，送的时候要烧香、吹海螺。					
	国际音标	nda⁵⁵ta⁵⁵	tʰa⁵⁵bɑ̇⁵⁵	藏文，不详[1]	tʰo⁵⁵li⁵⁵	hĩ⁵⁵mi⁵⁵	ʂŋ³¹tʰo⁵⁵
	直译	神枝	赤口		兔	太阳	牛皮船
李开华解读	意译	神枝在西方	在南方的赤口		属兔	北方的太阳	东北方的牛皮船
	解读	tʰo⁵⁵li⁵⁵ lu⁵⁵ tɕi⁵⁵ ȵi⁵⁵, tʰa⁵⁵ba⁵⁵ dzu⁵⁵ a⁵⁵ dzo³¹, tɕi⁵⁵ga⁵⁵ mu⁵⁵ 兔　　属　　一　　天，　赤口　　地　　上（方位词）在　　什么　做 ma⁵⁵ hũ³⁵. ʂŋ³¹tʰo⁵⁵ ma⁵⁵ zy⁵⁵. xo⁵⁵mbu⁵⁵ pʰa⁵⁵ lo³¹. 不　　需要　牛皮船　　不　　用　　苦荞花　　撒　　了					
	通译	三月二十六这一天属兔，土神在地上。什么都不需要做。不用筛子。撒苦荞花。东北方、东方、北方、西方可以去，南方不能去。					

[1] 图中草书藏文作"ཡོ"（yo），"兔"的别写，藏文正字为"ཡོས"（yos）。

三月二十七日

	原图	（海螺图）	（龙图）	（神枝图）	（太阳图）
朱小华解读	国际音标	li³¹bu⁵⁵	ʂ˞⁵⁵dzɑ³¹	nda⁵⁵ta⁵⁵	ȵi⁵⁵mi⁵⁵
	直译	海螺	龙	神枝	太阳
	意译	代表吉祥	属龙	家神	太阳神惹了人
	解读	ʂ˞⁵⁵dzɑ³¹ ȵo⁵⁵ʂʅ³¹, ʂ˞⁵⁵dzɑ³¹ ȵi⁵⁵mi⁵⁵ tɕi³¹ ȵi⁵⁵, ʂ˞⁵⁵dzɑ³¹ 龙　　二十七,　　龙　　　日　　一　　天,　　龙　lu⁵⁵su⁵⁵ tsʰo³¹ ta⁵⁵mu⁵⁵ ŋgo⁵⁵ zo³¹ko⁵⁵, ȵi⁵⁵mi⁵⁵ ɬa³¹ pu³¹ 属　　人　　这种　　病　　得,　太阳　神　送　hũ³⁵. li³¹bu⁵⁵ fu⁵⁵ hũ³⁵. 需要　海螺　吹　需要			
	通译	三月二十七，属龙的一天，属龙的人得病，要送太阳神，要吹海螺。			
	补充	三月二十七日这一天，属龙的人运气很不好，在太阳落山的时候如果生病了，就要烧素香送太阳神，烧香的时候吹海螺。			
李开华解读	国际音标	hĩ³¹mbo⁵⁵kʰu⁵⁵	ʐʅ⁵⁵bi⁵⁵	nda⁵⁵ta⁵⁵	hĩ⁵⁵mi⁵⁵
	直译	海螺	龙	神枝	太阳
	意译	西方吉祥	属龙	神枝在东方，不需要用神枝	在天上的太阳
	解读	ʐʅ⁵⁵bi⁵⁵ lu⁵⁵ tɕi³¹ ȵi⁵⁵, hĩ³¹mbo⁵⁵kʰu⁵⁵ zy⁵⁵. hĩ⁵⁵mi⁵⁵ mu⁵⁵ 龙　　属　一　天,　海螺　用.　太阳　天　a⁵⁵ dzo³¹. nda⁵⁵ta⁵⁵ ma³⁵ dzɑ³¹. χa³⁵ pʰio³⁵, 上(方位词)　在.　神枝　不　在.　日子　好,　ʐʅ³⁵dʑu⁵⁵kʰu³¹ be⁵⁵ a⁵⁵ʂʅ³¹. 四方　去　可以.			
	通译	三月二十七这一天属龙，可以用海螺，太阳在天上。不用神枝。日子好，四方都能去。			

三月二十八日

	原图				
朱小华解读	国际音标	nda⁵⁵ta⁵⁵	dzɑ³¹	ɣe³⁵kʰu⁵⁵	ɬi⁵⁵mi⁵⁵
	直译	神枝	蛇	牛角	月亮
	意译	家神	属蛇	牛王会菩萨惹了人	月亮神惹了人
	解读	dzɑ³¹ no⁵⁵hĩ³¹, dzɑ³¹ ȵi⁵⁵mi⁵⁵ tɕi³¹ ȵi⁵⁵, dzɑ³¹ lu⁵⁵su⁵⁵ tsʰo³¹ 蛇 二十八 蛇 日 一 天 蛇 属 人 ta⁵⁵mu⁵⁵ ŋgo⁵⁵ zo³¹ko⁵⁵, ɬi⁵⁵mi⁵⁵ ɬa³¹ pu³¹ hũ³⁵, ɣe³⁵pi³⁵sʅ⁵⁵ 这种 病 得 月亮 神 送 需要 牛王会菩萨 pu³¹ hũ³⁵. 送 需要			
	通译	三月二十八，属蛇的一天，属蛇的人得病，要送月亮，送牛王会菩萨。			
	补充	三月二十八日这一天，属蛇的人如果生病，是因为捡了不干净的小刀拿回家了。在晚上月亮明亮的时候，烧一炷油香，把一碗水饭和捡来的刀送到与病人本命不同的方向。			
李开华解读	国际音标	nda⁵⁵ta⁵⁵	dzɑ³⁵	bu⁵⁵tʂa³¹	hĩ⁵⁵gu⁵⁵	hĩ⁵⁵mi⁵⁵
	直译	神枝	蛇	刀	晚上	太阳
	意译	神枝在西方	属蛇	祸事	月亮	
	解读	dzɑ³⁵ lu⁵⁵ tɕi⁵⁵ ȵi⁵⁵, χa⁵⁵ ma⁵⁵ pʰio³⁵. hĩ⁵⁵gu⁵⁵hĩ⁵⁵mi⁵⁵ 蛇 属 一 天 日子 不 好 月亮 na⁵⁵kʰa⁵⁵mu⁵⁵ a⁵⁵ dzo³¹ nda⁵⁵ta⁵⁵ ȵi⁵⁵tʂʰo⁵⁵ dzɑ³¹, 天 上（方位词） 在 神枝 西方 在 ʂa⁵⁵tʂʰo⁵⁵ bu⁵⁵tʂa³¹ ȵi⁵⁵ ka³⁵tʂʰʅ⁵⁵. ʂa⁵⁵tʂʰo⁵⁵ be⁵⁵ ma⁵⁵ hã⁵⁵. 东方 刀 两，双 交叉 东方 去 不 能				
	通译	三月二十八这一天属蛇，日子不好。晚上的月亮都在天上。神枝在西方，东方有刀交叉，东方不能去。				

三月二十九日

	原图				
朱小华解读	国际音标	nda⁵⁵ta⁵⁵	qʰa⁵⁵ndʐa⁵⁵i⁵⁵to³⁵	mo⁵⁵	y³¹ɚ⁵⁵tsʅ⁵⁵i⁵⁵to³⁵
	直译	神枝	有蹄子的怪象	马	鸟的怪象
	意译	家神	家中牲畜出的怪象惹了人	属马	天上的飞禽出的怪象惹了人
	解读	mo⁵⁵ ȵo⁵⁵ŋgu³⁵, zo³¹ko⁵⁵, tʰo³¹tʂʅ³¹ 马 二十九 得 送	mo⁵⁵ ȵi⁵⁵mi⁵⁵ tɕi³¹ y³¹ɚ⁵⁵tsʅ⁵⁵i⁵⁵to³⁵ pi³⁵ hũ³⁵. hũ³⁵. 马 日 一 鸟的怪象 送 需要 需要	ȵi⁵⁵, mo⁵⁵ lu⁵⁵su⁵⁵ qʰa⁵⁵ndʐa⁵⁵i⁵⁵to³⁵ pi³⁵ hũ³⁵. 天 马 属 人 有蹄子的怪象 送 需要	tsʰo³¹ ta⁵⁵mu⁵⁵ ŋo⁵⁵ to³⁵ 这种 病 怪象
	通译	三月二十九，属马的一天，属马的人得病，要送鸟的怪象和有蹄子的怪象。			
	补充	三月二十九日这一天，属马的人如果生病，是因为两样怪象惹了他。要用丝茅草扎一个毛人，边念经边把毛人在病人身上转三圈，然后送到和本命不同的地方。这种送怪象的方式称为"to³⁵ tʰo³¹tʂʅ³¹"。			
李开华解读	国际音标	nda⁵⁵ta⁵⁵	qa³⁵lu⁵⁵	mo⁵⁵	ȵa⁵⁵ly³⁵
	直译	神枝	锅庄	马	眼睛
	意译	神枝在西方，西方不能去	用于减淤	属马	北方有眼睛，北方不能去
	解读	mo⁵⁵ lu⁵⁵ tɕi⁵⁵ ka⁵⁵ dzu⁵⁵ a⁵⁵ mi⁵⁵ be⁵⁵ ma⁵⁵ hã⁵⁵, 马 属 一 只 地 上 下(方位前缀) 去 不 能	ȵi⁵⁵, ma⁵⁵ qʰa⁵⁵ ly³⁵. qa³⁵lu⁵⁵ ʂu³¹. nda⁵⁵ta⁵⁵ tʂo³¹tɕʰi⁵⁵kʰi³¹ 天 不 好 看 锅庄 减淤 神枝 北方	ma⁵⁵ nda⁵⁵. lo³¹ ȵi⁵⁵tsʰo⁵⁵ be⁵⁵ ma⁵⁵ hã⁵⁵. 不 坏 上(方向前缀) 西方 去 不 能	ȵa⁵⁵ly³⁵ tɕi⁵⁵ du⁵⁵ ndza⁵⁵ dza³¹, ȵi⁵⁵tsʰo⁵⁵ 眼睛 一 安放 减淤 在 西方
	通译	三月二十九这一天属马，日子不好不坏。一只眼睛朝地上看。要安放锅庄减淤。神枝在西方，西方不能去，北方不能去。			

三月三十日

	原图				
朱小华解读	国际音标	nda⁵⁵ta⁵⁵	sa⁵⁵ta⁵⁵	io⁵⁵	ʁa⁵⁵la⁵⁵bu⁵⁵
	直译	神枝	土神	羊	大烧香堆堆
	意译	家神	属羊的人犯了三次土神，土神惹了人	属羊	大烧香堆堆惹了人
	解读	io⁵⁵ so⁵⁵, io⁵⁵ ɲi⁵⁵mi⁵⁵ tɕi³¹ ɲi⁵⁵, io⁵⁵ lu⁵⁵su⁵⁵ tsʰo³¹ 羊 三十 羊 日 一 天 羊 属 人 ta⁵⁵mu⁵⁵ ŋgo⁵⁵ zo³¹ko⁵⁵, sa⁵⁵ta⁵⁵ pu³¹ hũ³⁵. ʁa⁵⁵la⁵⁵bu⁵⁵ so³¹ vu⁵⁵. 这种 病 得 土神 送 需要 大烧香堆 香 烧			
	通译	三月三十，属羊的一天，属羊的人得病，要送土神，给大烧香堆堆烧香。			
	补充	三月三十日这一天，属羊的人如果生病，是因为犯了三次土神，土神和香神就会惹他。送神的方法是把鸡蛋、酥油、奶渣、青稞麦、酒、茶和在一起，放在香炉里烧[1]；用苦荞花在病人身上擦三圈，再送出去，然后绕着房子周围撒一圈苦荞花。			
李开华解读	国际音标	nda⁵⁵ta⁵⁵	tʰa⁵⁵ba⁵⁵	io⁵⁵	ʁa⁵⁵
	直译	神枝	赤口	羊	烧香堆堆
	意译	神枝头朝下	赤口落在地上	属羊	烧素香
	解读	io⁵⁵ lu⁵⁵ tɕi⁵⁵ ɲi⁵⁵, χa³⁵ ma⁵⁵ pʰio³⁵. nda⁵⁵ta⁵⁵ ɲi⁵⁵tʂʰo⁵⁵ 羊 属 一 天 日子 不 好 神枝 西方 dʐa³¹. tʰa⁵⁵ba⁵⁵ dzu⁵⁵ a⁵⁵ dzo³¹. ny⁵⁵ ndʐɿ⁵⁵ ʐɿ⁵⁵lu⁵⁵ 在 赤口 地 上（方位词） 在 奶 水 荞花 lo³¹ ŋa³⁵. sio⁵⁵ pʰi⁵⁵ lo³¹ mu⁵⁵. 上（方向前缀） 撒 香 素的 上（方向前缀） 做			
	通译	三月三十这一天属羊，日子不好。神枝在西方，赤口在地上。把奶水荞花朝下撒。烧素香。东方、北方可以去，西方、南方不能去。			

---

[1] 土神和香神都是素神，因而不能杀生，要烧素香。

四月  mi³⁵ndo⁵⁵tɕi³¹mbə³¹
可以看见猴的一月

四月上

四月一日

	原图				
朱小华解读	国际音标	nda^{55}ta^{55}	mi^{35}	ʁa^{55}la^{55}bu^{55}	ŋgu^{31}gi^{55}
	直译	神枝	猴	大烧香堆堆	八方菩萨
	意译	家神	属猴	大烧香堆堆惹了人	八方菩萨惹了人，且惹得严重
	解读	mi^{35} tɕi^{31}, 猴 一　　zo^{31}ko^{55}, 得	mi^{35} ȵi^{55}mi^{55} tɕi^{31} 猴　　日　　一　　ʁa^{55}la^{55}bu^{55} 大烧香堆堆	ȵi^{55}, mi^{35} lu^{55}su^{55} tsʰo^{31} ta^{55}mu^{55} ŋgo^{55} 天　猴　属　　　人　　这种　病　so^{31} vu^{55} hũ^{35}. 香　烧　需要	ŋgu^{31}gi^{55} pu^{31} hũ^{35}. 八方菩萨　送　需要	
	通译	四月初一，属猴的一天，属猴的人得病，要给大烧香堆堆烧香，要送八方菩萨。				
	补充	四月初一这一天，属猴的人如果生病，是因为冒犯了八方菩萨，八方菩萨和香神惹了他。要在九张石板上烧干净的柏香，第一张石板向东送，第二张向东南送，第三张向南送……按此顺序送满八个方向，最后一张石板朝天送。				
李开华解读	国际音标	nda^{55}ta^{55}	mi^{35}	ʁa^{55}		
	直译	神枝	猴	烧香堆堆	不详	
	意译	干净的神枝，在西方	属猴	烧荤香		
	解读	mi^{35} lu^{55} tɕi^{55} ȵi^{55}, χa^{35} tsa^{55}. tɕi^{55}ga^{55} mu^{55} ma^{55} hã^{55}. sio^{55} 猴　属　一　天　　日子　坏　什么　　做　不　能够　香　na^{55} mu^{55}. 荤　　烧				
	通译	四月初一这一天属猴，日子坏，什么都不能做，要烧荤香。				

四月二日

原图		🗡️	🔥	🌿	🐔	⭕
朱小华解读	国际音标	ʁua³¹mi³¹	ʁa⁵⁵bu⁵⁵ta⁵⁵ta⁵⁵	nda⁵⁵ta⁵⁵	dzu⁵⁵	tsʅ³¹
	直译	长刀	小烧香堆堆	神枝	鸡	星宿
	意译	刀冲犯了家神	烧素香	家神	属鸡	星宿惹了人
	解读	dzu⁵⁵ ɲi⁵⁵, ta⁵⁵mu⁵⁵ 鸡 二 这种	dzu⁵⁵ ŋo⁵⁵ 鸡 病	ɲi⁵⁵mi⁵⁵ zo³¹ko⁵⁵, 日 得	tɕi³¹ ɲi⁵⁵, ʁa⁵⁵bu⁵⁵ta⁵⁵ta⁵⁵ 一 天 小烧香堆堆	dzu⁵⁵ so³¹ 鸡 香	lu⁵⁵su⁵⁵ vu⁵⁵ hũ³⁵. 属 烧 需要
		tsʅ³¹ pu³¹ hũ³⁵. 星宿 送 需要					
	通译	四月初二，属鸡的一天，属鸡的人得病，要给小的烧香堆堆烧香，送星宿。					
	补充	四月初二这一天，属鸡的人如果生病了，是因为一个很小的烧香堆堆惹了他，惹他的原因是这个人在家神面前挂了长刀，犯了家神。解决的方法是烧素香，然后拿走刀即可。					
李开华解读	国际音标	ʁa³⁵mi⁵⁵	ʁa⁵⁵	nda⁵⁵ta⁵⁵	bi⁵⁵	tʰa⁵⁵bɑ⁵⁵
	直译	长刀	烧香堆堆	神枝	鸡	赤口
	意译	长刀在前面	烧素香	神枝在东方	属鸡	在北方的赤口
	解读	bi⁵⁵ lu⁵⁵ tɕi⁵⁵ ɲi⁵⁵, to³⁵ dʐɿ⁵⁵ lo³¹. 鸡 属 一 天 怪象 吃 了	χa³⁵ tsa⁵⁵. ndza⁵⁵ 日子 坏 减淤	mi⁵⁵ 下（方向前缀）	ʁa³⁵mi⁵⁵ ɣua⁵⁵ 刀子 前面 ʂu³¹. 减淤	dza³¹. za⁵⁵ 在 鸡	
	通译	四月初二这一天属鸡，日子坏。刀子放在前面。天黑后，鸡吃了怪象。减淤。					

四月三日

	原图					
朱小华解读	国际音标	nda^{55}ta^{55}	tʂʰɿ^{35}	sa^{55}ta^{55}	qʰo^{55}tsɿ^{55}	a^{31}kʰɚ^{55}
	直译	神枝	狗	土神[1]	七姊妹星	筛子
	意译	家神	属狗	土神惹了人，惹得严重	七姊妹星过渡，不能安葬嫁女	做法事的工具
	解读	tʂʰɿ^{35} so^{55}, tʂʰɿ^{35} ȵi^{55}mi^{55} tɕi^{31} ȵi^{55}, tʂʰɿ^{35} lu^{55}su^{55} tʂʰo^{31} 狗　三　　狗　　日　　一　天　狗　属　　人 ta^{55}mu^{55} ŋgo^{55} zo^{31}ko^{55}, a^{31}kʰɚ^{55} ʂo^{55}u^{55} ŋa^{35} hũ^{55}bu^{55} 这种　　病　　得　　　筛子　　纸　五　荞花 a^{31}kʰɚ^{55} qo^{31} mi^{55} tʂʰɿ^{31}. sa^{55}ta^{55} tʂo^{55}. tʂʰo^{31} 筛子　　里　下（方向前缀）放　土神　　谢　人 ta^{35} ma^{55} na^{31}, zɿ^{55}mi^{35} pɚ^{31} ma^{55} na^{31}. 埋　不　能　　女儿　　嫁　不　能				
	通译	四月初三，属狗的一天，属狗的人得病，在筛子里装五张（不同色的）纸，荞花放进筛子里，撒出去。				
	补充	四月初三这一天，属狗的人如果生病，会相当严重，原因是他犯了土神、天神。解决方法是把五种颜色的纸和荞花放在筛子里，点燃香和蜡，把筛子绕病人三圈，再送到高高的山梁子上去。送神的时间必须是在上午。				
李开华解读	国际音标	nda^{55}ta^{55}	tʂʰɿ^{55}	tʰa^{55}bɚ^{55}	qʰo^{55}tsɿ^{55}	ʂɿ^{31}tʰo^{55}
	直译	神枝	狗	赤口	七姊妹星	牛皮船
	意译	神枝在东方	属狗	赤口在东方	七姊妹星过渡	东北方的牛皮船
	解读	tʂʰɿ^{55} lu^{55} tɕi^{55} ȵi^{55}, χa^{35} tsa^{55}. mu^{55} a^{55} qʰo^{55}tsɿ^{55} 狗　属　一　天　　日子　坏　天　上（方位词）七姊妹星 zo^{31}. nda^{55}ta^{55} ɣua^{55} dza^{31}. ta^{35}po^{55} ȵi^{55}tʂʰo^{55} dza^{31}. 过渡　神枝　　前面　在　旗子　　东方　　在				
	通译	四月初三这一天属狗，日子坏，七星过渡。神枝放在前面，土神在后面。				

---

[1] 带尾巴的土神表示犯土神犯得很严重，不带尾巴表示土神被犯得不严重。

四月四日

	原图					
朱小华解读	国际音标	li³¹bu⁵⁵	va³⁵	nda⁵⁵ta⁵⁵	tʂɿ³¹	ɲi⁵⁵mi⁵⁵
	直译	海螺	猪	神枝	星宿	太阳
	意译	烧香时吹海螺	属猪	家神	星宿带着凶气	送太阳神
	解读	va³⁵ zɿ³⁵, ŋgo⁵⁵ ɬa³¹ 猪 四 病 神	va³⁵ ɲi⁵⁵mi⁵⁵ zo³¹ko⁵⁵, pu³¹ hũ³⁵. 猪 日 得 送 需要	tɕi³¹ ɲi⁵⁵, mu⁵⁵ a⁵⁵ so³¹ 一 天 天 上（方位词） 香	va³⁵ lu⁵⁵su⁵⁵ tʂɿ³¹ pu³¹ vu⁵⁵ hũ³⁵, 猪 属 星宿 送 烧 需要	tsʰo³¹ ta⁵⁵mu⁵⁵ hũ³⁵. ɲi⁵⁵mi⁵⁵ fu⁵⁵ hũ³⁵. 人 这种 需要 太阳 吹 需要 li³¹bu⁵⁵ 海螺
	通译	四月初四，属猪的一天，属猪的人得病，要送天上的星宿，送太阳神，要烧香，吹海螺。				
	补充	四月初四这一天，属猪的人如果生病，是被太阳神和土神犯了，要在西方的地上烧一笼香，用苦荞花在病人身上擦，然后送到在西方，吹三声海螺。				
李开华解读	国际音标	hĩ³¹mbo⁵⁵kʰu⁵⁵	va³⁵	nda⁵⁵ta⁵⁵	tʰa⁵⁵ba⁵⁵	hĩ⁵⁵mi⁵⁵
	直译	海螺	猪	神枝	赤口	太阳
	意译	吉利	属猪	神枝在东方	赤口降落	太阳在天上
	解读	va³⁵ lu⁵⁵ tɕi⁵⁵ dʐo³¹. 猪 属 一 在 hĩ³¹mbo⁵⁵kʰu⁵⁵ ɣua⁵⁵ 海螺 前面	tʰa⁵⁵ba⁵⁵ 赤口 dʑa³¹. 放	hĩ³¹mbo⁵⁵kʰu⁵⁵ 海螺 ɲi⁵⁵tʂo⁵⁵ 西方 ɲi⁵⁵tʂo⁵⁵ 西方	χa³⁵ pʰio³⁵, 日子 好 mi⁵⁵ 下（方向前缀） be⁵⁵ 去	hĩ⁵⁵mi⁵⁵ mu⁵⁵ a⁵⁵ 太阳 天 上（方位词） li⁵⁵ za³⁵ （趋向助词） 回 ma⁵⁵ hã⁵⁵. 不 行
	通译	四月初四这一天属猪，日子好。太阳在天上，赤口回到地上去了。海螺放在前面，西方不能去。				

四月五日

	原图	🐍	🐭	神枝	月亮	星宿
朱小华解读	国际音标	bu⁵⁵ʴ³¹i³¹to³⁵	χɑ³⁵	ndɑ⁵⁵tɑ⁵⁵	ɬi⁵⁵mi⁵⁵	tʂɿ³¹
	直译	蛇怪	鼠	神枝	月亮	星宿
	意译	土神菩萨的鬼	属鼠	家神	月亮菩萨惹了人	星宿严重地惹了人
	解读	χɑ³⁵ ŋɑ³⁵, 鼠 五 hũ³⁵. mu⁵⁵ 需要 天	sɑ⁵⁵tɑ⁵⁵ 土神 ɑ⁵⁵ 上（方位词）	to³⁵ pu³¹ 怪象 送 tʂɿ³¹ pu³¹ 星宿 送	hũ³⁵. ɬi⁵⁵mi⁵⁵ 需要 月亮 hũ³⁵. 需要	ɬɑ³¹ pu³¹ 神 送	
	通译	四月初五，属鼠的一天，属鼠的人得病，要送怪象，要送月亮神，送天上的星宿。					
	补充	四月初五这一天，属鼠的人如果生病，是因为看到了土神菩萨的鬼[1]。且被天上的星宿和月亮菩萨惹了。要在十五日月亮很明的时候，做一条朝上爬的假蛇，放在最高的山上，意为"朝天送"。					
李开华解读	国际音标	bu⁵⁵ʴ⁵⁵	χɑ³⁵	ndɑ⁵⁵tɑ⁵⁵	hĩ⁵⁵gu⁵⁵	hĩ⁵⁵mi⁵⁵	tʰɑ⁵⁵bɑ⁵⁵
	直译	蛇	鼠	神枝	晚上	太阳	赤口
	意译	朝天上爬的蛇	属鼠	神枝在东方	月亮		东北方的赤口
	解读	χɑ³⁵ lu⁵⁵ tɕi⁵⁵ ɲi⁵⁵, 鼠 属 一 天 tʰɑ⁵⁵bɑ⁵⁵ ʁə³⁵sɑ⁵⁵gu³¹ 赤口 东北方 ɑ⁵⁵ dzo³¹ ʁə³⁵sɑ⁵⁵gu³¹ be⁵⁵ mɑ⁵⁵ hɑ̃⁵⁵. 上（方位词） 在 东北方 去 不 能	χɑ³⁵ tsɑ⁵⁵. 日子 坏 ɑ⁵⁵ （方位词）	bu⁵⁵ʴ⁵⁵ 蛇 dzo³¹ 在	nɑ⁵⁵kʰɑ⁵⁵mu⁵⁵ 天 hĩ⁵⁵gu⁵⁵hĩ⁵⁵mi⁵⁵ 月亮	xə³¹ 去 mu⁵⁵ 天	
	通译	四月初五这一天属鼠，日子坏。蛇往天上去，赤口在东北方，月亮在天上。东北方不能去。					

---

[1] 人不能看朝上怕的蛇，看到了很不吉利，会被惹。

四月六日

	原图					
朱小华解读	国际音标	nda⁵⁵ta⁵⁵	li³¹bu⁵⁵	ɣe³⁵	qʰa⁵⁵ndʐa⁵⁵i⁵⁵to³⁵	y³¹ɚ⁵⁵tsɿ⁵⁵i⁵⁵to³⁵
	直译	神枝	海螺	牛	有蹄子的怪象	鸟的怪象
	意译	家神	烧香时吹海螺	属牛	家中牲畜出的怪象惹了人	天上的飞禽出的怪象惹了人
	解读	ɣe³⁵ kʰu³¹， 牛　　六	y³¹ɚ⁵⁵tsɿ⁵⁵i⁵⁵to³⁵ 鸟的怪象	pu³¹ 送	hũ³⁵． 需要	qʰa⁵⁵ndʐa⁵⁵i⁵⁵to³⁵ 有蹄子的怪象	pu³¹ 送
		hũ³⁵．so³¹ vu⁵⁵ hũ³⁵． 需要　香　烧　需要					
	通译	四月初六，属牛的一天，要送鸟的怪象，送牲畜的怪象，要烧香。					
	补充	四月初六这一天，属牛的人如果生病了，病情会很严重，原因是两个怪象惹了他。用糌粑面在印棒上印图案，这次所用的是一块扁方的印棒，不同于其他柱状的印棒，称为"ŋa⁵⁵mi³¹"。印棒正面的图案是一个男人，称为"ku³⁵i⁵⁵tɕ³¹ka⁵⁵pʰa⁵⁵"，如果是男病人，就印这一面；反面图案是一个女人，称为"mi³⁵i⁵⁵tɕ ka⁵⁵ pʰa⁵⁵"，如果是女病人，就印这一面。用这种印棒印好的糌粑坨坨叫做"ŋa⁵⁵mi⁵⁵ndʐu³⁵"，把糌粑坨坨放在柴火架成的三脚架上，把牲畜杀了以后也放在三脚架里，牲畜身上的器官就代表病人的器官。再扎三个毛人，给三个毛人穿上病人的衣服，把毛人和三脚架在病人的头上转三圈，然后送到与病人本命不同的方向，要送得很远，至少一公里以外。					
李开华解读	国际音标	nda⁵⁵ta⁵⁵	hĩ³¹mbo⁵⁵kʰu⁵⁵	ɣə³⁵	qa³⁵lu⁵⁵	ȵa⁵⁵ly³⁵
	直译	神枝	海螺	牛	锅庄	眼睛
	意译	神枝在西方	吉利	属牛	用于减淤	北方的眼睛
	解读	ɣə³⁵ lu⁵⁵ tɕi⁵⁵ ȵi⁵⁵，ma⁵⁵ qʰa⁵⁵ ma⁵⁵ ma⁵⁵ nda⁵⁵．qa³⁵lu⁵⁵ 牛　属　一　天　　不　好　不　不　坏　　锅庄 lo³¹ du⁵⁵，ndza⁵⁵ tsʰɿ⁵⁵tsʰɿ⁵⁵ mi⁵⁵ ʂu⁵⁵． 上（方向前缀）安放　减淤　下　下（方向前缀）减淤				
	通译	四月初六这一天属牛，日子不好不坏。安放锅庄，往下减淤。				

四月七日

	原图					
朱小华解读	国际音标	nda⁵⁵ta⁵⁵	la⁵⁵	sa⁵⁵ta⁵⁵	la³¹	h̃ĩ⁵⁵mi⁵⁵
	直译	神枝	虎	土神	手	月亮
	意译	家神	属虎	土神惹了人	白煞，比较轻的煞	月亮菩萨惹了人
	解读	la⁵⁵ ʂʅ³¹. 虎 七 zo³¹ko⁵⁵, 得	la⁵⁵ ȵi⁵⁵mi⁵⁵ tɕi³¹ ȵi⁵⁵, 虎 日 一 天 za³⁵ 煞气	pu³¹ hũ³⁵, 送 需要	la⁵⁵ lu⁵⁵su⁵⁵ tsʰo³¹ 虎 属 人 sa⁵⁵ta⁵⁵ tʂo⁵⁵ 土神 谢	ta⁵⁵mu⁵⁵ ŋo⁵⁵ 这种 病 hũ³⁵. 需要
	通译	四月初七，属虎的一天，属虎的人得病，要送煞气，谢土神。				
	补充	四月初七这一天，属虎的人如果生病了，是因为土神和月亮菩萨惹他，天上的鬼手抓他。要烧一炉香敬月亮菩萨。之后要送鬼手，方法是再剪五个颜色的纸人，每一个纸人上滴一些鸡冠血，然后朝东、南、西、北、天五方送（这个人在哪一方得的病，就先朝哪一方送）。再谢土神。				
李开华解读	国际音标	nda⁵⁵ta⁵⁵	la⁵⁵	tʰa⁵⁵ba⁵⁵	la³¹ka⁵⁵	h̃ĩ⁵⁵gu⁵⁵	h̃ĩ⁵⁵mi⁵⁵
	直译	神枝	虎	赤口	手	晚上	太阳
	意译	神枝在西方	属虎	东方的赤口	西北方有人要账	月亮	
	解读	la⁵⁵ lu⁵⁵ tɕi⁵⁵ ȵi⁵⁵, 虎 属 一 天 tʂʅ³¹. 伸 hã⁵⁵, 能	χa³⁵ pʰio³⁵ 日子 好 tʰa⁵⁵ba⁵⁵ 赤口 na⁵⁵gu⁵⁵mbə³¹ 西北方	ʂa⁵⁵tʂʰo⁵⁵ 东方 be⁵⁵ 去	na⁵⁵gu⁵⁵mbə³¹ la⁵⁵ 西北方 手 a⁵⁵ 上（方位词） ma⁵⁵ 不	mi⁵⁵ 下（方向前缀） dzo³¹ 在 hã⁵⁵. 能	ʂa⁵⁵tʂʰo⁵⁵ be⁵⁵ ma⁵⁵ 东方 去 不
	通译	四月初七这一天属虎，日子好，天上伸出手，赤口在东方，不能去东方。西北方不能去。					

四月八日

	原图				
朱小华解读	国际音标	pu^{55}mba^{31}	tʰo^{55}li^{55}	tsʰʅ^{55}ɚ^{55}	qʰa^{55}ndʑa^{55}i^{55}to^{35}
	直译	岸子	兔	羊的肩胛骨	有蹄子的怪象
	意译	坛神	属兔	这一天要杀羊	到底是哪种牲畜的怪象要打卦来确定
	解读	tʰo^{55}li^{55} hĩ^{31}, tʰo^{55}li^{55} ɲi^{55}mi^{55} tɕi^{31} ɲi^{55}, tʰo^{55}li^{55} lu^{55}su^{55} tsʰo^{31} ta^{55}mu^{55} ŋgo^{55} 兔 八 兔 日 一 天 兔 属 人 这种 病 zo^{31}ko^{55}, qʰa^{55}ndʑa^{55}i^{55}to^{35} pu^{31} hũ^{35}. to^{35} kʰi^{31}pi^{35} hũ^{35}. 得 有蹄子的怪象 送 需要 怪象 送 需要			
	通译	四月初八,属兔的一天,属兔的人得病,要送牲畜的怪象。要送怪象。			
	补充	四月初八这一天,属兔的人如果生病,是因为羊的怪象惹了他[1]。必须用一只羊给他做清洁、送鬼。首先在病人身上打扫,绑五个毛人,绑一个三脚架(把糌粑坨坨印好以后放在里头,羊头也装进去),家里每一个人脱一件衣服给毛人穿上,在病人的身上转,然后往西方送,羊杀了,羊肉煮了吃,堡子里的所有人都要来吃这个肉。			
李开华解读	国际音标	nda^{55}ta^{55}	tʰo^{55}li^{55}	ʁu^{55}lu^{55}	qa^{35}lu^{55}
	直译	神枝	兔	哈鲁	锅庄
	意译	无义	属兔	一种盛器,把糌粑面放进去烧	用于减淤
	解读	tʰo^{55}li^{55} lu^{55} tɕi^{55} ɲi^{55}, tɕi^{55}ga^{55} mu^{55} ma^{55} hũ^{35}. ndʑa^{55}ʂu^{55} ma^{55} hũ^{35}. 兔 属 一 天 什么 做 不 需要 减淤 不 需要			
	通译	四月初八这一天属兔,什么都不用做。不需要减淤。			

---

[1] 羊的怪象有几种,这一种是羊头上缠了蔑条、铁圈、树藤,导致羊惹人。

四月九日

原图	(长刀图)	(土神图)	(龙图)	(神枝图)	(牛角图)
朱小华解读					
国际音标	ʁua³¹mi³¹	sɑ⁵⁵ta⁵⁵	ɚ⁵⁵dzɑ³¹	nda⁵⁵ta⁵⁵	ɣe³⁵kʰu⁵⁵
直译	长刀	土神	龙	神枝	牛角
意译	西方有祸事	属龙的人犯了土神，这一天不吉利	属龙	家神	牛王会菩萨惹了人
解读	ɚ⁵⁵dzɑ³¹ ŋgu³⁵, ɚ⁵⁵dzɑ³¹ ȵi⁵⁵mi⁵⁵ tɕi³¹ ȵi⁵⁵, ɚ⁵⁵dzɑ³¹ 龙　　九，　龙　　日　一　天，　龙 lu⁵⁵su⁵⁵ tsʰo³¹ ta⁵⁵mu⁵⁵ ŋgo⁵⁵ zo³¹ko⁵⁵, sɑ⁵⁵ta⁵⁵ tʂo⁵⁵ 属　　人　这种　　病　得，　　土神　谢 hũ³⁵. ɣe³⁵pi³⁵sɿ⁵⁵ pu³¹ hũ³⁵. 需要　牛王会菩萨　　送　需要				
通译	四月初九，属龙的一天，属龙的人得病，要谢土神，要送牛王会菩萨。				
补充	四月初九这一天，属龙的人如果生病，是因为运气不好，被土神和牛王会的菩萨惹了。要送牛王会的菩萨，方法是做一个糌粑面的人（也可以在印棒上印图案），放在一张石板上，把擦拭过病人身体的苦荞花也放在石板上，把石板绕着病人转九圈，同时吹牛角，再把石板朝做牛王会的地方送去，这是小送。				
李开华解读					
国际音标	ʁɑ³⁵mi⁵⁵	tʰɑ⁵⁵bɑ⁵⁵	zɿ⁵⁵bi⁵⁵	nda⁵⁵ta⁵⁵	bu⁵⁵tʂa³¹
直译	长刀	赤口	龙	神枝	小刀
意译	西方有祸事	不干净的赤口，落在地上	属龙	神枝在东方	祸事
解读	zɿ⁵⁵bi⁵⁵ lu⁵⁵ tɕi⁵⁵ ȵi⁵⁵, ua⁵⁵ ʁɑ³⁵mi⁵⁵ dzɑ⁵⁵. mu⁵⁵ a⁵⁵ tʂa⁵⁵kʰa⁵⁵ 龙　属　一　天，　前面　刀子　放　天　上（方位词）　祸 da³⁵ tʰɑ⁵⁵bɑ⁵⁵ dzɯ⁵⁵ a⁵⁵ dzo³¹. nda⁵⁵ta⁵⁵ ʂa⁵⁵tʂʰo⁵⁵ dza³¹. 来　赤口　　地　上（方位词）　在　神枝　　东方　　在				
通译	四月初九这一天属龙，刀子放在前面。天上有祸事来，赤口落在地上。神枝在东方。				

四月十日

	原图	（图）	（图）	（图）	（图）	（图）
朱小华解读	国际音标	sɑ⁵⁵tɑ⁵⁵	dzɑ̠³¹	ndɑ⁵⁵tɑ⁵⁵	a³¹kʰɚ⁵⁵	tʂʅ³¹
	直译	土神	蛇	神枝	筛子	星宿
	意译	属蛇的人动土，冒犯了土神	属蛇	家神	做法事的工具	属蛇的人这一天犯了天上的星宿，被星宿惹了
	解读	dzɑ̠³¹ χo³¹，dzɑ̠³¹ ȵi⁵⁵mi⁵⁵ tɕi³¹ ȵi⁵⁵，dzɑ̠³¹ lu⁵⁵su⁵⁵ tsho³¹ 蛇　十　蛇　日　一　天　蛇　属　人 tɑ⁵⁵mu⁵⁵ ŋo⁵⁵ zo³¹ko⁵⁵，a³¹kʰɚ⁵⁵ qo³¹ ʂo⁵⁵u⁵⁵ ŋa³⁵ ga³¹ 这种　病　得　筛子　里头　纸　五　张 mi⁵⁵ tʂʰʅ³¹. 下（方向前缀）　放，送					
	通译	四月初十，属蛇的一天，属蛇的人得病，筛子里放五张纸，朝下送。					
	补充	四月初十这一天，属蛇的人生病是因为冒犯了土神（动土以后犯了天上的星星，所以星星是红的），被星宿惹了。把九种颜色（红、白、黑、绿、青、黄、酱、淡红）的纸放在筛子里，用一张红颜色的纸剪九个纸人，分别往九方送，如果是女病人，送的顺序是东、东北、北……，最后朝天送；如果是男病人，顺序就是东、东南……最后朝天送。					
李开华解读	国际音标	tʰa⁵⁵ba⁵⁵	dzɑ̠³⁵	ndɑ⁵⁵tɑ⁵⁵	ʂʅ³¹tʰo⁵⁵	tʂʅ³¹
	直译	赤口	蛇	神枝	牛皮船	红星，北斗星
	意译	西南的赤口	属蛇	神枝头朝下	牛皮船在北方	天上有北斗星
	解读	dzɑ̠³⁵ lu⁵⁵ tɕi⁵⁵ ȵi⁵⁵，tʰa⁵⁵ba⁵⁵ io⁵⁵sa⁵⁵gu³¹ a⁵⁵ dzo³¹. 蛇　属　一　天　赤口　西南　（方位词）　在 mu⁵⁵ a⁵⁵ tʂʅ³¹ hĩo⁵⁵ ndʐa³⁵. ta³⁵po⁵⁵ tsʰʅ⁵⁵tsʅ⁵⁵ mi⁵⁵ 天　上（方位词）　星星　红　在　旗子　往下　下（方向前缀） ly³⁵. io⁵⁵sa⁵⁵gu³¹ a⁵⁵ be⁵⁵ ma⁵⁵ hã⁵⁵. 看　西南　（方位词）　去　不　能					
	通译	四月初十这一天属蛇，赤口在西南方，天上有红色的星星。旗子头朝下插，西南方不能去。					

四月十一日

	原图					
朱小华解读	国际音标	li³¹bu⁵⁵	mo⁵⁵	nda⁵⁵ta⁵⁵	ɲi⁵⁵mi⁵⁵	ŋgu³¹gi⁵⁵
	直译	海螺	马	神枝	太阳	八方菩萨
	意译	烧香时吹海螺	属马	家神	送太阳神	八方菩萨惹了人
	解读	mo⁵⁵ χo³¹tɕi³¹, ta⁵⁵mu⁵⁵ ŋo⁵⁵ pu³¹ hũ³⁵, 马 十一 这种 病 送 需要	mo⁵⁵ ɲi⁵⁵mi⁵⁵ tɕi³¹ zo³¹ko⁵⁵, so³¹ vu⁵⁵ hũ³⁵, 马 日 一 得 香 烧 需要	ɲi⁵⁵, ɲi⁵⁵mi⁵⁵ ɬa³¹ li³¹bu⁵⁵ fu⁵⁵ hũ³⁵. 天 太阳 神 海螺 吹 需要	mo⁵⁵ lu⁵⁵su⁵⁵ pu³¹ hũ³⁵. zu⁵⁵ 马 送 需要 咒神	tsho³¹ ŋgu³¹gi⁵⁵ khe³¹pi³⁵. 人 八方菩萨 送 属 需要
	通译	四月十一，属马的一天，要送八方菩萨，要烧香，吹海螺。				
	补充	四月十一日这一天，属马的人如果生病，是因为太阳神和八方菩萨惹了他，同时被咒神惹了。他曾经不孝敬老人，被老人咒骂，从而犯了咒神。赶咒神之前，要打卦来判断病人的病情轻重，从而确定解决方法。打卦的方式因病人的年龄不同而异。如果是年轻人，要打"鸡蛋卦"［dʐɿ⁵⁵mu⁵⁵lu⁵⁵］，方法是用一个鸡蛋在病人身上滚，然后把鸡蛋打在水里，观察蛋黄的颜色，如果是本色，说明卦象好，就用一只鸡在人的身上打扫，装一盆水，把鸡血和鸡蛋放在水里，搅拌以后在病人身上擦洗，这样就可以把老一辈的诅咒用血洗干净。如果蛋黄一半黑一半红，就说明病人受到了其他东西的干扰，还要继续打卦来确定是什么其他的东西惹他。如果是七八十岁的老人生病，要用牛角打卦。方法是把独角牛的牛角［sɿ⁵⁵mə⁵⁵］在火上烤，观察牛角上出现的裂纹。如果只有一条朝天的裂口，是不好的卦象，说明老人只有一条上天的路；如果只有一条朝地的裂口，也是不好的卦象，说明老人只能下地狱了。如果有几条裂口，分别朝天、朝地或环绕而生，说明老人有站起来的力气，而且这个法事可以给他延寿。如果卦象好，就用八种草[1]来赶咒神。先把草放在筛子里，然后把动物的血水和筛子里的草在病人身边转圈（男人转九圈，女人转七圈），再送到与病人本命方向不同的十字路口上。在十字路口上抠个洞，把这些东西放在洞里面，埋好，抚平，看不出痕迹，这样所有的诅咒被埋起来了，永远都不会再惹这个病人了。				
李开华解读	国际音标	hĩ³¹mbo⁵⁵khu⁵⁵	mo⁵⁵	nda⁵⁵ta⁵⁵	hĩ⁵⁵mi⁵⁵	phɚ⁵⁵pa⁵⁵
	直译	海螺	马	神枝	太阳	法器（类似于印章）
	意译	吉利	属马	神枝在背后	在天上的太阳	和尚的法器放在前
	解读	mo⁵⁵ lu⁵⁵ tɕi³¹ ni⁵⁵, χa³⁵ phio³⁵, nda⁵⁵ta⁵⁵ khu⁵⁵ɚ⁵⁵ dʐa³¹ 马 属 一 天 日子 好 神枝 背后 在 phɚ⁵⁵pa⁵⁵ ɣua⁵⁵ dza³¹. hĩ⁵⁵mi⁵⁵ mu⁵⁵ a⁵⁵ dzo³¹. 法器 前面 在 太阳 天 上（方位词）在 ʂa³¹ʂa⁵⁵ tɕi⁵⁵. 顺利、干净的 一				
	通译	四月十一这一天属马，日子好。神枝在背后，普拜在前，太阳在天上。是顺利、干净的一个日子。				

---

[1] 这八种草用纳木依语分别称为：li⁵⁵mu⁵⁵pu³¹pu⁵⁵, li⁵⁵mu⁵⁵tsha³¹tsha⁵⁵, khu⁵⁵sa⁵⁵, va⁵⁵ku³¹, ʁua⁵⁵mi⁵⁵tɕo⁵⁵, khi⁵⁵sɿ¹sɿ¹pɚ³¹, tho³¹ka⁵⁵, za³¹，汉语意义不详。

四月十二日

	原图						
朱小华解读	国际音标	nda⁵⁵ta⁵⁵	ɣe³¹kʰu⁵⁵	io⁵⁵	qa⁵⁵tu⁵⁵	la³¹ka³¹	ɬi⁵⁵mi⁵⁵
	直译	神枝	牛角	羊	印过图案的糌粑坨坨	手	月亮
	意译	家神	无义	属羊	把糌粑坨坨送出去	鬼手惹了人	月亮神惹了人
	解读	io⁵⁵ χo³¹ɲi⁵⁵, io⁵⁵ ɲi⁵⁵mi⁵⁵ tɕi³¹ ɲi⁵⁵, io⁵⁵ lu⁵⁵su⁵⁵ tsʰo³¹ ta⁵⁵mu⁵⁵ 羊 十二 羊 日 一 天 羊 属 人 这种 ŋgo⁵⁵ zo³¹ko⁵⁵, za³⁵ pu³¹ hũ³⁵. ɬi⁵⁵mi⁵⁵ ɬa³¹ pu³¹ hũ³⁵. 病 得 煞气 送 需要 月亮 神 送 需要 qa⁵⁵tu⁵⁵ pu³¹ hũ³⁵. 印过图案的糌粑坨坨 送 需要
	通译	四月十二，属羊的一天，属羊的人得病，要送煞气、送太阳神。
	补充	四月十二日这一天，属羊的人如果生病了，是因为月亮勾引了鬼手来惹他，要给月亮菩萨烧香，送月亮神。再通过烧油香、送水饭来驱赶鬼手。
李开华解读	国际音标	nda⁵⁵ta⁵⁵	bu⁵⁵tʂa³¹	io⁵⁵	pu⁵⁵mbɑ³¹	la⁵⁵	hĩ⁵⁵gu⁵⁵	hĩ⁵⁵mi⁵⁵
	直译	神枝	小刀	羊	神器	手	晚上	太阳
	意译	神枝在西方	不能去南方，会碰到是非口角	属羊	一种敬神的香炉	天上的手	月亮	
	解读	io⁵⁵ lu⁵⁵ tɕi⁵⁵ ɲi⁵⁵, χa³⁵ ma⁵⁵ pʰio³⁵. mu⁵⁵ ɑ⁵⁵ la⁵⁵ mi⁵⁵ 羊 属 一 天 日子 不 好 天 上（方位词）手 下（方向前缀）tʂɿ³¹. za³¹yuɑ⁵⁵kʰu⁵⁵ tʂa⁵⁵kʰa⁵⁵ li⁵⁵ qʰa⁵⁵. hũ⁵⁵mi⁵⁵kʰi³¹ be⁵⁵ ma⁵⁵ hã⁵⁵. 伸 三岔路口 祸事 （趋向助词）挡 南方 去 不 能
	通译	四月十二这一天属羊，日子不好，天上有手伸出来。在三岔路口外挡住祸事。南方不能去。

四月十三日

	原图					
		(神枝图)	(土神图)	(猴图)	(有蹄怪象图)	(鸟怪象图)
朱小华解读	国际音标	nda⁵⁵ta⁵⁵	sa⁵⁵ta⁵⁵	mi³⁵	qʰa⁵⁵ndʐa⁵⁵i⁵⁵to³⁵	y³¹ɚ⁵⁵tʂɿ⁵⁵i⁵⁵to³⁵
	直译	神枝	土神	猴	有蹄子的怪象	鸟的怪象
	意译	家神	土神惹了人	属猴	家中牲畜出的怪象惹了人	天上的飞禽出的怪象惹了人
	解读	mi³⁵ χo³¹so⁵⁵, mi³⁵ ȵi⁵⁵mi⁵⁵ tɕi³¹ ȵi⁵⁵, mi³⁵ lu⁵⁵su⁵⁵ 猴　十三　　　　猴　日　　　一　天　猴　属 tsʰo³¹ ta⁵⁵mu⁵⁵ ŋgo⁵⁵ zo³¹ko⁵⁵, y³¹ɚ⁵⁵tʂɿ⁵⁵i⁵⁵to³⁵ pi³⁵ hũ³⁵, 人　这种　　病　　得　　　鸟的怪象　　　　送　需要 qʰa⁵⁵ndʐa⁵⁵i⁵⁵to³⁵ pi³⁵ hũ³⁵, sa⁵⁵ta⁵⁵ tʂo⁵⁵ hũ³⁵, to³⁵ pu³¹ hũ³⁵. 有蹄子的怪象　　送　需要　土神　谢　需要　怪象　送　需要				
	通译	四月十三，属猴的一天，属猴的人得病，要送鸟的怪象，送牲畜的怪象，要谢土神，送怪象。				
	补充	四月十三日这一天，属猴的人如果生病，是因为天上的鸟儿在他的头上拉屎了，勾引了屋里的猪在圈里乱拱，惊动了土神。要谢土神，用苦荞花擦拭病人身体，然后把苦荞花送到遇到鸟儿的方向。还要送天上的鸟儿，方法是做一个面鸟，也送到遇到拉屎的鸟儿的那个方向。				
李开华解读	国际音标	nda⁵⁵ta⁵⁵	tʰa⁵⁵ba⁵⁵	mi³⁵	qa³⁵lu⁵⁵	ȵa⁵⁵ly³⁵
	直译	神枝	赤口	猴	锅庄	眼睛
	意译	神枝在西方	赤口在背后	属猴	用于减淤	天上的眼睛朝下看
	解读	mi³⁵ lu⁵⁵ tɕi⁵⁵ ȵi⁵⁵, χa³⁵ tsa⁵⁵. tʰa⁵⁵ba⁵⁵ dzu⁵⁵ a⁵⁵ dzo³¹. mu⁵⁵ 猴　属　一　天　日子　坏　赤口　地　上　在　天 a⁵⁵ ȵa⁵⁵ly³⁵ tsʰɿ⁵⁵tsʰɿ⁵⁵ ly³⁵. ma³⁵ ndʐa⁵⁵ mi⁵⁵ ʂu³¹ 上（方位词）眼睛　朝下　看　然后　减淤　下（方向前缀）减淤				
	通译	四月十三这一天属猴，日子坏。赤口在背后，天上有眼睛朝下看。要减淤。				

四月十四日

	原图					
	国际音标	nda^{55}ta^{55}	dzu^{55}	li^{31}bu^{55}	tʂʅ^{31}	la^{31}
	直译	神枝	鸡	海螺	星宿	手
	意译	家神惹了人	属鸡	烧香时吹海螺	西北方的赤口	煞气惹了人
朱小华解读	解读	dzu^{55} χo^{31}zʅ^{35}, dzu^{55} ȵi^{55}mi^{55} tɕi^{31} ȵi^{55}, dzu^{55} lu^{55}su^{55} tsʰo^{31} 鸡 十四 鸡 日 一 天 鸡 属 人 ta^{55}mu^{55} ŋgo^{55} zo^{31}ko^{55}, mu^{55} a^{55} tʂʅ^{31} pu^{31} hũ^{35}. za^{35} 这种 病 得 天 上（方位词）星宿 送 需要 煞气 pu^{31} hũ^{35}, so^{31} vu^{55} hũ^{35}. 送 需要 香 烧 需要				
	通译	四月十四，属鸡的一天，属鸡的人得病，要送天上的星宿，要送煞气，要烧香。				
	补充	四月十四日这一天，属鸡的人如果生病，是因为家神勾引鬼手来惹他，先要在家里烧香敬家神。然后要送鬼手：把油香、水饭在病人身上转三圈，送到不是病人本命的方向倒掉。五张纸钱在病人的身上转三圈，然后送到不是本命的方向烧掉。				
	国际音标	nda^{55}ta^{55}	bi^{55}	hĩ^{31}mbo^{55}kʰu^{55}	tʰa^{55}ba^{55}	la^{31}ka^{55}
	直译	神枝	鸡	海螺	赤口	手
	意译	神枝在西方	属鸡	吉利	西北方的赤口	天上伸出的手
李开华解读	解读	bi^{55} lu^{55} tɕi^{55} ȵi^{55}, ma^{55} qʰa^{55} ma^{55} nda^{55}. tʰa^{55}ba^{55} 鸡 属 一 天 不 好 不 坏 赤口 na^{55}gu^{55}mbə^{31} a^{55} dzo^{31}. mu^{55} a^{55} la^{55} tʂʅ^{31}. nda^{55}ta^{55} 西北方（方位词）在 天 上（方位词）手 伸 神枝 ȵi^{55}tʂo^{55} dza^{31}. tso^{31}tɕʰi^{55}kʰi^{55} be^{55} ma^{55} hã^{55}. 西方 在 北方 去 不 能				
	通译	四月十四这一天属鸡，日子不好不坏。赤口在西北方，天上有手伸出来。神枝在西方。北方不能去。				

四月十五日

原图		(神枝图)	(狗图)	(大烧香堆堆图)	(星宿图)
朱小华解读	国际音标	nda⁵⁵ta⁵⁵	tʂʰɿ³⁵	ʁa⁵⁵lɑ⁵⁵bu⁵⁵	tʂɿ³¹
	直译	神枝	狗	大烧香堆堆	星宿
	意译	家神不干净，惹了人	属狗	大烧香堆堆惹了人	属狗的人犯了星宿，犯得比较严重
	解读	tʂʰɿ³⁵ χo³¹ŋa³¹, mu⁵⁵ ɑ⁵⁵ tʂɿ³¹ pu³¹ hũ³⁵. ʁa⁵⁵lɑ⁵⁵bu⁵⁵ so³¹ vu⁵⁵ hũ³⁵. 狗　十五　天　上（方位词）　星宿　送　需要　大烧香堆堆　香　烧　需要			
	通译	四月十五，属狗的一天，要送天上的星宿，要烧香敬大的烧香堆堆。			
	补充	四月十五日这一天，属狗的人这天生病是因为他碰到了不干净的东西，导致屋里的家神很不干净（蓝色代表不干净），同时家里的烧香堆堆也不干净[1]，同时天上的星星也惹他（黄色代表家神不干净，冒犯了天上的星星）。要为家神和香炉"减淤"，然后烧一笼干净的素香，把酥油、奶渣、青稞麦、茶、酒放进香炉里烧，然后吹三声海螺。			
李开华解读	国际音标	nda⁵⁵ta⁵⁵	tʂʰɿ⁵⁵	ʁa⁵⁵	tʰa⁵⁵ba⁵⁵
	直译	神枝	狗	烧香堆堆	赤口
	意译	不用神枝	属狗	烧素香	赤口在天上
	解读	tʂʰɿ³⁵ lu⁵⁵ tɕi⁵⁵ n̠i⁵⁵, ma⁵⁵ qʰa⁵⁵ ma⁵⁵ nda⁵⁵. tʰa⁵⁵ba⁵⁵ mu⁵⁵ ɑ⁵⁵ dzo³¹. nda⁵⁵ta⁵⁵ ma⁵⁵ zy⁵⁵. sio⁵⁵ pʰi⁵⁵ mu⁵⁵ hũ³⁵. 狗　属　一　天　不　好　不　坏　赤口　天　上（方位词）　在　神枝　不　用　香　素　烧　需要			
	通译	四月十五这一天属狗，日子不好不坏。赤口在天上，不用神枝，要烧素香。			

---

[1] 女人不能碰烧香堆堆，狗等牲畜不能在旁边便溺，否则烧香堆堆就会不干净。

四月下

四月十六日

	原图				
朱小华解读	国际音标	nda⁵⁵ta⁵⁵	va³⁵	ʁuɑ³¹mi³¹	tʂɻ³¹
	直译	神枝	猪	刀子	星宿
	意译	家神不干净，惹了人	属猪	属猪的人拿刀犯了土神	星宿惹了人
	解读	va³⁵ χo³¹kʰu³¹, 猪 十六 　　va³⁵ ȵi⁵⁵mi⁵⁵ tɕi³¹ ȵi⁵⁵, 猪 日 一 天 　　va³⁵ lu⁵⁵su⁵⁵ tsʰo³¹ 猪 属 人 　　ta⁵⁵mu⁵⁵ ŋo⁵⁵ zo³¹ko⁵⁵, mu⁵⁵ ɑ⁵⁵ tʂɻ³¹ pi³⁵ hũ³⁵. 这种 病 得 天 上（方位词）星宿 送 需要				
	通译	四月十六，属猪的一天，属猪的人得病，要送天上的星宿。				
	补充	四月十六日这一天，属猪的人如果拿了刀，家神就会不干净，家神和天上的星宿惹了人，这个人就会生病，还可能会犯凶（杀人、伤人），要把刀送出去，并给家神"减淤"。				
李开华解读	国际音标	nda⁵⁵ta⁵⁵	va³⁵	ʁɑ³⁵mi⁵⁵	tʰa⁵⁵ba⁵⁵
	直译	神枝	猪	刀子	赤口
	意译	神枝在西方	属猪	背后有人说坏话	赤口在北方
	解读	va³⁵ lu⁵⁵ tɕi⁵⁵ ȵi⁵⁵, χɑ³⁵ tsa⁵⁵. tʰa⁵⁵ba⁵⁵ tʂo³¹tɕʰi⁵⁵kʰi³¹ ɑ⁵⁵ 猪 属 一 天 日子 坏 赤口 北方 （方位词） dzo³¹. do³¹kʰu⁵⁵no⁵⁵ ʁɑ³⁵mi⁵⁵ dzɑ³¹. tʂa⁵⁵kʰa⁵⁵ tʂʰɻ³¹su⁵⁵ dzo³¹. 在 背后 刀子 在 祸事、坏话 做，犯 有				
	通译	四月十六这一天属猪，日子坏。赤口在北方，刀子在后面，表示有人在背后说坏话。				

第三章 文献精选精译

四月十七日

	原图				
朱小华解读	国际音标	nda⁵⁵ta⁵⁵	χa³⁵	sa⁵⁵ta⁵⁵	a³¹kʰɚ⁵⁵
	直译	神枝	鼠	土神	筛子
	意译	家神	属鼠	属鼠的人犯了两次土神	做法事的工具
	解读	χa³⁵ 鼠　χo³¹ʂɿ³¹, 十七　χa³⁵ 鼠　n̠i⁵⁵mi⁵⁵ 日　tɕi³¹ 一　n̠i⁵⁵, 天　χa³⁵ 鼠　lu⁵⁵su⁵⁵ 属　tsʰo³¹ 人　ta⁵⁵mu⁵⁵ 这种　ŋo⁵⁵ 病　zo³¹ko⁵⁵, 得　sa⁵⁵ta⁵⁵ 土神　pu³¹ 送　hũ³⁵. 需要　a³¹kʰɚ⁵⁵ 筛子　qo³¹ 里头　ʂo⁵⁵u⁵⁵ 纸　ŋa³⁵ 五　ga³¹ 张　mi⁵⁵ 下（方向前缀）　tʂʰɿ³¹. 放，送　hũ⁵⁵bu⁵⁵ 荞花　mi⁵⁵ 下（方向前缀）　tʂʰɿ³¹. 放，送　sa⁵⁵ta⁵⁵ 土神　tʂo⁵⁵. 谢			
	通译	四月十七，属鼠的一天，属鼠的人得病，要送土神，在筛子里放五张纸送出去。			
	补充	四月十七日这一天，属鼠的人如果生病了，是因为冲犯了两次土神，土神惹了他。把五种颜色的纸放在筛子里，苦荞花在病人身上擦了以后也放在筛子里，然后把筛子在人身上转；用一个鸡蛋在病人身上滚动，然后送到与病人本命不同的方向，拿着鸡蛋和一碗米在东方叫魂，如果病人是小孩，就由父母叫魂；如果病人有子女，就由子女叫魂。			
李开华解读	国际音标	nda⁵⁵ta⁵⁵	χa³⁵	tʰa⁵⁵ba⁵⁵	ʂɿ³¹tʰo⁵⁵
	直译	神枝	鼠	赤口	牛皮船
	意译	神枝在西方	属鼠	两个赤口碰在一起	北方的牛皮船
	解读	χa³⁵ 鼠　lu⁵⁵ 属　tɕi⁵⁵ 一　n̠i⁵⁵, 天　χa³⁵ 日子　tsa⁵⁵. 坏　tʰa⁵⁵ba⁵⁵ 赤口　n̠i⁵⁵ 两　ku⁵⁵ 个　tɕi⁵⁵ 一　ka⁵⁵ 起　to³¹ 碰、在　lo³¹. 了　ndʐɿ⁵⁵ 水　bu³⁵lu⁵⁵ 摸、碰　ma⁵⁵ 不　hã⁵⁵. 能够			
	通译	四月十七这一天属鼠，日子坏。一月的赤口和当天的赤口碰在了一起。这一天不能够碰水。			

四月十八日

	原图						
朱小华解读	国际音标	nda⁵⁵ta⁵⁵	li³¹bu⁵⁵	ɣe³⁵	ɬo³⁵	ɲi⁵⁵mi⁵⁵	ndo³⁵
	直译	神枝	海螺	牛	水菩萨	太阳	箭
	意译	家神	烧香时吹海螺	属牛	属牛的人这一天被水神惹了	太阳神惹了人	用箭射糌粑坨坨
	解读	ɣe³⁵ 牛　χo³¹hĩ³¹ 十八　ɣe³⁵ 牛　ɲi⁵⁵mi⁵⁵ 日　tɕi³¹ 一　ɲi⁵⁵ 天，ɣe³⁵ 牛　lu⁵⁵su⁵⁵ 属　tsʰo³¹ 人　ta⁵⁵mu⁵⁵ 这种　ŋgo⁵⁵ 病　zo³¹ko⁵⁵ 得，ɲi⁵⁵mi⁵⁵ 太阳　ɬa³¹ 神　pu³¹ 送　hũ³⁵. 需要　za³⁵ 煞气　ʂa⁵⁵tu⁵⁵ 糌粑坨坨　pu³¹ 送　hũ³⁵. 需要　ɬo³⁵ 水菩萨　tso⁵⁵ 谢　hũ³⁵. 需要　so³¹ 香　vu⁵⁵ 烧　hũ³⁵. 需要					
	通译	四月十八，属牛的一天，属牛的人得病，要送太阳神，用糌粑坨坨送煞气，谢水菩萨，要烧香。					
	补充	四月十八日这一天，属牛的人如果生病，是因为冒犯了水神菩萨，着了水菩萨的煞气（弓箭代表煞气）。要制作特殊的糌粑坨坨，有两种制法，第一种：用糌粑面在印棒上印五排图案，这五排图案分别称为sɿ⁵⁵pi³⁵[1]，qa⁵⁵tu⁵⁵[2]，tsɿ⁵⁵ntʂʰo⁵⁵[3]，ɲi⁵⁵ntʂʰo⁵⁵[4]，tsɿ⁵⁵ndzo⁵⁵[5]；然后再印七排其他图案，分别为人、蛇、牛、羊、猪、鸡、癞蛤蟆，这样总共是十二排糌粑坨坨，称为"ɬo³⁵pi³⁵"。另一种：把糌粑面做成人、蛇、癞蛤蟆等。做好特殊的糌粑坨坨以后，在外边送水神，送的时候要烧香，把酥油、奶渣、青稞麦、鲜牛奶、苦荞花放进香炉中烧，然后吹五次海螺。					
李开华解读	国际音标	nda⁵⁵ta⁵⁵	hĩ³¹mbo⁵⁵kʰu⁵⁵	ɣə³⁵	xe³⁵	hĩ⁵⁵mi⁵⁵	ʂɿ⁵⁵li⁵⁵
	直译	神枝	海螺	牛	湖	太阳	箭
	意译	神枝在前面	海螺在前面	属牛	东南方有湖，不能去	无义	天上东北方的箭朝下射
	解读	ɣə³⁵ 牛　lu⁵⁵ 属　tɕi⁵⁵ 一　ɲi⁵⁵ 天，χa³⁵ 日子　pʰio³⁵ 好，χa³⁵ 日子　ʁo³⁵ 硬　mu⁵⁵ 天　a⁵⁵ 上（方位词）ʂɿ⁵⁵li⁵⁵ 箭　qʰa⁵⁵. 射　ʁo³⁵sa⁵⁵gu⁵⁵ 东北方　be⁵⁵ 去　ma⁵⁵ 不　hã⁵⁵. 能　hĩ³¹mbo⁵⁵kʰu⁵⁵ 海螺　nda⁵⁵ta⁵⁵ 神枝　ɣua⁵⁵ 前面　dza²¹. 在　do³⁵kʰu⁵⁵no⁵⁵ 背后　hũ⁵⁵bu⁵⁵ 荞花　dza³¹. 在					
	通译	四月十八这一天属牛，日子又好又硬。天上东北方有弓箭，不能去东北方。（做法事的时候）海螺和神枝在前面，荞花在后面。					

---

[1] 印棒上的这一排图案用于送山神、水神、雷神、坛神，共有十四个图案，前四个分别为io⁵⁵（绵羊）、tsʰɿ³⁵（山羊）、va³⁵（猪）、ʁa⁵⁵（鸡），第五个到第九个都是ma³¹mi⁵⁵（灯），第十个是mi³⁵（女人），第十一个是ku³⁵（男人），十二、十三个是sɿ³⁵po⁵⁵（树），第十四个是ɬi⁵⁵mi⁵⁵（月亮）。

[2] 这一排图案用于送水神，共有十二个图案，分别是：ka⁵⁵tu⁵⁵（糌粑坨坨），li³¹bu⁵⁵（海螺），xe³⁵（海），bu⁵⁵ɤ³¹（蛇

下转379页

四月十九日

	原图				
朱小华解读	国际音标	nda⁵⁵ta⁵⁵	la⁵⁵	ɬi⁵⁵mi⁵⁵	tʂɿ³¹
	直译	神枝	虎	月亮	星宿
	意译	家神不干净，惹了人	属虎	月亮神惹人	星宿惹人
	解读	la⁵⁵　χo³¹ngu³⁵，　　la⁵⁵　n̠i⁵⁵mi⁵⁵　　tɕi³¹　　n̠i⁵⁵，　la⁵⁵　lu⁵⁵su⁵⁵　tsʰo³¹ 虎　　十九　　　　　虎　　日　　　　一　　天　　虎　　属　　人 ta⁵⁵mu⁵⁵　ŋgo⁵⁵　　zo³¹ko⁵⁵，　ɬi⁵⁵mi⁵⁵　ɬa³¹　pu³¹　hũ³⁵.　mu⁵⁵　　a⁵⁵ 这种　　　病　　　　得　　　　　月亮　　神　　送　　需要　天　　上（方位词） tʂɿ³¹　pu³¹　hũ³⁵.　so³¹　vu⁵⁵　hũ³⁵. 星宿　送　　需要　　香　　烧　　需要				
	通译	四月十九，属虎的一天，属虎的人得病，要送月亮神，要送天上的星宿，要烧香。				
	补充	四月十九日这一天，属虎的人如果生病，就是因为被月亮神、天上的星宿和家神惹了，要在山梁子上给月亮菩萨烧香。				
李开华解读	国际音标	nda⁵⁵ta⁵⁵	la⁵⁵	hĩ⁵⁵gu⁵⁵	hĩ⁵⁵mi⁵⁵	tʰa⁵⁵ba⁵⁵
	直译	神枝	虎	晚上	太阳	赤口
	意译	神枝在西方	属虎	月亮		赤口在东北方
	解读	la⁵⁵　lu⁵⁵　tɕi⁵⁵　n̠i⁵⁵，　χa³⁵　tsa⁵⁵.　tʰa⁵⁵ba⁵⁵　mu⁵⁵　　a⁵⁵　　　　dzo³¹. 虎　　属　　一　　天　　日子　坏　　赤口　　　天　　上（方位词）　在 hĩ⁵⁵gu⁵⁵　hĩ⁵⁵mi⁵⁵　mu⁵⁵　　a⁵⁵　　　　　dzo³¹.　tɕi⁵⁵ga⁵⁵　qa⁵⁵　mu⁵⁵　ma⁵⁵ 月亮　　　天　　　　上（方位词）　在　　　什么　　　都　　　做　　不 hã⁵⁵. 能够				
	通译	四月十九这一天属虎，日子坏，赤口在东北方，月亮在天上。这一天什么都不能做。				

上接377页

头），no³¹pu⁵⁵（水神的宝贝：四个海螺），ke³¹ʐɿ⁵⁵（葫芦），li³¹bu⁵⁵（海螺），sa⁵⁵kʰa⁵⁵（香炉），no³¹pu⁵⁵（水神的宝贝：三个海螺），最后两个都是ma³¹mi⁵⁵（灯）。

[3] 这一排共有十四个图案，第一个是ɣa⁵⁵la⁵⁵bu⁵⁵（大烧香堆堆），第二个到第十三个是tsɿ⁵⁵ntʂo⁵⁵（北菩萨，北方的女山神），最后一个是ɣa⁵⁵pu⁵⁵ta⁵⁵ta⁵⁵（小烧香堆堆）。

[4] 这一排的图案叫做"n̠i⁵⁵ntʂʰo⁵⁵ɚ⁵⁵"，用于送南方的山神，共有十五个图案，前三个分别是ɣa⁵⁵pu⁵⁵ta⁵⁵ta⁵⁵（小烧香堆堆），ku³⁵（男），mi³⁵（女），第四至第十五个都是ku³⁵（男）。

[5] 这一排的图案叫做"tsɿ⁵⁵ndzo³¹"，用于送凶死的人，共有九个图案，分别是ɣa⁵⁵la⁵⁵bu⁵⁵（大烧香堆堆），ʁa⁵⁵（鸡），ɣe³⁵（牛），ʁa⁵⁵（鸡），bu⁵⁵（牦牛），ndzɿ⁵⁵ɣe³⁵（水牛），io⁵⁵（绵羊），tsʰɿ³⁵（山羊），va³⁵（猪）。

四月二十日

	原图				
朱小华解读	国际音标	nda⁵⁵ta⁵⁵	tʰo⁵⁵li⁵⁵	sɑ⁵⁵ta⁵⁵	y³¹ɚ⁵⁵tsʅ⁵⁵i⁵⁵to³⁵
	直译	神枝	兔	土神	鸟的怪象
	意译	家神	属兔	土神惹人，惹得严重	天上的飞禽出的怪象惹了人
	解读	tʰo⁵⁵li⁵⁵ ȵo⁵⁵,　tʰo⁵⁵li⁵⁵ ȵi⁵⁵mi⁵⁵ tɕi³¹ ȵi⁵⁵,　tʰo⁵⁵li⁵⁵ 兔　　二十　　兔　　日　　一　　天　　兔 lu⁵⁵su⁵⁵ tsʰo³¹ ta⁵⁵mu⁵⁵ ŋgo⁵⁵ zo³¹ko⁵⁵,　y³¹ɚ⁵⁵tsʅ⁵⁵i⁵⁵to³⁵ 属　　人　　这种　　病　　得　　　鸟的怪象 pu³¹ hũ³⁵. sɑ⁵⁵ta⁵⁵ tʂo⁵⁵ hũ³⁵. 送　需要　土神　谢　需要				
	通译	四月二十，属兔的一天，属兔的人得病，要送鸟的怪象，要谢土神。				
	补充	四月二十日这一天，属兔的人如果生病，是因为被禽鸟的怪象惹了，要通过打卦确定是什么动物的怪象。如果算出来是鸡，就用鸡在这人的身上打扫，如果是天上的雀鸟，就用面做成雀鸟，在人的身上转三圈，送到与病人本命的方向不同的地方。				

李开华解读	国际音标	nda⁵⁵ta⁵⁵	tʰo⁵⁵li⁵⁵	tʰa⁵⁵ba⁵⁵	ȵa⁵⁵ly³⁵
	直译	神枝	兔	赤口	眼睛
	意译	神枝在西方	属兔	向地上落的赤口	天上的眼睛朝下看
	解读	tʰo⁵⁵li⁵⁵ lu⁵⁵ tɕi⁵⁵ ȵi⁵⁵, χa³⁵ tsa⁵⁵. sɑ⁵⁵ta⁵⁵ dzu⁵⁵ a⁵⁵ 兔　　属　　一　　天　　日子　坏　　土神　　地　上（方位词） li⁵⁵ za³⁵. mu⁵⁵ a⁵⁵ ȵa⁵⁵ly³⁵ ly³⁵. （趋向助词）落　天　上（方位词）眼睛　看				
	通译	四月二十这一天属兔，日子坏。土神落在地上，天上的眼睛在看。				

四月二十一日

	原图				
朱小华解读	国际音标	nda⁵⁵ta⁵⁵	ɚ⁵⁵dzɑ³¹	la³¹	tʂɿ³¹
	直译	神枝	龙	手	星宿
	意译	家神惹了人	属龙	天上伸出手	星宿惹了人
	解读	ɚ⁵⁵dzɑ³¹ ȵo⁵⁵tɕi³¹, ɚ⁵⁵dzɑ³¹ ȵi⁵⁵mi⁵⁵ tɕi³¹ ɚ⁵⁵dzɑ³¹ 龙　　二十一　　龙　　日　　一　　龙 lu⁵⁵su⁵⁵　tsʰo³¹　ta⁵⁵mu⁵⁵　ŋgo⁵⁵　zo³¹ko⁵⁵,　za³⁵　pu³¹　hũ³⁵. 属　　人　　这种　　病　　得　　煞气　送　需要 mu⁵⁵　ɑ⁵⁵　tʂɿ³¹　pu³¹　hũ³⁵. 天　上（方位词）星宿　送　需要				
	通译	四月二十一，属龙的一天，属龙的人得病，要送煞气，送天上的星宿。				
	补充	四月二十一日这一天，属龙的人如果生病了，是因为屋里的家神不安宁，冒犯了星宿，天神菩萨的鬼就去惹这个人。捆一把草，用荞花和草在人身上转，送到不是病人本命的方向。				

	原图				
李开华解读	国际音标	nda⁵⁵ta⁵⁵	zɿ⁵⁵bi⁵⁵	la³¹kɑ⁵⁵	tʰa⁵⁵ba⁵⁵
	直译	神枝	龙	手	赤口
	意译	神枝在西方	属龙	天上伸出手	赤口在东北方
	解读	zɿ⁵⁵bi⁵⁵　lu⁵⁵　tɕi⁵⁵　ȵi⁵⁵,　χɑ³⁵　tsɑ⁵⁵.　mu⁵⁵　ɑ⁵⁵　la³¹　tʂɿ³¹ 龙　属　一　天　日子　坏　天　上（方位词）手　伸 su⁵⁵　dzo³¹.　tʰa⁵⁵ba⁵⁵　ʁɤ³⁵sa⁵⁵gu³¹　ɑ⁵⁵　dzo³¹.　hũ⁵⁵mi⁵⁵kʰi³¹ 人　有　赤口　东北方　上（方位词）在　西南 ɚ⁵⁵　pʰa⁵⁵　be⁵⁵　ɑ⁵⁵ʂɿ³¹.　ȵi⁵⁵tʂʰo⁵⁵　ɚ⁵⁵　pʰa⁵⁵　be⁵⁵　ɑ⁵⁵ʂɿ³¹. （后加）方　去　可以　西方　（后加）方　去　可以				
	通译	四月二十一这一天属龙，日子坏，天上有手伸出来。赤口在东北方。可以去西南方和西方。				

四月二十二日

	原图						
		（神枝图）	（蛇图）	（海螺图）	（八方图）	（大烧香堆图）	（怪象图）
朱小华解读	国际音标	nda⁵⁵ta⁵⁵	dzạ³¹	li³¹bu⁵⁵	ŋgu³¹gi⁵⁵	ʁɑ⁵⁵la⁵⁵bu⁵⁵	qʰa⁵ndzạ⁵⁵i³¹to³⁵
	直译	神枝	蛇	海螺	八方	大烧香堆堆	有蹄子的怪象
	意译	家神	属蛇	烧香时吹海螺	八方的菩萨惹人惹得严重	大烧香堆堆惹了人	用于减淤
	解读	dzạ³¹ ȵo⁵⁵ȵi⁵⁵, ta⁵⁵mu⁵⁵ pu³¹ hũ³⁵. 蛇 二十二 这种 送 需要	dzạ³¹ ȵi⁵⁵mi⁵⁵ ŋgo⁵⁵ zo³¹ko⁵⁵, ŋgu³¹gi⁵⁵ 蛇 日 病 得 八方	tɕi³¹ ȵi⁵⁵, ʁɑ⁵⁵la⁵⁵bu⁵⁵ pu³¹ hũ³⁵. 一 天 大烧香堆堆 送 需要	dzạ³¹ lu⁵⁵su⁵⁵ so³¹ vu⁵⁵ hũ³⁵. li³¹bu⁵⁵ 蛇 属 人 香 烧 需要 海螺	tsʰo³¹ qʰa⁵ndzạ⁵⁵i³¹to³⁵ fu⁵⁵ hũ³⁵. 有蹄子的怪象 吹 需要	
	通译	四月二十二，属蛇的一天，属蛇的人得病，要给大烧香堆堆烧香，要送有蹄子的怪象，要送八方神，要吹海螺。					
	补充	四月二十二日这一天，属蛇的人如果生病了，就是香神、怪象（红色代表大一点的怪象）、八方神、家神惹了他，就要先敬家神，再烧素香，然后送怪象，方法是用一只鸡在病人身上转圈，称为"打扫"，如果病人是男的，就转九圈；如果是女的，就转七圈。然后朝八方送（先朝天送）。					
李开华解读	国际音标	nda⁵⁵ta⁵⁵	dzạ³⁵	hĩ³¹mbo⁵⁵kʰu⁵⁵	不详	ʁɑ⁵⁵	qa³⁵lu⁵⁵
	直译	神枝	蛇	海螺		烧香堆堆	锅庄
	意译	神枝在西方	属蛇	要吹海螺		用于烧素香	用于减淤
	解读	dzạ³¹ lu⁵⁵ tɕi⁵⁵ ȵi⁵⁵, hĩ³¹mbo⁵⁵kʰu⁵⁵ ma³⁵ dzạ³¹. 蛇 属 一 天 海螺 后面 在	χa³⁵ tsa⁵⁵. ndʐŋ³⁵dzu⁵⁵ 日子 坏 和尚的权力，报酬	sio⁵⁵ mu⁵⁵ bi³⁵ 香 烧 念，说		ndzạ⁵⁵ʂu⁵⁵ qa⁵⁵. 减淤 经	
	通译	四月二十二这一天属蛇，日子坏，要烧香减淤吹海螺。花钱请当官的说理，请和尚念经。					

四月二十三日

	原图					
朱小华解读	国际音标	ʁuɑ³¹mi³¹	mo⁵⁵	nda⁵⁵ta⁵⁵	ɬi⁵⁵mi⁵⁵	tʂɿ³¹
	直译	长刀	马	神枝	月亮	星宿
	意译	不吉利的凶气	属马	家神	要落山的月亮，要在西方送月亮神	干净的星宿
	解读	mo⁵⁵ ȵo⁵⁵so³¹, tsʰo³¹ ta⁵⁵mu⁵⁵ mu⁵⁵ ɑ⁵⁵ 马 二十三 人 这种 天 上（方位词）	mo⁵⁵ ȵi⁵⁵mi⁵⁵ ŋo⁵⁵ zo³¹ko⁵⁵, tʂɿ³¹ pu³¹ hũ³⁵. 马 日 病 得 星宿 送 需要	tɕi³¹ ȵi⁵⁵, ɬi⁵⁵mi⁵⁵ 一 天 月亮	mo⁵⁵ lu⁵⁵su⁵⁵ ɬɑ³¹ pu³¹ hũ³⁵. 马 属 神 送 需要	
	补充	四月二十三日这一天，属马的人在月亮落的时候拿一把不好的刀（凶器）回家，就会被刀的煞气所犯，就会生病，要在月亮落的时候把刀送出去，送月亮神。				
李开华解读	国际音标	ʁɑ³⁵mi⁵⁵	mo⁵⁵	nda⁵⁵ta⁵⁵	hĩ⁵⁵gu⁵⁵	hĩ⁵⁵mi⁵⁵	tʰɑ⁵⁵ba⁵⁵
	直译	长刀	马	神枝	晚上	太阳	赤口
	意译	不吉利，不能去西方	属马	神枝在东方	月亮		赤口在北方
	解读	mo⁵⁵ lu⁵⁵ tɕi⁵⁵ ȵi⁵⁵, χɑ³⁵ tsɑ⁵⁵. tʰɑ⁵⁵ba⁵⁵ tso³¹tɕi⁵⁵kʰi³¹ ɣuɑ⁵⁵ 马 属 一 天 日子 坏 赤口 北方 前面 ʁɑ³⁵mi⁵⁵ dzɑ³¹. hĩ⁵⁵gu⁵⁵ hĩ⁵⁵mi⁵⁵ mu⁵⁵ ɑ⁵⁵ dzɑ³¹. 长刀 在 月亮 天 上（方位词） 在 ʂɑ⁵⁵tsʰo⁵⁵ nda⁵⁵ta⁵⁵ dzɑ³¹. pʰio³⁵ zɿ³⁵dzu⁵⁵kʰu³¹ mu⁵⁵ 东方 神枝 在 整个 四方 （助词） zo³¹ʐɿ⁵⁵ ma⁵⁵ hã⁵⁵. 出行 不 能够					
	通译	四月二十三这一天属马，日子坏。赤口在北方，刀子在前面，月亮在天上，长矛在后面。四方都不可去。					

四月二十四日

	原图				
朱小华解读	国际音标	nda⁵⁵ta⁵⁵	io⁵⁵	sa⁵⁵ta⁵⁵	a³¹kʰɚ⁵⁵
	直译	神枝	羊	土神	筛子
	意译	家神	属羊	属羊的人犯了两次土神，且犯得很严重	做法事用的工具
	解读	io⁵⁵ n̯o⁵⁵ʐ̍³⁵, 羊　二十四　　ta⁵⁵mu⁵⁵　ŋgo⁵⁵ 这种　　病　　mi⁵⁵　　tsʰ̍³¹, 下（方位前缀）放、送	io⁵⁵ n̯i⁵⁵mi⁵⁵ 羊　　日　　zo³¹ko⁵⁵, 得　　hũ⁵⁵bu⁵⁵ 荞花	tɕi³¹ n̯i⁵⁵, io⁵⁵ 一　天　羊　a³¹kʰɚ⁵⁵ qo³¹ ʂo⁵⁵u⁵⁵ 筛子　里头　纸　mi⁵⁵　tʂʰ̍³¹. 下（方位前缀）放、送	lu⁵⁵su⁵⁵ tsʰo³¹ 属　　人　ŋa³⁵ ga³¹ 五　张　sa⁵⁵ta⁵⁵ tʂo⁵⁵. 土神　谢
	通译	四月二十四，属羊的一天，属羊的人得病，在筛子里放五张颜色的纸送出去，把荞花送出去，谢土神。			
	补充	四月二十四日这一天，属羊的人如果生病，是因为他冒犯了两次土神，要谢土神，把五色的纸放在筛子里，在病人身上转五圈，然后朝五方送（天、东、南、西、北）。			
李开华解读	国际音标	nda⁵⁵ta⁵⁵	io⁵⁵	tʰa⁵⁵ba⁵⁵	ʂ̍³¹tʰo⁵⁵
	直译	神枝	羊	赤口	牛皮船
	意译	神枝头朝下	属羊	两个赤口碰在一起	牛皮船在北方，可以去北方
	解读	io⁵⁵ lu⁵⁵ tɕi⁵⁵ n̯i⁵⁵, χa³⁵ tsa⁵⁵. 羊　属　一　天　日子　坏　ga⁵⁵ to³¹ lo³¹. 起　碰、在　了　tɕi⁵⁵ga⁵⁵ mu⁵⁵ ma⁵⁵ hã⁵⁵. 什么　　做　　不　　能够		tʰa⁵⁵ba⁵⁵ n̯i⁵⁵ 赤口　两　nda⁵⁵ta⁵⁵ 神枝　tsʰ̍⁵⁵tsʰ̍⁵⁵ 往下	ku⁵⁵ tɕi³¹ 个　一　mi⁵⁵ 下（方位前缀）
	通译	四月二十四这一天属羊，日子坏，两个赤口碰在了一起。神枝头朝下。这一天什么都不能做。			

四月二十五日

	原图	(水神图)	(神枝图)	(猴图)	(牛角图)	(牛角图)	(太阳图)
朱小华解读	国际音标	ɬo³⁵	nda⁵⁵ta⁵⁵	mi³⁵	ɣe³⁵kʰu⁵⁵	ɣe³⁵kʰu⁵⁵	ɲi⁵⁵mi⁵⁵
	直译	水神	神枝	猴	牛角	牛角	太阳
	意译	水神惹人	家神	属猴	用牛角送水神		太阳神惹人，要送太阳神
	解读	mi³⁵ ȵo⁵⁵ŋa³⁵, mi³⁵ ȵi⁵⁵mi⁵⁵ tɕi³¹ ȵi⁵⁵, mi³⁵ lu⁵⁵su⁵⁵ 猴　二十五　　猴　　日　　一　天　猴　属 tsʰo³¹ ta⁵⁵mu⁵⁵ ŋo⁵⁵ zo³¹ko⁵⁵, ɣe³⁵kʰu⁵⁵ ɬo³⁵ tʂo⁵⁵ hũ³⁵. 人　这种　　病　得　　　牛角　　水神　谢　需要 ȵi⁵⁵mi⁵⁵ ɬa³¹ pu³¹ hũ³⁵. 太阳　　神　送　需要						
	通译	四月二十五，属猴的一天，属猴的人得病，要用牛角谢水神，要送太阳神。						
	补充	四月二十五日这一天，属猴的人如果生病了，就是因为中午的水神惹了他，要送水神，方法是先用糌粑坨坨印五排图案（同四月十八日中印棒上的五排图案），分别摆放在五张石板上，在中午的时候，打卦算出是哪个方向的水神，就把石板送往哪个方向。然后要用牛角击打水面。						
李开华解读	国际音标	xə³⁵	nda⁵⁵ta⁵⁵	mi³⁵	li⁵⁵gu⁵⁵	li⁵⁵gu⁵⁵	hĩ⁵⁵mi⁵⁵
	直译	湖	神枝	猴	弓	弓	太阳
	意译	西南方有湖	神枝在前面	属猴	不能去东方，会遭遇人射箭		天上有太阳
	解读	mi³⁵ lu⁵⁵ tɕ⁵⁵ ȵi⁵⁵, χa³⁵ tsa⁵⁵. hĩ⁵⁵mi⁵⁵ mu⁵⁵ a⁵⁵ dzo³¹. 猴　属　一　天　日子　坏　太阳　天　上（方位词）　在 nda⁵⁵ta⁵⁵ ɣua⁵⁵ dza³¹ ma³⁵ li⁵⁵gu⁵⁵ dza³¹. ʂa⁵⁵tʂʰo⁵⁵ li⁵⁵pu⁵⁵li⁵⁵gu⁵⁵ 神枝　　前面　在　后面　弓　　在　　东方　　　弓箭 qʰa³⁵ su⁵⁵ dzo³¹. 射　　人　　有						
	通译	四月二十五这一天属猴，日子坏，太阳在天上，神枝在前面，弓在后。（不能去东方），东方有人射箭。						

四月二十六日

原图								
朱小华解读	国际音标	nda⁵⁵ta⁵⁵	sa⁵⁵ta⁵⁵	dzʉ⁵⁵	ŋgu³¹gi⁵⁵	tʂʰɿ³¹mɚ³¹qʰo⁵⁵tsɿ⁵⁵	ɬi⁵⁵mi⁵⁵	
	直译	神枝	土神	鸡	八方菩萨	星宿	月亮	
	意译	家神惹了人	土神惹了人	属鸡	八方菩萨惹了人	一种天象，这一天不能出财、安葬和嫁娶	月亮神惹了人	
	解读	dzʉ⁵⁵ ȵo⁵⁵kʰu³¹, dzʉ⁵⁵ ȵi⁵⁵mi⁵⁵ tɕi³¹ ȵi⁵⁵, dzʉ⁵⁵ lu⁵⁵su⁵⁵ tsʰo³¹ ta⁵⁵mu⁵⁵ ŋo⁵⁵ zo³¹ko⁵⁵, zu³¹ kʰi⁵⁵pi³⁵. sa⁵⁵ta⁵⁵ tso⁵⁵ hũ³⁵. ŋgu³¹gi⁵⁵ pu³¹ hũ³⁵. 鸡 二十六 鸡 日 一 天 鸡 属 人 这种 病 得 咒神 送 土神 谢 需要 八方菩萨 送 需要						
	通译	四月二十六，属鸡的一天，属鸡的人得病，要谢土神，送八方菩萨。						
	补充	四月二十六日这一天，属鸡的人如果生病，是因为犯了月亮神、土神、家神以及天上的星宿，首先要改咒神，具体方法同四月十一日。然后要送月亮神和星宿，方法是烧香，把一个鸡蛋、奶渣、酥油、面、酒、茶叶放在香炉里烧，地点在山梁子的高处，时间是每月的十五日。土神不用送，敬家神烧香即可。						
李开华解读	国际音标	nda⁵⁵ta⁵⁵	tʰa⁵⁵ba⁵⁵	bi⁵⁵	pʰɚ⁵⁵pa⁵⁵	tʂo³¹	tsʰu⁵⁵	zɿ³⁵	hĩ⁵⁵gu⁵⁵ hĩ⁵⁵mi⁵⁵
	直译	神枝	赤口	鸡	法器	祸	罩	四	晚上 太阳
	意译	神枝在西方	赤口向地上落	属鸡	要用和尚的法器	一种天象，不吉利			月亮
	解读	bi⁵⁵ lu⁵⁵ tɕi⁵⁵ ȵi⁵⁵, χa³⁵ tsa⁵⁵. tʂo³¹ tsʰu⁵⁵ zɿ³⁵ za⁵⁵ zu⁵⁵ dzɿ⁵⁵. tʰa⁵⁵ba⁵⁵ dzʉ⁵⁵ a⁵⁵ dzo³¹. pʰɚ⁵⁵pa⁵⁵ lo³¹ zy⁵⁵. 鸡 属 一 天 日子 坏 祸 罩 四 鸡 草 吃 赤口 地 上（方位词） 在 普拜 上（方向前缀）用						
	通译	四月二十六这一天属鸡，日子坏，天上有四颗星星（一种不吉利的天象）。鸡吃草，赤口在地上。要用和尚的印章。						

四月二十七日

	原图				
朱小华解读	国际音标	nda^{55}ta^{55}	tʂʅ^{35}	li^{31}bu^{55}	y^{31}ɚ^{55}tsʅ^{55}i^{55}to^{35}
	直译	神枝	狗	海螺	鸟的怪象
	意译	家神	属狗	烧香时吹海螺	天上的飞禽出的怪象惹了人
	解读	tʂʅ^{35} no^{55}ʂʅ^{31}, tʂʅ^{35} ɲi^{55}mi^{55} tɕi^{31} ɲi^{55}, tʂʅ^{35} lu^{55}su^{55} tsho^{31} 狗 二十七 狗 日 一 天 狗 属 人 ta^{55}mu^{55} ŋgo^{55} zo^{31}ko^{55} y^{31}ɚ^{55}tsʅ^{55}i^{55}to^{35} pu^{31} hũ^{35}. ɖʐ^{55} 这种 病 得 鸟儿的怪象 送 需要 北菩萨 pu^{31}, li^{31}bu^{55} fu^{55} hũ^{35}. 送 海螺 吹 需要			
	通译	四月二十七，属狗的一天，属狗的人得病，要送雀鸟的怪象，要吹海螺。			
	补充	四月二十七日这一天，属狗的人如果生病，是因为看到了雀鸟的怪象，这是北菩萨的鬼。要在山梁子上烧香，香烧完了要送北菩萨，用印棒印两排糌粑坨坨[1]，放在山梁子上的烧香堆堆面前，再吹九声海螺。			
李开华解读	国际音标	nda^{55}ta^{55}	tʂʅ^{55}	hĩ^{31}mbo^{55}kʰu^{55}	ɲɑ^{55}ly^{35}
	直译	神枝	狗	海螺	眼睛
	意译	神枝在西方	属狗	吉利	天上有眼睛
	解读	tʂʅ^{35} lu^{55} tɕi^{55} ɲi^{55}, ma^{55} qʰa^{55} ma^{55} nda^{55}. mu^{55} a^{55} 狗 属 一 天 不 好 不 坏 天 上（方位词） ɲɑ^{55}ly^{35} ndʐa^{35}. nda^{55}ta^{55} ɲi^{55}tsho^{55} dza^{31}. 眼睛 有 神枝 西方 在			
	通译	四月二十七这一天属狗，日子不好不坏，天上有眼睛。神枝在西方。			

---

[1] 所印的两排图案分别是"sʅ^{55}pi^{35}"和"ɲi^{55}ndzo^{55}"，具体的图案和读法在上文中有介绍。

四月二十八日

原图		(海螺图)	(猪图)	(神枝图)	(手图)
朱小华解读	国际音标	li³¹bu⁵⁵	va³⁵	nda⁵⁵ta⁵⁵	la³¹
	直译	海螺	猪	神枝	手
	意译	烧香时吹海螺	属猪	家神	鬼手的煞气
	解读	va³⁵ ȵo⁵⁵hĩ³¹, ta⁵⁵mu⁵⁵ ŋgo⁵⁵ 猪 二十八 这种 病	va³⁵ ȵi⁵⁵mi⁵⁵ tɕi³¹ za³⁵ pu³¹ 猪 太阳 一 煞气 送	ȵi⁵⁵, va³⁵ lu⁵⁵su⁵⁵ 天 猪 属 hũ³⁵. so³¹ vu⁵⁵ 需要 香 烧	tsʰo³¹ 人 li³¹bu⁵⁵ hũ³⁵. 海螺 需要
	通译	四月二十八，属猪的一天，属猪的人得病，要送煞气，要烧香吹海螺。				
	补充	四月二十八日这一天，属猪的人如果生病了，就是因为鬼手的煞气惹了他。点燃柏香，把一个猪头骨烧焦，拿着苦荞花绕病人三圈，然后把所有东西往西方送，吹三声海螺。				
李开华解读	国际音标	hĩ³¹mbo⁵⁵kʰu⁵⁵	va³⁵	nda⁵⁵ta⁵⁵	ʂɿ⁵⁵qa³⁵
	直译	海螺	猪	神枝	肉粮
	意译	海螺在西方	属猪	神枝在东方	肉的供品
	解读	va³⁵ lu⁵⁵ tɕi⁵⁵ ȵi⁵⁵, 猪 属 一 天	χɑ³⁵ pʰio³⁵, 日子 好	ku⁵⁵ ɑ⁵⁵ 头 上（方位词）	ʂɿ⁵⁵qa³⁵ dzɑ³¹. 肉粮 在，有
	通译	四月二十八这一天属猪，日子好，头上（天上）有盆，用来装给和尚的报酬。				

四月二十九日

	原图						
朱小华解读	国际音标	nda⁵⁵ta⁵⁵	χa³⁵	ɣe³⁵kʰu⁵⁵	ʁa⁵⁵la⁵⁵bu⁵⁵	tʂɿ³¹	qa⁵⁵tu⁵⁵
	直译	神枝	鼠	牛角	大烧香堆堆	星宿	糌粑坨坨
	意译	家神	属鼠	吹牛角送神	烧香堆堆惹人	星宿惹人	用于送
	解读	χa³⁵ no⁵⁵ŋgu³⁵, ʁa⁵⁵la⁵⁵bu⁵⁵ so³¹ vu⁵⁵ hũ³⁵ mu⁵⁵ a⁵⁵ tʂɿ³¹ 鼠 二十九 大烧香堆堆 香 烧 需要 天 上（方位词）星宿 pu³¹ hũ³⁵. qa⁵⁵tu⁵⁵ pu³¹ hũ³⁵. ɣe³⁵pi³⁵sɿ⁵⁵ pu³¹. 送 需要 糌粑坨坨 送 需要 牛王会菩萨 送					
	通译	四月二十九，属鼠的一天，属鼠的人生病，要给大烧香堆堆烧香，要送天上的星宿。					
	补充	四月二十九日这一天，属鼠的人如果生病，就是因为大的烧香堆堆、家神和天上的星宿惹了他。要打卦，烧素香，然后吹牛角。					
李开华解读	国际音标	nda⁵⁵ta⁵⁵	χa³⁵	bu⁵⁵tʂa³¹	ʁa⁵⁵	tʰa⁵⁵ba˙⁵⁵	pu⁵⁵mba³¹
	直译	神枝	鼠	刀子	烧香堆堆	赤口	神器
	意译	神枝在西方	属鼠	代表祸事	烧素香	赤口在东北方	和尚的法器在后面
	解读	χa³⁵ lu⁵⁵ tɕi⁵⁵ ȵi⁵⁵, χa³⁵ tsa⁵⁵. ma³⁵ ndʐo⁵⁵ kʰu⁵⁵ dʐa³¹. 鼠 属 一 天 日子 坏 后面 独角牛 牛角 在 pu⁵⁵ mba³¹ ma³⁵ dʐa³¹, sio⁵⁵ pʰi⁵⁵ mu⁵⁵ ia⁵⁵. 神器 后面 在 香 素 烧 （进行体标记）					
	通译	四月二十九这一天属鼠，日子坏。东方有祸事。神器在后面。要烧素香。					

四月三十日

	原图	(长刀图)	(牛头图)	(神枝图)	(星宿图)
朱小华解读	国际音标	ʁuɑ³¹mi³¹	ɣe³⁵	ndɑ⁵⁵tɑ⁵⁵	tʂʅ³¹
	直译	长刀	牛	神枝	星宿
	意译	煞气	属牛	家神	星宿惹了人，要敬星宿
	解读	ɣe³⁵ so⁵⁵, ɣe³⁵ ȵi⁵⁵mi⁵⁵ tɕi³¹ ȵi⁵⁵, ɣe³⁵ lu⁵⁵su⁵⁵ tsʰo³⁵ 牛　三十　牛　太阳　一　天　牛　属　人 tɑ⁵⁵mu⁵⁵ ŋgo⁵⁵ zo³¹ko⁵⁵, mu⁵⁵ ɑ⁵⁵ tʂʅ³¹ pu³¹ hũ³⁵. 这种　病　得　天　上（方位词）　星宿　送　需要			
	通译	四月三十，属牛的一天，属牛的人得病，要送天上的星宿。			
	补充	四月三十日这一天，属牛的人如果生病，就是被黑煞气招惹了，是因为家里有带煞气的刀，同时天上的星宿惹了他。要把黑色的牲畜的毛烧在柏香上，然后把刀送出去。烧香敬星宿。			
李开华解读	国际音标	ʁɑ³⁵mi⁵⁵	ɣə³⁵	ndɑ⁵⁵tɑ⁵⁵	tʰɑ⁵⁵bɑ⁵⁵
	直译	长刀	牛	神枝	赤口
	意译	西方有祸事	属牛，属相发黑，日子不吉利	神枝在东方	赤口在北方
	解读	ɣə³⁵ lu⁵⁵ tɕi⁵⁵ ȵi⁵⁵, χɑ³⁵ tsɑ⁵⁵. ȵi⁵⁵tʂʰo⁵⁵ ʁɑ³⁵ mi⁵⁵ dzɑ³¹. 牛　属　一　天　日子　坏　西方　刀子　在 tʰɑ⁵⁵bɑ⁵⁵ tʂo³¹tɕʰi⁵⁵kʰi³¹ ɑ⁵⁵ dzo³¹. ȵi⁵⁵tʂʰo⁵⁵ be⁵⁵ 赤口　北方（方位词）　在　西方　去 mɑ⁵⁵ hã⁵⁵. tʂo³¹tɕʰi⁵⁵kʰi³¹ be⁵⁵ mɑ⁵⁵ hã⁵⁵. 不　能　北方　去　不　能			
	通译	四月三十这一天属牛，日子坏，西方有刀子（祸事），赤口在北方。西方不能去，北方不能去。			

五月  la⁵⁵ndo⁵⁵tɕi³¹pɚ³¹
可以看见虎的一月

五月上

五月一日

	原图	🐚	🐅	神枝	七姊妹	筛子
朱小华解读	国际音标	li³¹bu⁵⁵	la⁵⁵	nda⁵⁵ta⁵⁵	qʰo⁵⁵tsʅ⁵⁵	a³¹kʰɚ⁵⁵
	直译	海螺	虎	神枝	七姊妹	筛子
	意译	烧香时吹海螺	属虎	家神	这一天七星过渡，不能安葬、出财、嫁女儿	做法事的工具
	解读	la⁵⁵ tɕi³¹, la⁵⁵ n̩i⁵⁵mi⁵⁵ tɕi³¹ n̩i⁵⁵, la⁵⁵ lu⁵⁵su⁵⁵ tsʰo³¹ 虎 一 虎 日 一 天 虎 属 人 ta⁵⁵mu⁵⁵ ŋgo⁵⁵ zo³¹ko⁵⁵, ʂʅ⁵⁵ pi⁵⁵ pu³¹ hũ³⁵, so³¹ vu⁵⁵ 这种 病 得 山神 送 需要 香 烧 li³¹bu⁵⁵ fu⁵⁵ hũ³⁵, a³¹kʰɚ⁵⁵ qo³¹ ʂo⁵⁵u⁵⁵ ŋa³⁵ ga³¹ mi⁵⁵ 海螺 吹 需要 筛子 里头 纸 五 张 下（方向前缀） tʂʰʅ³¹. lu⁵⁵ ma⁵⁵ dzo³¹ qo³¹ pu³¹. 放，送 本命 不 有 （方位词） 送				
	通译	五月初一，属虎的一天，属虎的人得病，要敬山神：烧香，吹海螺。在筛子里放五张（不同颜色的）纸，送出去，往没有本命的地方送。				
	补充	五月初一这一天，是星宿过渡的日子，所有人在那一天不能杀生，三天内都不能出财、嫁娶、安葬。属虎的人如果生病了，就要敬山神。				
李开华解读	国际音标	hĩ³¹mbo⁵⁵kʰu⁵⁵	la⁵⁵	nda⁵⁵ta⁵⁵	qʰo⁵⁵tsʅ⁵⁵	ʂʅ³¹tʰo⁵⁵
	直译	海螺	虎	神枝	七姊妹	牛皮船
	意译	代表吉利	属虎	神枝在后面	这一天七星过渡	东北方的牛皮船，吉利
	解读	la⁵⁵ lu⁵⁵ tɕi⁵⁵ n̩i⁵⁵, χa³⁵ pʰio³⁵, mu⁵⁵ a⁵⁵ qʰo⁵⁵tsʅ⁵⁵ 虎 属 一 天 日子 好 天 上（方位词） 七姊妹 zo⁵⁵. hĩ³¹mbo⁵⁵kʰu⁵⁵ ɣua⁵⁵ dza³¹. nda⁵⁵ta⁵⁵ ma³⁵ dza³¹. 过渡 海螺 前面 在 神枝 后面 在				
	通译	五月初一这一天属虎，日子好，天上有七星过渡。海螺在前面，神枝在后面。				

五月二日

	原图				
	国际音标	nda⁵⁵ta⁵⁵	tʰo⁵⁵li⁵⁵	sɑ⁵⁵tɑ⁵⁵	ȵi⁵⁵mi⁵⁵
	直译	神枝	兔	土神	太阳
	意译	家神	属兔	土神惹了人	太阳神惹了人
朱小华解读	解读	tʰo⁵⁵li⁵⁵ ȵi⁵⁵, tʰo⁵⁵li⁵⁵ ȵi⁵⁵mi⁵⁵ tɕi³¹ ȵi⁵⁵, tʰo⁵⁵li⁵⁵ lu⁵⁵su⁵⁵ tsʰo³¹ 兔　　　二　　兔　　日　　一　　天　　兔　　属　　人 tɑ⁵⁵mu⁵⁵ ŋo⁵⁵ zo³¹ko⁵⁵, sɑ⁵⁵tɑ⁵⁵ tso⁵⁵ hũ³⁵. ȵi⁵⁵mi⁵⁵ ɬa³¹ 这种　　病　　得　　　土神　谢　需要　太阳　神 pu³¹ hũ³⁵. so³¹ vu⁵⁵ hũ³⁵. 送　　需要　香　烧　需要				
	通译	五月初二，属兔的一天，属兔的人得病，要送太阳神，要烧香，要谢土神。				
	补充	五月初二这一天，属羊的人如果生病了，是因为被土神和太阳神犯了，症状是呕吐、头晕，要谢土神，用苦荞花擦病人身体。然后送太阳神，要烧干净的柏香，并且在上面放茶叶和白酒。				
	原图				
	国际音标	nda⁵⁵da⁵⁵	tʰo⁵⁵li⁵⁵	tʰa⁵⁵ba⁵⁵	ȵi⁵⁵mi⁵⁵
	直译	神枝	兔	赤口	太阳
	意译	神枝在西方	属兔	赤口回到东方	太阳在天上
李开华解读	解读	tʰo⁵⁵li⁵⁵ lu⁵⁵ tɕi³¹ ȵi⁵⁵, χa³⁵ tsa⁵⁵. ȵi⁵⁵mi⁵⁵ mu⁵⁵ a⁵⁵ dzo³¹. 兔　　属　　一　天　日子　坏　太阳　天　上（方位词）在 tʰa⁵⁵ba⁵⁵ ʂa⁵⁵tʂʰo⁵⁵ li⁵⁵ za⁵⁵ nda⁵⁵ta⁵⁵ ȵi⁵⁵tʂʰo⁵⁵ 赤口　　　东方　　（趋向助词）回　神枝　　西方 dza³¹. ʂa⁵⁵tʂʰo⁵⁵ be⁵⁵ ma⁵⁵ hã⁵⁵. ȵi⁵⁵tʂʰo⁵⁵ be⁵⁵ ma⁵⁵ 在　　东方　　去　不　能　　西方　　去　不 hũ⁵⁵mi⁵⁵kʰi³¹ be⁵⁵ a⁵⁵ʂɿ³¹. 南方　　　去　可以				
	通译	五月初二这一天属兔，日子坏。太阳在天上，赤口回到东方，神枝在西方。不能去东方和西方，可以去南方。				

五月三日

	原图				
朱小华解读	国际音标	sɑ⁵⁵tɑ⁵⁵	ɚ⁵⁵dzɑ³¹	nda⁵⁵ta⁵⁵	ɬi⁵⁵mi⁵⁵
	直译	土神	龙	神枝	月亮
	意译	土神惹了人	属龙	家神	月亮神惹了人
	解读	ɚ⁵⁵dzɑ³¹ so³¹, ɚ⁵⁵dzɑ³¹ ɲi⁵⁵mi⁵⁵ tɕi³¹ ɲi⁵⁵, ɚ⁵⁵dzɑ³¹ lu⁵⁵su⁵⁵ 龙　　三　　龙　　日　一　天　　龙　　属 tsʰo³¹ ta⁵⁵mu⁵⁵ ŋo⁵⁵ zo³¹ko⁵⁵, sɑ⁵⁵tɑ⁵⁵ tso⁵⁵ hũ³⁵. ɬi⁵⁵mi⁵⁵ 人　这种　病　得　　土神　谢　需要　月亮 ɬa³¹ pu³¹ hũ³⁵. 神　送　需要				
	通译	五月初三，属龙的一天，属龙的人得病，要谢土神，要送月亮神。				
	补充	属龙的人动了土，土神就狠狠犯了他，要在十五月亮明的时候送土神，要用糍粑坨坨做一个人、一个癞蛤蟆和一条蛇，用荞花擦病人的身体，然后把荞花放在坨坨的上面，和干净柏香一起送到不是本命的方向。				
李开华解读	国际音标	tʰa⁵⁵ba⁵⁵	zɿ⁵⁵bi⁵⁵	nda⁵⁵ta⁵⁵	hĩ⁵⁵gu⁵⁵	hĩ⁵⁵mi⁵⁵
	直译	赤口	龙	神枝	晚上	太阳
	意译	赤口在地上	属龙	神枝头朝下	月亮在天上	
	解读	zɿ⁵⁵bi⁵⁵ lu⁵⁵ tɕi⁵⁵ ɲi⁵⁵, tʰa⁵⁵ba⁵⁵ dzu⁵⁵ a⁵⁵ dzo³¹. tɕi³¹gi⁵⁵ 龙　属　一　天　赤口　地　上（方位词）在　什么 mu⁵⁵ ma⁵⁵ hã⁵⁵. hĩ⁵⁵gu⁵⁵ hĩ⁵⁵mi⁵⁵ mu⁵⁵ a⁵⁵ dzo³¹. nda⁵⁵ta⁵⁵ 做　不　能够　月亮　　天　上（方位词）在　神枝 tsʰɿ⁵⁵tsʰɿ⁵⁵ mi⁵⁵ ly³⁵. zɿ³⁵dʑu⁵⁵kʰu³¹ mu⁵⁵ be⁵⁵ ma⁵⁵ hã⁵⁵. 下　下（方向前缀）看　四方　（助词）去　不　能				
	通译	五月初三这一天属龙，赤口落到地上。什么都不能做。晚上的月亮都在天上。神枝头朝下看。四方都不可出行。				

五月四日

	原图				
朱小华解读	国际音标	nda⁵⁵ta⁵⁵	dzɑ³¹	qʰɑ⁵⁵ndʐɑ⁵⁵iɿ⁵⁵to³⁵	y³¹ɚ⁵⁵tʂɿ⁵⁵iɿ⁵⁵to³⁵
	直译	神枝	蛇	有蹄子的怪象	有爪子的怪象
	意译	家神	属蛇	家中牲畜出的怪象惹了人	天上的雀鸟出的怪象惹了人
	解读	dzɑ³¹ zɿ³⁵, dzɑ³¹ ȵi⁵⁵mi⁵⁵ tɕi³¹ ȵi⁵⁵, dzɑ³¹ lu⁵⁵su⁵⁵ tsʰo³¹ 蛇　　四　　蛇　　日　　　　一　天　　蛇　　属　　　人 ta⁵⁵mu⁵⁵ ŋo⁵⁵ zo³¹ko⁵⁵, y³¹ɚ⁵⁵tʂɿ⁵⁵iɿ⁵⁵to³⁵ pi³⁵ hũ³⁵, 这种　　　病　　　得　　　　有爪子的怪象　　　　　送　　需要 qʰɑ⁵⁵ndʐɑ⁵⁵iɿ⁵⁵to³⁵ pi³⁵ hũ³⁵. 有蹄子的怪象　　　　送　　需要			
	通译	五月初四，属蛇的一天，要送鸟的怪象，送牲畜的怪象。			
	补充	五月初四这一天，属蛇的人如果生病就是因为被两个怪象惹了，要拿着丝茅草念经，念完经将草扎成毛人（tʰo⁵⁵tʂɿ⁵⁵），把鸡和猪的毛扎在毛人里，然后把毛人送到不是病人本命的方向。			
李开华解读	国际音标	nda⁵⁵ta⁵⁵	dzɑ³⁵	qɑ³⁵lu⁵⁵	ȵɑ⁵⁵ly³⁵
	直译	神枝	蛇	锅庄	眼睛
	意译	神枝在西方	属蛇	用于减涨	天上有眼睛，不好不坏
	解读	dzɑ³⁵ lu⁵⁵ tɕi⁵⁵ ȵi⁵⁵, χɑ³⁵ tsa⁵⁵. hũ⁵⁵mi⁵⁵kʰi³¹ be⁵⁵ ma⁵⁵ hã⁵⁵. 蛇　属　一　天　　日子　坏　　南方　　　　去　不　能 ȵi⁵⁵tʂʰo⁵⁵ be⁵⁵ ma⁵⁵ hã⁵⁵. ɚ⁵⁵ pʰa³¹ be⁵⁵ te³¹ hỹ³⁵ 西方　　　去　不　能　（后加）方　去　（连词）水神 a⁵⁵ ʁo⁵⁵pu⁵⁵ qa⁵⁵ hỹ³⁵ tʂʰa⁵⁵ qa⁵⁵. （方位词）遇见　（将行体标记）水神　惹　（将行体标记）			
	通译	五月初四这一天属蛇，日子坏，不能去西方、南方。去南方会遇见水神，会惹水神。			

五月五日

	原图				
朱小华解读	国际音标	nda⁵⁵tda⁵⁵	mo⁵⁵	la³¹ka³¹	tʂɿ³¹
	直译	神枝	马	手	星宿
	意译	家神	属马	山神菩萨伸手	星宿惹了人
	解读	mo⁵⁵ ŋa³⁵, tʂɿ³¹ n̠i⁵⁵mi⁵⁵ tɕi³¹ n̠i⁵⁵, mo⁵⁵ lu⁵⁵su⁵⁵ tsʰo³¹ 马　　五　　星宿　　日　　一　　天　　马　　属　　人 ta⁵⁵mu⁵⁵ ŋo⁵⁵ zo³¹ko⁵⁵, mu⁵⁵ ɑ⁵⁵ tʂɿ³¹ pu³¹ hũ³⁵. 这种　　病　　得　　天　　上（方位词）　星宿　　送　　需要			
	通译	五月初五，属马的一天，属马的人得病，要送天上的星宿。			
	补充	五月初五这一天，属马的人如果生病了，是被星宿的煞气惹了，但是不严重。用苦荞花擦身体，烧柏香即可。属马的人在属马的年份、属马的月份、属马的日子（单数日子）的中午会得急病，如果撑过两个小时，就能挺过来，否则，性命堪忧。这是最严重的煞气，称为"zɑ⁵⁵tʂɿ⁵⁵"。把一把稻草扎成九个头，用一只鸡在人身上打扫，把鸡血滴在九个头上，把九坨鸡肉、九把苦荞花、九杯酒、九杯茶在病人身上转九圈以后送到不是病人本命的方向，送的时候要走满九十九步，也可以走九百九十步。			
李开华解读	国际音标	nda⁵⁵ta⁵⁵	mo⁵⁵	la³¹	tʰa⁵⁵ba⁵⁵
	直译	神枝	马	手	赤口
	意译	神枝在西方	属马	山神菩萨伸手	赤口在东北方
	解读	mo⁵⁵ lu⁵⁵ tɕi⁵⁵ n̠i⁵⁵, ma⁵⁵ qʰa⁵⁵ ma⁵⁵ nda⁵⁵. tʰa⁵⁵ba⁵⁵ ʁə³⁵sa⁵⁵gu³¹ 马　　属　　一　　天　　不　　好　　不　　坏　　赤口　　东北方 　　ɑ⁵⁵ dzo³¹. mu⁵⁵ ɑ⁵⁵ la³¹ tʂɿ⁵⁵ iɑ³¹. sɿ⁵⁵vi⁵⁵ 上（方位词）在　　天　　上（方位词）　手　　伸　（进行体标记）　山神菩萨 la³¹ tʂɿ⁵⁵ iɑ³¹. nda⁵⁵ ta⁵⁵ tsʰɿ⁵⁵tsʰɿ⁵⁵ mi⁵⁵ ly³⁵. 手　　伸　（进行体标记）　神枝　　朝下　　下（方向前缀）　看			
	通译	五月初五这一天属马，日子不好不坏，赤口在东北方，天上有手伸出来，山神菩萨的手伸出来。神枝朝下看。			

五月六日

	原图					
朱小华解读	国际音标	nda⁵⁵ta⁵⁵	sa⁵⁵ta⁵⁵	io⁵⁵	ʁa⁵⁵la⁵⁵bu⁵⁵	qʰa⁵⁵ndʐa⁵⁵i⁵⁵to³⁵
	直译	神枝	土神	羊	大烧香堆堆	有蹄子的怪象
	意译	家神	土神惹了人	属羊	大烧香堆堆惹了人	牲畜的怪象惹了人
	解读	io⁵⁵ kʰu³¹, io⁵⁵ ɲi⁵⁵mi⁵⁵ tɕi³¹ ɲi⁵⁵, io⁵⁵ lu⁵⁵su⁵⁵ tsʰo³¹ 羊 六 羊 日 一 天 羊 属 人 ta⁵⁵mu⁵⁵ ŋgo⁵⁵ zo³¹ko⁵⁵, sa⁵⁵ta⁵⁵ tʂo⁵⁵ hũ³⁵. qʰa⁵ndʐa⁵⁵i³¹to³⁵ 这种 病 得 土神 谢 需要 有蹄子的怪象 pu³¹ hũ³⁵. 送 需要				
	通译	五月初六，属羊的一天，属羊的人得病，要谢土神，要送牲畜的怪象。				
	补充	五月初六这一天，属羊的人如果生病，是因为大烧香堆堆和有蹄子的怪象惹了他，要打卦才能确定是什么动物的怪象。先烧素香，用苦荞花擦身体，以此谢土神。然后用丝茅草和怪象的毛扎成毛人，其余与前文中驱怪象的方法相同。				
李开华解读	国际音标	nda⁵⁵ta⁵⁵	tʰa⁵⁵ba⁵⁵	io⁵⁵	ʁa⁵⁵	qa³⁵lu⁵⁵
	直译	神枝	赤口	羊	烧香堆堆	锅庄
	意译	无义	赤口落在地上	属羊	烧荤香	倒置的锅庄
	解读	io⁵⁵ lu⁵⁵ tɕi⁵⁵ ɲi⁵⁵, tʰa⁵⁵ba⁵⁵ dzu⁵⁵ a⁵⁵ dzo³¹. sio⁵⁵ 羊 属 一 天 赤口 地 上（方位词） 在 香 lo³¹ mu⁵⁵ qa³⁵lu⁵⁵ so⁵⁵ lu⁵⁵ lo³¹ 上（方向前缀） 烧 锅庄 三 个 上（方向前缀） du⁵⁵, ta³¹ɲi⁵⁵ sa³⁵ hĩ⁵⁵ tsʰŋ̍⁵⁵ qa⁵⁵. 安 今天 血 鲜 放 （将行体标记）				
	通译	五月初六这一天属羊，赤口在地上。烧香。放三个锅庄，今天要放鲜血。				

五月七日

	原图				
朱小华解读	国际音标	nda⁵⁵ta⁵⁵	mi³⁵	li³¹bu⁵⁵	ʁuɑ³¹ mi³¹
	直译	神枝	猴	海螺	刀子
	意译	家神惹了人	属猴	烧香时要吹海螺	不吉利的铁器惹了人
	解读	mi³⁵ ʂʅ³¹, nu⁵⁵ɬa³¹ so³¹ vu⁵⁵ hũ³⁵. li³¹bu⁵⁵ fu⁵⁵ hũ³⁵. 猴 七 家神 香 烧 需要 海螺 吹 需要			
	通译	五月初七，属猴的一天，属猴的人生病，要给家神烧香，吹海螺。			
	补充	五月初七这一天，属猴的人如果生病了，是因为家神和不好的铁器惹了他，要烧油香，把不好的铁器送出去即可，然后再烧素香敬家神。			
李开华解读	国际音标	nda⁵⁵ta⁵⁵	mi³⁵	hĩ³¹mbo⁵⁵kʰu⁵⁵	ʁɑ³⁵ mi⁵⁵
	直译	神枝	猴	海螺	刀子
	意译	神枝在西方	属猴	东方有海螺，吉利	东北方的祸事
	解读	mi³⁵ lu⁵⁵ tɕi⁵⁵ ȵi⁵⁵, χɑ³⁵ pʰio³⁵, hĩ³¹mbo⁵⁵kʰu⁵⁵ ʂa⁵⁵tʂʰo⁵⁵ 猴 属 一 天 日子 好 海螺 东方 dzə³¹. ʁə³⁵sa⁵⁵gu³¹ ɑ⁵⁵ ʁɑ³⁵ mi⁵⁵ dzə³¹, ʁə³⁵sa⁵⁵gu³¹ 在 东北方 （方位词） 刀子 在 东北方 ɑ⁵⁵ be⁵⁵ ma⁵⁵ hã⁵⁵. （方位词） 去 不 能			
	通译	五月初七这一天属猴，日子好，海螺在东方，刀子在东北方，东北方不能去。			

五月八日

	原图	(海螺图)	(鸡图)	(神枝图)	(筛子图)
	国际音标	li³¹bu⁵⁵	dzʐu⁵⁵	nda⁵⁵ta⁵⁵	a³¹kʰɚ⁵⁵
	直译	海螺	鸡	神枝	筛子
	意译	烧香时吹海螺	属鸡	家神	做法事时使用
朱小华解读	解读	dzʐu⁵⁵ hĩ³¹, dzʐu⁵⁵ ȵi⁵⁵mi⁵⁵ tɕi³¹ ȵi⁵⁵, dzʐu⁵⁵ lu⁵⁵su⁵⁵ tsʰo³¹ 鸡　　八　　鸡　　日　　一　　天　　鸡　　属　　人 ta⁵⁵mu⁵⁵ ŋgo⁵⁵ zo³¹ko⁵⁵, so³¹ vu⁵⁵, a³¹kʰɚ⁵⁵ qo³¹ ʂo⁵⁵u⁵⁵ 这种　　病　　得　　香　　烧　　筛子　　里头　　纸 ŋa³⁵ ga³¹ mi⁵⁵ tsʰɿ³¹. pu³¹. 五　　张　　下（方向前缀）　放，送　送			
	通译	五月初八，属鸡的一天，属鸡的人得病，烧香，在筛子里放五张（不同颜色的）纸，送出去。			
	补充	五月初八这一天，属鸡的人如果生病，是因为动了土，被一个小的煞气惹了。把不同颜色的五张纸放在筛子里，再把纸钱（男九张，女七张）放在筛子里，在病人身前转三圈，最后送到十字路口烧掉。			
李开华解读	国际音标	hĩ³¹mbo⁵⁵kʰu⁵⁵	bi⁵⁵	nda⁵⁵ta⁵⁵	ʂɿ³¹tʰo⁵⁵
	直译	海螺	鸡	神枝	牛皮船
	意译	西方有海螺，吉利	属鸡	神枝朝上插着	北方的牛皮船，吉利
	解读	bi⁵⁵ lu⁵⁵ tɕi⁵⁵ ȵi⁵⁵, χɑ³⁵ pʰio³⁵, hĩ³¹mbo⁵⁵kʰu⁵⁵ dzɑ³¹. 鸡　　属　　一　　天　　日子　　好　　海螺　　在 nda⁵⁵ta⁵⁵ to³¹to⁵⁵ tʂʰu³⁵. ndʐɿ³⁵ ndʐɿ³⁵dzʐu⁵⁵ bi⁵⁵ qa³⁵ tɕi³⁵. 神枝　　上　　插　　权力　给和尚的供品　念　粮食　放着			
	通译	五月初八这一天属鸡，日子好，有海螺，神枝朝上立着。给和尚放供品。			

五月九日

	原图					
朱小华解读	国际音标	nda⁵⁵ta⁵⁵	tʂʰɿ³⁵	sa⁵⁵ta⁵⁵	qa⁵⁵tu⁵⁵	ȵi⁵⁵mi⁵⁵
	直译	神枝	狗	土神	糌粑坨坨	太阳
	意译	家神	属狗	谢土神	糌粑坨坨送煞气	给太阳菩萨烧香
	解读	tʂʰɿ³⁵ ŋgu³⁵, ŋgo⁵⁵ zo³¹ko⁵⁵, 狗 九 病 得	tʂʰɿ³⁵ ȵi⁵⁵mi⁵⁵ 狗 日	tɕi³¹ ȵi⁵⁵, ȵi⁵⁵mi⁵⁵ ɬa³¹ 一 天 太阳 神	tʂʰɿ³⁵ lu⁵⁵su⁵⁵ tsʰo³¹ pu³¹ hũ³⁵. 狗 属 人 送 需要	ta⁵⁵mu⁵⁵ 这种 sa⁵⁵ta⁵⁵ tʂo⁵⁵ hũ³⁵. 土神 谢 需要
	通译	五月初九，属狗的一天，属狗的人得病，要送太阳神，要谢土神。				
	补充	五月初九这一天，属狗的人如果生病，要先打卦，看是什么东西惹了他。如果没有东西惹他，就谢土神，给太阳菩萨烧素香。如果有东西惹了他，就具体情况具体对待。				
李开华解读	国际音标	nda⁵⁵ta⁵⁵	tʂʰɿ³⁵	tʰa⁵⁵ba⁵⁵	pu⁵⁵mba³¹	hĩ⁵⁵mi⁵⁵
	直译	神枝	狗	赤口	神器	太阳
	意译	神枝在西方	属狗	赤口在东方	和尚的法器	太阳在天上
	解读	tʂʰɿ³⁵ lu⁵⁵ tɕi⁵⁵ ȵi⁵⁵, 狗 属 一 天 mu⁵⁵ a⁵⁵ dzo³¹. 天 上（方位词）在 dza³¹ ȵi⁵⁵tʂʰo⁵⁵ be⁵⁵ 在 西方 去 ʂa⁵⁵tʂʰo⁵⁵ be⁵⁵ ma⁵⁵ hã⁵⁵. 东方 去 不 能。	tʰa⁵⁵ba⁵⁵ 赤口 pu⁵⁵mba³¹ ʁu⁵⁵ 神器 头 a⁵⁵ʂɿ³¹. 可以	ʂa⁵⁵tʂʰo⁵⁵ dzo³¹. 东方 在 a⁵⁵ dza³¹. 上（方位词）在 hũ⁵⁵mi⁵⁵kʰi³¹ 南方 tʂo³¹tɕʰikʰi³¹ 北方	hĩ⁵⁵mi⁵⁵ 太阳 nda⁵⁵ta⁵⁵ ȵi⁵⁵tʂʰo⁵⁵ 神枝 西方 be⁵⁵ a⁵⁵ʂɿ³¹. 去 可以 be⁵⁵ ma⁵⁵ hã⁵⁵ 去 不 能
	通译	五月初九这一天属狗，土神在地上，太阳在天上，神器在头上，西方、南方可以去，东方、北方不能去。				

五月十日

原图									
朱小华解读	国际音标	nda⁵⁵ta⁵⁵		va³⁵		sa⁵⁵tɑ⁵⁵		ɬi⁵⁵mi⁵⁵	
	直译	神枝		猪		土神		月亮	
	意译	家神		属猪		土神惹了人		月亮菩萨惹了人	
	解读	va³⁵ 猪 ŋo⁵⁵ 病 pu³¹ 送	χo³¹ 十 zo³¹ko⁵⁵ 得 hũ³⁵. 需要	va³⁵ 猪 ɬi⁵⁵mi⁵⁵ 月亮 sa⁵⁵tɑ⁵⁵ 土神	ȵi⁵⁵mi⁵⁵ 日 ɬa³¹ 神 tʂo⁵⁵ 谢	tɕi³¹ 一 so³¹ 香 hũ³⁵. 需要	ȵi⁵⁵, 天 vu⁵⁵ 烧	va³⁵ 猪 hũ³⁵. 需要	lu⁵⁵su⁵⁵ 属 ɬi⁵⁵mi⁵⁵ 月亮	tsʰo³¹ 人 ɬa³¹ 神	ta⁵⁵mu⁵⁵ 这种
	通译	五月初十，属猪的一天，属猪的人得病，要给月亮神烧香，送月亮神，谢土神。							
	补充	五月初十这一天，属猪的人如果生病，是因为土神、月亮神犯了他。只需用苦荞花混合鲜牛奶，加点水，往土神所来的方向撒，以此谢土神，然后给月亮烧素香。							
李开华解读	国际音标	nda⁵⁵ta⁵⁵		va³⁵		tʰa⁵⁵ba⁵⁵		hĩ⁵⁵gu⁵⁵	hĩ⁵⁵mi⁵⁵
	直译	神枝		猪		赤口		晚上	太阳
	意译	神枝在西方		属猪		赤口在东方		月亮在天上	
	解读	va³⁵ 猪 dzo³¹. 在 hũ⁵⁵mi⁵⁵kʰi³¹ 南方	lu⁵⁵ 属 ʂa⁵⁵tʂʰo⁵⁵ 东方 be⁵⁵ 去	tɕi⁵⁵ 一 be⁵⁵ 去 a⁵⁵ʂʅ³¹ 可以	ȵi⁵⁵, 天 ma⁵⁵ 不能	χa³⁵ 日子 hã⁵⁵,	pʰio³⁵, 好 ȵi⁵⁵tʂʰo⁵⁵ 西方 ʁə³⁵sa⁵⁵gu³¹ 东北方	hĩ⁵⁵gu⁵⁵hĩ⁵⁵mi⁵⁵ 月亮 be⁵⁵ 去 be⁵⁵ 去	mu⁵⁵ 天 ma⁵⁵ 不能 a⁵⁵ʂʅ³¹ 可以	a⁵⁵ 上（方位词） hã⁵⁵,	
	通译	五月初十这一天属猪，日子好，月亮在天上。不能去东方、西方，可以去南方、东北方。							

五月十一日

	原图	(鼠图)	(神枝图)	(凶死鬼图)	(怪象图)
朱小华解读	国际音标	χɑ³⁵	nda⁵⁵ta⁵⁵	tʂʅ⁵⁵tʂʰa³¹	y³¹ɚ⁵⁵tʂʅ⁵⁵i⁵⁵to³⁵
	直译	鼠	神枝	凶死鬼	有爪子的怪象
	意译	属鼠	家神	凶死鬼惹了人	天上的雀鸟出的怪象惹了人
	解读	χɑ³⁵ χo³¹tɕi³¹, 鼠 十一 ta⁵⁵mu⁵⁵ ŋgo⁵⁵ zo³¹ko⁵⁵, 这种 病 得 hũ³⁵. 需要	χɑ³⁵ ȵi⁵⁵mi⁵⁵ 鼠 日 tʂʅ⁵⁵ pi³⁵ hũ³⁵. 凶死鬼 送 需要	tɕi³¹ ȵi⁵⁵ 一 天	χɑ³⁵ lu⁵⁵su⁵⁵ tsʰo³¹ 鼠 属 人 y³¹ɚ⁵⁵tʂʅ⁵⁵i⁵⁵to³⁵ pi³⁵ 有爪子的怪象 送
	通译	五月十一，属鼠的一天，属鼠的人得病，要送凶死鬼。			
	补充	五月十一日这一天，属鼠的人如果生病，是因为鸡的怪象和凶死的鬼惹他，要绑九个毛人[1]，用半边磨子［ɚ⁵⁵tʰo³¹kʰo³¹pʰa⁵⁵］、磨石［sʅ³¹ lu⁵⁵］、铧口［tsʰu⁵⁵］、一口烂的锅、一个烂的碗、一个烂的刀来送凶死的鬼。念一天一夜的经。这种送凶死的鬼的法事叫做"tʂʅ⁵⁵tʰo³¹tʂʰʅ³¹"[2]。			
李开华解读	国际音标	χɑ³⁵	nda⁵⁵ta⁵⁵	不详	ȵa⁵⁵ly³⁵
	直译	鼠	神枝		眼睛
	意译	属鼠	神枝在东方		天上的眼睛
	解读	χɑ³⁵ lu⁵⁵ tɕi⁵⁵ ȵi⁵⁵, 鼠 属 一 天 mu⁵⁵ a⁵⁵ 天 上（方位词）	χɑ³⁵ tsa⁵⁵ ʂa⁵⁵tʂʰo⁵⁵ nda⁵⁵ta⁵⁵ dzɑ³¹. 日子 坏 东方 神枝 在 ȵa⁵⁵ ndʐa³⁵. hũ⁵⁵mi⁵⁵kʰi³¹ be⁵⁵ a⁵⁵sʅ³¹. 眼睛 有 南方 去 可以		
	通译	五月十一这一天属鼠，日子坏。神枝在东方，天上有眼睛。可以去南方。			

---

[1] 九个毛人的名称分别为：ʂu⁵⁵tʂʰʅ³¹tɕi³¹dʐu³¹（意为"一对毛人"，"tɕi³¹dʐu³¹"是"一对、一双"之意），da⁵⁵tɕi³¹dʐu³¹，tʰo³¹na⁵⁵tɕi³¹dʐu³¹，ɣua⁵⁵ma⁵⁵tɕi³¹lu⁵⁵（"tɕi³¹lu⁵⁵"是"一个"之意），na³¹ɚ³¹tɕi³¹pu⁵⁵（"tɕi³¹pu⁵⁵"是"一张"之意），li⁵⁵ŋga³¹tɕi³¹lu⁵⁵。

[2] 送凶死的鬼的法事分好几种，规模各不同，该日所做的法事"tʂʅ⁵⁵tʰo⁵⁵tʂʰʅ⁵⁵"是一般规模的（一天一夜），还有更小规模的（一夜或者一天），称为"tʂʅ⁵⁵ta³¹pi³⁵"，有更大规模的（三天三夜），称为"tʂʅ⁵⁵ndʐa³¹"。

五月十二日

	原图				
朱小华解读	国际音标	nda⁵⁵ta⁵⁵	ɣe³⁵	ɑ³¹kʰɚ⁵⁵	la³¹ka³¹
	直译	神枝	牛	筛子	手
	意译	家神	属牛	做法事的工具	煞气
	解读	ɣe³⁵ χo³¹ȵi⁵⁵, ɣe³⁵ ȵi⁵⁵mi⁵⁵ tɕi³¹ ȵi⁵⁵, ɣe³⁵ lu⁵⁵su⁵⁵ tsʰo³¹ 牛　　十二　　　牛　　日　　一　　天　　牛　　属　　人 ta⁵⁵mu⁵⁵　ŋo⁵⁵　zo³¹ko⁵⁵,　za³⁵　pu³¹　hũ³⁵. 这种　　　病　　得　　　　煞气　送　　需要				
	通译	五月十二，属牛的一天，属牛的人得病，要送煞气。				
	补充	五月十二日这一天，属牛的人如果生病，是因为四方的鬼神惹了他，把糌粑坨坨做成四个面人，剪四个白色的纸人，把这几样东西往四方送。				
李开华解读	国际音标	nda⁵⁵ta⁵⁵	ɣə³⁵	ʂʅ³¹tʰo⁵⁵	la³¹
	直译	神枝	牛	牛皮船	手
	意译	神枝在西方	属牛	东方的牛皮船	天上伸出手
	解读	ɣə³⁵　lu⁵⁵　tɕi⁵⁵　ȵi⁵⁵,　χɑ³⁵　tsɑ⁵⁵　ʂʅ³¹tʰo⁵⁵　sa⁵⁵tʂʰo⁵⁵　dzo³¹. 牛　　属　　一　　天　　日子　坏　　牛皮船　　　东方　　　在 mu⁵⁵　　ɑ⁵⁵　　　　la³¹　　mi⁵⁵　　tʂʅ⁵⁵.　sa⁵⁵tʂʰo⁵⁵　be⁵⁵　ɑ⁵⁵ʂʅ³¹ 天　　上（方位词）　手　　下（方向前缀）伸　　东方　　　去　　可以 tʂo³¹tɕʰi⁵⁵kʰi³¹　be⁵⁵　ma⁵⁵　hã⁵⁵. 北方　　　　　　去　　不　　能				
	通译	五月十二这一天属牛，日子坏，东方有牛皮船，天上有手伸下来，可以去东方，北方不能去。				

五月十三日

	原图				
朱小华解读	国际音标	nda⁵⁵ta⁵⁵	la⁵⁵	ʁɑ⁵⁵la⁵⁵bu⁵⁵	li³¹bu⁵⁵
	直译	神枝	虎	大烧香堆堆	海螺
	意译	家神惹了人	属虎	大烧香堆堆惹了人	烧香时要吹海螺
	解读	la⁵⁵ χo³¹so³¹, la⁵⁵ ɲi⁵⁵mi⁵⁵ tɕi³¹ ɲi⁵⁵, la⁵⁵ lu⁵⁵su⁵⁵ tsʰo³¹ 虎　　十三　　虎　　日　　一　　天　　虎　　属　　人 ta⁵⁵mu⁵⁵ ŋo⁵⁵ zo³¹ko⁵⁵, ʁɑ⁵⁵la⁵⁵bu⁵⁵ so³¹ vu⁵⁵ hũ³⁵. li³¹bu⁵⁵ 这种　病　　得　　大烧香堆堆　　香　　烧　　需要　　海螺 fu⁵⁵ hũ³⁵. 吹　需要			
	通译	五月十三，属虎的一天，属虎的人得病，要给大的烧香堆堆烧香，要吹海螺。			
	补充	五月十三日这一天，属虎的人如果生病，是因为大烧香堆堆和家神惹了他，要烧素香敬家神，吹五声海螺。			
李开华解读	国际音标	nda⁵⁵ta⁵⁵	la⁵⁵	ʁɑ⁵⁵	hĩ³¹mbo⁵⁵kʰu⁵⁵
	直译	神枝	虎	烧香堆堆	海螺
	意译	神枝在西方	属虎	烧素香	东北方的海螺，吉利
	解读	la⁵⁵ lu⁵⁵ tɕi⁵⁵ ɲi⁵⁵, χa³⁵ pʰio³⁵. sio⁵⁵ pʰi⁵⁵ lo³¹ 虎　属　一　天　日子　好　　香　素　上（方向前缀） mu⁵⁵. 烧			
	通译	五月十三这一天属虎，日子好，烧素香。			

五月十四日

	原图				
	国际音标	pu⁵⁵mba³¹	tʰo⁵⁵li⁵⁵	li³¹bu⁵⁵	ʁa⁵⁵la⁵⁵bu⁵⁵
	直译	岸子	兔	海螺	大烧香堆堆
	意译	坛神	属兔	烧香时要吹海螺	烧素香
朱小华解读	解读	tʰo⁵⁵li⁵⁵ χo³¹zʅ³⁵, 兔 十四　　lu⁵⁵su⁵⁵ tsʰo³¹ 属 人　　ʁa⁵⁵la⁵⁵bu⁵⁵ so³¹ vu⁵⁵. 大烧香堆堆 香 烧	tʰo⁵⁵li⁵⁵ ɲi⁵⁵mi⁵⁵ tɕi³¹ ɲi⁵⁵, 兔 日 一 天　　ta⁵⁵mu⁵⁵ ŋgo⁵⁵ zo³¹ko⁵⁵, 这种 病 得	tʰo⁵⁵li⁵⁵ 兔　　nu⁵⁵la³¹ so³¹ vu⁵⁵. 家神 香 烧	
	通译	五月十四，属兔的一天，属兔的人得病，给家神烧香，给大的烧香堆堆烧香。				
	补充	五月十四日这一天，属兔的人如果生病，是因为冒犯了大烧香堆堆和家神，解决的方法同五月十三日。				
	国际音标	nda⁵⁵ta⁵⁵	tʰo⁵⁵li⁵⁵	hĩ³¹mbo⁵⁵kʰu⁵⁵	ʁa⁵⁵
	直译	神枝	兔	海螺	烧香堆堆
	意译	神枝在西方	属兔	北方的海螺，吉利	烧素香
李开华解读	解读	tʰo⁵⁵li⁵⁵ lu⁵⁵ tɕi⁵⁵ ɲi⁵⁵, χa³⁵ pʰio³⁵. 兔 属 一 天 日子 好　　dza³¹. zʅ³⁵dʑu⁵⁵kʰu³¹ be⁵⁵ a⁵⁵ʂʅ³¹. 在 四方 去 可以		nda⁵⁵ta⁵⁵ 神枝	ɲi⁵⁵tʂʰo⁵⁵ 西方
	通译	五月十四这一天属兔，日子好。海螺在前面，神枝在西方。四方都可以去。				

五月十五日

原图		🪵	●	🐉头	香堆	筛子
朱小华解读	国际音标	nda⁵⁵ta⁵⁵	sa⁵⁵ta⁵⁵	ɚ⁵⁵dzą³¹	ʁa⁵⁵la⁵⁵bu⁵⁵	a³¹kʰɚ⁵⁵
	直译	神枝	土神	龙	大烧香堆堆	筛子
	意译	家神	犯了土神，且犯得严重	属龙	烧素香	做法事用的工具
	解读	ɚ⁵⁵dzą³¹ 龙　　χo³¹ŋa³¹ 十五　　ɚ⁵⁵dzą³¹ 龙　　ɲi⁵⁵mi⁵⁵ 日　　tɕi³¹ 一　　ɲi⁵⁵, 天　　ɚ⁵⁵dzą³¹ 龙　　lu⁵⁵su⁵⁵ 属　　tsʰo³¹ 人　　ta⁵⁵mu⁵⁵ 这种　　ŋgo⁵⁵ 病　　a³¹kʰɚ⁵⁵ 筛子　　qo³¹ 里头　　ʂo⁵⁵u⁵⁵ 纸　　ŋa³⁵ 五　　ga³¹ 张　　mi⁵⁵ 下（方向前缀）　　tsʰɻ̩³¹. 放，送　　ʁa⁵⁵la⁵⁵bu⁵⁵ 大烧香堆堆　　so³¹ 香　　vu⁵⁵ 烧　　sa⁵⁵ta⁵⁵ 土神　　tso⁵⁵. 谢				
	通译	五月十五，属龙的一天，属龙的人得病，在筛子里放五张（不同颜色的）纸，送出去。给大的烧香堆堆烧香，谢土神。				
	补充	五月十五日这一天，属龙的人生病，是因为大的烧香堆堆和土神惹了他，要烧素香，用苦荞花谢土神，再在筛子里放五张不同颜色的纸，在一碗水饭里滴一些鸡血，然后把纸钱和水饭送到十字路口，纸钱烧掉。				
李开华解读	国际音标	nda⁵⁵ta⁵⁵	tʰa⁵⁵ba⁵⁵	zɻ̩⁵⁵bi⁵⁵	ʁa⁵⁵	ʂɻ̩³¹tʰo⁵⁵
	直译	神枝	赤口	龙	烧香堆堆	牛皮船
	意译	神枝在西方	赤口回到地上	属龙	烧素香	北方的牛皮船，吉利
	解读	zɻ̩⁵⁵bi⁵⁵ 龙　　lu⁵⁵ 属　　tɕi⁵⁵ 一　　ɲi⁵⁵, 天　　ma⁵⁵ 不　　qʰa⁵⁵ 好　　ma⁵⁵ 不　　nda⁵⁵. 坏　　ɲi⁵⁵tʂʰo⁵⁵ 西方　　be⁵⁵ 去　　ma⁵⁵ 不　　hã⁵⁵. 能　　tʰa⁵⁵ba⁵⁵ 赤口　　dzu⁵⁵ 地　　a⁵⁵ 上（方位词）　　li⁵⁵ （趋向助词）　　za³⁵ 回　　lo³¹. 了				
	通译	五月十五这一天属龙，日子不好不坏，不能去西方，赤口回到地上。				

五月下

五月十六日

原图						
	国际音标	nda⁵⁵ta⁵⁵	dza³¹	tsʰɿ⁵⁵ɚ⁵⁵	ɲi⁵⁵mi⁵⁵	tsʅ³¹
	直译	神枝	蛇	羊肩胛骨	太阳	星宿
	意译	家神	属蛇	杀羊驱病	太阳神惹了人	星宿惹了人
朱小华解读	解读	dza³¹ 蛇　χo³¹kʰu³¹ 十六　dza³¹ 蛇　ɲi⁵⁵mi⁵⁵ 日　tɕi³¹ 一　ɲi⁵⁵, 天　dza³¹ 蛇　lu⁵⁵su⁵⁵ 属　tsʰo³¹ 人　ta⁵⁵mu⁵⁵ 这种　ŋgo⁵⁵ 病　zo³¹ko⁵⁵, 得　ɲi⁵⁵mi⁵⁵ 太阳　ɬa³¹ 神　pu³¹, 送　mu⁵⁵ 天　a⁵⁵ 上（方位词）　tsʅ³¹ 星宿　pu³¹. 送　tsʰɿ⁵⁵ 羊　zy⁵⁵ 用　hũ³⁵. 需要				
	通译	五月十六，属蛇的一天，属蛇的人得病，要送太阳神，要送天上的星宿，要用一只羊。				
	补充	五月十六日这一天，属蛇的人如果生病，是因为太阳菩萨、土神惹了他。要用一只羊在病人身上打扫，然后绑三个毛人，在毛人下面搭三脚架，用糌粑面印两幅图，放在三脚架子里。然后把毛人绕着病人转，送到不是病人本命的方向。				
	国际音标	nda⁵⁵ta⁵⁵	dza³⁵	sa³⁵qʰa⁵⁵	hĩ⁵⁵mi⁵⁵	tʰa⁵⁵ba⁵⁵
	直译	神枝	蛇	血碗	太阳	赤口
	意译	神枝在西方	属蛇	东边有人放血，不宜去	太阳在天上	东北方的赤口
李开华解读	解读	dza³⁵ 蛇　lu⁵⁵ 属　tɕi⁵⁵ 一　ɲi⁵⁵, 天　χa³⁵ 日子　tsa⁵⁵. 坏　tʰa⁵⁵ba⁵⁵ 赤口　ʂa⁵⁵tʂʰo⁵⁵ 东方　dzo³¹. 在　hĩ⁵⁵mi⁵⁵ 太阳　mu⁵⁵ 天　a⁵⁵ 上（方位词）　dzo³¹. 在　do³¹kʰu⁵⁵no⁵⁵ 后面　sa³⁵qʰa⁵⁵ 血碗　dza³¹. 在				
	通译	五月十六这一天属蛇，日子坏，赤口在东方，太阳在天上，东方有人放血。不能去东方、北方，（可以去西方、南方）。				

五月十七日

	原图				
朱小华解读	国际音标	nda⁵⁵ta⁵⁵	mo⁵⁵	ɬi⁵⁵mi⁵⁵	tʂʅ³¹
	直译	神枝	马	月亮	星宿
	意译	家神	属马	月亮神惹了人	星宿惹了人
	解读	mo⁵⁵ χo³¹ʂʅ³¹, mo⁵⁵ ȵi⁵⁵mi⁵⁵ tɕi³¹ ȵi⁵⁵, mo⁵⁵ lu⁵⁵su⁵⁵ tsʰo³¹ 马　　十七　　马　　日　　一　　天　　马　　属　　人 ɬi⁵⁵mi⁵⁵ ɬa³¹ pu³¹, mu⁵⁵ a⁵⁵ tʂʅ³¹ pu³¹ hũ³⁵. 月亮　　　神　送　　天　　上（方位词）　星宿　送　需要			
	通译	五月十七，属马的一天，属马的人得病，要送月亮神，要送天上的星宿。			
	补充	五月十七日这一天，属马的人如果生病，是因为天神和月亮菩萨惹他[1]。把干净的柏香、酒、茶叶、奶渣、酥油烧了以后往高处送，以此送天神和月亮神。			
李开华解读	国际音标	nda⁵⁵ta⁵⁵	mo⁵⁵	hĩ⁵⁵gu⁵⁵	hĩ⁵⁵mi⁵⁵	tʰa⁵⁵ba⁵⁵
	直译	神枝	马	晚上	太阳	赤口
	意译	神枝头朝下	属马	月亮在天上		两个赤口碰在一起，不好不坏
	解读	mo⁵⁵　lu⁵⁵　tɕi³¹　ȵi⁵⁵,　χa³⁵　tsa⁵⁵.　hĩ⁵⁵gu⁵⁵hĩ⁵⁵mi⁵⁵　mu⁵⁵　a⁵⁵ 马　　属　　一　　天　　日子　　坏　　　月亮　　　天　　上（方位词） dzo̧³¹　nda⁵⁵ta⁵⁵　tsʰʅ⁵⁵tsʰʅ⁵⁵　　　mi⁵⁵　　ly³⁵　lo³¹. 在　　　神枝　　　下　　　　下（方向前缀）　看　　了 tɕi⁵⁵ga⁵⁵　mu⁵⁵　ma⁵⁵　hã⁵⁵.　pʰio³⁵　zʅ³⁵　tsu⁵⁵qʰo³¹　be⁵⁵　ma⁵⁵　hã⁵⁵. 什么　　做　　不　　能够　　整个　　四　　出行　　　去　　不　　能				
	通译	五月十七这一天属马，日子坏。月亮在天上，神枝头朝下。什么都不能做。整个四方都不能去。				

---

[1] 图中有两颗星星，表示冲犯了天神两次，中间有一点，表示一次冲犯得严重，一次不严重。

五月十八日

	原图					
朱小华解读	国际音标	nda⁵⁵ta⁵⁵	io⁵⁵	tsʰʅ⁵⁵ɚ⁵⁵	la³¹	y³¹ɚ⁵⁵tsʅ⁵⁵i⁵⁵to³⁵
	直译	神枝	羊	羊肩胛骨	手	有爪子的怪象
	意译	家神	属羊	杀羊送煞气	不吉利的东西	天上的雀鸟出的怪象惹了人
	解读	io⁵⁵ 羊　χo³¹hĩ³¹ 十八　io⁵⁵ 羊　ɲi⁵⁵mi⁵⁵ 日　tɕi³¹ 一　ɲi⁵⁵ 天　io⁵⁵ 羊　lu⁵⁵su⁵⁵ 属　tsʰo³¹ 人　ta⁵⁵mu⁵⁵ 这种　ŋgo⁵⁵ 病　zo³¹ko⁵⁵ 得　y³¹ɚ⁵⁵tsʅ⁵⁵i⁵⁵to³⁵ 鸟的怪象　pu³¹ 送　za³⁵ 煞气　pu³¹ 送　hũ³⁵ 需要　tsʰʅ⁵⁵ 羊　zy⁵⁵ 用　hũ³⁵ 需要				
	通译	五月十八，属羊的一天，属羊的人得病，要送鸟的怪象，送煞气，要用一只羊。				
	补充	五月十八日这一天，属羊的人如果生病，是天上最大的煞气犯了他[1]，有爪子的怪象惹了他。要杀一只羊，然后用糌粑坨坨在印棒上印两排图案[2]，放进筛子里；用苦荞花擦身体，把丝茅草扎成人，转病人三圈，一起送到不是本命的方向。				
李开华解读	国际音标	nda⁵⁵ta⁵⁵	io⁵⁵	sa³⁵qʰa⁵⁵	la³¹ka⁵⁵	n̻a⁵⁵
	直译	神枝	羊	血碗	手	眼
	意译	神枝在西方	属羊	东方有人用血碗接血，不能去东方	不吉利的东西	眼睛从天上向下看
	解读	io⁵⁵ 羊　lu⁵⁵ 属　tɕi⁵⁵ 一　ɲi⁵⁵ 天　χa³⁵ 日子　tsa⁵⁵ 坏　mu⁵⁵ 天　a⁵⁵ 上（方位词）　n̻a⁵⁵ 眼　ndʑa³⁵ 有　tʂo³¹tɕʰi⁵⁵kʰi³¹ 北方　la³¹ 手　tʂʅ⁵⁵ 伸　su⁵⁵ 人　dzo³¹ 有　ʂa⁵⁵tʂʰo⁵⁵ 东方　sa³⁵ 血　qʰa⁵⁵ 碗　tʂa³⁵ 接　su⁵⁵ 人　dzo³¹ 有　tʂo³¹tɕʰi⁵⁵kʰi³¹ 北方　be⁵⁵ 去　ma⁵⁵ 不　hã⁵⁵ 能　ʂa⁵⁵tʂʰo⁵⁵ 东方　be⁵⁵ 去　ma⁵⁵ 不　hã⁵⁵ 能				
	通译	五月十八这一天属羊，日子坏，天上有眼睛，北方有人伸手（要账），东方有人用碗接血。北方不能去，东方不能去（见血不吉利）。				

---

[1] 一天十二个时辰中都有煞气，红煞和白煞是天上的大煞气。
[2] 所采用的是那块扁平的印棒，称为"ŋa⁵⁵mi³¹"，一面是男，一面是女。

五月十九日

	原图				
朱小华解读	国际音标	nda⁵⁵ta⁵⁵	mi³⁵	la³¹	qʰa⁵⁵ndʐa⁵⁵i⁵⁵to³⁵
	直译	神枝	猴	手	有蹄子的怪象
	意译	家神	属猴	红煞惹了人	家中牲畜出的怪象惹了人
	解读	mi³⁵ χo³¹ŋgu³⁵ mi³⁵ ȵi⁵⁵mi⁵⁵ tɕi³¹ ȵi⁵⁵, mi³⁵ lu⁵⁵su⁵⁵ tsʰo³¹ 猴 十九 猴 日 一 天 猴 属 人 ta⁵⁵mu⁵⁵ ŋgo⁵⁵ zo³¹ko⁵⁵, qʰa⁵⁵ndʐa⁵⁵i⁵⁵to³⁵ pi³⁵ hũ³⁵. za³⁵ pu³¹ hũ³⁵. 这种 病 得 有蹄子的怪象 送 需要 煞气 送 需要			
	通译	五月十九，属猴的一天，属猴的人生病，要送牲畜的怪象，要送煞气。			
	补充	五月十九日这一天，属猴的人如果生病，是被怪象和红煞惹了。用柏香、苦荞花擦身体，把两个糌粑坨坨印好图案（图案同五月十八号）以后放在石板上，往北方送。			
李开华解读	国际音标	nda⁵⁵ta⁵⁵	mi³⁵	la³¹	qa³⁵lu⁵⁵
	直译	神枝	猴	手	锅庄
	意译	神枝在西方	属猴	北方有人伸手要账，不能去北方	做法事时用三个石头垒成锅庄，用于减淤
	解读	mi³⁵ lu⁵⁵ tɕi⁵⁵ ȵi⁵⁵, ȵi⁵⁵tʂʰo⁵⁵ ta³⁵pʰi⁵⁵ tsʰɿ⁵⁵tsʰɿ⁵⁵ mi⁵⁵ 猴 属 一 天 西方 旗子 下 下（方向前缀） ly³⁵ tʂo³¹tɕʰi⁵⁵kʰi⁵⁵ la³¹ tʂɿ⁵⁵ su⁵⁵ dzo³¹. ȵi⁵⁵tʂʰo⁵⁵ 看 北方 手 伸 人（名物化） 有 西方 be⁵⁵ ma⁵⁵ hã⁵⁵. tʂo³¹tɕʰi⁵⁵kʰi³¹ be⁵⁵ ma⁵⁵ hã⁵⁵. qa³⁵lu⁵⁵ ta⁵⁵mu⁵⁵ 去 不 能 北方 去 不 能 锅庄 上面 sio⁵⁵ pʰi⁵⁵ mu⁵⁵. 香 素 烧			
	通译	五月十九这一天属猴，西方的旗子（神枝）头朝下，北方有人伸手（要账）。西方不能去，北方不能去。在锅庄上方烧香。			

五月二十日

原图			
	神枝图	鸡图	大烧香堆堆图

朱小华解读	国际音标	nda^{55}ta^{55}	dzu̩^{55}	ʁa^{55}la^{55}bu^{55}
	直译	神枝	鸡	大烧香堆堆
	意译	家神	属鸡	大烧香堆堆惹了人
	解读	dzu̩^{55} no̩^{55}, dzu̩^{55} n̠i^{55}mi^{55} tɕi^{31} n̠i^{55}, dzu̩^{55} lu^{55}su^{55} tsʰo^{31} 鸡 二十 鸡 日 一 天 鸡 属 人 ta^{55}mu^{55} ŋo^{55} zo^{31}ko^{55}, ʁa^{55}la^{55}bu^{55} so^{31} vu^{55} hũ^{35}. 这种 病 得 大烧香堆堆 香 烧 需要		
	通译	五月二十，属鸡的一天，属鸡的人得病，要给大烧香堆堆烧香。		
	补充	五月二十日这一天，属鸡的人如果生病，是因为被香炉惹了，烧素香即可。		
李开华解读	国际音标	nda^{55}ta^{55}	bi^{55}	ʁa^{55}
	直译	神枝	鸡	烧香堆堆
	意译	神枝在西方	属鸡	烧素香
	解读	bi^{55} lu^{55} tɕi^{55} n̠i^{55}, χa^{35} ma^{55} pʰio^{35}. sio^{55} pʰi^{55} mu^{55}. 鸡 属 一 天 日子 不 好 香 素 烧 zɿ^{35}dzu^{55}kʰu^{31} mu^{55} be^{55} a^{55}ʂɿ^{31}. 四方 （助词） 去 可以		
	通译	五月二十这一天属鸡，日子不好，要烧素香。四方都可以去。		

五月二十一日

	原图					
	国际音标	nda⁵⁵ta⁵⁵	tʂʰɿ³⁵	li³¹bu⁵⁵	a³¹kʰɚ⁵⁵	tʂɿ³¹
	直译	神枝	狗	海螺	筛子	星宿
	意译	家神惹了人	属狗	烧香时要吹海螺	做法事用的工具	星宿惹了人
朱小华解读	解读	tʂʰɿ³⁵ no⁵⁵tɕi³¹, 狗 二十一	tʂʰɿ³⁵ ɲi⁵⁵mi⁵⁵ tɕi³¹ 狗 日 一	ɲi⁵⁵, tʂʰɿ³⁵ lu⁵⁵su⁵⁵ 天 狗 属	tʂʰo³¹ ta⁵⁵mu⁵⁵ ŋgo⁵⁵ zo³¹ko⁵⁵, 人 这种 病 得	a³¹kʰɚ⁵⁵ qo³¹ ʂo⁵⁵u⁵⁵ ŋa³⁵ ga³¹ 筛子 里头 纸 五 张
		mi⁵⁵ 下（方向前缀）	tʂʰɿ³¹ pu³¹, 放，送	mu⁵⁵ 送	a⁵⁵ 天 上（方位词）	tʂɿ³¹ pu³¹ hũ³⁵. 星宿 送 需要
	通译	五月二十一，属狗的一天，属狗的人得病，要在筛子里放五张（不同颜色的）纸，送出去，以此送煞气。要送天上的星宿。				
	补充	五月二十一日这一天，属狗的人如果生病，是因为被屋里的家神、星宿天神惹了。要烧香敬家神，把五种颜色的纸放在筛子里送出去，然后敬酒和茶叶，在家神面前烧香。				

	国际音标	nda⁵⁵ta⁵⁵	tʂʰɿ⁵⁵	hĩ³¹mbo⁵⁵kʰu⁵⁵	ʂɿ³¹tʰo⁵⁵	tʰa⁵⁵ba⁵⁵
	直译	神枝	狗	海螺	牛皮船	赤口
李开华解读	意译	神枝在西方	属狗	海螺在东方，吉利	牛皮船在北方，吉利	赤口在东北方，不能去东北方
	解读	tʂʰɿ³⁵ lu⁵⁵ tɕi⁵⁵ ɲi⁵⁵, 狗 属 一 天	χa³⁵ pʰio³⁵. 日子 好	tʰa⁵⁵ba⁵⁵ 赤口	ʁə³⁵sa⁵⁵gu³¹ 东北方	a⁵⁵ （方位词）
		dzo³¹ 在	ʁə³⁵sa⁵⁵gu³¹ 东北方	be⁵⁵ 去	ma⁵⁵ 不	hã⁵⁵. 能
	通译	五月二十一这一天属狗，日子好，赤口在东北方，东北方不能去。				

五月二十二日

	原图				
	国际音标	va³⁵	li³¹bu⁵⁵	ȵi⁵⁵mi⁵⁵	ʁɑ⁵⁵lɑ⁵⁵bu⁵⁵
	直译	猪	海螺	太阳	大烧香堆堆
	意译	属猪	烧香时要吹海螺	太阳神惹了人	大烧香堆堆惹了人
朱小华解读	解读	va³⁵ no⁵⁵ȵi⁵⁵, 猪 二十二 tsʰo³¹ ta⁵⁵mu⁵⁵ 人 这种	va³⁵ ȵi⁵⁵mi⁵⁵ 猪 日 ŋgo⁵⁵ zo³¹ko⁵⁵, 病 得	tɕi³¹ ȵi⁵⁵, 一 天 ʁɑ⁵⁵lɑ⁵⁵bu⁵⁵ 大烧香堆堆	va³⁵ lu⁵⁵su⁵⁵ 猪 属 so³¹ vu⁵⁵, ȵi⁵⁵mi⁵⁵ 香 烧 太阳 ɬa³¹ so³¹ vu⁵⁵, li³¹bu⁵⁵ fu⁵⁵ hũ³⁵. 神 香 烧 海螺 吹 需要
	通译	五月二十二，属猪的一天，属猪的人得病，要给大烧香堆堆烧香，给太阳神烧香，要吹海螺。			
	补充	五月二十二日这一天，属猪的人如果生病，是因为被太阳菩萨和大烧香堆堆惹了，要烧素香，吹三声海螺。			
	国际音标	va³⁵	hĩ³¹mbo⁵⁵kʰu⁵⁵	hĩ⁵⁵mi⁵⁵	ʁɑ⁵⁵
	直译	猪	海螺	太阳	烧香堆堆
	意译	属猪	吹海螺	太阳在天上	烧素香
李开华解读	解读	va³⁵ lu⁵⁵ tɕi⁵⁵ ȵi⁵⁵, sio⁵⁵ pʰi⁵⁵ lo³¹ mu⁵⁵. 猪 属 一 天 香 素 上（方向前缀）烧 hĩ³¹mbo⁵⁵kʰu⁵⁵ lo³¹ fu⁵⁵. sa³⁵ tʂʅ⁵⁵ lo³¹ 海螺 上（方向前缀）吹 血 放 上（方向前缀） tʂʰʅ³¹ sio⁵⁵kʰo⁵⁵ lo³¹ mu⁵⁵ lo³¹. χɑ³⁵ 摆 香炉 上（方向前缀）烧 了 日子 pʰio³⁵, zʅ³⁵dʑu⁵⁵kʰu³¹ be⁵⁵ a⁵⁵ʂʅ³¹. 好 四方 去 可以			
	通译	五月二十二这一天属猪，要烧素香，吹海螺，摆上放的血，香炉上烧上香。这一天日子好，四方都可以去。			

五月二十三日

	原图					
朱小华解读	国际音标	pu^{55}mba^{31}	li^{31}bu^{55}	χa^{35}	ɬi^{55}mi^{55}	ʁa^{55}la^{55}bu^{55}
	直译	岸子	海螺	鼠	月亮	大烧香堆堆
	意译	坛神	烧香时要吹海螺	属鼠	月亮菩萨惹了人	烧素香
	解读	χa^{35} no̠^{55}so^{55}, χa^{35} ni^{55}mi^{55} tɕi^{31} ni^{55}, χa^{35} lu^{55}su^{55} tsʰo^{31} 鼠　二十三　鼠　日　一　天　鼠　属　人 ta^{55}mu^{55} ŋo^{55} zo^{31}ko^{55}, ɬi^{55}mi^{55} ɬa^{31} pu^{31} hũ^{35}. ʁa^{55}la^{55}bu^{55} 这种　病　得　月亮　神　送　需要　大烧香堆堆 so^{31} vu^{55}. 香　烧				
	通译	五月二十三，属鼠的一天，属鼠的人得病，要送月亮神，要给大烧香堆堆烧香。				
	补充	该日的解释同五月二十二日，只是这天所触犯的不是太阳菩萨而是月亮菩萨，解决方法同上，同时烧香敬家神即可。				
李开华解读	国际音标	nda^{55}ta^{55}	hĩ^{31}mbo^{55}kʰu^{55}	χa^{35}	hĩ^{55}gu^{55}	hĩ^{55}mi^{55}	ʁa^{55}
	直译	神枝	海螺	鼠	晚上	太阳	烧香堆堆
	意译	神枝在西方	吹海螺	属鼠	月亮		烧素香
	解读	χa^{35} lu^{55} tɕi^{55} ni^{55}, χa^{35} pʰio^{35} hĩ^{55}gu^{55}hĩ^{55}mi^{55} mu^{55} a^{55} bi^{55}. 鼠　属　一　天　日子　好　月亮　天　上（方位词）飞 hĩ^{31}mbo^{55}kʰu^{55} pa^{35} dza^{31}. sio^{55} pʰi^{55} mu^{55} hũ^{31}. 海螺　面前　在　香　素　烧　需要				
	通译	五月二十三这一天属鼠，日子好，月亮在天上，海螺在面前，需要烧素香。				

五月二十四日

	原图	（神枝）	（牛）	（土神）	（有爪子的怪象）	（太阳）	（星宿）
朱小华解读	国际音标	nda⁵⁵ta⁵⁵	ɣe³⁵	sɑ⁵⁵ta⁵⁵	y³¹ɚ⁵⁵tsɿ⁵⁵i⁵⁵to³⁵	ȵi⁵⁵mi⁵⁵	tʂʅ³¹mɚ³¹qʰo⁵⁵tsʅ
	直译	神枝	牛	土神	有爪子的怪象	太阳	星宿
	意译	家神	属牛	土神惹人	天上的雀鸟出的怪象惹了人	太阳神惹了人	属牛的人冲犯了四次星宿，被星宿惹
	解读	ɣe³⁵ no⁵⁵zʅ³¹, ɣe³⁵ ȵi⁵⁵mi⁵⁵ tɕi³¹ ȵi⁵⁵, ɣe³⁵ lu⁵⁵su⁵⁵ tsʰo³¹ 牛　二十四　　牛　日　一　天　牛　属　人 ta⁵⁵mu⁵⁵ ŋgo⁵⁵ zo³¹ko⁵⁵, y³¹ɚ⁵⁵tsɿ⁵⁵i⁵⁵to³⁵　pu³¹　hũ³⁵. ȵi⁵⁵mi⁵⁵ 这种　病　得　　　有爪子的怪象　　送　需要　　太阳 ɬa³¹ pu³¹ hũ³⁵. tʂʅ³¹ pu³¹ hũ³⁵. sɑ⁵⁵ta⁵⁵ tso⁵⁵ 神　送　需要　星宿　送　需要　土神　谢					
	通译	五月二十四，属牛的一天，属牛的人得病，要送雀鸟的怪象，要送太阳神，要谢土神。					
	补充	五月二十四日这一天，属牛的人如果生病，是因为冲犯了四次星，所以被星宿、太阳神和土神惹了，家里有鸡出怪象。要用鸡在人身上打扫，然后把鸡杀了，给星宿和太阳神烧香，谢土神。					
李开华解读	国际音标	nda⁵⁵ta⁵⁵	ɣə³⁵	tʰa⁵⁵ba⁵⁵	ɳɑ⁵⁵	hĩ⁵⁵mi⁵⁵	tso³¹tsʰu⁵⁵	zʅ³⁵
	直译	神枝	牛	赤口	眼	太阳	祸罩	四
	意译	神枝在西方	属牛	赤口在天上	天上有眼睛朝下看，不吉利	太阳在天上	一种星象，不吉利	
	解读	ɣə³⁵ lu⁵⁵ tɕi⁵⁵ ȵi⁵⁵, χa³⁵ tsa⁵⁵. mu⁵⁵ a⁵⁵ tso³¹ tsʰu⁵⁵ zʅ³⁵ hỹ³⁵ 牛　属　一　天　　日子　坏　天　上（方位词）　祸　罩　四　水神 mu⁵⁵ a⁵⁵ dzo³¹. tʰa⁵⁵ba⁵⁵ ʂa⁵⁵tʂʰo⁵⁵ dzo³¹. mu⁵⁵ a⁵⁵ ɳɑ⁵⁵ 天　上（方位词）　在　赤口　东方　在　天　上（方位词）　眼 ndʐa³⁵. nda⁵⁵ta⁵⁵ tsʰʅ⁵⁵tsʰʅ⁵⁵ mi⁵⁵ ly³⁵ tso³¹tɕi⁵⁵kʰi³¹ be⁵⁵ ma⁵⁵ 有　神枝　下　下（方向前缀）　看　北方　去　不 hã⁵⁵. ȵi⁵⁵tʂʰo⁵⁵ be⁵⁵ ma⁵⁵ hã⁵⁵. ʂa⁵⁵tʂʰo⁵⁵ be⁵⁵ ma⁵⁵ hã⁵⁵. 能　西方　去　不　能　东方　去　不　能						
	通译	五月二十四这一天属牛，日子坏，天上有四颗星星，水神在天上，赤口在东方，天上有只眼。神枝头朝下。北方、西方和东方不能去。						

五月二十五日

	原图							
朱小华解读	国际音标	nda⁵⁵ta⁵⁵	tsʐ³¹	y³¹ɚ⁵⁵tsʐ⁵⁵i⁵⁵to³⁵	ȵi⁵⁵mi⁵⁵	la⁵⁵	ʁa⁵⁵la⁵⁵bu⁵⁵	ʁa⁵⁵bu⁵⁵ta⁵⁵ta⁵⁵
	直译	神枝	星宿	有爪子的怪象	太阳	虎	大烧香堆堆	小烧香堆堆
	意译	家神	星宿惹了人	天上的雀鸟出的怪象惹了人	太阳神惹了人	属虎	大烧香堆堆惹了人	小烧香堆堆惹了人
	解读	la⁵⁵ 虎　ŋo⁵⁵ŋa³¹ 二十五，la⁵⁵ 虎　ȵi⁵⁵mi⁵⁵ 日　tɕi³¹ 一　ȵi⁵⁵ 天，la⁵⁵ 虎　lu⁵⁵su⁵⁵ 属　tsʰo³¹ 人　ta⁵⁵mu⁵⁵ 这种　ŋo⁵⁵ 病　zo³¹ko⁵⁵ 得，ȵi⁵⁵mi⁵⁵ 太阳　ɬa³¹ 神　pu³¹ 送　hũ³⁵ 需要　y³¹ɚ⁵⁵tsʐ⁵⁵i⁵⁵to³⁵ 有爪子的怪象　pu³¹ 送　hũ³⁵ 需要　mu⁵⁵ 天　a⁵⁵ 上（方位词）　tsʐ³¹ 星宿　pu³¹ 送　hũ³⁵ 需要　ʁa⁵⁵bu⁵⁵ta⁵⁵ta⁵⁵ 小烧香堆堆　pu³¹ 送　hũ³⁵ 需要　ʁa⁵⁵la⁵⁵bu⁵⁵ 大烧香堆堆　so³¹ 香　vu⁵⁵ 烧　hũ³⁵ 需要。						
	通译	五月二十五，属虎的一天，属虎的人得病，要送太阳神，要送雀鸟的怪象，送天上的星宿。要送小烧香堆堆，要给大烧香堆堆烧香。						
	补充	五月二十五日这一天，属虎的人如果生病，是被太阳神、星宿和两个烧香堆堆[1]惹了。要送太阳神、星宿，然后在星星出来的时候给两个烧香堆堆"减淤"，并且烧素香。						
李开华解读	国际音标	nda⁵⁵ta⁵⁵	tʰa⁵⁵ba⁵⁵	ŋa⁵⁵	hĩ⁵⁵mi⁵⁵	la⁵⁵	ʁa⁵⁵	ʁa⁵⁵
	直译	神枝	赤口	眼	太阳	虎	烧香堆堆	烧香堆堆
	意译	神枝朝上立	赤口在西方	意义不清楚	南方的太阳	属虎	烧两炷素香	
	解读	la⁵⁵ 虎　lu⁵⁵ 属　tɕi⁵⁵ 一　ȵi⁵⁵ 天，χa³⁵ 日子　tsa⁵⁵ 坏　χa³⁵ 日子　ʁo³⁵ 恶　tʰa⁵⁵ba⁵⁵ 赤口　ȵi⁵⁵tʂʰo⁵⁵ 西方　dzo³¹ 在．nda⁵⁵ta⁵⁵ 神枝　to³¹to⁵⁵ 上（方向前缀）　lo³¹ 上（方向前缀）　tsu³⁵ 立　sio⁵⁵ 香　pʰi⁵⁵ 素　ȵi⁵⁵ 两　ka⁵⁵ 炷　lo³¹ 上（方向前缀）　mu⁵⁵ 天　a⁵⁵ 上（方位词）　sio⁵⁵ 香　pʰi⁵⁵ 素　lo³¹ 上（方向前缀）　mu⁵⁵ 烧．tʂo³¹tɕʰi⁵⁵kʰi³¹ 北方　be⁵⁵ 去　a⁵⁵ʂʐ¹ 可以　ʂa⁵⁵tʂʰo⁵⁵ 东方　be⁵⁵ 去　ma⁵⁵ 不　hã⁵⁵．ȵi⁵⁵tʂʰo⁵⁵ 西方　be⁵⁵ 去　ma⁵⁵ 不　hã⁵⁵．hũ⁵⁵mi⁵⁵kʰi³¹ 南方　be⁵⁵ 去　ma⁵⁵ 不　hã⁵⁵ 能．						
	通译	五月二十五这一天属虎，日子坏又恶。赤口在西方，神枝朝上立，烧两炷素香，给天上烧素香。可以去北方，东方、西方和南方不能去。						

---

[1] 两个烧香堆堆表示这个人家祖传有烧香的地方，而祖传的烧香堆堆已经没有用了，后人重新做了一个新的。

五月二十六日

		原图				
朱小华解读	国际音标	ɬo³⁵	tʰo⁵⁵li⁵⁵	nda⁵⁵ta⁵⁵	la³¹	
	直译	水神	兔	神枝	手	
	意译	水神惹了人	属兔	家神	煞气	
	解读	tʰo⁵⁵li⁵⁵ no⁵⁵kʰu³¹, tʰo⁵⁵li⁵⁵ ȵi⁵⁵mi⁵⁵ tɕi³¹ ȵi⁵⁵, tʰo⁵⁵li⁵⁵ 兔　　二十六　　兔　　日　　一　　天　　兔 lu⁵⁵su⁵⁵ tsʰo³¹ ta⁵⁵mu⁵⁵ ŋgo⁵⁵ zo³¹ko⁵⁵, ɬo³⁵ pu³¹ hũ³⁵. za³⁵ 属　　人　　这种　　病　　得　　水神　送　需要　煞气 pu³¹ hũ³⁵. 送　　需要				
	通译	五月二十六，属兔的一天，属兔的人得病，要送水神，要送煞气。				
	补充	五月二十六日这一天，属兔的人如果生病，是因为动了土，犯了水菩萨（煞气是水菩萨的），用糍粑坨坨印五排图案（所印图案同四月十八日），放在五个石板上，算出水神的方向，送出去。				
李开华解读	国际音标	xe³⁵	tʰo⁵⁵li⁵⁵	ta³⁵pʰi⁵⁵	la³¹ka⁵⁵	
	直译	湖	兔	旗子	手	
	意译	有湖的方向不能去	属兔	旗子头朝下	天上伸出来的手，不吉利	
	解读	tʰo⁵⁵li⁵⁵ lu⁵⁵ tɕi⁵⁵ ȵi⁵⁵, χa³⁵ ma⁵⁵ pʰio³⁵. mu⁵⁵ a⁵⁵ la³¹ 兔　　属　　一　　天　日子　不　　好　天　上（方位词）手 tʂʅ⁵⁵. ʂa⁵⁵tsʰo⁵⁵ ta³⁵pʰi⁵⁵ tsʰʅ⁵⁵tsʰʅ⁵⁵ mi⁵⁵ ly³⁵. 伸　　东方　　旗子　下　　下（方向前缀）看 zʅ³⁵dʐu⁵⁵kʰu³¹ be⁵⁵ ma⁵⁵ hã⁵⁵. 四方　　　去　　不　　能				
	通译	五月二十六这一天属兔，日子不好，天上有手伸出来，旗子头朝下看。四方都不能去。				

五月二十七日

	原图				
朱小华解读	国际音标	nda⁵⁵ta⁵⁵	ɚ⁵⁵dzɑ³¹	ʁɑ⁵⁵bu⁵⁵ta⁵⁵ta⁵⁵	tʂʅ³¹
	直译	神枝	龙	小烧香堆堆	星宿
	意译	家神惹了人	属龙	小烧香堆堆惹了人	星宿惹了人
	解读	ɚ⁵⁵dzɑ³¹ ɲo⁵⁵ʂʅ³¹， ɚ⁵⁵dzɑ³¹ ɲi⁵⁵mi⁵⁵ tɕi³¹ ɲi⁵⁵， ɚ⁵⁵dzɑ³¹ 龙　　二十七　　龙　　日　一　天　龙 lu⁵⁵su⁵⁵ tsʰo³¹ ta⁵⁵mu⁵⁵ ŋgo⁵⁵ zo³¹ko⁵⁵， mu⁵⁵ a⁵⁵ tʂʅ³¹ pu³¹ 属　人　这种　病　得　天　上(方位词)　星宿　送 hũ³⁵． ʁɑ⁵⁵bu⁵⁵ta⁵⁵ so³¹ vu⁵⁵ hũ³⁵． 需要　小烧香堆堆　香　烧　需要			
	通译	五月二十七，属龙的一天，属龙的人得病，要送天上的星宿，要给小烧香堆堆烧香。			
	补充	五月二十七日这一天，属龙的人如果生病，是因为他冒犯了家神和一个很小的烧香堆堆，同时被天上的星宿惹了。用一个鸡蛋在人的身上滚，烧素香，在香炉中加入茶叶、酒、酥油、奶渣，然后把鸡蛋和素香送到与病人本命不同的方向。			
李开华解读	国际音标	nda⁵⁵ta⁵⁵	zʅ⁵⁵bi⁵⁵	ʁɑ⁵⁵	tʰa⁵⁵ba⁵⁵
	直译	神枝	龙	烧香堆堆	赤口
	意译	神枝在西方	属龙	烧一笼素香	赤口在北方
	解读	zʅ⁵⁵bi⁵⁵ lu⁵⁵ tɕi⁵⁵ ɲi⁵⁵， χa³⁵ tsa⁵⁵， tʰa⁵⁵ba⁵⁵ tʂo³¹tɕʰi⁵⁵kʰi³¹ 龙　属　一　天　日子　坏　赤口　北方 a⁵⁵ dzo³¹ sio⁵⁵ pʰi⁵⁵ tɕi⁵⁵ bi³¹ lo³¹ mu⁵⁵． (方位词)　在　香　素　一　笼　上(方向前缀)　烧 ɲi⁵⁵tʂʰo⁵⁵ be⁵⁵ a⁵⁵ʂʅ³¹． ʂɑ⁵⁵tʂʰo⁵⁵ be⁵⁵ a⁵⁵ʂʅ³¹． 西方　去　可以　东方　去　可以			
	通译	五月二十七这一天属龙，日子坏，赤口在北方。烧一笼素香。西方可以去，东方可以去。			

五月二十八日

	原图				
朱小华解读	国际音标	ʁua³¹mi³¹	dzɑ³¹	nda⁵⁵ta⁵⁵	tʂʅ³¹
	直译	刀子	蛇	神枝	星宿
	意译	不吉利的刀	属蛇	家神惹了人	星宿惹了人
	解读	dzɑ³¹ ȵo⁵⁵hĩ³¹, dzɑ³¹ ȵi⁵⁵mi⁵⁵ tɕi³¹ ȵi⁵⁵, dzɑ³¹ lu⁵⁵su⁵⁵ tsʰo³¹ 蛇 二十八 蛇 日 一 天 蛇 属 人 ta⁵⁵mu⁵⁵ ŋgo⁵⁵ zo³¹ko⁵⁵, ɑ³¹kʰə⁵⁵ qo³¹ ʂo⁵⁵u⁵⁵ ŋa³⁵/ʂʅ³¹ ga³¹ 这种 病 得 筛子 里头 纸 五/七 张 mi⁵⁵ tʂʰʅ³¹ pu³¹. 下（方向前缀） 放，送 送				
	通译	五月二十八，属蛇的一天，属蛇的人得病，要在筛子里放五张或七张（不同颜色的）纸。				
	补充	五月二十八日这一天，属蛇的人如果生病，是因为他把不好的刀带回了家，冒犯了屋里的家神和星宿。要把刀送出去，然后烧素香敬家神。				
李开华解读	国际音标	ʁɑ³⁵mi⁵⁵	dzɑ³⁵	nda⁵⁵ta⁵⁵	tʰa⁵⁵ba⁵⁵
	直译	刀子	蛇	神枝	赤口
	意译	西方有刀子，不吉利	属蛇	神枝在东方	赤口在北方，不能去北方
	解读	dzɑ³⁵ lu⁵⁵ tɕi⁵⁵ ȵi⁵⁵, tʰa⁵⁵ba⁵⁵ tso³¹tɕʰi⁵⁵kʰi³¹ ɑ⁵⁵ dzɑ³¹. ȵi⁵⁵tʂʰo⁵⁵ 蛇 属 一 天 赤口 北方 （方位词） 在 西方 ʁɑ³⁵mi⁵⁵ dzɑ³¹. nda⁵⁵ta⁵⁵ ʂɑ⁵⁵tʂʰo⁵⁵ ndʐa³⁵. χɑ³⁵ tsa⁵⁵. 刀子 在 神枝 东方 在 日子 坏 ʂɑ⁵⁵tʂʰo⁵⁵ be⁵⁵ ɑ⁵⁵ʂʅ³¹. ȵi⁵⁵tʂʰo⁵⁵ be⁵⁵ ma⁵⁵ hã⁵⁵. tso³¹tɕʰi⁵⁵kʰi³¹ 东方 去 可以 西方 去 不 能 北方 be⁵⁵ ma⁵⁵ hã⁵⁵. 去 不 能				
	通译	五月二十八这一天属蛇，赤口在北方，西方有刀子，神枝在东方。可以去东方，不能去西方、北方。				

五月二十九日

	原图				
		(神枝图)	(马图)	(七星图)	(筛子图)
朱小华解读	国际音标	nda⁵⁵ta⁵⁵	mo⁵⁵	qʰo⁵⁵tsɿ⁵⁵	a³¹kʰə⁵⁵
	直译	神枝	马	七姊妹	筛子
	意译	家神	属马	这一天是七星过渡的日子，是吉祥的一天，不能安葬、出财和嫁女儿，可以开业做生意、建新房、搬家	做法事的工具
	解读	mo⁵⁵ no⁵⁵ŋu³⁵ mo⁵⁵ n̩i⁵⁵mi⁵⁵ tɕi³¹ n̩i⁵⁵, mo⁵⁵ lu⁵⁵su⁵⁵ tsʰo³¹ 马　二十九　马　日　一　天　马　属　人 ta⁵⁵mu⁵⁵ ŋo⁵⁵ zo³¹ko⁵⁵, a³¹kʰə⁵⁵ qo³¹ ʂo⁵⁵u⁵⁵ ŋu³⁵ ga³¹ 这种　病　得　筛子　里头　纸　九　张 mi⁵⁵ pu³¹. 下（方向前缀）　送			
	通译	五月二十九，属马的一天，属马的人得病，在筛子里放九张（不同颜色的）纸，送出去。			
	补充	五月二十九日这一天，属马的人如果生病，是因为冲撞到了过渡的"七姊妹"[1]，会病得很严重。把九种颜色（红、黑、白、绿、青、黄、酱黄、淡红）的纸放在筛子里，用苦荞花擦身体，烧柏香，敬清茶，把所有的东西送到与病人本命不同的方向。			
李开华解读	国际音标	nda⁵⁵ta⁵⁵	mo⁵⁵	qʰo⁵⁵tsɿ⁵⁵	ʂl̩³¹tʰo⁵⁵
	直译	神枝	马	七姊妹	牛皮船
	意译	神枝在西方	属马	这一天是七星过渡的日子	牛皮船在北方
	解读	mo⁵⁵ lu⁵⁵ tɕi⁵⁵ n̩i⁵⁵, mu⁵⁵ a⁵⁵ qʰo⁵⁵tsɿ⁵⁵ ndo⁵⁵. tso³¹tɕʰi⁵⁵kʰi³¹ 马　属　一　天　天　上（方位词）　七姊妹　看得见　北方 n̩i⁵⁵tʂʰo⁵⁵ hũ⁵⁵mi⁵⁵kʰi³¹ be⁵⁵ a⁵⁵ʂl̩³¹ ʂa⁵⁵tʂo⁵⁵ tsʰa⁵⁵tsʰa⁵⁵ tɕi⁵⁵ 西方　南方　去　可以　东方　考虑，想　一 bi⁵⁵ mu⁵⁵. 会儿　（语助）			
	通译	五月二十九这一天属马，可以看见天上的"七姊妹"过渡。北方、西方、南方可以去，去东方要三思而后行。			

---

[1] 图中只画六个星星，是因为在纳木依传说中，七姊妹中有一个生过小孩，就不干净了，所以就画得不明显。五月这个月七姊妹要过渡两次，分别是在初一和二十九。这幅图中的七姊妹是从东方出来的。

五月三十日

原图				
	(神枝图)	(羊图)	(土神图)	(太阳图)

朱小华解读

国际音标	nda⁵⁵tɑ⁵⁵	io⁵⁵	sɑ⁵⁵tɑ⁵⁵	ȵi⁵⁵mi⁵⁵
直译	神枝	羊	土神	太阳
意译	家神	属羊	犯了两次土神	要送太阳神

解读：

io⁵⁵ so⁵⁵ʂʅ³¹, io⁵⁵ ȵi⁵⁵mi⁵⁵ tɕi³¹ ȵi⁵⁵, io⁵⁵ lu⁵⁵su⁵⁵ tsʰo³¹
羊　　三十　　　羊　　日　　一　　天　　羊　　属　　　人

tɑ⁵⁵mu⁵⁵ ŋo⁵⁵ zo³¹ko⁵⁵, ȵi⁵⁵mi⁵⁵ ɬa³¹ pu³¹ hũ³⁵. sɑ⁵⁵tɑ⁵⁵
这种　　病　　得　　　太阳　　神　　送　　需要　　土神

tʂo⁵⁵ hũ³⁵.
谢　　需要

通译	五月三十，属羊的一天，属羊的人得病，要送太阳神，要谢土神。
补充	五月三十日这一天，属羊的人如果生病，就要谢土神，用苦荞花擦身，烧一笼干净的柏香，在里面放点清茶，然后送到高处。

李开华解读

国际音标	nda⁵⁵tɑ⁵⁵	io⁵⁵	tʰa⁵⁵ba⁵⁵	hĩ⁵⁵mi⁵⁵
直译	神枝	羊	赤口	太阳
意译	神枝在西方	属羊	两个赤口在东方	太阳罩在天上

解读：

io⁵⁵ lu⁵⁵ tɕi⁵⁵ ȵi⁵⁵, ma⁵⁵ qʰa⁵⁵ ma⁵⁵ nda⁵⁵ mu⁵⁵ a⁵⁵
羊　　属　　一　　天　　不　　好　　不　　坏　　天　　上（方位词）

hĩ⁵⁵mi⁵⁵ dzo³¹. tʰa⁵⁵ba⁵⁵ ȵi⁵⁵ lu⁵⁵ ʂɑ⁵⁵tʂʰo⁵⁵ dzo³¹.
太阳　　有　　　赤口　　两　　个　　东方　　在

通译	五月三十这一天属羊，日子不好不坏，太阳在天上罩着，两个赤口在东方。

六月  mi³⁵ndo⁵⁵tɕi³¹pə.³¹
可以看见猴的一月

六月上

六月一日

	原图							
朱小华解读	国际音标	nda⁵⁵ta⁵⁵	ʁa⁵⁵la⁵⁵bu⁵⁵	mi³⁵	ȵi⁵⁵mi⁵⁵	li³¹bu⁵⁵	ɬi⁵⁵mi⁵⁵	tʂʅ³¹
	直译	神枝	大烧香堆堆	猴	太阳	海螺	月亮	星宿
	意译	家神	用于烧香	属猴	太阳神惹了人	烧香时吹海螺	月亮和这个星宿这一天要相遇。这是最好的一天，什么都可以做。	
	解读	mi³⁵ tɕi³¹，mi³⁵ ȵi⁵⁵mi⁵⁵ tɕi³¹ ȵi⁵⁵，mi³⁵ lu⁵⁵su⁵⁵ tsʰo³¹ ta⁵⁵mu⁵⁵ 猴 一 猴 日 一 天 猴 属 人 这种 ŋgo⁵⁵ zo³¹ko⁵⁵，ʁa⁵⁵la⁵⁵bu⁵⁵ so³¹ vu⁵⁵ hũ³⁵. mu⁵⁵ a⁵⁵ tʂʅ³¹ 病 得 大烧香堆堆 香 烧 需要 天 上（方位词） 星宿 pu³¹ hũ³⁵. ȵi⁵⁵mi⁵⁵ ɬa³¹ pu³¹ hũ³⁵. so³¹ vu⁵⁵ hũ³⁵. 送 需要 太阳 神 送 需要 香 烧 需要							
	通译	六月初一，属猴的一天，属猴的人得病，要给大烧香堆堆烧香，要送天上的星宿，要送太阳神。							
	补充	六月初一这一天，属猴的人如果生病，是因为家里有祖辈做和尚，而后代没有继承人。因而后代要烧香、敬神，继承老一辈的衣钵，去当徒弟。如果没人当徒弟，就要烧香敬菩萨。							
李开华解读	国际音标	nda⁵⁵ta⁵⁵	ʁa⁵⁵	mi³⁵	hĩ⁵⁵mi⁵⁵	hĩ³¹mbo⁵⁵kʰu⁵⁵	hĩ⁵⁵gu⁵⁵	hĩ⁵⁵mi⁵⁵	tʰa⁵⁵ba⁵⁵
	直译	神枝	烧香堆堆	猴	太阳	海螺	晚上	太阳	赤口
	意译	神枝在西方	用于烧香	属猴	太阳在天上	吉利		月亮在天上	赤口在东北方
	解读	mi³⁵ lu⁵⁵ tɕi⁵⁵ ȵi⁵⁵，χa³⁵ pʰio³⁵，tʰa⁵⁵ba⁵⁵ ʁə³⁵sa⁵⁵gu³¹ dzo³¹. 猴 属 一 天 日子 好 赤口 东北方 在 sio⁵⁵ pʰi⁵⁵ mu⁵⁵. 香 素的，干净的 烧							
	通译	六月初一这一天属猴，日子好，赤口在东北方，烧干净的素香。							

六月二日

	原图				
朱小华解读	国际音标	nda⁵⁵ta⁵⁵	dzu̧⁵⁵	y³¹ɚ⁵⁵tʂɿ⁵⁵i⁵⁵to³⁵	tʂɿ³¹
	直译	神枝	鸡	有爪子的怪象	星宿
	意译	家神	属鸡	天上的雀鸟出的怪象惹了人	星宿惹了人
	解读	dzu̧⁵⁵ ȵi⁵⁵ dzu̧⁵⁵ ȵi⁵⁵mi⁵⁵ tɕi³¹ ȵi⁵⁵, dzu̧⁵⁵ lu⁵⁵su⁵⁵ tsʰo³¹ 鸡 二 鸡 日 一 天 鸡 属 人 ta⁵⁵mu⁵⁵ ŋgo⁵⁵ zo³¹ko⁵⁵, y³¹ɚ⁵⁵tʂɿ⁵⁵i⁵⁵to³⁵ pu³¹ hũ³⁵ mu⁵⁵ 这种 病 得 有爪子的怪象 送 需要 天 a⁵⁵ tʂɿ³¹ pu³¹ hũ³⁵. 上 星宿 送 需要			
	通译	六月初二,属鸡的一天,属鸡的人得病,要送雀鸟的怪象,送天上的星宿。			
	补充	六月初二这一天,属鸡的人如果生病,是因为被天神菩萨的鬼(雀鸟的怪象)惹了,要用糌粑面捏一只鸟儿,在病人身上转圈(男转三圈,女转一圈),送到山上的树枝上。			
李开华解读	国际音标	ta³⁵po⁵⁵	bi⁵⁵	n̥a⁵⁵	tʰa⁵⁵ba⁵⁵
	直译	旗子	鸡	眼睛	赤口
	意译	头朝下的旗子	属鸡	老天爷的眼睛	赤口在东北方
	解读	bi⁵⁵ lu⁵⁵ tɕi⁵⁵ ȵi⁵⁵ χa³⁵ tsa⁵⁵. ta³⁵po⁵⁵ tsʰɿ⁵⁵tsʰɿ⁵⁵ 鸡 属 一 天 日子 坏 旗子 下 mi⁵⁵ ly³⁵. tʰa⁵⁵ba⁵⁵ ʁɚ³⁵sa⁵⁵gu³¹ a⁵⁵ dzo³¹. 下(方向前缀) 看 赤口 东北方 (方位词) 在 mu⁵⁵ a⁵⁵ n̥a⁵⁵ ndza³⁵. tʂo³¹tɕʰi⁵⁵kʰi³¹ ʂa⁵⁵tsʰo⁵⁵ ȵi⁵⁵tsʰo⁵⁵ 天 上(方位词) 眼睛 有 北方 东方 西方 be⁵⁵ ma⁵⁵ hã⁵⁵. hũ⁵⁵mi⁵⁵kʰi³¹ be⁵⁵ a⁵⁵ʂɿ³¹. 去 不 能 南方 去 可以			
	通译	六月初二这一天属鸡,日子坏,旗子头朝下,赤口在东北方,天上有眼睛。北方、东方、西方不能去,可以去南方。			

第三章 文献精选精译

六月三日

	原图				
朱小华解读	国际音标	nda⁵⁵ta⁵⁵	tʂʰɿ³⁵	la³¹	li³¹bu⁵⁵
	直译	神枝	狗	手	海螺
	意译	家神	属狗	山神菩萨伸手	烧香时要吹海螺

朱小华解读：

tʂʰɿ³⁵ so⁵⁵, tʂʰɿ³⁵ ȵi⁵⁵mi⁵⁵ tɕi³¹ ȵi⁵⁵, tʂʰɿ³⁵ lu⁵⁵su⁵⁵ tsʰo³¹
狗　　三　　　狗　　日　　　一　　天　　狗　　　属　　　　人

ta⁵⁵mu⁵⁵ ŋgo⁵⁵ zo³¹ko⁵⁵, za³⁵ pu³¹ hũ³⁵. so³¹ vu⁵⁵, li³¹bu⁵⁵
这种　　　病　　得　　　　　煞气　送　需要　　香　烧　　海螺

fu⁵⁵ hũ³⁵.
吹　　需要

通译：六月初三，属狗的一天，属狗的人得病，要送煞气，要吹海螺。

补充：六月初三这一天，属狗的人如果生病，是被山神和煞气惹了，要给山神烧素香，香炉中加入酥油、奶渣，吹三声海螺。烧柏香，用苦荞花擦身体，敬清茶，以此驱赶煞气。

	国际音标	nda⁵⁵ta⁵⁵	tʂʰɿ⁵⁵	la³¹kɑ⁵⁵	hĩ³¹mbo⁵⁵kʰu⁵⁵
李开华解读	直译	神枝	狗	手	海螺
	意译	家神	属狗	山神菩萨伸手	吹海螺

李开华解读：

tʂʰɿ⁵⁵ lu⁵⁵ tɕi⁵⁵ ȵi⁵⁵, χɑ³⁵ pʰio³⁵, sɿ⁵⁵vi⁵⁵ la³¹ tsɿ⁵⁵,
狗　　属　　一　　天　　日子　好　　　山神菩萨　手　　伸

hĩ³¹mbo⁵⁵kʰu⁵⁵ ze³¹ze⁵⁵. tʂo³¹tɕi⁵⁵kʰi³¹ be⁵⁵ ma⁵⁵ hɑ̃⁵⁵.
海螺　　　　　　准备　　　北方　　　　　　　去　　不　　能

通译：六月初三这一天属狗，日子好，山神菩萨伸了手，要准备海螺。北方不能去。

六月四日

	原图					
	国际音标	nda⁵⁵ta⁵⁵	va³⁵	ʁa⁵⁵la⁵⁵bu⁵⁵	tʂʰɿ⁵⁵ka⁵⁵	ŋgu³¹gi⁵⁵
	直译	神枝	猪	大烧香堆堆	脚	八方神
	意译	家神	属猪	烧香堆堆不干净，要减淤	病人脚痛	八方神惹了人
朱小华解读	解读	va³⁵ zɿ³⁵，va³⁵ ȵi⁵⁵mi⁵⁵ tɕi³¹ ȵi⁵⁵，va³⁵ lu⁵⁵su⁵⁵ tsʰo³¹ 猪　四　　猪　　日　　一　　天　　猪　　属　　人 ta⁵⁵mu⁵⁵ ŋgo⁵⁵ zo³¹ko⁵⁵，tʂɿ⁵⁵ pu³¹ hũ³⁵. ŋgu³¹gi⁵⁵ pu³¹ 这种　　病　　得　　　凶死鬼　送　需要　八方神　　送 hũ³⁵. ndʐa⁵⁵ʂu³¹ hũ³⁵. 需要　减淤　　　需要				
	通译	六月初四，属猪的一天，属猪的人得病，要送凶死鬼，送八方神，要减淤。				
	补充	六月初四这一天，属猪的人如果生病，是因为八方神、大烧香堆堆和黑煞惹了他，病人会走不动。要送煞气，方法是把九盘柏香放在九张石板上，用苦荞花混合以清茶、酥油、面、酒，放在石板上，把石板往九个方向送。用糌粑坨坨捏五个面人，用一只鸡在人身上打扫以后，鸡血滴在面人上，往五个方向送。				

	国际音标	nda⁵⁵ta⁵⁵	va³⁵	za³⁵	ʂɿ⁵⁵ka³⁵	zɿ³⁵ ndzu⁵⁵ kʰu⁵⁵
	直译	神枝	猪	鬼	脚	四　坐　方
	意译	神枝在西方	属猪	一种不吉利的怪象	东北方的脚，是凶星	四面八方
李开华解读	解读	va³⁵ lu⁵⁵ tɕi⁵⁵ ȵi⁵⁵，χa³⁵ tsa⁵⁵. ʁɔ³⁵sa⁵⁵gu³¹ a⁵⁵ ka³⁵ 猪　属　一　天　　日子　坏　　东北方　　上（方位词）　脚 mi⁵⁵ tʂɿ⁵⁵ mu⁵⁵ a⁵⁵ to³⁵ dzu⁵⁵dzu⁵⁵ lo³¹ mu⁵⁵ 上（方向前缀）伸　天　上（方位词）怪　　出现　　　了　　天 a⁵⁵ za³⁵ dzo³¹. pʰio³⁵ zɿ³⁵ndzu⁵⁵kʰu³¹ tsʰa⁵⁵tsʰa⁵⁵ mu⁵⁵. 上（方位词）鬼　在　　整个　　四面八方　　　考虑　　（助词）				
	通译	六月初四这一天属猪，日子坏，东北方有脚伸出来，天上出现了怪。天上有鬼。四面八方去前都要三思而后行。				

六月五日

原图					
	国际音标	nda⁵⁵ta⁵⁵	χa³⁵	li³¹bu⁵⁵	ɬo³⁵	tʂɿ³¹
	直译	神枝	鼠	海螺	水神	星宿
	意译	家神	属鼠	送水神吹海螺	水神惹了人	从天上掉下来的星星，冲撞了属鼠的人
朱小华解读	解读	χa³⁵ ŋa³⁵, χa³⁵ n̩i⁵⁵mi⁵⁵ tɕi³¹ n̩i⁵⁵, χa³⁵ lu⁵⁵su⁵⁵ tsʰo³¹ ta⁵⁵mu⁵⁵ 鼠　五　鼠　　日　　　一　天　鼠　　属　　　人　　这种 ŋgo⁵⁵ zo³¹ko⁵⁵, mu⁵⁵ a⁵⁵ tʂɿ³¹ pu³¹ hũ³⁵. ɬo³⁵ tso⁵⁵ hũ³⁵. 病　　得　　　天　上（方位词）星宿　送　需要　水神　送　需要 li³¹bu⁵⁵ fu⁵⁵ hũ³⁵. 海螺　　吹　　需要				
	通译	六月初五，属鼠的一天，属鼠的人得病，要送天上的星宿，要送水神，吹海螺。				
	补充	六月初五这一天，属鼠的人如果生病，是因为有水神惹了他，要送水神，制作十二盘有图案的糌粑坨坨（把印棒上所有的图案全部印完），在水边念经，把豆腐、米、酒、酥油、奶渣和在一起烧来敬水神。再打卦算出水神的方向，朝着那个方向，把糌粑坨坨、鲜牛奶和擦过病人身体的苦荞花送到水中。然后栽一棵树，把红、白、青、黑、黄五种颜色的布接在一起，挂在树上。树必须要栽活。这种仪式要做一天，称为"ɬoŋ⁵⁵tʂoʰ⁵⁵"。				
李开华解读	国际音标	nda⁵⁵ta⁵⁵	χa³⁵	hĩ³¹mbo⁵⁵kʰu⁵⁵	xə³⁵	tʰa⁵⁵ba⁵⁵
	直译	神枝	鼠	海螺	湖	赤口
	意译	神枝在西方	属鼠	吉利	东方有湖，不能去	赤口在东北方，不能去
	解读	χa³⁵ lu⁵⁵ tɕi⁵⁵ n̩i⁵⁵, χa³⁵ pʰio³⁵, tʰa⁵⁵ba⁵⁵ ʁə³⁵sa⁵⁵gu³¹ a⁵⁵ 鼠　属　一　天　　日子　好　　赤口　　　东北方　　　（方位词） dzo³¹. ʂa⁵⁵tʂo⁵⁵ gu⁵⁵ a⁵⁵ tɕi⁵⁵ lu⁵⁵ ndza³⁵. ʁə³⁵sa⁵⁵gu³¹ 在　　东　　　方向（方位词）一　　个　　在　　　东北方 be⁵⁵ ma⁵⁵ hã⁵⁵. ʂa⁵⁵tʂo⁵⁵ be⁵⁵ ma⁵⁵ hã⁵⁵. 去　不　能　　东　　　去　不　能				
	通译	六月初五这一天属鼠，日子好，赤口在东北方，东方有一个湖。东北方、东方不能去。				

六月六日

原图						
朱小华解读	国际音标	nda⁵⁵ta⁵⁵	ɣe³⁵	sɑ⁵⁵tɑ⁵⁵	li³¹bu⁵⁵	ɑ³¹kʰɚ⁵⁵
	直译	神枝	牛	土神	海螺	筛子
	意译	家神	属牛	犯了土神，且犯得严重	吹海螺	做法事的工具

朱小华解读 解读	ɣe³⁵ kʰu³¹, ɣe³⁵ ȵi⁵⁵mi⁵⁵ tɕi³¹ ȵi⁵⁵, ɣe³⁵ lu⁵⁵su⁵⁵ tsʰo³¹ 牛　　六　　　牛　　日　一　　天　　牛　　属　　人 ta⁵⁵mu⁵⁵ ŋgo⁵⁵ zo³¹ko⁵⁵, ɑ³¹kʰɚ⁵⁵ qo³¹ ʂo⁵⁵u⁵⁵ ŋa³⁵ ga³¹ 这种　　　病　　　得　　　　筛子　　里头　纸　　　五　　张 mi⁵⁵ tʂʰʅ³¹, hũ⁵⁵bu⁵⁵ mi⁵⁵ tʂʰʅ³¹, 下（方向前缀）　放，送　　荞花　　下（方向前缀）　放，送 sɑ⁵⁵tɑ⁵⁵ tʂo⁵⁵. 土神　　　谢
通译	六月初六，属牛的一天，属牛的人得病，要在筛子里放五张（不同颜色的）纸送出去，把荞花撒出去，谢土神。
补充	六月初六这一天，属牛的人如果生病，是因为在这一天杀生了，触犯了素的土神菩萨。把五色纸放在筛子里，在病人身上转圈，再用苦荞花、鲜牛奶擦病人的身体，然后把所有东西送到与病人本命不同的方向，以此谢土神。

李开华解读	国际音标	nda⁵⁵ta⁵⁵	ɣə³⁵	tʰa⁵⁵ba⁵⁵	hĩ³¹mbo⁵⁵kʰu⁵⁵	ʂʅ³¹tʰo⁵⁵
	直译	神枝	牛	赤口	海螺	牛皮船
	意译	神枝在西方	属牛	赤口在地上	吹海螺	牛皮船在北方

李开华解读 解读	ɣə³⁵ lu⁵⁵ tɕi⁵⁵ ȵi⁵⁵, χa³⁵ pʰio³⁵, χa³⁵ ʁo³⁵. tʰa⁵⁵ba⁵⁵ dzu⁵⁵ 牛　属　一　天　日子　好　日子　硬　赤口　　地 a⁵⁵ dzo³¹. tʂo³¹tɕi⁵⁵kʰi³¹ ʂʅ³¹tʰo⁵⁵ dzo³¹. sa³⁵ hĩ⁵⁵ tʂʰʅ⁵⁵ 上（方位词）在　北方　　　　牛皮船　　　在　　血　鲜　放 lo³¹. hĩ³¹mbo⁵⁵kʰu⁵⁵ fu⁵⁵ hũ³¹. pʰi⁵⁵pʰi⁵⁵ lo³¹ 了　　海螺　　　　　吹　要　高兴地　　　上（方向前缀） mu⁵⁵ hũ³⁵. hũ⁵⁵mi⁵⁵kʰi³¹ be⁵⁵ ma⁵⁵ hã⁵⁵. 做　需要　　南方　　　　去　不　能
通译	六月初六这一天属牛，日子好，日子硬，赤口落在地上，北方有牛皮船。要放鲜血，要吹海螺，要高高兴兴地做这些事。南方不能去。

六月七日

	原图	￼	￼	￼
朱小华解读	国际音标	nda^{55}ta^{55}	la^{55}	ȵi^{55}mi^{55}
	直译	神枝	虎	太阳
	意译	家神	属虎	太阳神惹了人
	解读	la^{55} ʂɿ^{31}, 虎 七 ŋgo^{55} zo^{31}ko^{55}, 病 得	la^{55} ȵi^{55}mi^{55} tɕi^{31} ȵi^{55}, 虎 日 一 天 ȵi^{55}mi^{55} ɬa^{31} pu^{31} 太阳 神 送	la^{55} lu^{55}su^{55} tsʰo^{31} ta^{55}mu^{55} 虎 属 人 这种 hũ^{35}. li^{31}bu^{55} fu^{55} hũ^{35}. 需要 海螺 吹 需要
	通译	六月初七，属虎的一天，属虎的人得病，要送太阳神，吹海螺。		
	补充	六月初七这一天，属虎的人如果生病，是因为被太阳神犯了，给太阳神烧一盘素的柏香即可。		
李开华解读	国际音标	ta^{35}pʰi^{55}	la^{55}	hĩ^{55}mi^{55}
	直译	旗子	虎	太阳
	意译	头朝下的旗子	属虎	无义
	解读	la^{55} lu^{55} tɕi^{55} ȵi^{55}, 虎 属 一 天 ta^{35}pʰi^{55} tsʰɿ^{55}tsʰɿ^{55} 旗子 下 ma^{55} hã^{55}. 不 能够	χa^{35} tsa^{55} hỹ^{35} do^{31}kʰu^{55}no^{55} dzo^{31}. 日子 坏 水神 背后 在 mi^{55} ly^{35}. tɕi^{55}ga^{55} mu^{55} 下（方向前缀） 看 什么 做	
	通译	六月初七这一天属虎，日子坏，水神在老虎背后[1]，旗子头朝下看。这一天什么都不能做。		

---

[1] 据李开华解释，水神被雾罩着，看不清，隐在老虎背后。

六月八日

原图						
		国际音标	nda⁵⁵ta⁵⁵	tʰo⁵⁵li⁵⁵	li³¹bu⁵⁵	ɬi⁵⁵mi⁵⁵	la³¹ka³¹

	国际音标	nda⁵⁵ta⁵⁵ / tʰo⁵⁵li⁵⁵ / li³¹bu⁵⁵ / ɬi⁵⁵mi⁵⁵ / la³¹ka³¹
	直译	神枝 / 兔 / 海螺 / 月亮 / 手
	意译	家神惹了人 / 属兔 / 海螺在后面 / 月亮神惹了人 / 煞气

朱小华解读

解读	
tʰo⁵⁵li⁵⁵ hĩ³¹, ta⁵⁵mu⁵⁵ ŋgo⁵⁵, pu³¹ hũ³⁵,	兔 八 这种 病 得 送 需要
tʰo⁵⁵li⁵⁵ ȵi⁵⁵mi⁵⁵ zo³¹ko⁵⁵, li³¹bu⁵⁵ fu⁵⁵ hũ³⁵.	兔 日 得 海螺 吹 需要
tɕi³¹ ȵi⁵⁵, ɬi⁵⁵mi⁵⁵ ɬa³¹	一 天 月亮 神
tʰo⁵⁵li⁵⁵ lu⁵⁵su⁵⁵ pu³¹ hũ³⁵,	兔 属 送 需要
tsʰo³¹ za³⁵	人 煞气

通译：六月初八，属兔的一天，属兔的人得病，要送月亮神，要送煞气。要吹海螺。

补充：六月初八这一天，属兔的人如果生病，是因为家神、月亮神以及煞气惹了他，要烧素香敬家神和月亮神：把一盘柏香、一个猪头骨和一些白酒、清茶，绕着病人身体转圈（男转九圈，女转七圈），再用苦荞花擦病人的身体，然后把所有的东西往东送。

国际音标	nda⁵⁵ta⁵⁵ / lɑ⁵⁵ / hĩ³¹mbo⁵⁵kʰu⁵⁵ / hĩ⁵⁵gu⁵⁵ / hĩ⁵⁵mi⁵⁵ / la³¹
直译	神枝 / 虎 / 海螺 / 晚上 / 太阳 / 手
意译	神枝在西方 / 属虎 / 海螺在东方 / 月亮在天上 / / 天上伸出的手

李开华解读

解读	
tʰo⁵⁵li⁵⁵ lu⁵⁵ hĩ⁵⁵mi⁵⁵ ndʐə³⁵.	兔 属 太阳 在
tɕi⁵⁵ ȵi⁵⁵, ʁə³⁵sa⁵⁵gu³¹ ʂa⁵⁵tʂʰo⁵⁵	一 天 东北方 东方
χɑ³⁵ pʰio³⁵, ɑ⁵⁵ dzɑ³¹.	日子 好 （方位词） 在
mu⁵⁵ ɑ⁵⁵ la³¹ tʂɿ⁵⁵, ʁə³⁵sa⁵⁵gu³¹	天 上（方位词） 手 伸 东北方
nda⁵⁵ta⁵⁵ to³¹¹to⁵⁵ tsu⁵⁵.	神枝 上 立
hĩ³¹mbo⁵⁵kʰu⁵⁵ be⁵⁵ ma⁵⁵ hã⁵⁵	海螺 去 不 能

通译：六月初八这一天属兔，日子好，太阳在天上。东北方有手伸出来，神枝朝上立着，海螺在东方。东北方不能去。

六月九日

	原图	(图)	(图)	(图)	(图)	(图)	(图)
朱小华解读	国际音标	nda⁵⁵ta⁵⁵	ʑ⁵⁵dza³¹	ʁua³¹mi³¹	qa⁵⁵tu⁵⁵	y³¹ʑ⁵⁵tsɿ⁵⁵i⁵⁵to³⁵	tsɿ³¹
	直译	神枝	龙	长刀	糌粑坨坨	有爪子的怪象	星宿
	意译	家神	属龙	不吉利的东西	用于送怪象	天上的雀鸟出的怪象惹了人	星宿惹了人
	解读	ʑ⁵⁵dza³¹ 龙 lu⁵⁵su⁵⁵ 属 hũ³⁵. 需要 ɣe³⁵pi³⁵sɿ⁵⁵ 牛王会菩萨	ŋgu³⁵, 九 tsʰo³¹ 人 mu⁵⁵ 天 pu³¹ 送	ʑ⁵⁵dza³¹ 龙 ta⁵⁵mu⁵⁵ 这种 a⁵⁵ 上（方位词） hũ³⁵. 需要	ȵi⁵⁵mi⁵⁵ 日 ŋgo⁵⁵ 病 tsɿ³¹ 星宿	tɕi³¹ ȵi⁵⁵ 一 天 zo³¹ko⁵⁵, 得 pu³¹ 送 qa⁵⁵tu⁵⁵ 糌粑坨坨	ʑ⁵⁵dza³¹ 龙 y³¹ʑ⁵⁵tsɿ⁵⁵i⁵⁵to³⁵ 有爪子的怪象 pu³¹ 送 hũ³⁵. 需要
	通译	六月初九，属龙的一天，属龙的人得病，要送有爪子的怪象，要送天上的星宿，把糌粑坨坨送出去。要送牛王会菩萨。					
	补充	六月初九这一天，属龙的人如果生病，是因为屋里小的怪象惹了他，而且这个人把两把小刀带回家冲犯了星宿，因而被星宿惹了。要打卦来确定怎么送怪象，如果没什么大问题，就用丝茅草扎一个小人，烧五张纸钱，把小人送到十字路口。如果有问题，就捏一个动物形状的糌粑坨坨送出去。					
李开华解读	国际音标	nda⁵⁵ta⁵⁵	zɿ⁵⁵bi⁵⁵	ʁa³⁵mi⁵⁵	pu⁵⁵mba³¹	ŋa⁵⁵	tʰa⁵⁵ba⁵⁵
	直译	神枝	龙	长刀	神器	眼	赤口
	意译	神枝在西方	属龙	祸事	一种法器	天上的眼睛	赤口
	解读	zɿ⁵⁵bi⁵⁵ 龙 a⁵⁵ 上（方位词） be⁵⁵ 去	lu⁵⁵ 属 dzo³¹. 在 ȵa⁵⁵ 眼 ma⁵⁵ 不能	tɕi⁵⁵ ȵi⁵⁵, 一 天 tsa⁵⁵kʰa⁵⁵ 祸事 ndʐa³⁵. 在 hã⁵⁵.	χa³⁵ ma⁵⁵ 日子 不 na⁵⁵gu⁵⁵tʂʰɿ⁵⁵ 东南方 ʂa⁵⁵tsʰo⁵⁵ 东方 tso³¹tɕi⁵⁵kʰi³¹ 北方	pʰio³⁵. 好 a⁵⁵ （方位词） pu⁵⁵mba³¹ 神器 be⁵⁵ 去	tʰa⁵⁵ba⁵⁵ 赤口 dza³¹. 在 ma⁵⁵ 不	ʁə³⁵sa⁵⁵gu³¹ 东北方 mu⁵⁵ 天 na⁵⁵gu⁵⁵tʂʰɿ³¹ 东南方 hã⁵⁵. 能
	通译	六月初九这一天属龙，日子不好，赤口在东北方，东南方有祸事。神器在东方。东南方和北方不能去。					

六月十日

	原图					
朱小华解读	国际音标	pu⁵⁵mba³¹	dza³¹	qa⁵⁵tu⁵⁵	la³¹ka³¹	tʂɿ³¹
	直译	岸子	蛇	糌粑坨坨	手	星宿
	意译	坛神	属蛇	用于送煞气	大的黑煞惹了人	星宿惹了人
	解读	dza³¹ χo³¹, 蛇 十	dza³⁵ ȵi⁵⁵mi⁵⁵ tɕi³¹ ȵi⁵⁵, 蛇 日 一 天	dza³¹ lu⁵⁵su⁵⁵ 蛇 属	tsʰo³¹ ta⁵⁵mu⁵⁵ 人 这种	
		ŋo⁵⁵ zo³¹ko⁵⁵, 病 得	tʂɿ³¹ pu³¹ hũ³⁵. 星宿 送 需要	qa⁵⁵tu⁵⁵ 糌粑坨坨	pu³¹ hũ³⁵. 送 需要	
	通译	六月初十,属蛇的一天,属蛇的人得病,要送星宿,要送糌粑坨坨。				
	补充	六月初十这一天,属蛇的人如果生病,是因为大的黑煞和星宿惹了他。要重新打卦,如果煞气小,就把糌粑坨坨在印棒上印五个"za³⁵"(鬼、煞之意)[1],放在筛子里,把为病人擦过身的糌粑坨坨放在糌粑坨坨上,拿到十字路口,把其中四个糌粑坨坨分别往四方送,一个朝天送。				

李开华解读	国际音标	nda⁵⁵ta⁵⁵	dza³¹	pu⁵⁵mba³¹	la³¹	tʰa⁵⁵ba⁵⁵
	直译	神枝	蛇	神器	手	赤口
	意译	西方的神枝	属蛇	和尚的法器	天上伸出的手	东北方的赤口
	解读	dza³⁵ lu⁵⁵ tɕi⁵⁵ ȵi⁵⁵, 蛇 属 一 天	χa³⁵ tsa⁵⁵. 日子 坏	tʰa⁵⁵ba⁵⁵ 赤口	ʁə³⁵sa⁵⁵gu³¹ 东北方	a⁵⁵ (方位词)
		tʂo³¹tɕʰi⁵⁵kʰi³¹ 北方	a⁵⁵ (方位词)	la³¹ tʂɿ⁵⁵ 手 伸	pu⁵⁵mba³¹ 神器	ȵi⁵⁵tsʰo⁵⁵ 西方
		dza³¹. 在	tʂo³¹tɕʰi⁵⁵kʰi³¹ 北方	ʁə³⁵sa⁵⁵gu³¹ 东北方	ʂa⁵⁵tsʰo⁵⁵ 东方	be⁵⁵ ma⁵⁵ hã⁵⁵. 去 不 能
	通译	六月初十这一天属蛇,日子坏,赤口在东北方,北方有手伸出来,神器在西方。北方、东北方和东方不能去。				

---

[1] 这个图案位于印棒上一排图案的第一个,这一排图案的总名称是"tʂʰa³¹ndzo³¹ɚ⁵⁵",意为"送凶死鬼"。

六月十一日

	原图					
朱小华解读	国际音标	nda⁵⁵ta⁵⁵	mo⁵⁵	li³¹bu⁵⁵	ʁa⁵⁵bu⁵⁵ta⁵⁵ta⁵⁵	na⁵⁵ŋkʰa³¹la³¹i³¹to³⁵
	直译	神枝	马	海螺	小烧香堆堆	天神菩萨的鬼
	意译	家神	属马	吹海螺	用于烧香，北方不能去	天神菩萨的鬼惹了人
	解读	mo⁵⁵ χo³¹tɕi³¹, mo⁵⁵ ȵi⁵⁵mi⁵⁵ tɕi³¹ ȵi⁵⁵, mo⁵⁵ lu⁵⁵su⁵⁵ tsʰo³¹ 马　　十一，　　马　　日　　　一　　天，　马　　属　　人 ta⁵⁵mu⁵⁵ ŋo⁵⁵ zo³¹ko⁵⁵, ʁa⁵⁵bu⁵⁵ta⁵⁵ta⁵⁵ so³¹ vu⁵⁵ hũ³⁵. 这种　　病　　得，　　小烧香堆堆　　　　　　香　烧　需要 na⁵⁵ŋkʰa³¹la³¹i³¹to³⁵ pu³¹ hũ³⁵. li³¹bu⁵⁵ fu⁵⁵ hũ³⁵. 天神菩萨的鬼　　　　　送　需要　海螺　吹　需要				
	通译	六月十一，属马的一天，属马的人得病，要给小烧香堆堆烧香，要送天神菩萨的鬼，要吹海螺。				
	补充	六月十一日这一天，属马的人如果生病，是因为一个很小的烧香堆堆以及天神菩萨的鬼惹了他，要用丝茅草扎一个小人，用糌粑面捏一条蛇（na⁵⁵ŋkʰa³¹i³¹to³⁵），捏一个面人（ŋa³¹mi⁵⁵），放在石板上，再用苦荞花擦病人的身体，把苦荞花也放在石板上，然后一起送到与病人本命不同的方向。				
李开华解读	国际音标	nda⁵⁵ta⁵⁵	mo⁵⁵	hĩ³¹mbo⁵⁵kʰu⁵⁵	ʁa⁵⁵	to³⁵
	直译	神枝	马	海螺	烧香堆堆	怪象
	意译	神枝在西方	属马	吹海螺	用于烧香，北方不能去	天上出现怪象，东方不能去
	解读	mo⁵⁵ lu⁵⁵ tɕi⁵⁵ ȵi⁵⁵, χa³⁵ pʰio³⁵, bu⁵⁵ə⁵⁵ mu⁵⁵ a⁵⁵ xə³¹, 马　属　一　天，　日子　好，　蛇　天　上（方位词）　去 mu⁵⁵ a⁵⁵ to³⁵ dzɿ⁵⁵dzɿ⁵⁵ lo³¹. sio⁵⁵ pʰi⁵⁵ lo³¹ 天　上（方位词）　怪　出现　了。　香　素　上（方向前缀） mu⁵⁵. hĩ³¹mbo⁵⁵kʰu⁵⁵ fu⁵⁵. tso³¹tɕi⁵⁵kʰi³¹ be⁵⁵ ma⁵⁵ hã⁵⁵. 烧　海螺　　　　吹　　北方　　　去　不　能				
	通译	六月初十这一天属马，日子好。蛇往天上去，天上有怪象出现，要烧香吹海螺。北方不能去。				

六月十二日

	原图	⟨刀图⟩	⟨神枝图⟩	⟨羊图⟩	⟨土神图⟩	⟨香堆图⟩
朱小华解读	国际音标	ʁua³¹mi³¹	nda⁵⁵ta⁵⁵	io⁵⁵	sa⁵⁵ta⁵⁵	ʁa⁵⁵bu⁵⁵ta⁵⁵ta⁵⁵
	直译	长刀	神枝	羊	土神	小烧香堆堆
	意译	不好的铁器冒犯了家神	家神不得安宁，惹了人	属羊	土神惹了人	小烧香堆堆惹了人
	解读	io⁵⁵ 羊　χo³¹ɲi⁵⁵ 十二　io⁵⁵ 羊　ɲi⁵⁵mi⁵⁵tɕi³¹ 日一　ɲi⁵⁵, 天　io⁵⁵ 羊　lu⁵⁵su⁵⁵ 属　tsʰo³¹ 人　ta⁵⁵mu⁵⁵ 这种　ŋgo⁵⁵ 病　zo³¹ko⁵⁵ 得　sa⁵⁵ta⁵⁵ 土神　tso⁵⁵ 谢　hũ³⁵. 需要				
	通译	六月十二，属羊的一天，属羊的人得病，要谢土神。				
	补充	六月十二日这一天，属羊的人如果生病，是因为他把不好的铁器挂在了家神面前，使得家神不安宁，同时冒犯了土神，要烧素香谢土神，并且拿走铁器。				
李开华解读	国际音标	ʁa³⁵mi⁵⁵	nda⁵⁵ta⁵⁵	io⁵⁵	tʰa⁵⁵ba⁵⁵	ʁa⁵⁵
	直译	长刀	神枝	羊	赤口	烧香堆堆
	意译	不吉利的东西	神枝在西方	属羊	赤口落在地上	烧一种叫做"pu⁵⁵mi⁵⁵"的香
	解读	io⁵⁵ 羊　lu⁵⁵ 属　tɕi⁵⁵ 一　ɲi⁵⁵, 天　ma⁵⁵ 不　qʰa⁵⁵ 好　ma⁵⁵ 不　nda⁵⁵. 坏　tʰa⁵⁵ba⁵⁵ 赤口　dzu⁵⁵ 地　a⁵⁵ 上（方位词）　dzo³¹. 在　ɲi⁵⁵tsʰo⁵⁵ 西方　ʁa³⁵mi⁵⁵ 长刀　dza³¹ 在　ɣua⁵⁵ 前面　pu⁵⁵mi⁵⁵ 一种香　lo³¹ 上（方向前缀）　tsʅ⁵⁵. 烧				
	通译	六月十二这一天属羊，日子不好不坏，赤口落在地上，西方有长刀（祸事），要烧一种叫做"pu⁵⁵mi⁵⁵"的香。				

六月十三日

	原图				
	国际音标	nda⁵⁵ta⁵⁵	mi³⁵	sa⁵⁵ta⁵⁵	ɑ³¹kʰɚ⁵⁵
	直译	神枝	猴	土神	筛子
	意译	家神	属猴	属猴的人冒犯了两次土神，土神惹了人	做法事的工具
朱小华解读	解读	mi³⁵ χo³¹so⁵⁵, mi³⁵ ȵi⁵⁵mi⁵⁵ tɕi³¹ ȵi⁵⁵, mi³⁵ lu⁵⁵su⁵⁵ tsʰo³¹ 猴　十三　　猴　日　一　天　猴　属　人 ta⁵⁵mu⁵⁵ ŋgo⁵⁵ zo³¹ko⁵⁵, ɑ³¹kʰɚ⁵⁵ qo³¹ ʂo⁵⁵u⁵⁵ ŋa³⁵ ga³¹ 这种　病　得　筛子　里头　纸　五　张 mi⁵⁵ tʂʰɹ̩³¹, hũ⁵⁵bu⁵⁵ mi⁵⁵ tʂʰɹ̩³¹, sa⁵⁵ta⁵⁵ tso⁵⁵ hũ³⁵. 下（方向前缀）放，送　荞花　下（方向前缀）放，送　土神　谢　需要			
	通译	六月十三，属猴的一天，属猴的人生病，要在筛子里放五张（不同颜色的）纸，送出去，把荞花撒出去，谢土神。			
	补充	六月十三日这一天，属猴的人如果生病，是因为冒犯了两次土神，用苦荞花和鲜牛奶擦身体，把五种颜色的纸、七张纸钱以及用过的苦荞花放在筛子里，在人身上转三圈，把筛子中的东西送到与病人本命不同的方向。			
	国际音标	nda⁵⁵ta⁵⁵	mi³⁵	tʰa⁵⁵ba⁵⁵	ʂɻ̩³¹tʰo⁵⁵
	直译	神枝	猴	赤口	牛皮船
	意译	西方的神枝，吉利	属猴	两个赤口碰在一起	北方的牛皮船，吉利
李开华解读	解读	mi³⁵ lu⁵⁵ tɕi⁵⁵ ȵi⁵⁵, tʰa⁵⁵ba⁵⁵ ȵi⁵⁵ ku³¹ tɕi⁵⁵ ga⁵⁵ 猴　属　一　天　赤口　两　个　一　起 to³¹ lo³¹. ʂa⁵⁵tʂʰo⁵⁵ be⁵⁵ ma⁵⁵ hã⁵⁵. 碰　了　东方　去　不　能			
	通译	六月十三这一天属猴，两个赤口碰在了一起，东方不能去。			

第三章　文献精选精译　　493

六月十四日

	原图				
	国际音标	nda^{55}ta^{55}	dzʐ^{55}	sɑ^{55}tɑ^{55}	ȵi^{55}mi^{55}
	直译	神枝	鸡	土神	太阳
	意译	家神	属鸡	属鸡的人犯了两次土神，土神惹了人	太阳神惹了人
朱小华解读	解读	dzʐ^{55} χo^{31}zl^{35}, dzʐ^{55} ȵi^{55}mi^{55} tɕi^{31} ȵi^{55}, dzʐ^{55} lu^{55}su^{55} 鸡 十四 鸡 日 一 天 鸡 属 tsʰo^{31} tɑ^{55}mu^{55} ŋo^{55} zo^{31}ko^{55}, ȵi^{55}mi^{55} ɬɑ^{31} pu^{31} hũ^{35}, 人 这种 病 得 太阳 神 送 需要 sɑ^{55}tɑ^{55} tʂo^{55} hũ^{35}. 土神 谢 需要			
	通译	六月十四，属鸡的一天，属鸡的人得病，要送太阳神，要谢土神。			
	补充	六月十四日这一天，属鸡的人如果生病，是因为在这一天杀生，冲犯了两次土神，用苦荞花和鲜牛奶、清茶、酒谢土神。要烧香送太阳神。			
	国际音标	tɑ^{31}hĩ^{55}	bi^{55}	tʰɑ^{55}bɑ^{55}	hĩ^{55}mi^{55}
	直译	旗子	鸡	赤口	太阳
	意译	旗子头朝下	属鸡	两个赤口碰在了一起。赤口见血了	太阳在天上
李开华解读	解读	bi^{55} lu^{55} tɕi^{55} ȵi^{55}, χɑ^{35} tsɑ^{55}. tɑ^{31}hĩ^{55} tsʰɿ^{55}tsʰɿ^{55} 鸡 属 一 天 日子 坏 旗子 下 mi^{55} ly^{35}. tʰɑ^{55}bɑ^{55} ȵi^{55} ku^{31} tɕi^{55} gɑ^{55} to^{31} 下（方向前缀） 看 赤口 两 个 一 起 碰 lo^{31}. ʂɑ^{55}tʂʰo^{55} be^{55} mɑ^{55} hã^{55}. 了 东方 去 不 能			
	通译	六月十四这一天属鸡，日子坏，旗子头朝下看。两个赤口碰在了一起，东方不能去。			

六月十五日

	原图					
朱小华解读	国际音标	nda⁵⁵ta⁵⁵	tʂʰʅ³⁵	li³¹bu⁵⁵	ɬi⁵⁵mi⁵⁵	sa⁵⁵tɑ⁵⁵
	直译	神枝	狗	海螺	太阳	土神
	意译	家神	属狗	烧香时吹海螺	太阳在天上	不干净的土神惹了人
	解读	tʂʰʅ³⁵ χo³¹ŋa³⁵, tʂʰʅ³⁵ ɲi⁵⁵mi⁵⁵ tɕi³¹ ɲi⁵⁵, tʂʰʅ³⁵ lu⁵⁵su⁵⁵ tsho³¹ 狗　　　十五　　　狗　　　日　　一　　天　　狗　　属　　人 ta⁵⁵mu⁵⁵ ŋo⁵⁵ zo³¹ko⁵⁵, li³¹bu⁵⁵ fu⁵⁵ hũ³⁵. sa⁵⁵tɑ⁵⁵ tʂo⁵⁵ hũ³⁵. 这种　　病　　得　　海螺　吹　需要　土神　谢　需要				
	通译	六月十五，属狗的一天，属狗的人得病，要吹海螺，要谢土神。				
	补充	六月十五日这一天，属狗的人如果生病，是因为月亮菩萨惹了他，要在十五这天晚上给月亮菩萨烧素香，吹五声海螺。				
李开华解读	国际音标	nda⁵⁵ta⁵⁵	tʂʰʅ³⁵	hĩ³¹mbo⁵⁵kʰu⁵⁵	hĩ⁵⁵mi⁵⁵	tʰa⁵⁵ba⁵⁵
	直译	神枝	狗	海螺	太阳	赤口
	意译	神枝朝上立	属狗	海螺在地上	太阳在天上	脏了的赤口
	解读	tʂʰʅ³⁵ lu⁵⁵ tɕi⁵⁵ ɲi⁵⁵, χa³⁵ pʰio³⁵. mu⁵⁵ ɑ⁵⁵ hĩ⁵⁵mi⁵⁵ 狗　属　一　天　　日子　好　　天　上（方位词）　太阳 ndʐa³⁵. ʂa⁵⁵tʂho⁵⁵ hĩ³¹mbo⁵⁵kʰu⁵⁵ dza³¹. tʰa⁵⁵ba⁵⁵ ɲi⁵⁵tʂho⁵⁵ dza³¹. 在　　东方　　　海螺　　　在　赤口　　西方　　在 nda⁵⁵ta⁵⁵ to³¹to⁵⁵ tsu⁵⁵. ɲi⁵⁵tʂho⁵⁵ be⁵⁵ ma⁵⁵ hã⁵⁵. 神枝　朝上　立　西方　去　不　能 hũ⁵⁵mi⁵⁵kʰi³¹ be⁵⁵ ma⁵⁵ hã⁵⁵. 南方　去　不　能				
	通译	六月十五这一天属狗，日子好。太阳正在天上，海螺在东方，赤口在西方，神枝朝上立。西方和南方不能去。				

六月下

六月十六日

	原图					
朱小华解读	国际音标	nda⁵⁵ta⁵⁵	ɬo³⁵	va³⁵	tʂʰɿ⁵⁵ka⁵⁵	y³¹ɚ⁵⁵tʂɿ⁵⁵i⁵⁵to³⁵
	直译	神枝	水神	猪	脚	有爪子的怪象
	意译	家神	水神不干净，惹了人	属猪	在水边洗脚冒犯了水神	天上的雀鸟出的怪象惹了人
	解读	va³⁵ χo³¹kʰu³¹, 猪　十六 ta⁵⁵mu⁵⁵ ŋo⁵⁵ zo³¹ko⁵⁵, 这种　病　得	va³⁵ 猪 ɬo³⁵ 水神	ȵi⁵⁵mi⁵⁵ tɕi³¹ ȵi⁵⁵, 日　一　天 tʂo⁵⁵ hũ³⁵. 谢　需要	va³⁵ 猪 y³¹ɚ⁵⁵tʂɿ⁵⁵i⁵⁵to³⁵ 有爪子的怪象	lu⁵⁵su⁵⁵ tsʰo³¹ 属　人 pu³¹ hũ³⁵. 送　需要
	通译	六月十六，属猪的一天，属猪的人得病，要送水神，要送雀鸟的怪象。				
	补充	六月十六日这一天，属猪的人如果生病，是因为这一天在大的湖里洗脚了，冒犯了水神，水神就会勾引家里的鸡惹他。要做大规模的送水神的法事，把印棒上所有的图案都印在糌粑坨坨上，一共十二排糌粑坨坨。然后在水边念三天经，其余方法与前文相同。[1]				
李开华解读	国际音标	ta³⁵pʰi⁵⁵	xə³⁵	va³⁵	ʂɿ⁵⁵kɑ³⁵	ɳɑ⁵⁵
	直译	旗子	湖	猪	脚	眼
	意译	旗子头朝下	西方有湖，不能去	属猪	后头有脚踢	天上有眼睛
	解读	va³⁵ lu⁵⁵ tɕi⁵⁵ ȵi⁵⁵, 猪　属　一　天 su⁵⁵ 人（名物化） ɑ⁵⁵ 上（方位词）	χɑ³⁵ tsa⁵⁵. 日子　坏 dzo³¹. ta³⁵pʰi⁵⁵ 有　旗子 ɳɑ⁵⁵ 眼	tsʰɿ⁵⁵tsʰɿ⁵⁵ 下 ndʐa³⁵. 有	ma³⁵ ka³⁵ 后头　脚 mi⁵⁵ 下（方向前缀）	ly³⁵. mu⁵⁵ 踢 看　天
	通译	六月十六这一天属猪，日子坏，后头有人踢脚，旗子头朝下。天上有眼睛。				

[1] 送水神的仪式有不同的规模，大规模的称为"ɬo⁵⁵ntʂʰo⁵⁵tʂʰɿ⁵⁵"，要做三天三夜；小规模的称为"ɬo⁵⁵ntʂo⁵⁵"，只做一天；还有一种小的，叫做"ɬo⁵⁵ bu⁵⁵"。该日的法事是更大规模的法事，包含了上述三种。

六月十七日

	原图					
朱小华解读	国际音标	nda⁵⁵ta⁵⁵	ʁua³¹mi³¹	χa³⁵	sa⁵⁵ta⁵⁵	li³¹bu'⁵⁵
	直译	神枝	刀子	鼠	土神	海螺
	意译	家神惹了人	刀子的煞气冒犯了家神	属鼠	土神在地上	烧香时要吹海螺
	解读	χa³⁵ χo³¹ʂ³¹, χa³⁵ ȵi⁵⁵mi⁵⁵ tɕi³¹ ȵi⁵⁵, χa³⁵ lu⁵⁵su⁵⁵ tsʰo³¹ ta⁵⁵mu⁵⁵ ŋgo⁵⁵ zo³¹ko⁵⁵, nu⁵⁵ɬa³¹ so³¹ vu⁵⁵ hũ³⁵. li³¹bu'⁵⁵ fu⁵⁵ 鼠 十七 鼠 日 一 天 鼠 属 人 这种 病 得 家神 香 烧 需要 海螺 吹 hũ³⁵. sa⁵⁵ta⁵⁵ tʂo⁵⁵ hũ³⁵. 需要 土神 谢 需要				
	通译	六月十七，属鼠的一天，属鼠的人得病，要给家神烧香，要吹海螺，谢土神。				
	补充	六月十七日这一天，属鼠的人如果生病，是因为有带着煞气的刀在家里，冒犯了家神，要烧素香，谢土神。				
李开华解读	国际音标	nda⁵⁵ta⁵⁵	ʁa³⁵mi⁵⁵	χa³⁵	tʰa⁵⁵ba⁵⁵	hĩ³¹mbo⁵⁵kʰu⁵⁵
	直译	神枝	刀子	鼠	赤口	海螺
	意译	神枝在西方	刀子挡住祸事	属鼠	赤口在东方	海螺在东北方，吉利
	解读	χa³⁵ lu⁵⁵ tɕi⁵⁵ ȵi⁵⁵, tʰa⁵⁵ba⁵⁵ dzu⁵⁵ a⁵⁵ dzo³¹. 鼠 属 一 天 赤口 地 上（方位词） 在 hĩ³¹mbo⁵⁵kʰu⁵⁵ ʁə³⁵sa⁵⁵gu³¹ dza³¹. tʰa³¹ɣo⁵⁵ ʁa³⁵mi⁵⁵ dza³¹, ʁa³⁵mi⁵⁵ 海螺 东北方 在 怀里 刀子 在 刀子 tʂa⁵⁵kʰa⁵⁵ li⁵⁵ qʰa⁵⁵ lo³¹. 祸事 （趋向助词） 挡 了				
	通译	六月十七这一天属鼠，赤口在地上，海螺在东北方，刀子在怀里，可以挡祸事。				

六月十八日

	原图					
朱小华解读	国际音标	li³¹bu⁵⁵	ʁa⁵⁵bu⁵⁵ta⁵⁵ta⁵⁵	ɣe³⁵	nda⁵⁵ta⁵⁵	tʂʅ³¹
	直译	海螺	小烧香堆堆	牛	神枝	星宿
	意译	烧香时吹海螺	不放血，烧素香	属牛	家神	星宿惹了人
	解读	ɣe³⁵ 牛　χo³¹hĩ³¹ 十八，　ɣe³⁵ 牛　n̠i⁵⁵mi⁵⁵tɕi³¹ 日一，　n̠i⁵⁵ 天　ɣe³⁵ 牛　lu⁵⁵su⁵⁵ 属　tsʰo³¹ 人　ta⁵⁵mu⁵⁵ 这种　ŋgo⁵⁵ 病　zo³¹ko⁵⁵ 得，　ʁa⁵⁵bu⁵⁵ta⁵⁵ta⁵⁵ 小烧香堆堆　so³¹ 香　vu⁵⁵ 烧　hũ³⁵ 需要　mu⁵⁵ 天　tʂʅ³¹ 星宿　pu³¹ 送　hũ³⁵ 需要。				
	通译	六月十八，属牛的一天，属牛的人得病，要给小烧香堆堆烧香，要送天上的星宿。				
	补充	六月十八日这一天，属牛的人如果生病，是因为香炉和屋里的家神不干净，要给家神"减淤"，同时烧素香即可。				
李开华解读	国际音标	hĩ³¹mbo⁵⁵kʰu⁵⁵	ʁa⁵⁵	ɣə³⁵	nda⁵⁵ta⁵⁵	tʰa⁵⁵ba⁵⁵
	直译	海螺	烧香堆堆	牛	神枝	赤口
	意译	吉利	不放血，烧素香	属牛	神枝在东方	赤口在北方
	解读	ɣə³⁵ 牛　lu⁵⁵ 属　tɕi⁵⁵ 一　n̠i⁵⁵ 天，　χa³⁵ 日子　pʰio³⁵ 好。　hĩ³¹mbo⁵⁵kʰu⁵⁵ 海螺　pa³⁵ 面前　dzɑ³¹ 在。　sa³⁵ 血　hĩ⁵⁵ 鲜　ma⁵⁵ 不　tsʰʅ⁵⁵ 放，　sio⁵⁵ 香　pʰi⁵⁵ 素　mu⁵⁵ 烧　zʅ³⁵dzu⁵⁵kʰu³¹ 四方　mu⁵⁵（助词）　be⁵⁵ 去　a⁵⁵ʂʅ³¹ 可以。				
	通译	六月十八这一天属牛，日子好，海螺在面前。这一天不放血，烧素香。四方都可以去。				

六月十九日

	原图					
朱小华解读	国际音标	ɬo³⁵	ʁua³¹mi³¹	la⁵⁵	nda⁵⁵ta⁵⁵	sa⁵⁵ta⁵⁵
	直译	水神	刀子	虎	神枝	土神
	意译	水神惹了人	不干净的铁器	属虎	不干净的家神惹了人	干净的土神
	解读	la⁵⁵ 虎 χo³¹ŋgu³⁵ 十九, la⁵⁵ 虎 ȵi⁵⁵mi⁵⁵tɕi³¹ 日一, ȵi⁵⁵ 天 la⁵⁵ 虎 lu⁵⁵su⁵⁵ 属 tsʰo³¹ 人 ta⁵⁵mu⁵⁵ 这种 ŋo⁵⁵ 病 zo³¹ko⁵⁵ 得, ɬo³⁵ 水神 pu³¹ 送 hũ³⁵. 需要				
	通译	六月十九，属虎的一天，属虎的人得病，要送水神，谢土神。				
	补充	六月十九日这一天，属虎的人如果生病，是被水煞和不干净的家神惹了。要制作七盘糌粑坨坨，用苦荞花和鲜牛奶擦身体，然后送到水沟边。				
李开华解读	国际音标	hỹ³⁵	ʁa³⁵mi⁵⁵	la⁵⁵	nda⁵⁵ta⁵⁵	tʰa⁵⁵ba⁵⁵
	直译	水神	刀子	虎	神枝	赤口
	意译	水神惹了人	刀子在前面	属虎	神枝在背后	赤口在东方，不能去东方
	解读	la⁵⁵ 虎 lu⁵⁵ 属 tɕi⁵⁵ 一 ȵi⁵⁵ 天, ma⁵⁵ 不 qʰa⁵⁵ 好 ma⁵⁵ 不 nda⁵⁵ 坏, χa³⁵ 日子 ʁo³⁵. 硬 tʰa⁵⁵ba⁵⁵ 赤口 dzu⁵⁵ 地 a⁵⁵ 上（方位词） dzo³¹. 在 nda⁵⁵ta⁵⁵ 神枝 do³¹kʰu⁵⁵no⁵⁵ 背后 dza³¹. 在 ʁa³⁵mi⁵⁵ 刀子 ɣua⁵⁵ 前面 dza³¹. 在 hỹ³⁵ 水神 ȵi⁵⁵tsʰo⁵⁵ 西方 dza³¹. 在 ʂa⁵⁵tsʰo⁵⁵ 东方 ȵi⁵⁵tsʰo⁵⁵ 西方 be⁵⁵ 去 ma⁵⁵ 不 hã⁵⁵. 能				
	通译	六月十九这一天属虎，不好不坏，日子硬。土神在地上，神枝在背后，刀子在前面，水神在西方。东方、西方不能去。				

六月二十日

	原图					
朱小华解读	国际音标	ło³⁵	tʰo⁵⁵li⁵⁵	pu⁵⁵mba³¹	tʂɿ³¹	a³¹kʰɚ⁵⁵
	直译	水神	兔	岸子	星宿	筛子
	意译	小的水神惹了人	属兔	不干净的坛神	星宿惹了人	做法事的工具
	解读	tʰo⁵⁵li⁵⁵ no⁵⁵, qo³¹ ʂo⁵⁵u⁵⁵ 兔子 二十 里头 纸	tʰo⁵⁵li⁵⁵ ȵi⁵⁵mi⁵⁵ mi⁵⁵ 兔子 日 下（方向前缀）	tɕi³¹ ȵi⁵⁵, tʂʰɿ³¹. 一 天 放，送	ło³⁵ pu³¹ ło³⁵ tʂo⁵⁵ 水神 送 水神 谢	hũ³⁵. a³¹kʰɚ⁵⁵ hũ³⁵. 需要 筛子 需要
	通译	六月二十，属兔的一天，要送水神，筛子里放纸，谢水神。				
	补充	六月二十日这一天，属兔的人如果生病，是因为犯了水神，但是不严重，而且他家的家神不干净。首先要送水神，方法是烧素香，用一些苦荞花和鲜牛奶在身上擦了以后送到不是病人本命的方向。再烧香敬家神。				

	国际音标	qɑ³⁵	tʰo⁵⁵li⁵⁵	nda⁵⁵ta⁵⁵	tʰa⁵⁵ba⁵⁵	ʂɿ³¹tʰo⁵⁵
李开华解读	直译	斗	兔	神枝	赤口	牛皮船
	意译	盛给和尚的粮食的斗	属兔	东方不干净的神枝	两个赤口碰在一起	吉利
	解读	tʰo⁵⁵li⁵⁵ lu⁵⁵ dzo³¹. 兔 属 在	tɕi⁵⁵ ȵi⁵⁵, zo³¹ qɑ³⁵ 一 天 粮食 斗	χɑ³⁵ tsa⁵⁵. 日子 坏 mi⁵⁵ 下（方向前缀）	tʰa⁵⁵ba⁵⁵ tʂʰɿ⁵⁵. 赤口 放	ȵi⁵⁵tʂʰo⁵⁵ 西方
	通译	六月二十这一天属兔，日子坏，赤口在西方。把（给和尚的）粮食放入斗中。				

六月二十一日

	原图					
朱小华解读	国际音标	sa⁵⁵ta⁵⁵	ɬi⁵⁵mi⁵⁵	ɚ⁵⁵dzɑ³¹	nda⁵⁵ta⁵⁵	ɲi⁵⁵mi⁵⁵
	直译	土神	月亮	龙	神枝	太阳
	意译	土神惹了人	要送月亮神	属龙	家神	要送太阳神
	解读	ɚ⁵⁵dzɑ³¹ 龙　no⁵⁵tɕi³¹ 二十一　ŋgo⁵⁵ 病　zo³¹ko⁵⁵, 得　ɚ⁵⁵dzɑ³¹ 龙　sa⁵⁵ta⁵⁵ 土神　ɲi⁵⁵mi⁵⁵ 日　tso⁵⁵ 谢　tɕi³¹ 一　hũ³⁵. 需要　ɚ⁵⁵dzɑ³¹ 龙　ɬi⁵⁵mi⁵⁵ 月亮　lu⁵⁵su⁵⁵ 属　ɬa³¹ 神　tsʰo³¹ 人　pu³¹ 送　ta⁵⁵mu⁵⁵ 这种　hũ³⁵, 需要　ɲi⁵⁵mi⁵⁵ 太阳　ɬa³¹ 神　pu³¹ 送　hũ³⁵. 需要				
	通译	六月二十一，属龙的一天，属龙的人得病，要谢土神，要送月亮神，要送太阳神。				
	补充	六月二十一日这一天，属龙的人如果有病，是因为冒犯了土神，要在太阳落的时候谢土神，苦荞花在身上擦以后往西方谢土神。然后烧一笼干净的柏香，上面放酒和清茶，往西方的高处送，此乃谢月亮神。				
李开华解读	国际音标	tʰa⁵⁵ba⁵⁵	hũ⁵⁵gu⁵⁵	hĩ⁵⁵mi⁵⁵	ʐɿ⁵⁵bi⁵⁵	ta³⁵pʰi⁵⁵	hĩ⁵⁵mi⁵⁵
	直译	赤口	晚上	太阳	龙	旗子	太阳
	意译	赤口在地上	月亮		属龙	头朝下的旗子	在天上飞的太阳
	解读	ʐɿ⁵⁵bi⁵⁵ 龙　bi⁵⁵. 飞　tɕi⁵⁵ga⁵⁵ 一起　ɲi⁵⁵tʂʰo⁵⁵ 西方　lu⁵⁵ 属　tʰa⁵⁵ba⁵⁵ 赤口　to³¹ 碰　be⁵⁵ 去　tɕi⁵⁵ 一　dzu⁵⁵ 地　ta³⁵pʰi⁵⁵ 旗子　ma⁵⁵ 不　ɲi⁵⁵, 天　a⁵⁵ 上（方位词）　tsʰɿ⁵⁵tsʰɿ⁵⁵ 下　hã⁵⁵. 能　χɑ³⁵ 日子　dzo³¹. 在　mi⁵⁵ 下（方向前缀）　tsa⁵⁵. 坏　hĩ⁵⁵mi⁵⁵ 太阳　lo³¹. 了　mu⁵⁵ 天　hĩ⁵⁵gu⁵⁵hĩ⁵⁵mi⁵⁵ 月亮　ʂa⁵⁵tʂʰo⁵⁵ 东方　a⁵⁵ 上（方位词）　tʰa⁵⁵ba⁵⁵ 赤口　hĩ⁵⁵mi⁵⁵ 太阳					
	通译	六月二十一这一天属龙，日子坏。太阳在天上飞，赤口在地上。太阳、月亮、赤口碰在了一起。旗子头朝下。东方和西方不能去。					

六月二十二日

	原图	🐚	🐍	(神枝)	(星点)	(月亮)
朱小华解读	国际音标	li³¹bu⁵⁵	dzɑ³¹	nta⁵⁵ta⁵⁵	tʂʅ³¹	ɬi⁵⁵mi⁵⁵
	直译	海螺	蛇	神枝	星宿	月亮
	意译	烧香时吹海螺	属蛇	家神	属蛇的人犯了四次星宿	月亮神
	解读	dzɑ³¹ ɲo⁵⁵ɲi⁵⁵, dzɑ³¹ ɲi⁵⁵mi⁵⁵ tɕi³¹ ɲi⁵⁵, dzɑ³¹ lu⁵⁵su⁵⁵ tsʰo³¹ 蛇 二十二 蛇 日 一 天 蛇 属 人 ta⁵⁵mu⁵⁵ ŋgo⁵⁵ zo³¹ko⁵⁵, ɬi⁵⁵mi⁵⁵ ɬa³¹ pu³¹ hũ³⁵, mu⁵⁵ ɑ⁵⁵ 这种 病 得 月亮 神 送 需要 天 上（方位词） tʂʅ³¹ pu³¹ hũ³⁵, li³¹bu⁵⁵ fu⁵⁵ hũ³⁵. 星宿 送 需要 海螺 吹 需要					
	通译	六月二十二，属蛇的一天，属蛇的人得病，要送月亮神，要送天上的星宿。					
	补充	六月二十二日这一天，属蛇的人如果生病，是因为犯了家神，四次犯了星宿，祖传有烧香的传统，但是后代却没有继承。要烧柏香，用一个鸡蛋在人身上滚，烧香以后吹四次海螺。					

	国际音标	hĩ³¹mbo⁵⁵kʰu⁵⁵	dzɑ³¹	nda⁵⁵ta⁵⁵	tʂo³¹	tsʰu⁵⁵	zʅ³⁵	hũ⁵⁵gu⁵⁵	hĩ⁵⁵mi⁵⁵
李开华解读	直译	海螺	蛇	神枝	祸	罩	四	晚上	太阳
	意译	海螺在前方	属蛇	神枝在背后	四颗星，一种不吉利的天象				罩在天上的月亮
	解读	dzɑ³¹ lu⁵⁵ tɕi⁵⁵ ɲi⁵⁵, χɑ³⁵ pʰio³⁵. mu⁵⁵ ɑ⁵⁵ 蛇 属 一 天 日子 好 天 上（方位词） hũ⁵⁵gu⁵⁵ hĩ⁵⁵mi⁵⁵ zo⁵⁵. mu⁵⁵ ɑ⁵⁵ tʂo³¹ tsʰu⁵⁵ zʅ³⁵ ɣua⁵⁵, 月亮 罩 天 上（方位词） 祸 罩 四 前面， hĩ³¹mbo⁵⁵kʰu⁵⁵ dzɑ³¹ nda⁵⁵ta⁵⁵ do³¹kʰu⁵⁵nu⁵⁵ nda³⁵. 海螺 在 神枝 背后 在								
	通译	六月二十二这一天属蛇，日子坏，月亮罩在天上，祸事（四颗星星）罩在天上。海螺在前面，神枝在背后。								

六月二十三日

原图						
朱小华解读	国际音标	za⁵⁵	mo⁵⁵	nda⁵⁵ta⁵⁵	ʁa⁵⁵la⁵⁵bu⁵⁵	y³¹ɚ⁵⁵tsʅ⁵⁵i⁵⁵to³⁵
	直译	鞋	马	神枝	大烧香堆堆	有爪子的怪象
	意译	属马的人穿了别人的鞋，不吉利	属马	家神	大烧香堆堆惹了人（点燃的，烟朝上冒）	天上的雀鸟出的怪象惹了人
	解读	mo⁵⁵ ȵo⁵⁵so⁵⁵, ta⁵⁵mu⁵⁵ ŋgo⁵⁵ zo³¹ko⁵⁵, 马　二十三　这种　病　得 mo⁵⁵ ȵi⁵⁵mi⁵⁵ tɕi³¹ ʁa⁵⁵la⁵⁵bu⁵⁵ 马　日　一　大烧香堆堆 ȵi⁵⁵, so³¹ 天　香 mo⁵⁵ vu⁵⁵ 马　烧 lu⁵⁵su⁵⁵ tsʰo³¹ hũ³⁵, 属　人　需要 y³¹ɚ⁵⁵tsʅ⁵⁵i⁵⁵to³⁵ pu³¹ hũ³⁵. 有爪子的怪象　送　需要				
	通译	六月二十三，属马的一天，属马的人得病，要给大烧香堆堆烧香，要送雀鸟的怪象。				
	补充	六月二十三日这一天，属马的人如果以前穿了别人的鞋，这一天屋里的鸡就会出怪象，这个人就会生病，把白石头烧红以后在他身上以及烧香堆堆上"减淤"。				

李开华解读	国际音标	ka³⁵	mo⁵⁵	ta³⁵pʰi⁵⁵	ʁa⁵⁵	ȵa⁵⁵ly³⁵
	直译	脚	马	旗子	烧香堆堆	眼睛
	意译	脚在西南方，不能去	属马	头朝下的旗子	用于烧素香	天上的眼睛
	解读	mo⁵⁵ lu⁵⁵ tɕi⁵⁵ ȵi⁵⁵, 马　属　一　天 ndʐa³⁵. ta³⁵pʰi⁵⁵ tsʰʅ⁵⁵tsʰʅ⁵⁵ 在　旗子　下（方向前缀） za⁵⁵ dza³¹. sio⁵⁵ pʰi⁵⁵ 鞋　在　香　素 ma⁵⁵ hã⁵⁵. 不　能	χa³⁵ pʰio³⁵. 日子　好 mi⁵⁵ 下（方向前缀） lo³¹ 上（方向前缀）	mu⁵⁵ 天 lo³¹, 了 mu⁵⁵. 烧	a⁵⁵ 上（方位词） io³⁵sa⁵⁵gu³¹ 西南方 io³⁵sa⁵⁵gu³¹ 西南方	ȵa⁵⁵ly³⁵ 眼睛 ka³⁵ 脚 be⁵⁵ 去
	通译	六月二十三这一天属马，日子坏，眼睛在天上，旗子头朝下。西南方有脚和鞋。烧素香。西南方不能去。				

六月二十四日

	原图					
朱小华解读	国际音标	nda⁵⁵ta⁵⁵	io⁵⁵	sa⁵⁵ta⁵⁵	la³¹	tsʰŋ⁵⁵ɚ⁵⁵
	直译	神枝	羊	土神	手	羊肩胛骨
	意译	家神	属羊	干净的土神	红煞	要用羊为病人除病。病人被惹得严重
	解读	io⁵⁵ no⁵⁵zŋ³⁵, io⁵⁵ ɲi⁵⁵mi⁵⁵ tɕi³¹ ɲi⁵⁵, io⁵⁵ lu⁵⁵su⁵⁵ tsʰo³¹ 羊　二十四　　　羊　日　一　天　羊　属　人 ta⁵⁵mu⁵⁵ ŋgo⁵⁵ zo³¹ko⁵⁵, za³⁵ lu⁵⁵χo³¹ pu³¹ hũ³⁵ za³⁵ 这种　　病　　得　　　煞气　红色　送　需要　煞气 na⁵⁵ŋkʰa³¹ pu³¹ hũ³⁵, sa⁵⁵ta⁵⁵ tso⁵⁵ hũ³⁵. 黑色　　送　需要　　土神　谢　需要				
	通译	六月二十四，属羊的一天，属羊的人得病，要送红煞，要送黑煞，要谢土神。				
	补充	六月二十四日这一天，属羊的人如果生病，是因为犯了红煞和黑煞，并且犯得很重（两块羊肩胛骨的含义），用糌粑面印三排图案，分别放在三个毛人的楼层里。用一只羊在人的身上打扫，然后杀羊，把血滴在糌粑坨坨上。苦荞花在病人身上擦拭以后撒在糌粑坨坨上，然后糌粑坨坨绕着病人的身体转圈（男转九圈，女转七圈），最后送到不是病人本命的方向一公里以外。这个驱煞仪式要做一天一夜，称作"za³⁵tʂŋ³¹pu³¹"，意为"送大的煞气"。				
李开华解读	国际音标	nda⁵⁵ta⁵⁵	io⁵⁵	tʰa⁵⁵ba⁵⁵	la³¹	sa³⁵qʰa⁵⁵
	直译	神枝	羊	赤口	手	血碗
	意译	神枝在西方	属羊	在地上的赤口	天上的手	有人放血，不吉利
	解读	io⁵⁵ lu⁵⁵ tɕi⁵⁵ ɲi⁵⁵, ma⁵⁵ qʰa⁵⁵ ma⁵⁵ nda⁵⁵, tʰa⁵⁵ba⁵⁵ 羊　属　一　天　不　好　不　坏　赤口 dzṳ⁵⁵ a⁵⁵ dzo³¹. nda⁵⁵ta⁵⁵ ɲi⁵⁵tʂʰo⁵⁵ dzɑ³¹. 地　上（方位词）在　　神枝　　西方　　在 sŋ⁵⁵ dza³⁵ tsŋ³⁵ dza³⁵ ŋe⁵⁵ tsu³¹, vi⁵⁵dza³⁵ tsŋ³⁵ te³¹ 神　饭　喂　饭　饱　得到　　面　喂（连词） ndʐŋ⁵⁵ ŋe⁵⁵ tsu³¹. 水　饱　得到				
	通译	六月二十四这一天属羊，日子不好不坏。赤口在地上，神枝在西方。给神的饭，神吃饱了；给神的水，神喝饱了。				

六月二十五日

	原图					
朱小华解读	国际音标	pu⁵⁵mba³¹	ɬo³⁵	mi³⁵	qa⁵⁵tu⁵⁵	ʁa⁵⁵la⁵⁵bu⁵⁵
	直译	岸子	水神	猴	糌粑坨坨	大烧香堆堆
	意译	坛神	小湖，不干净的水神惹了人	属猴	在印棒上印了图案的糌粑坨坨	大烧香堆堆惹了人
	解读	mi³⁵ n̪o⁵⁵ŋa³⁵，　　　mi³⁵　　n̪i⁵⁵mi⁵⁵　tɕi³¹　n̪i⁵⁵，　　mi³⁵　　　lu⁵⁵su⁵⁵ 猴　二十五　　　　　猴　　　日　　　一　　天　　　猴　　　　属 tsʰo³¹　ta⁵⁵mu⁵⁵　ŋo⁵⁵　　zo³¹ko⁵⁵，　ʁa⁵⁵la⁵⁵bu⁵⁵　so³¹　vu⁵⁵　hũ³⁵． 人　　这种　　　病　　得　　　　大烧香堆堆　　香　　烧　　需要 qa⁵⁵tu⁵⁵　pu³¹　hũ³⁵． 糌粑坨坨　送　需要				
	通译	六月二十五，属猴的一天，属猴的人得病，要给大烧香堆堆烧香，送糌粑坨坨。				
	补充	六月二十五日这一天，属猴的人如果生病，是因为大烧香堆堆或者水神惹了他，要打卦来确定是哪个东西惹了他。如果是水神惹的，就送水神（送半天或一天）。如果是香炉，就要送山菩萨。				
李开华解读	国际音标	nda⁵⁵ta⁵⁵	xə³⁵	mi³⁵	pu⁵⁵mba³¹	ʁa⁵⁵
	直译	神枝	湖	猴	神器	烧香堆堆
	意译	神枝在西方	水神	属猴	和尚的法器	用于烧素香
	解读	mi³⁵　　lu⁵⁵　　tɕi⁵⁵　n̪i⁵⁵，　χa³⁵　　pʰio³⁵．hũ⁵⁵bu⁵⁵　pʰi⁵⁵　　bu⁵⁵pʰi⁵⁵ 猴　　属　　　一　　天　　　日子　好　　荞花　　白的　　　牛奶 qa³¹，　hũ⁵⁵bu⁵⁵　qa³¹　　　　te³¹　　bu⁵⁵qa³¹　tɕi⁵⁵　po³¹．sio⁵⁵　pʰi⁵⁵ 撒　　荞花　　　撒　　　（连词）　松树桠　　一　　棵　　香　　素 tɕi⁵⁵　bi⁵⁵　　lo³¹　　　　mu⁵⁵． 一　　笼　　上（方向前缀）　（助词）				
	通译	六月二十五这一天属猴，日子好，把白荞花和白牛奶往松树上撒，烧一笼素香。				

六月二十六日

原图					
	(神枝图)	(鸡图)	(怪象图)	(刀子图)	(星宿图)

朱小华解读

国际音标	nda⁵⁵ta⁵⁵	dzu̠⁵⁵	qʰa⁵⁵ndʐa⁵⁵i⁵⁵to³⁵	ʁua³¹mi³¹	tʂʅ³¹
直译	神枝	鸡	有蹄子的怪象	刀子	星宿
意译	家神	属鸡	家中牲畜出的怪象惹了人	不干净的铁器	要送星宿

解读：
bi⁵⁵　ȵo⁵⁵kʰu³¹,　dzu̠⁵⁵　ȵi⁵⁵mi⁵⁵　tɕi³¹　ȵi⁵⁵,　bi⁵⁵　lu⁵⁵su⁵⁵　tsʰo³¹
鸡　　二十六　　　鸡　　　日　　　一　　天　　鸡　　属　　　　人

ta⁵⁵mu⁵⁵　ŋo⁵⁵　zo³¹ko⁵⁵,　mu⁵⁵　　a⁵⁵　　　　tʂʅ³¹　pu³¹　hũ³⁵.
这种　　　病　　得　　　　　天　　上（方位词）　星宿　　送　　需要

qʰa⁵⁵ndʐa⁵⁵i⁵⁵to³⁵　pu³¹　hũ³⁵.
有蹄子的怪象　　　送　　　需要

通译：六月二十六，属鸡的一天，属鸡的人得病，要送天上的星宿，要送牲畜的怪象。

补充：六月二十六日这一天，属鸡的人如果生病，是因为屋里有不干净的铁器，有猪的怪象，用丝茅草扎一个小的毛人，把猪的毛扎进去，送到十字路口。

李开华解读

国际音标	nda⁵⁵ta⁵⁵	bi⁵⁵	qɑ³⁵lu⁵⁵	ʁa³⁵mi⁵⁵	tʰa⁵⁵ba⁵⁵
直译	神枝	鸡	锅庄	刀子	赤口
意译	神枝在西方	属鸡	做道场时用石头架的锅庄	在怀里的刀子	赤口在天上

解读：
bi⁵⁵　　lu⁵⁵　tɕi⁵⁵　ȵi⁵⁵,　χɑ³⁵　tsa⁵⁵.　tʰa⁵⁵ba⁵⁵　mu⁵⁵　　a⁵⁵
鸡　　属　　一　　天　　日子　坏　　赤口　　　天　　　上（方位词）

dzo³¹.　ʁa³⁵mi⁵⁵　tʰa³¹ɣo⁵⁵　dza³¹.　ndza⁵⁵　　mi⁵⁵　　　　　ʂu³¹.
在　　　刀子　　　怀里　　　在　　　减淤　　　下（方向前缀）　减淤

通译：六月二十六这一天属鸡，日子坏。赤口在天上，刀子在怀里。这一天要减淤。

六月二十七日

	原图							
朱小华解读	国际音标	nda⁵⁵ta⁵⁵		tʂʰɿ³⁵		qʰo⁵⁵tsɿ⁵⁵		a³¹kʰɚ⁵⁵
	直译	神枝		狗		七姊妹星		筛子
	意译	家神		属狗		七星过滤，一种天象		做法事的工具
	解读	tʂʰɿ³⁵ 狗	ȵo⁵⁵ʂɿ³¹ 二十七	tʂʰɿ³⁵ 狗	ȵi⁵⁵mi⁵⁵ 日	tɕi³¹ 一	ȵi⁵⁵, 天	tʂʰɿ³⁵ 狗	lu⁵⁵su⁵⁵ 属
		tʂʰo³¹ 人	ta⁵⁵mu⁵⁵ 这种	ŋgo⁵⁵ 病	zo³¹ko⁵⁵, 得	a³¹kʰɚ⁵⁵ 筛子	qo³¹ 里头	ʂo⁵⁵u⁵⁵ 纸	ŋa³⁵ 五
		ga³¹ 张		mi⁵⁵ 下（方向前缀）	tʂʰɿ³¹, 放，送	pu³¹ 送	hũ³⁵. 需要		
	通译	六月二十七，属狗的一天，属狗的人得病，要在筛子里放五张纸，送出去。							
	补充	六月二十七日这一天，属狗的人如果生病，是因为天上的星宿惹了他，家里的家神不干净。把五色纸放在筛子里，在病人面前转两到三圈，再把五色纸和五张纸钱一起在家神面前烧掉，然后敬酒、敬茶，给家神"减淤"。							
李开华解读	国际音标	nda⁵⁵ta⁵⁵		tʂʰɿ⁵⁵		qʰo⁵⁵tsɿ⁵⁵		ʂɿ³¹tʰo⁵⁵
	直译	神枝		狗		七姊妹星		牛皮船
	意译	神枝在西方		属狗		一种天象		牛皮船在头顶
	解读	tʂʰɿ⁵⁵ 狗	lu⁵⁵ 属	tɕi⁵⁵ 一	ȵi⁵⁵, 天	ma⁵⁵ 不	qʰa⁵⁵ 好	ma⁵⁵ 不	nda⁵⁵, 坏
		qʰo⁵⁵tsɿ⁵⁵ 七姊妹星	zo³¹, 过渡	ʂɿ³¹tʰo⁵⁵ 牛皮船	ʁu⁵⁵ 头	a⁵⁵ 上（方位词）		dza̱³¹. 在	
	通译	六月二十七这一天属狗，日子不好不坏，七星过渡，牛皮船在头顶，可以去北方。							

六月二十八日

	原图					
朱小华解读	国际音标	nda⁵⁵ta⁵⁵	va³⁵	tʂʅ⁵⁵ka⁵⁵	sɑ⁵⁵ta⁵⁵	n̠i⁵⁵mi⁵⁵
	直译	家神	猪	脚	土神	太阳
	意译	不干净的家神	属猪	惹属猪之人的鬼穿着鞋	土神惹了人	要谢太阳神
	解读	va³⁵ no⁵⁵hĩ³¹, va³⁵ n̠i⁵⁵mi⁵⁵ tɕi³¹ n̠i⁵⁵, va³⁵ lu⁵⁵su⁵⁵ tsʰo³¹ 猪　二十八　　猪　日　一　天　猪　属　人 ta⁵⁵mu⁵⁵ ŋo⁵⁵ zo³¹ko⁵⁵, tʂʅ³¹ pi³⁵ hũ³⁵. sɑ⁵⁵ta⁵⁵ tʂo⁵⁵ hũ³⁵. 这种　病　得　凶星　送　需要　土神　谢　需要
	通译	六月二十八，属猪的一天，属猪的人得病，要送凶星，要谢土神。
	补充	六月二十八日这一天，属猪的人如果生病，是因为以前在正午的时候动了土，要在正午的时候谢太阳神和土神。方法同前文所述。

	国际音标	ta³⁵pʰi⁵⁵	va³⁵	ʂʅ⁵⁵ka³⁵	tʰa⁵⁵ba⁵⁵	hĩ⁵⁵mi⁵⁵
李开华解读	直译	旗子	猪	脚	赤口	太阳
	意译	头朝下的旗子	属猪	有人说是非，东方不能去	赤口在地上	太阳在天上
	解读	va³⁵ lu⁵⁵ tɕi⁵⁵ n̠i⁵⁵, χa³⁵ tsa⁵⁵. tɕi⁵⁵ga⁵⁵ mu⁵⁵ ma⁵⁵ hã⁵⁵. 猪　属　一　天　日子　坏　什么　做　不　能够 ta³⁵pʰi⁵⁵ tsʰʅ⁵⁵tsʰʅ⁵⁵ mi⁵⁵ lo³¹, ma³⁵ ka³⁵ tsʰu⁵⁵ 旗子　下　下（方向前缀）　了　后面　脚　踢 su⁵⁵ dzo³¹. tʰa⁵⁵ba⁵⁵ dzu⁵⁵ a⁵⁵ dzo³¹. n̠i⁵⁵tʂʰo⁵⁵ 人（名物化）　有　赤口　地　上（方位词）　有　西方 ʂɑ⁵⁵tʂʰo⁵⁵ hũ⁵⁵mi⁵⁵kʰi³¹ be⁵⁵ ma⁵⁵ hã⁵⁵. 东方　南方　去　不　能
	通译	六月二十八这一天属猪，日子坏，什么都不能做。旗子头朝下。东方有人踢脚。赤口在地上。西方、东方和南方不能去。

六月二十九日

	原图					
朱小华解读	国际音标	nda⁵⁵ta⁵⁵	sa⁵⁵ta⁵⁵sɿ⁵⁵i⁵⁵to³⁵	χa³⁵	li³¹bu⁵⁵	ɬi⁵⁵mi⁵⁵
	直译	神枝	土神菩萨的鬼	鼠	海螺	月亮
	意译	不干净的神枝	土神菩萨的鬼惹了人	属鼠	烧香时吹海螺	要送月亮神
	解读	χa³⁵ 鼠　n̩o⁵⁵ŋgu³⁵ 二十九，χa³⁵ 鼠　n̩i⁵⁵mi⁵⁵tɕi³¹ 日一　n̩i⁵⁵, 天　χa³⁵ 鼠　lu⁵⁵su⁵⁵ 属　tsʰo³¹ 人　ta⁵⁵mu⁵⁵ŋo⁵⁵ 这种病　zo³¹ko⁵⁵, 得　sa⁵⁵ta⁵⁵ 土神　pi³⁵ 送　hũ³⁵. 需要　ɬi⁵⁵mi⁵⁵ 月亮　ɬa³¹ 神　pu³¹ 送　hũ³⁵ 需要　so³¹ 香　vu⁵⁵ 烧　hũ³⁵. 需要　li³¹bu⁵⁵ 海螺　fu⁵⁵ 吹　hũ³⁵. 需要					
	通译	六月二十九，属鼠的一天，属鼠的人得病，要送土神，要送月亮神，烧香。要吹海螺。				
	补充	六月二十九日这一天，属鼠的人如果生病，是毛人在作怪[1]，使得家里的家神和牲畜不安宁，家人遇到不吉利的事情。要在月亮很明的时候用稻草扎十二个这种毛人[2]，样式像蛇，然后敲鼓，用一只牲畜在全家人的身上打扫。这种法事要做一天一夜，然后把毛人送往全家本命不在的方向，如果八方都有家人的本命，就送到角落里。总的仪式称作 "du³¹sɿ⁵⁵"。				
李开华解读	国际音标	nda⁵⁵ta⁵⁵	不详	χa³⁵	hĩ³¹mbo⁵⁵kʰu⁵⁵	hĩ⁵⁵mi⁵⁵
	直译	神枝	表示属鼠的人有吃有穿	鼠	海螺	太阳
	意译	神枝在西方		属鼠	在后面的海螺	在天上的太阳
	解读	χa³⁵ 鼠　lu⁵⁵ 属　tɕi³¹ 一　n̩i⁵⁵, 天　χa³⁵ 日子　pʰio³⁵. 好　mu⁵⁵ 天　a⁵⁵ 上（方位词）　hĩ⁵⁵mi⁵⁵ 太阳　dzo³¹. 有　ma³⁵ 后面　hĩ³¹mbo⁵⁵kʰu⁵⁵ 海螺　dza³¹. 在　χa³⁵ 鼠　χa³⁵ 鼠　mi⁵⁵ 下（方向前缀）　vo⁵⁵ 一背　ʂa⁵⁵. 吃用的东西				
	通译	六月二十九这一天属鼠，日子好。太阳在天上，海螺在后面。属鼠这一天能满载而归，有吃有穿。				

[1] 用稻草扎的毛人称作 "li⁵⁵ŋa³¹"，而成精作怪的毛人称作 "li⁵⁵ŋa³¹tɕi³¹ke³¹"。

[2] 十二个毛人分别称为：1.大毛人：mu⁵⁵kʰi⁵⁵ʂu³¹sɿ⁵⁵；2.两个小毛人：ʂu³¹sɿ⁵⁵ɚ³¹tsɿ⁵⁵；3.像狗的毛人：ʂu⁵⁵tʂʰɿ³¹n̩i⁵⁵tsu³¹（两个）；4.毛狗：da⁵⁵n̩i⁵⁵tsu³¹（两个）；5.两个毛人：tʰo³¹na⁵⁵n̩i⁵⁵tsu³¹ 6.两个毛人：kʰo⁵⁵pʰu³¹n̩i⁵⁵tsu³¹；7.lin⁵⁵ka³¹n̩i⁵⁵tsu³¹。

六月三十日

	原图						
朱小华解读	国际音标	ʁa⁵⁵la⁵⁵bu⁵⁵	li³¹bu⁵⁵	sa⁵⁵ta⁵⁵	ɣə³⁵	nda⁵⁵ta⁵⁵	y³¹ɚ⁵⁵tsʅ⁵⁵i⁵⁵to³⁵
	直译	烧香堆堆	海螺	土神	牛	神枝	有爪子的怪象
	意译	用于烧荤香	烧香要吹海螺	在地上的土神	属牛	家神	天上的雀鸟出的怪象惹了人
	解读	ɣə³⁵ so⁵⁵ʅ³¹. 牛 三十　　tsʰo³¹ ta⁵⁵mu⁵⁵ 人 这种　　y³¹ɚ⁵⁵tsʅ⁵⁵i⁵⁵to³⁵ 有爪子的怪象	ɣə³⁵ 牛　　ŋgo⁵⁵ 病　　pu³¹ 送	ɲi⁵⁵mi⁵⁵ 日　　zo³¹ko⁵⁵, 得　　hũ³⁵. 需要	tɕi³¹ ɲi⁵⁵, 一 天　　sa⁵⁵ta⁵⁵ 土神	ɣə³⁵ 牛　　tʂo⁵⁵ 谢	lu⁵⁵su⁵⁵ 属　　hũ³⁵. 需要
	通译	六月三十，属牛的一天，属牛的人得病，要谢土神，要送牲畜的怪象。					
	补充	六月三十日这一天，属牛的人如果生病，是因为在作法的时候程序不对，对菩萨不尊重，就会生病，要敬菩萨，向菩萨赔罪。					

	国际音标	ʁa⁵⁵	hĩ³¹mbo⁵⁵kʰu⁵⁵	tʰa⁵⁵baɜ⁵⁵	ɣə³⁵	ta³⁵pʰi⁵⁵	ɲa⁵⁵
李开华解读	直译	烧香堆堆	海螺	赤口	牛	旗子（神枝）	眼睛
	意译	用于烧荤香	海螺在西方	赤口在地上	属牛	旗子掉下来	天上有眼睛
	解读	ɣə³⁵ lu⁵⁵ tɕi⁵⁵ ɲi⁵⁵, 牛 属 一 天　　mu⁵⁵ a⁵⁵ na⁵⁵ 天 上（方位词） 眼睛　　ta³⁵pʰi⁵⁵ 旗子	χa³⁵ pʰio³⁵. 日子 好　　ndʐa³⁵ 在　　mi⁵⁵ 下（方向前缀）	tʰa⁵⁵baɜ⁵⁵ 赤口　　sio⁵⁵ 香荤　　gi⁵⁵pa³¹. 掉	dzu⁵⁵ a⁵⁵ dzo³¹. 地 上（方位词） 在　　na⁵⁵ lo³¹ 上（方向前缀）　　ɲi⁵⁵tʂo⁵⁵ 西方		mu⁵⁵. 烧　　be⁵⁵ 去　　a⁵⁵ʅ³¹. 可以
	通译	六月三十这一天属牛，日子好，赤口在地上，天上有眼睛。烧荤香。神枝旗子掉下来。可以去西方。					

七月  la⁵⁵ndo⁵⁵tɕi³¹pə.³¹
可以看见虎的一月

七月上

七月一日

原图		🌿	🐯	🐚	●	✋	🔥
	国际音标	nda⁵⁵ta⁵⁵	lɑ⁵⁵	li³¹bu⁵⁵	sɑ⁵⁵ta⁵⁵	la³¹	ʁɑ⁵⁵bu⁵⁵tɑ⁵⁵ta⁵⁵
	直译	神枝	虎	海螺	土神	手	小烧香堆堆
	意译	家神惹了人	属虎	烧香时要吹海螺	土神惹了人	火神的红煞	给小烧香堆堆烧香

朱小华解读

解读							
la⁵⁵ 虎	tɕi³¹ 一	la⁵⁵ 虎	n̪i⁵⁵mi⁵⁵ 日	tɕi³¹ 一	n̪i⁵⁵ 天	la⁵⁵ 虎	lu⁵⁵su⁵⁵ 属	tsʰo³¹ 人
ta⁵⁵mu⁵⁵ 这种	ŋgo⁵⁵ 病	zo³¹ko⁵⁵ 得	za³⁵ 煞气	pu³¹ 送	hũ³⁵ 需要	ʁɑ⁵⁵bu⁵⁵tɑ⁵⁵ta⁵⁵ 小烧香堆堆	so³¹ 香
vu⁵⁵ 烧	hũ³⁵ 需要	li³¹bu⁵⁵ 海螺	hũ³⁵ 需要				

通译：七月初一，属虎的一天，属虎的人得病，要送煞气，要给小烧香堆堆烧香，要吹海螺。

补充：七月初一这一天，属虎的人如果生病，是因为家神勾引了土神、火神和红煞来惹他，要烧香送火神。送土神的方法与前文相同。送红煞的方法是烧柏香，鸡冠上的血滴一滴在柏香上，准备一些干净的面、酒、茶，在早上太阳出来的时候把这些东西往东方送。

李开华解读

	国际音标	nda⁵⁵ta⁵⁵	lɑ⁵⁵	hĩ³¹mbo⁵⁵kʰu⁵⁵	tʰa⁵⁵bɑ⁵⁵	ndʐo³⁵	la⁵⁵ma⁵⁵	mu⁵⁵gu⁵⁵ʂɿ⁵⁵qʰa⁵⁵
	直译	神枝	虎	海螺	赤口	冰雹	喇嘛	雷神
	意译	神枝在西方	属虎	海螺在背后	赤口在东方	管冰雹的喇嘛		雷神在天上打雷

解读							
la⁵⁵ 虎	lu⁵⁵ 属	tɕi⁵⁵ 一	n̪i⁵⁵ 天	χa³⁵ 日子	pʰio³⁵ 好	ndʐo³⁵ 冰雹	la⁵⁵ma⁵⁵ 喇嘛	mu⁵⁵ 天	a⁵⁵ 上（方位词）
dzo̥³¹ 在	tʰa⁵⁵bɑ⁵⁵ 赤口	ʂa⁵⁵tʂʰo⁵⁵ 东方	dzo̥³¹ 在	hĩ³¹mbo⁵⁵kʰu⁵⁵ 海螺	ma³⁵ 后面	dza³¹ 在	
tʂo³¹tɕi⁵⁵kʰi³¹ 北方	ndʐo³⁵ 冰雹	dzu̥⁵⁵ 下	qa⁵⁵ （将行体标记）	tʂo³¹tɕi⁵⁵kʰi³¹ 北方	be⁵⁵ 去	ma⁵⁵ 不	hã⁵⁵ 能

通译：七月初一这一天属虎，日子好。管冰雹的喇嘛在天上，赤口在东方，海螺在后面。北方要下冰雹，北方不能去。

七月二日

	原图					
朱小华解读	国际音标	tsʅ³¹	nda⁵⁵ta⁵⁵	tʰo⁵⁵li⁵⁵	sa⁵⁵dʑu⁵⁵sa⁵⁵ta⁵⁵sʅ⁵⁵i⁵⁵to³⁵	ʁa⁵⁵la⁵⁵bu⁵⁵
	直译	星宿	神枝	兔	土神菩萨的鬼	大烧香堆堆
	意译	星宿惹了人	家神	属兔	土神菩萨的鬼犯了属兔的人	大烧香堆堆惹了人
	解读	tʰo⁵⁵li⁵⁵　ȵi⁵⁵，　　tʰo⁵⁵li⁵⁵　ȵi⁵⁵mi⁵⁵　tɕi³¹　　ȵi⁵⁵，　tʰo⁵⁵li⁵⁵　lu⁵⁵su⁵⁵　tsʰo³¹　ta⁵⁵mu⁵⁵ 兔　　二　　　兔　　　日　　一　　天　　兔　　属　　　人　　这种 ŋo⁵⁵　zo³¹ko⁵⁵，　mu⁵⁵　　　　a⁵⁵　　　　　tsʅ³¹　pu³¹　　hũ³⁵．ʁa⁵⁵la⁵⁵bu⁵⁵ 病　　得　　　天　　上（方位词）　星宿　送　　需要　大烧香堆堆 so³¹　vu⁵⁵　hũ³⁵．sa⁵⁵ta⁵⁵　tso⁵⁵　hũ³⁵． 香　　烧　　需要　土神　　　谢　　需要				
	通译	七月初二，属兔的一天，属兔的人得病，要送天上的星宿，要给大烧香堆堆烧香，要谢土神。				
	补充	属兔的人如果在某一天过路的时候冒犯了水神菩萨的儿子（吐口水或打了他），就会在七月初二这一天生病，要用糌粑面捏一个蛇和一个面人，用苦荞花为病人擦身，让病人对着牛奶呼气，把所有的东西绕着病人转圈以后，在哪个方向看到了这个蛇，就把东西往哪个方向送。				
李开华解读	国际音标	tʰa⁵⁵ba⁵⁵	nda⁵⁵ta⁵⁵	tʰo⁵⁵li⁵⁵	tʂa⁵⁵kʰa⁵⁵	ʁa⁵⁵
	直译	赤口	神枝	兔	怪、祸	烧香堆堆
	意译	赤口在北方	神枝在西方	属兔	蛇怪，不吉利的东西	用于烧荤香
	解读	tʰo⁵⁵li⁵⁵　lu⁵⁵　　tɕi⁵⁵　ȵi⁵⁵，　χa³⁵　tsa⁵⁵．nda⁵⁵ta⁵⁵　ȵi⁵⁵tʂʰo⁵⁵　dza³¹ 兔　　属　　一　　天　　日子　坏　　神枝　　　西方　　　在 tso³¹tɕi⁵⁵kʰi³¹　tʰa⁵⁵ba⁵⁵　dzo³¹．tʂa⁵⁵kʰa⁵⁵　ʂa⁵⁵tʂʰo⁵⁵　dza³¹．sio⁵⁵　pʰi⁵⁵ 北方　　　　赤口　　在　　怪、祸　　东方　　　在　　香　　素 lo³¹　　　　mu⁵⁵．ʂa⁵⁵tʂʰo⁵⁵　ȵi⁵⁵tʂʰo⁵⁵　hũ⁵⁵mi⁵⁵kʰi³¹　be⁵⁵　ma⁵⁵　hã⁵⁵． 上（方向前缀）烧　　东方　　　西方　　　南方　　　去　　不　　能				
	通译	七月初二这一天属兔，日子坏。神枝在西方，赤口在北方。东方有祸事。烧素香。东方、西方、南方不能去。				

七月三日

	原图				
朱小华解读	国际音标	ʁuɑ³¹mi³¹	ʑ⁵⁵dzɑ³¹	nda⁵⁵ta⁵⁵	tsʅ³¹
	直译	长刀	龙	神枝	星宿
	意译	不好的凶器	属龙	家神	星星在正中，犯得不严重
	解读	ʑ⁵⁵dzɑ³¹ so⁵⁵, ʑ⁵⁵dzɑ³¹ ɲi⁵⁵mi⁵⁵ tɕi³¹ ɲi⁵⁵, ʑ⁵⁵dzɑ³¹ lu⁵⁵su⁵⁵ tsʰo³¹ 龙　　三　　　龙　　　日　　　一　　天　　　龙　　属　　　人 ta⁵⁵mu⁵⁵ ŋgo⁵⁵ zo³¹ko⁵⁵, mu⁵⁵　　ɑ⁵⁵　　tsʅ³¹ pu³¹ hũ³⁵. 这种　　病　　得　　　　天　　上(方位词) 星宿　送　　需要				
	通译	七月初三，属龙的一天，属龙的人得病，要送天上的星宿。				
	补充	七月初三这一天，属龙的人如果生病，是因为有凶死的鬼［tsʅ⁵⁵tʂʰɑ³¹］惹他。用丝茅草扎一个小毛人，在毛人身上滴鸡血，然后把毛人送到十字路口烧掉。这种送鬼的仪式称作"tsʅ⁵⁵tʰo³¹tsʰʅ⁵⁵"。				
李开华解读	国际音标	ʁɑ³⁵mi⁵⁵	zʅ⁵⁵bi⁵⁵	nda⁵⁵ta⁵⁵	tʰɑ⁵⁵ba⁵⁵
	直译	长刀	龙	神枝	赤口
	意译	西方会发生口角和冲突	属龙	神枝在东方	赤口在北方
	解读	zʅ⁵⁵bi⁵⁵ lu⁵⁵ tɕi⁵⁵ ɲi⁵⁵, tʰɑ⁵⁵ba⁵⁵ tʂo³¹tɕʰi⁵⁵kʰi⁵⁵ ɑ⁵⁵ dzo³¹. 龙　　属　　一　　天　　　赤口　　　　北方　　　　　(方位词) 在 ɲi⁵⁵tsʰo⁵⁵ ʁɑ³⁵mi⁵⁵ dzɑ³¹ mi⁵⁵kʰɑ⁵⁵ lo³¹kʰɑ⁵⁵ ɣo⁵⁵ pu⁵⁵ 西方　　　长刀　　在　　　口角　　　是非　　　碰　　见 qa⁵⁵. zʅ³⁵dʑu⁵⁵kʰu³¹ be⁵⁵ ma⁵⁵ hã⁵⁵. (将行体标记) 四方　　　　去　　不　　能				
	通译	七月初三这一天属龙，赤口在北方，长刀在西方。（属龙的人）会和别人发生口角和是非。四方都不能去。				

七月四日

原图				
朱小华解读	国际音标	nda⁵⁵ta⁵⁵	dzɑ³¹	ʁuɑ³¹mi³¹	tʂʅ⁵⁵kɑ⁵⁵
	直译	神枝	蛇	长刀	脚
	意译	家神	属蛇	不吉利的长刀	属蛇的人脚痛
	解读	dzɑ³¹ zʅ³⁵, dzɑ³¹ ȵi⁵⁵mi⁵⁵ tɕi³¹ ȵi⁵⁵, dzɑ³¹ lu⁵⁵su⁵⁵ tsʰo³¹ 蛇　　四　　蛇　　　日　　　一　　天　　蛇　　属　　　人 tɑ⁵⁵mu⁵⁵ ŋo⁵⁵ zo³¹ko⁵⁵, zɑ³⁵ pu³¹ hũ³⁵. 这种　　　病　　得　　　　　煞气　送　需要			
	通译	七月初四，属蛇的一天，属蛇的人得病，要送煞气。			
	补充	七月初四这一天，属蛇的人如果生病，会脚痛，因为他把不好的刀带回家了。这个刀是别人用来作法的很古老的刀，带有红煞。但是没有犯土神。烧一盘柏香，用苦荞花为病人擦身，五张纸钱在病人身上转三圈，然后送到不是本命的方向。把刀送出去。			
李开华解读	国际音标	nda⁵⁵ta⁵⁵	dzɑ³⁵	ʁɑ³⁵mi⁵⁵	ʂʅ⁵⁵kɑ³⁵
	直译	神枝	蛇	长刀	脚
	意译	头朝下的神枝	属蛇	东方有长刀	天上的脚朝下蹬
	解读	dzɑ³⁵ lu⁵⁵ tɕi⁵⁵ ȵi⁵⁵, χɑ³⁵ tsɑ⁵⁵. mu⁵⁵ ɑ⁵⁵ kɑ³⁵ mi⁵⁵ 蛇　属　一　天　　日子　坏　　天　上（方位词）　脚　下（方向前缀） tʂʅ³¹. ʂɑ⁵⁵tʂʰo⁵⁵ ʁɑ³⁵mi⁵⁵ dzɑ³¹. nda⁵⁵ta⁵⁵ tsʰtsʅ⁵⁵ mi⁵⁵ 蹬　　东方　　　　长刀　　在　　　神枝　　朝下　下（方向前缀） lo³¹. tɕi⁵⁵gɑ⁵⁵ mu⁵⁵ mɑ⁵⁵ hã⁵⁵. hũ⁵⁵mi⁵⁵kʰi³¹ ɚ³¹ pʰɑ³¹ 了　什么　　做　不　能够　　南方　　　　（后缀）　方向 mɑ⁵⁵se⁵⁵ tʂʰo³¹ so⁵⁵ pʰo⁵⁵ mu⁵⁵ be⁵⁵ mɑ⁵⁵ hã⁵⁵. 除了　其他　三　方　（助词）去　不　能			
	通译	七月初四这一天属蛇，日子坏。天上的脚朝下蹬，东方有长刀，神枝头朝下。这一天什么都不能做。除了南方，其他三方都不能去。			

七月五日

	原图					
朱小华解读	国际音标	nda⁵⁵ta⁵⁵	mo⁵⁵	sa⁵⁵ta⁵⁵	a³¹kʰɚ⁵⁵	ʁa⁵⁵bu⁵⁵ta⁵⁵ta⁵⁵
	直译	神枝	马	土神	筛子	小烧香堆堆
	意译	家神	属马	土神惹了人，惹得严重	做法事的工具	小烧香堆堆惹了人
	解读	mo⁵⁵ ŋa³⁵, mo⁵⁵ ɲi⁵⁵mi⁵⁵ tɕi³¹ ɲi⁵⁵, mo⁵⁵ lu⁵⁵su⁵⁵ tsʰo³¹ ta⁵⁵mu⁵⁵ 马　五　马　　日　　一　天　马　属　　人　这种 ŋgo⁵⁵ zo³¹ko⁵⁵, a³¹kʰɚ⁵⁵ qo³¹ so⁵⁵u⁵⁵ ŋa³⁵ ga³¹ mi⁵⁵ 病　　得　　　筛子　　里头　纸　五　张　下（方向前缀） tʂʰɿ³¹. ʁa⁵⁵bu⁵⁵ta⁵⁵ta⁵⁵ so³¹ vu⁵⁵ hũ³⁵. sa⁵⁵ta⁵⁵ tso⁵⁵ hũ³⁵. 放，送　小烧香堆堆　　香　烧　需要　土神　谢　需要
	通译	七月初五，属马的一天，属马的人得病，在筛子里放五张纸，给小烧香堆堆烧香，要谢土神。				
	补充	七月初五这一天，属马的人如果生病，是因为被土神和香神犯了。把五种颜色的纸放在筛子里，用苦荞花擦病人身体，把一碗水饭和七张纸钱在病人身上转七圈，然后送到十字路口。				
李开华解读	国际音标	nda⁵⁵ta⁵⁵	mo⁵⁵	tʰa⁵⁵ba⁵⁵	ʂɿ³¹tʰo⁵⁵	ʁa⁵⁵
	直译	神枝	马	赤口	牛皮船	烧香堆堆
	意译	朝上立的神枝	属马	赤口在东方	牛皮船在北方	用于烧素香
	解读	mo⁵⁵ lu⁵⁵ tɕi⁵⁵ ɲi⁵⁵, tʰa⁵⁵ ne⁵⁵ tʰa⁵⁵ ʁa⁵⁵. nda⁵⁵ta⁵⁵ to³¹to⁵⁵ 马　属　一　天　不　输　不　赢　神枝　朝上 tsu³⁵. ʂɿ³¹tʰo⁵⁵ tso³¹tɕi⁵⁵kʰi³¹ a⁵⁵ dzɑ³¹ tʰa⁵⁵ba⁵⁵ ʂa⁵⁵tsʰo⁵⁵ 立　牛皮船　　北方　　　（方位词）　在　赤口　东方 dzo³¹. sio⁵⁵ pʰi⁵⁵ lo³¹ mu⁵⁵ di³¹ qa³⁵. 在　香　素　上（方向前缀）烧（连词）对，好
	通译	七月初五这一天属马，（做事）不输不赢。神枝朝上立。牛皮船在北方，赤口在东方。烧素香就好了。				

七月六日

	原图				
朱小华解读	国际音标	nda⁵⁵ta⁵⁵	li³¹bu⁵⁵	ȵio⁵⁵	ȵi⁵⁵mi⁵⁵
	直译	神枝	海螺	羊	太阳
	意译	家神	烧香时要吹海螺	属羊	太阳神惹了人
	解读	ȵio⁵⁵ kʰu³¹, tsʰo³¹ ta⁵⁵mu⁵⁵ li³¹bu⁵⁵ fu⁵⁵ hũ³⁵. 羊 六 人 这种 海螺 吹 需要	ȵio⁵⁵ ȵi⁵⁵mi⁵⁵ ŋo⁵⁵ zo³¹ko⁵⁵, 羊 日 病 得	tɕi³¹ ȵi⁵⁵, ȵi⁵⁵mi⁵⁵ ɬa³¹ 一 天 太阳 神	ȵio⁵⁵ lu⁵⁵su⁵⁵ so³¹ vu⁵⁵ 羊 属 香 烧
	通译	七月初六，属羊的一天，属羊的人得病，要给太阳神烧香，要吹海螺。			
	补充	七月初六这一天，属羊的人如果生病，是因为被太阳菩萨惹了，要给太阳菩萨烧素香。			
李开华解读	国际音标	nda⁵⁵ta⁵⁵	hĩ³¹mbo⁵⁵kʰu⁵⁵	ȵio⁵⁵	hĩ⁵⁵mi⁵⁵
	直译	神枝	海螺	羊	太阳
	意译	朝上立的神枝	摆放在前面的海螺	属羊	在天上飞的太阳
	解读	ȵio⁵⁵ lu⁵⁵ hĩ⁵⁵mi⁵⁵ bi⁵⁵. to³¹to⁵⁵ tsu³⁵. 羊 属 太阳 飞 朝上 立	tɕi⁵⁵ ȵi⁵⁵, pa³⁵la⁵⁵ 一 天 面前	χa³⁵ pʰio³⁵. hĩ³¹mbo⁵⁵kʰu⁵⁵ dza³¹. 日子 好 海螺 在	mu⁵⁵ a⁵⁵ 天 上（方位词） ȵi⁵⁵tʂo⁵⁵ nda⁵⁵ta⁵⁵ 西方 神枝
	通译	七月初六这一天属羊，日子好。太阳在天上飞，海螺摆在面前。西方神枝朝上立。			

七月七日

	原图					
朱小华解读	国际音标	nda^{55}ta^{55}	mi^{35}	bu^{55}ʅ^{31}to^{35}	ɬi^{55}mi^{55}	tʂʅ^{31}
	直译	神枝	猴	蛇怪	月亮	星宿
	意译	家神	属猴	天神菩萨的鬼惹了人	月亮神惹了人	星宿惹了人
	解读	mi^{35} ʂʅ^{31}, mi^{35} ȵi^{55}mi^{55} tɕi^{31} ȵi^{55}, mi^{35} lu^{55}su^{55} tsʰo^{31} ta^{55}mu^{55} 猴 七 猴 日 一 天 猴 属 人 这种 ŋgo^{55} zo^{31}ko^{55}, ɬi^{55}mi^{55} ɬa^{31} pu^{31} hũ^{35}. mu^{55} ɑ^{55} 病 得 月亮 神 送 需要 天 上（方位词） tʂʅ^{31} pu^{31} hũ^{35}, to^{35} pu^{31} hũ^{35}. 星宿 送 需要 怪象 送 需要				
	通译	七月初七，属猴的一天，属猴的人得病，要送月亮神，要送天上的星宿，要送怪象。				
	补充	七月初七这一天，属猴的人生病，是因为看到过朝上爬的蛇的怪象，要用丝茅草做一条蛇和一个人，用苦荞花为病人擦身，念完经把草蛇、草人和苦荞花送到西方，放在干净的树枝上。				
李开华解读	国际音标	nda^{55}ta^{55}	mi^{35}	bu^{55}ʅ^{55}	hĩ^{55}gu^{55}	hĩ^{55}mi^{55}	tʰa^{55}ba^{55}
	直译	神枝	猴	蛇	晚上	太阳	赤口
	意译	神枝在西方	属猴	蛇上天，出怪象	月亮		赤口在天上
	解读	mi^{35} lu^{55} tɕi^{55} ȵi^{55}, tʰa^{55}ba^{55} mu^{55} ɑ^{55} dzo^{31}. χɑ^{35} 猴 属 一 天 赤口 天 上（方位词） 在 日子 ma^{55} qʰa^{55} ma^{55} nda^{55}. tʂo^{31}tɕʰi^{55}kʰi^{31} ʂɑ^{55}tʂʰo^{55} hũ^{55}mi^{55}kʰi^{31} 不 好 不 坏 北方 东方 南方 be^{55} ma^{55} hã^{55}. 去 不 能				
	通译	七月初七这一天属猴，赤口在天上，日子不好不坏。北方、东方、南方不能去。					

第三章 文献精选精译　545

七月八日

	原图					
朱小华解读	国际音标	pu⁵⁵mba³¹	ɬo³⁵	dzv̩⁵⁵	li³¹bu⁵⁵	y³¹ɚ⁵⁵tsʅ⁵⁵i⁵⁵to³⁵
	直译	岸子	水神	鸡	海螺	有爪子的怪象
	意译	坛神	一个一般大的湖	属鸡	烧香时吹海螺	天上的雀鸟出的怪象惹了人
	解读	dzv̩⁵⁵ hĩ³¹, dzv̩⁵⁵ ȵi⁵⁵mi⁵⁵ tɕi³¹ ȵi⁵⁵, dzv̩⁵⁵ lu⁵⁵su⁵⁵ tsʰo³¹ ta⁵⁵mu⁵⁵ 鸡　八　鸡　日　一　天　鸡　属　人　这种 ŋo⁵⁵ zo³¹ko⁵⁵, y³¹ɚ⁵⁵tsʅ⁵⁵i⁵⁵to³⁵ pu³¹ hũ³⁵. li³¹bu⁵⁵ fu⁵⁵ hũ³⁵. 病　得　有爪子的怪象　送　需要　海螺　吹　需要				
	通译	七月初八，属鸡的一天，属鸡的人得病，要送雀鸟的怪象，要吹海螺。				
	补充	七月初八这一天，属鸡的人生病，是因为被水神惹了，要送水神：用印棒在三盘糌粑坨坨上印出图案[1]，再捏出水鸟、蛤蟆、蛇，放在石板上，送进水里。鲜牛奶和苦荞花用水混合，撒在水里。				

	国际音标	nda⁵⁵ta⁵⁵	xe³⁵	bi⁵⁵	hĩ³¹mbo⁵⁵kʰu⁵⁵	n̩a⁵⁵
李开华解读	直译	神枝	湖	鸡	海螺	眼睛
	意译	神枝在西方	南方有湖，不能去南方	属鸡	海螺在东方	在天上的眼睛
	解读	bi⁵⁵ lu⁵⁵ tɕi⁵⁵ ȵi⁵⁵, χa³⁵ pʰio³⁵. mu⁵⁵ a⁵⁵ n̩a⁵⁵ 鸡　属　一　天　日子　好　天　上（方位词）　眼睛 ndʐa³⁵. ʂa⁵⁵tʂʰo⁵⁵ hĩ³¹mbo⁵⁵kʰu⁵⁵ dzo³¹. hũ⁵⁵mi⁵⁵kʰi³¹ xe³⁵ dza³¹. 有　东方　海螺　在　南方　湖　在 ȵi⁵⁵tʂʰo⁵⁵ tso³¹tɕʰi⁵⁵kʰi³¹ hũ⁵⁵mi⁵⁵kʰi³¹ be⁵⁵ ma⁵⁵ hã⁵⁵. 西方　北方　南方　去　不　能				
	通译	七月初八这一天属鸡，日子好。天上有眼睛，海螺在东方，南方有湖。西方、北方和南方不能去。				

---

[1] 采用的是"ɬæ³¹kʰa³¹"和"ɬo⁵⁵ntʂʰo⁵⁵"两排图案。"ɬæ³¹kʰa³¹"这一排通常用于送山神、水神、庙神等，共有六个图案，第一个是"ɣa⁵⁵la⁵⁵bu⁵⁵"（大烧香堆堆）；第二至九个是"sʅ³¹po⁵⁵"（树）；后四个分别是"pa⁵⁵ kʰu³¹pʰa³¹"（牵在树上的线），"zʅ⁵⁵ku³¹ka³⁵"（送水神用的铜钱，挖个洞埋进去），"zʅ⁵⁵ku³¹"（洞里面装的东西，如线、针、鸡蛋等），"la⁵⁵ka⁵⁵mi⁵⁵"（盖住洞口的石板）。"ɬo⁵⁵ntʂʰo⁵⁵"这一排图案在上文中有介绍。

七月九日

	原图					
朱小华解读	国际音标	nda^{55}ta^{55}	tʂʰɿ^{55}ɚ^{55}	tʂʰɿ^{35}	la^{31}ka^{31}	tʂɿ^{31}
	直译	神枝	羊肩胛骨	狗	手	星宿
	意译	家神	杀羊送煞气	属狗	山神菩萨的手	星宿惹了人
	解读	tʂʰɿ^{35} ŋgu^{35}, 狗　九　　　ta^{55}mu^{55} ŋgo^{55}, 这种　病　　　hū^{35}. mu^{55} 需要　天	tʂʰɿ^{35} ȵi^{55}mi^{55} 狗　日　　　zo^{31}ko^{55}, 得　　　a^{55} 上（方位词）	tɕi^{31} ȵi^{55}, 一　天　　za^{35} pu^{31} 煞气　送　　tʂɿ^{31} pu^{31} 星宿　送	tʂʰɿ^{55} lu^{55}su^{55} 狗　属　　hū^{35}. 需要　　hū^{35}. 需要	tsʰo^{31} 人　　tʂʰɿ^{55} zy^{55} 羊　用	
	通译	七月初九，属狗的一天，属狗的人得病，要送煞气，要用羊，要送天上的星宿。				
	补充	七月初九这一天，属狗的人如果生病，要杀一只羊，再绑三个三只脚的毛人，用印棒印三排相同的糌粑坨坨[1]，每个毛人里各安放一排，然后把毛人绕着病人转圈，再送往东、南、西三方。				

	国际音标	nda^{55}ta^{55}	sa^{35}	tʂʰɿ^{55}	tʂʰɿ^{35}	la^{31}	tʰa^{55}ba^{55}
李开华解读	直译	神枝	血	放	狗	手	赤口
	意译	神枝在西方	放血		属狗	山神菩萨的手	赤口在东北方
	解读	tʂʰɿ^{35} lu^{55} 狗　属　　a^{55} （方位词）　　zo^{55}ku^{55}. 需要	tɕi^{55} ȵi^{55}, 一　天　　dzo^{31}. 在　　tso^{31}tɕʰi^{55}kʰi^{31} 北方	χa^{35} tsa^{55}. 日子　坏　　sɿ^{55}vi^{55} 山神菩萨　　ȵi^{55}tʂʰo^{55} 西方	tʰa^{55}ba^{55} 赤口　　la^{31} 手　　hū^{55}mi^{55}kʰi^{31} 南方	ʁə^{35}sa^{55}gu^{31} 东北方　　tʂɿ^{55}. 伸　　be^{55} 去	sa^{35} 血　　ma^{55} 不	tʂʰɿ^{55} 放　　hã^{55}. 能
	通译	七月初九这一天属狗，日子坏。赤口在东北方。山神菩萨伸手了，需要放血。北方、西方、南方不能去。					

[1] 采用的是"sɿ^{55}kʰa^{31}"这一排。这一排共有十二个图案，分别是"ʁa^{55}la^{55}bu^{55}"（大烧香堆堆），"pa^{55}kʰu^{31}"（敬山神时挂在山上的布），"ku^{35}"（男人），"mi^{35}"（女人），后八个都是"ʁa^{55}bu^{55}ta^{55}ta^{55}"（小烧香堆堆）。

七月十日

	原图					
朱小华解读	国际音标	nda⁵⁵ta⁵⁵	va³⁵	sa⁵⁵ta⁵⁵	ʁa⁵⁵la⁵⁵bu⁵⁵	ʁa⁵⁵bu⁵⁵ta⁵⁵ta⁵⁵
	直译	神枝	猪	土神	大烧香堆堆	小烧香堆堆
	意译	家神	属猪	土神惹了人	给大烧香堆堆烧香	给小烧香堆堆烧香
	解读	va³⁵ χo³¹, va³⁵ ȵi⁵⁵mi⁵⁵ tɕi³¹ ȵi⁵⁵, va³⁵ lu⁵⁵su⁵⁵ tsʰo³¹ ta⁵⁵mu⁵⁵ 猪 十 猪 日 一 天 猪 属 人 这种 ŋgo⁵⁵ zo³¹ko⁵⁵, ʁa⁵⁵la⁵⁵bu⁵⁵ so³¹ vu⁵⁵ hũ³⁵. ʁa⁵⁵bu⁵⁵ta⁵⁵ta⁵⁵ 病 得 大烧香堆堆 香 烧 需要 小烧香堆堆 so³¹ vu⁵⁵ hũ³⁵. sa⁵⁵ta⁵⁵ tʂo⁵⁵ hũ³⁵. 香 烧 需要 土神 谢 需要				
	通译	七月十日，属猪的一天，属猪的人得病，要给大烧香堆堆烧香，给小烧香堆堆烧香，要谢土神。					
	补充	七月初十这一天，属猪的人如果生病，是因为山上以前有烧香的地方，但他多年没有烧香了，就犯了山神，必须要在初一和初五或者初五和十五的时候烧香。					
李开华解读	国际音标	nda⁵⁵ta⁵⁵	va³⁵	tʰa⁵⁵ba⁵⁵	ʁa⁵⁵	ʁa⁵⁵
	直译	神枝	猪	赤口	烧香堆堆	烧香堆堆
	意译	神枝在西方	属猪	赤口在东方	用于烧素香	用于烧荤香
	解读	va³⁵ lu⁵⁵ tɕi⁵⁵ ȵi⁵⁵, ma⁵⁵ qʰa⁵⁵ ma⁵⁵ nda⁵⁵. tʰa⁵⁵ba⁵⁵ 猪 属 一 天 不 好 不 坏 赤口 ʂa⁵⁵tʂʰo⁵⁵ dzo³¹. sio⁵⁵ pʰi⁵⁵ lo³¹ mu⁵⁵. nda⁵⁵ta⁵⁵ 东方 在 香 素 上（方向前缀） 烧 神枝 ȵi⁵⁵tʂʰo⁵⁵ dzɑ³¹. ʂa⁵⁵tʂʰo⁵⁵ hũ⁵⁵mi⁵⁵kʰi³¹ be⁵⁵ ma⁵⁵ hã⁵⁵. 西方 在 东方 南方 去 不 能				
	通译	七月初十这一天属猪，日子不好不坏。赤口在东方，烧素香。神枝在西方。东方、南方不能去。					

七月十一日

	原图					
朱小华解读	国际音标	nda⁵⁵ta⁵⁵	zu³⁵	ʁua³¹mi³¹	χa³⁵	tsɿ³¹
	直译	神枝	咒神	长刀	鼠	星宿
	意译	家神	属鼠的人犯了咒神，与长刀结合，代表非常凶的咒神	不吉利的凶器，代表诅咒	属鼠	星宿惹了人
	解读	χa³⁵ χo³¹tɕi³¹, 鼠 十一 ta⁵⁵mu⁵⁵ ŋo⁵⁵ 这种 病	χa³⁵ 鼠 zo³¹ko⁵⁵, 得	ȵi⁵⁵mi⁵⁵ tɕi³¹ 日 一 zu³⁵ kʰi⁵⁵pi⁵⁵ 咒神 送	ȵi⁵⁵, χa³⁵ 天 鼠 hũ³⁵. tsɿ³¹ 需要 星宿	lu⁵⁵su⁵⁵ tsʰo³¹ 属 人 pu³¹ hũ³⁵. 送 需要
	通译	七月十一，属鼠的一天，属鼠的人得病，要送咒神，送星宿。				
	补充	七月十一日这一天，属鼠的人如果生病，是因为被咒神犯了[1]，犯得相当严重，要绑四十九个毛人，固定在竹子上。杀一只黑羊；用一只铁爪，一面勾住一只小鸡的嘴，另一面勾住毛人，两个人抬着竹子上的毛人，和尚戴着花冠，牵着小鸡，打着鼓送毛人出去[2]，送到不是病人本命的方向一公里以外的地方。				
李开华解读	国际音标	nda⁵⁵ta⁵⁵	不详	ʁa³⁵mi⁵⁵	χa³⁵	tʰa⁵⁵ba⁵⁵
	直译	神枝		长刀	鼠	赤口
	意译	朝下看的神枝		长刀在东方	属鼠	赤口在天上
	解读	χa³⁵ lu⁵⁵ tɕi⁵⁵ ȵi⁵⁵, ma⁵⁵ qʰa⁵⁵ ma⁵⁵ nda⁵⁵ tʰa⁵⁵ba⁵⁵ 鼠 属 一 天 不 好 不 坏 赤口 mu⁵⁵ a⁵⁵ dzo³¹. ʂa⁵⁵tsʰo⁵⁵ ʁa³⁵mi⁵⁵ dza³¹. nda⁵⁵ta⁵⁵ 天 上（方位词） 在 东方 长刀 在 神枝 tsʰɿ⁵⁵tsʰɿ⁵⁵ mi⁵⁵ ly³⁵. zɿ³⁵dzu⁵⁵kʰu³¹ be⁵⁵ ma⁵⁵ hã⁵⁵. 下 下（方向前缀） 看 四方 去 不 能				
	通译	七月十一这一天属鼠，日子不好不坏。赤口在天上，长刀在东方。神枝头朝下看。四方都不能去。				

---

[1] 这种咒神产生的原因是两个人互相争吵，一方请了最高的法师，对另一方下了诅咒。这是最不好的咒神，称作"tsʰa⁵⁵kʰa⁵⁵"。图中的咒神和长刀是搭配出现的，长刀是诅咒，代表着下咒的法事。

[2] 把毛人送出去称为"tsʰa⁵⁵kʰa⁵⁵ʁo⁵⁵tso⁵⁵"，把咒神送出去称为"tsʰa⁵⁵kʰa⁵⁵ma³¹ndo⁵⁵"。

七月十二日

	原图				
	国际音标	nda⁵⁵ta⁵⁵	sa⁵⁵ta⁵⁵	ɣe³⁵	a³¹kʰɚ⁵⁵
	直译	神枝	土神	牛	筛子
	意译	家神	土神惹了人	属牛	做法事的工具
朱小华解读	解读	ɣe³⁵ 牛　χo³¹n̠i⁵⁵, 十二　ɣe³⁵ 牛　n̠i⁵⁵mi⁵⁵ 日　tɕi³¹ 一　n̠i⁵⁵, 天　ɣe³⁵ 牛　lu⁵⁵su⁵⁵ 属　tsʰo³¹ 人　ta⁵⁵mu⁵⁵ 这种　ŋgo⁵⁵ 病　zo³¹ko⁵⁵, 得　a³¹kʰɚ⁵⁵ 筛子　qo³¹ 里头　ʂo⁵⁵u⁵⁵ 纸　ŋa³⁵ 五　ga³¹ 张　mi⁵⁵ 下（方向前缀）　tʂʰʅ³¹, 放，送　hũ⁵⁵bu⁵⁵ 荞花　mi⁵⁵ 下（方向前缀）　tʂʰʅ³¹. 放，送　sa⁵⁵ta⁵⁵ 土神　tʂo⁵⁵ 谢　hũ³⁵. 需要				
	通译	七月十二，属牛的一天，属牛的人得病，在筛子里放五张纸，撒荞花，谢土神。				
	补充	七月十二日这一天，属牛的人如果生病，是因为犯了土神。用苦荞花擦身体，然后把五种颜色的纸放在筛子里围着病人的身体转，然后一起送出去。				
	国际音标	nda⁵⁵ta⁵⁵	tʰa⁵⁵ba⁵⁵	ɣə³⁵	ʂʅ³¹tʰo⁵⁵
	直译	神枝	赤口	牛	牛皮船
	意译	吉利的神枝	赤口在西南方	属牛	牛皮船在北方
李开华解读	解读	ɣə³⁵ 牛　lu⁵⁵ 属　tɕi⁵⁵ 一　n̠i⁵⁵, 天　χa³⁵ 日子　tsa⁵⁵. 坏　tʰa⁵⁵ba⁵⁵ 赤口　io³⁵sa⁵⁵gu³¹ 西南方　a⁵⁵ （方位词）　dzo³¹. 在　ʂʅ³¹tʰo⁵⁵ 牛皮船　tʂo³¹tɕʰi⁵⁵kʰi³¹ 北方　a⁵⁵ （方位词）　dza³¹. 在　nda⁵⁵ta⁵⁵ 神枝　pʰio³⁵ 好　tɕʰi⁵⁵ 这　tɕi⁵⁵ 一　n̠i⁵⁵ 天　te³¹ （连词）　tɕi⁵⁵ga⁵⁵ 什么　mu⁵⁵ 做　ma⁵⁵ 不　hã⁵⁵. 能够　n̠i⁵⁵tʂo⁵⁵ 西方　hũ⁵⁵mi⁵⁵kʰi³¹ 南方　be⁵⁵ 去　ma⁵⁵ 不　hã⁵⁵. 能				
	通译	七月十二这一天属牛，日子坏。赤口在西南方，筛子在天上。神枝吉利。这一天什么都不能做。西方和南方不能去。				

七月十三日

	原图					
朱小华解读	国际音标	nda⁵⁵ta⁵⁵	la⁵⁵	ŋgu³¹gi⁵⁵	ȵi⁵⁵mi⁵⁵	qʰa⁵⁵ndʐa⁵⁵i⁵⁵to³⁵
	直译	神枝	虎	八方神	太阳	有蹄子的怪象
	意译	家神	属虎	八方神严重地惹了人	太阳神惹了人	家中牲畜出的怪象惹了人
	解读	la⁵⁵ χo³¹so⁵⁵, ta⁵⁵mu⁵⁵ ŋo⁵⁵ pu³¹ hũ³⁵, 虎 十三 这种 病 送 需要	la⁵⁵ zo³¹ko⁵⁵, ŋgu³¹gi⁵⁵ 虎 得 八方神	ȵi⁵⁵mi⁵⁵ tɕi³¹ ȵi⁵⁵mi⁵⁵ ɬa⁵⁵ pu³¹ hũ³⁵. 日 一 太阳 神 送 需要	ȵi⁵⁵ la⁵⁵ pu³¹ hũ³⁵, 天 虎 送 需要	lu⁵⁵su⁵⁵ tsʰo³¹ qʰa⁵⁵ndʐa⁵⁵i⁵⁵to³⁵ 属 人 有蹄子的怪象
	通译	七月十三，属虎的一天，属虎的人得病，要送太阳神，要送牲畜的怪象，要送八方神。				
	补充	七月十三这一天，属虎的人如果生病，就会相当严重，因为家里有八方神带来的黑煞。准备九张石板，上面放九笼柏香，九把苦荞花，九杯清茶，分别往九个方向送。				
李开华解读	国际音标	nda⁵⁵ta⁵⁵	la⁵⁵	zʐ³⁵ɖu⁵⁵kʰu³¹	hĩ⁵⁵mi⁵⁵	qa³⁵lu⁵⁵
	直译	神枝	虎	四方	太阳	锅庄
	意译	神枝在西方	属虎	四方都可以去	太阳在天上飞	做道场时用石头架的锅庄
	解读	la⁵⁵ lu⁵⁵ tɕi⁵⁵ ȵi⁵⁵, ma⁵⁵ qʰa⁵⁵ ma⁵⁵ nda⁵⁵. mu⁵⁵ a⁵⁵ 虎 属 一 天 不 好 不 坏 天 上（方位词） hĩ⁵⁵mi⁵⁵ bi⁵⁵. ndʐa⁵⁵ mi⁵⁵ ʂu³¹. pʰio³⁵ zʐ³⁵ɖu⁵⁵kʰu³¹ be⁵⁵ 太阳 飞 减淤 下（方向前缀） 减淤 整个 四方 去 a⁵⁵ʂʅ³¹. 可以				
	通译	七月十三这一天属虎，不好不坏，太阳在天上飞。减淤。整个四方都可以去。				

第三章 文献精选精译

七月十四日

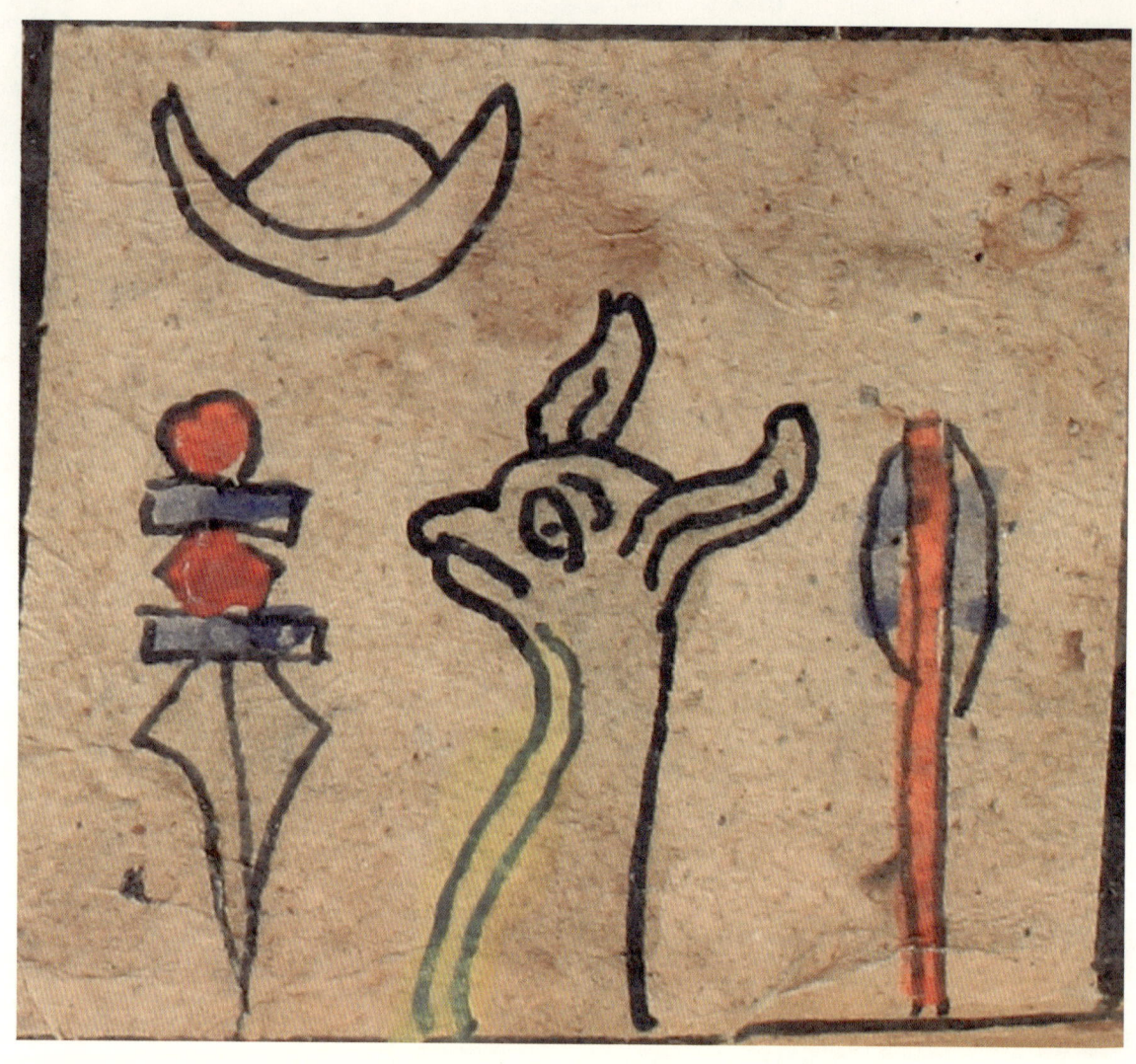

	原图				
朱小华解读	国际音标	ʁɑ⁵⁵lɑ⁵⁵bu⁵⁵	tʰo⁵⁵li⁵⁵	nda⁵⁵ta⁵⁵	ɬi⁵⁵mi⁵⁵
	直译	大烧香堆堆	兔	神枝	月亮
	意译	大烧香堆堆惹了人	属兔	家神	月亮神惹了人
	解读	tʰo⁵⁵li⁵⁵ χo³¹zɿ³⁵, 兔 十四　tsʰo³¹ tɑ⁵⁵mu⁵⁵ ŋgo⁵⁵ zo³¹ko⁵⁵, 人 这种 病 得　hũ³⁵. ɬi⁵⁵mi⁵⁵ 需要 月亮	tʰo⁵⁵li⁵⁵ n̩i⁵⁵mi⁵⁵ 兔 日 ɬa³¹ 神	tɕi³¹ n̩i⁵⁵, 一 天 ʁɑ⁵⁵lɑ⁵⁵bu⁵⁵ 大烧香堆堆 pu³¹ 送	tʰo⁵⁵li⁵⁵ lu⁵⁵su⁵⁵ 兔 属 so³¹ vu⁵⁵ 香 烧 hũ³⁵. 需要	
	通译	七月十四，属兔的一天，属兔的人得病，要送大烧香堆堆，要送月亮神。				
	补充	七月十四日这一天，属兔的人如果生病，是因为被香炉、月亮菩萨和家神惹了，烧素香即可。				
李开华解读	国际音标	ʁɑ⁵⁵	tʰo⁵⁵li⁵⁵	nda⁵⁵ta⁵⁵	hĩ⁵⁵mi⁵⁵
	直译	烧香堆堆	兔	神枝	太阳
	意译	烧荤香	属兔	神枝在东方	太阳在天上
	解读	tʰo⁵⁵li⁵⁵ lu⁵⁵ 兔 属　nda⁵⁵ta⁵⁵ pʰio⁵⁵. 神枝 好　mu⁵⁵. 烧	tɕi⁵⁵ n̩i⁵⁵, 一 天　mu⁵⁵ ɑ⁵⁵ 天 上（方位词）　zʅ³⁵dʑu⁵⁵kʰu³¹ 四方	ma⁵⁵ qʰa⁵⁵ 不 好　ndʑa³⁵ 在　be⁵⁵ 去	ma⁵⁵ nda⁵⁵. 不 坏　sio⁵⁵ lo³¹ 香 上（方向前缀）　ɑ⁵⁵ʂʅ³¹. 可以	
	通译	七月十四这一天属兔，日子不好不坏。神枝好。天上有太阳。烧荤香。四方都可以去。				

七月十五日

	原图						
朱小华解读	国际音标	nda⁵⁵ta⁵⁵	ɚ⁵⁵dzɑ³¹	li³¹bu⁵⁵	ŋgu³¹gi⁵⁵	y³¹ɚ⁵⁵tʂʅ⁵⁵i⁵⁵to³⁵	li⁵⁵ŋa³¹
	直译	神枝	龙	海螺	八方神	有爪子的怪象	不吉利的东西
	意译	家神	属龙	烧香时要吹海螺	八方神不干净，严重地惹了人	天上的雀鸟出的怪象惹了人	这一天很不吉利

朱小华解读：

解读：

ɚ⁵⁵dzɑ³¹　χo³¹ŋa³⁵,　ɚ⁵⁵dzɑ³¹　ȵi⁵⁵mi⁵⁵　tɕi³¹　ȵi⁵⁵,　ɚ⁵⁵dzɑ³¹
龙　　　十五　　　龙　　　日　　　一　　天　　龙

lu⁵⁵su⁵⁵　tsʰo³¹　ta⁵⁵mu⁵⁵　ŋo⁵⁵　zo³¹ko⁵⁵　ŋgu³¹gi⁵⁵　pu³¹
属　　　人　　　这种　　　病　　得　　　八方神　　送

hũ³⁵,　to³⁵　pu³¹　hũ³⁵,　li⁵⁵ŋa³¹　pu³¹　hũ³⁵,　li³¹bu⁵⁵　fu'⁵⁵　hũ³⁵.
需要　怪象　送　需要　不吉利的东西　送　需要　海螺　吹　需要

通译：七月十五，属龙的一天，属龙的人得病，要送八方神，要送怪象，要送不吉利的东西，要吹海螺。

补充：七月十五日这一天，属龙的人如果生病，是因为被八方神和雀鸟的怪象惹了，用面捏九个雀鸟，用苦荞花为病人擦身，再把这些东西放在九张石板上，最后送往九个方向，每送一方，都要吹一声海螺。

李开华解读	国际音标	nda⁵⁵ta⁵⁵	zʅ⁵⁵bi⁵⁵	hĩ³¹mbo⁵⁵kʰu⁵⁵	hỹ³⁵ʁuɑ³¹ŋgi⁵⁵tʂa⁵⁵pu⁵⁵	nɑ⁵⁵	不详[1]
	直译	神枝	龙	海螺	水神的王	眼	
	意译	神枝在西方	属龙	海螺在东方	水神王转到西北方了，不要到西北方	天上有眼睛	

解读：

zʅ⁵⁵bi⁵⁵　lu⁵⁵　tɕi⁵⁵　ȵi⁵⁵,　χɑ³⁵　pʰio³⁵.　mu⁵⁵　ɑ⁵⁵　nɑ⁵⁵
龙　　　属　　一　　天　　日子　好　　　天　上（方位词）　眼

ndzɑ³⁵.　ʂa⁵⁵tsʰo⁵⁵　hĩ³¹mbo⁵⁵kʰu⁵⁵　dzɑ³¹.　hỹ³⁵　na⁵⁵gu⁵⁵mbɚ³¹
在　　　东方　　　　海螺　　　　　在　　水神　西北方

ɑ⁵⁵　dzo³¹,　na⁵⁵gu⁵⁵mbɚ³¹　be⁵⁵　ma⁵⁵　hã⁵⁵.　tɕʰi⁵⁵　tɕi⁵⁵
（方位词）在　　西北方　　　　去　不能　这　一

ȵi⁵⁵　te³¹　χɑ³⁵　pʰio³⁵.
天　　就　日子　好

通译：七月十五这一天属龙，日子好。天上有眼睛，海螺在东方，水神到了西北方，不能去西北方。这一天日子就好。

---

[1] 图中草书藏文作"ɑ"，与"龙"无直接关系。

七月下

七月十六日

原图						

朱小华解读	国际音标	nda⁵⁵ta⁵⁵	dza³¹	ʁa⁵⁵la⁵⁵bu⁵⁵	la³¹ka³¹	ɬo³⁵
	直译	神枝	蛇	大烧香堆堆	手	水神
	意译	家神	属蛇	大烧香堆堆惹了人	代表水煞[ndzɿ⁵⁵za³⁵]	最高的水神惹了属蛇的人，属蛇的人会头痛
	解读	dza³¹ χo³¹kʰu⁵⁵, dza³¹ ȵi⁵⁵mi⁵⁵ tɕi³¹ ȵi⁵⁵, dza³¹ lu⁵⁵su⁵⁵ tsʰo³¹ 蛇　　十六，　　蛇　　日　　一　　天，　蛇　　属　　　人 ta⁵⁵mu⁵⁵ ŋgo⁵⁵ zo³¹ko⁵⁵ ɬo³⁵ tso⁵⁵ hũ³⁵. za³⁵ pu³¹ hũ³⁵. 这种　　　病　　　得　　水神　谢　需要　煞气　送　需要 ʁa⁵⁵la⁵⁵bu⁵⁵ so³¹ vu⁵⁵ hũ³⁵. 大烧香堆堆　　　香　　烧　需要				
	通译	七月十六，属蛇的一天，属蛇的人得病，要谢水神，送煞气，给大烧香堆堆烧香。				
	补充	七月十六日这一天，属蛇的人如果生病，是因为水蛇惹了他（手代表水煞），送水神的方法和前文相同，送的时候要在水沟边烧香。				

李开华解读	国际音标	nda⁵⁵ta⁵⁵	dza³⁵	ʁa⁵⁵	la³¹	hĩ⁵⁵mi⁵⁵
	直译	神枝	蛇	烧香堆堆	手	太阳
	意译	神枝在西方	属蛇	用于烧素香	山神菩萨伸出了手	在天上的太阳
	解读	dza³⁵ lu⁵⁵ tɕi⁵⁵ ȵi⁵⁵, ma⁵⁵ qʰa⁵⁵ ma⁵⁵ nda⁵⁵. mu⁵⁵ a⁵⁵ 蛇　　属　　一　　天　　不　　好　　不　　坏　　天　上（方位词） hĩ⁵⁵mi⁵⁵ ndʐa³⁵. sɿ⁵⁵vi⁵⁵ la³¹ tʂɿ⁵⁵. sio⁵⁵ pʰi⁵⁵ tɕi⁵⁵ bi⁵⁵ 太阳　　　在　　　山神菩萨　手　　伸　　香　　素　　一　　笼 lo³¹ mu⁵⁵ te³¹ qa³⁵ lo³¹ tso³¹tɕʰi⁵⁵kʰi³¹ 上（方向前缀）烧　（连词）对　　了　　　北方 be⁵⁵ ma⁵⁵ hã⁵⁵. 去　　不　　能				
	通译	七月十六这一天属蛇，日子不好不坏。太阳在天上，山神菩萨的手伸出来。烧一笼素香就行了。北方不能去。				

七月十七日

原图				
朱小华解读	国际音标	nda⁵⁵ta⁵⁵	mo⁵⁵	ʁa⁵⁵bu⁵⁵ta⁵⁵ta⁵⁵	tʂʅ³¹
	直译	神枝	马	小烧香堆堆	星宿
	意译	家神	属马	小烧香堆堆惹了人	要送星宿
	解读	mo⁵⁵ χo³¹ʂʅ³¹, 马 十七 tsʰo³¹ taʰ⁵⁵muʰ⁵⁵ 人 这种 hũ³⁵, 需要	mo⁵⁵ n̠i⁵⁵mi⁵⁵ 马 日 ŋgo⁵⁵ zo³¹ko⁵⁵, 病 得 tʂʅ³¹ pu³¹ hũ³⁵. 星宿 送 需要	tɕi³¹ n̠i⁵⁵, 一 天 ʁa⁵⁵bu⁵⁵ta⁵⁵ta⁵⁵ 小烧香堆堆	mo⁵⁵ lu⁵⁵su⁵⁵ 马 属 so³¹ vu⁵⁵ 香 烧
	通译	七月十七，属马的一天，属马的人得病，要给小烧香堆堆烧香，要送星宿。			
	补充	七月十七日这一天，属马的人如果生病，是因为冲犯了一个小烧香堆堆，要给烧香堆堆"减淤"。			
李开华解读	国际音标	nda⁵⁵ta⁵⁵	mo⁵⁵	ʁa⁵⁵	tʰa⁵⁵ba⁵⁵
	直译	神枝	马	烧香堆堆	赤口
	意译	神枝在西方	属马	用于烧素香	在天上的赤口
	解读	mo⁵⁵ lu⁵⁵ tɕi⁵⁵ n̠i⁵⁵, 马 属 一 天 tʰa⁵⁵ba⁵⁵ ʁə³⁵sa⁵⁵gu³¹ 赤口 东北方 tɕi⁵⁵ bi⁵⁵ lo³¹ 一 笼 上（方向前缀） lo³¹. tʂo³¹tɕʰi⁵⁵kʰi³¹ 了 北方	ma⁵⁵ qʰa⁵⁵ 不 好 a⁵⁵ （方位词） mu⁵⁵ te³¹ 烧 （连词） ʂa⁵⁵tʂʰo⁵⁵ 东方	ma⁵⁵ nda⁵⁵. 不 坏 dzo³¹. sio⁵⁵ pʰi⁵⁵ 在 香 素 qa³⁵ 对 be⁵⁵ ma⁵⁵ hã⁵⁵. 去 不 能	
	通译	七月十七这一天属马，日子不好不坏，赤口在天上。烧一笼素香就行了。北方和东方不能去。			

七月十八日

	原图				
朱小华解读	国际音标	ʁua³¹mi³¹	io⁵⁵	nda⁵⁵ta⁵⁵	ɬo³⁵
	直译	长刀	羊	神枝	水神
	意译	不吉利的凶器	属羊	家神	水神的红煞惹了人
	解读	io⁵⁵ 羊　χo³¹hĩ³¹ 十八，　tsʰo³¹ 人　ta⁵⁵mu⁵⁵ 这种	io⁵⁵ 羊　ɲi⁵⁵mi⁵⁵ 日　ŋgo⁵⁵ 病　zo³¹ko⁵⁵， 得	tɕi³¹ 一　ɲi⁵⁵， 天　ɬo³⁵ 水神　tʂo⁵⁵ 谢	io⁵⁵ 羊　lu⁵⁵su⁵⁵ 属　hũ³⁵. 需要	
	通译	七月十八，属羊的一天，属羊的人得病，要谢水神。				
	补充	七月十八日这一天，属羊的人生病，是因为被水的红煞惹了，解决的方法与七月十五日一样。				

	国际音标	ʁa³⁵mi⁵⁵	io⁵⁵	nda⁵⁵ta⁵⁵	hĩ⁵⁵mi⁵⁵
李开华解读	直译	长刀	羊	神枝	太阳
	意译	长刀在西方	属羊	吉利的神枝	太阳在天上
	解读	io⁵⁵ 羊　lu⁵⁵ 属　mu⁵⁵ 天　a⁵⁵ 上（方位词）　nda⁵⁵ta⁵⁵ 神枝　pʰio³⁵. 吉利	tɕi⁵⁵ 一　ɲi⁵⁵， 天　hĩ⁵⁵mi⁵⁵ 太阳　ndʐa³⁵. 在　ɲi⁵⁵tʂʰo⁵⁵ 西方	ma⁵⁵ 不　qʰa⁵⁵ 好　ɲi⁵⁵tʂʰo⁵⁵ 西方　hũ⁵⁵mi⁵⁵kʰi³¹ 南方　ʁa³⁵mi⁵⁵ 长刀　be⁵⁵ 去	ma⁵⁵ 不　nda⁵⁵. 坏　dza³¹. 在　ʂa⁵⁵tʂʰo⁵⁵ 东方　ma⁵⁵ 不　hã⁵⁵. 能	
	通译	七月十八这一天属羊，日子不好不坏。太阳在天上，长刀在西方，东方的神枝吉利。西方、南方不能去。				

七月十九日

原图					
国际音标	pu⁵⁵mbɑ³¹	mi³⁵	ɬo³⁵	li³¹bu⁵⁵	ɑ³¹kʰɚ⁵⁵
直译	岸子	猴	水神	海螺	筛子
意译	坛神	属猴	水神惹了人	烧香时吹海螺	做法事的工具

朱小华解读

解读								
mi³⁵	χo³¹ŋgu³⁵,	mi³⁵	ɲi⁵⁵mi⁵⁵	tɕi³¹	ɲi⁵⁵,	mi³⁵	lu⁵⁵su⁵⁵	tsʰo³¹
猴	十九	猴	日	一	天	猴	属	人
tɑ⁵⁵mu⁵⁵	ŋo⁵⁵	zo³¹ko⁵⁵,	ɬo³⁵	tʂo⁵⁵	hũ³⁵.	ɑ³¹kʰɚ⁵⁵	qo³¹	ʂo⁵⁵u⁵⁵
这种	病	得	水神	谢	需要	筛子	里头	纸
ŋɑ³⁵	gɑ³¹	mi⁵⁵	tʂʰɿ³¹.	hũ⁵⁵bu⁵⁵	mi⁵⁵	tʂɿ³¹.		
五	张	下（方向前缀）	放，送	荞花	下（方向前缀）	放，送		
pu³¹	hũ³⁵.	li³¹bu⁵⁵	fu⁵⁵	hũ³⁵.				
送	需要	海螺	吹	需要				

通译：七月十九，属猴的一天，属猴的人得病，在筛子里放五张纸，撒荞花。要吹海螺。

补充：七月十九日这一天，属猴的人如果生病，是因为水的黑煞惹了他，用印棒在两盘糌粑坨坨上印图案，再捏一盘面人、面蛇和面蛤蟆，和为病人擦过身的苦荞花一起放在筛子里送到水中，然后吹三声海螺。

国际音标	nda⁵⁵tɑ⁵⁵	mi³⁵	xə³⁵	hĩ³¹mbo⁵⁵kʰu⁵⁵	ʂɿ³¹tʰo⁵⁵
直译	神枝	猴	湖	海螺	牛皮船
意译	神枝在西方	属猴	南方有湖，不能去	海螺在东方	牛皮船在北方

李开华解读

解读						
mi³⁵	lu⁵⁵	tɕi⁵⁵	ɲi⁵⁵,	χɑ³⁵	pʰio³⁵.	ʂɿ³¹tʰo⁵⁵	tʂo³¹tɕi⁵⁵kʰi³¹	dzɑ³¹.
猴	属	一	天	日子	好	牛皮船	北方	在
ɲi⁵⁵tʂʰo⁵⁵		ndɑ⁵⁵tɑ⁵⁵	pʰio³⁵.	hĩ³¹mbo⁵⁵kʰu⁵⁵		ʂɑ⁵⁵tʂʰo⁵⁵	dzɑ³¹.
西方		神枝	好	海螺		东方	在
xə³⁵	hũ⁵⁵mi⁵⁵kʰi³¹	dzɑ³¹.	hũ⁵⁵mi⁵⁵kʰi³¹	be⁵⁵	mɑ⁵⁵	hɑ̃⁵⁵.
湖	南方	在	南方	去	不	能

通译：七月十九这一天属猴，日子好，牛皮船在北方，西方的神枝吉利。海螺在东方，南方有湖，不能去南方。

七月二十日

	原图						
朱小华解读	国际音标	nda⁵⁵ta⁵⁵	ŋgu³¹gi⁵⁵	dzu̠⁵⁵	li³¹bu⁵⁵	qʰo⁵⁵tsɿ⁵⁵	ȵi⁵⁵mi⁵⁵
	直译	神枝	八方神	鸡	海螺	星宿	太阳
	意译	家神	八方神严重地惹了人	属鸡	烧香时要吹海螺	一种星宿，在七姊妹的前头出来；也可以说属鸡的人犯了四次星宿	太阳神惹了人
	解读	dzu̠⁵⁵ 鸡　n̥o⁵⁵ 二十　dzu̠⁵⁵ 鸡　ȵi⁵⁵mi⁵⁵ 日　tɕi³¹ 一　ȵi⁵⁵ 天，dzu̠⁵⁵ 鸡　lu⁵⁵su⁵⁵ 属　tsʰo³¹ 人　ta⁵⁵mu⁵⁵ 这种　ŋgo⁵⁵ 病　zo³¹ko⁵⁵ 得　tsɿ³¹ 星宿　pu³¹ 送　hũ³⁵ 需要，ȵi⁵⁵mi⁵⁵ 太阳　ɬa³¹ 神　pu³¹ 送　hũ³⁵ 需要，ŋgu³¹gi⁵⁵ 八方神　pu³¹ 送　hũ³⁵ 需要。							
	通译	七月二十，属鸡的一天，属鸡的人得病，要送星宿，要送太阳神，要送八方神。							
	补充	七月二十日这一天，属鸡的人如果生病，是因为犯了八方神，冲犯了天上的星宿四次，并且犯了太阳神。用印棒在糌粑坨坨印图案[1]，男病人印九个，女病人印七个，然后往四个方向送。再给星宿和月亮菩萨烧素香。							

	国际音标	nda⁵⁵ta⁵⁵	zɿ³⁵dʑu⁵⁵kʰu³¹	bi⁵⁵	hĩ³¹mbo⁵⁵kʰu⁵⁵	tṣo³¹tsʰu⁵⁵zɿ³⁵		hĩ⁵⁵mi⁵⁵
李开华解读	直译	神枝	四方	鸡	海螺	祸　罩　四		太阳
	意译	神枝在西方	四方都可以去	属鸡	海螺在东方	一种天象，不吉利		太阳在天上
	解读	bi⁵⁵ 鸡　lu⁵⁵ 属　tɕi⁵⁵ 一　ȵi⁵⁵ 天，ma⁵⁵ 不　qʰɑ⁵⁵ 好　ma⁵⁵ 不　nda⁵⁵ 坏。hĩ³¹mbo⁵⁵kʰu⁵⁵ 海螺　zy⁵⁵ 用　qa⁵⁵（将行体标记）。mu⁵⁵ 天　ɑ⁵⁵ 上（方位词）　tṣo³¹ 祸　tsʰu⁵⁵ 罩　zɿ³⁵ 四　dzo³¹ 在　tɕʰi⁵⁵ 这　tɕi⁵⁵ 一　ȵi⁵⁵ 天　te³¹（连词）　sa³⁵ 血　hĩ⁵⁵ 鲜　tṣʰɿ³¹ 放　qa⁵⁵（将行体标记）　lo³¹ 了。zɿ³⁵dʑu⁵⁵kʰu³¹ 四方　be⁵⁵ 去　ɑ⁵⁵ṣɿ³¹ 可以。							
	通译	七月二十这一天属鸡，日子不好不坏，要用海螺。天上有四颗星星，不吉利。这一天就要放鲜血。四方都可以去。							

[1] 采用的图案是称为"ŋa⁵⁵mi³¹"的那一排，若是男病人，就印"ku³⁵i⁵⁵tɕi³¹ka⁵⁵pʰa⁵⁵"（男人）那一面，若是女病人，就印"mi³⁵i⁵⁵tɕi³¹ka⁵⁵pʰa⁵⁵"（女人）那一面。

七月二十一日

	原图					
朱小华解读	国际音标	tʂʰʅ³⁵	pu⁵⁵mba³¹	n̩i⁵⁵mi⁵⁵	ʁɑ⁵⁵bu⁵⁵ta⁵⁵tɑ⁵⁵	ɬi⁵⁵mi⁵⁵
	直译	狗	岸子	太阳	小烧香堆堆	月亮
	意译	属狗	坛神	太阳神惹了人	小烧香堆堆惹了人	月亮神惹了人
	解读	tʂʰʅ³⁵ no⁵⁵tɕi³¹, tʂʰʅ³⁵ n̩i⁵⁵mi⁵⁵ tɕi³¹ n̩i⁵⁵, tʂʰʅ³⁵ lu⁵⁵su⁵⁵ tsʰo³¹ 狗　二十一　狗　日　一　天　狗　属　人 tɑ⁵⁵mu⁵⁵ ŋgo⁵⁵ zo³¹ko⁵⁵, ʁɑ⁵⁵bu⁵⁵ta⁵⁵tɑ⁵⁵ pu³¹ hũ³⁵, n̩i⁵⁵mi⁵⁵ ɬa³¹ 这种　病　得　小烧香堆堆　送　需要　太阳　神 pu³¹ hũ³⁵, ɬi⁵⁵mi⁵⁵ ɬa³¹ pu³¹ hũ³⁵. 送　需要　月亮　神　送　需要				
	通译	七月二十一，属狗的一天，属狗的人得病，要送小烧香堆堆，要送太阳神，送月亮神。				
	补充	七月二十一日这一天，属狗的人如果生病，是因为太阳和月亮的煞气犯了他，用一个鸡蛋在病人身体上滚动，然后烧柏香，在烧香堆堆中放入鸡蛋、奶渣、酥油和青稞面。				
李开华解读	国际音标	tʂʰʅ⁵⁵	nda⁵⁵ta⁵⁵	hĩ⁵⁵mi⁵⁵	ʁɑ⁵⁵	hĩ⁵⁵gu⁵⁵ hĩ⁵⁵mi⁵⁵
	直译	狗	神枝	太阳	烧香堆堆	晚上　太阳
	意译	属狗	神枝在西方	在东边出现的太阳	烧素香	在天上的月亮
	解读	tʂʰʅ⁵⁵ lu⁵⁵ tɕi⁵⁵ n̩i⁵⁵, ma⁵⁵ qʰɑ⁵⁵ ma⁵⁵ nda⁵⁵. hĩ⁵⁵mi⁵⁵ 狗　属　一　天　不　好　不　坏　太阳 ʂa⁵⁵tʂʰo⁵⁵ lo³¹ dzu⁵⁵dzu⁵⁵. mu⁵⁵ ɑ⁵⁵ hĩ⁵⁵gu⁵⁵ hĩ⁵⁵mi⁵⁵ 东方　上（方向前缀）　出现　天　上（方位词）　月亮 ndʐa³⁵. zɑ⁵⁵ɣu⁵⁵ tɕi⁵⁵ lu⁵⁵ nu⁵⁵. sio⁵⁵ pʰi⁵⁵ mu⁵⁵ qa⁵⁵. 在　鸡蛋　一　个　拿　香　素　烧　（将行体标记） ʐʅ³⁵dʐu⁵⁵kʰu³¹ be⁵⁵ ɑ⁵⁵ʂʅ³¹. 四方　去　可以				
	通译	七月二十一这一天属狗，日子不好不坏，太阳在东方出现，月亮在天上。拿一个鸡蛋，烧素香。四方都可以去。				

七月二十二日

	原图					
朱小华解读	国际音标	nda⁵⁵ta⁵⁵	va³⁵	li³¹bu⁵⁵	y³¹ɚ⁵⁵tsɿ⁵⁵i⁵⁵to³⁵	qʰa⁵⁵ndʑa⁵⁵i⁵⁵to³⁵
	直译	神枝	猪	海螺	有爪子的怪象	有蹄子的怪象
	意译	家神	属猪	吹海螺	家中的鸡出了怪象	家中的猪出了怪象

朱小华 解读：

va³⁵　　　　n̩o⁵⁵n̩i⁵⁵,　　va³⁵　　n̩i⁵⁵mi⁵⁵　tɕi³¹　n̩i⁵⁵,　va³⁵　lu⁵⁵su⁵⁵　tsʰo³¹
猪　　　　　二十二　　　　猪　　　日　　一　　天　　猪　　属　　　人

ta⁵⁵mu⁵⁵　　ŋgo⁵⁵　　zo³¹ko⁵⁵,　　y³¹ɚ⁵⁵tsɿ⁵⁵i⁵⁵to³⁵　　pu³¹　　hũ³⁵.　　qʰa⁵⁵ndʑa⁵⁵i⁵⁵to³⁵
这种　　　　病　　　　得　　　　　鸟的怪象　　　　　　送　　　需要　　有蹄子的怪象

pu³¹　　hũ³⁵.　　li³¹bu⁵⁵　　fu⁵⁵　　hũ³⁵.
送　　　需要　　　海螺　　　　吹　　　需要

通译：七月二十二，属猪的一天，属猪的人得病，要送雀鸟的怪象，要送牲畜的怪象，要吹海螺。

补充：七月二十二日这一天，属猪的人如果生病，是因为家里的鸡和猪犯了他[1]，用丝茅草扎一个小人，把鸡和猪身上的毛扎进去，送到十字路口。

	国际音标	nda⁵⁵ta⁵⁵	va³⁵	hĩ³¹mbo⁵⁵kʰu⁵⁵	n̩ɑ⁵⁵	qa³⁵lu⁵⁵
李开华解读	直译	神枝	猪	海螺	眼	锅庄
	意译	神枝在西方	属猪	吹海螺	在天上的眼睛	用于做法事

李开华 解读：

va³⁵　　lu⁵⁵　　tɕi⁵⁵　　n̩i⁵⁵,　　χa³⁵　　pʰio³⁵.　　mu⁵⁵　　a⁵⁵　　n̩a⁵⁵　　ndʑa³⁵.
猪　　　属　　　一　　　天　　　日子　　好　　　　天　　　上　　　眼　　　在

qa³⁵lu⁵⁵　　sio⁵⁵　　lu⁵⁵　　lo³¹　　du⁵⁵,　　sio⁵⁵　　pʰi⁵⁵　　lo³¹
锅庄　　　　三　　　　个　　　上（方向前缀）安，放　　香　　　　素　　　　上（方向前缀）

mu⁵⁵.　　hĩ³¹mbo⁵⁵kʰu⁵⁵　　lo³¹　　　　fu⁵⁵,　　　te³¹　　　　qa³⁵
烧　　　　海螺　　　　　　　上（方向前缀）吹　　　　（连词）　　对，行

tʂo³¹tɕʰi⁵⁵kʰi³¹　　be⁵⁵　　ma⁵⁵　　hã⁵⁵.
北方　　　　　　　去　　　　不　　　　能

通译：七月二十二这一天属猪，日子好，天上有眼睛。安放三个锅庄，烧素香，吹海螺，就可以了。北方不能去。

---

[1] 这一天两种怪象合在一起就可以确定是鸡和猪的怪象。如果没有带蹄子的怪象出现，就要重新打卦确定是什么动物的怪象。

七月二十三日

	原图				
朱小华解读	国际音标	ʁa⁵⁵la⁵⁵bu⁵⁵	χa³⁵	nda⁵⁵ta⁵⁵	la³¹
	直译	大烧香堆堆	鼠	神枝	手
	意译	大烧香堆堆惹了人	属鼠	家神	小的煞气惹了人
	解读	χa³⁵ 鼠　ȵo⁵⁵so⁵⁵ 二十三　tsʰo³¹ 人　ta⁵⁵mu⁵⁵ 这种　hũ³⁵ 需要 ．	χa³⁵ 鼠　ȵi⁵⁵mi⁵⁵ 日　ŋo⁵⁵ 病　zo³¹ko⁵⁵，得　za³⁵ 煞气	tɕi³¹ 一　ȵi⁵⁵ 天　ʁa⁵⁵la⁵⁵bu⁵⁵ 大烧香堆　pu³¹ 送	χa³⁵ 鼠　lu⁵⁵su⁵⁵ 属　so³¹ 香　vu⁵⁵ 烧　□hũ³⁵ 需要 ．
	通译	七月二十三，属鼠的一天，属鼠的人得病，要给大烧香堆堆烧香，要送煞气。			
	补充	七月二十三日这一天，属鼠的人如果生病，是有一个很小的煞气惹了他，只需用苦荞花擦身，用柏香绕病人三圈，然后往东送。			
李开华解读	国际音标	ʁa⁵⁵	χa³⁵	nda⁵⁵ta⁵⁵	la³¹ka⁵⁵
	直译	烧香堆堆	鼠	神枝	手
	意译	用于烧素香	属鼠	神枝吉利	山神菩萨伸出的手
	解读	χa³⁵ 鼠　lu⁵⁵ 属　nda⁵⁵ta⁵⁵ 神枝　pʰio³⁵ 好　sio⁵⁵ 香　pʰi⁵⁵ 素　tʂo³¹tɕʰi⁵⁵kʰi³¹ 北方	tɕi⁵⁵ 一　ȵi⁵⁵ 天　sɿ⁵⁵vi⁵⁵ 山神菩萨　la³¹ 手　lo³¹ 上（方向前缀）　be⁵⁵ 去	ma⁵⁵ 不　qʰa⁵⁵ 好　tsɿ⁵⁵ 伸　mu⁵⁵ 烧　ma⁵⁵ 不	ma⁵⁵ 不　nda⁵⁵ 坏　tɕʰi⁵⁵ 这　te³¹ （连词）　hã⁵⁵ 能	tɕi⁵⁵ 一　ȵi⁵⁵ 天　qa³⁵ 对，行　lo³¹ 了 ．
	通译	七月二十三这一天属鼠，日子不好不坏。神枝吉利。山神菩萨伸出了手。这一天烧素香就行了。北方不能去。			

七月二十四日

	原图				
朱小华解读	国际音标	nda⁵⁵ta⁵⁵	ɣe³⁵	sa⁵⁵ta⁵⁵	ʁa⁵⁵la⁵⁵bu⁵⁵
	直译	神枝	牛	土神	大烧香堆堆
	意译	家神	属牛	土神惹了人	给大烧香堆堆烧香
	解读	ɣe³⁵ ȵo⁵⁵zl̩³⁵, ɣe³⁵ ȵi⁵⁵mi⁵⁵ tɕi³¹ ȵi⁵⁵, ɣe³⁵ 牛　二十四　　牛　　日　一　天　牛 lu⁵⁵su⁵⁵ tsʰo³¹ ta⁵⁵mu⁵⁵ ŋgo⁵⁵ zo³¹ko⁵⁵, ʁa⁵⁵la⁵⁵bu⁵⁵ so³¹ 属　　人　　这种　　病　得　　大烧香堆堆　香 vu⁵⁵, sa⁵⁵ta⁵⁵ tʂo⁵⁵. 烧　　土神　　谢			
	通译	七月二十四，属牛的一天，属牛的人得病，要给大烧香堆堆烧香，要谢土神。				
	补充	七月二十四日这一天，属牛的人如果生病，是因为犯了土神，用苦荞花擦身即可。				
李开华解读	国际音标	nda⁵⁵ta⁵⁵	ɣə³⁵	tʰa⁵⁵ba⁵⁵	ʁa⁵⁵
	直译	神枝	牛	赤口	烧香堆堆
	意译	吉利的神枝	属牛	赤口落在地上	用于烧素香
	解读	ɣə³⁵ lu⁵⁵ tɕi⁵⁵ ȵi⁵⁵, ma⁵⁵ qʰa⁵⁵ ma⁵⁵ nda⁵⁵. 牛　属　一　天　不　好　不　坏 tʰa⁵⁵ba⁵⁵ dzu⁵⁵ a⁵⁵ dzo³¹. nda⁵⁵ta⁵⁵ pʰio³⁵. sio⁵⁵ pʰi⁵⁵ 赤口　地　上（方位词）　在　神枝　好　香　素 bi⁵⁵ tɕi⁵⁵ lo³¹ mu⁵⁵ te³¹ qa³⁵ lo³¹. 笼　一　上（方向前缀）　烧　（连词）　对，行　了 hũ⁵⁵mi⁵⁵kʰi³¹ ʂa⁵⁵tʂʰo⁵⁵ be⁵⁵ ma⁵⁵ hã⁵⁵. 南方　　　　东方　　　去　不　能			
	通译	七月二十四这一天属牛，日子不好不坏，赤口在地上，神枝吉利。烧一笼素香就行了。南方和东方不能去。				

第三章　文献精选精译

七月二十五日

原图					
		长刀图	虎图	牛角图	七姊妹星图
朱小华解读	国际音标	ʁuɑ³¹mi³¹	lɑ⁵⁵	ɣe³⁵kʰu⁵⁵	qʰo⁵⁵tsʅ⁵⁵
	直译	长刀	虎	牛角	七姊妹星
	意译	不吉利的凶器	属虎	牛王会菩萨惹了人	这一天七姊妹过渡，日子特别好
	解读	lɑ⁵⁵ ȵo⁵⁵ŋɑ³⁵, tsʰo³¹ tɑ⁵⁵mu⁵⁵ ŋgo⁵⁵ zo³¹ko⁵⁵, 虎　二十五　　人　这种　　病　得 lɑ⁵⁵ ȵi⁵⁵mi⁵⁵ tɕi³¹ ȵi⁵⁵, ɣe³⁵pi³⁵sʅ⁵⁵ 虎　日　一　天　牛王会菩萨 lɑ⁵⁵ lu⁵⁵su⁵⁵ pu³¹ hũ³⁵. 虎　属　送　需要 qʰo⁵⁵tsʅ⁵⁵ zo⁵⁵. χɑ³⁵ nɑ⁵⁵. 七姊妹星　过渡　日子　好			
	通译	七月二十五，属虎的一天，属虎的人得病，要送牛王会菩萨。七姊妹星过渡，日子好。				
	补充	七月二十五日这一天，属虎的人如果生病，是因为犯了过去做牛王会的菩萨，解决方法同前。				
李开华解读	国际音标	ʁɑ³⁵mi⁵⁵	lɑ⁵⁵	ɣə³⁵kʰu⁵⁵	qʰo⁵⁵tsʅ⁵⁵
	直译	长刀	虎	牛角	七姊妹星
	意译	在前面的长刀	属虎	在后面的牛角（作用类似于海螺）	一种天象
	解读	lɑ⁵⁵ lu⁵⁵ tɕi⁵⁵ ȵi⁵⁵ χɑ³⁵ ʁo³⁵. ɣuɑ⁵⁵ ʁɑ³⁵mi⁵⁵ dzɑ³¹ 虎　属　一　天　日子　硬　前面　长刀　在 ɣə³⁵kʰu⁵⁵ ndzɑ³⁵. mu⁵⁵ ɑ⁵⁵ qʰo⁵⁵tsʅ⁵⁵ zo⁵⁵. 牛角　在　天　上（方位词）　七姊妹星　过渡			
	通译	七月二十五这一天属虎，日子硬，长刀在前面，牛角在后面，天上有七星过渡。				

七月二十六日

原图						
国际音标	ȵi⁵⁵mi⁵⁵	li³¹bu⁵⁵	tʰo⁵⁵li⁵⁵	nda⁵⁵ta⁵⁵	y³¹ɚ⁵⁵tsʅ⁵⁵to³⁵	a³¹kʰɚ⁵⁵
直译	太阳	海螺	兔	神枝	有爪子的怪象	筛子
意译	落山的太阳	烧香时吹海螺	属兔	家神	天上的雀鸟出的怪象惹了人	做法事的工具

朱小华解读：

tʰo⁵⁵li⁵⁵　no⁵⁵kʰu³¹，　tʰo⁵⁵li⁵⁵　ȵi⁵⁵mi⁵⁵　tɕi³¹　ȵi⁵⁵，　tʰo⁵⁵li⁵⁵
兔　　　　二十六　　　兔　　　　日　　　一　　天　　　兔

lu⁵⁵su⁵⁵　tsʰo³¹　ta⁵⁵mu⁵⁵　ŋgo⁵⁵　zo³¹ko⁵⁵，　qʰa⁵ndʐa⁵⁵i³¹to³⁵　pu³¹
属　　　　人　　　这种　　　病　　　得　　　　有蹄子的怪象　　　　送

hũ³⁵，　a³¹kʰɚ⁵⁵　ʂo⁵⁵u⁵⁵　　　　　mi⁵⁵　　　tʂʅ⁵⁵．　hũ⁵⁵bu⁵⁵
需要　　筛子　　　纸　　　　　　　下（方向前缀）放，送　　荞花

mi⁵⁵　　　　　　　tʂʅ³¹　pu³¹．
下（方向前缀）　　放，送　送

通译：七月二十六，属兔的一天，属兔的人得病，要送牲畜的怪象，在筛子里放牲畜的怪象，要撒荞花。

补充：七月二十六日这一天，属兔的人如果生病，是因为家里有牛在乱叫（牛的怪象：ɣe³⁵ to⁵⁵），用丝芒草扎一个毛人，把牛毛扎进毛人里，把五种颜色的纸放在筛子里，把毛人和筛子绕病人转三圈，晚上太阳落下的时候把毛人和纸送到十字路口，吹三声海螺。

国际音标	ȵi⁵⁵mi⁵⁵	hĩ³¹mbo⁵⁵kʰu⁵⁵	tʰo⁵⁵li⁵⁵	nda⁵⁵ta⁵⁵	qa³⁵lu⁵⁵	ʂʅ³¹tʰo⁵⁵
直译	太阳	海螺	兔	神枝	锅庄	牛皮船
意译	无义	海螺在前面	属兔	神枝在东方	用于做法事	牛皮船在天上

李开华解读：

tʰo⁵⁵li⁵⁵　lu⁵⁵　tɕi³¹　ȵi⁵⁵，　χa³⁵　pʰio³⁵．　nda⁵⁵ta⁵⁵　ʂa⁵⁵tʂʰo⁵⁵
兔　　　　属　　一　　天　　　日子　好　　　　神枝　　　东方

dʐa³¹．　ʂʅ³¹tʰo⁵⁵　mu⁵⁵　a⁵⁵　　　　　dʐa³¹．　qa³⁵lu⁵⁵　lo³¹
在　　　牛皮船　　　天　　上（方位词）在　　　锅庄　　　上（方向前缀）

du⁵⁵，　ndʐa⁵⁵　mi⁵⁵　　　　　　ʂu³¹
安，放　减淤　　下（方向前缀）　减淤

通译：七月二十六这一天属兔，日子好，神枝在东方，海螺在西方，牛皮船在天上，安放锅庄减淤。

七月二十七日

原图					

朱小华解读	国际音标	li³¹bu⁵⁵	ɚ⁵⁵dzɑ³¹	ŋgu³¹gi⁵⁵	ȵi⁵⁵mi⁵⁵	qʰa⁵⁵ndʐa⁵⁵i⁵⁵to³⁵
	直译	海螺	龙	八方神	太阳	有蹄子的怪象
	意译	烧香时吹海螺	属龙	大的大八方神惹了人	太阳神惹了人	家中牲畜出的怪象惹了人
	解读	ɚ⁵⁵dzɑ³¹ no⁵⁵ʂɿ³¹, ɚ⁵⁵dzɑ³¹ ȵi⁵⁵mi⁵⁵ tɕi³¹ ȵi⁵⁵, ɚ⁵⁵dzɑ³¹ lu⁵⁵su⁵⁵ tsʰo³¹ 龙 二十七 龙 日 一 天 龙 属 人 tɑ⁵⁵mu⁵⁵ ŋgo⁵⁵ zo³¹ko⁵⁵, ȵi⁵⁵mi⁵⁵ ɬa³¹ pu³¹ hũ³⁵, qʰa⁵⁵ndʐa⁵⁵i⁵⁵to³⁵ 这种 病 得 太阳 神 送 需要 有蹄子的怪象 pu³¹ hũ³⁵, ŋgu³¹gi⁵⁵ pu³¹ hũ³⁵. 送 需要 八方神 送 需要				
	通译	七月二十七，属龙的一天，属龙的人得病，要送太阳神，要送牲畜的怪象，要送八方神。				
	补充	七月二十七日这一天，属龙的人如果生病，是因为太阳菩萨和八方神勾引屋里的羊出怪象。做一个面人，用丝茅草扎一个毛人，把羊毛扎在毛人里，送到十字路口，吹三声海螺。再准备八张石板，八盘柏香，送往八方，吹八声海螺，以此送太阳神和八方神。				

李开华解读	国际音标	hĩ³¹mbo⁵⁵kʰu⁵⁵	ʐɿ⁵⁵bi⁵⁵	pʰɚ⁵⁵pa⁵⁵	hĩ⁵⁵mi⁵⁵	qa³⁵lu⁵⁵
	直译	海螺	龙	糌粑坨坨	太阳	锅庄
	意译	海螺在前面	属龙	在印棒上印了图案的糌粑坨坨	在天上的太阳	用于减淤
	解读	ʐɿ⁵⁵bi⁵⁵ lu⁵⁵ tɕi⁵⁵ ȵi⁵⁵, χa³⁵ pʰio³⁵. mu⁵⁵ a⁵⁵ hĩ⁵⁵mi⁵⁵ 龙 属 一 天 日子 好 天 上（方位词） 太阳 ndʐa³⁵. hĩ³¹mbo⁵⁵kʰu⁵⁵ pa³⁵la³¹ dza³¹ qa³⁵lu⁵⁵ lo³¹ du⁵⁵, ndza⁵⁵ 在 海螺 前面 在 锅庄 上（方向前缀） 安，放 减淤 mi⁵⁵ ʂu³¹. 下（方向前缀） 减淤				
	通译	七月二十七这一天属龙，日子好，太阳在天上，海螺在前头，安放锅庄减淤，普拜放在后头。				

七月二十八日

	原图					
朱小华解读	国际音标	nda⁵⁵ta⁵⁵	dzą³¹	ɣe³⁵kʰu⁵⁵	ɬi⁵⁵mi⁵⁵	qa⁵⁵tu⁵⁵
	直译	神枝	蛇	牛角	月亮	糌粑坨坨
	意译	家神	属蛇	牛王会菩萨惹了人	月亮神惹了人	用印棒印了图案的糌粑坨坨除病
	解读	dzą³¹ ȵo⁵⁵hĩ³¹,　dzą³¹　　ȵi⁵⁵mi⁵⁵ tɕi³¹　　ȵi⁵⁵,　dzą³¹　lu⁵⁵su⁵⁵ tsʰo³¹ 蛇　二十八　　蛇　　　日　一　　天，　蛇　　属　人 ta⁵⁵mu⁵⁵ ŋgo⁵⁵　zo³¹ko⁵⁵,　　qa⁵⁵tu⁵⁵　pu³¹　hũ³⁵.　ɣe³⁵pi⁵⁵sɿ⁵⁵ 这种　　病　　得，　　　糌粑坨坨　送　需要　　牛王会菩萨 pu³¹　hũ³⁵. 送　　需要				
	通译	七月二十八，属蛇的一天，属蛇的人得病，要送糌粑坨坨，送牛王会菩萨。				
	补充	七月二十八日这一天，属蛇的人如果生病，要打卦，看是什么东西犯了他，然后依情况来确定应做的法事。如果没有东西犯病人，就吹牛角，送月亮神。				
李开华解读	国际音标	nḍa⁵⁵ta⁵⁵	dzą³⁵	tʂa⁵⁵kʰa⁵⁵	hĩ⁵⁵gu⁵⁵	hĩ⁵⁵mi⁵⁵	pu⁵⁵mba³¹
	直译	神枝	蛇	祸事	晚上	太阳	神器
	意译	神枝在西方	属蛇	东方有祸事	在天上的月亮		和尚的法器
	解读	dzą³⁵　lu⁵⁵　tɕi⁵⁵ ȵi⁵⁵,　ma⁵⁵　kʰa⁵⁵　ma⁵⁵　nda⁵⁵.　ʂa⁵⁵tʂʰo⁵⁵ 蛇　属　一　　天　　不　　好　　不　　坏　　东方 tʂa⁵⁵kʰa⁵⁵　li⁵⁵　　　　qʰa⁵⁵.　ʂa⁵⁵tʂʰo⁵⁵　　hũ⁵⁵mi⁵⁵kʰi³¹　　be⁵⁵ 祸事　　（趋向助词）　堵、断　　东方　　　　南方　　　　　去 ma⁵⁵　hã⁵⁵. 不　　能					
	通译	七月二十八这一天属蛇，日子不好不坏，东方有祸事断路，东方和南方不能去。					

七月二十九日

	原图					
朱小华解读	国际音标	nda⁵⁵ta⁵⁵	mo⁵⁵	ɬo³⁵	y³¹ɚ⁵⁵tsɿ⁵⁵i⁵⁵to³⁵	ɣe³⁵kʰu⁵⁵
	直译	神枝	马	水神	有爪子的怪象	牛角
	意译	家神	属马	比较大的水神惹了人	天上的雀鸟出的怪象惹了人	牛王会菩萨惹了人
	解读	mo⁵⁵ ȵo⁵⁵ŋgu³⁵, mo⁵⁵ ȵi⁵⁵mi⁵⁵ tɕi³¹ ȵi⁵⁵, mo⁵⁵ lu⁵⁵su⁵⁵ tsʰo³¹ 马　二十九　　马　日　一　天　马　属　人 ta⁵⁵mu⁵⁵ ŋo⁵⁵ zo³¹ko⁵⁵, y³¹ɚ⁵⁵tsɿ⁵⁵i⁵⁵to³⁵ pu³¹ hũ³⁵, ɣe³⁵pi⁵⁵sɿ⁵⁵ 这种　病　得　　有爪子的怪象　送　需要　牛王会菩萨 pu³¹ hũ³⁵. ɬo³⁵ pu³¹ hũ³⁵. 送　需要　水神　送　需要				
	通译	七月二十九，属马的一天，属马的人得病，要送牲畜的怪象，要送牛王会的菩萨，送水神。				
	补充	七月二十九日这一天，属马的人如果生病，是因为在动土以后犯了水神，要送水神。制作十二盘糌粑坨坨，把印棒上所有的图案全部印完，再捏水鸟、水蛇和水里的癞蛤蟆，全部放在石板上，把鲜牛奶、苦荞花撒在水里。水神是素神，这一天不可杀生。				
李开华解读	国际音标	nda⁵⁵ta⁵⁵	mo⁵⁵	xə³⁵	ȵa⁵⁵	ɣe³⁵kʰu⁵⁵
	直译	神枝	马	湖	眼	牛角
	意译	头朝下的神枝	属马	朝湖里撒荞花	天上朝下看的眼睛	牛角朝下指
	解读	mo⁵⁵ lu⁵⁵ tɕi⁵⁵ ȵi⁵⁵, χa³⁵ tsa⁵⁵ nda⁵⁵ta⁵⁵ tsʰɿ⁵⁵tsʰɿ⁵⁵ 马　属　一　天　日子　坏　神枝　下 ly³⁵. mu⁵⁵ a⁵⁵ ȵa⁵⁵ hã⁵⁵, ɣe³⁵kʰu⁵⁵ tsʰɿ⁵⁵tsʰɿ⁵⁵ 看　天　上（方位词）　眼　睁　牛角　下 mi⁵⁵ xə³⁵ o⁵⁵ hũ⁵⁵bu⁵⁵ mi⁵⁵ pʰa⁵⁵. zɿ³⁵dʑu⁵⁵kʰu³¹ 下（方向前缀）　湖　里　荞花　下（方向前缀）　撒　四方 be⁵⁵ ma⁵⁵ hã⁵⁵. 去　不　能				
	通译	七月二十九这一天属马，日子坏。神枝朝下看，天上的眼睛睁着，牛角朝下指。往湖里撒荞花。四方都不能去。				

第三章　文献精选精译

七月三十日

	原图				
朱小华解读	国际音标	nda⁵⁵ta⁵⁵	io⁵⁵	la³¹	ʁa⁵⁵bu⁵⁵ta⁵⁵ta⁵⁵
	直译	神枝	羊	手	小烧香堆堆
	意译	家神	属羊	红煞	烧素香
	解读	io⁵⁵ so⁵⁵ʂʅ³¹, io⁵⁵ ɲi⁵⁵mi⁵⁵ tɕi³¹ ɲi⁵⁵, io⁵⁵ lu⁵⁵su⁵⁵ 羊 三十 羊 日 一 天 羊 属 tsʰo³¹ ta⁵⁵mu⁵⁵ ŋgo⁵⁵ zo³¹ko⁵⁵, za³⁵ pu³¹ hũ³⁵ 人 这种 病 得 煞气 送 需要 ʁa⁵⁵bu⁵⁵ta⁵⁵ta⁵⁵ so³¹ vu⁵⁵ hũ³⁵. 小烧香堆堆 香 烧 需要			
	通译	七月三十，属羊的一天，属羊的人得病，要送煞气，要烧香。			
	补充	七月三十日这一天，属羊的人如果生病，是因为山神和红煞惹了他，要在山上送山神，印四排糌粑坨坨（采用的印棒图案同七月初八），放在烧香堆堆前，然后吹五声海螺，烧香。			
李开华解读	国际音标	nda⁵⁵ta⁵⁵	io⁵⁵	la³¹ka⁵⁵	ʁa⁵⁵
	直译	神枝	羊	手	烧香堆堆
	意译	神枝在西方	属羊	天上伸出的手	用于烧素香
	解读	io⁵⁵ lu⁵⁵ tɕi⁵⁵ ɲi⁵⁵, χa³⁵ tsa⁵⁵. mu⁵⁵ a⁵⁵ 羊 属 一 天 日子 坏 天 上（方位词） la³¹ tʂʅ⁵⁵ tɕʰi⁵⁵ tɕi⁵⁵ ɲi⁵⁵ sio⁵⁵ pʰi⁵⁵ tɕi⁵⁵ 手 伸 那 一 天 香 素 一 bi⁵⁵ lo³¹ mu⁵⁵. tʂʰo³⁵ tɕi³¹gəu⁵⁵ mu⁵⁵ 笼 上（方向前缀） 烧 其他 什么，（任何）一样 做 ma⁵⁵ hã⁵⁵. tʂo³¹tɕʰi⁵⁵kʰi³¹ ɲi⁵⁵tʂʰo⁵⁵ be⁵⁵ ma⁵⁵ hã⁵⁵ 不 能够 北方 西方 去 不 能			
	通译	七月三十这一天属羊，日子坏，天上的手伸出来。这一天烧一笼素香，其他任何事都不能做。北方和西方不能去。			